Studien zum Wirtschaftsstrafrecht

herausgegeben von
Klaus Tiedemann / Bernd Schünemann

Band 12

Sebastian Berger

Der Schutz öffentlichen Vermögens durch § 263 StGB

Zur Anwendbarkeit des § 263 StGB
und zum Vorliegen eines Vermögensschadens
bei Angriffen auf inländisches öffentliches Vermögen
sowie auf Vermögen der Europäischen Gemeinschaften

Centaurus Verlag & Media UG 2000

Dr. Sebastian Berger wurde 1970 in Freiburg i. Br. geboren. 1990 bis 1995 Studium der Rechtswissenschaften an den Universitäten Freiburg und Göttingen. 1995 Erste Juristische Staatsprüfung. Sodann Tätigkeit an der Universität Freiburg als Arbeitsgemeinschaftsleiter und Korrekturassistent. Doktorand bei Herrn Prof. Dr. Dr. h.c. mult. Klaus Tiedemann. 1999 Promotion. Seit September 1999 Rechtsreferendar in Bremen.

Die Deutsche Bibliothek - CIP-Einheitsaufnahme

Berger, Sebastian:
Der Schutz öffentlichen Vermögens durch § 263 StGB :
zur Anwendbarkeit des § 263 StGB und zum Vorliegen eines
Vermögensschadens bei Angriffen auf inländisches öffentliches
Vermögen sowie auf Vermögen der Europäischen Gemeinschaften /
Sebastian Berger.- Herbolzheim : Centaurus-Verl.-Ges., 2000
(Studien zum Wirtschaftsstrafrecht ; Bd. 12)
Zugl.: Freiburg (Breisgau), Univ., Diss., 1999
ISBN 978-3-8255-0307-9 ISBN 978-3-86226-338-7 (eBook)
DOI 10.1007/978-3-86226-338-7

ISSN 0938-9512

Satz: Vorlage des Autors
Umschlaggestaltung: DTP-Studio, A. Walter, Lenzkirch

Vorwort

Die vorliegende Untersuchung wurde zu Beginn des Wintersemesters 1999/2000 von der Rechtswissenschaftlichen Fakultät der Universität Freiburg i. Br. als Dissertation angenommen. Für die Drucklegung wurde sie auf den Stand vom 31. Dezember 1999 gebracht. Vereinzelt konnten auch noch spätere Veröffentlichungen berücksichtigt werden; die Bearbeitung des § 263 StGB in der 11. Auflage des Leipziger Kommentars konnte (in einer Entwurfsfassung mit der voraussichtlichen Randnummernzählung) noch größtenteils Eingang in die Fußnoten finden.

Mein Dank gilt zuvörderst meinem Doktorvater, Herrn Prof. Dr. Dr. h.c. mult. Klaus Tiedemann, der die Bearbeitung des Themas angeregt und auf vielfältige Weise unterstützt hat. Ihm und Herrn Prof. Dr. Bernd Schünemann danke ich zudem für die Aufnahme der Arbeit in die vorliegende Schriftenreihe; Herrn Prof. Dr. Joachim Vogel für die Übernahme des Zweitgutachtens.

Zahlreiche Gerichte, Institutionen und Personen stellten mir zum Teil auch bislang unveröffentlichtes Material zur Verfügung oder gaben mir wichtige Informationen – ihnen sei an dieser Stelle dafür außerordentlich gedankt, zu danken habe ich insbesondere Herrn RA am Obersten Gerichtshof Islands Vilhjálmur Árnason. Herrn StA Christoph Salamon danke ich für die mit ihm geführten – zumeist stark praxisorientierten – Diskussionen und seine rege Anteilnahme am Entstehungsprozeß dieser Arbeit.

Meinen alten Studienkollegen, Herren Rechtsreferendare Marius Boewe und Wiss. Ang. Alexis von Komorowski danke ich für manch tatkräftige, freundschaftlich-moralische Unterstützung. Flugbjörgunarsveitin í Reykjavík und Landsbjörg Íslands halfen mir bei der Stärkung des mentalen Durchhaltevermögens. Und auf ihre Weise haben schließlich auch Herr Alexander Schmidt-Endrulat sowie Frau AnNa R. zur Bewältigung des erforderlichen Arbeitspensums beigetragen, indem sie die Phasen der Erholung häufig mitprägten. Von ganz außergewöhnlicher Qualität war schlußendlich die Erbauung, die mir Frau Ursula Berg mit ihrer Violine zu verschaffen imstande war.

Herr Prof. Dr. Dr. h.c. mult. Klaus Tiedemann gewährte mir aus Mitteln des Max-Planck-Forschungspreises (1995) einen großzügigen Druckkostenzuschuß. – Auch dafür sei ihm an dieser Stelle sehr gedankt.

Von allergrößter Wichtigkeit war für mich freilich die innige und stete Unterstützung, die ich von meiner gesamten Familie erfahren habe – ohne sie wäre zumindest die vorliegende Fassung dieser Arbeit nicht möglich gewesen. Dafür danke ich allen aus tiefstem Herzen. Mein Großvater Herr Dr. Albrecht Schackow – strafrechtlich ein Honig-Schüler, beruflich später jedoch mehr im See- und Wirtschaftsrecht beheimatet – konnte leider die Entstehung dieser Dissertation nicht mehr miterleben; seinem Andenken widme ich diese Arbeit.

Bad Wiessee, im Februar 2000 *Sebastian Berger*

Inhaltsverzeichnis

Abkürzungsverzeichnis

1. WiKG	Erstes Gesetz zur Bekämpfung der Wirtschaftskriminalität
3. StÄG	Drittes Strafrechtsänderungsgesetz
6. StrRG	Sechstes Gesetz zur Reform des Strafrechts
a.A.	anderer Ansicht
a.a.O.	am angegebenen Ort
a.E.	am Ende
a.F.	alte Fassung
a.M.	anderer Meinung
abl.	ablehnend
ABlEG	Amtsblatt der Europäischen Gemeinschaften
Abs.	Absatz
AbschöpfungsG	Abschöpfungserhebungsgesetz
Abt.	Abteilung
AdCR	Archiv des Criminalrechts Neue Folge
AE	Alternativentwurf eines Strafgesetzbuches
AG	Amtsgericht
AK	Wassermann (Hrsg.), Kommentar zum Strafgesetzbuch (Reihe Alternativkommentare)
AktG	Aktiengesetz
Alt.	Alternative
Anm.	Anmerkung
AO	Abgabenordnung
AöGZ	Allgemeine österreichische Gerichtszeitung
AöR	Archiv des öffentlichen Rechts
Art.	Artikel
AT	Allgemeiner Teil
bad.	badisch
BadStGB	Strafgesetzbuch für das Großherzogthum Baden vom 6.3.1845
BayObLG	Bayerisches Oberstes Landesgericht
BayObLGSt	Entscheidungen des Bayerischen Obersten Landesgerichts in Strafsachen
BayVBl.	Bayerische Verwaltungsblätter
BB	Der Betriebs-Berater
BBl.	Bundesblatt [Schweiz]
BDO	Bundesdisziplinarordnung
BegleitG	Begleitgesetz zum Telekommunikationsgesetz (BegleitG) vom 17.12.1997

Begr.	Begründer
Beilagen	Beilagen zu den Stenographischen Protokollen des Nationalrates [Österreich]
BezG	Bezirksgericht [DDR]
BG	Bundesgericht [Schweiz]
BGB	Bürgerliches Gesetzbuch
BGBl.	Bundesgesetzblatt
BGE	Entscheidungen des Schweizerischen Bundesgerichts
BGH	Bundesgerichtshof
BGHR	Richter des Bundesgerichtshofes (Hrsg.), BGH-Rechtsprechung
BGHSt	Entscheidungen des Bundesgerichtshofs in Strafsachen
BGHZ	Entscheidungen des Bundesgerichtshofs in Zivilsachen
BHO	Bundeshaushaltsordnung
Bl.	Blatt
BND	Bundesnachrichtendienst
BR-Drucks.	Drucksachen des Bundesrates
BRRG	Beamtenrechtsrahmengesetz
BStBl.	Bundessteuerblatt
BT	Besonderer Teil
BT-Drucks.	Drucksachen des Deutschen Bundestages
BVerfG	Bundesverfassungsgericht
BVerfGE	Entscheidungen des Bundesverfassungsgerichts
BVFG	Bundesvertriebenengesetz
BWGZ	Die Gemeinde BWGZ
bzgl.	bezüglich
bzw.	beziehungsweise
CR	Computer und Recht
d.h.	das heißt
DäStG	Straffeloven [Dänisches Strafgesetz]
DB	Der Betrieb
DDR	Deutsche Demokratische Republik
DDR-GBl.	Gesetzblatt der Deutschen Demokratischen Republik
DDR-GVG	Gesetz über die Verfassung der Gerichte der Deutschen Demokratischen Republik (Gerichtsverfassungsgesetz) vom 2.10.1952
DDR-Kommentar[5]	Ministerium der Justiz [DDR] (Hrsg.), Strafrecht der Deutschen Demokratischen Republik, Kommentar zum Strafgesetzbuch; 5.Auflage, Berlin 1987
DDR-Lehrkommentar	Ministerium der Justiz [DDR] (Hrsg.), Strafrecht der Deutschen Demokratischen Republik, Lehrkommentar zum Strafgesetzbuch, Band II; Berlin 1969

DDR-StGB	Strafgesetzbuch der Deutschen Demokratischen Republik vom 12.1.1968
ders.	derselbe
DGH	Deutsche Getreidehandelsgesellschaft
dies.	dieselbe(n)
Diss.	Dissertation
DJ	Deutsche Justiz
DJT	Deutscher Juristentag
DM	Deutsche Mark
DÖV	Die Öffentliche Verwaltung
DR	Deutsches Recht
DRiZ	Deutsche Richterzeitung
DRiZ Rspr.	Deutsche Richterzeitung [II. Teil] Rechtsprechung
DRZ	Deutsche Rechts-Zeitschrift
DStR	Deutsches Steuerrecht
DStrR	Deutsches Strafrecht
DtZ	Deutsch-deutsche Rechts-Zeitschrift
DuR	Demokratie und Recht
DVBl.	Deutsches Verwaltungsblatt
DVP	Deutsche Verwaltungspraxis
E 1962	Entwurf eines Strafgesetzbuches (StGB) E 1962; BT-Drucks. 4/650
EG	Europäische Gemeinschaft
EG-VO Nr.2988/95	Verordnung (EG, Euratom) Nr.2988/95 des Rates vom 18. Dezember 1995 über den Schutz der finanziellen Interessen der Europäischen Gemeinschaften
EGFinSchG	Gesetz zu dem Übereinkommen vom 26. Juli 1995 über den Schutz der finanziellen Interessen der Europäischen Gemeinschaften (EG-Finanzschutzgesetz – EGFinSchG)
EGKS	Europäische Gemeinschaft für Kohle und Stahl
EGKSV	Vertrag über die Gründung der Europäischen Gemeinschaft für Kohle und Stahl
EGL	Ergänzungslieferung
EGStGB	Einführungsgesetz zum Strafgesetzbuch
EGV	Vertrag zur Gründung der Europäischen Gemeinschaft
EU	Europäische Union
EuGH	Gerichtshof der Europäischen Gemeinschaften
EuGHE	Gerichtshof der Europäischen Gemeinschaften, Sammlung der Rechtsprechung des Gerichtshofes
EuHO	Haushaltsordnung für den Gesamthaushaltsplan der Europäischen Gemeinschaften
Euratom	Europäische Atomgemeinschaft

EuratomV	Vertrag zur Gründung der Europäischen Atomgemeinschaft (EURATOM)
EuZW	Europäische Zeitschrift für Wirtschaftsrecht
EvBl.	Evidenzblatt der Rechtsmittelentscheidungen [in: ÖJZ]
EWGV	Vertrag zur Gründung der Europäischen Wirtschaftsgemeinschaft
EWiR	Entscheidungen zum Wirtschaftsrecht
EWIV-AusführungsG	Gesetz zur Ausführung der EWG-Verordnung über die Europäische wirtschaftliche Interessenvereinigung
f.	folgende
F.A.Z.	Frankfurter Allgemeine – Zeitung für Deutschland
ff.	fortfolgende
FR	Finanz-Rundschau
FS	Festschrift
Fußn.	Fußnote
GA	Goltdammer's Archiv für Strafrecht
GemHVO-BaWü	Gemeindehaushaltsverordnung [Baden-Württemberg]
GemHVO-Nds.	Gemeindehaushaltsverordnung [Niedersachsen]
GemO-BaWü	Gemeindeordnung für Baden-Württemberg
GemO-Nds.	Niedersächsische Gemeindeordnung
GemO-NRW	Gemeindeordnung für das Land Nordrhein-Westfalen (GO NW)
GenG	Gesetz betreffend die Erwerbs- und Wirtschaftsgenossenschaften
GerS	Der Gerichtssaal
GG	Grundgesetz
GgA	Göttingische gelehrte Anzeigen
GmbH	Gesellschaft mit beschränkter Haftung
GmbHG	Gesetz betreffend die Gesellschaften mit beschränkter Haftung
GP	Gesetzgebungsperiode [Österreich]
GS	Gedächtnisschrift
GS	Großer Senat
GVG	Gerichtsverfassungsgesetz
h.L.	herrschende Lehre
h.M.	herrschende Meinung
Habil.	Habilitationsschrift
hanseat.	hanseatisch
HbVerfR	Benda / Maihofer / Vogel (Hrsg.), Handbuch des Verfassungsrechts
Henneberg A	Henneberg / Bender (Hrsg.), Entscheidungen zum Recht der Steuerverfehlungen, Teil A: Materielles Recht; 2.Auflage

HEuR	Ehlermann / Bieber (Hrsg.), Handbuch des Europäischen Rechts
HGB	Handelsgesetzbuch
HGrG	Gesetz über die Grundsätze des Haushaltsrechts des Bundes und der Länder (Haushaltsgrundsätzegesetz)
HRR	Höchstrichterliche Rechtsprechung
Hrsg.	Herausgeber
Hs.	Halbsatz
HWiStR	Krekeler / Tiedemann / Ulsenheimer / Weinmann (Hrsg.), Handwörterbuch des Wirtschafts- und Steuerstrafrechts
i.d.F.	in der Fassung
i.d.R.	in der Regel
i.E.	im Ergebnis
i.e.S.	im engeren Sinne
i.S.	im Sinne
i.V.	in Verbindung
i.w.S.	im weiteren Sinne
InvZulG	Investitionszulagengesetz (i.d.F. des Gesetzes zur Förderung von Investitionen und Beschäftigung vom 23.12.1974, BGBl. I S.3676)
ÍsStG	Almenn hegningarlög [Allgemeines Isländisches Strafgesetz]
JA	Juristische Arbeitsblätter
JBl.	Juristische Blätter [Österreich]
JK	Jura Kartei
JMBlNRW	Justizministerialblatt für das Land Nordrhein-Westfalen
JR	Juristische Rundschau
JuR	Jugend und Recht
Jura	Jura, Juristische Ausbildung
JuS	Juristische Schulung
JW	Juristische Wochenschrift
JZ	Juristenzeitung
JZBlBritZ	Zentral-Justizblatt für die Britische Zone
KG	Kammergericht
KG	Kommanditgesellschaft
KGaA	Kommanditgesellschaft auf Aktien
KK	Pfeiffer (Hrsg.), Karlsruher Kommentar zur Strafprozeßordnung und zum Gerichtsverfassungsgesetz mit Einführungsgesetz
KMR	von Heintschel-Heinegg / Stöckel (Hrsg.), KMR, Kommentar zur Strafprozeßordnung
KrG	Kreisgericht [DDR]
KrimAbh.	Kriminalistische Abhandlungen

KritV	Kritische Vierteljahresschrift für Gesetzgebung und Rechtswissenschaft
L	JuS Lernbogen
Lfg.	Lieferung
LG	Landgericht
LH	Lehrheft
LHO	Landeshaushaltsordnung
LHO-BaWü	Landeshaushaltsordnung für Baden-Württemberg
LHO-Bay.	Haushaltsordnung des Freistaates Bayern
LHO-Berl.	Landeshaushaltsordnung [Berlin]
LHO-Bra.	Landeshaushaltsordnung [Brandenburg]
LHO-HB	Haushaltsordnung der Freien Hansestadt Bremen
LHO-Hes.	Hessische Landeshaushaltsordnung
LHO-HH	Haushaltsordnung der Freien und Hansestadt Hamburg
LHO-Meckl.	Landeshaushaltsordnung (LHO) Mecklenburg-Vorpommern
LHO-Nds.	Niedersächsische Landeshaushaltsordnung
LHO-NRW	Landeshaushaltsordnung [Nordrhein-Westfalen]
LHO-RPfalz	Landeshaushaltsordnung für Rheinland-Pfalz
LHO-Saar	Gesetz betreffend Haushaltsordnung des Saarlandes
LHO-Sachs.	Vorläufige Haushaltsordnung des Freistaates Sachsen
LHO-SachsA	Landeshaushaltsordnung des Landes Sachsen-Anhalt
LHO-SH	Landeshaushaltsordnung Schleswig-Holstein
LHO-Thü.	Thüringer Landeshaushaltsordnung
LK	Strafgesetzbuch Leipziger Kommentar
LM	Lindenmaier-Möhring, Nachschlagewerk des Bundesgerichtshofs
LR	Rieß (Hrsg.), Die Strafprozeßordnung und das Gerichtsverfassungsgesetz, Großkommentar Löwe-Rosenberg
LZ	Leipziger Zeitschrift für Deutsches Recht
m.w.N.	mit weiteren Nachweisen
MDR	Monatsschrift für Deutsches Recht
MDR/D	Monatsschrift für Deutsches Recht [bei Dallinger]
MOG	Gesetz zur Durchführung der gemeinsamen Marktorganisation
MüKo	Rebmann / Säcker (Hrsg.), Münchener Kommentar zum Bürgerlichen Gesetzbuch
n.F.	neue Fassung
NdsRpfl.	Niedersächsische Rechtspflege
NJ	Neue Justiz [Sowjetische Besatzungszone; DDR; anschließend fortgeführt]
NJW	Neue Juristische Wochenschrift

Nr.	Nummer
NS	Nationalsozialismus
NSDAP	Nationalsozialistische Deutsche Arbeiterpartei
NStE	Neue Entscheidungssammlung für Strafrecht
NStZ	Neue Zeitschrift für Strafrecht
o.g.	oben genannt
ÖAnwBl.	Anwaltsblatt [Österreich]
ObG	Obergericht [Schweiz]
OG	Oberstes Gericht der Deutschen Demokratischen Republik
OGHSt	Entscheidungen des Obersten Gerichtshofes für die Britische Zone in Strafsachen
ÖGmbHG	Gesetz vom 6. März 1906 über Gesellschaften mit beschränkter Haftung [Österreich]
OGSt	Entscheidungen des Obersten Gerichts der Deutschen Demokratischen Republik, Entscheidungen in Strafsachen
OHG	Offene Handelsgesellschaft
ÖJZ	Österreichische Juristen-Zeitung
OLAF	Office de la lutte anti-fraude
OLG	Oberlandesgericht
ÖOGH	Oberster Gerichtshof [Österreich]
OppenhoffsR	Die Rechtsprechung des Königlichen Ober-Tribunals in Straf-Sachen [Preußen]
OR	Bundesgesetz betreffend die Ergänzung des Schweizerischen Zivilgesetzbuches (Fünfter Teil: Obligationenrecht)
ÖStÄG 1998	Bundesgesetz, mit dem das Strafgesetzbuch, die Strafprozeßordnung, das Bankwesengesetz und das Versicherungsaufsichtsgesetz geändert werden (Strafrechtsänderungsgesetz 1998) [Österreich]
ÖStGB	Österreichisches Strafgesetzbuch
PartGG	Gesetz über Partnerschaftsgesellschaften Angehöriger Freier Berufe
PolBl.	Das Polizeiblatt für das Land Baden-Württemberg
PrALR	Allgemeines Landrecht für die Preußischen Staaten
PrivG	Gesetz über die Überführung der Anteilsrechte an der Volkswagenwerk GmbH in private Hand
PrJMBl.	Justiz-Ministerial-Blatt für die Preußische Gesetzgebung und Rechtspflege
PrObTr	Königliches Ober-Tribunal [Preußen]
Prot.7	Niederschriften über die Sitzungen des Sonderausschusses für die Strafrechtsreform, Deutscher Bundestag, 7. Wahlperiode
PrStGB	Strafgesetzbuch für die Preußischen Staaten vom 14.4.1851

PrVerf	Verfassungsurkunde für den Preußischen Staat vom 31.1.1850
RAO	Reichsabgabenordnung
Rdnr.	Randnummer
RdW	Österreichisches Recht der Wirtschaft
Red.	Redaktion
RegE	Regierungsentwurf
RG	Reichsgericht
RG R	Rechtsprechung des Deutschen Reichsgerichts in Strafsachen
RGBl.	Reichsgesetzblatt
RGSt	Entscheidungen des Reichsgerichts in Strafsachen
RGZ	Entscheidungen des Reichsgerichts in Zivilsachen
Rivista	Rivista trimestrale di diritto penale dell'economia [Italien]
RM	Reichsmark
RS	Rechtsprechung in Strafsachen [Schweiz]
RuG	Recht und Gesellschaft
RuP	Recht und Politik
S.	Seite
s.o.	siehe oben
s.u.	siehe unten
SchlHA	Schleswig-Holsteinische Anzeigen
SchlHOLG	Schleswig-Holsteinisches Oberlandesgericht
SchwStGB	Schweizerisches Strafgesetzbuch
SchwZStR	Schweizerische Zeitschrift für Strafrecht
SJZ	Schweizerische Juristen-Zeitung
SK	Rudolphi / Horn / Samson / Günther / Hoyer, SK-StGB, Systematischer Kommentar zum Strafgesetzbuch
sog.	sogenannt
Sp.	Spalte
SSt	Entscheidungen des österreichischen Obersten Gerichtshofes in Strafsachen und Disziplinarangelegenheiten
StaatsR	Staatsrecht
Stasi	Staatssicherheitsdienst [DDR]
Stbg	Die Steuerberatung
StEG	Gesetz zur Ergänzung des Strafgesetzbuches - Strafrechtsergänzungsgesetz - vom 11.12.1957 [DDR]
StG	Strafgesetz [Österreich, bis zum 31.12.1974 in Kraft]
StGB	Strafgesetzbuch
StPO	Strafprozeßordnung
StrafR	Strafrecht
StRK	Felix (Hrsg.), StRK-Anmerkungen zur Steuerrechtsprechung in Karteiform

StuR	Staat und Recht [DDR]
StuW	Steuer und Wirtschaft
StV	Strafverteidiger
SubvG	Subventionsgesetz
Tagungsberichte	Bundesministerium der Justiz (Hrsg.), Tagungsberichte der Sachverständigenkommission zur Bekämpfung der Wirtschaftskriminalität – Reform des Wirtschaftsstrafrechts
u.a.	und andere
u.a.	unter anderem
u.U.	unter Umständen
UCLAF	Unité de coordination de la lutte anti-fraude
UdSSR	Union der Sozialistischen Sowjetrepubliken
Univ.	Universität
UWG	Gesetz gegen den unlauteren Wettbewerb
Verf.	Verfasser
VersR	Versicherungsrecht
VerwR	Verwaltungsrecht
VerwR	Verwaltungsrundschau
VESchG	Gesetz zum Schutze des Volkseigentums und anderen gesellschaftlichen Eigentums vom 2.10.1952 [DDR]
vgl.	vergleiche
Vorbem.	Vorbemerkung(en)
VStrR	Bundesgesetz über das Verwaltungsstrafrecht [Schweiz]
wistra	Zeitschrift für Wirtschaft, Steuer, Strafrecht
WK	Foregger / Nowakowski (Hrsg.), Wiener Kommentar zum Strafgesetzbuch [Österreich]
WRV	Verfassung des Deutschen Reichs [Weimarer Reichsverfassung] vom 11.8.1919
z.B.	zum Beispiel
ZAkDR	Zeitschrift der Akademie für Deutsches Recht
ZBJV	Zeitschrift des Bernischen Juristenvereins [Schweiz]
ZevKR	Zeitschrift für evangelisches Kirchenrecht
Ziff.	Ziffer
zit.	zitiert
ZollG	Zollgesetz
ZollRÄndG	Zollrechtsänderungsgesetz
ZRP	Zeitschrift für Rechtspolitik
ZStW	Zeitschrift für die gesamte Strafrechtswissenschaft
zugl.	zugleich
ZVR	Zeitschrift für Verkehrsrecht [Österreich]
zzgl.	zuzüglich

Einleitung

Als 1976 durch das 1. WiKG[1] der neue Tatbestand des Subventionsbetrugs (§ 264 StGB) in das Strafgesetzbuch eingefügt wurde[2], waren hierfür unterschiedliche Erwägungen maßgebend. Zum einen hatte sich gezeigt, daß der Nachweis von Täuschungshandlung, Irrtumserregung und Vorsatz bei der mißbräuchlichen Inanspruchnahme von Subventionen im Rahmen des § 263 StGB teilweise erhebliche Schwierigkeiten bereitete.[3] Zum anderen war der Sonderausschuß für die Strafrechtsreform der Ansicht, daß § 263 StGB Planungsschäden bei Zweckverfehlungen nicht erfassen würde.[4]

§ 264 StGB bezieht sich allerdings nur auf bestimmte Subventionen i.S. des § 264 VII StGB. Von daher drängt sich die Frage auf, ob im Rahmen des § 263 StGB eine Erfassung der mißbräuchlichen Inanspruchnahme von § 264 StGB nicht unterfallenden Subventionen möglich ist. Dazu müßte § 263 StGB insoweit überhaupt anwendbar sein, und ferner müßten die einzelnen Tatbestandsmerkmale erfüllt sein.

Das Anliegen dieser Arbeit ist es, diesen beiden Problemen nachzugehen. Dabei wird allerdings nicht nur die mißbräuchliche Inanspruchnahme von Subventionen, sondern von inländischem öffentlichem Vermögen insgesamt untersucht, wobei allerdings das (öffentliche) Vermögen der Kirchen ausgeklammert bleibt. Darüber hinaus ist das Vermögen der Europäischen Gemeinschaften in die nachfolgende Betrachtung einzubeziehen. Hinsichtlich der verschiedenen Tatbestandsmerkmale beschränkt sich die Untersuchung – unter Einbeziehung aktueller Fragen aus dem Bereich der Haushaltsuntreue, aber ohne sich auch insoweit abschließend äußern zu wollen – auf eine Aufarbeitung der Problematik des Vermögensschadens beim Betrug.[5] Von besonderem Interesse ist bei alledem die Frage, ob insgesamt we-

---

1 BGBl. I S.2034.

2 Zur Entstehungsgeschichte des § 264 StGB *Tiedemann*, in: LK[11] § 264 Rdnr.1ff.

3 *RegE 1. WiKG*, BT-Drucks. 7/3441, S.16; *Tiedemann*, in: LK[11] § 264 Rdnr.5; ders., Subventionskriminalität, S.299ff.

4 *Sonderausschuß*, 1. WiKG, BT-Drucks. 7/5291, S.3. – Soweit der Sonderausschuß, ebenda, der Ansicht ist, „die ganz überwiegende Meinung im Schrifttum“ sähe durch die Zweckverfehlungstheorie die Einheit des Vermögensbegriffs als gesprengt und die Konturen des § 263 StGB als verwischt an, erscheint diese Einschätzung zweifelhaft. Zumindest im aktuellen Schrifttum wird die Zweckverfehlungslehre von der wohl überwiegenden Ansicht im Rahmen des § 263 StGB auch im Falle der mißbräuchlichen Inanspruchnahme von Subventionen angewandt. Freilich ist unverkennbar, daß dabei häufig ein ergebnisorientierter Ansatz zugrunde gelegt wird, siehe nur *Fischer*, in: Tröndle/Fischer[49] § 264 Rdnr.3; *Kühl*, in: Lackner/Kühl[23] § 264 Rdnr.1; *Lenckner*, in: Schönke/Schröder[25] § 264 Rdnr.1 m.w.N.; *Tröndle*[48] § 264 Rdnr.3. – Eingehende Darstellung der Unzulänglichkeiten des § 263 StGB zur Ahndung der Subventionskriminalität bei *Eberle*, S.3ff.

5 Siehe zu Problemen bei der Erschleichung von Subventionen im Zusammenhang mit der Täuschung etwa *Cramer*, in: Schönke/Schröder[25] § 263 Rdnr.31a; *Samson/Günther*, in: SK[5] § 263 Rdnr.47a f.; *Tiedemann*, JR 1983, 212, 213; *OLG Hamm* NJW 1982, 1405, 1406. – Siehe zur besonderen Problematik des Mitwirkens des Amtswalters etwa *Tiedemann*, in: LK[11] § 264 Rdnr.24;

sensmäßige Unterschiede zwischen öffentlichem und privatem Vermögen bei § 263 StGB bestehen.

Betrachtet man den Gesetzestext, wird gerade die letztgenannte Fragestellung vielleicht verwundern: denn der Wortlaut des § 263 StGB differenziert nicht zwischen öffentlichem und privatem Vermögen. Auf den ersten Blick erscheint eine generelle Unterscheidung zwischen diesen beiden Vermögensarten daher eher fernliegend. Indes ist zu berücksichtigen, daß eine Gleichbehandlung von öffentlichem und privatem Vermögen voraussetzt, daß aus der Sicht des § 263 StGB keine grundsätzlichen Unterschiede zwischen diesen Vermögensarten bestehen.

In der Literatur wird die Gleichbehandlung von öffentlichem und privatem Vermögen gelegentlich in Frage gestellt – und zwar entweder unter dem Gesichtspunkt der Anwendbarkeit des § 263 StGB oder im Hinblick auf das Vorliegen eines Vermögensschadens. Auf die Anwendbarkeit des Betrugstatbestands stellt vornehmlich *Amelung* ab. Er geht davon aus, daß die Funktionen des Vermögens im wirtschaftlichen und staatlichen[6] Bereich unterschiedlich seien. Als Konsequenz verneint er die Anwendbarkeit des § 263 StGB bei bestimmten Erscheinungsformen des öffentlichen Vermögens, so etwa bei der mißbräuchlichen Inanspruchnahme von Subventionen.[7]

Mit der Problematik des Schadens setzt sich insbesondere *Tiedemann* auseinander. Er ist der Ansicht, daß sich öffentliches und privates Vermögen grundsätzlich unterscheiden[8]: *Tiedemann* nimmt an, daß der Vermögens- und Schadensbegriff bei privaten Haushalten ein anderer als bei öffentlichen Haushalten sei[9]; grundsätzlich seien nur bei letzteren die Dispositionsfreiheit[10] und die Leistungszwecke voll relevant und vom Strafrecht geschützt.[11]

Die Auffassung *Tiedemanns* wird damit in einem der umstrittensten Bereiche der Schadensdogmatik bedeutsam: beim Problem der Zweckverfehlung, bei dem trotz zahlreicher Erklärungsversuche sowohl im Grundsätzlichen als auch im Detail noch immer erhebliche Unsicherheiten und Meinungsverschiedenheiten bestehen. Der *BGH* hat die Frage, ob öffentliches und privates Vermögen sich aus der Sicht

---

ders., Subventionskriminalität, S.323, der annimmt, der Staat könne trotz fehlenden Irrtums des Amtsträgers „betrogen" werden.

6 Nach *Amelung*, S.375, kommt diese Differenzierung jedoch nicht in Betracht, soweit die staatliche Verwaltung bloße Hilfsgeschäfte zur Deckung des eigenen Bedarfs vornimmt bzw. rein fiskalisch tätig wird.

7 *Amelung*, S.375f.

8 Siehe etwa *Tiedemann*, ZStW 86 (1974), 897, 911f.; ders., Subventionskriminalität, S.314ff.; ders., Wirtschaftsstrafrecht 2, S.99; ders., in: LK[11] § 264 Rdnr.13; vgl. ders., Wirtschaftsstrafrecht 1, S.110.

9 *Tiedemann*, ZStW 86 (1974), 897, 912.

10 Zutreffend weist *Tiedemann*, in: LK[11] § 264 Rdnr.11 darauf hin, daß die Deutung und Bezeichnung als „Dispositionsfreiheit" nicht ganz exakt ist, da die „Freiheit" bei der Verwaltung öffentlichen Vermögens häufig eine normativ gebundene und keineswegs um ihrer selbst Willen geschützte ist. Um begriffliche Unsicherheiten zu vermeiden, wird im folgenden jedoch an der üblichen Terminologie festgehalten.

11 *Tiedemann*, ZStW 86 (1974), 897, 912.

des § 263 StGB grundsätzlich unterscheiden, 1982 – unter Bezugnahme auf *Tiedemann*, ZStW 86, 911ff. – ausdrücklich offengelassen.[12] Diese Frage steht in Anbetracht ihrer Bedeutsamkeit für das Vorliegen eines Vermögensschadens im Mittelpunkt der vorliegenden Arbeit. Logisch vorrangig ist allerdings die Klärung der generellen Anwendbarkeit des § 263 StGB auf öffentliches Vermögen.

12 *BGHSt* 31, 93, 95 [Anm. *Tiedemann*, JR 1983, 212ff.].

1. Teil:
Zur Anwendbarkeit des § 263 StGB auf inländisches öffentliches Vermögen sowie auf Vermögen der Europäischen Gemeinschaften

A. Vorbemerkungen und Begriffsbestimmungen

Bevor die Anwendbarkeit des § 263 StGB auf öffentliches Vermögen untersucht werden kann, ist zu klären, was öffentliches Vermögen ist. Soweit ersichtlich, gibt es keinen feststehenden strafrechtlichen Begriff des öffentlichen Vermögens.[13] Will man eine Unterscheidung zwischen öffentlichem und privatem Vermögen treffen, ist der naheliegendste – und daher hier zugrundegelegte – Ansatzpunkt die Eigenschaft des Vermögensinhabers als Person des Öffentlichen Rechts oder des Privatrechts. Öffentliches Vermögen ist demnach das Vermögen einer Person des Öffentlichen Rechts[14], wobei in der vorliegenden Untersuchung das Vermögen der Kirchen[15] sowie ausländisches öffentliches Vermögen von diesem Begriff ausgenommen sein sollen. Die Frage, was genau zum Vermögen zählt, ist hiervon freilich zu unterscheiden; ihre Beantwortung hängt von dem – wie auch immer zu verstehenden – Vermögensbegriff ab.[16]

In bezug auf die Anwendbarkeit des § 263 StGB wäre es möglicherweise allerdings zu kurz gegriffen, wollte man nur zwischen öffentlichem und privatem Vermögen differenzieren. Von Bedeutung könnte etwa auch sein, ob staatliches oder nichtstaatliches Vermögen betroffen wird, und ob eine hoheitliche oder eine fiskalische Verwaltungstätigkeit vorliegt. Schließlich ist angesichts der Einfügung des § 264 StGB fraglich, ob § 263 StGB im Bereich der mißbräuchlichen Inanspruchnahme von Subventionen überhaupt noch anwendbar ist. Diesen unterschiedlichen Erscheinungsformen des öffentlichen Vermögens ist bei der Prüfung der Anwendbarkeit des § 263 StGB Rechnung zu tragen.

An dieser Stelle ist freilich noch der Unterschied zwischen öffentlichem und staatlichem Vermögen zu klären: Der wohl überwiegende Teil des strafrechtlichen Schrifttums differenziert zwischen diesen beiden Begriffen nicht.[17] Nach der Recht-

---

13 *Neye*, S.10.

14 *Tiedemann*, in: LK[11] vor § 263 Rdnr.42; vgl. in bezug auf „öffentliche" Mittel i.S. des § 264 VII StGB *Nelles*, S.395f; *Sannwald*, S.86.

15 Mit Straftaten zum Nachteil von Kirchengemeinden hat sich in neuerer Zeit *Radtke*, ZevKR 44 (1999), 71, 81ff., eingehend auseinandergesetzt, der §§ 263, 266 StGB auch in diesem Bereich für anwendbar hält (a.a.O., 82). Im übrigen klammert aber auch § 153b V 2 ÖStGB die kirchlichen Haushalte aus dem Begriff der Öffentlichen Haushalte i.S. des § 153b ÖStGB aus.

16 Zum Vermögensbegriff siehe unten S.60ff.

17 Siehe etwa *Betschart*, S.137; *Gerhold*, S.27; *Hack*, S.24ff.; *Neye*, S.10, der allerdings ausdrücklich klarstellt, daß die Begriffe „öffentliche Mittel", „staatliche Mittel" und „öffentliches Vermögen"

sprechung und dem anderen Teil der Literatur kommt diesen Begriffen dagegen eine unterschiedliche Bedeutung zu.[18] Sinnvoll und angebracht erscheint, insoweit die im Verfassungs- und Verwaltungsrecht übliche Terminologie zu übernehmen: Der Begriff des Staates wird dort nicht mit den juristischen Personen des Öffentlichen Rechts gleichgesetzt.[19] Staat sind nach h.M. sowohl der Bund als auch die Länder.[20] Bund und Länder sind nach überwiegender Meinung zwar juristische Personen des Öffentlichen Rechts[21] und nehmen auch die unmittelbare Staatsverwaltung wahr. Daneben existieren aber noch Körperschaften, Anstalten und Stiftungen als weitere juristische Personen des Öffentlichen Rechts, die zumindest teilweise mit Aufgaben der mittelbaren Staatsverwaltung betraut sind. Jedenfalls wenn bzw. soweit solche Körperschaften, Anstalten und Stiftungen des Öffentlichen Rechts keine Aufgaben der mittelbaren Staatsverwaltung wahrnehmen, ist ihr Vermögen als nichtstaatlich, aber gleichwohl öffentlich zu klassifizieren. Schwieriger ist die korrekte Terminologie dagegen wenn bzw. soweit nichtstaatliche juristische Personen des Öffentlichen Rechts mittelbare Staatsverwaltung wahrnehmen: In dieser Untersuchung wird öffentliches Vermögen im Bereich mittelbarer (und auch im Bereich unmittelbarer) Staatsverwaltung als staatliches Vermögen im funktionellen Sinne bezeichnet.[22] Davon strikt zu unterscheiden ist das Vermögen von Bund und Ländern als staatliches Vermögen im engeren Sinne.

Die folgenden Überlegungen prüfen zunächst die Nichtanwendbarkeit des § 263 StGB auf öffentliches Vermögen in seiner Gesamtheit. Soweit in der Literatur bei „staatlichem" Vermögen die Anwendbarkeit des § 263 StGB angezweifelt oder verneint wird, werden diese Ausführungen dabei auf öffentliches Vermögen insgesamt übertragen, sofern keine entgegenstehenden Gesichtspunkte auszumachen sind.[23] Ob § 263 StGB auch auf staatliches Vermögen (im funktionellen und i.e.S.) anzuwenden ist, wird anschließend gesondert untersucht. Diese Vorgehens-

---

für ihn synonym seien; *Schmid*, S.66; *Volk*, Bewirtschaftung, S.28.

18 Siehe etwa *Schwinge/Siebert*, S.59; *RGSt* 69, 333; zum schweizerischen Recht *Ardinay*, SchwZStR 86 (1970), 225, 241; *BGE* 110 IV 24, 29; siehe auch *Noll*, SchwZStR 72 (1957), 361, 383.

19 Übersichtliche Darstellung bei *Maurer*[12], S.504 Rdnr.13; *Rudolf*, in: Erichsen[11], S.790ff. Rdnr.9ff.

20 *Ipsen*, StaatsR I[11], S.134 Rdnr.448; *Sannwald*, S.86 Fußn.59; *H.-J. Vogel*, in: Benda/Maihofer/Vogel (Hrsg.), HbVerfR[2], S.1054 Rdnr.27f.; *BVerfGE* 34, 9, 19f.; wohl auch *Maurer*[12], S.501 Rdnr.7; anders etwa *Hempel*, S.299.

21 Für die h.M. *Henke*, S.1; *Ipsen*, StaatsR I[11], S.5 Rdnr.8 i.V. mit S.134 Rdnr.448; *Jakobs*, AT[2], S.39 Rdnr.11; *Jesch*, AöR 85 (1960), 472, 484; *Kaulla*, S.3 Fußn.1 zu § 2; *Sannwald*, S.85f. Fußn.59; *Stober*, in: Wolff/Bachof/Stober, VerwR I[10], S.451 Rdnr.14; für die Qualifizierung des Staates als juristische Person bereits *Albrecht*, GgA 1837, 1489, 1491ff.; a.M. *Böckenförde*, S.334.

22 Vgl. auch *Maurer*[12], S.551 Rdnr.1 a.E., der der Ansicht ist, der Bürger stehe im Falle der mittelbaren Staatsverwaltung dem verwaltenden „Staat i.w.S." gegenüber. In ähnlicher Weise hat das *BVerfG* ausgesprochen, die Kommunen seien keine vom Staat unabhängigen oder distanzierte Einrichtungen (*BVerfGE* 61, 82, 103). Als Träger öffentlicher Gewalt seien sie selbst ein Stück „Staat" (*BVerfGE* 73, 118, 191); zustimmend etwa *Fechtrup*, 58. DJT, S.N 39; *von Komorowski*, in: Der Staat 1998, 122, 133ff.

23 Dies gilt auch für die Zitate. Das heißt, wenn ein Gericht oder ein Autor von staatlichem Vermögen spricht, aber offensichtlich nicht zwischen öffentlichem und staatlichem Vermögen differenziert, wird diese Ansicht – sofern im Einzelfall keine Anhaltspunkte entgegenstehen – u.U. in bezug auf öffentliches Vermögen insgesamt zitiert, ohne daß kenntlich gemacht wird, daß im Original von „staatlichem Vermögen" die Rede ist.

weise trägt den terminologischen Unsicherheiten im Schrifttum Rechnung und stellt zugleich sicher, daß hinsichtlich der Anwendbarkeit des Betrugstatbestands auf öffentliches und staatliches Vermögen sämtliche relevanten Gesichtspunkte untersucht werden.

Dogmatisch handelt es sich bei dieser Frage vorwiegend um ein Problem des Schutzbereichs. Die folgenden Ausführungen streifen dennoch gelegentlich auch einzelne Tatbestandsmerkmale, bei denen die Anwendbarkeit des Betrugstatbestands in besonderen Konstellationen problematisiert wird, und beleuchten auch Konkurrenzfragen. Dies erscheint sachgerecht, um alle möglichen Ansatzpunkte zu erfassen, die zu einem Nichteingreifen des Betrugstatbestands führen könnten, und zwar allein aufgrund der Tatsache, daß es sich beim Tatobjekt um öffentliches Vermögen handelt. Zudem dürfte es sich auch bei der Ansiedlung der Problematik bei einzelnen Tatbestandsmerkmalen der Sache nach häufig gleichwohl um eine Frage des Schutzbereichs des § 263 StGB handeln.

B. Inländisches öffentliches Vermögen

Ausgangspunkt der nachfolgenden Untersuchung ist der Wortlaut des § 263 StGB. Dieser stellt die Anwendbarkeit des Betrugstatbestands auf öffentliches Vermögen zwar nicht positiv fest, enthält aber auch keinerlei Anhaltspunkte für eine Nichtanwendbarkeit.[24] Daher kann von der Anwendbarkeit auf öffentliches Vermögen ausgegangen werden, wenn und soweit dieser Annahme nicht besondere Gründe entgegenstehen.[25]

I. Nichtanwendbarkeit des § 263 StGB auf öffentliches Vermögen in seiner Gesamtheit?

In der aktuellen Rechtsprechung und Literatur wird fast einhellig davon ausgegangen, daß § 263 StGB auch auf öffentliches Vermögen Anwendung finden kann. Die Anwendbarkeit erscheint dabei als so selbstverständlich, daß sie zumeist nicht einmal beiläufig erwähnt, geschweige denn problematisiert wird. In der Rechtsprechung war öffentliches Vermögen denn auch in zahlreichen Entscheidungen zu § 263 StGB betroffen. Beispielhaft seien hier nur erwähnt: die Erschleichung einer Beamtenstelle[26], die unberechtigte Inanspruchnahme von Sozialhilfe[27] und das Er-

24 Anderer Meinung *H. Meyer*, S.110f., der aus der Gesetzesfassung „*Wer* in der Absicht, *sich* oder einem *Dritten* [...] das Vermögen eines *anderen* [...], daß *er* [...] [Hervorhebungen im Original]" ableiten will, der Gesetzgeber habe angenommen, nur privates Vermögen sei Schutzobjekt des § 263 StGB. Freilich nimmt *H. Meyer*, S.111, gleichwohl an, daß auch öffentliches Vermögen in den Schutzbereich des § 263 StGB einbezogen sei, da davon auszugehen sei, daß der Gesetzgeber auch öffentliches Vermögen schützen *wollte* [Hervorhebung im Original].

25 Zur Zulässigkeit eines solchen Schlusses *RGSt* 69, 333, 336.

26 *BGHSt* 5, 358.

schleichen von Investitionszulagen.[28] Im Zusammenhang mit der Wiedervereinigung wurde öffentliches Vermögen u.a. im Zuge der Währungsumstellung bei sog. Transferrubelgeschäften[29] angegriffen.

Allerdings ist die Anwendbarkeit des § 263 StGB auf öffentliches Vermögen keineswegs so selbstverständlich, wie gemeinhin angenommen wird. Es gibt eine ganze Reihe von Ansatzpunkten für eine eingehendere Beschäftigung mit dieser Problematik. Vereinzelt werden diese Ansatzpunkte auch gesehen: So untersuchte etwa das *schweizerische Bundesgericht (BG)*, ob der schweizerische Betrugstatbestand auf öffentliches Vermögen generell nicht anwendbar sei.[30] Auch in Deutschland gibt es neuerer Zeit – wenn auch schwache und nur vereinzelte – Anzeichen dafür, daß der gesamten Problematik nunmehr eine höhere Bedeutung beigemessen wird als lange Zeit üblich.[31] Nachfolgend ist zunächst zu untersuchen, ob das gesamte öffentliche Vermögen vom Schutz des Betrugstatbestands ausgeschlossen ist.

1. Bloßer Schutz individuellen Vermögens bzw. Individualvermögens durch § 263 StGB?

In der Literatur und in einigen Gesetzesmaterialien finden sich vereinzelt Stimmen, die den Betrugstatbestand vornehmlich oder ausschließlich auf individuelles Vermögen bzw. auf Individualvermögen erstrecken wollen: So war etwa der *Sonderausschuß für die Strafrechtsreform* im Zuge der Entstehung des 1. WiKG der Ansicht, § 263 StGB sei „primär auf den Schutz des individuellen Vermögens vor Vermögensminderung ausgerichtet."[32] In ähnlicher Weise sieht *Eberle* § 263 StGB als eine Vorschrift zum Schutz des individuellen Vermögens an[33], wobei allerdings nicht deutlich wird, ob er annimmt, es werde allein individuelles Vermögen geschützt. Dagegen nimmt *Graßmück* an, der Betrugstatbestand schütze ausschließlich Individualvermögen.[34]

---

27 *OLG Düsseldorf*, StV 91, 520.

28 *BGHSt* 31, 93.

29 *LG Berlin*, DtZ 1994, 40 (nicht rechtskräftig); *BGH*, wistra 1993, 339.

30 *BGE* 110 IV 24, 29.

31 So finden sich in der 25. Auflage des Schönke/Schröder, § 263 Rdnr.78a a.E., zur Frage der Anwendbarkeit des § 263 StGB auf öffentliches Vermögen Ausführungen von *Cramer*, die dieser in der Vorauflage nicht gemacht hat; siehe ferner die Kommentierung *Tiedemanns*, in: LK[11] vor § 263 Rdnr.42.

32 *Sonderausschuß*, 1. WiKG, BT-Drucks. 7/5291, S.3 [*Fischer*, in: Tröndle/Fischer[49] § 264 Rdnr.3, und *Tröndle*[48] § 264 Rdnr.3, fassen die Ausführungen des Sonderausschusses dahingehend auf, daß dort die Meinung vertreten werde, § 263 StGB „stelle auf den Schutz individuellen Vermögens ab."]. – Ablehnend zum Sonderausschuß *Lenckner*, in: Schönke/Schröder[25] § 264 Rdnr.1 („Vermögen des Staates wird bei der Subventionserschleichung in gleicher Weise durch § 263 geschützt, wie das Vermögen des einzelnen."); *Hack*, S.31 Fußn.53 m.w.N.

33 *Eberle*, S.9. – Ähnlich (allerdings nicht im Kontext der Schädigung öffentlichen Vermögens) meint *D. Geerds*, S.2, § 263 StGB schütze unmittelbar individuelle Vermögensinteressen. Auch hier wird freilich nicht deutlich, ob angenommen wird, § 263 StGB schütze unmittelbar *lediglich* individuelle Vermögensinteressen.

34 *Graßmück*, S.5 [Die Annahme, daß *ausschließlich* Individualvermögen geschützt werde, ergibt sich daraus, daß *Graßmück* für die nicht zwangsläufig auf einen ausschließlichen Schutz des Indi-

Es fragt sich, ob diese Äußerungen überhaupt auf eine Nichtanwendbarkeit des § 263 StGB auf öffentliches Vermögen abzielen. Diesbezüglich sind zunächst die Begriffe des individuellen Vermögens bzw. des Individualvermögens zu klären. Zuerst zum Begriff des individuellen Vermögens: Der *Sonderausschuß für die Strafrechtsreform* äußerte sich zu diesem Begriff nicht eindeutig. Unter Anknüpfung an seine Annahme, § 263 StGB schütze primär das individuelle Vermögen, führte er aus, daß § 263 StGB nicht den Unrechtskern des Subventionsbetrugs treffe. Im nächsten Absatz bezeichnete er dann Subventionen als staatliches Umlaufvermögen.[35] Somit sah der *Sonderausschuß* wohl jedenfalls staatliches Umlaufvermögen nicht als individuelles Vermögen an.

Eberle erwähnt den Begriff des individuellen Vermögens im Zusammenhang mit der Auszahlung eines dem Empfänger nicht zustehenden Subventionsbetrags. In dieser Konstellation könne, so *Eberle*, der Vermögensschaden nur in der Fehlleitung und der damit verbundenen – zumindest teilweisen – Durchkreuzung staatlicher Planung begründet sein. Nach der Zweckverfehlungslehre solle dies zwar ausreichen, um einen Vermögensschaden i.S. des § 263 StGB zu begründen, jedoch sei zweifelhaft, ob diese Auslegung des Vermögensschadensbegriffs nicht den Geltungsbereich des § 263 StGB als einer Vorschrift zum Schutz individuellen Vermögens sprenge.[36] Aus diesen Ausführungen ist nicht zu ersehen, ob *Eberle* letztlich allgemein auf die Vereinbarkeit der Zweckverfehlungslehre mit dem Charakter des Betrugs als Vermögensdelikt abstellt oder ob er meint, die Erfassung der Durchkreuzung staatlicher Planung als Vermögensschaden sei schon deshalb abzulehnen, weil § 263 StGB lediglich das individuelle Vermögen schütze. Eine Klärung des Begriffs des individuellen Vermögens liefern diese Ausführungen daher nicht.

Aufschlußreicher sind die Äußerungen zum Begriff des Individualvermögens. Vereinzelt wird dieser Begriff mit dem des individuellen Vermögens gleichgesetzt.[37] Insgesamt ist die Terminologie allerdings uneinheitlich: *Graßmück* etwa führt aus, daß es sich bei Subventionen nicht um das „Vermögen einer bestimmten Person – demnach nicht um Individualvermögen –, sondern um Vermögensmassen, die aus der Vielzahl der Steuerzahler gebildet werden, also um Sozialvermögen“ handele.[38] Somit ist für *Graßmück* jedenfalls „Sozialvermögen“ kein Individualvermögen, wobei er als Sozialvermögensinteresse ein solches des Staates oder der Gemeinschaft ansieht.[39] Eine ganz ähnliche Terminologie findet sich im *Alternativentwurf eines*

vidualvermögens hinauslaufende Formulierung „§ 263, der das Individualvermögen schützen soll“ in Fußn. 12 eine angeblich „herrschende Meinung [, nach der sich Betrug] ausschließlich gegen das Individualvermögen richte“ heranzieht und sich dieser „herrschenden Meinung“ offenbar anschließt.]; siehe S.249 („Charakter des Individualvermögensdelikts“); im Widerspruch hierzu steht freilich S.224 („vor allem das Individualvermögen schützen soll“).]. – *D. Geerds*, S.29, nimmt – allerdings in einem anderen Kontext – ebenfalls an, daß § 263 StGB das Individualvermögen schütze; Belege für die Annahme eines ausschließlichen Schutzes von Individualvermögen sind bei ihm jedoch nicht ersichtlich.

35 *Sonderausschuß*, 1. WiKG, BT-Drucks. 7/5291, S.3.

36 *Eberle*, S.9.

37 So offenbar *D. Geerds*, S.2 i.V. mit S.29.

38 *Graßmück*, S.5 Fußn. 13.

39 *Graßmück*, S.222.

Strafgesetzbuches. Dort wird – bezogen auf den Versicherungsmißbrauch – zwischen Individualvermögen der Versicherungen und Sozialvermögen der Allgemeinheit unterschieden.[40] Dagegen differenziert *Krauss* ausdrücklich zwischen betrügerischem Verhalten gegenüber dem Staat einerseits und Angriffen auf das Individualvermögen andererseits.[41] Gänzlich konträr hierzu sind *Tröndle* und *Fischer* jedoch der Ansicht, daß auch der Staat Individualvermögen habe.[42] *Lenckner* wiederum unterscheidet zwischen Vermögen des Staates und Vermögen des Einzelnen und scheint dabei letzteres mit individuellem Vermögen gleichzusetzen.[43] *Fuhrhop* dagegen bildet das Begriffspaar Individualvermögen und überindividuelles Vermögen und meint, bei der Subventionserschleichung werde staatliches, überindividuelles Vermögen geschädigt.[44] Ob er damit möglicherweise auch vertreten will, beim Vermögen des Staates handele es sich nicht um ein Individualrechtsgut, kann im vorliegenden Zusammenhang dahingestellt bleiben.[45] Festzuhalten ist an dieser Stelle aber, daß über den genauen Inhalt der Begriffe des individuellen Vermögens und des Individualvermögens im Schrifttum keine Einigkeit besteht. Diejenigen Stimmen, die § 263 StGB vornehmlich oder ausschließlich auf individuelles bzw. auf Individualvermögen erstrecken wollen, verstehen diese Begriffe allerdings im Kern im Sinne einer Abgrenzung zu öffentlichem Vermögen.

Unter Zugrundelegung eines solchen Begriffsverständnisses würden die eingangs genannten Ansichten auf einen weitgehenden Ausschluß öffentlichen Vermögens aus dem Betrugstatbestand hinauslaufen. Daher ist zu untersuchen, ob diese Meinungen Zustimmung verdienen. Soweit ersichtlich, werden für die Behauptungen, § 263 StGB schütze primär individuelles bzw. ausschließlich Individualvermögen keine Begründungen geliefert. Da der Gesetzeswortlaut des § 263 StGB keinen Anhaltspunkt für die genannten Behauptungen enthält, wären Begründungen jedoch zwingend erforderlich.

---

40 *AE*, S.125.

41 *Krauss*, in: Vischer-FS, S.47, 70.

42 *Fischer*, in: Tröndle/Fischer[49] § 263 Rdnr.1b; *Tröndle*[48] § 263 Rdnr.1a.

43 *Lenckner*, in: Schönke/Schröder[25] § 264 Rdnr.1.

44 *Fuhrhop*, S.70.

45 Verbreitet wird unterschieden zwischen Rechtsgütern des einzelnen, sog. Individualrechtsgüter (z.B. Leben und Eigentum), zu denen als Untergruppe auch die höchstpersönlichen Rechtsgüter zu rechnen sind, und Rechtsgütern der Gesamtheit, sog. Universalrechtsgüter (z.B. Sicherheit des Straßenverkehrs) [so etwa *Haft*, AT[8], S.76; *Jescheck/Weigend*[5], S.259; siehe hierzu auch *D. Geerds*, S.21f., der in diesem Zusammenhang auch auf die Unterscheidung von individuellen und überindividuellen Rechtsgütern verweist (a.a.O., S.22 Fußn.31); teilweise anders, allerdings auf die Verfügungszuständigkeit von Rechtsgütern bezogen *Jakobs*, AT[2], S.39 Rdnr.11 („neben die Güter in der Zuständigkeit des einzelnen oder eines Zusammenschlusses von einzelnen treten die (seltener überhaupt verfügbaren) Güter in der Hand des Staates oder der anderen öffentlich-rechtlichen juristischen Personen und die Güter in allgemeiner gesellschaftlicher Zuständigkeit")]. In diesem Sinne wird öffentliches Vermögen jedenfalls dann, wenn es nicht zu hoheitlichen Zwekken dient, als Individualrechtsgut angesehen (*Eser*, in: Schönke/Schröder[25], vor §§ 3-7 Rdnr.15, 22). Dies ist auch – ohne damit allerdings zur Rechtsgutslehre an sich Stellung nehmen zu wollen – zutreffend, da auch juristische Personen (des Öffentlichen Rechts) durchaus als „Einzelne" angesehen werden können.

Aber auch im übrigen überzeugen die genannten Meinungen nicht: Soweit angenommen wird, es werde *primär* individuelles Vermögen geschützt, bleibt unklar, was damit letztlich gemeint ist: Soll nicht-individuelles Vermögen noch von § 263 StGB geschützt werden oder nicht? Oder soll es zwar geschützt werden, aber „weniger" als individuelles? – Wenig aussagekräftig sind auch die Ausführungen *Graßmücks*: Einerseits nimmt *Graßmück* ohne Einschränkung an, daß § 263 StGB ausschließlich Individualvermögen schütze[46], an anderer Stelle führt er dann aber aus, daß *vor allem* Individualvermögen geschützt werden solle.[47] Zu erwähnen ist ferner, daß sowohl *Graßmück* als auch *Eberle* und der *Sonderausschuß für die Strafrechtsreform* § 263 StGB auf die mißbräuchliche Inanspruchnahme von § 264 StGB nicht unterfallenden Subventionen für grundsätzlich anwendbar halten.[48] [49] Damit bleibt aber im Dunkeln, worum es ihnen bei ihren eingangs wiedergegebenen Äußerungen überhaupt geht. Nach alledem ergibt sich somit, daß aus den Behauptungen, § 263 StGB schütze ausschließlich Individualvermögen bzw. primär individuelles Vermögen, eine Nichtanwendbarkeit des § 263 StGB auf öffentliches Vermögen insgesamt nicht hergeleitet werden kann.[50]

2. *Fehlen einer §§ 264 VI 1 StGB, 375 I AO vergleichbaren Bestimmung*

Ein Anknüpfungspunkt für die Prüfung der Anwendbarkeit des § 263 StGB auf öffentliches Vermögen findet sich allerdings auch direkt im Gesetz: Nach § 264 VI 1 StGB kann neben einer Freiheitsstrafe von mindestens einem Jahr wegen einer Straftat nach § 264 I StGB, § 264 II StGB und § 264 III StGB die Fähigkeit, öffentliche Ämter zu bekleiden, und die Fähigkeit, Rechte aus öffentlichen Wahlen zu erlangen, aberkannt werden. Eine entsprechende[51] Bestimmung findet sich auch in § 375 I AO. Die Möglichkeit der Aberkennung der Amtsfähigkeit und der Wählbarkeit nach § 45 II StGB beruht dabei auf der Erwägung, daß derjenige, der sich in hohem Maße staatliche Mittel zu Unrecht verschafft, für eine gewisse Zeit von der Ausübung öffentlicher Ämter und von Rechten aus öffentlichen Wahlen ausgeschlossen werden sollte.[52] Obwohl dieser Gedanke auch auf § 263 StGB übertragbar wäre, enthält § 263 StGB keine § 264 VI 1 StGB entsprechende Vorschrift. Eine Erklärung hierfür könnte darin liegen, daß öffentliches Vermögen dem § 263 StGB überhaupt nicht unterfällt. Auf den ersten Blick erscheint dies zwar als schlüssig, aber im Ergebnis ist diese Auffassung gänzlich unhaltbar. Zu berücksich-

---

46 *Graßmück*, S.5; hierzu oben S.7 Fußn.34.

47 *Graßmück*, S.224.

48 *Eberle*, S.181, 185; *Graßmück*, S.249, der § 263 StGB in diesem Bereich zwar als „zweifelhaften Notbehelf" ansieht, aber dennoch nicht so weit geht, dessen Anwendbarkeit zu verneinen; *Sonderausschuß*, 1. WiKG, BT-Drucks. 7/5291, S.11.

49 Etwaige Probleme im Bereich der Schadensfeststellung sind für die grundsätzliche Anwendbarkeit des § 263 StGB insofern ohne Belang.

50 Vgl. *AE*, S.125; *Fuhrhop*, S.70; *Hack*, S.31; *Lenckner*, in: Schönke/Schröder[25] § 264 Rdnr.1.

51 *Tiedemann*, in: LK[11] § 264 Rdnr.154.

52 *Göhler*, in: Prot.7, S.2709; *Lenckner*, in: Schönke/Schröder[25] § 264 Rdnr.80; *Tiedemann*, in: LK[11] § 264 Rdnr.155, der zutreffend auf das unrechtmäßige Verschaffen *öffentlicher* Mittel abstellt, und ferner hervorhebt, daß nur bei vorsätzlichem Handeln die Nebenfolge verhängt werden könne.

tigen ist auch, daß zahlreiche Delikte eine § 264 VI 1 StGB entsprechende Bestimmung nicht enthalten, aber auch bei ihnen der dieser Vorschrift zugrundeliegende Gedanke verfangen würde; als Beispiele seien hier nur § 266 StGB[53] und § 242 StGB erwähnt. Auf den ersten Blick müßte man konsequenterweise bei all diesen Delikten Handlungen zum Nachteil der öffentlichen Hand ausklammern. Eine solch weitreichende Folge erscheint nicht nur im Ergebnis untragbar; auch aus der Entstehungsgeschichte des § 264 VI 1 StGB ergeben sich für sie keinerlei Anhaltspunkte. Daher ist diese Konsequenz nicht zu ziehen.

Indes ist die Problematik bei § 263 StGB eine ganz spezielle: § 264 StGB wurde schließlich geschaffen, da § 263 StGB für die strafrechtliche Erfassung der mißbräuchlichen Inanspruchnahme von Subventionen als unzulänglich erachtet wurde.[54] Insofern besteht zwischen § 263 StGB und § 264 StGB ein wesentlich „engeres Verhältnis" als zwischen § 264 StGB und anderen Straftatbeständen, so daß das Fehlen einer § 264 VI 1 StGB entsprechenden Vorschrift bei § 263 StGB eher als bei anderen Delikten von Bedeutung sein könnte. Desweiteren stellt sich die Frage, warum bei § 264 StGB schon im Vorfeld einer – nicht erforderlichen – Schädigung öffentlichen Vermögens im Rahmen des § 264 VI 1 StGB die Möglichkeit der Aberkennung der Amtsfähigkeit und der Wählbarkeit besteht, während bei § 263 StGB im Falle einer tatsächlich vorliegenden Schädigung öffentlichen Vermögens eine solche Möglichkeit nicht vorgesehen ist. Auch hierfür könnte eine Erklärung darin liegen, daß § 263 StGB überhaupt nicht auf öffentliches Vermögen anwendbar ist. Es ist aber zweifelhaft, ob diese Konsequenz wirklich zu ziehen ist:

In der Literatur wird das Fehlen einer § 264 VI 1 StGB entsprechenden Bestimmung zwar für wenig befriedigend gehalten[55] und von einer Spannung gesprochen.[56] Dennoch wird – soweit ersichtlich – der Ausschluß öffentlichen Vermögens aus dem Anwendungsbereich des § 263 StGB als Folge dieser Spannung nicht einmal erwogen, geschweige denn angenommen. Es fragt sich, ob dies zutreffend ist. Zunächst ist darauf hinzuweisen, daß bei der Schaffung des § 264 VI 1 StGB im Vordergrund die Erwägung stand, eine Harmonisierung mit dem damaligen § 401 RAO – dem der nunmehr geltende § 375 AO im wesentlichen entspricht[57] – herbeizuführen. Hierfür wurde angeführt, daß es nicht verständlich wäre, wenn eine entsprechende Regelung zwar bei indirekten Subventionen gelte, bei direkten Subventionen aber nicht vorgesehen sei.[58] In Anbetracht der Tatsache, daß die ganz h.M. § 263 StGB weiterhin auch auf die mißbräuchliche Inanspruchnahme direkter Subventionen für anwendbar hält[59], überzeugt diese Begründung allerdings nur wenig. Gewichtiger erscheint der gleichfalls vorgetragene Hinweis darauf, daß es eine § 264 VI StGB entsprechende Vorschrift nur bei solchen Delikten gebe, bei denen

---

53 Auf das Fehlen einer § 264 VI StGB n.F./§ 264 V StGB a.F. entsprechenden Bestimmung bei § 266 StGB hat ausdrücklich *von Schoeler*, in: Prot.7, S.2709, verwiesen.

54 Siehe dazu bereits oben S.1.

55 *Lenckner*, in: Schönke/Schröder[25] § 264 Rdnr.80; *Tiedemann*, in: LK[11] § 264 Rdnr.155.

56 *Göhler*, in: Prot.7, S.2709.

57 *Scheurmann-Kettner*, in: Koch/Scholtz[5] § 375 Rdnr.2.

58 *Göhler*, in: Prot.7, S.2709.

59 Siehe dazu im einzelnen unten S.40ff.

typischerweise der Staat und seine Einrichtungen geschützt würden, nicht jedoch bei solchen Straftatbeständen, bei denen staatliche Einrichtungen oder staatliche Gelder als Angriffsobjekt nur in Betracht kommen könnten.[60] Dieser Gedanke vermag zwar an sich zu überzeugen, trägt jedoch dem engen Verhältnis zwischen § 263 StGB und § 264 StGB keine Rechnung.

Insgesamt erscheint die Bestimmung des § 264 VI 1 StGB somit jedenfalls im Verhältnis zu § 263 StGB als mißglückt. Das *Bundesministerium der Justiz* hat zwar vor geraumer Zeit eine Überprüfung der Androhung von Nebenfolgen ins Auge gefaßt[61], derzeit ist jedoch von seiner Seite nicht beabsichtigt, eine § 264 VI StGB entsprechende Regelung auch bei anderen Tatbeständen (z.B. §§ 263, 266 StGB) zu schaffen, sofern dort öffentliches Vermögen betroffen wird.[62] *Tiedemann* plädiert dennoch dafür, bis zur Verwirklichung einer entsprechenden Reform von § 264 VI 1 StGB um der Gleichmäßigkeit der Strafrechtspflege willen nur zurückhaltend und insbesondere bei umfangreichen Subventionserschleichungen Gebrauch zu machen.[63] Unterstellt man einmal, daß § 263 StGB auch auf die mißbräuchliche Inanspruchnahme von Subventionen anwendbar ist[64], so ist zu *Tiedemanns* Ansicht zu bemerken, daß auch bei § 263 StGB Subventionen in einem erheblichen Umfang von Angriffen betroffen werden können. Ob der Position *Tiedemanns* zuzustimmen ist, kann an dieser Stelle freilich offenbleiben: Klärungsbedürftig ist hier nur, ob bei § 263 StGB durch das Fehlen einer § 264 VI 1 StGB entsprechenden Bestimmung öffentliches Vermögen dem Anwendungsbereich entzogen ist. Dies ist zu verneinen, da § 264 StGB geschaffen wurde, um bestehenden Schwierigkeiten, die mißbräuchliche Inanspruchnahme von Subventionen im Rahmen des § 263 StGB zu erfassen, wirksam zu begegnen. Durch den später geschaffenen § 264 StGB sollte der Anwendungsbereich des § 263 StGB nicht eingeschränkt werden. Das Fehlen einer § 264 VI 1 StGB entsprechenden Bestimmung schließt daher die Anwendbarkeit des § 263 StGB auf öffentliches Vermögen nicht aus.

3. Fehlende Strafwürdigkeit von Angriffen auf öffentliches Vermögen?

Öffentliches Vermögen könnte der Anwendbarkeit des Betrugstatbestands insgesamt möglicherweise auch entzogen sein, wenn auf solches Vermögen gerichtete Angriffe von vornherein überhaupt nicht strafwürdig wären oder – wie das *schweizerische BG* in Betracht gezogen hat[65] – gegenüber vergleichbaren Angriffen auf

---

60 *Göhler*, in: Prot.7, S.2709.

61 *Göhler*, in: Prot.7, S.2709, der bereits 1976 davon sprach, daß diese Überprüfung schon längere Zeit ins Auge gefaßt sei.

62 Schreiben des *Bundesministeriums der Justiz* an den Verfasser vom 6.3.1997 unter dem Geschäftszeichen II A 2 - 4000 II - 23 0243/97.

63 *Tiedemann*, in: LK[11] § 264 Rdnr.155.

64 Eingehend dazu unten S.40ff.

65 *BGE* 110 IV 24, 28f., wo allerdings i.E. angenommen wird, daß die Schädigung eines Staates oder einer Gemeinde im Prinzip nicht weniger strafwürdig sei als die Schädigung eines privatrechtlichen Vermögens.

privates Vermögen eine geringere Strafwürdigkeit aufweisen würden und die dafür maßgeblichen Gründe sich auf überzeugende Weise bis zu einem Ausschluß vom Tatbestand „weiterdenken" ließen. Beide Ansätze werden in Deutschland gegenwärtig – soweit ersichtlich – nicht diskutiert. Offenbar hält man entsprechende „Gedankenspiele" heutzutage für so abwegig, daß man sich nicht einmal zu ihnen äußert.

a) Rechtsprechung und Literatur in Deutschland nach dem 2. Weltkrieg

Anders war es allerdings noch direkt nach dem 2. Weltkrieg: In der sowjetischen Besatzungszone fand sich damals in Justiz und Bevölkerung häufig die Auffassung, Angriffe auf öffentliches Vermögen seien nicht so verwerflich, weil durch sie nicht das Rechtsgut eines Individuums verletzt werde, sondern nur ein Rechtsgut der Allgemeinheit.[66]

In Westdeutschland wurde in der Nachkriegszeit in mehreren Arbeiten eingehend das Unrechtsbewußtsein des sog. Unterstützungsbetrügers[67] untersucht. Dabei kam man zu dem Ergebnis, daß das Unrechtsbewußtsein in vielen Fällen gering sei.[68] Neben der häufig bestehenden Not des Täters[69] wurden verschiedene Gründe hierfür ausgemacht: So wurde angeführt, daß in der Bevölkerung die Auffassung „Schädige den Staat, wo du kannst!"[70] weit verbreitet sei. Auch hätten viele Täter, die jahrelang verschiedene Beiträge – etwa für die staatliche Sozialversicherung – geleistet hätten, das Gefühl, es sei mehr recht als billig, diese „Einlagen" auch zurückzubekommen.[71] Ferner ergebe sich das geringe Unrechtsbewußtsein auch aus der leichten Begehbarkeit des Unterstützungsbetrugs[72], und außerdem beseitige die Anonymität des Geschädigten Hemmvorstellungen, die der Täter bei einer ihm bekannten Individualperson oftmals haben würde.[73] Diese Motivationen dürften freilich nicht nur im Bereich des Unterstützungsbetrugs zu finden sein, sondern häufig auch bei Angriffen auf öffentliches Vermögen in anderen Bereichen. In den genannten Untersuchungen aus der Nachkriegszeit fanden die herausgearbeiteten Mo-

66 Vgl. hierzu *Weiss*, NJ 1948, 131, 134, der diese Ansicht freilich bekämpfen will. Die ihr zugrundeliegenden Erwägungen zeigt er nicht auf. – *Weiss*, ebenda, spricht in diesem Zusammenhang zwar vom Volkseigentum; hierbei handelt es sich jedoch um öffentliches Vermögen i.S. westlicher und dieser Untersuchung zugrundegelegter Terminologie [eingehend hierzu unten S.279f. mit zahlreichen Nachweisen].

67 *D. Schäfer*, S.139, zählt zum Unterstützungsbetrug „alle Fälle, in denen meldepflichtiges Einkommen verschwiegen, unbefugt Krankengeld abgehoben oder Kriegsbeschädigtenrente usw. bezogen wird."; ähnlich offenbar auch *Sauter*, S.135; weitergehend *Karstendiek*, S.16, der auch den Betrug zum Nachteil einer (privatrechtlichen) Versicherungsgesellschaft in diese Gruppe einordnet.

68 *D. Schäfer*, S.139; vgl. *Karstendiek*, S.16; *Sauter*, S.136.

69 Vgl. *Karstendiek*, S.16; *D. Schäfer*, S.139.

70 Vgl. hierzu *Karstendiek*, S.16; siehe auch *Sauter*, S.135f., der berichtet, daß nach verbreiteter Meinung kleine Unehrlichkeiten gegenüber staatlichen Einrichtungen sittlich in keinster Weise belastend seien; vgl. hierzu aus der älteren Literatur auch *Köstlin*, Abt.II, S.145.

71 Vgl. hierzu *Karstendiek*, S.16; *D. Schäfer*, S.139; *Sauter*, S.136.

72 Vgl. hierzu *Karstendiek*, S.16; *D. Schäfer*, S.139; siehe auch *Sauter*, S.135.

73 Vgl. hierzu *Karstendiek*, S.16; *D. Schäfer*, S.139; vgl. zuvor bereits *Sicking*, S.52; siehe auch *Daniels*, S.67; *H. Schäfer*, Kriminalistik 1962, 385.

tivationen zwar größtenteils keine Zustimmung, aber man trug ihnen – wenn auch unter Bedauern – Rechnung: auf sie gestützt nahmen einige Autoren an, daß der Unterstützungserschleichung tatsächlich eine geringere Strafwürdigkeit zukomme als anderen Betrügereien.[74]

Fraglich ist, ob sich mit den aufgezeigten Motivationen tatsächlich eine fehlende oder geringere Strafwürdigkeit von Angriffen auf öffentliches Vermögen gegenüber solchen auf privates begründen läßt: Zumindest die Auffassung „Schädige den Staat, wo du kannst!“ ist hierzu nicht in der Lage.[75] Die übrigen Beweggründe sind dagegen nicht zwangsläufig auf die mißbräuchliche Inanspruchnahme öffentlicher Gelder beschränkt: auch bei der Schädigung juristischer Personen des Privatrechts könnten sie verfangen.[76] Eine schlechthin geringere Strafwürdigkeit von Angriffen auf öffentliches Vermögen gegenüber Angriffen auf privates Vermögen läßt sich mit ihnen daher nicht begründen.

In der deutschen Literatur und Rechtsprechung haben die aufgezeigten Gesichtspunkte denn auch keinen nachhaltigen Niederschlag gefunden. Heutzutage steht eine geringere oder gar fehlende Strafwürdigkeit von Angriffen auf öffentliches Vermögen bei § 263 StGB in Deutschland nicht zur Diskussion. Ein Blick in das schweizerische Recht legt jedoch nahe, gerade dies zu hinterfragen:

b) Gesetzliche Regelungen und Stand der Meinungen in der Schweiz

Der schweizerische Betrugstatbestand (Art.146 I SchwStGB[77]) entspricht weitgehend[78] dem § 263 I StGB.[79] Daneben gibt es in der Schweiz noch den sog. Lei-

---

74 *Karstendiek*, S.16, 20; *Sauter*, S.135f.

75 Vgl. bereits *Köstlin*, Abt.II, S.145.

76 Vgl. bereits *Jehle*, S.46; bzgl. privatrechtlicher Versicherungsgesellschaften auch *Karstendiek*, S.16.

77 *Art. 146 SchwStGB* (Betrug) in der seit 1.1.1995 geltenden Fassung lautet:
„Wer in der Absicht, sich oder einen andern unrechtmässig zu bereichern, jemanden durch Vorspiegelung oder Unterdrückung von Tatsachen arglistig irreführt oder ihn in einem Irrtum arglistig bestärkt und so den Irrenden zu einem Verhalten bestimmt, wodurch dieser sich selbst oder einen andern am Vermögen schädigt, wird mit Zuchthaus bis zu fünf Jahren oder mit Gefängnis bestraft.
Handelt der Täter gewerbsmässig, so wird er mit Zuchthaus bis zu zehn Jahren oder mit Gefängnis nicht unter drei Monaten bestraft.
Der Betrug zum Nachteil eines Angehörigen oder Familiengenossen wird nur auf Antrag verfolgt.“
Art.146 SchwStGB entspricht trotz geringfügiger Änderungen weitgehend der Vorgängerbestimmung Art.148 SchwStGB a.F. Die nachfolgend wiedergegebenen schweizerischen Ausführungen beziehen sich ganz überwiegend noch auf Art.148 SchwStGB a.F. Die im folgenden zitierten Ansichten lassen sich jedoch auch auf Art.146 SchwStGB übertragen.
Art.148 SchwStGB a.F. (Betrug) lautete:
„Wer in der Absicht, sich oder einen andern unrechtmässig zu bereichern, jemanden durch Vorspiegelung oder Unterdrückung von Tatsachen arglistig irreführt oder den Irrtum eines anderen arglistig benutzt und so den Irrenden zu einem Verhalten bestimmt, wodurch dieser sich selbst oder einen andern am Vermögen schädigt, wird mit Zuchthaus bis zu fünf Jahren oder mit Gefängnis bestraft.
Der Betrüger wird mit Zuchthaus bis zu zehn Jahren und mit Busse bestraft, wenn er den Betrug gewerbsmässig betreibt.
Der Betrug zum Nachteil eines Angehörigen oder Familiengenossen wird nur auf Antrag verfolgt.“

stungs- und Abgabebetrug gemäß Art.14 VStrR[80], der als ein betrugsähnliches Delikt zum Nachteil des Gemeinwesens angesehen wird.[81] Zwar ist der Anwendungsbereich des Art.14 VStrR beschränkt[82] und umstritten, doch gerade im vorliegenden Zusammenhang ist diese Bestimmung bedeutsam: vergleicht man nämlich den Strafrahmen des Leistungsbetrugs nach Art.14 I VStrR (Gefängnis oder Buße) mit dem des Art.146 I SchwStGB (Zuchthaus[83] bis zu fünf Jahren oder Gefängnis), ergibt sich, daß bei ersterem die Strafdrohung im Falle der erfolgreichen Erschleichung einer Leistung des Gemeinwesens geringer ist als bei einem Betrug nach Art.146 I SchwStGB, der das tatsächliche Erlangen einer Leistung nicht einmal erfordert. Auch der Abgabebetrug gemäß Art.14 II VStrR weist mit seinem Strafrahmen (Gefängnis bis zu einem Jahr oder Buße bis 30.000 Franken)[84] eine geringere Strafdrohung als Art.146 I SchwStGB auf.[85]

---

78 Der bedeutsamste Unterschied zu § 263 StGB besteht im Erfordernis von Arglist.

79 Nach *Ardinay*, SchwZStR 86 (1970), 225, 227, nimmt der schweizerische Betrugstatbestand eine Mittelstellung zwischen der germanischen und der französischen Betrugskonzeption ein (siehe dazu auch *Tiedemann*, in: LK[11] vor § 263 Rdnr.53 m.w.N.). *Kienapfel*, BT II[3], Art.146 Rdnr.3, ist der Ansicht, Art.148 SchwStGB a.F. habe das Modell des deutschen Rechts übernommen. Im Hinblick auf das Erfordernis von Arglist dürfte diese Einschätzung allerdings zu weitgehend sein.

80 *Art.14 VStrR* lautet:
„Wer die Verwaltung, eine andere Behörde oder einen Dritten durch Vorspiegelung oder Unterdrückung von Tatsachen arglistig irreführt oder sie in einem Irrtum arglistig bestärkt und so für sich oder einen andern unrechtmässig eine Konzession, eine Bewilligung oder ein Kontingent, einen Beitrag, die Rückerstattung von Abgaben, eine andere Leistung des Gemeinwesens erschleicht, oder bewirkt, dass der Entzug einer Konzession, einer Bewilligung oder eines Kontingents unterbleibt, wird mit Gefängnis oder Busse bestraft.
Bewirkt der Täter durch sein arglistiges Verhalten, dass dem Gemeinwesen unrechtmässig und in einem erheblichen Betrag eine Abgabe, ein Beitrag oder eine andere Leistung vorenthalten oder dass es sonst am Vermögen geschädigt wird, so ist die Strafe Gefängnis bis zu einem Jahr oder Busse bis zu 30000 Franken.
Sieht das einzelne Verwaltungsgesetz für die entsprechende nicht arglistig begangene Widerhandlung einen höheren Höchstbetrag der Busse vor, so gilt dieser auch in den Fällen der Absätze 1 und 2."

81 *Schubarth*, in: Schubarth/Albrecht Art.148 Rdnr.131. – *Krauss*, in: Vischer-FS, S.47, 67, 71, sieht Art.14 VStrR als lex specialis zu Art.148 SchwStGB a.F. an, *BGE* 112 IV 19 als privilegierende Strafnorm; bezogen auf Art.14 I VStrR und Art.148 SchwStGB a.F. *BGE* 117 IV 153, 158; *Betschart*, S.113.

82 *Schubarth*, in: Schubarth/Albrecht Art.148 Rdnr.132.

83 Nach Art.35 Satz 1 SchwStGB ist die Zuchthausstrafe die schwerste Freiheitsstrafe in der Schweiz.

84 Die unterschiedliche Strafdrohung zwischen Leistungs- und Abgabebetrug wurde im Gesetzgebungsverfahren mit den gleichen Erwägungen begründet, die der Privilegierung des Art.14 VStrR (damals Art.16 Entwurf VStrR) gegenüber dem allgemeinen Betrugstatbestand zugrundeliegen (Botschaft des *Schweizerischen Bundesrates*, BBl. 1971 I S.1000); kritisch hierzu *Betschart*, S.127f.

85 Auf die unterschiedlichen Strafrahmen von Art.14 VStrR und Art.148 SchwStGB a.F. wird ausdrücklich hingewiesen von *Schubarth*, in: Schubarth/Albrecht Art.148 Rdnr.131; wohl primär auf Art.14 I VStrR bezogen *Krauss*, in: Vischer-FS, S.47, 70, siehe auch S.71 („Mehrzahl der einschlägigen Manipulierungsfälle durch Art.14 VStrR aus dem Anwendungsbereich des Art.148 StGB [a.F.] ausgeklammert und damit gegenüber dem bisherigen Rechtszustand deutlich privilegiert."). – Kritisch zu dem gegenüber Art.146 I SchwStGB n.F./Art.148 I SchwStGB a.F. geringeren Strafrahmen des Art.14 VStrR *Schubarth*, in: Schubarth/Albrecht Art.148 Rdnr.131; *H. Schultz*, S.25 (zitiert nach *Betschart*, S.136 Fußn.767); *Trechsel*[2] Art.335 Rdnr.10; wohl auch *Betschart*, S.136ff.

Fraglich ist, warum die Strafrahmen unterschiedlich sind. Ein Teil der Literatur geht davon aus, daß die Privilegierungen des Art.14 VStrR auf der Ansicht fußen, eine Schädigung des Staates sei weniger schlimm als die eines Privaten.[86] Zwar wird dieser Gedanke vornehmlich im Zusammenhang mit den geringeren Strafdrohungen des Art.14 VStrR erwähnt, konsequent weitergedacht könnten die dafür maßgeblichen Gründe möglicherweise aber sogar auch dem Anwendungsbereich des allgemeinen Betrugstatbestands das gesamte öffentliche Vermögen entziehen. Dies wurde sogar vom *BG* in Betracht gezogen.[87] Die für die geringeren Strafrahmen bzw. die geringere Strafwürdigkeit angeführten Gründe sind daher im folgenden darzustellen und zu beleuchten:

aa) Bessere Kontrollmöglichkeiten und besondere Untersuchungsbefugnisse

In erster Linie wird darauf abgestellt, daß der Staat im Gegensatz zum Privaten über bessere Kontrollmöglichkeiten und besondere Untersuchungsbefugnisse verfüge.[88] Es trifft zwar sicherlich zu, daß eine natürliche Person gelegentlich eher an faktische – insbesondere finanzielle – Grenzen bei der Überprüfung von Täterangaben stößt als die öffentliche Verwaltung.[89] Ganz anders stellt sich die Lage aber bei Großunternehmen dar: Diese dürften kaum schlechtere – eher bessere – Kontrollmöglichkeiten als die öffentliche Hand haben[90], so daß sich unter diesem Aspekt eine schlechthin geringere Schutzbedürftigkeit öffentlichen Vermögens gegenüber privatem nicht festmachen läßt. Zu berücksichtigen ist allerdings, daß der öffentlichen Verwaltung in der Tat auch Untersuchungsbefugnisse zustehen, die eine Privatperson grundsätzlich nicht hat. Jedoch ist zu bedenken, daß die Befugnisse der öffentlichen Verwaltung dabei durch zahlreiche Schranken begrenzt sind.[91] Demgegenüber sind Privatpersonen bei ihren Untersuchungen an *diese* Schranken weitgehend nicht gebunden. Auch im Hinblick auf besondere Untersuchungsbefugnisse läßt sich eine geringere Schutzbedürftigkeit öffentlichen Vermögens somit nicht begründen.[92]

---

86 *Schubarth*, in: Schubarth/Albrecht Art.148 Rdnr.131; *Krauss*, in: Vischer-FS, S.47, 71 (mit dem Begriffspaar Staat/Individuum), der diese Auffassung freilich klar ablehnt. *Schubarth*, ebenda, hält sie zumindest für fragwürdig. Vgl. hierzu auch *Betschart*, S.136, der der Ansicht ist, im Zusammenhang mit der Aufnahme eines Leistungs- und Abgabebetrugstatbestands in das VStrR sei ausgiebig darüber diskutiert worden, ob Betrugshandlungen gegenüber dem Staat milder zu bestrafen seien als solche gegenüber Privaten. – *Krauss*, in: Vischer-FS, S.47, 70, nimmt darüber hinaus an, daß in den Gesetzgebungsverfahren zu § 264 StGB einerseits und Art.14 I VStrR andererseits offenbar ganz verschiedene Wertungsmaßstäbe zugrunde lagen.

87 *BGE* 110 IV 24, 29.

88 Botschaft des *Schweizerischen Bundesrates*, BBl. 1971 I S.1000; wohl auch *Noll*, SchwZStR 72 (1957), 361, 384; vgl. hierzu *BGE* 110 IV 24, 28.

89 Ganz anders allerdings *Graßmück*, S.234, der meint, der Staat sei anders als der Privatmann nur in seltenen Fällen in der Lage, Anträge sorgfältig zu überprüfen. Schon aus Zeit- und Kostengründen müsse auf ausreichende Kontrollen verzichtet werden.

90 *Betschart*, S.136.

91 *Betschart*, S.136; vgl. *Krauss*, in: Vischer-FS, S.47, 71.

92 So jedenfalls im Ergebnis auch *Betschart*, S.136; vgl. *Krauss*, in: Vischer-FS, S.47, 71; *Schubarth*, in: Schubarth/Albrecht Art.148 Rdnr.131; wohl auch *BGE* 117 IV 153, 158, wo bezogen auf die

bb) Fehlende Opfersituation

Teilweise wird in bezug auf die Privilegierungen des Art.14 VStrR auch ausgeführt, daß es bei öffentlichem Vermögen an der besonderen Opfersituation des Betrugs fehle.[93] Angriffe gegen die öffentliche Hand lösten kein individuelles Leiden aus und gefährdeten niemandes Existenz.[94] Dieser Gedanke ist allerdings kein taugliches Kriterium, um zwischen öffentlichem und privatem Vermögen zu differenzieren: Auch bei juristischen Personen des Privatrechts stellt sich die Frage nach der Opfersituation weitgehend in der gleichen Weise.[95] Ein Angriff löst auch hier – zumindest unmittelbar – kein „individuelles" Leiden aus.[96] Das Argument der fehlenden Opfersituation kann eine schlechthin geringere Strafwürdigkeit von Angriffen auf öffentliches Vermögen somit nicht begründen.[97]

cc) Andersartige Schutzbedürfnisse

Betschart plädiert für die Schweiz de lege ferenda für die Schaffung eines Sondertatbestands bei der Täuschung bzw. pflichtwidrigen Nichtaufklärung gegenüber Be-

---

Privilegierung des Art.14 I VStrR gegenüber dem Betrug gemäß Art.148 SchwStGB a.F. ausgeführt wird, daß die erweiterten Kontrollmöglichkeiten der Verwaltung gegenüber Privaten weniger die Schwere des Tatunrechts berühren würden, als vielmehr die Frage, ob eine falsche Angabe arglistig sei; die Schädigung des Gemeinwesens sei im Prinzip nicht weniger strafwürdig als die Schädigung eines Privaten, die Privilegierung des Leistungsbetrugs gemäß Art.14 I VStrR gegenüber dem Betrug nach Art.148 SchwStGB a.F. könne unter Umständen fragwürdig sein.

93 Vgl. hierzu *Krauss*, in: Vischer-FS, S.47, 71, der auf diesen Standpunkt zwar verweist, ihn jedoch klar ablehnt. – Siehe andererseits aber auch *Tiedemann*, in: Tiedemann (Hrsg.), Die Verbrechen in der Wirtschaft[1], S.9, 29, der zwar annimmt, daß das besondere psychologische Gefüge, welches § 263 StGB beim Opfer voraussetze, bei einem überindividuellen Gegenüber des Täters nicht vorliege, der aber meint, das Überindividuelle sei generell erhöht schutzbedürftig.

94 Vgl. hierzu *Krauss*, in: Vischer-FS, S.47, 71. – Dieser Gedanke dürfte einer der Gründe für die verbreitete Auffassung sein, die Schädigung der öffentlichen Hand sei ein „Kavaliersdelikt". Siehe hierzu auch *Tiedemann*, in: Tiedemann (Hrsg.), Die Verbrechen in der Wirtschaft[1], S.9, 24f., der einen Zusammenhang zwischen dem Fehlen eines konkreten Gegenübers und dem kriminellen Empfinden des Täters annimmt. *Jehle*, S.46, wies darauf hin, daß in weiten Volkskreisen ein Rechtsbewußtsein bestehe, wonach der Betrug auf Kosten juristischer Personen im allgemeinen für leichter erachtet werde als der Betrug auf Kosten einer physischen Person, und zwar wohl deshalb, weil persönliche Beziehungen, Willensmißachtung und -mißbrauch, die bei der Pönalisierung des Betrugs ein nicht zu unterschätzendes Moment bilden würden, nicht in derselben Weise wie sonst hervorträten.

95 Der bedeutsamste Unterschied dürfte wohl im Hinblick auf eine „Existenzgefährdung" bestehen.

96 In diesem Sinne auch *Jehle*, S.46; vgl. auch *Karstendiek*, S.16.

97 So im Ergebnis auch *Krauss*, in: Vischer-FS, S.47, 71; *Tiedemann*, in: Tiedemann (Hrsg.), Die Verbrechen in der Wirtschaft[1], S.9, 29. – *Krauss*, in: Vischer-FS, S.47, 71, führt darüber hinaus an, das Argument der fehlenden besonderen Opfersituation mute tautologisch an: Das moderne Wirtschaftsstrafrecht setze sich ja gerade zum Ziel, das herkömmliche „Opferdenken" zu überwinden und neben der individuellen Aggression gegen den Rechtsgenossen der Bekämpfung der „Systemkriminalität" den ihr gebührenden Rang einzuräumen. Denn das individuelle Leiden des Opfers im Bereich der klassischen Vermögenskriminalität werde mindestens kompensiert durch die unermeßlichen Schäden, die eine gegen die „anonyme" Gemeinschaft gerichtete Kriminalität der Volkswirtschaft zufügen könne.

hörden.[98] Der Strafrahmen soll dabei höher als bei Art.14 VStrR, aber wohl geringfügig niedriger als beim allgemeinen Betrugstatbestand sein.[99] Zur Begründung dieses Strafrahmens führt *Betschart* an, daß die öffentliche Hand im Vergleich zum Privaten grundsätzlich andere Schutzbedürfnisse habe, die mit wirtschaftlichen Denkkategorien bereits im Bereich einseitig finanzieller – geschweige denn immaterieller – Leistungen sowie bei einseitigen Forderungen nicht zu erfassen seien.[100] Der Vermögensschutz, der durch den allgemeinen Betrugstatbestand verwirklicht werde, diene primär den Interessen des Vermögen Akkumulierenden. Diese Schutzrichtung laufe bei öffentlichem Vermögen allerdings leer, weil hier nicht die Akkumulation von Vermögen angestrebt sei, sondern im Vordergrund die wirtschafts- und sozialpolitisch sinnvolle Steuerung der Vermögensverteilung – und letztlich die Herbeiführung einer möglichst gerechten Gesellschaftsordnung – stehe.[101] *Betschart* meint, daß sich ein wesensmäßiger Unterschied zwischen öffentlichem und privatem Vermögen hieraus zwar nicht ergebe, die unterschiedliche Zielrichtung des privaten und öffentlichen Umgangs mit dem Vermögen aber nach entsprechenden Konsequenzen beim Strafrechtsschutz rufe.[102] Die generelle Anwendbarkeit des allgemeinen Betrugstatbestands auf öffentliches Vermögen verneint er allerdings nicht; wie die Bezugnahme auf die Strafdrohung des Art.148 SchwStGB a.F. zeigt, geht er von ihr vielmehr aus.

Fraglich ist, ob *Betscharts* Sichtweise zutreffend ist. *Betschart* ist entgegenzuhalten, daß seine Ausführungen einen Beweis dafür vermissen lassen, daß die unterschiedliche Zielrichtung des privaten und öffentlichen Umgangs mit Vermögen zu der von ihm angenommenen Konsequenz beim Strafrechtsschutz führen soll. Es bleibt unklar, warum der Zweck der wirtschafts- und sozialpolitisch sinnvollen Steuerung der Vermögensverteilung – der „Herbeiführung einer möglichst gerechten Gesellschaftsordnung" – im Ergebnis zu einer geringeren Strafwürdigkeit von Angriffen auf öffentliches Vermögen gegenüber Angriffen auf privates führen soll, wenn doch Anknüpfungspunkt für die Beurteilung der Strafbarkeit nicht dieser

---

98 *Betschart*, S.126ff. – Ein „vereinigter Erschleichungstatbestand" könnte nach *Betschart*, S.128, im Ausgangspunkt folgenden Wortlaut haben: „Wer durch Täuschung bzw. pflichtwidrige Nichtaufklärung der Behörde bewirkt, dass der Bund (bzw. Kanton) irrtümlich ihm oder einem andern unrechtmässig einen einseitigen finanziellen Vorteil gewährt, indem er eine einzelne Leistung zuspricht oder eine Dauerleistung nicht widerruft oder eine Forderung nicht oder unvollständig festsetzt, wird mit ... bestraft." – Ein Gefährdungstatbestand könnte nach *Betschart*, S.133, folgenden Wortlaut haben: „Wer in einem Verfahren über die Gewährung von einseitigen finanziellen Vorteilen des Bundes (bzw. des Kantons) über entscheidungserhebliche Tatsachen für sich oder einen andern unrichtige oder unvollständige Angaben macht oder die Behörde darüber pflichtwidrig in Unkenntnis lässt, wird mit .... bestraft."

99 *Betschart*, S.138 („immer mit Gefängnis zu bestrafen" [also weder die Möglichkeit zur Verhängung einer Geldbuße (Art.14 VStrR) noch zu Zuchthaus (Art.146 SchwStGB)]).

100 *Betschart*, S.138.

101 *Betschart*, S.137.

102 *Betschart*, S.137.
Dabei läßt sich nach *Betschart*, S.138, aus der Strafdrohung des Art.148 SchwStGB a.F. ableiten, daß der Zweck der Vermögensakkumulation beim Privaten jedenfalls nicht massiv schützenswerter sei als es die Leistungs- und Steuerzwecke beim Staat seien.

Zweck, sondern das dahinterstehende öffentliche Vermögen ist. *Betscharts* Ausführungen verdienen somit keine Zustimmung.

c) Zwischenergebnis

Da keine weiteren Ansatzpunkte ersichtlich sind, ergibt sich insgesamt, daß Angriffe auf öffentliches Vermögen im Rahmen des § 263 StGB keine schlechthin geringere Strafwürdigkeit als solche auf privates Vermögen aufweisen.[103] Somit ist die Anwendbarkeit des § 263 StGB auf öffentliches Vermögen unter diesem Gesichtspunkt nicht ausgeschlossen.[104]

4. Verantwortlichkeit der öffentlichen Verwaltung im Bereich des „Prozeß"-bzw. Behördenbetrugs (Österreich)?

In Österreich wurde die mißbräuchliche Inanspruchnahme öffentlicher Gelder häufig nicht als Betrug bestraft.[105] Da der österreichische Betrugstatbestand des § 146 ÖStGB[106] dem § 263 StGB ähnelt[107], ist diese Handhabung im vorliegenden Zusammenhang von besonderem Interesse. Diskutiert wird diese Thematik in Österreich teilweise unter dem Stichwort des Prozeßbetrugs[108], dem damit eine an-

---

103 So im Ergebnis auch *Dietrich*, S.50; *Schäfer*, S.125; *BGHZ* 106, 204, 210; *ÖOGH*, EvBl. 1989/ Nr.44, S.149, 150 = JBl. 1989, 59f. („Kein Anlaß, die öffentliche Hand bei Auslegung [des Betrugstatbestands] schlechter zu stellen, als private Geschädigte"); *BGE* 110 IV 24, 29 („Schädigung eines Staates oder einer Gemeinde ist im Prinzip nicht weniger strafwürdig als die Schädigung eines privatrechtlichen Vermögens"); *BGE* 117 IV 153, 158 („Schädigung des Gemeinwesens ist im Prinzip nicht weniger strafwürdig als die Schädigung eines Privaten"); vgl. *BGE* 96 IV 155, 166 (bzgl. Urkundenfälschung); siehe auch *Schmidt-Hieber*, NJW 1980, 322, 324; *Wolf* (1997), S.180; ders. (1998), S.168; nicht ganz eindeutig *RG*, DRiZ Rspr. 1934, Nr.112 Sp.108, 110.

104 Vgl. *BGE* 110 IV 24, 29 (bezogen auf Art.148 SchwStGB a.F.). – Ob ein Angriff auf öffentliches Vermögen möglicherweise strafwürdiger als ein Angriff auf privates Vermögen ist, muß an dieser Stelle nicht weiter vertieft werden [dazu jedoch unten S.235f.].

105 Siehe hierzu *Bertel*, ÖJZ 1989, 144; eingehende Darstellung bei *Steininger*, in: Leukauf/Steininger[3] § 146 Rdnr.30ff.

106 *§ 146 ÖStGB* (Betrug) lautet:
„Wer mit dem Vorsatz, durch das Verhalten des Getäuschten sich oder einen Dritten unrechtmäßig zu bereichern, jemanden durch Täuschung über Tatsachen zu einer Handlung, Duldung oder Unterlassung verleitet, die diesen oder einen anderen am Vermögen schädigt, ist mit Freiheitsstrafe bis zu sechs Monaten oder mit Geldstrafe bis zu 360 Tagessätzen zu bestrafen."

107 Zu den Abweichungen *Kienapfel*, BT II[3], § 146 Rdnr.4ff., der auch darauf hinweist, daß der Betrug von der österreichischen Praxis insgesamt nicht so extensiv gehandhabt werde, wie im deutschen Recht (a.a.O., Rdnr.5).

108 *Liebscher*, in: WK, 10. Lfg., § 146 Rdnr.15 („Unter dem Stichwort „Prozeßbetrug" wird das Problem verstanden, ob Personen, die bei öffentlichen Stellen (nicht nur bei Gerichten, sondern auch bei Verwaltungsbehörden, Schiedsgerichten) durch unrichtige Angaben Leistungen erschleichen, auf die sie mangels der gesetzlichen Fundierung keinen Anspruch haben, sich des Betruges schuldig machen."); *Schmoller*, JZ 1991, 117, 126, 128; *Schwaighofer*, RdW 1984, 272. – *Bertel*, ÖJZ 1989, 144, sieht als Prozesse auch Verwaltungsverfahren an, in denen es der Antragsteller nur mit der Behörde zu tun hat.

dere Bedeutung als in Deutschland beigelegt wird.[109] Statt Proßzeßbetrug sprechen andere auch vom Behördenbetrug.[110] Um Verwechslungen mit der deutschen Terminologie zu vermeiden, wird im folgenden die Bezeichnung Behördenbetrug gewählt. Angesiedelt wird die Problematik des Behördenbetrugs in Österreich ganz überwiegend beim Tatbestandsmerkmal der Täuschung[111], vereinzelt wird sie jedoch auch im Zusammenspiel mit dem Merkmal des Vermögensschadens[112] oder in bezug auf die Rechtswidrigkeit[113] diskutiert. Auf die genaue Einordnung kann im vorliegenden Zusammenhang jedoch verzichtet werden, da lediglich zu klären ist, ob aus den vorgetragenen Argumenten die Nichtanwendbarkeit des § 263 StGB auf öffentliches Vermögen insgesamt abgeleitet werden könnte.

Die Auffassungen zum Behördenbetrug lassen sich dabei wie folgt skizzieren: Früher nahm die h.M. in Österreich an, daß „*bloß*" unwahre Tatsachenangaben einer Partei gegenüber Behörden jedenfalls dann nicht betrugsbegründend seien, wenn die amtliche Stelle zur Überprüfung des Vorbringens vor der Entscheidung verpflichtet oder in der Lage sei. Betrug käme insoweit nur in Betracht, wenn der Täter *zusätzliche* Täuschungshandlungen[114] – beispielsweise Beweismittelmanipulationen – vorgenommen habe.[115] Eine Begründung für diese Auffassung wurde nur vereinzelt geliefert[116], überwiegend hielt man diese Restriktion wohl für einen un-

---

109 Siehe zum deutschen Verständnis des Prozeßbetrugs etwa *Cramer*, in: Schönke/Schröder[25] § 263 Rdnr.69; *Tiedemann*, in: LK[11] § 263 Rdnr.234ff.

110 So etwa *Bertel*, ÖJZ 1989, 144; ders., in: Bertel/Schwaighofer, BT I[5], § 146 Rdnr.10; *Kienapfel*, BT II[3], § 146 Rdnr.60. – Der *ÖOGH*, EvBl. 1989/Nr.44, S.149, zugeordnete Leitsatz (anderer Leitsatz zur gleichen Entscheidung in: JBl. 1989, 59) meint wohl ausschließlich die o.g. Konstellation, wenn er von „'Behörden-Betrug' ieS" spricht.

111 So etwa *Bertel*, in: Bertel/Schwaighofer, BT I[5], § 146 Rdnr.10; *Foregger/Fabrizy*[7] § 146 Rdnr.17; *Kienapfel*, BT II[3], § 146 Rdnr.60; *Lewisch*, BT I, S.222f.; *Mayerhofer/Rieder*[4] § 146 Täuschung über Tatsachen, Nr.3; *Steininger*, in: Leukauf/Steininger[3] § 146 Rdnr.30ff.; wohl auch *Liebscher*, in: WK, 10. Lfg., § 146 Rdnr.15.

112 *Schmoller*, JZ 1991, 117, 126ff. („Allgemeine Einschränkung des Betruges auf „schadensbegründende" Täuschungen"); ders., in: Bundesministerium für Justiz, Strafrechtliche Probleme der Gegenwart, S.27, 72ff.

113 So wohl *Bertel*, ÖJZ 1989, 144; differenzierend *Schwaighofer*, RdW 1984, 272.

114 Teilweise wird in diesem Zusammenhang auch von „qualifizierter Unwahrheit" gesprochen, so etwa *Kienapfel*, BT II[2], § 146 Rdnr.60; *Liebscher*, in: WK, 10. Lfg., § 146 Rdnr.15.

115 *Foregger/Fabrizy*[7] § 146 Rdnr.17; *Kienapfel*, BT II[2], § 146 Rdnr.60; vgl. auch *Liebscher*, in: WK, 10. Lfg., § 146 Rdnr.15; *Seiler*, BT II, S.122; letztlich unklar *Steininger*, in: Leukauf/Steininger[3] § 146 Rdnr.31f. i.V. mit Rdnr.24.

116 *ÖOGH*, EvBl. 1971/Nr.256, S.467f., führt aus, daß bloße Parteibehauptungen gegenüber einer Behörde in der Regel nicht den Anspruch erheben könnten, als Mitteilung der reinen und vollen Wahrheit der Behördenentscheidung ungeprüft zugrunde gelegt zu werden [Die Entscheidung erging allerdings zum alten österreichischen Recht, das statt einer Täuschung das Tatbestandsmerkmal der List erforderte.]; kritisch hierzu *Bertel*, Vermögensdelikte, § 146 Anm.II d.
Steininger, in: Leukauf/Steininger[3] § 146 Rdnr.31, gibt die in der Vorauflage vertretene Argumentation wieder: Deren Ausgangspunkt war die Annahme, jedes zur Irreführung eines anderen – mithin auch einer Behörde – bestimmte Verhalten sei zwar eine Täuschung, dabei müsse aber hinzukommen, daß diesem Verhalten im gegebenen Fall auch Täuschungseignung zukomme. Hinsichtlich dieser Täuschungseignung sei zu differenzieren: Bei der Täuschung eines Privaten liege es so, daß dieser zwar das Recht, nicht aber die Pflicht habe, das Vorbringen zu prüfen. Daher sei dort auch ein Vorbringen, das bei einiger Aufmerksamkeit als falsch zu erkennen gewesen wäre, (abstrakt) zur Täuschung geeignet. Anders sei es dagegen bei der Täuschung einer Behörde,

geschriebenen Grundsatz.[117] Diese Restriktion könnte jedoch nicht dazu führen, daß öffentliches Vermögen insgesamt dem Anwendungsbereich des Betrugstatbestands entzogen ist. Dies wurde – soweit ersichtlich – auch in Österreich niemals angenommen. Von daher ist dieser Ansatz im vorliegenden Zusammenhang nicht weiter zu beleuchten.

Ohnehin überwiegt mittlerweile in Österreich wohl die Auffassung, es sei nicht angebracht, an die Täuschungsqualität beim Behördenbetrug prinzipiell höhere Anforderungen zu stellen, als bei einem Betrug gegenüber Privaten.[118] Betrug sei insoweit auch ohne Beweismanipulationen und unabhängig von einer amtswegigen Überprüfung des Vorbringens möglich.[119]

---

die zur Erforschung des für ihre Entscheidung maßgeblichen Sachverhalts und somit zur Überprüfung des Vorbringens nicht nur berechtigt, sondern kraft Gesetzes verpflichtet sei. Dort erscheine es sachgerecht, die Eignungsgrenze höher anzusetzen.

Bertel, ÖAnwBl. 1976, 203, 204, meint, hinter der österreichischen Rechtsprechung zum Behörden- und Prozeßbetrug stecke das Anliegen, eine uneingeschränkte Anwendung des Betrugsparagraphen könnte Parteien und Anwälten die Prozeßführung allzusehr erschweren.

Bezogen auf den Prozeßbetrug im Bereich der falschen uneidlichen Parteiaussage führte *Rittler*, BT², S.434, zur früheren Rechtslage in Österreich an, die vom Gesetzgeber in den Aussagedelikten vorgesehene Straflosigkeit der falschen uneidlichen Parteiaussage solle nicht dadurch unterlaufen werden, daß ein solches Verhalten als Betrug bestraft werde. *Schmoller*, JZ 1991, 117, 128 Fußn.117, ist der Auffassung, daß sich diese auf das alte österreichische Recht zugeschnittene Argumentation trotz der nunmehr auch formellen Abkopplung der Aussagedelikte vom Betrug für die jetzige Rechtslage aufrechterhalten ließe.

Schwaighofer, RdW 1984, 272, ist der Ansicht, unter der Geltung des älteren österreichischen Rechts hätte sich die Rechtsprechung zwar auf den Wortlaut des § 197 StG stützen können – der verlangt habe, daß der Täter einen anderen durch „listige Vorstellungen oder Handlungen" in einen Irrtum führt, also eine gewisse Rafinesse dabei einsetzt –, sie habe sich aber dennoch kaum mit der sonstigen Betrugsjudikatur vereinbaren lassen. Unter der Geltung des § 146 ÖStGB sei diese Judikatur vollends unhaltbar geworden.

117 Vgl. hierzu etwa *Bertel,* ÖJZ 1989, 144, der diese Ansicht als Dogma bezeichnet; *Kienapfel*, BT II², § 146 Rdnr.60, spricht von einem allgemeinen Grundsatz.

118 In diesem Sinne *Kienapfel*, BT II³, § 146 Rdnr.60; *Maleczky*, BT I, S.60 („wie jeder andere Betrug zu behandeln"); *ÖOGH*, EvBl. 1989/Nr.44, S.149, 150 = JBl. 1989, S.59f., wo ausdrücklich hervorgehoben wird, daß kein Anlaß bestehe, die öffentliche Hand bei der Auslegung des Betrugstatbestands schlechter zu stellen als private Geschädigte; siehe auch *ÖOGH*, EvBl. 1998/Nr.8, S.29, 30; wohl auch *Lewisch*, BT I, S.223.

119 *Kienapfel*, BT II³, § 146 Rdnr.60 m.w.N.; *RegE ÖStÄG 1998*, XX. GP Nr.1230 der Beilagen, S.1, 16 m.w.N.; *ÖOGH*, EvBl. 1989/Nr.44, S.149, 151 = JBl. 1989, 59f., wo allerdings ausdrücklich hervorgehoben wird, daß damit über die Zulässigkeit einer teleologischen Reduktion des „Täuschungs"-Begriffs beim „Prozeß"-Betrug – bei dem das mit dem falschen Vorbringen konfrontierte Gericht oder die damit konfrontierte Behörde nicht als Organ des Anspruchsadressaten, sondern in erkennender Funktion über einen gegen eine andere Partei erhobenen Anspruch zu entscheiden habe, wobei diese ihrerseits ihre Rechte jedenfalls mit gleichrangigen prozessualen Mitteln wahrzunehmen vermöge und wobei auch verfahrensimmanenten Zielsetzungen eine durchaus eigenständige Bedeutung zukomme – nichts gesagt sei (*ÖOGH*, EvBl. 1989/Nr.44, S.149, 151 = JBl. 1989, 59, 60) [zu dieser Entscheidung *Tschulik*, in: WK, 10a. Lfg., § 146 Ergänzung Rdnr.15b, der meint, mit ihr zeichne sich eine „vorsichtige Abkehr" von der bislang üblichen Handhabung ab.]; *ÖOGH*, EvBl. 1998/Nr.8, S.29f.; i.E. auch *Bertel*, ÖAnwBl. 1976, 203, 204; ders., Vermögensdelikte, § 146 Anm.II d; ders., ÖJZ 1989, 144; *Schwaighofer*, RdW 1984, 272; unklar *Mayerhofer/Rieder*⁴ § 146 Täuschung über Tatsachen, Nr.3.

In neuerer Zeit hält allerdings *Schmoller* mit einem anderen Ansatz den Betrugstatbestand auf bloß falsche Parteiangaben in kontradiktorischen Verfahren vor einer Behörde für unanwendbar[120] – und zwar wohl unabhängig von einer etwaigen Verpflichtung der Behörde zur Überprüfung des Vorbringens.[121] *Schmoller* meint, die betreffende behördliche Entscheidung falle ungeachtet der falschen Parteiangaben in den alleinigen Verantwortungsbereich des Staates, der die Behörden konstituiere und das jeweilige Verfahren geregelt habe. Aus der alleinigen staatlichen Verantwortlichkeit ergebe sich, daß kein durch die (Gegen-)Partei zugefügter Vermögensschaden anzunehmen sei, so daß aus diesem Grund kein Betrug vorliege.[122] Hinter dieser Auffassung steht *Schmollers* Annahme, daß nicht jede Vermögens*verringerung* einen Vermögens*schaden* darstelle. So sei vor allem eine vom Vermögensträger selbst vorgenommene Vermögensverringerung im Regelfall Ausdruck seiner Handlungsfreiheit und deshalb *nicht* als ein „Schaden" zu bewerten. Beim Betrug sei es deshalb nur gerechtfertigt, von einem Vermögensschaden zu sprechen, wenn die Vermögensverringerung nicht „aus freien Stücken" erfolgt sei, sondern als eine vom Täter über die Täuschung mittelbar *zugefügte* zu werten sei.[123] Gerade daran fehle es in der beschriebenen Konstellation jedoch.

Zu klären ist zunächst, wie *Schmoller* überhaupt den Begriff des kontradiktorischen Verfahrens vor einer Behörde versteht. Eine feststehende Bedeutung hat dieser Begriff im österreichischen Verwaltungsverfahrensrecht – soweit ersichtlich[124] – nicht. Man könnte erwägen, damit sei nur ein solches behördliches Verfahren gemeint, in dem es um gegenteilige Interessen verschiedener Personen geht (z.B. Drittwiderspruchsverfahren).[125] *Schmoller* könnte damit aber auch jedes *strittige* Verfahren zwischen einer Person und einer Behörde (also zumindest jedes Widerspruchsverfahren) bezeichnen wollen.[126] Am naheliegendsten ist jedoch, daß er unter diesen Begriff jedes – also auch ein *„unstrittiges"* – Verfahren zwischen einer Person und

---

120 *Schmoller*, JZ 1991, 117, 128; ders., in: Bundesministerium für Justiz, Strafrechtliche Probleme der Gegenwart, S.27, 77.

121 *Schmoller*, JZ 1991, 117, 126, nennt den Gesichtspunkt der Überprüfung bei der Darstellung der österreichischen Meinung zum Behördenbetrug zwar, wiederholt ihn später bei seinem eigenen Ansatz jedoch nicht (a.a.O., 128); siehe auch ders., in: Bundesministerium für Justiz, Strafrechtliche Probleme der Gegenwart, S.27, 72 einerseits, 77 andererseits.

122 *Schmoller*, JZ 1991, 117, 128; ders., in: Bundesministerium für Justiz, Strafrechtliche Probleme der Gegenwart, S.27, 77.

123 *Schmoller*, JZ 1991, 117, 127 (Hervorhebungen im Original). Auch die Klassifizierung des Betrugs als „Selbstschädigungsdelikt" soll dem nicht entgegenstehen. Daß der Betrug nämlich überhaupt ein *„Schädigungs*delikt" sei, also ein Vermögens*schaden* vorliege, erkläre sich nur daraus, daß die Vermögensminderung als vom Täuschenden zugefügt gedeutet werde. Ebenso ders., in: Bundesministerium für Justiz, Strafrechtliche Probleme der Gegenwart, S.27, 74.

124 Zumindest bei *Adamovich/Funk*[2]; *R. Walter/Mayer*[6]; *R. Walter/Thienel*[13]; *Ringhofer*[11] finden sich in den Stichwortverzeichnissen unter „Verfahren" und „kontradiktorisch" keine weiterführenden Einträge.

125 Hierfür spricht, daß *Schmoller*, JZ 1991, 117, 128; ders., in: Bundesministerium für Justiz, Strafrechtliche Probleme der Gegenwart, S.27, 77, seine Ausführungen im Zusammenhang mit falschen Parteiangaben vor einem Gericht macht. Ferner könnte die Verwendung des Wortes „vor" [einer Behörde] hierin ihren Grund haben.

126 Hierfür spricht, daß bei der zuvor aufgezeigten Auslegungsmöglichkeit nur ein sehr geringer Anwendungsbereich für *Schmollers* Ansatz verbliebe.

einer Behörde fassen will. Auch wenn die Verwendung der Begriffe „kontradiktorisch" und „Partei" dieser Deutung auf den ersten Blick im Wege zu stehen scheint, kann nicht daran vorbeigesehen werden, daß *Schmoller* sich maßgeblich auch auf die „österreichische hM zum Prozeßbetrug" bezieht, bei dem es um „"bloße" falsche Parteiangaben vor einem Gericht oder in einem kontradiktorischen Verfahren vor einer Behörde" gehe.[127] Diesbezüglich zitiert *Schmoller* jedoch auch Stimmen aus dem Schrifttum, die ihre Ausführungen zum Behördenbetrug auch auf „unstrittige" Verfahren zwischen einer Person und einer Behörde erstrecken.[128] Diese Autoren benutzen in diesem Zusammenhang teilweise auch den Begriff der Partei[129]; den Begriff des kontradiktorischen Verfahrens verwenden sie allerdings überwiegend nicht.[130] Damit ist davon auszugehen, daß *Schmoller* mit dem Begriff des kontradiktorischen Verfahrens vor einer Behörde jedes Verfahren zwischen einer Person und einer Behörde erfassen will.

Fraglich ist nun, ob seine Sichtweise auch zutreffend ist: Zu kritisieren ist zunächst, daß nicht ersichtlich ist, ob und ggf. warum *Schmoller* seinen Ansatz auf bloß unwahre Parteiangaben beschränkt und die staatliche Verantwortlichkeit im Bereich „qualifizierter Unwahrheiten" bedeutungslos sein soll. Ein relevanter Unterschied dürfte diesbezüglich jedenfalls kaum auszumachen sein. Würde man *Schmollers* Ansatz konsequenterweise auch auf den Bereich der „qualifizierten Unwahrheiten" erstrecken und den von *Schmoller* verwendeten Begriff des kontradiktorischen Verfahrens vor einer Behörde in dem oben aufgezeigten Sinne zugrundelegen, wäre die „Anwendbarkeit" des § 263 StGB auf öffentliches Vermögen wohl insgesamt zu verneinen. Gerade diesen Schluß will *Schmoller* aber offenbar nicht ziehen – schließlich macht er an anderer Stelle eingehende Ausführungen zur Erfassung der Subventionserschleichung durch § 263 StGB.[131] Damit bleibt der genaue Umfang seiner Konzeption aber im Dunkeln.

Aber auch hiervon abgesehen, überzeugen *Schmollers* Ausführungen nicht: es bleibt bei ihnen letztlich unklar, warum im Bereich „staatlicher Verantwortlichkeit" überhaupt eine Einschränkung vorgenommen werden sollte. Der Gesetzeswortlaut bietet hierfür keinen Anhaltspunkt. Und auch mit *Schmollers* Hinweis, der Staat habe die Behörden konstituiert und das jeweilige Verfahren geregelt, kann die vorgenommene Einschränkung nicht begründet werden: Auch eine Privatperson kann

---

127 *Schmoller*, JZ 1991, 117, 128, bezieht sich auf die im Text wiedergegebenen Ausführungen aus JZ 1991, 117, 126; siehe auch ders., in: Bundesministerium für Justiz, Strafrechtliche Probleme der Gegenwart, S.27, 77 i.V. mit S.72.

128 Dies gilt etwa für *Bertel*, ÖJZ 1989, 144; *Kienapfel*, BT II², § 146 Rdnr.60ff.; *Liebscher*, in: WK, 10. Lfg., § 146 Rdnr.15, die *Schmoller*, JZ 1991, 117, 126 Fußn.93; ders., in: Bundesministerium für Justiz, Strafrechtliche Probleme der Gegenwart, S.27, 72 i.V. mit S.103 Fußn.147, zitiert.

129 Vgl. *Bertel*, ÖJZ 1989, 144, der allerdings auch annimmt, Prozesse seien auch Verwaltungsverfahren, in denen es der Antragsteller nur mit der Behörde zu tun habe; *Liebscher*, in: WK, 10. Lfg., § 146 Rdnr.15.

130 So taucht dieser Begriff etwa bei *Kienapfel*, BT II², § 146 Rdnr.60ff., und bei *Liebscher*, in: WK, 10. Lfg., § 146 Rdnr.15, nicht auf; *Bertel*, ÖJZ 1989, 144, verwendet ihn jedoch.

131 *Schmoller*, JZ 1991, 117, 124f., 129; siehe aber auch a.a.O., 124: „In Österreich hängt die Strafbarkeit der Subventionserschleichung zudem generell davon ab, inwieweit man die allgemeine Betrugsvorschrift für anwendbar hält.".

sich überlegen, unter welchen Voraussetzungen sie überhaupt verfügen will und kann diesbezüglich auch ein bestimmtes Entscheidungsverfahren für sich festlegen.[132] In diesem Sinne hätte die Person dann aber auch eine Verantwortlichkeit für das Verfahren. Konsequenterweise müßte man dann aber wohl auch in diesem Bereich die Anwendbarkeit des § 263 StGB verneinen. Dies kann aber nicht zutreffend sein. Damit ergibt sich, daß auch die Konzeption *Schmollers* keine Zustimmung verdient. Eine Nichtanwendbarkeit des § 263 StGB auf öffentliches Vermögen läßt sich mit ihr daher nicht begründen.

5. Zu den Gründen, die früher für eine fehlende Betrugsstrafbarkeit der Defraudation angeführt wurden

Im älteren Schrifttum war lebhaft umstritten, ob die sog. Defraudation als Betrug strafbar sei. Als Defraudation bezeichnete man früher jedenfalls die Steuerhinterziehung[133], teilweise verstand man darunter weitergehend insgesamt die Hinterziehung von öffentlichen Abgaben und Gebühren.[134] Die Strafbarkeit der Defraudation als Betrug war schon zu einer Zeit umstritten, als der Betrug noch gar nicht als ein Delikt gegen das Vermögen angesehen wurde.[135] Aber auch nach Inkrafttreten des preußischen Strafgesetzbuchs von 1851 und auch unter der Geltung des Reichsstrafgesetzbuchs von 1871 wurde die Problematik noch kontrovers diskutiert. Angesichts der nunmehr geltenden nebenstrafrechtlichen Bestimmungen hat der einstige Streitstand heute zumindest unmittelbar kaum noch eine Bedeutung.[136] Es fragt sich allerdings, ob die früher für die Straflosigkeit der Defraudation angeführten Gründe möglicherweise auch heute noch Geltung haben und ob sie die Anwendbarkeit des § 263 StGB auf öffentliches Vermögen insgesamt ausschließen

---

132 Im Bereich juristischer Personen des Privatrechts ist sogar eine „quasi normative" [Die Bezeichnung wurde im Hinblick auf die umstrittene Einordnung von verbandskonstituierenden Organisationsverträgen als Norm oder Rechtsgeschäft gewählt; siehe zu diesem Streit *K. Schmidt*[3], S.81f. m.w.N.] Bindung an ein solches Verfahren denkbar. So kann beispielsweise beim eingetragenen Verein in der Satzung ein bestimmtes Verfahren für Entscheidungsfindungen bestimmt werden.

133 *Eb. Schmidt*, in: von Liszt/Schmidt[25], S.898.

134 *Hälschner*, BT 2, S.1004 („das Unternehmen eine nach dem Gesetze zu leistende Abgabe, Steuer, Gebühr zu hinterziehen"); *Wachenfeld*, S.411 („Hinterziehung von öffentlichen Abgaben und Gefällen" [Unter Gefällen verstand man damals wohl überwiegend Gebühren, siehe etwa *Posener* (Hrsg.), Stichwort „Gefälle" i.V. mit Stichwort „Gebühren". In Österreich war der Sprachgebrauch anders: *Mittermaier*, AdCR 1836, 323, bezeichnete „indirecte Abgaben" als Gefälle; für *Blonski*, AöGZ 1883, 297, war der Ausdruck „Gefällsstrafrecht" ein spezifisch österreichischer terminus technicus für den Begriff des Steuerstrafrechts, obgleich letzterer Begriff seinem Wortlaute nach nicht das ganze Gebiet des sog. Gefällsstrafrechts zu umfassen scheine. Bei *Temme*, S.69ff., ist die Terminologie uneinheitlich.]); siehe auch *Schlesinger*, S.85 („Nichtentrichtung öffentlicher Abgaben an den Staat oder an die Gemeinde, insbesondere aber die Hinterziehung von indirekten Steuern und Zöllen"), der bzw. die allerdings darauf hinwies, daß man unter Defraudation im weiteren Sinne jede Steuerhinterziehung verstehen würde (a.a.O., S.87) und im weitesten Sinne darunter sogar auch die Unterschlagung von Geld dem Fiskus oder Privaten gegenüber fassen würde (a.a.O., S.88).

135 Ausführliche Darstellung bei *Temme*, S.71ff.

136 *Cramer*, S.26f., meinte 1968 sogar, der Streitstand sei „heute ohne praktisches Interesse".

könnten. Im historischen Schrifttum wurde ein entsprechender Gedankengang nur – aber immerhin – vereinzelt erwogen.[137]

Ganz überwiegend wurde in den Ausführungen zur strafrechtlichen Erfassung der Defraudation die generelle Anwendbarkeit des Betrugstatbestands auf öffentliches Vermögen dagegen nicht einmal thematisiert, geschweige denn in Frage gestellt.[138] Dies verwundert, schließlich wurde bei der Defraudation doch gleichfalls öffentliches Vermögen betroffen. Einer der Gründe für das fehlende Problembewußtsein liegt nach der wohl zutreffenden Einschätzung *Temmes*[139] darin, daß der Betrug häufig zwar als gegen das Vermögen gerichtet aufgefaßt wurde, aber namentlich nur gegen das, was man schon in seinem Vermögen habe. Dieser Gesichtspunkt sei aber nicht bei öffentlichem Vermögen insgesamt, sondern nur bei der Defraudation problematisch, da der Staat die defraudierten Abgaben noch nicht in seinem Vermögen habe, sondern ihm in Ansehung derselben erst künftig ein Recht zustehe, das er zur Zeit der Defraudation noch nicht erworben habe.[140]

Diese Sichtweise trifft allerdings nicht zu: Im Regelfall besteht die Forderung der öffentlichen Hand nämlich schon in dem Zeitpunkt, in dem die „Defraudation“ begangen wird.[141] Auf der Grundlage der heutzutage zumindest im Kern überwiegend vertretenen wirtschaftlichen Vermögenslehre ist jedoch anerkannt, daß ein wirtschaftlich erst zu erwartender Vermögenszuwachs jedenfalls dann Vermögensbestandteil ist, wenn auf ihn ein Rechtsanspruch besteht.[142] Die Annahme, der Staat habe die defraudierten Abgaben noch nicht in seinem Vermögen, läßt sich insofern – jedenfalls wenn man einen solchen Vermögensbegriff hier zunächst als richtig unterstellt[143] – nicht halten. Aber auch unabhängig hiervon gilt zu berücksichtigen, daß für die Frage, ob die für die Straflosigkeit der Defraudation angeführten Gründe öffentliches Vermögen insgesamt dem Anwendungsbereich des § 263 StGB entziehen können, letztendlich allein der Inhalt dieser Gründe maßgeblich ist. Da eine Erstreckung auf das gesamte öffentliche Vermögen somit nicht von vornherein ausgeschlossen erscheint, sind diese Gründe näher zu beleuchten.

---

137 *Temme*, S.69f., der diesen Gedankengang im Ergebnis freilich ablehnte.

138 *Temme*, S.70, kam 1841 in seiner eingehenden Untersuchung zu dem Befund, daß seines Wissens niemand explizit so weit gegangen sei, den Betrug bei Beeinträchtigung des öffentlichen Vermögens überhaupt auszuschließen. Soweit ersichtlich, wurde nach 1841 lediglich von *Kohler*, S.47ff., und ansatzweise von *Köstlin*, Abt.II, S.145, im Zusammenhang mit der strafrechtlichen Erfassung der Defraudation auch die generelle Anwendbarkeit des Betrugstatbestands auf öffentliches Vermögen problematisiert.

139 *Temme*, S.70, der auf S.70f. die genannte Auffassung freilich klar ablehnte.

140 Vgl. etwa *T. Oppenhoff*[12] § 263 Nr.66, der im Jahre 1891 – also noch 50 Jahre nach dem Befund *Temmes* – meinte, auch das Staatsvermögen sei taugliches Objekt des Betrugs, für einen Betrug genüge aber in der Regel eine Abgaben-/Steuerhinterziehung nicht, da durch eine solche dem Staate nicht ein *erworbenes* [Hervorhebung im Original] Vermögensrecht entzogen, sondern ein erst zu erwerbendes vorenthalten werde, während das Forderungsrecht des Staates unverletzt fortbestehe.

141 Ganz ähnlich *Temme*, S.71; vgl. auch *Kaulla*, S.5f.; *Schwaiger*, GerS 49 (1894), 401, 432. – Zum Entstehungszeitpunkt des Steueranspruchs § 38 AO.

142 *Lackner*, in: LK[10] § 263 Rdnr.129 m.w.N.

143 Eingehend zu den Vermögensbegriffen unten S.60ff.

Die folgende Darstellung trägt dabei der zentralen Bedeutung des PrStGB von 1851 für den heutigen Betrugstatbestand Rechnung: § 241 PrStGB faßte den Betrugstatbestand erstmals als Vermögensdelikt.[144] 1851 gilt daher in Deutschland als die Geburtsstunde der modernen, bis in die Gegenwart reichenden Systematik der Vermögensverbrechen.[145] Der Tatbestand des Betrugs des PrStGB[146] hat denn auch in nahezu unveränderter Form zunächst Eingang in das Strafgesetzbuch für den Norddeutschen Bund und von dort aus in das Reichsstrafgesetzbuch gefunden.[147] Vor 1851 für eine fehlende Betrugsstrafbarkeit der Defraudation angeführte Gründe werden im folgenden daher nur dargestellt, soweit sie auf § 263 StGB übertragbar wären. Im übrigen werden solche Gründe, die die Anwendbarkeit des § 263 StGB auf das gesamte öffentliche Vermögen von vornherein nicht in Zweifel ziehen könnten, grundsätzlich nicht wiedergegeben.

a) Charakter des Betrugs als gemeines Privatverbrechen

Escher klassifizierte den Betrug als ein gemeines[148] Privatverbrechen.[149] Der Gegensatz zum Privatverbrechen sei das öffentliche bzw. das Staatsverbrechen im weiteren Sinne – ein Verbrechen gegen das Dasein, die Verfassung, Sicherheit, gegen den Organismus und die Lebenskräfte des Staates als eines ganzen.[150] *Escher* nahm an, daß der Charakter des Betrugs als gemeines Privatverbrechen einer Betrugsstrafbarkeit der Defraudation entgegenstehe.[151] Ob er mit dieser Begründung auch insgesamt die Anwendbarkeit des Betrugstatbestands auf öffentliches Vermögen verneinen wollte, ist nicht zweifelsfrei ersichtlich.[152]

In der Auseinandersetzung mit *Escher* wies *Temme* zunächst zutreffend darauf hin, daß letztlich kein Grund dafür ersichtlich sei, warum ein Angriff auf öffentliches

---

144 Vgl. hierzu *Lackner*, in: LK[10] § 263 Rdnr.3; *Pawlik*, S.117; *Tiedemann*, in: LK[11] vor § 263 Rdnr.15.

145 *Cramer*, S.21.

146 *§ 241 PrStGB* lautete:
„Wer in gewinnsüchtiger Absicht das Vermögen eines Anderen dadurch beschädigt, daß er durch das Vorbringen falscher oder durch Entstellen oder Unterdrücken wahrer Thatsachen einen Irrthum erregt, begeht einen Betrug."

147 Vgl. hierzu *Cramer*, S.21.

148 Von gemeinen Verbrechen unterschied *Escher*, S.224, die Verbrechen besonderer Stände.

149 *Escher*, S.235.

150 *Escher*, S.235.

151 *Escher*, S.235f., 236, der dabei die von einem „hohen Grade republikanischen Gemeinsinnes" zeugende Ansicht einiger, nach der kein rationeller oder rechtlicher Unterschied zwischen der Defraudation der Staatsgefälle und gewöhnlichem Diebstahl, Betrug etc. bestehe, ausdrücklich dahingestellt sein ließ. *Escher*, ebenda, führte jedoch an, die Gesetzgebungen der bedeutendsten Staaten hätten auf eine solche Strenge, die dem Interesse des Fiskus zuzusagen scheine, verzichtet.

152 *Temme*, S.70, etwa ging davon aus, daß *Escher*, S.235f., die Anwendbarkeit des Betrugs auf das gesamte öffentliche Vermögen zwar nicht ausdrücklich verneinte, er schien dessen Ausführungen jedoch in diesem Sinne zu deuten (Wiedergabe von *Escher*, S.235f., bei *Temme*, ebenda: Betrug ist ein gemeines Privatverbrechen und *dadurch* [Hervorhebung von *Temme*] sei die Defraudation der Staatsgefälle von ihm ausgeschlossen.); zumindest hielt er eine entsprechende Deutung für möglich.

Vermögen aus dem Anwendungsbereich des Betrugstatbestands ausgeklammert werden sollte. Der Wortlaut des Gesetzes bietet für eine solche Restriktion keinen Anhaltspunkt.[153] Aber auch im übrigen gehen *Eschers* Ausführungen fehl: Selbst wenn man nämlich annehmen wollte, durch Nichtentrichtung von Steuern werde das Bestehen des „Staates" als solchem gefährdet, so ginge der Angriff bei der „Defraudation" hierauf doch allenfalls mittelbar. Unmittelbar wird die öffentliche Hand bei der „Defraudation" dagegen lediglich als juristische Person – als „Person in vermögensrechtlicher Beziehung" – geschädigt.[154] Die Klassifizierung der „Defraudation" als Staatsverbrechen in dem von *Escher* angenommenen Sinne kann daher nicht überzeugen. *Eschers* Ansatz vermag die Anwendbarkeit des § 263 StGB auf öffentliches Vermögen daher nicht auszuschließen.

b) Beschränkung auf „privatrechtliches" Vermögen

Eine andere Sichtweise findet sich bei *Blonski*. *Blonski* war der Ansicht, Betrug schütze nur das „privatrechtliche" Vermögen.[155] Zwar verneinte er nicht insgesamt die Anwendbarkeit des Betrugstatbestands auf öffentliches Vermögen[156], jedoch nahm er an, daß bei den auf Öffentlichem Recht beruhenden Ansprüchen des Staates auf Zwangsbeiträge Betrug nicht in Betracht komme, da das Objekt dort ein ganz eigentümliches sei, welches keine absolut feststehende Bedingung der Rechtsordnung bilde und mit den wechselnden Bedürfnissen der Staatsverwaltung und der Art ihrer Bedeckung der steten Änderung unterliege.

In welchem genauen Umfang *Blonski* öffentliches Vermögen aus dem Anwendungsbereich des Betrugstatbestands ausschließen wollte, kann dahingestellt bleiben, da seine Ausführungen ohnehin keine Zustimmung verdienen: denn es leuchtet überhaupt nicht ein, warum der Betrugstatbestand nur das „privatrechtliche Vermögen" – was immer man darunter verstehen mag – schützen sollte. *Blonski* nannte hierfür keinen Grund, und auch aus § 263 StGB läßt sich für *Blonskis* Behauptung nichts entnehmen.[157] Außerdem übersah *Blonski*, daß bei der Defraudation nicht das Institut der Steuer als solches angegriffen wurde, sondern der entsprechende Anspruch der öffentlichen Hand, der aber ein Vermögensbestandteil ist.[158] Somit ergibt sich, daß die Anwendbarkeit des § 263 StGB auf öffentliches Vermögen auch durch den Ansatz *Blonskis* nicht ausgeschlossen wird.

---

153 Vgl. *Temme*, S.70, der meinte, eine entsprechende „Rechtslosigkeit" habe der Fiskus weder nach dem Gesetz noch nach dem allgemeinen Rechtsbewußtsein des Volkes.

154 *Honemann*, S.293 (3); *Köstlin*, Abt.II, S.144.

155 *Blonski*, AöGZ 1883, 297f., 298. – Im Original heißt es bei *Blonski*, AöGZ 1883, 297, 298, statt privatrechtlichem Vermögen „das privatrechtliche Eigenthum und die auf demselben basirten privatrechtlichen Institutionen". Die Ausführungen *Blonskis* erschienen bereits 1883 in Österreich. Da der Schritt zum Betrug als modernem Vermögensdelikt in Österreich erst 1975 vollzogen wurde (vgl. hierzu *Kienapfel*, BT II[3], § 146 Rdnr.1; *Tiedemann*, in: LK[11] vor § 263 Rdnr.56), wurden die Äußerungen – wie aufgezeigt – auf das heutige Verständnis des Betrugs übertragen.

156 Soweit der Staat „Privateigenthum" [zum Sprachgebrauch siehe oben S.27 Fußn.155] besitzt und einen Privaterwerb betreibt, hielt *Blonski*, AöGZ 1883, 297, 298, Betrug für möglich.

157 *Honemann*, S.294 (4).

158 *Honemann*, S.294 (4).

c) Macht des Staates

Im Rahmen seiner Ausführungen zur strafrechtlichen Behandlung der Defraudation schränkte *Kohler*[159] den Anwendungsbereich des Betrugstatbestands erheblich ein. *Kohler* hielt den Betrug für ein Unheilsgespenst des Verkehrs und meinte, der Betrug beziehe sich auf Verkehrtreibende und ihre gegenseitigen Verhältnisse. Das Verhältnis des Einzelnen zum Staat in öffentlichen Dingen sei jedoch ein ganz anderes: der Staat habe ganz andere Mittel als eine Privatperson, um kraft seiner Übermacht maßgebende Umstände in Erfahrung zu bringen. Entsprechend sei auch die Vertrauensstellung des Einzelnen der Öffentlichkeit gegenüber eine andere als gegen den Privatverkehr: dem Staat schulde man zwar Treue, aber diese Treue sei eine andere als Treu und Glauben des Verkehrs.[160] Mit dieser Begründung lehnte *Kohler* eine Betrugsstrafbarkeit der Steuer- und Zolldefraudation ab.[161] Hierauf beschränkte er sich jedoch nicht: Auch im übrigen hielt er den Betrugstatbestand in weitem Umfang auf Handlungen zum Nachteil öffentlichen Vermögens für unanwendbar.[162] Wo er dabei genau die Grenze zog, ist allerdings nicht eindeutig ersichtlich. Zumindest war die Hoheitlichkeit für ihn kein Abgrenzungskriterium[163], andererseits schloß er auch nicht das gesamte öffentliche Vermögen vom Schutz des Betrugstatbestands aus.[164]

Indes kann der genaue Umfang der von *Kohler* angenommenen Einschränkung offenbleiben, da sie bereits im Grundansatz nicht überzeugend ist. Zunächst ist auch *Kohler* entgegenzuhalten, daß der Gesetzeswortlaut für die angenommene Restriktion keinen Anhaltspunkt bietet.[165] Aber auch davon abgesehen, ist nicht ersichtlich, warum aus der „Machtstellung" einer Partei in weitem Umfang eine Art „Freibrief" zu betrügerischem Verhalten folgen sollte.[166] Daher können auch die Überlegungen *Kohlers* die Anwendbarkeit des § 263 StGB auf öffentliches Vermögen nicht ausschließen.[167]

d) Rechtshistorische Kontinuität

Zum Teil findet sich im Schrifttum die Annahme, die Defraudation sei aus rechtshistorischen Gründen kein Betrug. So war etwa *Temme* der Ansicht, das Defraudieren öffentlicher Abgaben sei in Deutschland niemals als Betrug angesehen wor-

---

159 *Kohler*, S.47ff.
160 *Kohler*, S.47.
161 *Kohler*, S.47.
162 *Kohler*, S.49f.
163 Siehe nur die auf Volksbelustigungsanstalten einerseits und Theater und Konzerte andererseits bezogenen Ausführungen von *Kohler*, S.49f.
164 Zumindest mißverständlich ist daher die Darstellung der Ansicht *Kohlers* bei *Dietrich*, S.49f.
165 *Contzen*, S.7; *Dietrich*, S.50; *Honemann*, S.295 (5); *J. Merkel*, S.39f.; *Zwitzers*, S.6f.; vgl. *Oppenheimer*, S.63.
166 Vgl. *Honemann*, S.295 (5). – *Zwitzers*, S.7, meinte dagegen immerhin, der von *Kohler* herangezogene Gesichtspunkt der Machtdifferenz könne Bedeutung für die Strafzumessung haben.
167 So i.E. auch *Contzen*, S.7f.; *Dietrich*, S.50; *J. Merkel*, S.39f.; *Zwitzers*, S.6f.; vgl. auch *Binding*, BT 1^2, S.341 Fußn.3.

den[168] und *darum*[169] sei es auch kein Betrug.[170] In der Bevölkerung werde die Defraudation nicht als strafbares Unrecht angesehen.[171] Soweit die Defraudation im älteren Schrifttum ganz vereinzelt als Betrug gewertet worden sei, würden diese Stimmen einer rechtshistorischen Grundlage entbehren.[172]

Abgesehen davon, daß zweifelhaft sein dürfte, ob sich die Argumentation *Temmes* insgesamt auf Angriffe auf öffentliches Vermögen übertragen läßt – *Temme* selbst zieht einen solchen Schluß nicht[173] –, ist *Temmes* Befund aus dem Jahre 1841 mittlerweile zumindest veraltet: Es mag zwar sein, daß eine Steuerhinterziehung oder ein Betrug zum Nachteil der öffentlichen Hand von weiten Teilen der Bevölkerung auch heutzutage noch zu Unrecht als bloßes Kavaliersdelikt empfunden wird. Gleichwohl steht im Bewußtsein der Bevölkerung die Einordnung dieser Taten als strafbares Unrecht nicht mehr ernstlich in Frage. Somit führen aber auch die von *Temme* angestellten Überlegungen nicht zu einem Ausschluß des gesamten öffentlichen Vermögens aus dem Anwendungsbereich des § 263 StGB.[174]

6. *Zwischenergebnis*

Die vorstehend untersuchten Überlegungen begründen eine Nichtanwendbarkeit des Betrugstatbestands auf öffentliches Vermögen nicht. Da für einen solchen Ausschluß auch keine anderen Ansatzpunkte ersichtlich sind, ergibt sich somit, daß jedenfalls das gesamte öffentliche Vermögen nicht der Anwendbarkeit des

---

168 Eingehend hierzu *Temme*, S.71f.

169 Hervorhebung im Original.

170 *Temme*, S.72; gegen ihn *Köstlin*, Abt.II, S.144; *Schwaiger*, GerS 49 (1894), 401, 430 („vollends unhaltbar").

171 *Temme*, S.72. – Siehe zum Rechtsbewußtsein der Bevölkerung auch *Mittermaier*, AdCR 1836, 323, 324; *Schwaiger*, GerS 49 (1894), 401, 409, die diese Sichtweise freilich klar ablehnten. *RGSt* 2, 403, 405 wies darauf hin, daß gewisse Hinterziehungen öffentlicher Abgaben – namentlich von Steuern und Zöllen – im Rechtsbewußtsein des Volkes dem allgemeinen Betrugsbegriff entzogen seien. *Köstlin*, Abt.II, S.145, konstatierte, daß im Volk die Vorstellung gewöhnlich sei, ein Betrug gegenüber dem Staat weise einen geringeren Unrechtsgehalt als ein Betrug gegenüber einem Privaten auf [kritisch zu *Köstlin Schwaiger*, GerS 49 (1894), 401, 410]. *Gryziecki*, S.37, führte aus, daß beinahe überall – „unausrottbar verbreitet" – öffentliche Meinung sei, daß die Defraudation der Gefälle nicht mit Kriminalstrafe zu ahnden sei. Nach *Gryziecki*, ebenda, dürfte diese öffentliche Meinung hauptsächlich in dem Unterschied begründet sein, der zwischen der gewöhnlichen Art der Begründung vermögensrechtlicher Verpflichtungen im allgemeinen Rechtsverkehr und der Entstehung der Pflicht zur Entrichtung öffentlicher Abgaben insofern bestehe, als sich letztere lediglich auf das Verhältnis eines Untertans zur Staatsgewalt stützen würde. Vgl. zum Ganzen auch (allerdings nicht auf die Defraudation bezogen) *Noll*, SchwZStR 72 (1957), 361, 384, der meint, nach dem Rechtsbewußtsein des Volkes würden betrügerische Handlungen, die sich gegen eine mit öffentlichen Macht- und Kontrollbefugnissen ausgerichtete Verwaltung richten, weniger der Mißbilligung verfallen als das entsprechende Verhalten gegen Privatrechtssubjekte.

172 *Temme*, S.72.

173 Siehe *Temme*, S.69ff.

174 Vgl. bereits *Köstlin*, Abt.II, S.145, der annahm, die verbreitete Ansicht, es sei ein geringeres Unrecht, den Staat zu betrügen als einen Privaten, berechtige keineswegs dazu, den am Staat verübten Betrug vom Begriffe des Betrugs auszunehmen.

§ 263 StGB entzogen ist.[175] Damit ist freilich nicht gesagt, daß § 263 StGB auch bei jeder Erscheinungsform öffentlichen Vermögens anwendbar ist. Im folgenden ist daher zu untersuchen, ob Teilbereiche des öffentlichen Vermögens von der Anwendbarkeit des § 263 StGB ausgeschlossen sind.

II. Nichtanwendbarkeit des § 263 StGB auf öffentliches Vermögen, das der Erreichung eines politischen Zieles dient?

Mit der Anwendbarkeit des § 263 StGB auf eine bestimmte Erscheinungsform des öffentlichen Vermögens hat sich insbesondere *Amelung*[176] auseinandergesetzt. *Amelung* stellt darauf ab, daß ein Vermögenseinsatz ganz unterschiedliche Funktionen haben könne. Auch das „Betrugs"-Verbot erfülle im Gesamtsystem der Gesellschaft bei der Regelung eines Vorgangs im Wirtschaftssystem ganz andere Funktionen als bei der Absicherung von Einwirkungen des Staates auf die Wirtschaft. Wirtschaft sei dabei das System gesellschaftlicher Bedürfnisbefriedigung und das Vermögen eines wirtschaftenden Subjekts sei die Summe dessen, was es zur Befriedigung seiner Bedürfnisse vermöge. *Amelung* nimmt nun an, daß das Vermögen nur in dieser Funktion[177] durch den Betrugstatbestand geschützt werde.[178]

Beim Vermögenseinsatz des Staates liege es aber anders. Die Funktion des Staates sei nämlich die Erzeugung verbindlicher Entscheidungen. Soweit die staatliche Verwaltung nicht bloße Hilfsgeschäfte zur Deckung des eigenen Bedarfs vornehme

---

175 So i.E. auch *Berner*[18], S.585; *Bieneck*, wistra 1998, 249; *Binding*, BT 1[2], S.341; *Brauns*, JR 1998, 381, 384; *Contzen*, S.7; *Cramer*, in: Schönke/Schröder[25] § 263 Rdnr.2, siehe auch Rdnr.78a a.E.; *Daniels*, S.67; *Dietrich*, S.50; *Fischer*, in: Tröndle/Fischer[49] § 263 Rdnr.1b; *Göhler*, in: Prot.7, S.2709; *Gryziecki*, S.35; *Hack*, S.31; *Hälschner*, BT 2, S.1001; *Hinzpeter*, S.84; *Hirschberg*, S.274; *Joecks*, in: Franzen/Gast/Joecks[4] § 370 Rdnr.84; *Köstlin*, Abt.II, S.144f.; *Lackner*, Vermögen und Vermögensbeschädigung, S.53; *Lenckner*, in: Schönke/Schröder[25] § 264 Rdnr.80, siehe auch Rdnr.1; *J. Merkel*, S.39f.; *H. Meyer*, S.111; *Neye*, S.25f.; ders., NStZ 1981, 369, 371; *Oppenheimer*, S.63; *T. Oppenhoff*[12] § 263 Nr.66; *von Schwarze*[5] § 263 Anm.2; *Tiedemann*, in: LK[11] vor § 263 Rdnr.42; ders., in: LK[11] § 263 Rdnr.6; ders., in: LK[11] § 264 Rdnr.13; *Tröndle*[48] § 263 Rdnr.1a; *J. Vogel*, Legitimationsprobleme, S.968; *H. Weber u.a.*, in: Lekschas/Buchholz (Red.), Lehrbuch DDR-Strafrecht, S.89; *Wolf* (1997), S.57; ders. (1998), S.44; *Zwitzers*, S.7 [allerdings sehr weitgehend]; *PrObTr*, OppenhoffsR 17 (1876), 607, 616; *RGSt* 20, 305, 307; *BGHZ* 106, 204, 210; *OG*, NJ 1953, 596, 597; *OG*, NJ 1953, 686, 688; zum österreichischen Recht *Marqués/Kert*, ÖJZ 1999, 213, 215f.; *RegE ÖStÄG 1998*, XX. GP Nr.1230 der Beilagen, S.1, 16, 18; *ÖOGH*, EvBl. 1989/Nr.44, S.149, 150; zum schweizerischen Recht *Ardinay*, SchwZStR 86 (1970), 225, 241; *Hafter*, BT, S.267; *Thormann/von Overbeck* Art.148 Rdnr.7; *BGE* 112 IV 19, 24; offenbar a.M. zum deutschen Recht, jedoch ohne nähere Begründung *Kohlmann*[7] § 370 AO Rdnr.108.4 Bl.158/2 unten („Dabei mag dahingestellt bleiben, ob überhaupt öffentliches Vermögen dem Schutzbereich des § 263 StGB unterfällt [...]; dies *zutreffend* [Hervorhebung vom Verf.] verneinend *Tiedemann* [...]").

176 *Amelung*, S.374ff.

177 Im Original heißt es zwar „In dieser Funktion wird das Vermögen daher *auch* [Hervorhebung vom Verf.] durch den Betrugstatbestand geschützt". Aus den weiteren Ausführungen ergibt sich jedoch, daß die Verwendung des Wortes „auch" nicht im Sinne einer von mehreren durch § 263 StGB geschützten Funktionen des Vermögens gemeint ist.

178 *Amelung*, S.374.

bzw. rein fiskalisch tätig werde, sondern das Vermögen in Erfüllung öffentlicher Aufgaben einsetze, handele sie nicht „wirtschaftlich", d.h. in der Erwartung irgendeiner – und sei es nur einer ideellen – Kompensation. Die staatliche Verwaltung verwende das Vermögen insoweit vielmehr für die Erreichung eines bestimmten (sozial-)politischen Zieles, dessen Verfolgung in den staatlichen Entscheidungsgremien beschlossen worden sei. Daher würde das Vermögen dort nicht als Basis individueller Bedürfnisbefriedigung eines Wirtschaftssubjekts geschützt werden, sondern nur als materielle Grundlage der spezifischen Funktionen des politischen Systems; § 263 StGB[179] würde daher insoweit letztendlich die Verbindlichkeit staatlicher Entscheidungen sichern.[180]

Als Konsequenz hält *Amelung* insoweit den Begriff der Vermögensbeschädigung i.S. des § 263 StGB für unanwendbar, da die Grundsätze der Schadensberechnung beim Betrug dem wirtschaftlichen Bereich entnommen seien und der dort maßgebliche Gesichtspunkt der Sicherung der Grundlagen individueller Bedürfnisbefriedigung beim sozialpolitisch handelnden Staat notwendig versagen müsse.[181]

Im Schrifttum werden die Ausführungen *Amelungs* überwiegend dahingehend interpretiert, daß *Amelung* damit einen gespaltenen Vermögensbegriff vertreten würde.[182] Dreierlei wird dabei jedoch übersehen: Erstens: *Amelung* zeigt bloß unterschiedliche Funktionen des Vermögens auf, definiert das Vermögen jedoch nicht verschiedenartig. Zweitens: Im vorstehenden Kontext äußert sich *Amelung* auch eingehend zur mißbräuchlichen Inanspruchnahme von Subventionen und zur Problematik des Funktionswandels von Normen, und zwar in einer Weise, mit der sich die o.g. Deutung kaum in Einklang bringen läßt – so führt *Amelung* aus, daß der Bezug einer Strafnorm auf ein anderes Systemproblem als dasjenige, das ursprünglich geregelt werden sollte, die Ausfüllung einer sekundären „Lücke"[183] und damit verbotene Analogie sei[184]; Subventionen seien aber erst lange nach der Schaffung des Betrugstatbestands üblich geworden.[185] Diese Überlegung, die im überwie-

---

179 Im Original heißt es zwar „Verbot der Bereicherung durch Täuschung des Verfügenden"; die Ausführungen beziehen sich jedoch insgesamt auf § 263 StGB.

180 *Amelung*, S.375.

181 *Amelung*, S.375f. – Auf dieser Grundlage nimmt *Amelung*, S.376, sogar an, daß bei der mißbräuchlichen Inanspruchnahme von Subventionen die durch die Täuschung verursachte Zweckvereitelung niemals durch einen in das Vermögen zurückfließenden Gegenwert oder die Befriedigung eines Bedürfnisses ausgeglichen werden könne, weil es dem Staat nicht auf einen solchen Ausgleich ankomme, sondern auf die Erreichung seiner Ziele.

182 Siehe etwa *Gerhold*, S.27; *Haas*, S.97f.; *W. Hartmann*, S.100 Fußn.4; *Neye*, S.49; *Weimann*, S.37 Fußn.112; wohl auch *Lüderssen*, wistra 1988, 43, 45 Fußn.23; *Nelles*, S.395; ähnlich *Hernández*, S.107 mit Fußn.471 (*Amelung* wolle „zumindest beim staatlichen Vermögen in der Zweckverfehlung prinzipiell einen Schaden sehen".); widersprüchlich *Hack*, S.26 Fußn.34 a.E. einerseits, S.27 andererseits; unklar *D. Geerds*, Jura 1994, 309, 318 Fußn.119. – Entgegen *Haas*, S.97 Fußn.31, äußert sich *G. Schultz*, MDR 1981, 372, weder im Sinne *Amelungs* noch dahingehend, daß der Vermögensbegriff bei öffentlichen Haushalten ein anderer sei als bei einer Privatperson.

183 Dabei definiert *Amelung*, S.374 Fußn.108, den Begriff der Lücke allerdings nicht vom gesetzlichen „Plan", sondern vom Regelungsproblem her.

184 *Amelung*, S.373f.

185 *Amelung*, S.376, der auf gleicher Linie auch anführt, der Versuch, die Anwendbarkeit des § 263 StGB auf die mißbräuchliche Inanspruchnahme von Subventionen zu begründen, fasse die

genden Schrifttum anscheinend übersehend wird, deutet stark darauf hin, daß es *Amelung* nicht so sehr um den Vermögensbegriff geht, sondern vielmehr um die vorgelagerte Frage nach der generellen Anwendbarkeit des Betrugstatbestands. Damit einher geht auch der häufig übersehene dritte Gesichtspunkt, nämlich daß *Amelung* der Meinung ist, ein Verbot des „Subventionsbetruges" – wohl im Sinne sämtlicher Subventionen[186] – gehöre „seiner Funktion nach [...] nicht in den 22. Abschnitt des StGB von 1871, sondern in die Nähe des 6. Abschnitts".[187] [188]

Nach alledem wird man *Amelung* wohl so verstehen müssen, daß er nicht unterschiedliche Vermögensbegriffe annimmt, sondern die Anwendbarkeit des § 263 StGB bei bestimmten Erscheinungsformen des öffentlichen Vermögens ablehnt.[189] *Amelungs* Ausführungen beschränken sich dabei freilich nicht auf den Bereich der mißbräuchlichen Inanspruchnahme von Subventionen[190]; er unterscheidet letztlich aber auch nicht zwischen öffentlichem und privatem Vermögen. Vielmehr differenziert er zwischen wirtschaftlichem und politischem vermögensbezogenem Handeln, gesteht letzteres aber begriffsimmanent nur der öffentlichen[191] Verwaltung zu[192] und hält § 263 StGB insoweit für unanwendbar.[193]

Fraglich ist jedoch, ob diese Sichtweise zutreffend ist: Zwar ist die öffentliche Hand im Gegensatz zu Privatpersonen in ihrem Handeln etwa an das Sozialstaatsprinzip des Grundgesetzes gebunden, aber gleichwohl können auch Privatpersonen – und unter diesem Gesichtspunkt sieht sich die Ansicht *Amelungs* erheblichen Bedenken ausgesetzt – politisch handeln und dabei dieselben Zwecke wie die öffent-

---

historische Dimension der Frage nicht ins Auge und argumentiere deshalb an dem eigentlichen Regelungsproblem vorbei.

186 Die Ausführungen *Amelungs* stammen aus dem Jahre 1972. Da § 264 StGB erst durch das 1. WiKG vom 29.7.1976 (BGBl. I S.2034) eingefügt wurde, dürften *Amelungs* Ausführungen wohl auch auf die von § 264 StGB nicht erfaßten Subventionen zu beziehen sein.

187 *Amelung*, S.376f. – Mit anderer Begründung insoweit im Ergebnis ähnlich *Graßmück*, S.231, der der Ansicht ist, eine umfassende Neuregelung des Subventionsmißbrauchs sei nach den Urkundendelikten im 24. Abschnitt des StGB einzugliedern. Siehe ferner die systematische Einordnung des § 201 AE (Subventionserschleichung) unter dem Abschnitt „Straftaten gegen die Wirtschaft", 7. Titel „Straftaten gegen die öffentliche Finanzwirtschaft".

188 *Hack*, S.26 Fußn.34 a.E., nimmt sogar an, daß *Amelung* die mißbräuchliche Inanspruchnahme von Subventionen nicht als Vermögensdelikt ansehe.

189 Vgl. hierzu (bezogen auf die Subventionserschleichung) *Betschart*, S.32 Fußn.185; *D. Geerds*, S.176 Fußn.461.

190 Vgl. hierzu *Betschart*, S.32, der allerdings die Ausführungen *Amelungs* in bezug zur Normativierung des Schadensbegriffs setzt.

191 *Amelung*, S.375, spricht zwar fast ausschließlich von staatlicher Verwaltung und staatlichen Entscheidungen. Indes dürften die Ausführungen auf die gesamte öffentliche Verwaltung zu erstrekken sein. Hierfür spricht schon, daß *Amelung*, S.376, selbst auf die unterschiedlichen Funktionen des Vermögens im wirtschaftlichen und öffentlichen Bereich abstellt.

192 Vgl. hierzu *Hack*, S.25.

193 Insofern *Amelung* in gewisser Hinsicht ähnelnd *Krauss*, in: Vischer-FS, S.47, 56ff., der die Anwendbarkeit des Betrugstatbestands bei rein politischen Entscheidungen der öffentlichen Gewalt ablehnt, dabei jedoch den Begriff einer solch politischen Entscheidung wesentlich enger als *Amelung* faßt. So sieht *Krauss*, in: Vischer-FS, S.47, 57, etwa Akte des Verwaltungsvollzugs jedenfalls nicht als rein politische Entscheidungen an, da sie nicht nur in eine politische, sondern auch in eine rechtliche Verantwortung eingebunden seien.

liche Verwaltung verfolgen.[194] *Amelung* meint zwar, man könne die Spende eines Privaten zur Not noch als Vorgang der wirtschaftlichen Sphäre ansehen, weil der Spender damit das Bedürfnis befriedige, sein Gewissen zu beruhigen, oder einen Anspruch auf Steuerermäßigung erwerbe.[195] Doch diese Konstruktion wirkt gekünstelt; auch *Amelung* selbst findet sie offenbar nicht sonderlich überzeugend („zur Not"). Ohnehin versagt sie gänzlich, wenn sich ein entsprechendes Verhalten nicht mehr unter sie fassen läßt: Wer *lediglich* aus politischen Gründen handelt, handelt gerade nicht zur Gewissensberuhigung oder aus steuerlichen Gründen. Man könnte zwar sagen, in einem solchen Falle werde das Bedürfnis, rein politisch zu handeln, befriedigt, aber von einem wirtschaftlichen Handeln läßt sich dabei nicht ernsthaft sprechen. Aber auch generell überzeugt die Verknüpfung von wirtschaftlichem Handeln und Bedürfnisbefriedigung nicht. Dies wird dann besonders deutlich, wenn eine Privatperson das – welchen Gründen auch immer entspringende – Bedürfnis hat, *un*wirtschaftlich zu handeln; vom Vorliegen eines wirtschaftlichen Handels kann in dieser Konstellation dann keine Rede sein. Das Kriterium der Bedürfnisbefriedigung eignet sich somit generell nicht dazu, um das Vorliegen eines wirtschaftlichen Handelns abzugrenzen.

Aber auch davon abgesehen wecken die Ausführungen *Amelungs* Zweifel: Wenn *Amelung* nämlich meint, eine Privatperson erstrebe bei einem rein politischen Handeln eine Bedürfnisbefriedung, wogegen es der öffentlichen Verwaltung auf die Erreichung des politischen Zieles ankomme, bleibt unklar, wo *Amelung* diesbezüglich überhaupt einen relevanten Unterschied sieht; schließlich ist doch auch die Verfolgung eines Zieles auf Zielerreichung und damit doch letztlich auf Bedürfnisbefriedigung ausgerichtet.[196]

Aber auch im übrigen überzeugen *Amelungs* Ausführungen nicht: Warum politisch eingesetztes Vermögen der öffentlichen Hand dem Anwendungsbereich des § 263 StGB überhaupt entzogen sein sollte, wird letztlich nicht ersichtlich. Es geht bei § 263 StGB doch schließlich um einen Angriff auf Vermögen. Liegt ein solcher aber vor, bedürfte es einer eingehenden und tragfähigen Begründung, warum davon unabhängige Gesichtspunkte – wie das „Motiv" des Vermögenseinsatzes – die Anwendbarkeit des Betrugstatbestands ausschließen sollten. Eine solche Begründung liefert *Amelung* nicht.[197] Sie kann auch nicht in seinen Ausführungen zum Funktionswandel von Normen erblickt werden, da *Amelung* auch dort übersieht, daß Anknüpfungspunkt für die Anwendbarkeit des § 263 StGB nicht die Transaktion vom politischen ins ökonomische System ist, sondern das dahinterstehende Vermögen.

---

194 Vgl. *Gerhold*, S.28, der diesbezüglich anführt, die Unterstützung einer sozial schwachen Person könne sowohl durch eine staatliche Leistung, etwa in Form der Sozialhilfe, als auch durch die milde Gabe eines privaten Spenders erfolgen; *Hack*, S.30; ansatzweise auch *Betschart*, S.32.

195 *Amelung*, S.376.

196 *Hack*, S.30f. – Vgl. dazu auch *Gerhold*, S.28, der der Ansicht *Amelungs*, wonach nur das private Vermögen der Befriedigung bestimmter Bedürfnisse diene, entgegenhält, daß auch die Erreichung sozialpolitischer Ziele letztlich als Ausgleich für die Verausgabung öffentlicher Mittel anzusehen sei; *Neye*, S.50.

197 In diesem Sinne auch *Tiedemann*, in: LK[11] vor § 263 Rdnr.42; *J. Vogel*, Legitimationsprobleme, S.968 Fußn.578 a.E.

Nach alledem ergibt sich, daß *Amelungs* Ausführungen keine Zustimmung verdienen. Für eine generelle Nichtanwendbarkeit des § 263 StGB auf öffentliches Vermögen, das der Erreichung eines politischen Zieles dient, sind auch ansonsten keine Ansatzpunkte ersichtlich.[198]

III. Nichtanwendbarkeit des § 263 StGB auf öffentliches Vermögen, das im Bereich hoheitlicher Tätigkeit angegriffen wird?

Klärungsbedürftig ist, ob § 263 StGB auch dann anwendbar ist, wenn öffentliches Vermögen im Bereich hoheitlicher Tätigkeit angegriffen wird. Unter hoheitlichem Verwaltungshandeln ist die gesamte öffentlich-rechtliche Verwaltungstätigkeit zu verstehen.[199] Die Möglichkeit eines Betrugs zum Nachteil einer hoheitlich handelnden Person wurde im älteren Schrifttum nur vereinzelt bezweifelt.[200] Sehr kontrovers wurde dort allerdings diskutiert, ob § 266 StGB a.F. und § 266 I StGB n.F. auch die Untreue eines hoheitlich handelnden Beamten umfaßte bzw. umfaßt.[201] Im aktuellen deutschen Schrifttum verneint – allein auf diesen Bereich bezogen – soweit ersichtlich niemand mehr die Anwendbarkeit der §§ 263, 266 StGB. In der Schweiz finden sich jedoch auch in neuerer Zeit Äußerungen, die zu einer genaueren Betrachtung dieser Problematik beim Betrug durchaus Anlaß geben.[202]

Die folgende Darstellung beschränkt sich dabei auf „von außen" erfolgende Angriffe auf hoheitlich handelnde Personen des Öffentlichen Rechts. Die besondere Problematik der Anwendbarkeit des § 263 StGB auf betrügerisches Verhalten „innerhalb" einer Person des Öffentlichen Rechts wird unten S.46ff. gesondert untersucht.

1. Beschränkung des § 263 StGB auf das Gebiet des privatrechtlichen Vermögensverkehrs?

Nach *Schwinge/Siebert* und *Leiner* ist geschütztes Rechtsgut der §§ 263, 266 StGB das Vermögen „als Einrichtung des privatrechtlichen Vermögensverkehrs."[203] Eine

---

198 So i.E. auch *Cramer*, in: Schönke/Schröder[25] § 263 Rdnr.78a a.E.; siehe auch ders., S.218f.; *J. Vogel*, Legitimationsprobleme, S.968.

199 Damit umfaßt der Begriff der hoheitlichen Verwaltungstätigkeit sowohl das obrigkeitliche als auch das schlichthoheitliche Verwaltungshandeln (*Faber*[4], S.23; *Imboden/Rhinow*, S.287 Nr.47 B I; *Maurer*[12], S.43 Rdnr.11). Zum Teil wird aber auch nur obrigkeitliches Handeln als hoheitlich bezeichnet (so etwa *Betschart*, S.46 Fußn.249).

200 Soweit ersichtlich nur von *Leiner*, S.68; *Schwinge/Siebert*, S.59.

201 Siehe dazu etwa die eingehenden Darstellungen bei *Neye*, S.11ff., 18f., 24ff., und *RGSt* 69, 333, 334ff.

202 Siehe etwa *Betschart*, S.45f.; *BGE* 103 IV 27, 30.

203 *Schwinge/Siebert*, S.59; i.E. auch *Leiner*, S.68 (Unter den Vermögensbegriff fällt bei § 263 StGB und § 266 StGB [lediglich] „das Vermögen, das im privatrechtlichen Verkehr eines strafrechtlichen Schutzes" bedürfe); *Schwinge/Siebert* bezogen auf § 266 StGB folgend *Westphal*, S.26; ganz ähnlich auch *Schobert*, S.14.

Begründung hierfür wird nicht geliefert.[204] Gleichwohl wird als Konsequenz für § 266 StGB angenommen, jedenfalls die rein staatshoheitliche Betätigung von Beamten falle aus dessen Anwendungsbereich heraus.[205] § 266 StGB wird allerdings für anwendbar gehalten, wenn die Untreuehandlung bei Vornahme eines „privatrechtsgestaltenden Staatsakts" geschehen sei. Unter privatrechtsgestaltenden Staatsakten verstehen die genannten Autoren dabei alle Handlungen des Staates, bei denen der Staat zwar als Träger der öffentlichen Gewalt auftritt, dabei aber rechtsverändernd in die Privatrechtslage eingreift.[206] Zur Anwendbarkeit des § 263 StGB in diesem Bereich äußern sich *Schwinge/Siebert* und *Leiner* allerdings nicht ausdrücklich. Bei § 263 StGB ist zwar denkbar, daß eine Vermögensverfügung über das Vermögen eines Dritten in der Form eines solch privatrechtsgestaltenden Staatsakts vorgenommen wird. Indes ist in dem hier interessierenden Bereich für einen privatrechtsgestaltenden Staatsakt kein Raum: Wenn bei hoheitlicher Verwaltungstätigkeit nicht das Vermögen eines Dritten, sondern der gerade hoheitlich tätigen Person des Öffentlichen Rechts das Angriffsobjekt des Betrugs ist, ist keine Konstellation ersichtlich, in der ein privatrechtsgestaltender Staatsakt vorliegen könnte. Somit würde der Ansatz von *Schwinge/Siebert* und *Leiner* dazu führen, daß § 263 StGB auf das Vermögen einer hoheitlich handelnden Person des Öffentlichen Rechts nicht anwendbar wäre.

Es erscheint jedoch zweifelhaft, ob diese Auffassung Zustimmung verdient. Der Gesetzeswortlaut und die Gesetzessytematik bieten keinen Anhaltspunkt für eine Beschränkung des Anwendungsbereichs des § 263 StGB auf das Gebiet des privatrechtlichen Vermögensverkehrs.[207] *Schwinge/Siebert* und *Leiner* haben solche oder andere Gründe auch nicht angeführt, sondern es insofern bei einer schlichten Behauptung belassen. Dies überzeugt jedoch schon im Ansatz nicht. Von daher läßt sich mit der vorstehend aufgezeigten Konzeption eine Nichtanwendbarkeit des § 263 StGB auf öffentliches Vermögen, das im Bereich hoheitlicher Tätigkeit angegriffen wird, nicht begründen.[208]

2. Hoheitliche Akte als Vermögensverfügung (BGE 103 IV 27, 30)?

Ein ganz anderer Zugang zu dieser Problematik findet sich in der Schweiz: Dort hat das *BG* zu Art.148 SchwStGB a.F. ausgeführt, daß die Zuteilung von Einfuhrkontingenten durch eine Behörde keine Vermögensverfügung sei, da die Behörde auf-

---

204 *Leiner*, S.68, verweist zwar auf seine Ausführungen auf S.60, 61, 63, 64. Dort findet sich jedoch auch keine Begründung für diese Annahme.

205 *Leiner*, S.68; *Schwinge/Siebert*, S.59f.; ferner *Schobert*, S.14; ähnlich *Schürer*, S.33; *Klein*, S.17f. – Die Wiedergabe der Ansicht *Schwinge/Sieberts* bei *Neye*, S.25, ist mißverständlich, soweit dort ausgeführt wird, nach *Schwinge/Siebert* werde das „staatliche Vermögen" von § 266 StGB nicht erfaßt.

206 *Leiner*, S.68; *Schwinge/Siebert*, S.60; wohl auch *Schobert*, S.15.

207 Vgl. *Neye*, S.25f.; *RGSt* 69, 333, 338f.; siehe auch (zu Art.146 SchwStGB) *BGE* 122 IV 197, 202.

208 Vgl. *Nelles*, S.173; *Neye*, S.25f.; *Sebbel*, in: Tagungsberichte XII, Anlage 4, S.11; *Wolf* (1997), S.55f.; ders. (1998), S.41f.; *RGSt* 69, 333, 338f.

grund der ihr zustehenden Hoheitsrechte handele.[209] Zwar nehmen Rechtsprechung und Literatur in Deutschland ganz einhellig an, daß auch hoheitliche Akte eine Vermögensverfügung darstellen können[210], und auch die h.L. in der Schweiz ist dieser Ansicht[211]; dennoch bedürfen die Äußerungen des *BG* einer näheren Betrachtung.

Zunächst stellt sich die Frage, ob das *BG* diese Ausführungen überhaupt auf den vorliegenden Zusammenhang bezogen hat – schließlich kann durch hoheitliches Handeln entweder das Vermögen des hoheitlich Handelnden oder das Vermögen einer anderen Person betroffen werden. Im vorliegenden Zusammenhang ist lediglich die erstgenannte Konstellation von Interesse und auch diese nur insoweit, als der „Handelnde" eine Person des öffentlichen Rechts ist. Ob das *BG* seine Ausführungen (auch) auf diese Konstellation erstrecken wollte, ist nicht zweifelsfrei ersichtlich. Dafür spricht, daß das *BG* in dem aufgezeigten Kontext immerhin ausdrücklich darauf hingewiesen hat, daß eine Verfügung der Behörde über das öffentliche Vermögen nicht vorliege.[212] Das alleine sagt jedoch zwingend noch nichts aus. Überwiegend deuten die weiteren Ausführungen des *BG* denn auch in die andere Richtung.[213] Im schweizerischen Schrifttum wird die Entscheidung dementsprechend unterschiedlich gedeutet. Zumindest ein Teil der Literatur nimmt dabei an, das *BG* wolle *alle* kraft „hoheitlicher" Gewalt getroffenen Akte [und damit auch die lediglich das Vermögen der „hoheitlich" handelnden Person des öffentlichen Rechts betreffenden Akte] aus dem Verfügungsbegriff ausscheiden.[214] Wäre dem tatsächlich so, wären die Ausführungen des *BG* im vorliegenden Zusammenhang – ein gleiches Verständnis des Begriffs des hoheitlichen Handelns vorausgesetzt – von erheblicher Bedeutung. Unabhängig hiervon ist jedoch auch zu klären, ob die vom *BG* für das Nichtvorliegen einer Vermögensverfügung angeführten Überlegungen überhaupt Zustimmung verdienen. Im Hinblick auf die bestehenden Zweifel hinsichtlich des „Geltungsanspruchs" der Ausführungen erscheint es angebracht, letzteres zunächst zu prüfen:

Das *BG* begründete das Nichtvorliegen einer Vermögensverfügung bei hoheitlichem Handeln der Behörde damit, daß eine dem Prozeßbetrug entsprechende Si-

209 *BGE* 103 IV 27, 30.

210 Statt aller *Cramer*, in: Schönke/Schröder[25] § 263 Rdnr.56, vgl. auch Rdnr.69; *Hillenkamp*, in: Wessels/Hillenkamp, BT 2[22], S.208 Rdnr.514; *Lackner*, in: LK[10] § 263 Rdnr.96; *Mitsch*, BT 2/1, S.445 Rdnr.77; *Tiedemann*, in: LK[11] § 263 Rdnr.99, 236; *RG* JW 1950, 226; *BGHSt* 14, 170.

211 *Stratenwerth*, BT I[5], S.328 Rdnr.36; vgl. *Schubarth*, in: Schubarth/Albrecht Art.148 Rdnr.63 m.w.N.

212 *BGE* 103 IV 27, 30.

213 So stellt *BGE* 103 IV 27ff. auf S.29 auf eine Schädigung der Konkurrenten ab; auf S.30 scheinen die Ausführungen zum Prozeßbetrug ebenfalls in diese Richtung zu gehen. Noch bedeutsamer ist aber, daß *BGE* 103 IV 27, 30 auf *BGE* 78 IV 84, 89f. Bezug nimmt. In *BGE* 78 IV 84, 90 wird nämlich ausgeführt, daß Vertreter eines Gemeinwesens beispielsweise bei der Vergabe von Subventionen Vermögensrechte zu wahren hätten und die hinter ihnen stehende juristische Person des Öffentlichen Rechts dabei des Schutzes des Betrugstatbestands bedürfe.

214 *Stratenwerth*, BT I[5], S.328 Rdnr.36; vgl. *Betschart*, S.46 Fußn.249, der jedoch als hoheitlich nur eine Handlung ansieht, die vom Gemeinwesen mit dem Anspruch des Gewaltmonopols vorgenommen wird; zweifelnd *Krauss*, in: Vischer-FS, S.47, 56 Fußn.24.

tuation vorliege.[215] Beim Prozeßbetrug sei der Richter, der kraft staatlicher Hoheit verfüge[216], weder Geschädigter noch dessen Vertreter; deshalb falle der Prozeßbetrug nicht unter Art.148 SchwStGB a.F.[217] Hierbei nahm das *BG* Bezug auf seine vormals grundlegende Entscheidung zum Prozeßbetrug. In dieser wurde der sog. Prozeßbetrug – konträr zur ganz h.M. in Deutschland[218] und der h.L. in der Schweiz[219]; ausdrückliche Aufgabe dieser Rechtsprechung nunmehr auch in *BGE 122 IV 197, 202f., 203* – unter dem Gesichtspunkt des Betrugs nicht als strafbar erachtet[220]; als Begründung wurde angeführt, daß der Richter nicht über Vermögensrechte verfüge, die er nach Art einer Privatperson oder eines Vertreters des Gemeinwesens zu wahren hätte, sondern Recht spreche.[221]

Zunächst ist zu bemerken, daß das Abstellen auf die Situation beim Prozeßbetrug dagegen spricht, daß das *BG* in der eingangs genannten Entscheidung *alle* kraft „hoheitlicher" Gewalt getroffenen Akte aus dem Begriff der Vermögensverfügung ausscheiden wollte.[222] Aber auch unabhängig hiervon überzeugen die damaligen Ausführungen des *BG* zum Prozeßbetrug nicht: Zwar ist nicht zu bestreiten, daß ein Richter Recht spricht. Das *BG* verkannte jedoch, daß darin *zugleich* eine Vermögensverfügung liegen kann.[223] Darüber hinaus würde die vormalige Position des

---

215 Freilich ist diesbezüglich darauf hinzuweisen, daß es beim Prozeßbetrug nicht um hoheitliche *Verwaltungs*tätigkeit geht. Im vorliegenden Zusammenhang ist dies insofern unschädlich, als das *BG* die Problematik des Prozeßbetrugs auf den Bereich der hoheitlichen Verwaltungstätigkeit übertragen hat.

216 Trotz dieser Terminologie („verfüge") meinte das *BG* aber wohl nicht, daß eine Vermögensverfügung i.S. des Betrugstatbestands tatsächlich vorliege; siehe dazu sogleich unten im Text bei Fußn.221.

217 *BGE* 103 IV 27, 30.

218 Statt aller *Cramer*, in: Schönke/Schröder[25] § 263 Rdnr.69ff.; *Kühl*, in: Lackner/Kühl[23] § 263 Rdnr.29; *Lackner*, in: LK[10] § 263 Rdnr.305 m.w.N.; *Mitsch*, BT 2/1, S.444 Rdnr.76; *Tiedemann*, in: LK[11] § 263 Rdnr.236 m.w.N. – Im älteren deutschen Schrifttum wurde die Anwendbarkeit des § 263 StGB auf den Prozeßbetrug allerdings verschiedentlich in Frage gestellt, siehe dazu die Nachweise bei *Lackner*, in: LK[10] § 263 Rdnr.305 Fußn.461. In neuerer Zeit kritisch zur Anwendbarkeit des § 263 StGB auf den Prozeßbetrug *R. Hassemer*, S.176f.

219 *Ardinay*, SchwZStR 86 (1970), 225, 325; *Hafter*, BT, S.269ff.; *Schubarth*, in: Schubarth/Albrecht Art.148 Rdnr.63 m.w.N.; *Stratenwerth*, BT I[5], S.328 Rdnr.36 m.w.N.; *Thormann/von Overbeck* Art.148 Rdnr.8; *Trechsel*[2] Art.146 Rdnr.18 m.w.N.; *Waiblinger*, ZBJV 91 (1955), 81, 101ff.

220 Anders als in Österreich wurde dabei in der Schweiz nicht auf die Täuschung, sondern auf die Vermögensverfügung abgestellt.

221 *BGE* 78 IV 84, 90. – In der Praxis der kantonalen Gerichte wurde allerdings häufig bewußt von *BGE* 78 IV 84ff. abgegangen und der Prozeßbetrug als strafbar erachtet (siehe nur *ObG Luzern*, SJZ 62 (1966), 331f. Nr.194; *ObG Thurgau*, RS 1983, 108 Nr.558; *ObG Zürich*, SJZ 79 (1983), 231f. Nr.41).

222 Vgl. auch *Krauss*, in: Vischer-FS, S.47, 56, der wohl zutreffend meint, die Äußerungen des *BG* über die „hoheitliche Funktion" dürften in ihrer Bedeutung für Art.148 SchwStGB a.F. nicht überschätzt werden. Sie träfen weder in *BGE* 78 IV 84, 90 noch in *BGE* 103 IV 27, 30 den Kern der Begründung, sondern lieferten vielmehr nur ergänzende Gesichtspunkte. Beide Urteile würden sich vorrangig auf den Gehalt der sog. „Lagertheorie" stützen. Dagegen meint *BGE* 122 IV 197, 203 in neuerer Zeit, *BGE* 78 IV 84ff. habe das Schutzobjekt des Betrugstatbestands „wesentlich in der freien Willensbildung sich rechtsgeschäftlich gegenüberstehender Privatrechtssubjekte" gesehen.

223 *Stratenwerth*, BT I[5], S.328 Rdnr.36.

BG zu der befremdlichen Konsequenz führen, daß ein „Betrug" allein deshalb straflos bleiben müßte, weil er nicht nur durch außergerichtliche Täuschungshandlungen, sondern sogar durch Täuschung des Gerichts begangen wurde.[224] Von daher ist den Ausführungen des *BG* weder in der alten Grundsatzentscheidung zum Prozeßbetrug noch in der eingangs erwähnten Entscheidung zum Begriff der Vermögensverfügung zu folgen. Letztere führt daher auch nicht zu einer Nichtanwendbarkeit des Betrugstatbestands auf das Vermögen einer hoheitlich handelnden Person des Öffentlichen Rechts.[225]

3. Ausschließlicher Schutz der Privatwirtschaft?

Auch im nationalsozialistischen Schrifttum finden sich Äußerungen, die auf den ersten Blick die Anwendbarkeit des Betrugstatbestands auf öffentliches Vermögen im Bereich hoheitlicher Verwaltungstätigkeit in Frage zu stellen scheinen: *Borst* sieht § 263 StGB de lege lata als ein Delikt gegen die Privatwirtschaft an[226] und meint, der Vermögensbegriff beim Betrug sei auf die Privatrechtssphäre begrenzt.[227] Betrachtet man seine – teilweise ideologisch überladenen und schwer verständlichen – Ausführungen genauer, zeigt sich allerdings, daß *Borst* wohl nicht öffentliches Vermögen im Bereich hoheitlicher Verwaltungstätigkeit aus dem Anwendungsbereich des § 263 StGB ausscheiden will. *Borst* kritisiert insgesamt nämlich, daß die sozialschädliche Wirkung auf die „Volksgemeinschaft" – von ihm zumeist als Schädigung der Volkswirtschaft bezeichnet – nicht als Vermögensschaden angesehen werde.[228] Wohl nur auf diesen Gesichtspunkt kommt es *Borst* an, nicht jedoch auf irgendeine Einschränkung des Betrugstatbestands. De lege ferenda plädiert *Borst* denn auch für eine massive Erweiterung der Betrugsstrafbarkeit durch einen Verzicht auf das Tatbestandsmerkmal der Vermögensbeschädigung.[229]

Insgesamt läßt sich daher auch aus den Ausführungen *Borsts* nichts für einen Ausschluß öffentlichen Vermögens im Bereich hoheitlicher Verwaltungstätigkeit aus dem Anwendungsbereich des § 263 StGB entnehmen.

4. Zwischenergebnis

Da hierfür auch ansonsten keine Gründe ersichtlich sind, ist somit festzuhalten, daß öffentliches Vermögen auch im Bereich hoheitlicher Verwaltungstätigkeit nicht insgesamt aus dem Anwendungsbereich des § 263 StGB ausgeschlossen ist.[230]

---

224 *Stratenwerth*, BT I^5, S.328 Rdnr.36; *Walder*, SJZ 50 (1954), 105, 109.

225 Dies gilt unabhängig davon, ob *BGE* 103 IV 27, 30 unter hoheitlichem Handeln nur obrigkeitliches Handeln versteht oder der hier zugrundegelegten Terminologie folgt.

226 *Borst*, JW 1935, 1221, 1224.

227 *Borst*, JW 1935, 1221, 1222.

228 *Borst*, JW 1935, 1221, 1225, vgl. auch 1222 („bewußte Ausschaltung der Gemeinschaftswirkung").

229 *Borst*, JW 1935, 1221, 1225.

230 So i.E. auch *RGSt* 69, 333, 338f.; wohl auch *PrObTr*, OppenhoffsR 17 (1876), 607, 616.

Ergänzend ist darauf hinzuweisen, daß damit auch im Bereich fiskalischer Verwaltungstätigkeit ein solcher Ausschluß grundsätzlich nicht in Betracht kommt[231]: Wenn das Vermögen einer Person des Öffentlichen Rechts schon bei hoheitlichem Handeln nicht grundsätzlich von der Anwendbarkeit des § 263 StGB ausgeschlossen ist, ist kein Grund dafür ersichtlich, warum dies nicht erst recht im Bereich fiskalischer Verwaltungstätigkeit gelten sollte.

IV. Anwendbarkeit des § 263 StGB im Bereich der Vergabe von Subventionen?

Einer genaueren Betrachtung bedarf die Frage, ob § 263 StGB nach der Schaffung des § 264 StGB im Bereich der Vergabe von Subventionen überhaupt noch – und wenn ja, in welchem Umfang – zur Anwendung kommen kann. Da § 264 StGB sich nur auf bestimmte Subventionen bezieht, ist zunächst zu klären, welche Subventionen überhaupt von § 264 StGB erfaßt werden; anschließend ist das Verhältnis von § 264 StGB zu § 263 StGB zu betrachten.

Nach § 264 VII StGB ist Subvention i.S. des § 264 StGB sowohl 1. eine Leistung aus öffentlichen Mitteln nach Bundes- oder Landesrecht an Betriebe oder Unternehmen, die wenigstens zum Teil ohne marktmäßige Gegenleistung gewährt wird und der Förderung der Wirtschaft dienen soll, wobei als Betrieb oder Unternehmen auch das öffentliche Unternehmen angesehen wird, als auch 2. eine Leistung aus öffentlichen Mitteln nach dem Recht der Europäischen Gemeinschaften, die wenigstens zum Teil ohne marktmäßige Gegenleistung gewährt wird. Dieser materielle[232] Subventionsbegriff führt in Einzelfällen zwar zu teilweise erheblichen Abgrenzungsschwierigkeiten.[233] Dennoch ist unstrittig, daß die von § 264 StGB nicht er-

---

231 Für den Bereich des Wirtschaftsverkehrs *Cramer*, in: Schönke/Schröder[25] § 263 Rdnr.78a a.E.; vgl. bzgl. administrativer Hilfsgeschäfte *Betschart*, S.40, der darauf hinweist, daß die Anwendbarkeit des Betrugstatbestands dort als so selbstverständlich gilt, daß sie meist keiner besonderen Erwähnung für wert befunden wird.

232 Der Regierungsentwurf zu § 264 VI StGB a.F. sah noch einen formellen Subventionsbegriff vor (*RegE 1. WiKG*, BT-Drucks. 7/3441, S.4, 23); auf Anregung des *Alternativentwurfs* (insoweit abgedruckt in: Prot.7, S.2605) wurde jedoch der Begriff der Subvention in § 264 VI StGB a.F. materiell definiert und auf eine bloß formelle Bezeichnung als Subvention verzichtet (vgl. hierzu *Tiedemann*, in: LK[11] § 264 Rdnr.5). Hierfür waren vor allem Bedenken im Hinblick auf den blankettähnlichen Charakter einer bloß formellen Vorschrift und hinsichtlich der Gefahr einer ungleichen Handhabung durch Gesetz- und Verordnungsgeber ausschlaggebend (vgl. hierzu *Lenckner*, in: Schönke/Schröder[25] § 264 Rdnr.7); entsprechende Bedenken wurden namentlich erhoben von *Diemer-Nicolaus*, in: Schmidt-Leichner-FS, S.31, 43f.; *Bundesverband der Deutschen Industrie /Bundesverband des Deutschen Groß- und Außenhandels/Deutscher Industrie- und Handelstag*, in: Prot.7, S.2622; *von der Leye*, in: Prot.7, S.2657; *Sonderausschuß*, 1. WiKG, BT-Drucks. 7/5291, S.9f.; *Tiedemann*, in: Prot.7, S.2472, 2480; ders., ZStW 87 (1975), 253, 294. – Eingehend zur Entstehungsgeschichte des § 264 VI StGB a.F. *Eberle*, S.42ff.; *Samson/Günther*, in: SK[5] § 264 Rdnr.23ff.

233 Siehe dazu im einzelnen *Fischer*, in: Tröndle/Fischer[49] § 264 Rdnr.7ff.; *Kühl*, in: Lackner/Kühl[23] § 264 Rdnr.4ff.; *Lenckner*, in: Schönke/Schröder[25] § 264 Rdnr.8ff.; *Samson/Günther*, in: SK[5] § 264 Rdnr.28ff.; *Tiedemann*, in: LK[11] § 264 Rdnr.26ff.; *Tröndle*[48] § 264 Rdnr.7ff. – Vereinzelt werden sogar verfassungsrechtliche Bedenken gegen die Fassung des § 264 VII StGB n.F. bzw.

faßten Subventionen, also etwa die nationalen Kultur-[234] und Sozialsubventionen, dem Anwendungsbereich des § 263 StGB nicht entzogen sind.[235]

Bei den von § 264 StGB erfaßten Subventionen bedarf diese Frage jedoch einer näheren Betrachtung. Besonderer Hervorhebung bedarf in diesem Zusammenhang allerdings, daß sich die folgenden Ausführungen insgesamt nur auf Subventionen i.S. des § 264 VII StGB beziehen, soweit durch diese inländisches öffentliches Vermögen betroffen wird. Die besondere Problematik der Anwendbarkeit des § 263 StGB auf europäisches Vermögen wird unten insgesamt gesondert behandelt.[236] Ferner ist darauf hinzuweisen, daß die Abgrenzungsschwierigkeiten, die der materielle Subventionsbegriff des § 264 VII StGB mit sich bringt, im vorliegenden Zusammenhang jedenfalls dann nicht näher beleuchtet werden müßten, wenn sich bei der nachfolgenden Prüfung der Anwendbarkeit des § 263 StGB ergeben würde, daß § 263 StGB auch auf die Subventionen i.S. des § 264 VII StGB Anwendung finden kann. Bei dieser Prüfung der Anwendbarkeit des § 263 StGB ist danach zu differenzieren, ob der Tatbestand des § 264 StGB erfüllt ist oder nicht:

In der letztgenannten Konstellation könnte man erwägen, daß § 264 StGB im Verhältnis zu § 263 StGB eine Privilegierung darstellt und insoweit eine Sperrwirkung entfaltet. Für die Annahme einer Privilegierung spricht in der Tat manches: Erstens ist der Versuch des § 263 StGB strafbar (§ 263 II StGB), der Versuch des § 264 StGB dagegen nicht[237]. Zweitens kann bei § 263 StGB im Gegensatz zu § 264 StGB Führungsaufsicht angeordnet werden (§ 263 VI StGB). Und drittens könnte auch die weitgehende Formalisierung der Täuschungshandlung bei § 264 StGB für eine Privilegierung dieses Tatbestands gegenüber § 263 StGB sprechen.[238] [239] Dennoch ist für eine Sperrwirkung des § 264 StGB gegenüber

---

§ 264 VI StGB a.F. geltend gemacht (*Götz*, in: Prot.7, S.2500; ders., in: Schad-FS, S.225, 233f.; *Samson/Günther*, in: SK[5] § 264 Rdnr.37; wohl auch *RegE 1. WiKG*, BT-Drucks. 7/3441, S.22; vgl. auch *Kühl*, in: Lackner/Kühl[23] § 264 Rdnr.7, der von problematischer Unbestimmtheit spricht.). Demgegenüber wird § 264 StGB von der h.M. für verfassungsrechtlich unbedenklich gehalten (für die h.M. *Lenckner*, in: Schönke/Schröder[25] § 264 Rdnr.3; *Tiedemann*, in: LK[11] § 264 Rdnr.25).

234 Demgegenüber schloß der Regierungsentwurf zum 1. WiKG nationale Kultur- und Forschungssubventionen nicht aus dem Begriff der Subvention i.S. des § 264 StGB aus (*RegE 1. WiKG*, BT-Drucks. 7/3441, S.4, 7, 23).

235 Für die allgemeine Meinung *Biener*, in: Bundessteuerberaterkammer/Deutsches wissenschaftliches Steuerinstitut der Steuerberater und Steuerbevollmächtigten e.V. (Hrsg.), Steuerberaterkongreß-Report 1977, 367, 370; *Cramer*, in: Schönke/Schröder[25] § 263 Rdnr.104; *Eberle*, S.181 m.w.N., S.185; *Graul*, in: Brandner-FS, S.801, 805; *Heinz*, GA 1977, 193, 213; *Jordan*, JR (im Erscheinen), Fußn.4; *Kühl*, in: Lackner/Kühl[23] § 264 Rdnr.1; *Lackner*, in: LK[10] § 263 Rdnr.164; *Lenckner*, in: Schönke/Schröder[25] § 264 Rdnr.1, 4, 6, 87; *Ranft*, NJW 1986, 3163, 3165; *Richter*, in: Krekeler/Tiedemann/Ulsenheimer/Weinmann (Hrsg.), HWiStR, Sozialsubvention, S.1; *Samson/Günther*, in: SK[5] § 264 Rdnr.103; *Tenckhoff*, in: Bemmann-FS, S.465, 470; *Tiedemann*, in: LK[11] § 264 Rdnr.13, 162, der dies am letztgenannten Ort ausdrücklich als unstrittig bezeichnet; ders., Wirtschaftsbetrug, Nachtrag § 264 Rdnr.1 a.E.; *Tröndle*[48] § 264 Rdnr.3; *U. Weber*, in: Arzt/Weber, LH 4[2], S.21 Rdnr.39.

236 Siehe hierzu unten S.52ff.

237 Daher wohl irrtümlich *BT-Drucks.* 9/2409, S.16.

238 Vgl. *Samson/Günther*, in: SK[5] § 264 Rdnr.103; *Tiedemann*, in: LK[11] § 264 Rdnr.162; *J. Vogel*, Legitimationsprobleme, S.978.

§ 263 StGB zumindest grundsätzlich kein Raum: § 264 StGB wurde schließlich aufgrund der Unzulänglichkeiten des § 263 StGB bei der Bekämpfung der Subventionskriminalität geschaffen. Dabei sollte § 264 StGB den Subventionsbetrüger nicht privilegieren, sondern eine wirksamere Bekämpfung der Subventionskriminalität ermöglichen.[240] Außerdem gilt zu berücksichtigen, daß die Annahme einer Sperrwirkung zu nicht unerheblichen und kaum verständlichen Strafbarkeitslücken führen würde.[241] Die ganz h.M. lehnt daher eine Sperrwirkung des § 264 StGB gegenüber § 263 StGB ab.[242]

Ein kleiner Teil der Literatur und Rechtsprechung stimmt dem im Grundsatz zwar zu, macht aber eine Ausnahme für den Fall, daß über eine Tatsache, die nicht subventionserheblich im Sinne des § 264 VIII StGB war, getäuscht wurde, und hält § 263 StGB insoweit für nicht anwendbar.[243] Eine Begründung hierfür liefert – soweit ersichtlich – nur *Eberle*. Er meint, daß der Gesetzgeber die in dieser Fallgruppe bei einer Nichtanwendbarkeit des § 263 StGB entstehende Strafbarkeitslücke wegen der konstitutiven Wirkung der Subventionserheblichkeit letztlich selbst im Gesetz angelegt habe.[244] Diese Überlegung überzeugt jedoch nicht: schließlich hat der Gesetzgeber bei § 264 StGB auch von einer Versuchsstrafbar-

---

239 Früher war zudem die Strafrahmenuntergrenze für den Betrug in einem besonders schweren Fall höher als bei einem Subventionsbetrug in einem besonders schweren Fall (§§ 263 III StGB a.F., 264 II 1 StGB). Durch das 6. StrRG wurden die Strafrahmen für besonders schwere Fälle (§§ 263 III 1 StGB n.F., § 264 II 1 StGB) jedoch angeglichen.

240 *Lenckner*, in: Schönke/Schröder[25] § 264 Rdnr.87; vgl. auch *Kühl*, in: Lackner/Kühl[23] § 264 Rdnr.31; *Ranft*, NJW 1986, 3163, 3164; vgl. *BGH*, wistra 1987, 23.

241 *Tiedemann*, in: LK[11] § 264 Rdnr.162; vgl. auch *Lenckner*, in: Schönke/Schröder[25] § 264 Rdnr.87, der (bezogen auf § 264 VI StGB a.F.) meint, es wäre völlig ungereimt, wenn in bezug auf die als besonders schutzwürdig angesehenen Wirtschaftssubventionen Handlungen straflos gelassen würden, die bei Sozial-, Kultursubventionen usw. nach § 263 StGB strafbar seien.

242 *Fischer*, in: Tröndle/Fischer[49] § 264 Rdnr.39; *D. Geerds*, S.259 Fußn.316; *Heinz*, GA 1977, 193, 213f.; *Kühl*, in: Lackner/Kühl[23] § 264 Rdnr.31; *Lackner*, in: LK[10] § 263 Rdnr.331; *Lenckner*, in: Schönke/Schröder[25] § 264 Rdnr.87 mit ausführlichem Überblick; *Ranft*, JuS 1986, 445, 450; ders., NJW 1986, 3163, 3164; *Reisner*, S.75; *Tiedemann*, in: LK[11] § 263 Rdnr.314; ders., in: LK[11] § 264 Rdnr.162 a.E.; *Tröndle*[48] § 264 Rdnr.39; *J. Vogel*, Legitimationsprobleme, S.978; *BGHR* § 264 StGB Konkurrenzen 1; *BGH*, wistra 87, 23; *BGH*, BB 1991, 98; *BayObLG*, NJW 1982, 2202, 2203; trotz Zweifeln auch *Samson/Günther*, in: SK[5] § 264 Rdnr.103; i.E. ferner *Gössel*, BT 2, S.472 Rdnr.68.

243 *Eberle*, S.185, der seine Ausführungen allerdings nur in bezug auf den Fall macht, daß der Täter aus § 264 I Nr.1 StGB nicht bestraft werden könne, weil eine Bezeichnung der subventionserheblichen Tatsachen bezüglich des konkreten Tatobjekts unterblieben sei oder nicht wirksam vorgenommen worden sei und gleichzeitig eine gesetzliche Abhängigkeit der subventionserheblichen Tatsachen nach § 264 VIII Nr.1 1.Alt., Nr.2 StGB nicht in Betracht komme (a.a.O., S.185 i.V. mit S.171); *Göhler*, in: Prot. 7, S.2671 („straffreier Raum"); wohl auch *Biener*, in: Bundessteuerberaterkammer/Deutsches wissenschaftliches Steuerinstitut der Steuerberater und Steuerbevollmächtigten e.V. (Hrsg.), Steuerberaterkongreß-Report 1977, 367, 371 [hierzu *Tiedemann*, in: LK[11] § 264 Rdnr.162, der meint, *Biener*, ebenda, vertrete eine allgemeine Exklusivität des § 264 StGB gegenüber § 263 StGB. Diese Einschätzung dürfte aber wohl zu weitgehend sein. Die Ausführungen *Bieners* sind wohl eher dahingehend zu verstehen, daß *Biener* allenfalls bei der Täuschung über eine Tatsache, die nicht subventionserheblich im Sinne des § 264 VIII StGB ist, die Anwendbarkeit des § 263 StGB ablehnen will. Vgl. dazu auch *Eberle*, S.180 Fußn.50, der die Ausführungen *Bieners* als unklar bezeichnet.]; *LG Düsseldorf*, NStZ 1981, 223.

244 *Eberle*, S.185.

keit abgesehen und damit i.S. *Eberles* eine „Lücke“ selbst angelegt; bei einem Versuch des § 264 StGB hält *Eberle* aber §§ 263, 22 StGB für anwendbar.[245] Mit der h.M. ist daher entgegen *Eberle* anzunehmen, daß die Nichterfüllung des Tatbestands des § 264 StGB die Anwendbarkeit des § 263 StGB bzw. der §§ 263, 22 StGB auf Subventionen i.S. des § 264 VII StGB generell nicht ausschließt. Konsequenterweise ist dies auch anzunehmen, wenn zwar der Tatbestand des § 264 StGB erfüllt wurde, jedoch eine Bestrafung wegen tätiger Reue nach § 264 V StGB entfällt.[246]

Um kein Problem der Anwendbarkeit des Betrugstatbestands handelt es sich dagegen dann, wenn eine Bestrafung nach § 264 StGB möglich ist und zugleich sämtliche Voraussetzungen eines Betrugs gemäß § 263 StGB gegeben sind. In dieser Konstellation ist nur fraglich, ob Idealkonkurrenz in Betracht kommt.[247] Da die Strafdrohung des § 264 I StGB mit der des § 263 I StGB übereinstimmt, § 264 I StGB auch die Fälle der erfolgreichen Subventionserschleichung umfaßt (Argument aus §§ 264 II Nr.1, 264 V StGB) und die Obergrenze für besonders schwere Fälle bei Betrug und Subventionsbetrug identisch ist (§§ 263 III 1, 264 II 1 StGB), ist § 264 StGB zumindest insoweit im Verhältnis zu § 263 StGB als selbständige und abschließende Sonderregelung anzusehen.[248] Damit ist in dieser Konstellation für Idealkonkurrenz grundsätzlich kein Raum.[249]

Zusammenfassend ist somit festzuhalten, daß die bloße Anwendbarkeit des § 263 StGB auf (inländische) Subventionen i.S. des § 264 VII StGB nicht ausgeschlossen ist – und zwar sowohl dann, wenn § 264 StGB im Ergebnis entfällt, als auch dann, wenn § 264 StGB eingreift.

Ergänzend ist allerdings noch darauf hinzuweisen, daß § 264 VII StGB nur sog. direkte Subventionen betrifft.[250] Bei indirekten Subventionen in Form von Steuervergünstigungen („Verschonungssubventionen“) kommt grundsätzlich nur eine Strafbarkeit nach den Tatbeständen des Steuerstrafrechts, namentlich nach

---

245 *Eberle*, S.184 i.V. mit S.171.

246 *Tiedemann*, in: LK[10] § 264 Rdnr.111, 134 a.E.; a.M. *Fischer*, in: Tröndle/Fischer[49] § 264 Rdnr.25; *Tiedemann*, in: LK[11] § 264 Rdnr.134; *Tröndle*[48] § 264 Rdnr.25.

247 Für Idealkonkurrenz *Berz*, BB 1976, 1435, 1438; *Diemer-Nicolaus*, in: Schmidt-Leichner-FS, S.31, 65; *Gössel*, BT 2, S.471 Rdnr.68; *Maiwald*, in: Maurach/Schroeder/Maiwald, BT 1[8], S.479 Rdnr.176; *Schmidt-Hieber*, NJW 1980, 322, 324; differenzierend *Eberle*, S.182ff., 185.

248 So zumindest i.E. *Fischer*, in: Tröndle/Fischer[49] § 264 Rdnr.5, 39; *Göhler/Wilts*, DB 1976, 1609, 1615; *Kühl*, in: Lackner/Kühl[23] § 264 Rdnr.30; *Lackner*, in: LK[10] § 263 Rdnr.331; *Lenckner*, in: Schönke/Schröder[25] § 264 Rdnr.87; *Ranft*, JuS 1986, 445, 450; *Sonderausschuß*, 1. WiKG, BT-Drucks. 7/5291, S.5f.; *Tiedemann*, in: LK[11] § 264 Rdnr.161; *J. Vogel*, Legitimationsprobleme, S.976; *BGHSt* 32, 203, 206f.; *BGHZ* 106, 204, 208; vgl. *Samson/Günther*, in: SK[5] § 264 Rdnr.101f.; dies., in: SK[5] § 263 Rdnr.47b, 204; *Tröndle*[48] § 264 Rdnr.39; siehe auch *Kindhäuser*, JZ 1991, 492, 494; gänzlich konträr *Schmidhäuser*, BT[2], S.145 Rdnr.99, der bei gleichzeitigem Vorliegen von § 263 StGB und § 264 StGB aus § 263 StGB bestrafen will.

249 Idealkonkurrenz kommt freilich in Betracht, wenn außer Subventionen i.S. des § 264 VII StGB noch andere Vermögensvorteile Gegenstand derselben Tathandlung sind (*Kühl*, in: Lackner/Kühl[23] § 264 Rdnr.30 a.E.; *Lenckner*, in: Schönke/Schröder[25] § 264 Rdnr.87; *Tiedemann*, in: LK[11] § 264 Rdnr.163).

250 *Lenckner*, in: Schönke/Schröder[25] § 264 Rdnr.10; *Tiedemann*, in: LK[11] § 264 Rdnr.27.

§ 370 AO, in Betracht.[251] Diese Tatbestände sind ihrerseits abschließende Sonderregelungen[252] gegenüber § 263 StGB.[253] Dabei verdrängt § 370 AO den allgemeinen Betrugstatbestand und läßt nach der neueren Rechtsprechung eine tateinheitliche Begehung mit Betrug allenfalls dann zu, wenn der Täter mit Mitteln der Täuschung außer der Verkürzung von Steuereinnahmen oder der Erlangung ungerechtfertigter Steuervorteile noch weitere Vorteile erstrebt.[254]

V. Nichtanwendbarkeit des § 263 StGB auf öffentliches Vermögen, das im Bereich obrigkeitlicher Tätigkeit angegriffen wird?

Zu klären bleibt, ob die Anwendbarkeit des § 263 StGB ausgeschlossen ist, wenn öffentliches Vermögen im Bereich obrigkeitlicher Tätigkeit angegriffen wird. Obrigkeitlich ist eine Tätigkeit dann, wenn sie öffentlich-rechtlich ist und sich der Instrumentarien des Befehls oder des Zwangs bedient.[255] Soweit ersichtlich, wird diesbezüglich die Anwendbarkeit des Betrugstatbestands weder in der Rechtsprechung noch im Schrifttum insgesamt in Frage gestellt.

---

251 Vgl. *Tiedemann*, in: LK[11] § 264 Rdnr.27.

252 *Lackner*, in: LK[10] § 263 Rdnr.332 (zustimmend *Rönnau*, wistra 1995, 47 Fußn.11), weist zutreffend darauf hin, daß dieses Verhältnis manchmal als Spezialität bezeichnet wird. Damit sei jedoch nicht Spezialität in dem strengen Sinne gemeint, daß der Tatbestand in dem allgemeineren voll enthalten und noch durch mindestens ein weiteres Merkmal spezialisiert sei, sondern in dem weiteren Sinne, daß die steuerstrafrechtliche Regelung, die als solche nicht in jedem Falle die Erfüllung der Betrugsvoraussetzungen erfordere, als eine abschließende und aus diesem Grund dem Betrug vorgehende gedacht sei; i.E. ebenso *Kohlmann*[7] § 370 AO Rdnr.108.4 Bl.158/1; siehe auch *Tiedemann*, in: LK[11] vor § 263 Rdnr.42; ders., in: LK[11] § 263 Rdnr.319 („Spezialität im weiteren Sinn").

253 *Dietz*, in: Leise § 370 Rdnr.9; *Fischer*, in: Tröndle/Fischer[49] § 264 Rdnr.61; *Hofmann*, in: Kühn/Hofmann[17] § 370 AO Anm.1a; *Kohlmann*[7] § 370 AO Rdnr.108.4 Bl.158/1; *Kühl*, in: Lackner/Kühl[23] § 263 Rdnr.68; *Lackner*, in: LK[10] § 263 Rdnr.332 m.w.N.; *Tiedemann*, in: LK[11] § 263 Rdnr.319; *Tröndle*[48] § 263 Rdnr.48; bezogen auf § 370 AO *Rönnau*, wistra 1995, 47; *BGHSt* 36, 100, 101; vgl. *Cramer*, in: Schönke/Schröder[25] § 263 Rdnr.182; *Samson/Günther*, in: SK[5] § 263 Rdnr.203.
Zur besonderen Problematik der Anwendbarkeit und zum Verhältnis der §§ 370 AO, 263 StGB im Bereich der Verkürzung von Kirchensteuern unter Berücksichtigung der landesrechtlichen Unterschiede zusammenfassend *Kohlmann*[7] § 370 AO Rdnr.110; *Rönnau*, wistra 1995, 47ff. m.w.N.; *Tiedemann*, in: LK[11] § 263 Rdnr.322.

254 *BGHSt* 36, 100, 101 m.w.N.; *Kühl*, in: Lackner/Kühl[23] § 263 Rdnr.68; siehe auch *BGHSt* 40, 109, 111ff.; *Samson/Günther*, in: SK[5] § 263 Rdnr.203 („§ 370 AO verdrängt den Betrug, wenn der vom Täter erstrebte Vorteil ausschließlich auf steuerlichen Regelungen beruht."); *Tiedemann*, in: LK[11] § 263 Rdnr.320f.
Demgegenüber sollte nach der früheren Rechtsprechung nicht Steuerhinterziehung, sondern Betrug vorliegen, wenn der gesamte Steuervorgang zum Zwecke der Täuschung erfunden wurde, so *BGH*, NJW 1972, 1287f.; *BGH*, GA 86, 419; *BGH*, wistra 1986, 172; *BGH*, wistra 1987, 177; *BayObLG*, NJW 1988, 2550; zustimmend *Cramer*, in: Schönke/Schröder[25] § 263 Rdnr.182; *Lackner*, in: LK[10] § 263 Rdnr.332; *Tröndle*[48] § 263 Rdnr.48; anders nunmehr *BGHSt* 40, 109 in Fortführung von *BGHSt* 36, 100, 101ff.; ferner *Fischer*, in: Tröndle/Fischer[49] § 263 Rdnr.61; *Joecks*, in: Franzen/Gast/Joecks[4] § 370 Rdnr.81; *Samson/Günther*, in: SK[5] § 263 Rdnr.203; *J. Vogel*, Legitimationsprobleme, S.972; *Würthwein*, wistra 1986, 258, 259.

255 Bezogen auf obrigkeitliche Verwaltungstätigkeit *Maurer*[12], S.43 Rdnr.11.

Allerdings wird in Rechtsprechung und Literatur überwiegend angenommen, daß eine Strafbarkeit nach § 263 StGB nicht in Betracht komme, wenn sich ein Beschuldigter oder Angeklagter durch Täuschungshandlungen der Verhängung einer drohenden Vermögenssanktion entzieht oder ein Verurteilter die Vollstreckung einer rechtskräftig verhängten Vermögenssanktion verhindert.[256] Dies gibt Anlaß dazu, zu prüfen, ob sich hieraus insgesamt etwas gegen die Anwendbarkeit des § 263 StGB auf öffentliches Vermögen, das im Bereich obrigkeitlicher Tätigkeit angegriffen wird, herleiten läßt. Zwar wird die Problematik der Vereitelung einer Vermögenssanktion im Rahmen des § 263 StGB teilweise beim Vermögensschaden oder beim erstrebten Vermögensvorteil angesiedelt[257]; dennoch sind im vorliegenden Zusammenhang auch die dort angestellten Überlegungen schon im Hinblick auf die Anwendbarkeit des § 263 StGB insoweit zu würdigen, als sie nicht zwingend auf die genannten Tatbestandsmerkmale zugeschnitten sind. Ohnehin dürfte die Problematik insgesamt eher – wie dies auch Teile der Literatur und Rechtsprechung tun – als eine solche des Schutzbereichs aufzufassen sein.[258]

Für ein Nichteingreifen des Betrugstatbestands wird dabei häufig – von einer grundsätzlich wirtschaftlichen Betrachtungsweise ausgehend – angeführt, daß § 263 StGB auf den wirtschaftlichen Verkehr zugeschnitten sei. Der wirtschaftliche Wert eines Vermögensguts leite sich daraus her, daß es Gegenstand des auf Umsatz ausgerichteten wirtschaftlichen Verkehrs sein könne oder einen geldwerten Ausgleich für wirtschaftliche Einbußen oder Aufwendungen bedeute; beides sei aber bei einer Vermögenssanktion nicht der Fall.[259] In diesem Zusammenhang wird teil-

---

256 *Cramer*, in: Schönke/Schröder[25] § 263 Rdnr.78a; *Fischer*, in: Tröndle/Fischer[49] § 263 Rdnr.42; *Hohmann/Sander*, BT I, S.134 Rdnr.114 a.E.; *Joecks* § 263 Rdnr.84; *Kohlmann*[7] § 370 AO Rdnr.108.4 Bl.159; *Kühl*, in: Lackner/Kühl[23] § 263 Rdnr.45; *Lackner*, in: LK[10] § 263 Rdnr.252 m.w.N.; *Samson/Günther*, in: SK[5] § 263 Rdnr.149a; *Tröndle*[48] § 263 Rdnr.42; *J. Vogel*, Legitimationsprobleme, S.523f., 524, 972f.; *RGSt* 2, 33, 41; *RGSt* 71, 280, 281; vgl. *RGSt* 76, 276, 279; *BayObLG*, JR 1991, 433f.; *OLG Karlsruhe*, NStZ 1990, 282 m.w.N.; *SchlHOLG*, SchlHA 1978, 59; vgl. *Kohler*, S.53; *Tiedemann*, in: LK[11] § 263 Rdnr.145; *BGHSt* 38, 345, 351f.; *BGH*, NJW 1998, 1568, 1576; wohl a.M. *Tröndle*, in: LK[10] vor § 40 Rdnr.38; a.M. *RG*, JW 1934, 2977, 2978; wohl auch *RGSt* 63, 186, 191f.; vgl. *RGSt* 33, 333, 334; differenzierend *Betschart*, S.51 i.V. mit S.53.

257 Problem des Vermögensschadens: *Kühl*, in: Lackner/Kühl[23] § 263 Rdnr.45; *Joecks* § 263 Rdnr.84; *Lackner*, in: LK[10] § 263 Rdnr.252; *Samson/Günther*, in: SK[5] § 263 Rdnr.149a („normative Einschränkung des Schadensbegriffs"). – Problem des Vermögensvorteils: *Cramer*, in: Schönke/Schröder[25] § 263 Rdnr.167; *Fischer*, in: Tröndle/Fischer[49] § 263 Rdnr.42; *Tröndle*[48] § 263 Rdnr.42; *RGSt* 2, 280, 281; *BayObLG*, JR 1991, 433.

258 Zumindest auch Problem des Schutzbereichs: *Cramer*, in: Schönke/Schröder[25] § 263 Rdnr.78a, der die Problematik eng mit dem Vermögensschaden verknüpft; *Tiedemann*, in: LK[11] § 263 Rdnr.145; *OLG Karlsruhe*, NStZ 1990, 282; *BGH*, NJW 1998, 1568, 1576. – Problem des Schutzbereichs: *BGHSt* 38, 345, 351.

259 *Kohlmann*[7] § 370 AO Rdnr.108.4 Bl.159; *OLG Karlsruhe*, NStZ 1990, 282; ähnlich *Cramer*, in: Schönke/Schröder[25] § 263 Rdnr.78a; *Kühl*, in: Lackner/Kühl[23] § 263 Rdnr.45; *Lackner*, in: LK[10] § 263 Rdnr.252; bezogen auf die Verhängung einer Vermögenssanktion im Ausgangspunkt ähnlich *Betschart*, S.51; siehe auch *Hohmann/Sander*, BT I, S.134 Rdnr.114 a.E. („Die Geldstrafe gehört nicht zum strafrechtlich geschützten Vermögen des Staates."); ebenso *Hillenkamp*, in: Wessels/Hillenkamp, BT 2[22], S.214 Rdnr.537; *Joecks* § 263 Rdnr.84; siehe ferner *Tiedemann*, in: LK[11] § 263 Rdnr.145.

weise auch vertreten, daß sich § 263 StGB insgesamt nur auf „für den Wirtschaftsverkehr relevante Gegenstände" beziehe.[260]

Unabhängig von ihrer Reichweite kann diese Sichtweise jedoch nicht überzeugen: Wenn man mit der h.M. grundsätzlich von einer wirtschaftlichen Betrachtungsweise beim Vermögens- und Schadensbegriff ausgeht[261], so hat dies noch nicht zwangsläufig etwas mit einer Beschränkung des Betrugstatbestands auf den Bereich des wirtschaftlichen Verkehrs zu tun. Warum eine solche Beschränkung angenommen werden sollte, ist jedoch nicht ersichtlich.[262] Unbefangener Betrachtung entsprechend ist daher auch der mit einer Vermögenssanktion verknüpfte Anspruch dann als wirtschaftlicher Wert anzusehen, wenn er nicht etwa infolge Mittellosigkeit des Täters wirtschaftlich wertlos ist.[263] Eine Nichtanwendbarkeit des § 263 StGB läßt sich insofern also nicht begründen.

Teilweise wird in bezug auf die Vereitelung einer Vermögenssanktion allerdings auch vorgebracht, daß § 263 StGB deswegen nicht eingreife, weil das Wesen einer poenalen Maßnahme nicht durch ihren wirtschaftlichen Gehalt, sondern durch den kriminalpolitischen Zweck der Repression und Prävention charakterisiert werde.[264] Diese Überlegung läßt sich freilich nicht insgesamt auf öffentliches Vermögen übertragen, das im Bereich obrigkeitlicher Tätigkeit angegriffen wird. Sie überzeugt aber auch im Bereich der Vereitelung einer Vermögenssanktion nicht: Sofern nämlich sichergestellt ist, daß Anknüpfungspunkt für die Anwendung des § 263 StGB ein Angriff gegen das Vermögen ist, ist kein Grund dafür ersichtlich, warum gleichfalls betroffene Zwecke – die letztlich den Charakter bloßer Schutzreflexe haben – die Anwendbarkeit des Betrugstatbestands ausschließen sollten.

Schließlich wird noch vorgebracht, daß die Anwendbarkeit des § 263 StGB bei der Vereitelung einer Vermögenssanktion aus rechtssystematischen Gründen entfalle, nämlich im Hinblick auf das „Selbstbegünstigungsprinzip".[265] Dieser Gedanke überzeugt tatsächlich, denn die in § 258 V StGB getroffene Wertung darf nicht da-

---

260 *Cramer*, in: Schönke/Schröder[25] § 263 Rdnr.78a; *Tiedemann*, in: LK[11] § 263 Rdnr.145; wohl auch *BGHSt* 38, 345, 351f.

261 Für die h.M. *Lackner*, in: LK[10] § 263 Rdnr.123, 143ff.

262 Vgl. dazu auch *J. Merkel*, S.39, der – allerdings bezogen auf den oben S.28 genannten Ansatz *Kohlers* – ausführte, daß der Grundsatz, Betrug beziehe sich bloß auf Verkehrtreibende in der Luft hänge und durch nichts nachgewiesen sei. Zutreffend wies *J. Merkel*, ebenda, darauf hin, daß der Betrug am häufigsten im Verkehr vorkommt, damit jedoch nicht gesagt sei, daß er nur im Verkehr vorkommen könne. Siehe auch *BGE* 122 IV 197, 203 („Nicht die rechtsgeschäftliche Willensbildung oder ein entsprechender Verkehrsschutz [bildet] das wesentliche Kriterium, sondern [...] die Schädigung des Vermögens.").

263 *Tröndle*, in: LK[10] vor § 40 Rdnr.38; vgl. insoweit auch *Hillenkamp*, in: Wessels/Hillenkamp, BT 2[22], S.214 Rdnr.537 a.E.; *Kohlmann*[7] § 370 AO Rdnr.108.4 Bl.159; *Kühl*, in: Lackner/Kühl[23] § 263 Rdnr.45; *Lackner*, in: LK[10] § 263 Rdnr.252; *Tiedemann*, in: LK[11] § 263 Rdnr.145; *OLG Karlsruhe*, NStZ 1990, 282.

264 *Kühl*, in: Lackner/Kühl[23] § 263 Rdnr.45; *Lackner*, in: LK[10] § 263 Rdnr.252; *J. Vogel*, Legitimationsprobleme, S.972f.; *BayObLG*, JR 1991, 433; wohl auch *Samson/Günther*, in: SK[5] § 263 Rdnr.149a; vgl. *RGSt* 2, 33, 41; siehe auch *Tiedemann*, in: LK[11] § 263 Rdnr.145; *BGH*, NJW 1998, 1568, 1576.

265 *Hohmann/Sander*, BT I, S.134 Rdnr.114 a.E.; *Samson/Günther*, in: SK[5] § 263 Rdnr.149a m.w.N.; *SchlHOLG*, SchlHA 1978, 59; *OLG Karlsruhe*, NStZ 1990, 282.

durch unterlaufen werden, daß der Täter aus § 263 StGB bestraft wird. Zwar bezieht sich § 258 V StGB nur auf Strafen, gleichwohl ist diese Überlegung auch auf Geldbußen zu erstrecken: es wäre ein unerträglicher Wertungswiderspruch, wenn die Verhinderung einer Vermögenssanktion durch den von ihr betroffenen Täter, die an eine Ordnungswidrigkeit anknüpft, strafbar wäre, dagegen die durch ihn erfolgende Verhinderung einer an eine Straftat anknüpfenden Vermögenssanktion nicht. Von daher ergibt sich, daß der Gedanke des § 258 V StGB die Anwendbarkeit des § 263 StGB ausschließt[266], wenn ein von einer Vermögenssanktion betroffener Täter deren Verhängung oder Vollstreckung verhindert.

Insgesamt wird die Anwendbarkeit des Betrugstatbestands auf öffentliches Vermögen, das im Bereich obrigkeitlicher Tätigkeit angegriffen wird, dadurch jedoch nicht ausgeschlossen. Für einen solchen Ausschluß sind auch ansonsten keine Gründe auszumachen.[267]

VI. Nichtanwendbarkeit des § 263 StGB auf staatliches Vermögen?

Gründe, die die Anwendbarkeit des § 263 StGB lediglich im Bereich staatlichen Vermögens ausschließen könnten, sind nicht ersichtlich. Dies gilt sowohl für staatliches Vermögen i.e.S. als auch für staatliches Vermögen im funktionellen Sinne.

VII. Nichtanwendbarkeit des § 263 StGB auf betrügerische Handlungen innerhalb eines Rechtsträgers öffentlichen Vermögens?

Eine ganz besondere Problematik ist die Frage der Anwendbarkeit des § 263 StGB auf betrügerische Handlungen innerhalb eines Rechtsträgers öffentlichen Vermögens. Solche Handlungen können durchaus vorkommen. Denkbar wäre etwa der Fall, daß die Behörde einer Gemeinde durch betrügerisches Verhalten erreicht, daß ihr „auf Kosten" einer anderen Behörde der gleichen Gemeinde Gelder zugewiesen werden. Ob in einem solchen Fall sämtliche Tatbestandsmerkmale des § 263 StGB erfüllt wären, sei an dieser Stelle dahingestellt. Zu klären ist hier nur, ob § 263 StGB auf eine solche Konstellation überhaupt anwendbar wäre – und soweit ersichtlich, gibt es zu dieser Frage weder in der Literatur noch in der Rechtsprechung explizite Ausführungen. Allerdings wurde im älteren Schrifttum mehrfach die Anwendbarkeit des § 266 StGB auf Beamte verneint. Möglicherweise lassen sich die hierfür angeführten Gründe – so sie denn überzeugen – auf die vorstehende Problematik der Anwendbarkeit des Betrugstatbestands auf Handlungen innerhalb eines Rechtsträgers öffentlichen Vermögens übertragen. Dies ist im folgenden festzustellen.[268] Soweit erforderlich, ist dabei auch zu klären, ob diese Überlegungen

---

266 Kritisch hierzu *Tiedemann*, in: LK[11] § 263 Rdnr.145

267 Vgl. insoweit auch *Tiedemann*, in: LK[11] vor § 263 Rdnr.42.

268 Dabei kommen als Ansatzpunkte vorwiegend nur Ausführungen in Betracht, die mit der Änderung des Untreuetatbestands in Einklang stehen, die durch das Gesetz zur Abänderung strafrecht-

nur auf Beamte zu beziehen sind oder auch auf Angestellte und Arbeiter im öffentlichen Dienst zu erstrecken sind.

1. Die Straftaten im Amt nach §§ 331ff. StGB als verdrängende Sonderdelikte?

Ein Teil des älteren Schrifttums führte für eine Nichtanwendbarkeit des § 266 StGB auf Beamte an, daß die Straftaten im Amt nach §§ 331ff. StGB eine abschließende Sonderregelung seien.[269] Da der Begriff des Amtsträgers nach § 11 I Nr.2 StGB nicht auf Beamte beschränkt ist, müßte diese Ansicht konsequenterweise auch die Anwendbarkeit des § 263 StGB verneinen, wenn ein Amtsträger innerhalb der hinter ihm stehenden Person des Öffentlichen Rechts betrügerisch handelt.[270]

Zustimmung verdient diese Sichtweise allerdings nicht: abgesehen von den in der hier zu untersuchenden Konstellation grundsätzlich nicht einschlägigen §§ 352, 353 StGB[271] enthalten die §§ 331ff. StGB nämlich keine Tatbestände mit betrügerischem[272] Charakter. Würde man dennoch die Anwendbarkeit des § 263 StGB auf Amtsträger verneinen, könnten daher – von §§ 352, 353 StGB abgesehen – nur Nichtamtsträger wegen eines Betruges bestraft werden. Das aber erscheint bereits im Ergebnis als untragbar.[273]

Die Annahme einer abschließenden Wirkung der §§ 331ff. StGB ist jedenfalls heutzutage aber auch dogmatisch nicht haltbar. Dies ergibt sich aus den Änderungen, die der mittlerweile 30. Abschnitt des StGB – „Straftaten im Amt" – durch das

---

licher Vorschriften vom 26.5.1933 (RGBl. I S.295) erfolgte. Soweit vor dieser Änderung die Anwendbarkeit des § 266 StGB a.F. auf Beamte unter Abstellen auf den damaligen Wortlaut des Untreuetatbestands abgelehnt wurde (siehe etwa *Mayer*, Untreue, S.256ff. m.w.N.), läßt sich dies auf § 263 StGB nicht übertragen (vgl. hierzu in bezug auf § 266 StGB n.F. *Neye*, S.25) und wird daher im vorliegenden Zusammenhang auch nicht dargestellt.

269 *Thies*, S.40f., der seine Ausführungen selbst auch auf § 263 StGB zu erstrecken scheint; vgl. *Mayer*, Untreue, S.258; *Westphal*, S.26. – Nach *U. Weber*, BayVBl. 1989, 166, ist in der Verwaltung auch heutzutage noch die Meinung anzutreffen, daß das Fehlverhalten von Amtsträgern abschließend durch die Bestimmungen über Straftaten im Amt erfaßt werde.

270 Vgl. hierzu auch *Neye*, S.27, der in bezug auf § 266 StGB die Ausführungen *Schwinge/Sieberts* dahingehend deutet, daß diese nicht auf Beamte beschränkt, sondern auf den Bereich des öffentlichen Dienstes schlechthin erstreckbar seien.

271 § 352 StGB ist nach h.M. ein privilegierender Sondertatbestand, der dem allgemeineren § 263 StGB grundsätzlich vorgeht (*Kühl*, in: Lackner/Kühl[23] § 352 Rdnr.1, 7 m.w.N.; *Lackner*, in: LK[10] § 263 Rdnr.331 m.w.N.; *Tiedemann*, in: LK[11] § 263 Rdnr.318; siehe auch *Träger*, in: LK[10] § 352 Rdnr.24). Auch § 353 I StGB und § 353 II StGB gehen § 263 StGB im Wege der Gesetzeskonkurrenz grundsätzlich vor (*Cramer*, in: Schönke/Schröder[25] § 353 Rdnr.14; *Kühl*, in: Lackner/Kühl[23] § 353 Rdnr.4; *Lackner*, in: LK[10] § 263 Rdnr.331 a.E.; *Tiedemann*, in: LK[11] § 263 Rdnr.318; wohl auch *Fischer*, in: Tröndle/Fischer[49] § 263 Rdnr.60; *Träger*, in: LK[10] § 353 Rdnr.23ff.).

272 *Träger*, in: LK[10] § 352 Rdnr.1, ist freilich der Ansicht, es handele sich bei § 352 StGB nicht um eine Unterart des Betrugs, sondern um eine Straftat eigener Art (ebenso *RGSt* 18, 219, 223). Demgegenüber wird § 352 StGB von der wohl h.M. als privilegierender Sondertatbestand des Betrugs angesehen (siehe etwa *Cramer*, in: Schönke/Schröder[25] § 352 Rdnr.14; *Kühl*, in: Lackner/Kühl[23] § 352 Rdnr.1; *Lackner*, in: LK[10] § 263 Rdnr.331 m.w.N.; wohl auch *BGHSt* 2, 35, 37).

273 Vgl. *Neye*, S.12f.; *RGSt* 15, 41, 42; *RGSt* 69, 333, 336f.

EGStGB vom 2. März 1974[274] erfahren hat[275]: Mehrere unechte Amtsdelikte – also Tatbestände, bei denen im Grundtatbestand als Täter ein Amtsträger nicht vorausgesetzt ist – welche aber mit höherer Strafe bedroht sind, wenn ein solcher sie begeht[276], wurden aus „systematischen Gründen" aus dem Abschnitt „Straftaten im Amt" ausgegliedert.[277] Stattdessen wurden entsprechende Strafschärfungsgründe bei den oder im Umfeld von Grundtatbeständen eingefügt.[278] Insoweit gibt es mittlerweile eindeutig Tatbestände, die nicht zum 30. Abschnitt des StGB gehören und dennoch auf Amtsträger anwendbar sind. Schon dies spricht gegen einen abschließenden Charakter der §§ 331ff. StGB. Allerdings könnte man e contrario vorbringen, daß §§ 331ff. StGB verdrängende Sonderdelikte seien, soweit solche Strafschärfungsgründe – wie etwa bei § 263 StGB – fehlen. Doch auch dieser Gedanke geht fehl, denn der Gesetzgeber wollte eine solche Konsequenz durch das EGStGB gerade nicht ziehen. Dies ergibt sich daraus, daß bei § 246 StGB n.F. kein entsprechender Strafschärfungsgrund existiert, die Regelung der Amtsunterschlagung gemäß §§ 350, 351 StGB a.F. jedoch aufgehoben wurde, weil man davon ausging, daß der allgemeine Tatbestand des § 246 StGB auch die Fälle der Schädigung des Eigentums der öffentlichen Hand durch Amtsträger miterfasse.[279]

Somit ist festzuhalten, daß die Straftaten im Amt nach §§ 331ff. StGB keine abschließende Sonderregelung in dem oben aufgezeigten Sinne sind. Sie stehen daher der Anwendbarkeit des § 263 StGB auf betrügerische Handlungen innerhalb eines Rechtsträgers öffentlichen Vermögens nicht entgegen.[280]

2. Einmischung der Justiz in die Verwaltung?

Auf einen ganz anderen Gesichtspunkt stellt *Mayer* ab. *Mayer* ist der Ansicht, die Unterstellung eines Beamten unter § 266 StGB führe zu einer Einmischung der Justiz in die Verwaltung.[281] Die Anwendbarkeit des § 266 StGB hält er insoweit

---

274 BGBl. I S.469.

275 *Neye*, S.28f.

276 *Cramer*, in: Schönke/Schröder[25] vor §§ 331ff. Rdnr.8; *Jescheck*, in: LK[11] vor § 331 Rdnr.12; *Kühl*, in: Lackner/Kühl[23] vor § 331 Rdnr.2; *Neye*, S.29.

277 Vgl. *RegE EGStGB*, BT-Drucks. 7/550, S.277.

278 So wurde etwa § 347 StGB a.F. durch die Qualifikation in § 120 II StGB n.F. ersetzt, § 353d StGB a.F. durch § 201 III StGB n.F.; vgl. auch § 348 II StGB a.F. und § 133 III StGB n.F. An die Stelle des § 346 StGB a.F. trat § 258a StGB n.F als Qualifikation zu § 258 StGB. – Wenig konsequent ist allerdings, daß der Gesetzgeber das unechte Amtsdelikt der Körperverletzung im Amt (§ 340 StGB) im Abschnitt „Straftaten im Amt" belassen hat [kritisch hierzu auch *Neye*, S.29 Fußn.163 m.w.N.; ablehnend zur Einordnung des § 340 StGB als unechtes Amtsdelikt *Wagner*, Amtsverbrechen, S.166ff., 168f.].

279 *Sonderausschuß*, EGStGB, BT-Drucks. 7/1261, S.23; vgl. *BGHSt* 26, 1, 3; vgl. hierzu *Neye*, S.26; bezogen auf das Eingreifen von § 266 StGB auch *von Bülow*, in: Prot.7, S.212; *RegE EGStGB*, BT-Drucks. 7/550, S.281.

280 Vgl. i.E., wenn auch bezogen auf § 266 und §§ 350, 351 StGB a.F. *RGSt* 69, 333, 339; siehe auch *Labsch*, S.283 Fußn.153; *Wolf* (1997), S.56; ders. (1998), S.42f.

281 *Mayer*, Materialien Strafrechtsreform, S.333, 351; ansatzweise auch *Breitbach*, DuR 1982, 243, 255 Fußn.89, 258; vgl. auch *Schwinge/Siebert*, S.59, die auf hoheitliche Tätigkeiten bezogen meinen, daß das, was sich ausschließlich in der Sphäre des öffentlichen Rechts abspiele, dem An-

wohl in doppelter Hinsicht für fraglich.[282] Zum einen scheint er Bedenken im Hinblick auf den in Art.20 II GG normierten Gewaltenteilungsgrundsatz zu haben[283], zum anderen meint er, einem Strafrichter fehle in solchen Fällen jede Sachkunde.[284] Da beide Gedanken sich auch auf § 263 StGB in der hier interessierenden Fallkonstellation übertragen ließen, ist zu klären, ob die Einwände *Mayers* berechtigt sind.

In bezug auf den Gewaltenteilungsgrundsatz ist dabei darauf hinzuweisen, daß dessen eigentlicher Sinn verfassungsrechtlich letztlich nicht in einer scharfen Trennung zwischen Legislative, Exekutive und Judikative liegt. Vielmehr soll mit diesem Grundsatz bezweckt werden, daß die verschiedenen Gewalten sich gegenseitig kontrollieren und mäßigend aufeinander einwirken.[285] Gewisse Überschneidungen zwischen Rechtsprechung und Verwaltung werden daher als verfassungsrechtlich unbedenklich angesehen.[286] Somit sind *Mayers* Befürchtungen insoweit unbegründet.[287]

Aber auch soweit *Mayer* auf die fehlende Sachkunde von Strafrichtern abstellt, überzeugen seine Ausführungen nicht: Richter müssen oftmals Gesetze anwenden, in die sie sich erst einarbeiten müssen.[288] Die dafür erforderliche Technik haben sie aber erlernt. Darüber hinaus können nach zutreffender Ansicht bei ganz speziellen Problemen auch Rechtsfragen zum Gegenstand eines Sachverständigengutachtens gemacht werden.[289] Damit besteht aber keine Sorge, daß Strafrichter mit fehlender Sachkunde urteilen müssen.

---

wendungsbereich des § 266 StGB entzogen sei; ihnen folgend *Klein*, S.18; wohl auch *Schürer*, S.33.

282 *Mayer*, Materialien Strafrechtsreform, S.333, 351f.

283 *Mayer*, Materialien Strafrechtsreform, S.333, 351 („offenbar eine Sache der Verwaltung") [Auch *Neye*, S.31, deutet die Ausführungen *Mayers* in der oben aufgezeigten Weise.]; ansatzweise auch *Breitbach*, DuR 1982, 243, 255 Fußn.89; differenzierend *Kohlmann/Brauns*, S.108f. („Einmischung der Judikative verbietet sich nur dort, wo die anderen Gewalten Entscheidungen aufgrund der von ihnen vollzogenen Wertungen zu treffen haben").

284 *Mayer*, Materialien Strafrechtsreform, S.333, 351.

285 *BVerfGE* 7, 183, 188; *BVerfGE* 9, 268, 279f.; *BVerfGE* 22, 106, 111; *BVerfGE* 34, 52, 59; *Neye*, S.31f.; ähnlich *Benda*, in: Benda/Maihofer/Vogel (Hrsg.), HbVerfR[2], S.737 Rdnr.38; vgl. *BVerfGE* 12, 180, 186.

286 Vgl. *BVerfGE* 4, 331, 346f.; *Neye*, S.32, der auch anführt, daß der Rechtsprechung bei der strafrechtlichen Verfolgung von Amtsdelikten seit jeher die Prüfung obliege, ob sich die Amtsführung der Verwaltung im Rahmen der Gesetze gehalten habe, und hiergegen – soweit ersichtlich – niemals verfassungsrechtliche Bedenken erhoben worden seien.

287 So i.E. auch *Weimann*, S.38; siehe auch *Wolf* (1997), S.56f.; ders. (1998), S.42f.

288 *Kohlmann/Brauns*, S.109; *Neye*, S.32.

289 Dies ist freilich umstritten, denn damit wird der Grundsatz, daß der Richter das Recht kennt, durchbrochen. Überzeugend *Dahs*, in: LR[24] vor § 72 Rdnr.9, der ausführt, es sei nicht einzusehen, daß Strafgerichte um der Fiktion der juristischen Allwissenheit willen u.U. rechtlich mangelhafte Entscheidungen fällen würden, obwohl dies durch Anhörung eines „Sachverständigen" vermieden werden könnte. Die Aufgabe des „Sachverständigen" sei dabei nicht die Übernahme oder Determinierung des Urteils, sondern die Vermittlung besonderer Rechtskenntnisse, die der Strafrichter nach Ausbildung und beruflich-fachlicher Tätigkeit nicht haben könne. Die Rechtskompetenz des Strafgerichts für die Entscheidung werde durch ein Rechtsgutachten dabei nicht beschränkt, da auch ein solches Gutachten der freien Beweiswürdigung unterliege. Im Ergebnis zumindest ähnlich *Neye*, S.32; *Peters*[4], S.366; *Weimann*, S.38; zurückhaltender *Pelchen*, in: KK[3]

Nach alledem ergibt sich somit, daß auch der Gesichtspunkt der „Einmischung der Justiz in die Verwaltung“ die Anwendbarkeit des § 263 StGB im vorliegenden Zusammenhang nicht ausschließt.[290]

3. *Entbehrlichkeit strafrechtlicher Sanktionen im Hinblick auf die Möglichkeit disziplinarrechtlicher Maßnahmen?*

Gegen die Anwendbarkeit des § 266 StGB auf Beamte wurde gelegentlich auch vorgebracht, daß kein Bedürfnis bestehe, ein entsprechendes Verhalten strafrechtlich zu ahnden, da stattdessen Disziplinarmaßnahmen ergriffen werden könnten.[291] Da das Disziplinarrecht auf Angestellte und Arbeiter im öffentlichen Dienst nicht anwendbar ist[292], ist nur zu klären, ob dieser Einwand bei Beamten im staatsrechtlichen Sinne die Anwendbarkeit des § 263 StGB ausschließt.

Dies ist nicht der Fall, denn zwischen Disziplinarrecht und Strafrecht bestehen erhebliche Unterschiede, insbesondere im Hinblick auf die Zweckbestimmung[293]: Disziplinarmaßnahmen kommen nur bei der Störung einer besonderen Ordnung, die nur bestimmten Staatsbürgern auferlegt ist, in Betracht. Dabei ist die Disziplinarstrafe ihrem Wesen nach Zucht- und Erziehungsmittel und bezweckt die Aufrechterhaltung eines geordneten Dienstbetriebs. Demgegenüber dient die Kriminalstrafe, die gegen alle schuldfähigen Personen verhängt werden kann, neben der Prävention auch der Vergeltung.[294] Aufgrund der unterschiedlichen Funktionen von Disziplinarmaßnahmen und Kriminalstrafen läßt die Möglichkeit zur Ergreifung von Disziplinarmaßnahmen die Anwendbarkeit des Strafrechts also unberührt.[295] [296] Eine Nichtanwendbarkeit des § 263 StGB läßt sich insofern nicht begründen.

Für eine Nichtanwendbarkeit des § 263 StGB auf betrügerische Handlungen innerhalb eines Rechtsträgers öffentlichen Vermögens gibt es aber auch ansonsten keine

---

vor § 72 Rdnr.1; *Senge*, in: KK[4] vor § 72 Rdnr.1; stark einschränkend *Meyer-Goßner*, in: Kleinknecht/Meyer-Goßner[44] vor § 72 Rdnr.6; ablehnend *Paulus*, in: KMR Vorbem. § 72 Rdnr.26.

290 Vgl. i.E. auch *U. Weber*, BayVBl. 1989, 166; *Wolf* (1997), S.55f.; ders. (1998), S.42; siehe auch *Fabricius*, NStZ 1993, 414, 415.

291 *Leiner*, S.68; *Mayer*, Materialien Strafrechtsreform, S.333, 351; *Schürer*, S.33; *Schwinge/Siebert*, S.59.

292 *Neye*, S.31; *Schnupp*[8], S.345; vgl. *Köhler*, in: Köhler/Ratz[2], S.78.

293 *BVerfGE* 21, 378, 384; *BVerfGE* 21, 391, 403; *Neye*, S.30 m.w.N.

294 *BVerfGE* 21, 378, 384; *BVerfGE* 21, 391, 403f.; *Neye*, S.30; vgl. auch *Schnupp*[8], S.338f.; *Tröndle*, in: LK[10] vor § 38 Rdnr.65.

295 So zumindest i.E. *Neye*, S.30f.; *RGSt* 15, 41, 42; *RGSt* 69, 333, 338. – Zutreffend weist *Neye*, S.30, darauf hin, daß allenfalls die Anwendung des Disziplinarrechts gegenüber dem Strafrecht beschränkt ist, nicht aber umgekehrt eine strafrechtliche Ahndung im Hinblick auf disziplinarrechtliche Maßnahmen von vornherein unterbleiben kann. Dies ergibt sich daraus, daß ein mit disziplinarischer Ahndung erstrebter Erziehungszweck, der bereits durch eine verhängte Kriminalstrafe erreicht wurde, im Disziplinarverfahren berücksichtigt werden muß (vgl. nur § 14 BDO).

296 Aufgrund der unterschiedlichen Funktionen liegt in der Verhängung einer Kriminalstrafe neben einer Disziplinarmaßnahme auch kein Verstoß gegen Art.103 III GG (*BVerfGE* 21, 378, 387; *BVerfGE* 21, 391, 407; ebenso *Neye*, S.30; *Schnupp*[8], S.339; *Tröndle*, in: LK[10] vor § 38 Rdnr.65).

Anhaltspunkte. Ergänzend ist darauf hinzuweisen, daß in bezug auf die Anwendbarkeit des Betrugstatbestands erst recht nichts anderes gelten kann, wenn es nicht um betrügerische Handlungen innerhalb eines Rechtsträgers öffentlichen Vermögens geht, sondern wenn aus einem Rechtsträger öffentlichen Vermögens „heraus" ein Betrug zum Nachteil eines anderen Rechtsträgers öffentlichen Vermögens begangen wird.

VIII. Ergebnis

Der Wortlaut des § 263 StGB enthält für eine Nichtanwendbarkeit des Betrugstatbestands auf öffentliches Vermögen keinerlei Anhaltspunkte. Eine Nichtanwendbarkeit kann sich daher nur aufgrund des Vorliegens triftiger Gründe ergeben. Die Untersuchung hat jedoch gezeigt, daß es grundsätzlich keine Gründe für eine Nichtanwendbarkeit des § 263 StGB auf inländisches öffentliches Vermögen gibt, und zwar sowohl in bezug auf dessen Gesamtheit als auch in bezug auf die verschiedenen untersuchten Erscheinungsformen. Von daher ergibt sich, daß § 263 StGB grundsätzlich auch auf inländisches öffentliches Vermögen anwendbar ist. Nur ausnahmsweise kann sich im Einzelfall etwas anderes aus entgegenstehenden Wertungen eines Gesetzes – wie etwa der in § 258 V StGB enthaltenen – ergeben.

C. Vermögen der Europäischen Gemeinschaften

Da sich die bisherigen Ausführungen nur auf inländisches öffentliches Vermögen bezogen haben, bleibt zu prüfen, ob § 263 StGB auch auf Vermögen der Europäischen Gemeinschaften – EG, Euratom und EGKS – anwendbar ist. Die Europäischen Gemeinschaften sind nichtinländische juristische Personen des Öffentlichen Rechts[297]; ihr Vermögen ist daher als nichtinländisches öffentliches Vermögen zu qualifizieren. Bereits seit einiger Zeit ist der Schutz der finanziellen Interessen der Europäischen Gemeinschaften de lege lata und de lege ferenda Gegenstand intensiver und umfassender Erörterungen und Anstrengungen.[298] Im Rahmen der vorlie-

297 *Simma/Vedder*, in: Grabitz/Hilf Art.211 EGV Rdnr.2f. (in bezug auf die EG); siehe auch Artt.282 EGV, 185 EuratomV, 6 EGKSV.

298 Zusammenfassende Darstellung der wichtigsten Vorhaben und Umsetzungen etwa bei *Dannecker*, in: Leitner (Hrsg.), Aktuelles zum Finanzstrafrecht, S.9ff.; siehe dazu auch *Tiedemann*, in: LK[11] vor § 263 Rdnr.102ff.
Im Zentrum der gegenwärtigen Diskussion steht der Entwurf eines „Corpus Juris der strafrechtlichen Regelungen zum Schutz der finanziellen Interessen der Europäischen Union", der 1997 in französischer Originalfassung vorgelegt wurde und seit 1998 auch in einer deutschen Fassung (in: Delmas-Marty (Hrsg.), Corpus Juris, S.83ff.) veröffentlicht ist: Hierbei handelt es sich um einen Entwurf europaweit geltender materieller und prozessualer Regelungen für den vorgenannten Bereich, der zugleich als ein entscheidender Schritt zur Entwicklung eines europäischen Strafrechts und einer europäischen Strafrechtspflege verstanden wird (*Sieber*, in: Delmas-Marty (Hrsg.), Cor-

---

pus Juris, S.V). Ausgearbeitet wurde das Corpus Juris von einer Gruppe führender europäischer Strafrechtswissenschaftler – *Bacigalupo, Delmas-Marty, Grasso, Jareborg, Spencer, Spinellis, Tiedemann* und *van den Wyngaert* – im Auftrag des Europäischen Parlaments und im Zusammenwirken mit der Kommission sowie den Vereinigungen für Europäisches Strafrecht.

Der Entwurf enthält in seinem materiellrechtlichen Teil acht Tatbestände, die einen umfangreichen und wirksamen Schutz der finanziellen Interessen der Europäischen Union bezwecken sollen (Betrug zum Nachteil des Gemeinschaftshaushalts, Ausschreibungsbetrug, Bestechlichkeit und Bestechung, Mißbrauch von Amtsbefugnissen, Amtspflichtverletzung, Verletzung des Dienstgeheimnisses, Geldwäsche und Hehlerei, Kriminelle Vereinigung); im prozessualen Teil wird insbesondere die Schaffung einer europäischen Strafverfolgungsbehörde vorgeschlagen (eingehend zum Inhalt des Corpus Juris *Dannecker*, in: Leitner (Hrsg.), Aktuelles zum Finanzstrafrecht, S.9, 42f.; *Koll*, JBl. 1999, 683f.; *Sieber*, in: Delmas-Marty (Hrsg.), Corpus Juris, S.1, 6ff.; *Spinellis*, KritV 1999, 141, 148ff.). Wie die Regelungen in Kraft gesetzt werden sollten, wurde von den Verfassern des Entwurfs offengelassen: teilweise wird vertreten, Art.280 IV EGV gebe dem Rat bereits die Kompetenz, gemeinschaftsstrafrechtliche Normen zur Ergänzung des nationalen Rechts zu erlassen (so *Tiedemann*, Agon Heft 17 (1997), 12f.; ders., Agon Heft 23 (1999), 7f.; ders., Agon Heft 25 (1999), 19f., 20; zurückhaltend im Hinblick auf das „Problem der demokratischen Legitimation“ *Dannecker*, in: Leitner (Hrsg.), Aktuelles zum Finanzstrafrecht, S.9, 40), aber auch eine Annahme durch das Europäische oder durch die nationalen Parlamente wird in Betracht gezogen (vgl. *Spinellis*, KritV 1999, 141, 148; siehe auch *Sieber*, in: Delmas-Marty (Hrsg.), Corpus Juris, S.1, 8); siehe zum Ganzen auch *Tiedemann*, in: LK[11] vor § 263 Rdnr.107.

Für den im vorliegenden Zusammenhang besonders interessierenden Tatbestand des *Betrugs zum Nachteil des Gemeinschaftshaushalts (Art.1)* schlägt der 1997 vorgelegte Entwurf folgenden Wortlaut vor:

„1 – Betrug zum Nachteil des Haushalts der Europäischen Gemeinschaften stellt sowohl auf dem Gebiet der Ausgaben als auch auf dem Gebiet der Einnahmen eine Straftat dar, sofern eine der folgenden Handlungen vorsätzlich oder leichtfertig begangen wird:

a) unvollständige, unrichtige oder auf falschen Urkunden beruhende Angaben bei der zuständigen Behörde über Tatsachen (die für die Gewährung einer Subvention oder einer sonstigen Hilfe oder für die Begleichung einer Steuerschuld wesentlich sind), wenn dadurch der Gemeinschaftshaushalt gefährdet werden kann;

b) Verschweigen derselben Tatsachen gegenüber den zuständigen Behörden entgegen einer Offenbarungspflicht;

c) zweckwidrige Verwendung rechtmäßig erlangter Gemeinschaftsmittel in Form von Subventionen oder sonstigen Hilfen.

2 – Nicht bestraft wird, wer falsche Angaben berichtigt oder vervollständigt oder auf einen auf der Grundlage falscher Urkunden gestellten Antrag verzichtet oder die Behörden über offenbarungspflichtige Tatsachen nachträglich in Kenntnis setzt, bevor die Tat von den Behörden entdeckt wird.“

Die dazugehörige Strafdrohung findet sich in Art.9 des Entwurfs; Art.16 des Entwurfs sieht vor, daß strafschärfende Umstände bereits vorliegen, „wenn der erstrebte Erfolg der betrügerischen Handlung eintritt“, und bestimmt, daß dann grundsätzlich auf Freiheitsstrafe – und zwar bis zu sieben Jahren – bzw. im Falle juristischer Personen auf gerichtliche Überwachung zu erkennen ist.

Der Entwurf des Corpus Juris hat regen Eingang in die rechtspolitische Diskussion über den Schutz der finanziellen Interessen der EU gefunden, dabei allerdings auch erhebliche Kritik erfahren (siehe nur *W. Hassemer*, KritV 1999, 133ff.; *Manoledakis*, KritV 1999, 181ff.; *Margaritis*, KritV 1999, 191ff. (in bezug auf den prozessualen Teil); zurückhaltend auch *Dannecker*, in: Leitner (Hrsg.), Aktuelles zum Finanzstrafrecht, S.9, 43f.): so wird u.a. geltend gemacht, daß die Reform zu sehr von oben erfolge (*W. Hassemer*, KritV 1999, 133, 136), zu stark von den Opferinteressen ausgehe (*W. Hassemer*, KritV 1999, 133, 136ff.; hiergegen – unter Verweis auf das Verwaltungsstrafrecht des 19. Jahrhunderts und die Erforderlichkeit eines im Grundsatz effektiv ausgestalteten Schutzes der EG-Finanzmittel – *Tiedemann*, Agon Heft 25 (1999), 19, 20) und ohnehin die Strafbarkeit zu weit vorverlagere (*Manoledakis*, KritV 1999, 181, 186f.); zudem stelle das Corpus Juris in der vorgelegten Fassung einen „gesamteuropäischen Abschied vom liberalen genden Untersuchung ist allerdings nur die Anwendbarkeit des § 263 StGB de lege lata zu klären. Der Wortlaut des § 263 StGB schließt dabei die Anwendbarkeit auf europäisches Vermögen nicht aus, stellt sie aber auch nicht positiv fest. Im Schrifttum wird von der Anwendbarkeit des § 263 StGB auf Vermögen der Europäischen Gemeinschaften freilich nahezu einhellig ausgegangen[299]; begründet wird dies auf zweierlei Weise:

Strafrecht der Aufklärung" dar (*Manoledakis*, KritV 1999, 181, 186; in diesem Sinne auch *W. Hassemer*, KritV 1999, 133, 135) – so verstoße etwa die in Art.1 I zu findende Gleichbehandlung von Vorsatz und Leichtfertigkeit sowohl gegen das Schuld- als auch gegen das Verhältnismäßigkeitsprinzip (*Manoledakis*, KritV 1999, 181, 188 i.V. mit 186). In der Tat dürfte es vorzugswürdig sein, jedenfalls für vorsätzliches und leichtfertiges Handeln unterschiedliche Strafdrohungen auszusprechen (so auch *Spinellis*, KritV 1999, 141, 150). Unabhängig davon drängt sich jedoch die Frage auf, ob Art.16 des Entwurfs einer verfassungsgerichtlichen Überprüfung standhalten würde: denn danach wäre auch bei einem Täter, dem es gelänge, sich durch einen Betrug 5,-- DM aus Gemeinschaftsmitteln zu verschaffen, grundsätzlich auf Freiheitsstrafe zu erkennen; ob dies verhältnismäßig wäre, kann bezweifelt werden. Desweiteren dürfte es sich empfehlen, den in Art.8 II des Entwurfs verwendeten Begriff der „geeigneten Organisationsstruktur" im Corpus Juris selbst näher zu definieren.

Insgesamt würde der 1997 vorgelegte Entwurf des Corpus Juris eine erhebliche Vorverlagerung der Strafbarkeit bewirken und auch im Bereich der Strafandrohung zu einer Verschärfung führen. Die Gemeinschaftsmittel würden augenfällig stärker geschützt werden als die nationalen Finanzmittel (kritisch zu einem stärkeren Schutz der Gemeinschaftsmittel *Manoledakis*, KritV 1999, 181, 184). Ob dadurch das Vertrauen der Bevölkerung in den europäischen Integrationsprozeß gestärkt würde, kann hier offenbleiben. Fest steht jedenfalls, daß das Corpus Juris auch in Zukunft die rechts- und kriminalpolitische Diskussion über den Schutz der finanziellen Interessen der EU maßgeblich mitbestimmen – wenn nicht sogar dominieren – wird. Gegenstand der zukünftigen Betrachtung wird dann allerdings in erster Linie die überarbeitete Fassung des Corpus Juris sein, die von den Autoren im Mai 1999 in Florenz verabschiedet wurde.

Neben den vorgenannten Bestrebungen soll – in praktischer Hinsicht – insbesondere auch das 1999 neugeschaffene Europäische Amt für Betrugsbekämpfung (OLAF) einen wichtigen Beitrag zum Schutz des Gemeinschaftsvermögens leisten, das in der Nachfolge der kommissionseigenen Dienststelle für die Koordinierung der Betrugsbekämpfung (UCLAF) und der Task-force „Koordinierung der Maßnahmen zur Betrugsbekämpfung" steht (zur Entstehungsgeschichte *Gleß*, EuZW 1999, 618f.; *Spitzer/Kuhl*, Agon Heft 25 (1999), 21, 22f.). OLAF ist nunmehr als unabhängige – dies gilt als ganz wesentliches Merkmal (siehe nur *Gleß*, EuZW 1999, 618, 619; *Spitzer/Kuhl*, Agon Heft 25 (1999), 21, 23; die Unabhängigkeit des Amtes wird in jüngster Zeit allerdings vom österreichischen Europa-Abgeordneten *Voggenhuber*, zitiert nach F.A.Z. vom 21.1.2000, S.7, angezweifelt, und zwar mit der Begründung, daß OLAF „Teil der europäischen Technokratie" sei.) – Einrichtung mit umfassenden Befugnissen konzipiert, die sowohl der externen als auch der internen Betrugsbekämpfung dienen soll (eingehend zu den Aufgaben von OLAF *Gleß*, EuZW 1999, 618, 619; *Spitzer/Kuhl*, Agon Heft 25 (1999), 21, 23).

299 *Möhrenschlager*, in: Dannecker (Hrsg.), Bekämpfung des Subventionsbetrugs, S.162, 163; *RegE EGFinSchG*, BR-Drucks. 267/98, S.6, 12 = BT-Drucks. 13/10425, S.6, 12; *Stoffers*, EuZW 1994, 304, 308 (bezogen auf EU-Vermögen); *Zieschang*, EuZW 1997, 78, 79; bezogen auf das Vermögen der EG *Dannecker*, Jura 1998, 79, 86; *Dieblich*, S.121ff.; *Kühl*, in: Lackner/Kühl[23] § 263 Rdnr.2; *Prieß/Spitzer*, EuZW 1994, 297, 298; *Reisner*, S.74; *Tiedemann*, NJW 1990, 2226, 2227; ders., Rivista 1991, 513, 518; ders., Rivista 1991, 535, 538; ders., NJW 1993, 23, 25; ders., in: LK[11] vor § 263 Rdnr.101; ders., in: LK[11] § 263 Rdnr.6, 331; zum österreichischen Recht *Marqués/Kert*, ÖJZ 1999, 213, 215; *RegE ÖStÄG 1998*, XX. GP Nr.1230 der Beilagen, S.1, 16, 18; a.M. zum deutschen Recht – soweit ersichtlich – nur *Weigend*, ZStW 105 (1993), 774, 780 mit Fußn.23; wohl auch *Kohlmann*[7] § 370 AO Rdnr.108.4 Bl.158/2 unten.

I. Individualrechtlicher Vermögenscharakter

Üblicherweise wird angenommen, daß auch Rechtsgütern ausländischer Staaten und supranationalen Interessen der Schutz des deutschen Strafrechts dann zuteil werde, wenn diese weniger Ausfluß von Hoheitsgewalt seien, sondern vielmehr den Charakter von Individualrechtsgütern hätten.[300] Nichtnationale Fiskalinteressen seien dagegen ohne gesetzliche Ergänzungen oder Gleichstellungen weder durch die allgemeinen Vermögensstraftatbestände – wie § 263 StGB – noch durch die Tatbestände der Steuer- bzw. Abgabenhinterziehung geschützt.[301] In bezug auf die Anwendbarkeit des § 263 StGB auf europäisches Vermögen wird nun ganz überwiegend an diese Sichtweise angeknüpft: Die h.M. nimmt nämlich an, daß die Finanzinteressen der Europäischen Gemeinschaften den Charakter eines individualrechtlichen Vermögensguts hätten und ihnen deswegen der Schutz des § 263 StGB grundsätzlich zuteil werde.[302] Ausdrückliche Kritik erfährt diese Ansicht soweit ersichtlich nur – aber immerhin – von *Weigend*, der diese Begründung „zweifelhaft" findet.[303]

300 *Dieblich*, S.121; *Eser*, in: Schönke/Schröder[25] vor §§ 3-7 Rdnr.21; *Möhrenschlager*, in: Dannecker (Hrsg.), Bekämpfung des Subventionsbetrugs, S.162, 163; *Stoffers*, EuZW 1994, 304, 308; *Tiedemann*, in: LK[11] vor § 263 Rdnr.101 a.E.; ders., in: LK[11] § 263 Rdnr.331; *Tröndle*, in: LK[10] vor § 3 Rdnr.37; *BayObLG*, NJW 1980, 1057; vgl. auch *Gribbohm*, in: LK[11] vor § 3 Rdnr.162; *Lemke*, in: AK vor § 3 Rdnr.20; siehe insoweit auch *Tiedemann*, in: Institute of Comparative Law Waseda University (Hrsg.), Law in east and west, S.927, 936; zu den völkerrechtlichen Bezügen *Lüttger*, in: Jescheck-FS, S.121, 147f.

301 Vgl. *Möhrenschlager*, in: Dannecker (Hrsg.), Bekämpfung des Subventionsbetrugs, S.162, 163; *Stoffers*, EuZW 1994, 304, 309; *Tiedemann*, EuZW 1990, 100; *Tröndle*, in: LK[10] vor § 3 Rdnr.36; *Zieschang*, EuZW 1997, 78, 79; *BayObLG*, NJW 1980, 1057; siehe auch *Dieblich*, S.121; dagegen insoweit wohl für eine weitgehende Anwendbarkeit des Betrugstatbestands *Tiedemann*, in: Institute of Comparative Law Waseda University (Hrsg.), Law in east and west, S.927, 934ff., 937 („Nur wenn die [...] Aufgaben [eines ausländischen Staates (und wohl auch eines supranationalen Gebildes)] direkt oder indirekt gegen die Interessen des Inlandes gerichtet sind, sollte der Schutz durch das inländische Strafrecht entfallen.") [zurückhaltender allerdings nunmehr ders., in: LK[11] § 263 Rdnr.331 („Die Hinterziehung ausländischer Abgaben kann deshalb weder über das deutsche Abgabenstrafrecht noch über § 263 erfaßt werden [...].")]; für eine umfassende Anwendbarkeit des Betrugstatbestands *BGE* 104 IV 24, 27ff.; wohl auch *Gössel*, in: Oehler-FS, S.97, 106.

302 *Eser*, in: Schönke/Schröder[25] vor §§ 3-7 Rdnr.21 (bezogen auf EU-Vermögen), siehe auch Rdnr.15; *Möhrenschlager*, in: Dannecker (Hrsg.), Bekämpfung des Subventionsbetrugs, S.162, 163; *Stoffers*, EuZW 1994, 304, 308 (bezogen auf EU-Vermögen); *Zieschang*, EuZW 1997, 78, 79; bezogen auf das Vermögen der EG *Dieblich*, S.121ff.; *Tiedemann*, NJW 1990, 2226, 2227; ders., Rivista 1991, 513, 518; ders., Rivista 1991, 535, 538.

303 *Weigend*, ZStW 105 (1993), 774, 780 mit Fußn.23. – In der Tat ist kaum ersichtlich, warum die Finanzinteressen der Europäischen Gemeinschaften per se – also auch im Fiskalbereich – den Charakter eines Individualrechtsguts haben sollten.

II. Gleichstellungserfordernis aus Artt.10, 280 II EGV, 183a EuratomV, 78i EGKSV und gemeinschaftsfreundliche Auslegung

Ein ganz anderer Weg zur Einbeziehung des Vermögens der Europäischen Gemeinschaften in den Schutzbereich des § 263 StGB wird u.a. von *Prieß/Spitzer* beschritten. Ihr Anknüpfungspunkt ist das vom *EuGH* aus Art.5 EWGV – sodann Art.5 EGV a.F., nunmehr Art.10 EGV n.F. – abgeleitete Gleichstellungserfordernis: Aus Art.5 EWGV hatte der *EuGH* im Urteil zum sog. griechischen Mais-Skandal die Verpflichtung der Mitgliedsstaaten hergeleitet, (strafrechtlich relevante) Verstöße gegen Gemeinschaftsrecht ähnlich zu ahnden wie gleichartige Verstöße gegen nationales Recht, wenn eine gemeinschaftsrechtliche Regelung keine besondere Sanktionsvorschrift für den Fall eines Verstoßes enthält oder insoweit auf nationale Vorschriften verweist.[304] Aus dieser Verpflichtung – die für den Bereich des Betrugs zum Nachteil der Europäischen Gemeinschaften in präzisierter Form („die gleichen Maßnahmen") nunmehr ausdrücklich in Artt.280 II EGV n.F. [= Art.209a EGV a.F.][305], 183a EuratomV, 78i EGKSV festgeschrieben ist – soll nach *Prieß/Spitzer* nun unmittelbar folgen, daß die nationalen Vorschriften so auszulegen seien, daß sie zugleich den Schutz der finanziellen Interessen der Gemeinschaft mitumfassen.[306] – Allerdings wird im Schrifttum vorgebracht, daß der *EuGH* im griechischen Mais-Fall nicht eine automatische Erstreckung des nationalen Rechtsschutzes auf den Schutz europäischer Rechtsgüter, sondern bloß eine entsprechende *Verpflichtung* der Mitgliedsstaaten angenommen habe.[307] Dies spricht jedoch nicht zwingend gegen den Ansatz von *Prieß/Spitzer*, da Artt.10, 280 II EGV, 183a EuratomV, 78i EGKSV auch die Gerichte binden. Gegen eine Einbeziehung der Gemeinschaftsmittel in den Anwendungsbereich des § 263 StGB spricht auch nicht, daß sich in §§ 264 VII 1 Nr.2 StGB[308], 3 I 2 AO, 12 I MOG, 80a ZollG, 2 AbschöpfungsG[309] ausdrückliche Gleichstellungsklauseln finden bzw.

304 *EuGHE* 1989, 2979, 2984f. Rdnr.23ff. [Anm. *Tiedemann*, EuZW 1990, 100f.; eingehend zu diesem Urteil auch *Gröblinghoff*, S.12ff.].

305 Zum Verhältnis von Art.280 II EGV n.F./Art.209a EGV a.F. und Art.10 EGV n.F./Art.5 EGV a.F. *Dannecker*, ZStW 108 (1996), 577, 585; *Gröblinghoff*, S.151; *Marqués/Kert*, ÖJZ 1999, 213, 214; *Prieß*, in: Ehlermann/Bieber (Hrsg.), HEuR, I A 90, Art.209a Rdnr.78f.; *Prieß/Spitzer*, EuZW 1994, 297, 298. – Zur Frage, ob die Verpflichtung aus Art.280 II EGV n.F./Art.209a EGV a.F. in Deutschland bereits umgesetzt ist *Möhrenschlager*, in: Dannecker (Hrsg.), Bekämpfung des Subventionsbetrugs, S.162, 166 (bejahend).

306 *Prieß/Spitzer*, EuZW 1994, 297, 298; zustimmend *Tiedemann*, in: LK[11] vor § 263 Rdnr.101.

307 *Möhrenschlager*, in: Dannecker (Hrsg.), Bekämpfung des Subventionsbetrugs, S.162, 166.

308 Vermögen der Europäischen Gemeinschaften kann bei § 264 StGB jedenfalls dann „betroffen" werden – eine Aussage zum Rechtsgut des § 264 StGB ist damit nicht gemacht –, wenn eine nach dem Recht der Europäischen Gemeinschaften gewährte Subvention von einer ihrer Stellen vergeben wurde (vgl. nur *Lenckner*, in: Schönke/Schröder[25] § 264 Rdnr.8 a.E. m.w.N.). Anders als bei der Gleichstellungsklausel des § 264 VI StGB a.F. ist der Subventionsbegriff des § 264 VII StGB n.F. allerdings nicht mehr einheitlich.

309 Durch §§ 3 I 2 AO, 12 I MOG, 80a I ZollG, 1 ZollG, 2 I AbschöpfungsG sind bzw. waren im Bereich der Einnahmen der Europäischen Gemeinschaften Zölle und Agrarabschöpfungen in bezug auf die Anwendbarkeit der §§ 369ff. AO deutschen Steuern gleichgestellt (vgl. hierzu *Gröblinghoff*, S.152; *Stoffers*, EuZW 1994, 304, 306).

fanden[310], eine vergleichbare Regelung in § 263 StGB jedoch nicht enthalten ist, denn das Fehlen einer Gleichstellungsklausel in § 263 StGB zwingt nicht dazu, die Anwendbarkeit des § 263 StGB auf Vermögen der Europäischen Gemeinschaften zu verneinen, sondern hat lediglich zur Folge, daß eine (weitere) Auslegung erforderlich ist.[311] Wie *Tiedemann* überzeugend ausgeführt hat, kann aber bei einer solchen Auslegung nicht am Grundsatz der Gemeinschaftstreue vorbeigesehen werden[312]; es ist daher zutreffend, wenn § 263 StGB aus diesem Grund auf Vermögen der Europäischen Gemeinschaften für anwendbar gehalten wird (gemeinschaftsfreundliche Auslegung).[313] Zudem ging auch der Gesetzgeber des EGFinSchG[314] bei der Zustimmung zum Übereinkommen über den Schutz der finanziellen Interessen der Europäischen Gemeinschaften[315] ausdrücklich von der Anwendbarkeit des § 263 StGB auf Vermögen der Europäischen Gemeinschaften aus.[316]

III. System der Eigenmittel

Nur der Vollständigkeit halber sei erwähnt, daß für die Anwendbarkeit des § 263 StGB noch ein weiterer Gesichtspunkt sprechen dürfte, nämlich die Finanzierung des Haushalts der Europäischen Gemeinschaften. Nach dem System der Eigenmittel[317] gehören zu den wichtigsten Haushaltseinnahmen neben Abschöpfungen, Zöllen und Mehrwertsteuereinnahmen der Mitgliedsstaaten auch am Bruttoso-

---

310 Das AbschöpfungsG wurde durch Art.2 des Gesetzes vom 20.12.1996 (BGBl. I S.2030) mit Wirkung vom 28.12.1996 aufgehoben. Das ZollG wurde durch Art.3 I 3 ZollRändG vom 21.12.1992 (BGBl. I S.2125) i.V. mit der Bekanntmachung vom 27.12.1993 (BGBl. I S.2493) mit Wirkung vom 1.1.1994 aufgehoben.

311 *Dieblich*, S.121; *Lüttger*, in: Jescheck-FS, S.121, 132; *Tiedemann*, NJW 1993, 23f.

312 *Tiedemann*, NJW 1993, 23, 25; siehe auch ders., Wirtschaftsbetrug, Nachtrag § 264 Rdnr.3.

313 *Tiedemann*, NJW 1993, 23, 25; ders., in: LK[11] § 265b Rdnr.119; siehe auch ders., in: LK[11] § 263 Rdnr.331 a.E.; allgemein zur gemeinschaftskonformen Auslegung *Dannecker*, Jura 1998, 79, 84.

314 BGBl. 1998 II S.2322.

315 ABlEG 1995 Nr.C 316, S.49ff. – Zur Entstehungsgeschichte des Übereinkommens *Dannecker*, in: Leitner (Hrsg.), Aktuelles zum Finanzstrafrecht, S.9, 14ff.; ABlEG 1997 Nr.C 191, S.1f. = BR-Drucks. 267/98, S.14f. = BT-Drucks. 13/10425, S.14f. – Umstritten ist, ob durch dieses Übereinkommen eine Verpflichtung der Mitgliedsstaaten zur Schaffung eines besonderen „europäischen Betrugstatbestands" begründet wird; bejahend *Dannecker*, ZStW 108 (1996), 577, 596; verneinend etwa *Hirsch*, bei Zieschang, ZStW 108 (1996), 609, 624; *Marqués/Kert*, ÖJZ 1999, 213, 221; *RegE EG-FinSchG*, BR-Drucks. 267/98, S.11 = BT-Drucks. 13/10425, S.11; *Zieschang*, EuZW 1997, 78, 79f., 80; ferner ABlEG 1997 Nr.C 191, S.5. – Zu den Mindestvoraussetzungen des Übereinkommens im Vergleich zu den deutschen Vorschriften zum Schutz der EG-Finanzen etwa *Dannecker*, in: Leitner (Hrsg.), Aktuelles zum Finanzstrafrecht, S.9, 21ff.; *Zieschang*, EuZW 1997, 78, 80ff., der wohl zutreffend kritisiert, daß die EG-Finanzen weit umfassender als die nationalen unter strafrechtlichen Schutz gestellt würden (a.a.O., S.83); zu den Mindestvoraussetzungen aus österreichischer Sicht *Marqués/Kert*, ÖJZ 1999, 213, 215ff.; *RegE ÖStÄG 1998*, XX. GP Nr.1230 der Beilagen, S.1, 16ff.

316 *RegE EGFinSchG*, BR-Drucks. 267/98, S.6, 12 = BT-Drucks. 13/10425, S.6, 12.

317 Beschluß des Rates (94/728/EG, Euratom) über das System der Eigenmittel der Europäischen Gemeinschaften vom 31.10.1994 (ABlEG Nr. L 293, S.9ff.; BGBl. 1995 II S.499).

zialprodukt bemessene Beiträge derselbigen.[318] Rein wirtschaftlich betrachtet, ist damit im Vermögen der Europäischen Gemeinschaften zumindest in bezug auf die Beiträge Vermögen der Mitgliedsstaaten – also jeweils inländisches öffentliches Vermögen – enthalten. Insofern ist das Vermögen der Europäischen Gemeinschaften aus nationaler Sicht grundsätzlich anders zusammengesetzt als ausländisches – und somit ebenfalls nichtinländisches – öffentliches Vermögen. Naheliegend ist nun, dieser Zusammensetzung auch bei der Bestimmung des Anwendungsbereichs des § 263 StGB Rechnung zu tragen: Da inländisches öffentliches Vermögen nach den obigen Ausführungen grundsätzlich dem Anwendungsbereich des § 263 StGB unterfällt, solches Vermögen aber rein wirtschaftlich betrachtet auch im Vermögen der Europäischen Gemeinschaften „enthalten" ist, dürfte sich wohl auch von daher die Anwendbarkeit des § 263 StGB auf Vermögen der Europäischen Gemeinschaften begründen. Ob dieser Gedanke tatsächlich durchgreift, muß an dieser Stelle jedoch nicht abschließend geklärt werden, da sich die Anwendbarkeit des § 263 StGB – wie oben ausgeführt wurde[319] – jedenfalls aus einer gemeinschaftsfreundlichen Auslegung ergibt.

D. Ergebnis

Als Ergebnis ist somit festzuhalten, daß § 263 StGB grundsätzlich auch auf inländisches öffentliches Vermögen sowie auf Vermögen der Europäischen Gemeinschaften anwendbar ist.

318 Art.2 Beschluß des Rates über das System der Eigenmittel der Europäischen Gemeinschaften vom 31.10.1994.

319 Siehe oben S.56.

2. Teil: Zum Vermögensschaden i.S. des § 263 StGB bei inländischem öffentlichem Vermögen sowie bei Vermögen der Europäischen Gemeinschaften

Nach dem bisherigen Ergebnis dieser Arbeit steht lediglich fest, daß der Betrugstatbestand grundsätzlich auch auf inländisches öffentliches Vermögen sowie auf Vermögen der Europäischen Gemeinschaften anwendbar ist. Unter welchen Voraussetzungen der Tatbestand des § 263 StGB dann wirklich erfüllt ist, ist eine hiervon zu trennende Frage. Die zu dieser Frage folgende Untersuchung beschränkt sich auf das Merkmal des Vermögensschadens.

A. Gang der Darstellung

Bevor geklärt werden kann, ob es bei öffentlichem Vermögen Besonderheiten hinsichtlich des Vorliegens eines Vermögensschadens gibt oder gar ein wesensmäßiger Unterschied gegenüber privatem Vermögen besteht, ist zunächst darzustellen, wie Rechtsprechung und Literatur das Merkmal des Vermögensschadens im allgemeinen handhaben. Dabei sind freilich nicht sämtliche Detailprobleme des Vermögensschadens zu beleuchten, sondern im wesentlichen nur die verschiedenen Grundansätze zum Vermögensschaden aufzuzeigen. Im Hinblick auf die bereits eingangs erwähnte Ansicht *Tiedemanns*, nach der grundsätzlich nur bei öffentlichen Haushalten die Dispositionsfreiheit und die Leistungszwecke voll relevant und vom Strafrecht geschützt sind[320], ist dabei ein besonderes Augenmerk auf die Behandlung von Zweckverfehlungen zu richten. Nach Klärung der vorzugswürdigen Ausgangsposition zum Vermögensschaden ist diese anschließend einer genaueren Betrachtung zu unterziehen. Bei dieser Betrachtung muß dann auch untersucht werden, ob bei Angriffen auf öffentliches Vermögen Besonderheiten in bezug auf den Vermögensschaden überhaupt relevant werden könnten. Sollte dies zu bejahen sein, ist darzustellen, ob – und wenn ja, welche – Besonderheiten in Literatur und Rechtsprechung vertreten werden. Hierzu ist dann Stellung zu nehmen.

Besonderer Erwähnung bedarf noch, daß die Annahme eines Vermögensschadens nicht nur vom Schadensbegriff abhängig ist: auch wenn es banal klingen mag, kann ein Vermögensschaden nur vorliegen, wenn gerade das Vermögen geschädigt wurde. Die Frage nach einer Vermögensbeschädigung weist somit einen unmittelbaren Bezug auch zum Begriff des Vermögens auf.

---

320 *Tiedemann*, ZStW 86 (1974), 897, 912.

Vermögens- und Schadensbegriff sind jedoch – auch wenn dies in der Literatur häufig nicht hinreichend deutlich wird – grundsätzlich zu trennen[321]: Erste Bedeutung erlangt der Vermögensbegriff bereits für das Vorliegen einer Vermögensverfügung: Nach h.M. ist Vermögensverfügung i.S. des § 263 StGB jedes Handeln, Dulden oder Unterlassen, das sich unmittelbar vermögensmindernd auswirkt.[322] Wann eine Vermögensminderung vorliegt, läßt sich jedoch nur sagen, wenn man zuvor den Begriff des Vermögens bestimmt hat.[323] Liegt eine Vermögensverfügung – und damit auch eine Vermögensminderung vor –, kommt ein Vermögensschaden zwar grundsätzlich in Betracht, muß jedoch nicht zwangsläufig gegeben sein. Unter welchen Voraussetzungen ein Vermögensschaden angenommen werden kann, ist dann eine Frage des Schadensbegriffs. Dabei kann der Vermögensbegriff allerdings dann, wenn man mit der h.M. den Schaden im Wege einer Gesamtsaldierung ermittelt, erneut Bedeutung für das Vorliegen eines Vermögensschadens haben, nämlich hinsichtlich der Frage, ob überhaupt ein kompensationsfähiges Gut in Rede steht.[324]

Für die im vorliegenden Zusammenhang besonders interessierende Frage nach der schadensbegründenden Relevanz von Zweckverfehlungen kommt dem Vermögensbegriff eine weitreichende Bedeutung jedenfalls dann zu, wenn man mit *Mohrbotter*[325] die Dispositionsfreiheit bereits als Vermögensbestandteil ansieht. Die folgende Darstellung der Grundpositionen zum Vermögensschaden hat sich somit nicht auf die Schadensbegriffe zu beschränken, sondern auch die verschiedenen Vermögensbegriffe aufzuzeigen; außerdem ist auch das Rechtsgut des § 263 StGB zu beleuchten.

---

321 *Maiwald*, in: Maurach/Schroeder/Maiwald, BT 1[8], S.451 Rdnr.86; siehe auch *Cramer*, S.59; *H. Hartmann*, S.26; *Samson/Günther*, in: SK[5] § 263 Rdnr.100.

322 Für die h.M. *Kühl*, in: Lackner/Kühl[23] § 263 Rdnr.22; *Lackner*, in: LK[10] § 263 Rdnr.95; *Samson/Günther*, in: SK[5] § 263 Rdnr.66; *Tröndle*[48] § 263 Rdnr.24 m.w.N.; *BGHSt* 14, 170, 171; siehe auch *Fischer*, in: Tröndle/Fischer[49] § 263 Rdnr.24 m.w.N.; teilweise anders *Cramer*, in: Schönke/Schröder[25] § 263 Rdnr.55, der Vermögensminderung und Schaden insoweit offenbar gleichsetzt.

323 Wenig überzeugend ist daher, daß der Vermögensbegriff überwiegend erst beim Vermögensschaden (so etwa *Cramer*, in: Schönke/Schröder[25] § 263 Rdnr.78b ff.; *Fischer*, in: Tröndle/Fischer[49] § 263 Rdnr.27; *Kühl*, in: Lackner/Kühl[23] § 263 Rdnr.33; *Samson/Günther*, in: SK[5] § 263 Rdnr.102ff.; *Tröndle*[48] § 263 Rdnr.27) und nicht bereits bei der Vermögensverfügung erläutert wird (i.E. wie hier *Seier*, JuS 1996, L 21ff.; siehe auch *Gössel*, BT 2, S.356 Rdnr.99; *Joecks* § 263 Rdnr.60; *Tiedemann*, in: LK[11] vor § 263 Rdnr.20; ders., in: LK[11] § 263 Rdnr.126).

324 *Samson/Günther*, in: SK[5] § 263 Rdnr.101 i.V. mit Rdnr.126; siehe auch *Gössel*, BT 2, S.356 Rdnr.99; *Maiwald*, in: Maurach/Schroeder/Maiwald, BT 1[8], S.451 Rdnr.86.

325 *Mohrbotter*, Stoffgleichheit, S.105; ders., GA 1969, 225, 233, der sich der Bedeutung eines so verstandenen Vermögensbegriffs für das Vorliegen eines Vermögensschadens auch bewußt ist.

B. Zum Vermögensschaden im allgemeinen

I. Zu den Vermögensbegriffen

1. Der juristische Vermögensbegriff

Nach dem juristischen Vermögensbegriff ist das Vermögen die Summe der Vermögensrechte und -pflichten eines Rechtssubjekts.[326] Der wirtschaftliche Wert eines Guts soll ohne jede Bedeutung sein. Vertreten wurde der juristische Vermögensbegriff insbesondere von *Binding* und *Adolf Merkel.* Für sie war die Beschränkung auf subjektive Vermögensrechte dabei offenbar so selbstverständlich, daß sie eine Begründung hierfür – soweit ersichtlich – nicht lieferten.[327]

Heutzutage gilt der juristische Vermögensbegriff – zumindest in seiner Urform – zutreffend als überholt[328], denn er geht an den Realitäten des Wirtschaftslebens vorbei[329]: am Wirtschaftsverkehr nehmen schließlich in großem Umfang auch rechtlich nicht oder nur unvollständig konkretisierte Güter von teilweise hohem Geldwert teil. Diese Güter von vornherein aus dem Schutz des Betrugstatbestands auszunehmen, kann aber nicht überzeugen.[330]

---

326 *Binding,* BT 1², S.238; *Gerland*², S.560 („Inbegriff der Sachen und Rechte, die unter der rechtlichen Verfügungsgewalt stehen"), 637; *A. Merkel,* KrimAbh.II/1, S.101 („Zum Betrug gehört [...] ein Eingriff in [...] Vermögensrechte.").
Nach *Nelles,* S.351 Fußn.152, liegt in dieser Definition (*Vermögens*rechte) ein Zirkelschluß; siehe dazu auch *Gallas,* in: Eb. Schmidt-FS, S.401, 407.

327 *Cramer,* S.36f., meint, eine Erklärung hierfür könne nur in dem zeitlichen Zusammenfallen der Entwicklung der modernen Betrugskonzeption mit der im Mittelpunkt der deutschen Zivilrechtsdogmatik des 19. Jahrhunderts stehenden Auseinandersetzung um den Begriff des subjektiven Rechts gesehen werden. Der Begriff des subjektiven Rechts sei zugleich Bezugspunkt und Gerüst einer im Systemdenken aufgehenden „Architektonik der Vernünftigkeit des Staates" gewesen. Systemgläubigkeit – als ein Charakteristikum der Rechtswissenschaft des vergangenen Jahrhunderts – sei auch bei *Binding* und *A. Merkel* deutlich erkennbar gewesen. Von diesem Standpunkt aus sei die Brücke zu schlagen zu den Ergebnissen, die die Zivilistik zur Lehre vom subjektiven Recht geliefert habe. Dort seien die subjektiven Rechte in Personen-, Familien- und Vermögensrechte eingeteilt gewesen, und alle sonstigen wirtschaftlichen Werte, die nicht subjektive Rechte waren, seien aus dem Vermögensbegriff ausgeschlossen gewesen.
Nelles, S.348, ist der Ansicht, Ziel des Ansatzes des juristischen Vermögensbegriffs sei die Vermeidung von Normwidersprüchen gewesen.
Kritisch zur fehlenden Begründung der Beschränkung auf subjektive Vermögensrechte *Naucke,* S.116; gegen ihn *Cramer,* S.36 Fußn.75.

328 Für die allgemeine Meinung *Lackner,* in: LK¹⁰ § 263 Rdnr.121; *Gössel,* BT 2, S.359 Rdnr.104ff.; *Samson/Günther,* in: SK⁵ § 263 Rdnr.102, 110.

329 *Cramer,* S.37 („Jedes Systemdenken läuft Gefahr, die Realität solcher Erscheinungen, die nicht ins Begriffsgebäude passen, zu ignorieren.").

330 *Lackner,* in: LK¹⁰ § 263 Rdnr.121; *Gössel,* BT 2, S.359 Rdnr.107; *Hefendehl,* S.99; eingehende Kritik am juristischen Vermögensbegriff auch bei *Nelles,* S.350ff.

2. Der rein wirtschaftliche Vermögensbegriff

Den Realitäten des Wirtschaftslebens trägt dagegen der rein wirtschaftliche Vermögensbegriff[331] Rechnung. Nach ihm ist das Vermögen die Summe aller Güter, denen objektiv ein wirtschaftlicher Wert beigemessen werden kann, und zwar ohne Rücksicht auf ihre Rechtsnatur.[332] Rechtlich ungeschütztes Vermögen soll es danach grundsätzlich nicht geben.[333]

Der wirtschaftliche Vermögensbegriff vermeidet zwar die Enge der juristischen Vermögenstheorie, zu überzeugen vermag er jedoch auch nicht: denn er rechnet auch solche Güter zum Vermögen, die von der Rechtsordnung im übrigen ausdrücklich mißbilligt werden. Damit gerät der wirtschaftliche Vermögensbegriff aber in unauflösbare Spannungen zur Gesamtrechtsordnung.[334]

3. Die sog. juristisch-ökonomischen Vermögensbegriffe

Zwischen dem wirtschaftlichen und dem juristischen Vermögensbegriff sind die verschiedenen sog. juristisch-ökonomischen Vermögensbegriffe[335] anzusiedeln. Bei diesen sind zwei Ausgangspositionen zu unterscheiden: Entweder bestimmt man die Vermögensbestandteile, indem man „juristisch" ansetzt und anschließend mittels „wirtschaftlicher" Kriterien die Menge der zuvor gewonnenen Güter weiter einschränkt oder man setzt „wirtschaftlich" an und schränkt diesen Kreis dann „juri-

---

331 Dieser Vermögensbegriff ist aus den sog. juristisch-ökonomischen Vermögensbegriffen entstanden (vgl. hierzu *Cramer*, in: Schönke/Schröder[25] § 263 Rdnr.80); zur Entwicklungsgeschichte in der Rechtsprechung unten S.70f.

332 „Summe der geldwerten Güter einer Person": *F. Reuter*, S.10; *RGSt* 44, 230, 233 [eingehend zu dieser Entscheidung unten S.70 Fußn.397]; „Summe der geldwerten Güter nach Abzug der Verbindlichkeiten": *Haft*, BT[7], S.211; *BGHSt* 3, 99, 102; *BGHSt* 16, 220, 221; vgl. *BGHSt* 34, 199, 203; „Inbegriff der geldwerten Güter einer Person": *Tröndle*[48] § 263 Rdnr.27; „Gesamtheit der einer Person zustehenden Güter, wobei es nicht darauf ankommt, ob sie ihr rechtens zustehen und rechtlich anerkannt sind": *Hohmann/Sander*, BT I, S.124 Rdnr.64 i.V. mit S.127 Rdnr.81; *Krey*, BT 2[12], S.227 Rdnr.428 i.V. mit S.231 Rdnr.435 a.E.; rein wirtschaftlicher Vermögensbegriff ferner etwa bei *Bruns*, S.231; *Kohlmann/Brauns*, S.66; *Schroeder*, in: Maurach/Schroeder, BT 1[6], S.417; *OGHSt* 2, 193, 201.

333 *Haft*, BT[7], S.211; *Hohmann/Sander*, BT I, S.127 Rdnr.81; *RGSt* 44, 230, 232f., 249; *OGHSt* 2, 193, 201; *BGHSt* 8, 254, 256; kritisch zu dieser Aussage *Maiwald*, in: Maurach/Schroeder/Maiwald, BT 1[8], S.455 Rdnr.100 („ebenso zutreffend wie nichtssagend").

334 Vgl. *Cramer*, S.90 („Als Rechtsgut kann nur etwas bezeichnet werden, was in irgendeiner Form die Anerkennung des Rechts erfährt"); ders., in: Schönke/Schröder[25] § 263 Rdnr.80 („Tatsachenpositivismus, der nur die faktischen Verhältnisse berücksichtigt und so in Widersprüche gerät, die um der Einheit der Rechtsordnung willen nicht hingenommen werden können"); *Gössel*, BT 2, S.363 Rdnr.119; *Lackner*, in: LK[10] § 263 Rdnr.122f.; *Samson/Günther*, in: SK[5] § 263 Rdnr.111; wohl auch *Niggli*, S.95ff. Rdnr.191ff. – Zu Bedenken gegen den wirtschaftlichen Vermögensbegriff im Hinblick auf die Bestimmtheit *Lackner*, in: LK[10] § 263 Rdnr.122; *Nelles*, S.361f.

335 Nach *Cramer*, S.55 Fußn.175, geht die auch heute noch geläufige Bezeichnung als „juristisch-ökonomische Vermittlungslehre" wohl auf *Doerr*, S.15, zurück. *Doerr*, S.19, selbst vertritt freilich – was etwa von *Nelles*, S.403, verkannt wird – einen rein wirtschaftlichen Vermögensbegriff.

stisch" ein.[336] [337] Der Bezeichnung „juristisch-ökonomischer Vermögensbegriff" entspricht eigentlich nur die erste Vorgehensweise. Gleichwohl wird diese Bezeichnung überwiegend auch für die zweite Herangehensweise verwendet.[338] Wie *Nelles* herausgearbeitet hat, wäre es bei letzterer allerdings sachgerechter, von ökonomisch-juristischen Vermögensbegrifffen zu sprechen.[339] Diese Terminologie wird daher im folgenden zugrundegelegt.

a) Die juristisch-ökonomischen Vermögensbegriffe i.e.S.

Juristisch-ökonomische Vermögensbegriffe i.e.S. finden sich vornehmlich im älteren Schrifttum. *Frank* und *Nagler* etwa stellten auf die rechtliche Verfügungsmacht über das Wirtschaftsgut ab[340] und sind somit wohl als Vertreter eines solchen Vermögensbegriffs anzusehen.[341]

---

336 Diese deutliche Systematisierung ist – soweit ersichtlich – das Verdienst von *Nelles*, S.402. Allerdings unterscheidet wohl auch *Cramer*, S.55, verschiedene Ausgangspositionen (siehe insbesondere a.a.O., S.55 Fußn.175: „abgewandelter Sinn").

337 Denkbar wäre freilich auch – worauf *Gallas*, in: Eb. Schmidt-FS, S.401, 411, hinweist – ein „juristisch-ökonomisch-kombinierender" Vermögensbegriff, der sowohl juristisch als auch wirtschaftlich ansetzt. Ein solcher Begriff müßte an alle Vermögensrechte /-pflichten und an alle wirtschaftlich wertvollen Güter anknüpfen und könnte auf dieser Grundlage Korrekturen vornehmen. Ein entsprechender Vermögensbegriff würde damit nicht zwischen, sondern „über" dem juristischen und dem wirtschaftlichen Vermögensbegriff stehen. Ein solcher Standpunkt hat in Deutschland jedoch – soweit ersichtlich – weder in der Literatur, noch in der Rechtsprechung eine nachhaltige Rolle gespielt und ist von daher hier nicht weiter zu vertiefen. Ob *Hirschberg*, S.346 (Vermögen als die Zusammenfassung der Vermögensgüter, worunter die „Positionen von (konkreter oder abstrakter) Verfügungsmacht" zu verstehen sind), als Vertreter eines solch juristisch-ökonomisch-kombinierenden Ansatzes anzusehen ist (vgl. hierzu wohl bejahend *Gallas*, in: Eb. Schmidt-FS, S.401, 411 Fußn.27; siehe auch *H. Hartmann*, S.25ff.; i.E. verneinend *Cramer*, S.59; *D. Geerds*, Jura 1994, 309, 310 Fußn.17), mag daher dahinstehen. Gleiches gilt für *BGE* 83 IV 75, 77ff. (Als Vermögen seien „ausser den Vermögensrechten im eigentlichen Sinn auch alle geldwerten Interessen zu verstehen.", zitiert nach der Übersetzung ins Deutsche bei *Boog*, S.22f., 23.).

338 Siehe nur *Cramer*, in: Schönke/Schröder[25] § 263 Rdnr.82; *Fischer*, in: Tröndle/Fischer[49] § 263 Rdnr.27 a.E., 29a; *Lackner*, in: LK[10] § 263 Rdnr.123; *Samson/Günther*, in: SK[5] § 263 Rdnr.112ff.; *Tröndle*[48] § 263 Rdnr.27 a.E.; kritisch zu dieser Terminologie *D. Geerds*, Jura 1994, 309, 310 („irreführend").

339 *Nelles*, S.402; ebenso *Kühl*, in: Lackner/Kühl[23] § 263 Rdnr.33.

340 *Frank*[18] § 263 Anm.V („Inbegriff der geldwerten Güter, über die jemand rechtlich in eigenem Interesse selbst oder durch einen Vertreter verfügen kann."); ganz ähnlich *Nagler*, in: LK[6/7] Vorbem. Raub und Erpressung Anm.II 1 („Inbegriff der in der rechtlichen Verfügungsgewalt eines Rechtssubjekts stehenden, konkreten Wirtschaftsgüter"), der hervorhebt, daß der Wert begrifflich am Gegenstand des Rechts hafte und von diesem erst auf das daran bestehende Recht übertragen werde [Dies spricht dafür, daß der Ansatz *Naglers* kein ökonomisch-juristischer, sondern ein juristisch-ökonomischer ist.]. – Zur Einordnung der von *Frank* und *Nagler* vertretenen Vermögensbegriffe ferner *Gallas*, in: Eb. Schmidt-FS, S.401, 409, der meint, mit den Forderungen *Franks* und *Naglers* würden an die Vermögensbestandteile bezüglich der Rechtsform im wesentlichen die gleichen Anforderungen gestellt wie beim juristischen Vermögensbegriff. Nach *Cramer*, S.100 Fußn.182, vermag die rechtliche Verfügungsgewalt nur das subjektive Recht zu vermitteln. Ähnlich ist *Lackner*, in: LK[10] § 263 Rdnr.123 Fußn.219, der Auffassung, die Ansichten *Franks* und *Naglers* liefen möglicherweise auf eine Beschränkung auf subjektive Rechte hinaus. Siehe demgegenüber aber auch *Nagler*, in: LK[6/7] Vorbem. Raub und Erpressung Anm.II 3b, der dort zum Vermögen auch alle materiellen (verkehrsfähigen) Rechtsgüter – i.S. aller äußeren Güter oder Zu-

Zustimmungswürdig erscheinen die juristisch-ökonomischen Vermögensbegriffe allerdings nicht, denn auch sie gehen – von ihrem Ausgangspunkt her zwangsläufig – weitgehend an der Realität des Wirtschaftslebens vorbei: In ähnlichem Umfang wie beim juristischen Vermögensbegriff werden rechtlich nicht oder nur unvollständig konkretisierte Güter von vornherein vom Schutz des Betrugstatbestands ausgenommen. Wie bereits oben ausgeführt wurde, überzeugt dies nicht.[342]

b) Die ökonomisch-juristischen Vermögensbegriffe

Die Schwächen der soeben aufgezeigten Ansätze vermeiden die ökonomisch-juristischen Vermögensbegriffe, die in mehreren Varianten von der wohl überwiegenden Meinung im Schrifttum vertreten werden: Als gemeinsamer Ausgangspunkt wird eine wirtschaftliche Betrachtungsweise gewählt. Von allen wirtschaftlich wertvollen Positionen werden dann jedoch nur diejenigen Güter zum Vermögen gerechnet, die auch einer rechtlichen Wertung standhalten. Diese „juristische" Wertung geschieht auf unterschiedliche Weise[343], führt aber – soweit ersichtlich – immer da-

---

stände von Vermögenswert oder mit vermögensrechtlichen Beziehungen, die rechtliche Anerkennung und damit rechtlichen Schutz finden – rechnet.

341 Auch dem Vermögensbegriff von *Gallas*, in: Eb. Schmidt-FS, S.401, 406ff., dürfte wohl ein juristisch-ökonomischer Ausgangspunkt zugrundeliegen (siehe insbesondere a.a.O., S.417); ganz zweifelsfrei ist dies jedoch nicht.

342 Weitere Kritik am juristisch-ökonomischen Vermögensbegriff bei *Nelles*, S.404; siehe auch *Samson/Günther*, in: SK[5] § 263 Rdnr.115.

343 „Unter der Billigung der rechtlichen Güterzuordnung stehend": *Cramer*, S.100 (sog. materialer Vermögensbegriff), der aber auch annimmt, die wirtschaftliche Zugehörigkeit faktischer Vermögenspositionen indiziere ihre rechtliche Billigung (a.a.O., S.109); ders., in: Schönke/Schröder[25] § 263 Rdnr.82; „Rechtlich anerkannt": *Sauer*, BT, S.85; „Unter dem Schutz der Rechtsordnung stehend": *Foth*, GA 1966, 33, 42; *Tenckhoff*, JR 1988, 126, 128; *Welzel*[11], S.372; *Wessels*, BT 2[20], S.137 Rdnr.518; *RGSt* 66, 281, 284f. [siehe zu dieser Entscheidung allerdings *Nelles*, S.407f.]; vgl. *Gutmann* MDR 1963, 3, 5; „Mangels ausdrücklicher rechtlicher Mißbilligung unter dem Schutz der Rechtsordnung stehend": *Hillenkamp*, in: Wessels/Hillenkamp, BT 2[22], S.213 Rdnr.535; „Nicht der Mißbilligung der Rechtsordnung ausgesetzt": *Gössel*, BT 2, S.2 Rdnr.3, S.364 Rdnr.121; *Lenckner*, JZ 1967, 105, 107 Fußn.13; *Lackner*, in: LK[10] § 263 Rdnr.132; wohl auch *Maiwald*, in: Maurach/Schroeder/Maiwald, BT 1[8], S.454f. Rdnr.99; *Samson*, JA 1978, 564, 569; „Der Person ohne Widerspruch zu dem im Grundgesetz verkörperten Wertsystem zustehend": *Zieschang*, in: Hirsch-FS, S.831, 837, 844; „Rechtlich wirksame Rechtsgeschäfte über die Position müssen möglich sein": *Ahn*, S.50 i.V. mit S.45; *Samson/Günther*, in: SK[5] § 263 Rdnr.116, die dabei den wirtschaftlichen Wert als Tauschwert verstehen; „Vermögensfähige Objekte sind alle Dienstleistungen und sonstigen Wirtschaftsgüter sowie die darauf bezogenen Rechte, die innerhalb der durch Art.1, 2 GG, § 138 BGB gezogenen Grenzen gegen Geld tauschbar sind": *Nelles*, S.499.
Bei den ökonomisch-juristischen Vermögensbegriffen ist auch der integrierte Ansatz *Tiedemanns* anzusiedeln: ausgehend davon, daß es der Sache nach nicht so sehr um ein rechtliches Korrektiv, als vielmehr um eine Integration von Recht und Wirtschaft gehe (*Tiedemann*, in: LK[11] vor § 263 Rdnr.31), will *Tiedemann*, in: LK[11] § 263 Rdnr.132 a.E., unter Ausschluß rechtlich mißbilligter Positionen im Ausgangspunkt an einer wirtschaftlichen Bewertung festhalten, diese zunächst faktische Sicht aber durch „Berücksichtigung außerstrafrechtlicher Wertungen" konkretisieren und ergänzen. Auch der institutionelle Vermögensbegriff *J. Vogels* ist an dieser Stelle einzuordnen: Auch *J. Vogel*, Legitimationsprobleme, S.435ff., will die Wirtschaft und das Recht bei der Bestimmung des Vermögensbegriffs in anderer und zugleich engerer Weise miteinander verschrän-

zu, daß Widersprüche mit den übrigen Teilen der Gesamtrechtsordnung vermieden werden.[344]

Gegenüber den bislang erörterten Ansätzen erweisen sich die ökonomisch-juristischen Vermögensbegriffe als vorzugswürdig, denn einerseits werden sie den Realitäten des Wirtschaftslebens gerecht, vermeiden aber andererseits Widersprüche mit anderen Teilen der Rechtsordnung. Dem letzten Gesichtspunkt trägt freilich schon ein solcher Vermögensbegriff hinreichend Rechnung, der zum Vermögen alle wirtschaftlich wertvollen Positionen zählt, die entweder von der Rechtsordnung nicht mißbilligt werden oder an einen schon bestehenden, gleichgerichteten Widerspruch in der Gesamtrechtsordnung anknüpfen.[345]

4. Der personale Vermögensbegriff

Ein ganz anderer Ansatz liegt dem personalen Vermögensbegriff zugrunde. Er knüpft – wie schon sein Name andeutet – an die Person des Vermögensträgers an: Der Vermögensschutz wird als Teil des Persönlichkeitsschutzes angesehen[346], das Vermögen in seiner qualitativen Zusammensetzung als Ausdruck der Person begriffen[347] und es wird an den ursprünglichen Sinn des Wortes „vermögen" – nämlich können – angeknüpft.[348] [349] Dementsprechend wird das Vermögen definiert als eine

---

ken, als dies den bisherigen „wirtschaftlich-juristischen" Vermögenslehren entsprechen würde; dies sei auch das Anliegen von *Nelles*. *J. Vogel* meint, Vermögen sei nur legitim, wenn es rechtlich institutionalisiert sei, und sei nur insoweit legitimer Schutzgegenstand des Betrugsstrafrechts; Vermögen sei ein institutionalisiertes Medium, welches über Geld(wert) bestimmt werde (a.a.O., S.436f.). – Als ökonomisch-juristischer Vermögensbegriff dürfte – trotz seiner auch personalen Züge – wohl auch der Vermögensbegriff *Schünemanns* anzusehen sein, dem gleichfalls ein integrierter Ansatz zugrundeliegt: *Schünemann*, in: LK[11] § 266 Rdnr.134, sieht das Vermögen unter Bezugnahme auf *Nelles*, S.387, und im Anschluß an *Hefendehl*, S.115ff., der einen personal-integrierten Vermögensbegriff vertritt [siehe dazu unten S.65 Fußn.355], als eine in Geldeswert ausdrückbare, rechtlich konstituierte Herrschaft über Gegenstände oder soziale Interaktionen an.

344 Der Ausgangspunkt den *Maiwald*, in: Maurach/Schroeder/Maiwald, BT 1[8], S.453ff. Rdnr.95, 99, für einen ökonomisch-juristischen Vermögensbegriff wählt, ist allerdings – worauf *Nelles*, S.409f. zutreffend hinweist – wohl nicht die Herstellung der Einheit der Rechtsordnung, sondern die vermeintliche Schwierigkeit des wirtschaftlichen Vermögensbegriffs, bei einer „wirtschaftlichen" Betrachtung Kriterien für die Zuordnung des Wirtschaftsguts anzugeben. Das ändert freilich nichts daran, daß i.E. auch nach *Maiwalds* Ansatz Widersprüche mit den übrigen Teilen der Gesamtrechtsordnung vermieden werden. – Kritisch zu *Maiwalds* Folgerungen *Nelles*, S.410.

345 Der hier vorgeschlagenen „juristischen" Korrektur liegt der Gedanke zugrunde, daß das Argument der Einheit der Gesamtrechtsordnung nur überzeugen kann, wenn die gesamte Rechtsordnung und nicht nur ein Teil von ihr ein wirtschaftliches Gut mißbilligt. Besteht schon ein entsprechender Widerspruch in der Gesamtrechtsordnung – wie beispielsweise beim Prostituiertenbetrug § 138 BGB einerseits (vgl. *BGHZ* 67, 119, 122ff.), Art.297 EGStGB andererseits –, wird das Wirtschaftsgut aber eben nur von einem Teil der Rechtsordnung mißbilligt.

346 *Otto*, Struktur, S.29, 61; ders., StrafR BT[5], S.142 Rdnr.6f.; *Labsch*, S.324 („Im Vordergrund steht [...] der Schutz der Person. Es geht um die Entfaltung der Persönlichkeit des Vermögensträgers [...]."); *Schmidhäuser*, BT[2], S.112 Rdnr.1; ähnlich *Bockelmann*, in: Kohlrausch-FS, S.226, 248 (Schutz der Vermögensperson).

347 *Hardwig*, GA 1956, 6, 18ff.; *Otto*, Struktur, S.41f., 63f., 81; vgl. *H. Winkler*, S.184 i.V. mit S.219ff.

348 *D. Geerds*, Jura 1994, 309, 311 i.V. mit S.320.

personal strukturierte Einheit, die die Entfaltung der Person im gegenständlichen Bereich gewährleistet[350], oder es wird bestimmt als gegenständlich gewährleistete Potenz der Person im wirtschaftlichen Raum.[351] Wohl überwiegend wird dabei auch angenommen, daß die jeweils zugrundeliegende Herrschaftsbeziehung keine beliebige sein könne, sondern einem rechtlichen Maßstab genügen müsse.[352] Im Ergebnis führt der personale Vermögensbegriff dazu, daß der Wert des Vermögens aufgrund einer funktionalen Zwecksetzung durch die Vermögensperson (subjektiv) bestimmt wird.[353] [354]

Vertreten wird der personale Vermögensbegriff mittlerweile von einem nicht unerheblichen Teil des Schrifttums.[355] In der Literatur werden gegen ihn jedoch Bedenken insbesondere im Hinblick auf die Rechtssicherheit vorgebracht.[356]

---

349 Zumindest den Kern des personalen Vermögensbegriffs verkennt daher wohl *Weimann*, S.94, der meint, die Vertreter dieser Lehre würden von einem wirtschaftlichen Vermögensbegriff ausgehen.

350 *Otto*, Struktur, S.69; ders., StrafR BT[5], S.142 Rdnr.7, S.223 Rdnr.54.

351 *Otto*, Struktur, S.80; ähnlich *Labsch*, S.323.

352 Dem liegt der Gedanke zugrunde, daß auch die Persönlichkeitsentfaltung nicht schrankenlos geschützt ist: *Bockelmann*, in: Kohlrausch-FS, S.226, 248f.; *D. Geerds*, Jura 1994, 309, 311 i.V. mit S.320; siehe auch *Otto*, Struktur, S.69f.; ders., StrafR BT[5], S.142 Rdnr.7 („von der Rechtsordnung anerkannte Herrschaftsbeziehungen der Person zu Objekten [...], die von der Rechtsgesellschaft als selbständige Gegenstände des wirtschaftlichen Verkehrs anerkannt werden"), S.223 Rdnr.54. In diesem Sinne ist nach *Otto*, Struktur, S.54, eine Herrschaftsbeziehung, „die gegen den ausdrücklichen Willen des Gesetzgebers besteht und von den Rechtsgenossen mißbilligt wird und nur gegen den Willen des Gesetzgebers und der Rechtsgesellschaft realisiert werden kann" keine „Vermögensbeziehung".

353 So ausdrücklich *Otto*, Struktur, S.66.

354 Umstritten ist dabei, ob zu fordern ist, daß die betreffenden Objekte von der Verkehrsanschauung als selbständige Gegenstände einer wirtschaftlichen Beziehung anerkannt werden; bejahend *Otto*, Struktur, S.66, der freilich darauf hinweist, daß dennoch nicht zu fordern sei, daß dem betreffenden Objekt im konkreten Fall auch tatsächlich ein Geldwert zukomme; anders *Hardwig*, GA 1956, 6, 18f. i.V. mit S.20 („Allein die Vermögensperson ist befugt, über die Zusammensetzung ihres Vermögens zu entscheiden").

355 *Alwart*, JZ 1986, 563, 565; *Bockelmann*, in: Kohlrausch-FS, S.226, 248f.; ders., in: Mezger-FS, S.363, 378; ders., JZ 1952, 461, 464; *D. Geerds*, S.125ff.; ders, Jura 1994, 309, 320f.; *Hardwig*, GA 1956, 6, 18ff.; *Heinitz*, JR 1968, 387f.; *Labsch*, S.323f.; *Otto*, Struktur, S.69f., 80, ders., Bargeldloser Zahlungsverkehr, S.26ff.; ders., StrafR BT[5], S.142 Rdnr.7, S.223 Rdnr.54; *Schmidhäuser*, BT[2], S.112f. Rdnr.1ff.; *H. Winkler*, S.184 i.V. mit S.219ff.; unklar *Niggli*, S.97ff. Rdnr.195ff., der sich zwar dem Vermögensbegriff *Nelles'* anschließt (a.a.O., S.100f. Rdnr.199), diesen aber anscheinend als Variante des personalen Vermögensbegriffs ansieht (a.a.O., S.89 Rdnr.180).

Personale Züge weist auch der Vermögensbegriff *Hefendehls* auf: *Hefendehl* stimmt dem Ausgangspunkt der personalen Vermögenslehre ausdrücklich zu (a.a.O., S.114), kritisiert an dieser Lehre aber, sie würde sich durch den Verzicht auf die Umwandlung des Vermögens in die homogene Ertragskategorie des Geldes der Transparenz bei der Ermittlung des Vermögensschadens verstellen (a.a.O., S.445). *Hefendehl* selbst versteht das Vermögen sodann im Sinne eines zivilrechtlich konstituierten und bilanzrechtlich konkretisierten Herrschaftsprinzips (a.a.O., S.454); Herrschaft sei immer dann zu begründen, wenn dem Vermögensträger zivilrechtlich anerkannte Durchsetzungsmöglichkeiten zur Verfügung stehen, die ihm die Freiheit lassen, über Vermögensgüter nach seinem Belieben zu verfügen und ihn sogleich in die Lage versetzen, externen Störfaktoren effektiv begegnen zu können (a.a.O., S.117). Da die rechtliche Fundierung für *Hefendehl*, ebenda, nicht bloß in Ausnahmefällen, sondern dem Grunde nach besteht, dürfte sein Ansatz gleichfalls ein integrierter – und zwar ein institutionell-personaler – sein.

5. Der wirtschaftlich-dynamische Vermögensbegriff

Ein sog. wirtschaftlich-dynamischer Vermögensbegriff wird von *Eser* vertreten: *Eser* nimmt an, daß bei Zugrundelegung des wirtschaftlichen Vermögensbegriffs[357] in bestimmten Fällen Schwierigkeiten bestehen würden, einen Vermögensschaden zu begründen. Diesen Schwierigkeiten will er mit einer entsprechend anderen Definition des Vermögens begegnen.[358] Konkret möchte er sicherstellen, daß auch die Beeinträchtigung der wirtschaftlichen Bewegungsfreiheit[359] – auf eine ihn dogmatisch befriedigende Weise – als Vermögensschaden aufgefaßt werden kann.[360] Dies will *Eser* durch einen Vermögensbegriff erreichen, der nicht nur den statisch bereits vorhandenen Bestand, sondern – dynamisch – auch den Vermögenszuwachs umfaßt.[361] Vermögen soll nicht nur das „Haben", sondern auch das „Haben-Können" sein.[362] Dementsprechend definiert *Eser* das Vermögen als die Summe aller wirtschaftlich werthaften bzw. wertmehrenden Positionen und Faktoren.[363]

Die Begründung, die *Eser* für die Einbeziehung des „Haben-Könnens" in den Vermögensbegriff liefert, ist allerdings knapp gehalten: *Eser* meint, dies sei „eine unabweisliche Schlußfolgerung aus den Veränderungen des wirtschaftlichen Lebens und Wirkens". Die heutigen Wirtschaftsweisen seien von einer hektischen Unrast getrieben, Stillstand bedeute Rückschritt, Rückschritt aber bedeute Vermögenseinbuße.[364]

Dem von *Pawlik*, S.259ff., vertretenen „neuformulierten juristischen Vermögensbegriff" (a.a.O., S.259) [ablehnend *Tiedemann*, in: LK[11] § 263 Rdnr.129] liegt im Kern – trotz anderslautender Bezeichnung – ebenfalls ein personaler Ansatz zugrunde: Für *Pawlik*, S.259, ist das Vermögen das gegenständliche Potential, mithilfe dessen eine Rechtsperson sich in der Interaktion mit anderen Rechtspersonen eine bestimmte Identität zu geben vermag; allerdings müsse die Position der betreffenden Rechtsperson rechtlich zugeordnet sein – und zwar gerade deshalb zugeordnet sein, um ihr eine freie Selbstdarstellung zu ermöglichen – und zudem rechtlich in dem Sinne preisgabefähig sein, daß die Weggabe nicht den Verzicht auf ein konstitutives Merkmal von Personalität bedeuten würde.

356 *Boog*, S.20 i.V. mit S.28 m.w.N.; *Endemann*, S.121; *Gössel*, BT 2, S.363 Rdnr.119; *Lackner*, in: LK[10] § 263 Rdnr.124, allerdings weitgehend auf den personalen *Schadens*begriff bezogen.

357 *Eser*, GA 1962, 289ff., bezieht sich dabei allerdings auf den Vermögensbegriff der Rechtsprechung. Ob dieser tatsächlich ein rein wirtschaftlicher ist oder möglicherweise ein ökonomisch-juristischer, muß an dieser Stelle nicht geklärt werden [dazu jedoch unten S.70f.], denn bei beiden Begriffen läge als Ausgangspunkt ein wirtschaftliches Verständnis im herkömmlichen Sinne zugrunde. Gerade auf dieses Verständnis kommt es *Eser*, ebenda, aber an.

358 *Eser*, GA 1962, 289ff., 295.

359 In ausdrücklicher Abgrenzung zur Dispositionsfreiheit definiert *Eser*, GA 1962, 289, 296f., 297, die wirtschaftliche Bewegungsfreiheit als die tatsächliche Fähigkeit und Möglichkeit, seine finanziellen Mittel am wirtschaftlich sinnvollsten und zweckmäßigsten einzusetzen. Demgegenüber sieht er die Dispositionsfreiheit offenbar an als die Freiheit, unbeeinflußt und in Kenntnis der wahren Sachlage verfügen zu können (a.a.O., 295f.).

360 *Eser*, GA 1962, 289ff., 293ff.

361 *Eser*, GA 1962, 289, 295.

362 *Eser*, GA 1962, 289, 296; ders., IV[4], S.104 Rdnr. 28.

363 *Eser*, IV[4], S.104 Rdnr.27ff., 29, der eine „juristische" Wertung erst bei der Rechtswidrigkeit des beabsichtigten Vermögensvorteils vornimmt.

364 *Eser*, GA 1962, 289, 296. *Esers* Befund stammt zwar aus dem Jahre 1962, dürfte in bezug auf die Hektik des Wirtschaftslebens aber sicherlich auch heutzutage noch aufrechtzuerhalten sein.

Überzeugend wirkt dies freilich nicht. Betrachtet man die Ausführungen *Esers* insgesamt, scheint sein Ansatz denn auch vornehmlich auf der Annahme einer kriminalpolitischen Notwendigkeit zu beruhen.[365] Dies überzeugt aber noch weniger. Damit entbehrt *Esers* Vermögensbegriff, der als eine „Spielart" des wirtschaftlichen Vermögensbegriffs anzusehen ist[366], einer dogmatisch gesicherten Grundlage.[367]

6. Der Vermögensbegriff Mohrbotters

Ein weiterer Vermögensbegriff wird von *Mohrbotter* vertreten. Für ihn ist das Vermögen das materielle Haben – das, worüber man verfügen kann. Seinem materiellen Gehalt nach sei das Vermögen letztlich Sachherrschaft. Schutz der Herrschaft bedeute aber den Schutz der Interessen an freier Verfügungsmöglichkeit über die eigenen Vermögensbestandteile zur Erreichung bestimmter, selbst gewählter Zwecke.[368] Für *Mohrbotter* gehört daher auch die wirtschaftliche Dispositionsfreiheit – verstanden als Verfügungsfreiheit bzw. (potentielle) wirtschaftliche Verfügungsmacht – zum Vermögen.[369]

Dieser Vermögensbegriff basiert offenbar auf der von *Mohrbotter* selbst geäußerten Annahme, das Vermögen erfülle im Rechts- und Sozialleben nicht nur eine wirtschaftliche, sondern auch eine soziale Funktion. Für diese Funktion sei das Vermögenssubstrat über das rein Materielle hinaus zu erweitern und an die jeweiligen Bedürfnisse, Ziele und Zwecke anzupassen.[370] In diesem Zusammenhang äußert *Mohrbotter* auch, daß das Vermögenssubstrat nicht statisch, sondern dynamisch an-

---

365 Siehe *Eser*, GA 1962, 289, 290 („im Hinblick auf neue kriminalpolitische Bedürfnisse"), 294 („kriminalpolitisch äußerst unbefriedigende Lage"), 295 („Will man also den Schutz der wirtschaftlichen Bewegungsfreiheit in den Bereich des Betrugstatbestandes einbeziehen, dann muß man das von der objektiven Seite des Vermögensbegriffes her versuchen. Dies führt dann zum Ziele, wenn man mit „Vermögen" nicht mehr nur statisch den bereits vorhandenen Vermögens-Bestand, sondern dynamisch auch den Vermögens-Zuwachs mitumfaßt.").

366 *Cramer*, in: Schönke/Schröder[25] § 263 Rdnr.81; *Hefendehl*, S.98; *Kühl*, in: Lackner/Kühl[23] § 263 Rdnr.33; *Lackner*, in: LK[10] § 263 Rdnr.124; *Nelles*, S.413, 416 („extrem wirtschaftlicher Vermögensbegriff"); ablehnend *J. Vogel*, Legitimationsprobleme, S.540.

367 Weitere Kritik bei *Nelles*, S.414ff.; ablehnend auch *Hefendehl*, S.115; *Otto*, Struktur, S.84; *Tiedemann*, in: LK[11] § 263 Rdnr.180.

368 *Mohrbotter*, Stoffgleichheit, S.103f.; ders., GA 1969, 225, 232.

369 *Mohrbotter*, Stoffgleichheit, S.105f.; ders., GA 1969, 225, 233. – Diese wirtschaftliche Dispositionsfreiheit grenzt *Mohrbotter*, Stoffgleichheit, S.106; ders., GA 1969, 225, 233, zwar ausdrücklich von der sittlichen, individuellen, auf subjektive Verfügungsinteressen des Vermögensträgers bezogenen Dispositionsfreiheit ab. Dennoch wird letztlich nicht klar, welchen Umfang *Mohrbotter* der wirtschaftlichen Dispositionsfreiheit beimißt. Bei der Spende an einen Reichen hält er eine Beeinträchtigung der wirtschaftlichen Dispositionsfreiheit jedenfalls für gegeben, denn in diesem Fall würden als vermögenswert anzusehende wirtschaftliche Interessen des Vermögensinhabers verletzt (*Mohrbotter*, GA 1969, 225, 232f.). – Siehe zur Schadensproblematik bei der Zweckverfehlung insbesondere *Mohrbotter*, GA 1969, 225, 231 (Vermögensschaden „immer dann [...], wenn – auch ohne Verminderung eines geldwerten Vermögensbestandes – durch die Täuschung eine dem objektiven Sinn und Zweck und damit dem Wesen des konkreten Geschäfts widersprechende Vermögenslage herbeigeführt wird.").

370 *Mohrbotter*, GA 1969, 225, 228.

gelegt sei.[371] Eine Gemeinsamkeit mit dem dynamischen Vermögensbegriff *Esers* besteht hierbei allerdings nicht[372]: *Mohrbotter* geht es nicht um die Berücksichtigung der wertmehrenden Faktoren – des Haben-Könnens –, sondern um die soziale Funktion des Vermögens und den konkreten Menschen in der Gesellschaft.[373]

Überzeugen kann sein Ansatz freilich kaum: Warum die Verfügungsfreiheit den Schutz des Betrugstatbestands verdienen sollte, bleibt nämlich letztlich unklar. Selbst wenn man das Vermögen mit *Mohrbotter* als durch die Verfügungsmöglichkeit gekennzeichnet ansehen würde, so ist doch der Schutz der Interessen an freier Verfügungsmöglichkeit etwas anderes als der Schutz der Güter, über die man verfügen kann.

7. *Der funktionale Vermögensbegriff*

Ein funktionaler Ansatz liegt dem Vermögensbegriff von *Weidemann* zugrunde. *Weidemann* nimmt an, daß der Grund für den strafrechtlichen Vermögensschutz nicht der Vermögensbestand um seiner selbst willen, sondern dessen Funktion für den Vermögensträger sei.[374] Da die Funktion des Vermögens in der Nutzung bestehe – wobei er unter Nutzung den Einsatz des Vermögens zu den von seinem Inhaber gesetzten Zwecken versteht[375] –, sei das Vermögen als eine Nutzwerteinheit zu begreifen.[376] Dementsprechend definiert *Weidemann* das Vermögen als den Bestand an Gegenständen von wirtschaftlichem Wert, der dazu bestimmt ist, den vom Vermögensträger verfolgten Zwecken zu dienen.[377] Dabei soll allerdings nur das berücksichtigt werden, was der betreffenden Person auch unter dem Schutz der Rechtsordnung zur Verfügung steht.[378]

Bei näherer Betrachtung fällt auf, daß dieser Vermögensbegriff erhebliche Ähnlichkeiten mit dem personalen Vermögensbegriff aufweist[379]: Auch für *Weidemann* ist

---

371 *Mohrbotter*, GA 1969, 225, 228.

372 Zutreffend *Nelles*, S.414; anders („ähnlich") etwa *Kühl*, in: Lackner/Kühl[23] § 263 Rdnr.33; *Lackner*, in: LK[10] § 263 Rdnr.124.

373 Vgl. hierzu *Nelles*, S.414, 416f.

374 *Weidemann*, S.201f., siehe auch S.205f.

375 *Weidemann*, S.213.

376 *Weidemann*, S.279.

377 *Weidemann*, S.279.

378 *Weidemann*, S.211.

379 Vgl. hierzu *D. Geerds*, S.116 Fußn.196 a.E.; ders., Jura 1994, 309, 311 Fußn.27 a.E.; *Nelles*, S.424, die freilich auch die Unterschiede zwischen diesen Vermögensbegriffen aufzeigt (a.a.O., S.424f.); *Otto*, StrafR BT[5], S.223 Rdnr.54 Fußn.334; *Tiedemann*, in: LK[11] vor § 263 Rdnr.31 mit Fußn.44; siehe auch *Lackner*, in: LK[10] § 263 Rdnr.124, der den funktionalen Vermögensbegriff zwischen dem wirtschaftlichen und dem personalen Begriff einordnet; anders (bezogen auf *Weidemann*, MDR 1973, 992) *Kühl*, in: Lackner/Kühl[23] § 263 Rdnr.33, der den Vermögensbegriff *Weidemanns* offenbar als Spielart des wirtschaftlichen Vermögensbegriffs ansieht; unklar *Cramer*, in: Schönke/Schröder[25] § 263 Rdnr.81. – Letztlich ist sich auch *Weidemann*, S.220, selbst der Ähnlichkeit seines Vermögensbegriffs mit dem personalen bewußt; einem personalen Vermögensbegriff *Bockelmann*scher Prägung mag *Weidemann*, MDR 1973, 992, 993, allerdings nicht zustimmen.

der Ausgangspunkt letztlich der Schutz der Person[380] und an diese Person wird bei der Definition des Vermögens angeknüpft. Dennoch könnte ein nicht unerheblicher Unterschied bestehen: *Weidemann* fordert die wirtschaftliche Werthaftigkeit des betreffenden Objekts. Ob diese Forderung auch von den meisten Vertretern des personalen Vermögensbegriffs erhoben wird, ist dagegen nicht klar – das Abstellen auf die Potenz im wirtschaftlichen Raum läßt eine solche Forderung zwar zu, dürfte sie aber kaum zwingend zur Folge haben.[381] Sieht man hiervon ab, so dürften die wesentlichen Unterschiede zwischen dem personalen und dem funktionalen Ansatz insgesamt wohl weniger beim Vermögensbegriff bestehen, als vielmehr bei den entsprechenden Schadensbegriffen[382], die allerdings erst unten[383] dargestellt werden.

8. Die völkischen Vermögensbegriffe

Keiner vertieften Darstellung bedürfen die im Nationalsozialismus gelegentlich vertretenen völkischen Vermögensbegriffe.[384] In mehreren Varianten stellten sie bei der Definition des Vermögens maßgeblich auf den Gemeinschaftsgedanken ab[385], der etwa für *Borst* die Verwirklichung der als Artgemeinschaft verstandenen Volksgemeinschaft bedeutete.[386] Die genaue Tragweite dieses Verständnisses, das möglicherweise gerade auch bei Angriffen auf öffentliches Vermögen eine besondere Bedeutung gehabt haben könnte, muß hier freilich nicht geklärt werden: Abgesehen von den grundsätzlichen Bedenken, die den völkischen Vermögensbegriffen entgegenstehen, sind diese Begriffe jedenfalls durch die Überbetonung des Gemein-

---

380 Siehe etwa *Weidemann*, S.201f. („Vermögen wird nicht um seiner selbst willen geschützt, sondern um der Person willen, die es innehat"), 205f. („Vermögensschutz ist mittelbar Personenschutz").

381 Vgl. dazu auch oben S.65 Fußn.354.

382 Vgl. hierzu wohl auch *Nelles*, S.425f.

383 Siehe unten S.77ff.

384 Diese Vermögensbegriffe gelten heutzutage offenbar als nicht mehr zitierfähig. Im aktuellen Schrifttum findet sich jedenfalls – soweit ersichtlich – keine Darstellung dieser Begriffe. Im Hinblick darauf, daß im Nationalsozialismus möglicherweise eine Beziehung zwischen der Beeinträchtigung öffentlichen Vermögens und der „Gemeinschaftswidrigkeit" bestanden haben könnte, erscheint im vorliegenden Zusammenhang eine kurze Darstellung dieser Begriffe jedoch durchaus angebracht. Dadurch sollen die völkischen Vermögensbegriffe freilich nicht in den Rang vertretbarer Positionen erhoben werden.

385 Siehe etwa *Borst*, JW 1935, 1221, 1223 (Vermögen als „die lebendige Verbundenheit zwischen Mensch und Sache in der Form des Privateigentums im Dienste der Volksgemeinschaft"; siehe hierzu auch *Borst*, a.a.O., 1223f., der meint, aus der lebendigen Verbundenheit ergebe sich, daß der Wert niemals etwas ausschließlich Objektives sei, und der letztendlich der Ansicht ist, über den Wert einer Sache entscheide allein der Wille und die Anschauung des einzelnen Menschen.); *Mezger*, JW 1937, 1289, 1293 („Vermögen" als ein „dem Einzelnen anvertrauter Wert, den er in einer den Interessen der Volksgemeinschaft entsprechenden Weise sachgemäß zu verwenden hat. Auf den „Geldwert" allein kommt es nicht an."); siehe ferner *Bourseaux*, S.2, 14.

386 *Borst*, JW 1935, 1221, 1223: „Tote Anhäufung von Geld ist noch kein Reichtum. Seinen Wert erhält es erst, wenn es lebendig gemacht wird für die Gemeinschaft"; „müssen wir, nach dem Gesetz des Lebens, uns selbst und die Güter an andere weitergeben. Diese anderen – das ist nicht die Menschheit oder der Zukunftsmensch oder die Zivilisation, sondern – die unsern, die von gleicher Art sind, die Artgemeinschaft, das Volk. Das ist das Ziel."; „Eigentum ist vielmehr nur das Mittel, den Zweck (Verwirklichung der Volksgemeinschaft) am besten zu erreichen.".

schaftsgedankens mit dem Wertesystem des Grundrechtsabschnitts des Grundgesetzes – das seinen Mittelpunkt in der sich innerhalb der sozialen Gemeinschaft frei entfaltenden menschlichen Persönlichkeit und ihrer Würde findet[387] – unvereinbar.

9. Der Begriff des Vermögens in der Rechtsprechung

Von besonderem Interesse für die Schadensproblematik ist die Position der Rechtsprechung zum Vermögensbegriff:

In der Judikatur des *Preußischen Obertribunals* wurde dem Vermögensbegriff nur geringe Aufmerksamkeit zuteil.[388] In der insoweit ausführlichsten Entscheidung wurde das Vermögen eines Menschen juristisch – als der Inbegriff aller Sachen und Vermögensrechte desselben nach Abzug der darauf lastenden Verbindlichkeiten[389] – definiert.

Auch das *RG* schien anfänglich zu einer rein juristischen Bewertung zu tendieren.[390] Mit der Definition des Vermögens als der „Gesamtheit der vermögens*rechtlichen*[391] Beziehungen einer Person" hielt zwar auch *RGSt 16, 1, 3* letztlich an diesem auf subjektive Rechte beschränkten Ausgangspunkt fest, vertrat damit insgesamt aber bereits einen juristisch-ökonomischen Vermögensbegriff.[392] In der Folgezeit wurde dieser Begriff weiterhin gelegentlich vertreten[393], dennoch vollzog sich in der Rechtsprechung ein bedeutsamer, wenn auch behutsamer Wandel[394]: Teilweise wurden nun wirtschaftlich wertvolle Positionen, die zwar im Einklang mit der zivilrechtrechtlichen Güterzuordnung standen, aber nicht zu subjektiven Rechten verdichtet waren, zum Vermögen gerechnet.[395] Diese Entwicklung wurde durch *RGSt 44, 230, 233* radikal zum Ende geführt[396]: Dort wurde das Vermögen rein wirtschaftlich definiert[397] – als die „Summe der geldwerten Güter einer Person". In

387 *BVerfGE* 7, 198, 205 (Lüth-Urteil), wo auch die Geltung dieses Wertesystems als verfassungsrechtliche Grundentscheidung für alle Bereiche des Rechts hervorgehoben wird.

388 Vgl. hierzu *Cramer*, S.40.

389 *PrObTr*, PrJMBl. 1858, 43, 44.

390 Vgl. *RGSt* 11, 72, 74ff.

391 Hervorhebung vom Verf.

392 Vgl. zu dem von *RGSt* 16, 1, 3 vertretenen Vermögensbegriff *Cramer*, S.51, 53f., der die Beschränkung auf subjektive Rechte hervorhebt; *H. Hartmann*, S.27ff., der zwar eine Hinwendung zum wirtschaftlichen Vermögensbegriff konstatiert (a.a.O., S.28), aber auch meint, *RGSt* 16, 1ff. könne nur bedingt als Bruch mit der juristischen Vermögenstheorie aufgefaßt werden (a.a.O., S.29); *Lackner*, in: LK[10] § 263 Rdnr.122 („mittlere rechtlich-wirtschaftliche Position"); a.A. *Naucke*, S.118f. [gegen ihn *Cramer*, S.41 Fußn.102], der in *RGSt* 16, 1ff. offenbar die erste genaue Fixierung des wirtschaftlichen Vermögensbegriffs erblickt.

393 Siehe etwa *RGSt* 33, 193, 195.

394 Eingehende Darstellung bei *Cramer*, S.50-55.

395 Siehe zur Einbeziehung wirtschaftlicher Werte, die keine subjektiven Rechte waren, etwa *RGSt* 26, 227, 229; zur Berücksichtigung der zivilrechtlichen Güterzuordnung etwa *RGSt* 19, 186, 192.

396 Vgl. hierzu *Cramer*, S.56, den es befremdet, daß der sich zuvor nur langsam und sehr behutsam vollziehende Übergang zu einer faktischen Betrachtungsweise so radikal durchgesetzt wurde.

397 Zwar finden sich in dieser Entscheidung auch Ausführungen über die zivilrechtliche Güterzuordnung (*RGSt* 44, 230, 234: „Ob ein wirtschaftliches Gut der Person A oder B angehört, darüber kann selbstverständlich nur entschieden werden auf Grund der Satzungen des bestehenden bür-

späteren Entscheidungen hielt das *RG* an diesem Vermögensbegriff zwar bei der Beurteilung von Sachwerten fest[398], bei der Beurteilung von Ansprüchen stellte es dagegen auch auf zivilrechtliche Gesichtspunkte ab.[399] [400] Demgegenüber nahm der *Oberste Gerichtshof für die Britische Zone* einen konsequent wirtschaftlichen Standpunkt ein, indem er zum Vermögen auch nichtige Ansprüche von wirtschaftlichem Wert rechnete.[401] Auch der *BGH* hat diesen Standpunkt eingenommen[402] und wiederholt einen rein wirtschaftlichen Vermögensbegriff vertreten.[403] Gleichwohl finden sich in seiner Judikatur mehrere Entscheidungen, die auf dieser Grundlage auch eine „juristische" Korrektur vornehmen.[404] Diese nicht unwichtigen Entscheidungen dürften die Annahme rechtfertigen, daß der *BGH* letztendlich einen ökonomisch-juristischen Vermögensbegriff vertritt.[405] Würdigt man die Rechtsprechung insgesamt, so muß man freilich feststellen, daß eine stringente Entwicklung des Vermögensbegriffs dort letztlich nicht erkennbar ist.[406]

---

gerlichen Rechtes."), diese stehen jedoch der o.g. Einschätzung nicht entgegen: *RGSt* 44, 230, 247ff. lehnte nämlich die „[Hineintragung] privatrechtlicher Gesichtspunkte in einen Tatbestand [...], der ausschließlich nach Grundsätzen des öffentlichen Rechts beurteilt sein will", ab und nahm an, daß jemandem, der eine Sache durch Betrug erlangt habe, diese von anderer Seite wieder durch Betrug abgenommen werden könne. Damit zeigte das *RG* aber deutlich, daß es den vorherigen Ausführugen zur Güterzuordnung letztendlich keine Bedeutung beimaß. Für *Cramer*, S.57, sind diese Ausführungen denn auch bloße Rückzugsgefechte. – In der Tat ist die Entscheidung insbesondere im Zuge der Entwicklung der Rechtsprechung zu würdigen. Zu dieser Entscheidung ferner *Maiwald*, in: Maurach/Schroeder/Maiwald, BT 1[8], S.453 Rdnr.94.

398 *RGSt* 50, 277, 279; *RG*, LZ 1921, Nr.5 Sp.722f., 723; *RG*, LZ 1922, Nr.1 Sp.367.

399 *RGSt* 66, 281, 285.

400 Die *RGSt* 44, 230, 233 nachfolgende Rechtsprechung zum Vermögensbegriff wird auch von *Cramer*, S.57f., *H. Hartmann*, S.33, und von *OGHSt* 2, 193, 201 in der aufgezeigten Weise eingeordnet.

401 *OGHSt* 2, 193, 201.

402 *BGHSt* 2, 364, 365ff.

403 *BGHSt* 3, 99, 102 (5. Strafsenat); *BGHSt* 16, 220, 221 (1. Strafsenat).

404 *BGHSt* 4, 373 (2. Strafsenat); *BGH*, NStZ 1987, 407 (5. Strafsenat: „Das Strafrecht würde sich in Widerspruch zur übrigen Rechtsordnung setzen, wenn es im Rahmen des Betrugstatbestandes nichtigen Ansprüchen Schutz gewährte, die aus verbotenen oder unsittlichen Rechtsgeschäften hergeleitet werden."); wohl auch *BGHSt* 31, 178, 179f. (1. Strafsenat).

405 Zwar terminologisch andere („juristisch-ökonomisch"), aber i.E. zumindest ähnliche Einordnung dieser Rechtsprechung bei *Fischer*, in: Tröndle/Fischer[49] § 263 Rdnr.29a; *Hefendehl*, S.98; *Hillenkamp*, in: Wessels/Hillenkamp, BT 2[22], S.212 Rdnr.534; *Hohmann/Sander*, BT I, S.127f. Rdnr.84ff.; *Lackner*, in: LK[10] § 263 Rdnr.122 a.E.; *Pawlik*, S.256 Fußn.17; *Samson/Günther*, in: SK[5] § 263 Rdnr.108; *Schünemann*, in: LK[11] § 266 Rdnr.134; *Tenckhoff* JR 1988, 126, 127 („bloßes Lippenbekenntnis zur wirtschaftlichen Vermögenslehre") m.w.N.; *Waßmer*, S.106; siehe auch *Tiedemann*, in: LK[11] § 263 Rdnr.130 a.E.; anders wohl *Cramer*, in: Schönke/Schröder[25] § 263 Rdnr.80 („extrem wirtschaftlicher Vermögensbegriff mit kleineren Einschränkungen seit *RGSt* 44, 230 in ständiger Rechtsprechung", „gelegentliches Abrücken"); *H. Hartmann*, S.33, der meint, es sei dem *BGH* „mit der vollkommenen Verwirtschaftlichung des Vermögensbegriffes ernst und *BGHSt* 2, 364 [sei] kein Ausnahmefall" (Immerhin billigt *H. Hartmann*, S.41, jedoch zu, daß der *BGH* seinen „entschieden wirtschaftlichen Vermögensbegriff bisweilen nicht konsequent [durchhält]".); *Nelles*, S.370.

406 Vgl. *Cramer*, S.58f.; *Lackner*, in: LK[10] § 263 Rdnr.122 („bemerkenswerte Unsicherheit").

II. Zu den Schadensbegriffen

Von zentraler Bedeutung für das Vorliegen eines Vermögensschadens ist außer dem Vermögensbegriff der Schadensbegriff, der im folgenden näher zu beleuchten ist. Wie oben[407] bereits ausgeführt wurde, sind Vermögens- und Schadensbegriff grundsätzlich voneinander zu trennen. Hervorzuheben ist allerdings noch, daß die Vermögens- und Schadensbegriffe auch verschiedenartig kombiniert werden können[408]: So hat etwa ein juristischer Vermögensbegriff nicht zwangsläufig auch einen juristischen / subjektiven[409] Schadensbegriff zur Folge, sondern könnte gleichermaßen – wie dies z.B. bei *Adolf Merkel* geschieht[410] – mit einem im Ausgangspunkt wirtschaftlichen / objektiven Schadensverständnis verknüpft werden.[411] Umgekehrt verbindet beispielsweise das *BG* eine im Ergebnis häufig subjektive Schadensberechnung mit einem wirtschaftlichen Vermögensverständnis.[412] Allerdings ist darauf hinzuweisen, daß nicht alle theoretisch denkbaren Kombinationsmöglichkeiten auch tatsächlich vertreten werden. Dies gilt insbesondere für die personale und die funktionale Betrachtungsweise, die – soweit ersichtlich – jeweils nur gleichermaßen beim Vermögens- und Schadensbegriff zugrundegelegt wird. Aber auch im übrigen haben die unterschiedlichen Verbindungsmöglichkeiten in der aktuellen deutschen Literatur und Rechtsprechung allenfalls eine untergeordnete Bedeutung, da die dort – trotz zahlreicher bedeutsamer Kontroversen im Detail – dominierende Kombination eines jedenfalls im Ausgangspunkt wirtschaftlichen Vermögensbegriffs mit einem ebensolchen Schadensbegriff nachhaltig allenfalls vom personalen Ansatz in Frage gestellt wird.

---

407 Siehe oben S.59.

408 *Cramer*, S.59, der auch zahlreiche Kombinationsmöglichkeiten aufzeigt; vgl. *Nelles*, S.348; *Pawlik*, S.262 Fußn.43. – Die Kombinationsmöglichkeit wird verkannt von *Bockelmann*, DR 1942, 1112, 1114; ders., in: Kohlrausch-FS, S.226, 236; *Boog*, S.35; *W. Hartmann*, S.18, 161; *Schulz*, S.27; siehe auch *Endemann*, S.120; *Gössel*, BT 2, S.375 Rdnr.143; *Waßmer*, S.108.

409 Die Terminologie ist uneinheitlich: Überwiegend findet sich in der Literatur das Begriffspaar juristischer und wirtschaftlicher Schadensbegriff; teilweise wird gleichbedeutend aber auch von subjektivem und objektivem Schadensbegriff gesprochen (so etwa von *Cramer*, S.42 Fußn.111); mißverständlich *Samson/Günther*, in: SK[5] § 263 Rdnr.128, die nicht nur den juristischen Schadensbegriff, sondern auch den personalen mit dem subjektiven Schadensbegriff terminologisch weitgehend gleichsetzen.

410 *A. Merkel*, KrimAbh.II/1, S.101 (Nur Vermögensrechte können Vermögensbestandteile sein) i.V. mit S.103ff., 107 („das Vermögen des Verletzten nach Vollendung der That einen geringeren Werth repräsentiren müsse, als es repräsentirt haben würde, wenn der Andere sich einer betreffenden Einwirkung auf dasselbe enthalten hätte").

411 Auf die von *A. Merkel* vertretene Kombination weist letztlich auch *Binding*, BT 1[2], S.238 Fußn.2 i.V. mit S.343 Fußn.2, hin.

412 Siehe zum Vermögensbegriff *BGE* 83 IV 75, 77ff. (zitiert nach der Übersetzung ins Deutsche bei *Boog*, S.23f.), wo jedenfalls als erworben erscheinende geldwerte Interessen zum Vermögen gerechnet werden; *BGE* 81 IV 276, 280; vgl. *BGE* 111 IV 55, 57ff.; eingehend zum Vermögensbegriff des *BG Boog*, S.24ff. – Zum Schadensbegriff etwa *BGE* 72 IV 126, 130f. („Schweizergarde-Fall" [hierzu *Boog*, S.133ff.]); *BGE* 92 IV 128, 130; siehe zum Schadensbegriff des *BG* auch unten S.74 Fußn.422. – Auf die Kombination von wirtschaftlichem Vermögens- und subjektivem Schadensverständnis wird verwiesen von *Boog*, S.25 i.V. mit S.203; *Niggli*, S.90f. Rdnr.183f.

Die nachfolgende Darstellung der Schadensbegriffe kann sich freilich nicht auf die zuletztgenannte Kontroverse beschränken. Schon angesichts der soeben skizzierten Position des *BG* muß sie vielmehr sämtliche Schadensbegriffe – wenn auch in der gebotenen Kürze – umfassen.

1. Der juristische / subjektive Schadensbegriff

In der älteren Literatur und Rechtsprechung wurde der Vermögensschaden häufig nach subjektiven Kriterien bestimmt: Ohne Berücksichtigung wirtschaftlicher Gesichtspunkte nahm etwa *Binding* als Vertreter eines juristischen Schadensbegriffs im Bereich einseitiger Geschäfte einen Schaden bei jedem Rechtsverlust und jeder Begründung einer Verbindlichkeit an. Im Bereich gegenseitiger Geschäfte stellte er darauf ab, ob der Vermögensinhaber das erhalten habe, „was er von Rechts wegen beanspruchen" konnte.[413] Jedenfalls soweit der Träger des Vermögens dabei entscheiden kann, ob er das ihm Gebotene als Gegenleistung akzeptiert, hängt damit aber der Eintritt eines Vermögensschadens letztlich von seinem Willen ab.[414]

Weitaus deutlicher trat ein subjektives Schadensverständnis allerdings in der älteren Rechtsprechung zutage: Dort wurde zur Schadensbegründung im Zwei-Personen-Verhältnis häufig unmittelbar auf den wahren Willen des Verfügenden abgestellt.[415] Für Zweckverfehlungen bedeutet dies folgendes: Im Bereich einseitiger Leistungen stellt der zugrundegelegte Zweck letztlich die Voraussetzung dar, unter der der Verfügende bereit ist, einen Vermögensbestandteil preiszugeben. Die Vermögensaufwendung ist daher dort im Falle der Zweckverfehlung eine ungewollte, so daß ein Vermögensschaden vorliegt.[416] Aber auch bei gegenseitigen Geschäften

---

413 *Binding*, BT 1², S.240 („Im Rechtssinne ist Jeder an seinem Vermögen geschädigt, der ohne die Billigung des Gesetzes um sein Vermögensrecht oder um die Sache, an der es besteht, oder um die Möglichkeit seiner vollen Ausübung gebracht wird, sowie Derjenige, dem nicht geleistet wird, was er rechtlich zu fordern hat, und dem grundlos eine Leistungspflicht aufgelegt wird –, ganz einerlei, ob wirtschaftlich jene Einbuße, wie in den weitaus meisten Fällen, sich auch als Verlust oder aber ausnahmsweise als Gewinn darstellt."), vgl. S.237f., 353f., 357; vgl. hierzu *Bockelmann*, in: Kohlrausch-FS, S.226, 236; *Cramer*, S.43; *W. Hartmann*, S.17f.

414 Vgl. hierzu insoweit zutreffend, aber teilweise noch weitergehend *Bockelmann*, in: Kohlrausch-FS, S.226, 236; *Boog*, S.35; *Cramer*, S.43; *W. Hartmann*, S.18; *Schulz*, S.28; *Tiedemann*, in: LK¹¹ § 263 Rdnr.128. – Im übrigen wird der Schaden bei der Anwendung der o.g. Konzeption letztlich eher formell, denn subjektiv bestimmt (vgl. auch *Lackner*, in: LK¹⁰ § 263 Rdnr.121, der allerdings *Bindings* Schadensbegriff insgesamt als einen formellen bezeichnet).

415 *RGSt* 2, 89, 90; *RG* R 2, 399, 400; *RGSt* 5, 137, 140; *Bad. Oberhofgericht* vom 13.9.1873 (zitiert nach *Cramer*, S.44 Fußn.119); *PrObTr*, OppenhoffsR 15 (1874), 194, 195. – All diese Entscheidungen betrafen Zwei-Personen-Verhältnisse. Ob beim Dreiecksbetrug auf den wahren Willen des Verfügenden oder auf den des Vermögensinhabers abzustellen wäre, wird dort nicht deutlich. In der aktuellen Literatur wird bei der Darstellung dieses Schadensbegriffs zwischen Zwei- und Drei-Personen-Verhältnissen – soweit ersichtlich – nicht getrennt (siehe etwa *Cramer*, S.42ff., aber auch S.206 Fußn.22; *W. Hartmann*, S.18f.). Ferner ist darauf hinzuweisen, daß die Rechtsprechung sogar in der Zeit, in der die o.g. Entscheidungen ergingen, nicht immer einen subjektiven Schadensbegriff vertreten hat (eingehend hierzu *Cramer*, S.46f.). Nach *Cramer*, S.44f., wurde der subjektive Schadensbegriff darüber hinaus in jener Zeit gelegentlich wohl auch verwendet, um bei einem objektiven Schadensbegriff bestehende Beweisschwierigkeiten zu vermeiden.

416 Vgl. hierzu *W. Hartmann*, S.18f.

widerspricht die Zweckverfehlung dem Willen des Betroffenen und begründet so einen Vermögensschaden.

Betrachtet man den subjektiven Schadensbegriff genauer, muß man allerdings feststellen, daß die Bezugnahme auf den wahren Willen letztlich dazu führt, aus der bloßen Irrtumsbedingtheit einer Verfügung auf den Eintritt eines Vermögensschadens zu schließen.[417] Ob dies richtig sein kann, erscheint schon bei unbefangener Betrachtung fraglich, soll aber erst im Zuge einer Diskussion sämtlicher Schadensbegriffe geklärt werden.

Dauerhaft hat sich das subjektive Schadensverständnis hierzulande zumindest nicht halten können: Nachdem es durch *RGSt 16, 1ff.*[418] in der Rechtsprechung bedeutungslos geworden war, erlebte es zwar in der Zeit des Nationalsozialismus in der Literatur – etwa bei *Gallas*[419] – vom Ergebnis her eine gewisse Renaissance. Heutzutage hat aber das subjektive Schadensverständnis in Deutschland – soweit ersichtlich – fast keine Anhänger mehr.[420] Anders ist es allerdings in der Schweiz: Dort stellt das *BG* zur Schadensbegründung – trotz gegenteiliger Beteuerungen[421] – häufig letztenendes auf subjektive bzw. "juristische" Kriterien ab.[422] Auch in Österreich finden sich teilweise deutliche Anklänge an das subjektive Schadensverständnis.[423]

---

417 Vgl. hierzu *Cramer*, S.42f.

418 Zu dieser Entscheidung unten S.75.

419 *Gallas*, in: Gleispach-FS, S.50, 56, der freilich das Wesen des Verbrechens in der „Gemeinschaftswertwidrigkeit" erblickte (a.a.O., S.67) und auch auf den Tätertyp abstellte (a.a.O., S.56, S.69) [ablehnend *Diehl*, S.8. – *Gallas*, in: Eb. Schmidt-FS, S.401ff., hat den soeben skizzierten Standpunkt aufgegeben und will nun von einem wirtschaftlichen Schadensverständnis ausgehen (a.a.O., S.432 [daher insofern unzutreffend *W. Hartmann*, S.18]).]; ferner etwa *Borst*, JW 1935, 1221, 1224; *Kohlrausch*, in: Schlegelberger-FS, S.203, 221f.; ähnlich – aber ohne nationalsozialistisches Rechtsdenken – auch *Hirschberg*, S.295.

420 Soweit ersichtlich, finden sich in Deutschland in neuerer Zeit bloß bei *Bittmann*, NStZ 1998, 495, 497, gewisse Anklänge an das subjektive Schadensverständnis (Bejahung eines Vermögensnachteils, wenn „Teile des [...] Vermögens in einen Aggregatszustand überführt [werden, den der Vermögensträger ...] gar *nicht will* [Hervorhebung vom Verf.]"). *Bittmann*, ebenda, vertritt dabei insgesamt aber kein ausschließlich subjektives Schadensverständnis, sondern erkennt die Möglichkeit einer Kompensation auf einer wirtschaftlichen Grundlage zumindest in bestimmten Fällen an.

421 *BGE* 100 IV 273, 276 (Bekenntnis zum objektiv-individuellen Schadensbegriff und Bezugnahme auf ältere Entscheidungen [kritisch zur dort suggerierten Kontinuität der Rechtsprechung *Boog*, S.100f.]).

422 *BGE* 72 IV 126, 130f. („Schweizergarde-Fall" [hierzu *Arzt*, in: Noll-GS, S.169, 175; *Boog*, S.133ff., 138f., 150f.; *BGE* 98 IV 252, 255]); *BGE* 92 IV 128, 130; *BGE* 98 IV 252, 255 [kritisch hierzu *Boog*, S.142, 148]. Vgl. zum subjektiven Charakter des Schadensbegriffs des *BG Boog*, S.203, vgl. S.149f., 186f.; *Niggli*, S.92 Fußn.331; siehe auch *Krehl*, GA 1995, 49, 50.

423 *Liebscher*, ZVR 1965, 85, 87; *ÖOGH*, SSt 30/Nr.93, S.255, 256f.; *ÖOGH*, EvBl. 1962/Nr.519, S.666; *ÖOGH*, EvBl. 1966/Nr.412, S.525 („Die Frage des Schadens ist [...] subjektiv nach den Interessen des Getäuschten zu beurteilen."); *ÖOGH*, EvBl. 1968/Nr.133, S.219; *ÖOGH*, JBl. 1971, 46f.; ablehnend *Kienapfel*, BT II^3, § 146 Rdnr.183; kritisch auch *Schmoller*, ZStW 103 (1991), 92, 114f; ders., in: Bundesministerium für Justiz, Strafrechtliche Probleme der Gegenwart, S.27, 40ff.

2. Der wirtschaftlich-individuelle / objektiv-individuelle Schadensbegriff

Ein ganz anderer Ansatz liegt dem objektiv-individuellen Schadensbegriff zugrunde. Dieser Begriff basiert auf der – durch *RGSt 16, 1, 3* und den Einfluß *Adolf Merkels*[424] vorherrschend gewordenen[425] – Annahme, ein Schaden könne nur bei der Verminderung des Gesamtwerts des Vermögens vorliegen.[426]

Ausgangspunkt der Schadensprüfung ist dabei die reine Marktwertbetrachtung[427] der im Zusammenhang mit der Täuschung unmittelbar herbeigeführten Vermögensbewegungen. Bei dieser Betrachtung bleibt der objektiv-individuelle Schadensbegriff allerdings nicht stehen: Ist das Vermögen des Betroffenen infolge der Täuschung dem Marktwert nach vermindert, so wird zwar grundsätzlich – und insoweit im Einklang mit einer rein wirtschaftlichen Betrachtungsweise – das Vorliegen eines Vermögensschadens angenommen.[428] Liegt aber ein objektiv ausgeglichenes Geschäft vor, so wird das rein wirtschaftliche Konzept durchbrochen: die betreffenden Leistungen werden nicht mehr nur unter objektiven, sondern auch unter individuellen Gesichtspunkten gewürdigt.[429] Mit diesem – ebenfalls maßgeblich auf *RGSt 16, 1, 7* zurückgehenden – Verständnis kann daher auch bei objektiver Gleichwertigkeit von Leistung und Gegenleistung das Vorliegen eines Vermögensschadens in Form des sog. persönlichen Schadenseinschlags bejaht werden.[430] Sowohl bei einem objektiv ausgeglichenen als auch bei einem unausgeglichenen Geschäft kann ein betrugsrelevanter Vermögensschaden im Einzelfall aber auch ausgeschlossen sein – und zwar unter normativen Gesichtspunkten[431] oder, wie zumindest die h.L.[432] meint, im Falle einer bewußten Selbstschädigung.[433] [434]

---

424 *A. Merkel*, KrimAbh.II/1, S.103ff., 107; hierzu auch oben S.72 Fußn.410.

425 Vgl. hierzu *Cramer*, S.45f.; *W. Hartmann*, S.21f.

426 Vgl. etwa *Fischer*, in: Tröndle/Fischer[49] § 263 Rdnr.27a, 30; *Kühl*, in: Lackner/Kühl[23] § 263 Rdnr.36; *Samson/Günther*, in: SK[5] § 263 Rdnr.133 i.V. mit Rdnr.160; *Tiedemann*, in: LK[11] § 263 Rdnr.159 m.w.N.; *Tröndle*[48] § 263 Rdnr.27a, 30; *RGSt* 16, 1, 3; *BGHSt* 16, 220, 221; *BGHSt* 16, 321, 325; *BGHSt* 30, 388, 389.

427 Bei der Bestimmung des reinen Marktwerts sind freilich auch die Besonderheiten des individuellen Geschäfts zu berücksichtigen (*Samson/Günther*, in: SK[5] § 263 Rdnr.141). Zugrunde zu legen ist daher der Marktwert, der üblicherweise bei Geschäften dieser Art, zu dieser Zeit, an diesem Ort und auf dieser Umsatzstufe bezahlt wird (*Lackner*, in: LK[10] § 263 Rdnr.150; *Samson/Günther*, in: SK[5] § 263 Rdnr.141; *Tiedemann*, in: LK[11] § 263 Rdnr.163; ganz ähnlich *Cramer*, in: Schönke/Schröder[25] § 263 Rdnr.113; *Kühl*, in: Lackner/Kühl[23] § 263 Rdnr.38; *BGH*, NStZ 1991, 488).

428 *Cramer*, in: Schönke/Schröder[25] § 263 Rdnr.109; *Samson/Günther*, in: SK[5] § 263 Rdnr.140; siehe auch *Tiedemann*, in: LK[11] § 263 Rdnr.160.

429 Vgl. *Samson/Günther*, in: SK[5] § 263 Rdnr.132.

430 Grundlegend ferner *BGHSt* 16, 321, 325ff. (Melkmaschinenfall).

431 Siehe hierzu etwa *Lackner*, in: LK[10] § 263 Rdnr.155; *Samson/Günther*, in: SK[5] § 263 Rdnr.147ff.; *Tiedemann*, in: LK[11] § 263 Rdnr.186 m.w.N. – Zutreffend weist *Cramer*, S.161, darauf hin, daß auch diese Berücksichtigung normativer Gesichtspunkte eine Abweichung von einem rein wirtschaftlichen Schadensverständnis darstellt.

432 Für die h.L. *Cramer*, S.208; ders., in: Schönke/Schröder[25] § 263 Rdnr.41; *Kühl*, in: Lackner/Kühl[23] § 263 Rdnr.55; *Samson/Günther*, in: SK[5] § 263 Rdnr.51; zahlreiche weitere Nachweise unten S.105 Fußn.619.

433 Zur dogmatischen Ansiedlung des Kriteriums der unbewußten Selbstschädigung *Gerhold*, S.59ff.

Die Beurteilung von Zweckverfehlungen ist mit dem zuletztgenannten Kriterium eng verknüpft. Sie wird freilich nicht einheitlich gehandhabt: Sofern eine unbewußte Selbstschädigung beim Betrug nicht für erforderlich gehalten wird, läßt sich ein Schaden im Bereich objektiv unausgeglichener Geschäfte zwanglos allein mit der Wertminderung des Vermögens begründen, die durch die Weggabe des betreffenden Vermögensbestandteils eintritt und auch nicht ausgeglichen wird.[435] Überwiegend wird jedoch angenommen, Betrug erfordere eine unbewußte Selbstschädigung. Dann liegen die Dinge komplizierter: Ein „betrugsrelevanter" Schaden kann dann nämlich nicht mehr allein mit der unausgeglichenen Weggabe des Vermögensbestandteils begründet werden, denn deren schädlicher Wirkung ist sich der Betroffene bei der Zweckverfehlung ja bewußt. Ganz überwiegend wird im Bereich objektiv unausgeglichener Geschäfte eine schadensbegründende Relevanz der Zweckverfehlung aber dennoch – jedenfalls grundsätzlich – bejaht.[436] Hierfür wird die sog. Zweckverfehlungslehre hinzugezogen, die letztlich den Versuch unternimmt, die bloße Zwecksetzung in das im Ausgangspunkt wirtschaftliche Schadensverständnis zu integrieren. Im Bereich objektiv ausgeglichener Geschäfte wird der Zweckverfehlung allerdings größtenteils keine Bedeutung beigemessen.[437] Ver-

---

Darauf hinzuweisen ist, daß auch die bei einer bewußten Selbstschädigung zu wählende Terminologie von der dogmatischen Ansiedlung des o.g. Kriteriums abhängt. Wenn im Text insoweit zunächst ein direkter Bezug zum Vermögensschaden hergestellt wird, so soll damit zu dieser Frage nicht abschließend Stellung genommen werden. Vielmehr soll damit der engen Verzahnung des Kriteriums der unbewußten Selbstschädigung mit dem Problem der Zweckverfehlung Rechnung getragen werden, auch wenn die Relevanz dieses Kriteriums nicht auf diesen Bereich beschränkt ist [siehe dazu unten S.76 Fußn.434]. – In den Fällen des Dreiecksbetrugs ist darüber hinaus schon das Abstellen auf die „(un)bewußte *Selbst*schädigung" terminologisch ungenau. Insoweit handelt es sich aber bloß um eine sprachliche Verkürzung, die diese Fälle mitumfassen will (*Cramer*, S.206 Fußn.22).

434 Auf die mögliche Relevanz des Kriteriums der unbewußten Selbstschädigung auch im Bereich objektiv ausgeglichener Geschäfte verweist *Cramer*, in: Schönke/Schröder[25] § 263 Rdnr.122. Als Beispiel führt er den Kauf eines Autos an, der die wirtschaftlichen Verhältnisse des Käufers übersteigt und infolge der Täuschung, der Nachbar fahre einen Wagen eines bestimmten Typs, getätigt wurde.

435 So etwa *Gössel*, BT 2, S.389ff. Rdnr.172f.; *RGSt* 4, 352f.; *RGSt* 53, 225f.; *RGSt* 70, 255, 256; *BGHSt* 19, 37, 45 (in bezug auf den Bettelbetrug); *BayObLG*, NJW 1952, 798; *LG Aachen*, NJW 1950, 759; wohl auch *Jagusch*, in: LK[8] § 263 Anm.11b; *Steininger*, in: Leukauf/Steininger[3] § 146 Rdnr.49. – Teilweise wird zwar das Vorliegen einer unbewußten Selbstschädigung ebenfalls nicht für erforderlich gehalten, aber dennoch nicht allein auf die infolge der unausgeglichenen Weggabe des betreffenden Vermögensbestandteils eintretende Wertminderung des Vermögens abgestellt; Berücksichtigung soll auch die Art des zugrundegelegten Zwecks finden (*BGH*, NJW 1992, 2167; *BGH*, NJW 1995, 539; vgl. *Deutscher/Körner*, JuS 1996, 296, 301f.; *Hillenkamp*, in: Wessels/Hillenkamp, BT 2[22], S.219ff. Rdnr.551ff. i.V. mit S.211 Rdnr.527; *Wessels*, BT 2[20], S.141f. Rdnr.534ff. i.V. mit S.135 Rdnr.510).

436 So etwa *Cramer*, S.211ff.; *Gallas*, in: Eb. Schmidt-FS, S.401, 435; *Kienapfel*, BT II[3], § 146 Rdnr.190; *Lackner*, in: LK[10] § 263 Rdnr.170ff.; *Schröder*, NJW 1962, 721, 722.

437 Für die h.M. *Boog*, S.147; *Hillenkamp*, in: Wessels/Hillenkamp, BT 2[22], S.221 Rdnr.560; *Kienapfel*, BT II[3], § 146 Rdnr.192; *Kühl*, in: Lackner/Kühl[23] § 263 Rdnr.56 a.E.; *Lackner*, in: LK[10] § 263 Rdnr.177; *Wessels*, BT 2[20], S.142 Rdnr.543; *RGSt* 50, 316, 318; *OLG Köln*, NJW 1979, 1419, 1420; wohl auch *Cramer*, in: Schönke/Schröder[25] § 263 Rdnr.105; einschränkend *RGSt* 73, 382, 383f.; a.M. *Maiwald*, in: Maurach/Schroeder/Maiwald, BT 1[8], S.461 Rdnr.120; *Samson*, JA 1978, 625, 628; *Steinke*, Kriminalistik 1979, 568, 569; *Gallas*, in: Eb. Schmidt-FS, S.401, 435,

einzelt wird in der Literatur aber auch angenommen, daß die Zweckverfehlungslehre mit einem im Ausgangspunkt wirtschaftlichen Schadensverständnis überhaupt nicht in Einklang zu bringen sei.[438]

Auch wenn die genaue Reichweite des objektiv-individuellen Schadensbegriffs in einigen Bereichen nicht einheitlich beurteilt wird, wird dieser Schadensbegriff zur Zeit zumindest im Kern von der h.M. in Deutschland[439] vertreten.

3. *Der personale Schadensbegriff*

Einen ganz anderen Ansatz verfolgt der personale Schadensbegriff. Sein Ziel ist, sicherzustellen, daß das Vermögen auch im Rahmen der Schadensprüfung als Ausdruck der Person seines Trägers geschützt wird.[440] Dementsprechend wird bei dieser Prüfung der Stellenwert, den der Vermögensträger den einzelnen Vermögensbestandteilen und seinen Bedürfnissen einräumt, berücksichtigt und die Zweckverfehlung aus diesem Grund als das zentrale Kriterium der Schadensermittlung angesehen[441]: Ein Schaden liegt daher nach dem personalen Schadensbegriff nur – und immer dann – vor, wenn der mit der Vermögensverfügung erstrebte wirtschaftliche Zweck verfehlt wird.[442] Hierbei muß weder ein objektiv unausgeglichenes Geschäft

---

der die Relevanz allerdings grundsätzlich nur bei zweckgebundenem Vermögen bejaht; wohl auch *Samson/Günther*, in: SK[5] § 263 Rdnr.158f.; ferner *OLG Düsseldorf*, NJW 1990, 2397, das aber auf den persönlichen Schadenseinschlag abstellt; vgl. auch *Eser*, GA 1962, 289, 297, 303; ganz ähnlich ders., IV[4], S.135f Rdnr.15f., der schon die wirtschaftliche Bewegungsfreiheit – verstanden als die tatsächliche Fähigkeit und Möglichkeit, seine finanziellen Mittel am wirtschaftlich sinnvollsten und zweckmäßigsten einzusetzen – als einen Vermögenswert ansieht [siehe hierzu bereits oben S.66] und von daher auch im Bereich objektiv ausgeglichener Geschäfte bereits dann einen Vermögensschaden oder wenigstens eine -gefährdung bejaht, wenn der Getäuschte eine „wirtschaftlich zweckverfehlende" Maßnahme getroffen hat.

438 *Arzt*, in: Arzt/Weber, LH 3[2], S.187 Rdnr.494ff., 496; *Mitsch*, JA 1995, 32, 42; vgl. *Ellmer*, S.136; *Maurach*, NJW 1961, 625, 629f. – Bezogen auf private Haushalte grundsätzlich wohl auch *Tiedemann*, ZStW 86 (1974), 897, 909ff., der nur bei öffentlichen Haushalten und solchen privatwirtschaftlichen Haushalten, deren Zwecksetzung und Mittelvergabe durch öffentliche Rechtsnormen geregelt sind, die Leistungszwecke voll als vom Strafrecht geschützt ansieht (a.a.O., S.911f.) [eingehend dazu unten S.196ff.], und sich letztendlich auch kritisch zur Zweckverfehlungslehre äußert (a.a.O., S.911), die er zuvor – nicht auf den Bereich des öffentlichen Vermögens beschränkt – dargestellt hatte (a.a.O., S.909).

439 Für die h.M. *Cramer*, in: Schönke/Schröder[25] § 263 Rdnr.108; *Endemann*, S.128; *Fischer*, in: Tröndle/Fischer[49] § 263 Rdnr.30ff.; *Hillenkamp*, in: Wessels/Hillenkamp, BT 2[22], S.214ff. Rdnr.538ff.; *Kohlmann/Brauns*, S.66ff.; *Lackner*, in: LK[10] § 263 Rdnr.143ff.; *Neye*, S.38; *Samson/Günther*, in: SK[5] § 263 Rdnr.160; *Sebbel*, in: Tagungsberichte XII, Anlage 4, S.24; *Tiedemann*, in: LK[11] § 263 Rdnr.158ff.; *Tröndle*[48] § 263 Rdnr.30ff.; *Wessels*, BT 2[20], S.137ff. Rdnr.521ff.; *BGHSt* 16, 321ff.

440 *D. Geerds*, S.125; vgl. *H. Winkler*, S.214; vgl. auch *Schmidhäuser*, BT[2], S.113 Rdnr.3, der sehr weitgehend meint, bei den Vermögensdelikten werde die *Person* [Hervorhebung vom Verf.] verletzt, der das Vermögen zustehe und zwar verletzt in ihrem individuellen wirtschaftlichen Handlungsspielraum, der auf der Grundlage ihrer individuellen Zwecksetzungen zu sehen sei.

441 *D. Geerds*, S.125; vgl. ders., Jura 1994, 309, 311 i.V. mit 320f.

442 *D. Geerds*, Jura 1994, 309, 311 i.V. mit 320f.; *Labsch*, JuS 1981, 45, 47; *Otto*, Struktur, S.288; ders., StrafR BT[5], S.142 Rdnr.8, S.223 Rdnr.54; vgl. *Alwart*, JZ 1986, 563, 565, *D. Geerds*, S.125ff.; *Heinitz*, JR 1968, 387, 388; *Schmidhäuser*, BT[2], S.113 Rdnr.3; wohl auch *Ranft*, JuS

vorliegen[443] noch muß im Ergebnis ein wirtschaftlicher Wertverlust gegeben sein.[444] [445]

Beachtlich soll allerdings nur die Verfehlung eines wirtschaftlichen Zwecks sein.[446] Ein solcher Zweck soll nur dann gegeben sein, wenn der Zweck Ausdruck der personalen Entfaltung im gegenständlichen Bereich ist.[447] Dabei kann ein in diesem Sinne wirtschaftlicher Zweck auch dann vorliegen, wenn es sich um einen wirtschaftlich unvernünftigen Zweck handelt.[448] Unbeachtlich sollen dagegen rein ideelle Zwecke sein; die Abgrenzung von den beachtlichen Zwecken soll objektiv erfolgen.[449]

Trotz des Abstellens auf die Zweckverfehlung besteht dabei freilich keine Gemeinsamkeit zwischen dem personalen und dem objektiv-individuellen Schadensbegriff. Der Ausgangspunkt des letzteren – das wirtschaftliche Schadensverständnis – ist schließlich ein ganz anderer als beim personalen Ansatz und auch dem Gesichtspunkt der Zweckverfehlung kommt beim objektiv-individuellen Schadensbegriff eine andere Bedeutung zu: das zentrale Kriterium der Schadensermittlung ist dieser Gesichtspunkt dort nämlich nicht.[450]

4. Der funktionale Schadensbegriff

Einen funktionalen Schadensbegriff vertritt *Weidemann. Weidemann* knüpft bei diesem sowohl an sein Verständnis des Vermögens als Nutzwerteinheit an als auch an seine Definition desselbigen als Bestand an Gegenständen von wirtschaftlichem Wert, der dazu bestimmt ist, den vom Vermögensinhaber verfolgten Zwecken zu dienen.[451] Der Vermögensschaden ist nun nach *Weidemann* durch die Funktionsstö-

---

1986, 445, 448; teilweise anders *H. Winkler*, S.214 i.V. mit S.219ff., der in engen Grenzen auch einer Kompensation Bedeutung beimißt (a.a.O., S.189).

443 *D. Geerds*, Jura 1994, 309, 319f.

444 *D. Geerds*, Jura 1994, 309, 311 i.V. mit S.320f.

445 Dem personalen Schadensbegriff steht – trotz teilweise nicht unerheblicher Unterschiede – auch die jüngst von *Pawlik*, S.283ff., vorgelegte „normativ-personale" (a.a.O., S.294) Konzeption des Vermögensschadens nahe [kritisch hierzu *Tiedemann*, in: LK[11] vor § 263 Rdnr.32], deren Anliegen es ist, eine freiheitstheoretisch abgesicherte, in sich geschlossene Behandlung der Probleme des Vermögensschadens zu ermöglichen: *Pawlik* will im Rahmen der Schadensprüfung den „strafrechtlichen Anspruch des Opfers" – der sich aus denjenigen Wahrheitsrechten herleite, deren Mißbilligung durch den Täter das Vorliegen einer betrugsrelevanten Täuschung begründe – mit der vom Täter erbrachten Leistung vergleichen (a.a.O., S.287); wobei § 263 StGB dem Opfer die Erwartung garantiere, ein wirtschaftliches Potential zu erhalten, das demjenigen Gegenstand, den das Opfer vermöge seines Rechts auf Wahrheit erwarten dürfe, wertmäßig in dem Sinne entspreche, daß es das Opfer in den Stand setzt, sich den von ihm begehrten Gegenstand zu verschaffen (a.a.O., S.292).

446 *D. Geerds*, S.127; ders., Jura 1994, 309, 320; *Otto*, Struktur, S.74, 288; ders., StrafR BT[5], S.142 Rdnr.8f.; *Schmidhäuser*, BT[2], S.113 Rdnr.3; siehe auch *Bockelmann*, JZ 1952, 461, 464.

447 *D. Geerds*, S.128 Fußn.255; ders., Jura 1994, 309, 320.

448 *D. Geerds*, S.128 Fußn.255.

449 *D. Geerds*, S.127f.

450 Vgl. *D. Geerds*, S.125f; ders., Jura 1994, 309, 311.

451 *Weidemann*, S.279; siehe hierzu bereits oben S.68.

rung dieser Nutzwerteinheit gekennzeichnet.[452] Eine solche Störung soll anzunehmen sein, wenn die betreffende Leistung nicht einem vom Vermögensträger verfolgten Zweck zugeführt wurde und zusätzlich der Nutzwert des Gesamtvermögens gemindert wurde.[453] Abgesehen von rechtlich mißbilligten oder sittenwidrigen Zwecken[454] soll dabei jede Zwecksetzung – also auch eine wirtschaftlich unvernünftige – schutzwürdig sein; verlangt wird allerdings, daß gerade zur Erreichung des betreffenden Zwecks auch Vermögensgüter eingesetzt wurden.[455] Letztlich werden Zwecksetzungen beim funktionalen Schadensbegriff aber dennoch in einem sehr weitgehenden Umfang als schutzwürdig erachtet. Für *Weidemann* folgt dieser Umfang aus der Annahme, das Vermögen solle die freie Entfaltung der Persönlichkeit im wirtschaftlichen Raum[456] gewährleisten.[457]

Trotz dieser Annahme ist der funktionale Schadensbegriff aber vom personalen zu unterscheiden: Zutreffend dürfte es wohl sein, den funktionalen Schadensbegriff zwischen dem personalen und dem objektiv-individuellen einzuordnen.[458]

5. Der Schadensbegriff Jakobs'

Jakobs unterscheidet im Rahmen der Schadensprüfung zwischen wirtschaftlicher und nicht wirtschaftlicher Betätigung. Im Falle ersterer vertritt er zumindest im Ausgangspunkt den objektiv-individuellen Schadensbegriff.[459] Im Bereich der nicht wirtschaftlichen Betätigung legt *Jakobs* dagegen eine andere Schadensauffassung zugrunde. Eine nicht wirtschaftliche Betätigung nimmt er dabei sowohl bei den öffentlichen Haushalten[460] als auch im Bereich der persönlichen Lebensgestaltung an, da es dort jeweils nicht darum gehe, Kapital agglomerieren zu lassen oder wenigstens zu erhalten oder zu sichern.[461] *Jakobs* meint nun, im Bereich nicht wirtschaftlichen Handelns müsse auch die Verfügungsfreiheit geschützt werden.[462] Für den Bereich der persönlichen Lebensgestaltung konkretisiert *Jakobs* dies: Ausgehend davon, daß persönliche Lebensgestaltung und Willkür untrennbar seien, nimmt er an, daß es in diesem Bereich grundsätzlich nicht möglich sei, den Wert oder Nutzen

---

452 *Weidemann*, S.279.

453 *Weidemann*, S.249, 279f. – Wird der betreffende Zweck erreicht, soll für die Annahme eines Schadens daher kein Raum sein; auf das Verhältnis von Leistung und Gegenleistung soll es dabei nicht ankommen (a.a.O., S.232, 247). – Nicht ganz eindeutig ist im übrigen, ob ein Schaden auch in Betracht kommen könnte, wenn der Leistung überhaupt kein Zweck beigelegt wurde (siehe einerseits a.a.O., S.251, andererseits a.a.O., S.274f.).

454 *Weidemann*, S.274ff.

455 *Weidemann*, S.219f., 222, 230; vgl. ders., MDR 1973, 992, 993.

456 Entfaltung im wirtschaftlichen Raum bedeutet dabei nach *Weidemann*, S.222 Fußn.40, Entfaltung, soweit diese durch den Einsatz von Vermögensmitteln realisisert werden kann, nicht jedoch eine Beschränkung auf wirtschaftliche Zwecke.

457 *Weidemann*, S.222, vgl. S.215; ders., MDR 1973, 992, 993.

458 Vgl. hierzu *Lackner*, in: LK[10] § 263 Rdnr.124.

459 *Jakobs*, JuS 1977, 228, 230.

460 *Jakobs*, JuS 1977, 228, 230 Fußn.25.

461 *Jakobs*, JuS 1977, 228, 230f.

462 *Jakobs*, JuS 1977, 228, 230.

einer zur persönlichen Lebensgestaltung vorgesehenenen Leistung unabhängig von den persönlichen Interessen zu bestimmen. Daraus folgert *Jakobs*, daß bei der Realisierung individueller Präferenzen ein Abstellen auf das vernünftige Urteil eines unbeteiligten Dritten insoweit zur Schutzlosigkeit des eingesetzten Vermögens führen würde.[463] Um dies zu verhindern, will *Jakobs* den Schaden in diesem Bereich rein individuell ermitteln, wobei er – von rechtswidrigen und sittenwidrigen Zwekken abgesehen[464] – alle Zwecksetzungen als schutzwürdig erachtet[465]; damit nähert er sich insoweit dem subjektiven Schadensverständnis an.

Mit der vorstehenden Konzeption vertritt *Jakobs* letztlich einen gespaltenen Schadensbegriff. Einerseits folgt er einer objektiv-individuellen Schadensauffassung, andererseits versucht er im Bereich nicht wirtschaftlicher Betätigung letztlich nicht ernsthaft, die – ausgesprochen weitgehende – Berücksichtigung von Zweckverfehlungen mit einem im Ausgangspunkt wirtschaftlichen Schadensverständnis in Einklang zu bringen. Offenbar hält er vielmehr die Ergebnisse eines solchen Schadensverständnisses in diesem Bereich für unsachgemäß und rückt dort deswegen von diesem Schadensverständnis ab.[466] Dies erscheint aber schon bei unbefangener Betrachtung – eine abschließende Stellungnahme erfolgt erst unten[467] – wenig überzeugend, denn damit wird insoweit letztlich ein ergebnisorientierter Ansatz verfolgt und insgesamt beim Vermögensschaden mit zweierlei Maß gemessen.

6. Der rein individuelle Schadensbegriff

Zwischen dem personalen und dem subjektiven Schadensverständnis ist der rein individuelle[468] Schadensbegriff *Wolfs* anzusiedeln.[469] *Wolf* unterscheidet zwischen

---

463 *Jakobs*, JuS 1977, 228, 230. – Vermindert soll die Schutzlosigkeit dabei freilich um die Höhe des Wiederverkaufswerts der vom Täuschenden erbrachten Leistung abzüglich Kosten sein.

464 *Jakobs*, JuS 1977, 228, 231, will dabei rechtswidrigen, individuellen Zwecksetzungen die Berücksichtigung stets versagen, bzgl. sittenwidriger Zwecksetzungen äußert sich *Jakobs*, ebenda, anders: solche Zwecksetzungen „müßten nicht" berücksichtigt werden.

465 *Jakobs*, JuS 1977, 228, 231.

466 Bei *Jakobs*, JuS 1977, 228, 231, finden sich zwar Äußerungen, die die schlichte Undurchführbarkeit des objektiv-individuellen Schadensbegriffs im Bereich persönlicher Lebensgestaltung annehmen („was [... im Bereich der individuellen Lebensgestaltung] ein gelungener oder wenigstens nicht schädlicher Einsatz von Vermögen ist und was ein Fehlschlag, läßt sich objektiv oder gar mit *wirtschaftlicher* [Hervorhebung im Original] Vernunft nicht ermitteln.", „Im persönlichen Lebensbereich gibt es aber keine objektive Vernunft, [...] und in diesem Bereich ist auch nichts zumutbar, denn es ist gerade seine Funktion, von den Zumutungen im sonstigen Leben zu schützen.") und damit der o.g. Einschätzung zumindest partiell entgegenzustehen scheinen; bei Würdigung des Gesamttextes drängt sich das Vorliegen eines ergebnisorientierten Ansatzes dennoch geradezu auf (siehe nur a.a.O., 231: „*Nur* [Hervorhebung vom Verf.] eine rein individuelle Schadensermittlung kann das Vermögen beim Einsatz für den Bereich der persönlichen Lebensgestaltung schützen."). Hervorhebenswert ist in diesem Zusammenhang auch, daß *Jakobs*, a.a.O., 230, annimmt, das „vernünftige Urteil eines unbeteiligten Dritten [... führe] zur Schutzlosigkeit", denn damit geht er offenbar davon aus, daß die Anwendbarkeit des objektiv-individuellen Schadensbegriffs eigentlich nicht ausgeschlossen sei, die Anwendung dieses Begriffes aber als Ergebnis das Nichtvorliegen eines Schadens liefern würde.

467 Siehe unten S.101.

468 Vgl. *Wolf* (1997), S.112f., 127; ders. (1998), S.101, 116.

den *allgemeinen* Begriffen des Nachteils und des Schadens. Das Vorliegen eines Nachteils soll notwendige, aber nicht hinreichende Bedingung für einen Schaden sein.[470] Einen Nachteil nimmt *Wolf* an, wenn ein bestimmter (individueller) Mensch Möglichkeiten zu eigenen Entscheidungen eingebüßt bzw. nicht erlangt hat.[471] Einen Schaden bejaht er nur, aber immer dann, wenn ein eingetretener Nachteil auf einer „Störung" beruht.[472] Den Begriff der Störung definiert *Wolf* zwar nicht, jedoch nimmt er eine solche jedenfalls an, wenn eine Täuschung[473], ein Irrtum[474] oder ein beliebiger Verstoß gegen Haushaltsrecht vorliegt.[475] Den so gewonnenen Schadensbegriff kombiniert *Wolf* dann mit dem Vermögensbegriff und leitet daraus den Begriff des Vermögensschadens ab[476], wobei das Vorliegen eines Vermögensschadens weder vom „objektiven Verkehrswert" der Vermögensminderung abhängen[477] noch eine gleichzeitige Erlangung von Vermögensvorteilen beachtlich sein soll.[478] [479] Auch wenn an dieser Stelle noch nicht abschließend zu der Konzeption *Wolfs* Stellung zu beziehen ist – siehe dazu vielmehr unten S.86 –, stößt bereits hier auf erhebliche Bedenken, daß *Wolf* beim Vorliegen einer irrtumsbedingten Vermögensverfügung stets einen Vermögensschaden i.S. des § 263 StGB bejahen will.[480]

7. Der Schadensbegriff Nauckes

Einen gänzlich konträren Schadensbegriff vertritt *Naucke*. Für ihn ist Vermögensschaden nur der materielle Verlust an Geld, Sachen oder Rechten.[481]

Zur Begründung stellt er in erster Linie auf Art.103 II GG ab: *Naucke* nimmt an, daß die Verfasser des Grundgesetzes sich nicht im einzelnen mit dem Inhalt dieser Bestimmung befaßt hätten[482], diese jedoch auf § 2 PrStGB zurückgehe.[483] *Naucke*

---

469 Vgl. hierzu *Berger*, GA (im Erscheinen).

470 *Wolf* (1997), S.110f.; ders. (1998), S.99.

471 *Wolf* (1997), S.113 i.V. mit S.247; ders. (1998), S.102 i.V. mit S.235.

472 *Wolf* (1997), S.115f., 247; ders. (1998), S.105, 235f.

473 *Wolf* (1997), S.115; ders. (1998), S.104.

474 *Wolf* (1997), S.115; ders. (1998), S.104.

475 *Wolf* (1997), S.119, 121; ders. (1998), S.108, 110.

476 Vgl. *Wolf* (1997), S.59, 122f., 247; ders. (1998), S.46, 111, 235f.

477 *Wolf* (1997), S.123; ders. (1998), S.112.

478 *Wolf* (1997), S.127f., 247f.; ders. (1998), S.116f., 236.

479 In bezug auf öffentliches Vermögen hat diese Konzeption nach *Wolf* (1997), S.167, 180, 242, 250; ders. (1998), S.156, 168, 229, 238, zur Folge, daß *jede* Ausgabe, die auf einem Verstoß gegen haushaltsrechtliche Bestimmungen *jeglicher* Art beruht, einen Vermögensschaden darstellt; kritisch hierzu *Radtke*, ZevKR 44 (1999), 71, 85; *J. Vogel*, Legitimationsprobleme, S.534, der geltend macht, daß § 266 StGB damit in verfassungsrechtlich bedenklicher Weise „entgrenzt" würde, da es dem Gesetzgeber vorbehalten sei, den haushaltsrechtswidrigen Umgang mit Haushaltsvermögen als solchen unter Strafe zu stellen.

480 So ausdrücklich *Wolf* (1997), S.117 i.V. mit S.113; ders. (1998), S.105f. i.V. mit S.102; ablehnend *Berger*, GA (im Erscheinen).

481 *Naucke*, S.215.

482 *Naucke*, S.184.

483 *Naucke*, S.183. – Art.116 WRV und § 2 StGB hält *Naucke*, S.183, dagegen bloß für Zwischenglieder, die gesetzlich an diesem (historischen) Sinn nichts geändert hätten.

will daher Art.103 II GG den Inhalt geben, der § 2 PrStGB beigelegt wurde.[484] Da § 2 PrStGB dahingehend verstanden worden sei, daß der Inhalt einer Norm ausschließlich nach dem Willen des Gesetzgebers zu ermitteln sei[485], verpflichte somit auch Art.103 II GG dazu, „einen Straftatbestand nur in der vom Gesetzgeber wirklich (empirisch) gewollten Form anzuwenden."[486]

Beim Betrug will *Naucke* zusätzlich berücksichtigen, daß der Tatbestandskern des § 263 StGB letztlich aus dem PrStGB stammt. Zur Auslegung des § 263 StGB will er daher allein auf die Entstehungsgeschichte des Betrugstatbestands im PrStGB abstellen[487] und meint, daß sich aus dieser der o.g. Schadensbegriff ergebe.[488]

III. Schadensbegründung mittels des geschützten Rechtsguts?

Der bisherige Überblick zeigte die verschiedenen Vermögens- und Schadensbegriffe und ihre Bedeutung für das Vorliegen eines Vermögensschadens auf. Neben diesen Begriffen könnte für das Vorliegen eines Vermögensschadens auch das Rechtsgut des § 263 StGB als solches bedeutsam sein: Zwar wird ganz überwiegend angenommen, geschütztes Rechtsgut des § 263 StGB sei ausschließlich das Vermögen[489], jedoch wird vereinzelt (auch) die Dispositionsfreiheit als geschütztes Rechtsgut angesehen.[490] [491] Ob sich aus der letztgenannten Auffassung Konse-

484 *Naucke*, S.183ff.

485 *Naucke*, S.185.

486 *Naucke*, S.202, vgl. S.184f., 190, 214.

487 *Naucke*, S.214.

488 *Naucke*, S.214f. i.V. mit S.80f.

489 Für die h.M. *Cramer*, in: Schönke/Schröder[25] § 263 Rdnr.1; *Kühl*, in: Lackner/Kühl[23] § 263 Rdnr.2; *Lackner*, in: LK[10] § 263 Rdnr.4 m.w.N.; vgl. *BGHSt* 16, 220, 221; *BGH*, StV 1995, 254, 255.

490 *Gutmann*, MDR 1963, 3 („Betrug [richtet sich] nicht nur gegen die Dispositionsfreiheit, sondern auch und vor allem gegen das Vermögen"); *Kindhäuser*, ZStW 103 (1991), 398f., der annimmt, Vermögen und Dispositionsfreiheit seien geschützt, da die List in Form der Täuschung bei § 263 StGB ebenso Konstituente sei, wie dies Gewalt und Drohung bei § 253 StGB seien, die Erpressung aber als eine gegen die Freiheit der wirtschaftlichen Disposition gerichtete vermögensschädigende Nötigung angesehen werde; wohl auch *Krack*, S.132 („Tatbestand des § 263 [ist] auf den Schutz der freien Disposition über das Vermögen zugeschnitten."); vgl. *Frank*[18] § 263 Anm.I („Jedenfalls richtet sich der Betrug außer gegen das Vermögen auch gegen den wahren Willen des Angegriffenen."). Soweit auf der Grundlage des personalen Vermögensbegriffs – etwa von *Labsch*, S.324, und *Schmidhäuser*, BT[2], S.112 Rdnr.1 – im Zusammenhang mit der Annahme, beim Vermögensschutz i.S. des § 263 StGB handele es sich um einen Schutz der Person bzw. der Persönlichkeit, ausgeführt wird, daß es dabei um die Entfaltung der Persönlichkeit des Vermögensträgers in bezug auf die Realisierung seiner individuellen wirtschaftlichen Zielsetzungen gehen würde, läuft dies der Sache nach ebenfalls auf einen Schutz der Dispositionsfreiheit hinaus.
Differenzierend je nach zugrundegelegtem Vermögensbegriff [und daher von *Kühl*, in: Lackner/Kühl[23] § 263 Rdnr.2 zu verkürzt wiedergegeben] *Niggli*, SchwZStR 111 (1993), 236, 256f., der das Rechtsgut als ein abstraktes, nicht wirtschaftlich bemeßbares, letztlich aus der Verfassung ableitbares Gut, dem soziale Relevanz zukommt, definiert (a.a.O., 256) und diese Definition auf die verschiedenen Vermögensbegriffe anwendet. Hierbei kommt er zu dem Schluß, daß das Vermögen nicht als Rechtsgut aufgefaßt werden könne, wenn man es ausschließlich über die wirtschaftliche Bewertbarkeit von Gütern oder von Rechten daran bestimme; § 263 StGB würde daher auf

quenzen für die Annahme eines Vermögensschadens ergeben – und wenn ja, welche[492] –, hängt dabei maßgeblich auch davon ab, welche Funktionen Rechtsgüter überhaupt haben. Diese Funktionen sollen aber erst unten im Rahmen einer Stellungnahme zu den verschiedenen Grundansätzen beleuchtet werden[493], so daß an dieser Stelle eine eingehendere Auseinandersetzung mit denjenigen Auffassungen, die (auch) die Dispositionsfreiheit als Rechtsgut des § 263 StGB ansehen, unterbleiben soll.

IV. Stellungnahme

Insgesamt besteht nun gleich in dreifacher Hinsicht Klärungsbedarf: Sowohl zu den Vermögensbegriffen als auch zu den Schadensbegriffen und zum Rechtsgut ist Stellung zu nehmen, um alle für das Vorliegen eines Vermögensschadens möglicherweise relevanten Faktoren zu erfassen.

---

der Basis solcher Vermögensbegriffe ein Rechtsgut verletzen, das „im wesentlichen in der Dispositionsfreiheit des Vermögensträgers" bestehe (a.a.O., 255ff., 257). Anders soll es nach *Niggli* auf der Grundlage des personalen Vermögensbegriffs sein: Da dieser Begriff das Vermögen als spezifische Ausformung der menschlichen Freiheit schütze, bestünden insoweit keine Schwierigkeiten, das Vermögen bei § 263 StGB als geschütztes – und als eine abstrakte Größe, die keiner wirtschaftlichen Bewertung zuführbar sei, verstandenes – Rechtsgut anzusehen (a.a.O., 256f.). – Zu denjenigen Ansichten, die neben dem Vermögen auf die Wahrheit oder auf Treu und Glauben im vermögensrechtlichen Verkehr abstellen *Hoppenz*, S.108 Fußn.367.

491 Da in einigen der vorstehend aufgeführten Fundstellen möglicherweise (auch) auf das Tatobjekt abgestellt werden soll, ist darauf hinzuweisen, daß Tatobjekt und geschütztes Rechtsgut üblicherweise nicht gleichbedeutend verstanden werden (siehe nur *Tiedemann*, Tatbestandsfunktionen, S.116; ausführlicher Überblick über die verschiedenen Definitionen des Tatobjekts und über die materielle Lokalisation von Rechtsgut und Tatobjekt bei *Suhr*, JA 1990, 303, 305ff.). Aus dem jeweiligen Kontext der Fundstellen scheint sich dem *Verf.* jedoch zu ergeben, daß dort (auch) das Rechtsgut bezeichnet werden soll.

492 Denkbar wäre insbesondere, daß diese Ansicht bei einer Zweckverfehlung zu einer Erweiterung der Betrugsstrafbarkeit führt (vgl. hierzu etwa *Lackner*, in: LK[10] § 263 Rdnr.4). Allerdings finden sich auch andere Äußerungen: *Gutmann*, MDR 1973, 3, 4f., etwa will am Gedanken der Vermögenssubstanzverminderung festhalten und vom Betrug diejenigen Fälle ausscheiden, bei denen nur gegen die Willensfreiheit des Getäuschten verstoßen wurde. Und *Kindhäuser*, ZStW 103 (1991), 398, 399, meint, seine eigene Auffassung habe zur Folge, daß nicht jede Täuschung betrugsrelevant sein könne, sondern nur eine solche, die freiheitsbeeinträchtigenden Charakter habe. *Kindhäuser*, a.a.O., 414, nimmt von daher an, daß die Interpretation des Betrugs als vermögensschädigendes Freiheitsdelikt zu keiner Ausweitung, sondern zu einer Begrenzung der Strafbarkeit führe. Dabei ist allerdings darauf hinzuweisen, daß *Kindhäuser*, a.a.O., 409, auf der anderen Seite im Grundsatz einen recht weitgehenden personal-individuellen Schadensbegriff vertritt (vgl. hierzu auch *Tiedemann*, in: LK[11] vor § 263 Rdnr.25). *Niggli*, SchwZStR 111 (1993), 236, 257, schließlich hebt hervor, daß bei § 263 StGB ein Eingriff in die Dispositionsfreiheit nur dann relevant sei, wenn er einen Vermögensschaden bewirke.

493 Siehe hierzu unten S.91ff.

1. Stellungnahme zu den Vermögensbegriffen

Zum juristischen, zum rein wirtschaftlichen sowie zum juristisch-ökonomischen und zum ökonomisch-juristischen Vermögensbegriff wurde bereits kurz Stellung genommen. Von diesen Begriffen ist der ökonomisch-juristische der vorzugswürdigste: Der juristische und der juristisch-ökonomische Vermögensbegriff vernachlässigen die Tatsache, daß am Wirtschaftsverkehr auch rechtlich nicht oder nur unvollständig konkretisierte Güter teilnehmen.[494] Der rein wirtschaftliche Vermögensbegriff vermag dagegen im Hinblick auf mögliche Spannungen mit den übrigen Teilen der Rechtsordnung nicht zu überzeugen.[495] All diesen Schwächen trägt der ökonomisch-juristische Vermögensbegriff Rechnung. Eine überzeugende Alternative zu diesem Vermögensbegriff kann auch nicht in *Esers* wirtschaftlich-dynamischem Vermögensbegriff gesehen werden, denn *Eser* stützt sich insoweit – und zwar ohne eine dogmatische Begründung aufzuzeigen – vornehmlich auf kriminalpolitische Erwägungen.[496]

Ein gänzlich abweichender Ansatz liegt dem personalen und letztlich auch dem funktionalen Vermögensbegriff zugrunde: Den Schutz der Person bzw. den Persönlichkeitsschutz als Ausgangspunkt für den strafrechtlichen Vermögensschutz zu wählen, erscheint zwar auf den ersten Blick geradezu bestechend. Und auch Formeln wie „es wäre sinnlos, den Vermögensbestand um seiner selbst willen zu schützen,“[497] mag man sich eigentlich kaum verschließen. Gleichwohl ist diesem Ansatz nicht zu folgen: Wohl ist kaum zu bezweifeln, daß Aufgabe des Rechts auch ist, Personen- und Persönlichkeitsschutz zu gewährleisten, und auch das Strafrecht mag hierzu seinen Teil beitragen. Warum es aber gerade Aufgabe des § 263 StGB sein sollte, an diesem Schutz mitzuwirken, bleibt unklar. Zwar führt *Otto* für den personalen Vermögensbegriff auch *Hegel* an[498], doch selbst eine rechtsphilosophisch unstrittige Deutung des Vermögens hat nicht notwendig zur Folge, daß das Vermögen auch im Strafrecht gleichermaßen zu verstehen ist. Im Gegenteil: Gegen einen durch § 263 StGB vermittelten Schutz der Person oder der Persönlichkeit spricht bereits die systematische Stellung dieses Tatbestands im Gesetz. Würde die zentrale Aufgabe des Betrugstatbestands sein, entweder die Person des Vermögensinhabers oder aber dessen Persönlichkeit zu schützen, müßte § 263 StGB nämlich wohl irgendwo im Bereich des 14. bis 18. Abschnitts des StGB eingeordnet sein – dies ist aber nicht der Fall. Zudem erscheint im Bereich juristischer Personen – wie jüngst *Joachim Vogel* überzeugend dargelegt hat – überhaupt schon die Vorstellung befremdlich, es gehe beim Schutz des Vermögens beispielsweise von Geschäftsbanken um die Entfaltung der Person oder die Verfolgung anerkennenswerter persönlicher Interessen.[499] Daher verdienen sowohl der personale als auch der

494 Vgl. *Lackner*, in: LK[10] § 263 Rdnr.121.
495 Siehe hierzu bereits oben S.61 Fußn.334.
496 *Otto*, Struktur, S.84; siehe auch *Hefendehl*, S.115.
497 *Weidemann*, S.201.
498 *Otto*, Struktur, S.63f.
499 *J. Vogel*, Legitimationsprobleme, S.442; ähnlich *Tiedemann*, in: LK[11] vor § 263 Rdnr.27 unter Verweis auch auf die Existenz von herrenlosem Vermögen.

funktionale Vermögensbegriff bereits in ihren Ausgangspunkten keine Zustimmung. Gegen den personalen Vermögensbegriff spricht darüber hinaus, daß er nicht hinreichend bestimmt erscheint.[500] Wenn das Vermögen definiert wird als eine personal strukturierte Einheit, die die Entfaltung der Person im gegenständlichen Bereich gewährleistet[501], läßt sich damit im Einzelfall doch kaum zweifelsfrei feststellen, ob ein Vermögensbestandteil vorliegt oder nicht; taugliche Abgrenzungskriterien sind das nicht. Und wenn ausgeführt wird, daß der Wert des Vermögens durch die Vermögensperson selbst zu bestimmen sei[502], ist dies der Rechtssicherheit und der Bestimmtheit in höchstem Maße abträglich. Der personale Vermögensbegriff kann also nicht überzeugen.

Keine Zustimmung verdient auch der Vermögensbegriff *Mohrbotters* (wirtschaftliche Dispositionsfreiheit als Vermögensbestandteil), und zwar aus zwei Gründen: Erstens ist die zugrundliegende Argumentation – wie bereits erwähnt wurde – brüchig, denn *Mohrbotter* verkennt, daß der Schutz der Interessen an freier Verfügungsmöglichkeit etwas anderes ist, als der Schutz der Güter, über die man verfügen kann.[503] Und zweitens – und das ist entscheidend – läuft dieser Vermögensbegriff im Ergebnis zwangsläufig auf den Schutz der „wirtschaftlichen" Dispositionsfreiheit hinaus. Ein Schutz der Dispositionsfreiheit als solcher kann jedoch durch § 263 StGB zumindest grundsätzlich nicht gewährleistet sein. Dies ergibt sich – wie *Cramer*[504] in einem anderen Zusammenhang herausgearbeitet hat – aus einem Vergleich zwischen § 123 BGB und § 263 StGB: Nach § 123 I 1.Alt. BGB kann derjenige, der zur Abgabe einer Willenserklärung durch arglistige Täuschung bestimmt worden ist, die Erklärung anfechten. Durch diese Bestimmung wird die rechtsgeschäftliche Entschließungs- / Willensfreiheit geschützt[505], die insoweit eine Form der Dispositionsfreiheit ist.[506] Im Gegensatz zu § 263 StGB verlangt § 123 I 1.Alt. BGB dabei nicht das Vorliegen eines Vermögensschadens.[507] Auch bei einer i.S. des § 123 BGB arglistigen[508] Täuschung verlangt § 263 StGB insofern schon in objektiver Hinsicht gegenüber § 123 BGB „mehr". Der Vermögensschaden muß „mehr" als die schon durch eine irrtumsbedingte Vermögensverfügung eintretende Beeinträchtigung der Dispositionsfreiheit sein, denn anderenfalls

500 *Boog*, S.20 i.V. mit S.28 m.w.N.; *Endemann*, S.121; *Gössel*, BT 2, S.363 Rdnr.119 („nicht [...] dem Bestimmtheitsgebot des Grundgesetzes entsprechend"); siehe auch *Gutmann*, MDR 1963, 91, 92; *Lackner*, in: LK[10] § 263 Rdnr.124.

501 *Otto*, Struktur, S.69; ders., StrafR BT[5], S.142 Rdnr.7, S.223 Rdnr.54.

502 *Otto*, Struktur, S.66.

503 Siehe bereits oben S.68.

504 *Cramer*, S.85; vgl. auch *W. Hartmann*, S.19ff.

505 *Brox*, AT[23], S.197 Rdnr.401, S.200 Rdnr.405; *Heinrichs*, in: Palandt[59] § 123 Rdnr.1; *RGZ* 134, 43, 55; *BGHZ* 51, 141, 147 mit ausdrücklichem Hinweis darauf, daß durch § 123 BGB nicht das Vermögen geschützt werde.

506 Vgl. *Cramer*, S.85; *W. Hartmann*, S.20.

507 *Brox*, AT[23], S.200 Rdnr.405; *Heinrichs*, in: Palandt[59] § 123 Rdnr.2, die beide auch ausdrücklich auf den Unterschied zu § 263 StGB hinweisen; siehe auch *BGHZ* 51, 141, 147; *BGH*, LM § 123 BGB Nr.10; vgl. *RGZ* 134, 43, 55.

508 Für die Arglist i.S. des § 123 BGB ist freilich (nur) Vorsatz erforderlich (*Brox*, AT[23], S.200 Rdnr.405; vgl. *Heinrichs*, in: Palandt[59] § 123 Rdnr.11 („Täuschungswille")).

hätte das Tatbestandsmerkmal des Vermögensschadens keine eigenständige Bedeutung.[509] Somit ist also auch dem Vermögensbegriff *Mohrbotters* nicht zu folgen.[510]

Nach alledem erweist sich ein ökonomisch-juristischer Vermögensbegriff als vorzugswürdig. Ein solcher Begriff trägt den Realitäten des Wirtschaftslebens Rechnung, berücksichtigt aber auch die Wertungen der Gesamtrechtsordnung. Für den letzten Gesichtspunkt reicht allerdings – wie bereits ausgeführt wurde – schon aus, das Vermögen zu definieren als die Summe der wirtschaftlich wertvollen Positionen, die entweder von der Rechtsordnung nicht mißbilligt werden oder an einen schon bestehenden, gleichgerichteten Widerspruch in der Gesamtrechtsordnung anknüpfen.[511] Zumindest grundsätzlich ist dieser Definition daher zu folgen.

2. Stellungnahme zu den Schadensbegriffen und zur Bedeutung des Rechtsguts bei der Auslegung

a) Zu den auf den Schutz der Dispositionsfreiheit hinauslaufenden Ansätzen

Zur Ermittlung des vorzugswürdigen Schadensbegriffs kann partiell an die Ausführungen zum Verhältnis von Vermögensschaden und bloßer Beeinträchtigung der Dispositionsfreiheit angeknüpft werden. Dieses Verhältnis ist sowohl für die Beurteilung des subjektiven als auch für die Beurteilung des personalen und des rein individuellen Schadensbegriffs von zentraler Bedeutung. Hinsichtlich des subjektiven und des rein individuellen Schadensbegriffs ist dies offen ersichtlich: Stellt man nämlich zur Schadensermittlung bloß auf den wahren Willen ab bzw. bejaht man bei jedem Irrtum eine „Störung“, wird letztlich aus der bloßen Irrtumsbedingtheit einer Vermögensverfügung auf das Vorliegen eines Vermögensschadens geschlossen[512]; damit wird aber – wie oben ausgeführt wurde[513] – der Bereich der Dispositionsfreiheit tangiert. Ähnlich liegt es auch beim personalen Schadensbegriff: Erhebt man die Zweckverfehlung zum einzigen Kriterium der Schadensfeststellung, hat dies zur Folge, daß der Schaden letztlich ebenfalls mit einem Verstoß gegen den bloßen Willen begründet wird – die Zweckverfehlung führt schließlich zur Ungewolltheit. Daran ändert sich auch nichts – worauf *Gerhold* zu Recht hinweist –, wenn der personale Schadensbegriff nur die Verfehlung „wirtschaftlicher“ Zwecke für beachtlich hält.[514] Abgesehen davon, daß dieses Kriterium bei den Vertretern

---

509 Vgl. *Cramer*, S.85; i.E. auch *Boog*, S.35; *Samson/Günther*, in: SK[5] § 263 Rdnr.131; siehe auch *Berger*, GA (im Erscheinen); *Geppert*, in: Hirsch-FS, S.525, 536f., 537; *W. Hartmann*, S.20; *Hoppenz*, S.109; *H. Meyer*, S.101f.; *BGHSt* 43, 293, 297; zurückhaltender *Tiedemann*, in: LK[11] vor § 263 Rdnr.29; ansatzweise wohl auch *Pawlik*, S.264; kritisch zu dieser Argumentation *J. Vogel*, Legitimationsprobleme, S.443ff.

510 Siehe i.E. auch *Lackner*, in: LK[10] § 263 Rdnr.142 a.E., der ebenfalls meint, die wirtschaftliche Dispositionsfreiheit als solche sei kein Vermögensbestandteil; ferner *Tiedemann*, in: LK[11] vor § 263 Rdnr.29.

511 Dazu bereits oben S.64 mit Fußn.345.

512 Hierzu bereits oben S.74 (in bezug auf den subjektiven Schadensbegriff); *Wolf* (1997), S.117; ders. (1998), S.105f. (in bezug auf den individuellen Schadensbegriff).

513 Siehe oben S.85.

514 *Gerhold*, S.26.

des personalen Schadensbegriffs recht vage bleibt[515], verkennt der gegenteilige Standpunkt *Ottos*[516], daß der Schaden dann zumindest innerhalb der so gezogenen Grenzen im Ergebnis nur mit dem Verstoß gegen den Willen begründet würde. Damit läuft aber auch der personale Schadensbegriff auf den Schutz der Dispositionsfreiheit hinaus.[517] Für eine Stellungnahme zu den Schadensbegriffen ist diese Feststellung sehr bedeutsam:

aa) Argumentation mit der tatbestandlichen Struktur des § 263 StGB

Wie bereits im Zuge der Stellungnahme zum Vermögensbegriff *Mohrbotters* ausgeführt wurde, ist ein Schutz der bloßen Dispositionsfreiheit durch § 263 StGB zumindest grundsätzlich nicht gewährleistet. Dies folgt – um es noch einmal deutlich zu sagen – aus der tatbestandlichen Struktur des § 263 StGB, die aufgezeigt wird durch einen Vergleich zwischen § 263 StGB und § 123 BGB, und aus der sich daran anschließenden Erkenntnis, daß das Merkmal des Vermögensschadens letztlich keine eigenständige Bedeutung hätte, wenn es allein aufgrund des Vorliegens einer irrtumsbedingten Vermögensverfügung erfüllt wäre.[518] Von daher ergibt sich, daß sowohl der subjektive als auch der rein individuelle und der personale Schadensbegriff keine Zustimmung verdienen.

bb) Argumentation der h.M. mit dem Rechtsgut des § 263 StGB

Im Ergebnis lehnt auch die h.M. diese Schadensbegriffe ab, begründet dies jedoch anders:

aaa) Argumentationsführung

Dreh- und Angelpunkt ihrer Argumentation ist das Rechtsgut des Betrugstatbestands. Schadensbegriffe, die auf den Schutz der bloßen Dispositionsfreiheit hin-

515 *Gerhold*, S.26.
516 *Otto*, StrafR BT^5, S.226 Rdnr.66, der meint, durch den Bezug auf das wirtschaftliche Gut im Vermögensbegriff und die wirtschaftliche Zweckverfehlung bei der Schadensberechnung sei gewährleistet, daß nicht bloß die Dispositionsfreiheit geschützt werde; siehe auch ders., Struktur, S.74.
517 Vgl. hierzu etwa *Küpper/Bode*, JuS 1992, 642, 644; vgl. *Tiedemann*, in: LK^{11} vor § 263 Rdnr.33.
518 Kritisch zu dieser Argumentation *J. Vogel*, Legitimationsprobleme, S.443ff., der geltend macht, diese Überlegung bewege sich zumindest am Rande eines Zirkelschlusses, da der Gesetzeswortlaut des § 263 StGB das Erfordernis einer Vermögensverfügung nicht nenne – diese müsse zwar in den Gesetzeswortlaut hineininterpretiert werden, ob die Interpretation aber in der Weise geschehen müsse, daß der Vermögensschaden gegenüber der Vermögensverfügung *in der Sache verselbständigt* [Hervorhebung im Original] werden müsse, sei eine durchaus offene Frage (a.a.O., S.443). Soweit die Schadensbegründung dem subjektiven Belieben des Betroffenen überantwortet werden soll, stellt dies für *Vogel* ein verfassungsrechtliches Problem im Hinblick auf Art.103 II GG dar: Art.103 II GG schließe nach *BVerfGE* 92, 1, 17f. eine „entgrenzende" Auslegung aus, durch welche strafgesetzliche Rechtsbegriffe die ihnen vom Gesetzgeber zugedachte Funktion verlieren, die strafwürdigen Verhaltensweisen zu bestimmen und einzugrenzen – unter diesem Gesichtspunkt seien die „personalen" Schadenslehren an zahlreichen Stellen verfassungsrechtlich bedenklich (a.a.O., S.456f.).

auslaufen, werden von der h.M. mit der Begründung abgelehnt, daß geschütztes Rechtsgut des § 263 StGB nicht die Dispositionsfreiheit, sondern ausschließlich das Vermögen sei.[519] Ob dem zuzustimmen ist, könnte eigentlich dahingestellt bleiben: schließlich steht nach dem oben Gesagten schon aufgrund der tatbestandlichen Struktur des § 263 StGB fest, daß die Dispositionsfreiheit durch § 263 StGB nicht geschützt wird – oder exakter: daß die bloße Beeinträchtigung der Dispositionsfreiheit nicht als Vermögensschaden angesehen werden kann.[520] Die Frage, ob die Dispositionsfreiheit (auch) deswegen nicht von § 263 StGB geschützt wird, weil das Rechtsgut dieses Tatbestands ausschließlich das Vermögen ist, hat vor diesem Hintergrund streng genommen keine Bedeutung. Dennoch erscheint eine nähere Beleuchtung dieser Frage angebracht; dies deswegen, weil die darauf aufbauende Argumentation der h.M. nicht irgendeine Gedankenführung, sondern *das* Argumentationsmuster schlechthin ist, wenn es um die Grenzen der schadensbegründenden Relevanz von Zweckverfehlungen geht. Diesen zentralen Gedankengang gänzlich zu übergehen, erscheint aber kaum angebracht. Abschließend Stellung genommen werden muß zur h.M. dennoch nicht; eine kurze Würdigung dürfte ausreichen, um der Bedeutung dieser Argumentation hinreichend Rechnung zu tragen:

Methodisch gesehen nimmt die h.M. mit dem Abstellen auf das Rechtsgut eine teleologische Auslegung vor[521], bei der sie sich auf die Annahme stützt, geschütztes Rechtsgut des § 263 StGB sei ausschließlich das Vermögen. Diese Auffassung vom Rechtsgut des Betrugstatbestands wird heute von der ganz h.M.[522] vertreten: Zwar wurde und wird in der Literatur vereinzelt auch angenommen, geschützt seien

---

519 So oder zumindest ganz ähnlich etwa *Endemann*, S.127; *Eser*, GA 1962, 289, 295; *W. Hartmann*, S.20f.; *Küpper/Bode*, JuS 1992, 642, 644f.; *Lackner*, in: LK[10] § 263 Rdnr.121; *Maiwald*, in: Maurach/Schroeder/Maiwald, BT 1[8], S.460 Rdnr.116 a.E.; *BGHSt* 16, 321, 325. – Ganz überwiegend wird dabei allerdings nicht ausdrücklich vom „Rechtsgut" gesprochen. Die stattdessen benutzten Formulierungen (siehe etwa *Lackner*, in: LK[10] § 263 Rdnr.121, der meint die „unbegrenzbare Subjektivierung des Schadensbegriffs [würde] den Betrug seines Charakters als Vermögensdelikt weitgehend entkleiden und ihn zu einem Angriff auf die Dispositionsfreiheit umgestalten".) laufen der Sache nach aber auf diesen Begriff hinaus (vgl. hierzu auch *Gerhold*, S.22).

520 Wenn im Text gleichwohl vom Nichtschutz der Dispositionsfreiheit gesprochen wird, dient dies der sprachlichen Verkürzung; im Zusammenhang mit der tatbestandlichen Struktur des § 263 StGB soll damit auch keine Aussage zum Rechtsgut als solchem und dem Rechtsgut bei § 263 StGB gemacht werden.

521 *Nelles*, S.287ff.; *Rudolphi*, in: Honig-FS, S.151 m.w.N.; *J. Vogel*, Legitimationsprobleme, S.679.

522 Siehe nur *Ahn*, S.34; *Boog*, S.7 m.w.N. zum schweizerischen Schrifttum; *Cramer*, in: Schönke/Schröder[25] § 263 Rdnr.1; *Endemann*, S.113ff., 115; *H. Hartmann*, S.21; *W. Hartmann*, S.20f.; *Hillenkamp*, in: Wessels/Hillenkamp, BT 2[22], S.215 Rdnr.541; *Hohmann/Sander*, BT I, S.110 Rdnr.1; *Hoppenz*, S.108; *Jerouschek*, GA 1999, 416, 417; *Joecks*, Vermögensverfügung, S.48; *Kienapfel*, BT II[3], § 146 Rdnr.10; *Kühl*, in: Lackner/Kühl[23] § 263 Rdnr.2; *Lackner*, Vermögen und Vermögensbeschädigung, S.76; ders., in: LK[10] § 263 Rdnr.4 m.w.N.; *Otto*, StrafR BT[5], S.212f. Rdnr.2; *Pawlik*, S.105; *Rudolphi*, in: Klug-FS, S.315, 316; *Schroth*, BT[2], S.123; *RGSt* 74, 167, 168f.; vgl. *Eser*, GA 1962, 289, 294; *BGHSt* 16, 220, 221; *BGHSt* 16, 321, 325; *BGH*, StV 1995, 254, 255; *BGHSt* 43, 293, 297; *LG Berlin*, NStZ 1998, 302, 303 (nicht rechtskräftig); *BGE* 122 IV 197, 203; wohl auch *Fischer*, in: Tröndle/Fischer[49] § 263 Rdnr.1b, und *Tröndle*[48] § 263 Rdnr.1a, die § 263 StGB als ein ausschließlich gegen das Vermögen gerichtetes Verschiebungsdelikt ansehen, bei dem Angriffsgegenstand und primäres Rechtsgut das Individualvermögen (auch des Staates) sei, mittelbar aber auch wirtschaftliche Allgemeininteressen geschützt würden; *Tiedemann*, in: LK[11] vor § 263 Rdnr.18ff.

mehrere Rechtsgüter, nämlich neben dem Vermögen die Aufrechterhaltung von Wahrheit und von Treu und Glauben im vermögensrechtlichen Verkehr[523] bzw. die Dispositionsfreiheit[524], doch durchgesetzt haben sich diese Meinungen nicht. Auch Äußerungen aus der Zeit des Nationalsozialismus, die das Wesen[525] des Betrugs in der Täuschung fremden Vertrauens[526] bzw. allein im Angriff auf die Wahrheit[527] und / oder auf Treu und Glauben[528] [529] erblickten, haben keine nachhaltige Wirkung gehabt.[530] Nicht anders war es in der Rechtsprechung: Zumindest verbal wurde dort unter der Geltung des StGB – soweit ersichtlich – immer vertreten, daß geschütztes Rechtsgut des § 263 StGB allein das Vermögen sei.[531] Ein reines Lippenbekenntnis war dies nicht: Deutlich zeigt sich dies etwa in einer Entscheidung des *RG*, die unter der Geltung des eine Analogie zu Lasten des Täters erlaubenden § 2 StGB in der Fassung des Gesetzes zur Änderung des Strafgesetzbuchs vom 28.6.1935[532] er-

---

523 *Mezger*, BT[7], S.167f., der dies damit begründet, daß bei einem alleinigen Abstellen auf das Vermögen jede nähere Kennzeichnung des Betrugs und damit die Möglichkeit einer Unterscheidung desselben von anderen Vermögensdelikten fehlen würde; i.E. ähnlich *von Cleric*, S.99 (Vermögen und Treu und Glauben); *Sauer*, BT, S.72 (unter Verweis auf das Schuldprinzip); vgl. auch *Topp*, S.21, für den der Unrechtsgehalt des Betrugs in der eigensüchtigen Vermögensbeschädigung in Verbindung mit der Täuschungshandlung liegt. Dagegen scheint *Haupt*, NJW 1958, 938, 939, das Rechtsgut des § 263 StGB allein in der Redlichkeit des Geschäftsverkehrs zu erblicken.

524 *Gutmann*, MDR 1963, 3; *Kindhäuser*, ZStW 103 (1991), 398f.; ähnlich *Frank*[18] § 263 Anm.I; weitergehend wohl *Krack*, S.132, der anscheinend nur die Dispositionsfreiheit als geschütztes Rechtsgut ansieht; differenzierend je nach zugrundegelegtem Vermögensbegriff *Niggli*, SchwZStR 111 (1993), 236, 256f. [eingehender zu diesen Meinungen und zu Äußerungen auf der Grundlage des personalen Vermögensbegriffs oben S.82 Fußn.490].

525 Ob das Wesen eines Delikts mit dessen Rechtsgut gleichgesetzt werden kann (so offenbar *Nagler*, in: LK[6/7] § 263 Anm.I 1 [etwa in bezug auf *Henkel*]), könnte besonders vom Standpunkt des im Nationalsozialismus häufig vertretenen Willensstrafrechts aus fraglich sein, soll hier jedoch nicht näher vertieft werden.

526 *Kohlrausch*, in: Schlegelberger-FS, S.203, 205ff., 221f., 222, der freilich nicht in Abrede stellt, daß Betrug gegen fremdes Vermögen gerichtet ist (a.a.O., S.207); siehe auch ders., in: Kohlrausch/Lange[38] Vorbem. Betrug und Untreue Anm.1. Später hieß es dann bei *Lange*, in: Kohlrausch/Lange[39/40] Vorbem. Betrug und Untreue Anm.I, geschütztes Rechtsgut sei das Vermögen, „kriminologisch gesehen" sei Betrug jedoch Ausbeutung fremden Vertrauens.

527 *Borst*, JW 1935, 1221, 1222, 1224 (Betrug als „Zwillingsbruder des Meineides"); ganz ähnlich *Freisler*, DJ 1941, 478, 493, für den der Unrechtsgehalt des Betruges in der arglistigen Täuschung lag.

528 *Henkel*, ZAkDR 1939, 133 (Treu und Glauben).

529 *Kempermann* ZStW 57 (1938), 126, 145f. (Wahrheit, Treu und Glauben).

530 Vgl. hierzu *Endemann*, S.113f.; *Pawlik*, S.117 Fußn.19.

531 Siehe nur *RGSt* 74, 167, 168f.

532 *§ 2 StGB* i.d.F. des Gesetzes zur Änderung des Strafgesetzbuchs vom 28.6.1935 (RGBl. I S.839), in Kraft getreten am 1.9.1935, lautete:
„Bestraft wird, wer eine Tat begeht, die das Gesetz für strafbar erklärt oder die nach dem Grundgedanken eines Strafgesetzes und nach gesundem Volksempfinden Bestrafung verdient. Findet auf die Tat kein bestimmtes Strafgesetz unmittelbar Anwendung, so wird die Tat nach dem Gesetz bestraft, dessen Grundgedanke auf sie am besten zutrifft."
Zum umstrittenen Umfang der danach zulässigen Analogie einerseits etwa *L. Schäfer*, in: Schäfer/Lehmann/Dörffler, S.14; andererseits etwa *Schönke*[2] § 2 Anm.I, III 3. – Zu den geistesgeschichtlichen Zusammenhängen *I. Müller*, S.82; *Wagner*, in: Säcker (Hrsg.), Recht und Rechtslehre im NS, S.141, 169.
Zur (geringen) Bedeutung dieser Bestimmung in der Praxis *Jescheck/Weigend*[5], S.132 Fußn.22; *I. Müller*, S.82, der die geringe Bedeutung darauf zurückführt, daß die Strafrechtswissenschaft

ging. Aufgrund des Fehlens eines Vermögensschadens lehnte das *RG* nicht nur eine Strafbarkeit nach § 263 StGB, sondern auch eine Strafbarkeit nach §§ 263, 2 StGB a.F. ab – und zwar mit der Begründung, daß die entsprechende Anwendung des § 263 StGB dazu führen würde, das Wesen des Betrugs als einer gegen das Vermögen gerichteten Straftat völlig zu verändern.[533] [534]

Damit ist festzuhalten, daß in der Tat die ganz h.M. der Auffassung ist, geschütztes Rechtsgut des § 263 StGB sei ausschließlich das Vermögen. Ob diese Auffassung zutreffend ist und ob mit ihr begründet werden kann, daß die Dispositionsfreiheit als solche durch § 263 StGB nicht geschützt wird, ist damit freilich noch nicht gesagt. Diesen beiden Fragen soll im folgenden nachgegangen werden:

bbb) Kritische Würdigung

Lehnt man Schadensbegriffe, die zum Schutz der Dispositionsfreiheit führen, allein unter Abstellen darauf ab, daß geschütztes Rechtsgut des § 263 StGB ausschließlich das Vermögen sei, so setzt dies gleich mehrerlei voraus:

1. Man muß wissen, was ein Rechtsgut überhaupt ist.
2. Man muß wissen, wie das jeweilige Rechtsgut eines Tatbestands ermittelt wird.

---

die Strafrechtsdogmatik zuvor schon so verändert hätte, daß § 2 StGB a.F. eigentlich nicht mehr erforderlich gewesen sei, um nationalsozialistische Strafrechtsvorstellungen in die Praxis umzusetzen. – Der Befund *I. Müllers* findet dahingehend, daß § 2 StGB a.F. wohl nicht als *das* Kernstück des nationalsozialistischen Strafrechts angesehen werden kann, eine gewisse Entsprechung darin, daß diese Bestimmung zwar nationalsozialistischem Strafrechtsdenken entsprach (siehe nur *Freisler*, DJ 1935, 1247, 1251; *L. Schäfer*, in: Schäfer/Lehmann/Dörffler, S.13), aber – von der Relevanz des „gesunden Volksempfindens" abgesehen – wohl kein nationalsozialistisches Spezifikum ist: Dänemark und Island, beides Länder, die keinesfalls im Verdacht eines „mißbräuchlichen" Strafrechtseinsatzes stehen, haben schließlich auch heute noch in ihren Strafgesetzen Bestimmungen, die eine Analogie – wenn auch in begrenzterem Umfang als § 2 StGB a.F. dies tat – zulassen (§ 1 DäStG [dazu *Cornils/Greve*, S.5], § 1 ÍsStG).

533 *RG*, HRR 1941, Nr.568; i.E. ebenso *Schönke*[2] § 263 Anm.I; a.M. *LG Eisenach*, JW 1939, 338, 339, das eine Strafbarkeit nach §§ 263, 2 StGB a.F. trotz Fehlens eines Vermögensschadens für möglich hielt.

534 Einen gänzlich unzutreffenden Eindruck vom Betrugsverständnis des *RG* gewinnt man bei *I. Müller*, S.145. *I. Müller*, ebenda, führt aus, daß *RG*, DRiZ Rspr. 1934, Nr.365, „jemanden, der ein nachgemachtes Nazi-Parteiabzeichen getragen hatte, wegen 'Betruges' bestrafte, obwohl [...] das Gericht selbst anerkannte, daß Betrug eigentlich als eine 'gegen das Vermögen gerichtete Straftat angesehen' werden müsse". Damit habe sich das Gericht, so *I. Müller*, großzügig über das Gesetz hinweggesetzt. Einer Überprüfung halten diese Ausführungen nicht stand: Erstens unterschlägt *I. Müller*, daß die von ihm zitierte Formulierung in überhaupt keinem Zusammenhang mit einer Strafbarkeit nach § 263 StGB steht, es dem *RG* vielmehr um eine Klärung der Frage ging, ob Betrug – obwohl er bei § 263 StGB gegen das Vermögen gerichtet sei (*RG*, DRiZ Rspr. 1934, Nr.365 Sp.371) – als eine strafbare Handlung gegen eine Person i.S. des § 2 I der „VO des Reichspräsidenten zur Abwehr heimtückischer Angriffe gegen die Regierung der nationalen Erhebung" vom 21.3.1933 angesehen werden könne (siehe etwa *RG*, a.a.O., Sp.370f. Leitsatz Nr.3 sowie die Ausführungen unter Ziff.3). *Letzteres* wurde vom *RG* bejaht. Zweitens ist *I. Müller* vorzuhalten, daß er den Eindruck erweckt, das *RG* habe jemanden allein *aufgrund* des Tragens eines nachgemachten Nazi-Parteiabzeichens wegen Betrugs bestraft; davon kann aber keine Rede sein: Der Täter trug zwar eine „Miniaturabbildung des Hoheitsabzeichens der NSDAP", aber das Vorliegen eines Betrugs wurde *deswegen* nicht angenommen (a.a.O., Sp.371ff.).

3. Bei Anwendung des betreffenden Verfahrens zur Ermittlung des Rechtsguts auf § 263 StGB muß sich ergeben, daß dessen geschütztes Rechtsgut allein das Vermögen ist.
4. Das Rechtsgut als solches muß von Bedeutung für die Auslegung sein, und zwar dergestalt, daß
5. eine Auslegung bei § 263 StGB ergibt, daß die Dispositionsfreiheit dort alleine deswegen keinen Schutz genießt, weil das Rechtsgut des Betrugstatbestands ausschließlich das Vermögen ist.

Diese Voraussetzungen zeigen auf, daß die Tragfähigkeit der von der h.M. angeführten Argumentation nur auf den ersten Blick allein vom „Rechtsgut des § 263 StGB" abhängt; von wesentlicher Bedeutung sind auch der Begriff des Rechtsguts als solcher, die Art und Weise der Ermittlung des Rechtsguts sowie dessen Funktionen. Insoweit ist aber ein Bereich angesprochen, der zu den Grundfesten der deutschen Strafrechtsdogmatik gehört. Es kann und soll nicht Aufgabe dieser Arbeit sein, diesen Bereich vertieft zu untersuchen. Eine kurze, unbefangene Betrachtung mit einer gleichermaßen unbefangenen Stellungnahme, die – insbesondere soweit sie kritisch ausfällt – nicht den Anspruch erhebt, abschließend zu sein, soll an dieser Stelle dennoch gewagt werden:

α) Begriff und Funktionen des Rechtsguts

In der deutschen Straftattheorie ist das Rechtsgut von zentraler Bedeutung; ganz unterschiedliche Funktionen werden ihm beigemessen.[535] Besonders hervorzuheben sind zwei davon: Die erste ist die ihm überwiegend zugesprochene – und mit der heute herrschenden Auffassung, daß Aufgabe des Strafrechts der Rechtsgüterschutz sei[536], eng verknüpfte – Bedeutung für den materiellen Verbrechensbegriff, also für die Frage, unter welchen Voraussetzungen der Gesetzgeber überhaupt berechtigt ist, ein Verhalten unter Kriminalstrafe zu stellen.[537] Die Verletzung eines Rechtsguts wird hier als Voraussetzung jedweder Strafbarkeit begriffen.[538] Die zweite we-

535 Übersicht hierzu etwa bei *Jescheck/Weigend*[5], S.257ff.; *Nelles*, S.287; *Rudolphi*, in: Honig-FS, S.151; *Suhr*, S.4f.

536 Für die h.M. *Jescheck/Weigend*[5], S.7 m.w.N.; *Roxin*, AT I[3], S.11 Rdnr.1; *Rudolphi*, in: SK[6] vor § 1 Rdnr.2; in diesem Sinne auch *BVerfGE* 90, 145, 185 (Cannabis) [eingehend zur Auffassung des *BVerfG Appel*, KritV 1999, 278, 300ff.; *J. Vogel*, StV 1996, 110, 111]; § 2 I AE („Strafen und Maßregeln dienen dem Schutz der Rechtsgüter und der Wiedereingliederung des Täters in die Rechtsgemeinschaft."); kritisch *Appel*, KritV 1999, 278, 310; *Jakobs*, AT[2], S.44ff. Rdnr.22ff.; *Kindhäuser*, in: Lüderssen/Nestler-Tremel/Weigend (Hrsg.), Modernes Strafrecht, S.29ff., 31, für den das Bezugsniveau der Strafe nicht der (unmittelbare) Schutz von Rechtsgütern, sondern die Anerkennung von Rechtsgüterschutz bezweckenden Verhaltensnormen ist; *Pawlik*, S.46ff.; differenzierend *Niggli*, SchwZStR 117 (1999), 84, 103ff., der der Meinung ist, daß das Rechtsgutsdogma im Bereich von Angriffen auf Kollektive regelmäßig versage.

537 Vgl. hierzu *Appel*, S.340ff., 342; *Roxin*, AT I[3], S.11 Rdnr.1.

538 Vgl. nur *Roxin*, AT I[3], S.11.

sentliche Funktion des Rechtsguts wird darin gesehen, daß es Mittel zur Auslegung schon bestehender Tatbestände sein soll.[539]

Die h.M. billigt dem Rechtsgut beide Funktionen zu.[540] Den Begriff des Rechtsguts versucht sie überwiegend im Zusammenhang mit dem ersten Gesichtspunkt zu klären.[541] Trotz vielfältiger Bemühungen ist es der h.M. dabei bisher jedoch nicht gelungen, Einigkeit und Klarheit über diesen Begriff herzustellen[542]; angeboten wird eine ganze Vielzahl von Definitionen[543]: So wird das Rechtsgut etwa verstanden als „werthafte Funktionseinheit"[544], als „Gegebenheit oder Zwecksetzung, die dem einzelnen und seiner freien Entfaltung im Rahmen eines auf dieser Zielvorstellung aufbauenden sozialen Gesamtsystems oder dem Funktionieren dieses Systems selbst nützlich ist"[545], als „der Achtungsanspruch, auf dessen unerlaubte Verletzung die staatlichen Organe mit Rechtsfolgen zu reagieren angewiesen sind"[546] oder schlicht als „vergeistigter ideeller Wert".[547] Besonders aufschlußreich sind diese Begriffsbestimmungen nicht: Sie sind ausgesprochen allgemein gehalten[548], die Tragweite ihrer Abweichungen läßt sich teilweise kaum festmachen[549] und richtig erhellt wird der Begriff des Rechtsguts durch sie eigentlich nicht.

Einem Teil der Literatur gelingt die Aufhellung des Rechtsgutsbegriffs deutlich besser: Dieser Teil der Literatur verneint die Relevanz des Rechtsguts für den materiellen Verbrechensbegriff und faßt das Rechtsgut rein methodisch auf. Beschrieben wird das Rechtgut dann etwa als „Sinn und Zweck der einzelnen Strafrechtsrechtssätze"[550], als „ratio legis"[551] oder in der berühmten Formulierung *Grünhuts* als „Abbreviatur des Zweckgedankens".[552] In diesen Begriffsbestimmungen erhält das Rechtsgut zumindest eine gewisse Kontur. Durchgesetzt hat sich dieses rein methodische Rechtsgutsverständnis jedoch nicht.[553]

---

539 Siehe etwa *Hernández*, S.42; *Jescheck/Weigend*[5], S.259; *Rudolphi*, in: Honig-FS, S.151, 167; *Suhr*, JA 1990, 303; stark relativierend *Koriath*, GA 1999, 561, 576.

540 Für die h.M. *Rudolphi*, in: SK[6] vor § 1 Rdnr.3; *Suhr*, S.4f., 5; ders., JA 1990, 303.

541 Vgl. hierzu auch *Appel*, S.340; ders., KritV 1999, 278, 279 Fußn.7, der konstatiert, daß die strafrechtliche Diskussion sich seit Beginn der siebziger Jahre vom Rechtsgutsbegriff als innerstrafrechtlichem Arbeitsinstrument (wieder) zum Rechtsgutsbegriff als kritischem Wertmaßstab für die Absteckung der 'Strafzone' verlagert habe.

542 *Amelung*, S.270; *Appel*, S.344; ders., KritV 1999, 278, 282; *Suhr*, S.5; ders., JA 1990, 303, 304, der meint, die fehlende Klarheit sei wahrscheinlich auf die anspruchsvolle Doppelfunktion des Rechtsguts zurückzuführen.

543 Übersichten hierzu etwa bei *Appel*, S.344ff.; *Roxin*, AT I[3], S.30 Rdnr.48.

544 *Rudolphi*, in: SK[6] vor § 1 Rdnr.8; ders., in: Honig-FS, S.151, 164.

545 *Roxin*, AT I[3], S.15 Rdnr.9.

546 *Schmidhäuser*, AT[2], S.37 Rdnr.30.

547 *U. Weber*, in: Baumann/Weber/Mitsch, AT[10], S.13 Rdnr.18.

548 *Appel*, S.345f.; *Weigend*, ZStW 98 (1986), 44, 49.

549 *Roxin*, AT I[3], S.30 Rdnr.48, der die Rechtsgutslehre daran anknüpfend sogar zu den „am wenigsten exakt geklärten Grundlagenproblemen des Strafrechts" zählt.

550 *Honig*, S.94.

551 *Schwinge*, S.25.

552 *Grünhut*, in: Frank-FS Band I, S.1, 8.

553 Kritisch zu diesem Rechtsgutsverständnis aus neuerer Zeit i.E. auch *Koriath*, GA 1999, 561, 574f. i.V. mit 583.

Zusammenfassend läßt sich sagen, daß über den Begriff des Rechtsguts derzeit keine Klarheit besteht: Tatsächlich weiterhelfende Ausführungen finden sich nur selten, und einig über eine vorzugswürdige Begriffsbestimmung ist man sich erst recht nicht. Mit anderen Worten: Eine gesicherte Erkenntnis darüber, was ein Rechtsgut überhaupt ist, gibt es zur Zeit nicht.[554] Für eine auf das Rechtsgut eines Tatbestands abstellende Argumentation ist das kein guter Befund.

β) Ermittlung des Rechtsguts

Besteht schon keine Klarheit darüber, was ein Rechtsgut eigentlich ist, muß die Frage, *wie* das jeweilige Rechtsgut eines Tatbestands überhaupt ermittelt wird, fast zwangsläufig neue Probleme aufwerfen. Bedient man sich einer Argumentation, die auf das geschützte Rechtsgut abzielt, kommt man um eine Beantwortung dieser Frage – die sich bei den verschiedenen Rechtsgutsdefinitionen zwar gleichermaßen stellt, aber nicht gleichermaßen zu beantworten sein muß – jedoch nicht herum. Bei der – notgedrungen groben – Sichtung der Literatur und der Rechtsprechung fällt als erstes auf, daß es zu dieser Problematik überhaupt nur wenige Ausführungen gibt: Häufig werden Begriff und Funktionen des Rechtsguts eingehend beleuchtet, ohne daß der Frage, *wie* das Rechtsgut zu ermitteln ist, irgendeine Aufmerksamkeit zuteil wird.[555] Explizite Ausführungen zur Bestimmung des Rechtsguts gibt es in der Literatur nur wenige: *Nelles* führt auf der Grundlage eines materiellen Rechtsgutsbegriffs aus, daß das konkrete Schutzgut einer Strafnorm in den Tatbeständen in der Regel gerade nicht ausdrücklich benannt und allenfalls in der Erfolgsbeschreibung einzelner Tatbestände angedeutet werde. Daraus folgert sie, daß das Rechtsgut als 'positiv-rechtlicher' Befund selbst nur das Ergebnis eines Auslegungsvorganges sein könne.[556] Vom Standpunkt eines rein methodischen Rechtsgutsbegriffs äußerte sich schon *Honig* ganz ähnlich, als er das Rechtsgut als eine – auf Sinn und Zweck der einzelnen Strafrechtssätze bezogene – kategoriale Synthese juristischen Denkens beschrieb.[557] Verstanden wird das Rechtsgut von diesen Stimmen in der Literatur also nicht nur als ein Mittel zur Auslegung, sondern zugleich als ein Auslegungsprodukt[558]; es selbst soll durch Auslegung ermittelt werden[559], wobei nicht besondere, sondern die „üblichen" Auslegungsmethoden zum Zuge kommen sollen.[560] [561] Im Ergebnis dürfte dies auch für den Vorschlag

554 So etwa auch *Appel*, S.344; ders., KritV 1999, 278, 282; *Weigend*, ZStW 98 (1986), 44, 49; siehe auch *Engelbert Hübner*, in: Hübschmann/Hepp/Spitaler[10] § 370 Rdnr.8.

555 Siehe etwa *Rudolphi*, in: Honig-FS, S.151ff.

556 *Nelles*, S.289.

557 *Honig*, S.94.

558 So ausdrücklich *Nelles*, S.289.

559 *Hernández*, S.42; *Lüttger*, in: Jescheck-FS, S.121, 129f., der das geschützte Rechtsgut durch Auslegung des jeweiligen Straftatbestands und seines Sinnzusammenhangs ermitteln will und dabei zwischen Rechtsgut und bloßem gesetzgeberischen Motiv unterscheiden will; *Nelles*, S.289f.; *Otto*, StrafR BT[5], S.3 Rdnr.14; *Tiedemann*, in: LK[11] vor § 263 Rdnr.19; i.E. auch *Dannecker*, S.168; *Honig*, S.94; siehe auch *Suhr* S.11f.

560 *Lüttger*, in: Jescheck-FS, S.121, 129; wohl auch *Nelles*, S.290; teilweise anders wohl *Dannecker*, S.168f. (Auslegung mit einer „am materiellen Unrecht ausgerichteten Bewertung"); anders *Her-*

Tiedemanns gelten, das Rechtsgut sowohl aus den ausdrücklichen Willensäußerungen des historischen Gesetzgebers als auch aus den empirisch typischen Folgen des im Tatbestand umschriebenen Verhaltens abzuleiten[562]: denn die Bezugnahme auf den Gesetzgeber stellt nichts anderes als eine historische Auslegung dar, und letztlich dürfte es sich auch beim Abstellen auf die empirisch typischen Folgen um eine Art Auslegung handeln. Soweit nämlich die typischen Folgen im Tatbestand „vertypt" sind, müßten sie sich doch auch im Wege der Auslegung ermitteln lassen. Sind die empirisch relevanten typischen Folgen dagegen solche, von denen der Tatbestand nichts erwähnt, dürfte deren Ermittlung der Sache nach aber wohl mit einer teleologischen, möglicherweise auch mit einer systematischen Auslegung einhergehen. Damit dürfte die vorgenannte Rechtsgutsbestimmung aber auch für *Tiedemann* letztlich eine Frage der Auslegung sein.[563] Ob dies von denjenigen Autoren, die zur Ermittlung des Rechtsguts überhaupt keine Ausführungen machen, stillschweigend ebenso gesehen wird, bedürfte einer eingehenden Untersuchung, die nicht Aufgabe dieser Arbeit sein kann. An dieser Stelle soll der Hinweis darauf genügen, daß es bei unbefangener Betrachtung überzeugend erscheint, das Rechtsgut eines Tatbestands durch Auslegung zu ermitteln.[564] Für die weitere Untersuchung der Argumentation der h.M., die zur Ablehnung derjenigen Schadensbegriffe, die zum Schutz der Dispositionsfreiheit führen, auf das geschützte Rechtsgut des § 263 StGB abstellt, soll daher unterstellt werden, daß das Rechtsgut in dieser Weise zu bestimmen ist. Im Hinblick darauf, daß es im Ergebnis auf die Tragfähigkeit dieser Argumentation ohnehin nicht ankommt – sie hier bloß kritisch zu würdigen ist –, ist eine solche Unterstellung unbedenklich.

Freilich könnte ein als Auslegungsprodukt verstandenes Rechtsgut Bedenken im Hinblick auf seine Leistungsfähigkeit ausgesetzt sein. Dies soll jedoch nicht an dieser Stelle, sondern im Rahmen der Klärung der Bedeutung des Rechtsguts für die Auslegung näher beleuchtet werden. Hinzuweisen ist abschließend aber nochmals auf eine grundsätzliche – und bereits eingangs erwähnte – Schwierigkeit bei der Ermittlung des Rechtsguts: Solange keine Klarheit über den Begriff des Rechtsguts besteht, kann es kaum gelingen, „das" Rechtsgut eines Tatbestands zu ermitteln. Ermittelt werden kann das Rechtsgut letztlich immer nur von der Warte des zugrundegelegten Rechtsgutsbegriffs aus.

---

nández, S.42f. (Auslegung mit Blick auf die relevanten interpretatorischen Folgen, die auf den Schutzzweck bezogen ist und mit *einem* [Hervorhebung im Original] möglichen Wortsinn des Tatbestands in Übereinstimmung stehen muß).

561 Vom Standpunkt eines rein methodischen Rechtsgutsbegriffs aus müßte man sich dabei allerdings wohl auf die teleologische Auslegung beschränken.

562 *Tiedemann*, in: LK[11] vor § 283 Rdnr.54 m.w.N.; gegen eine folgenorientierte Rechtsgutsbestimmung allerdings *J. Vogel*, Legitimationsprobleme, S.682f.

563 So nun auch ausdrücklich *Tiedemann*, in: LK[11] vor § 263 Rdnr.19.

564 Grundsätzlich ablehnend allerdings *J. Vogel*, Legitimationsprobleme, S.567, 678f., der selbst das Rechtsgut als Legitimationsgrund einer strafbewehrten Verhaltensnorm in einem auf der vollen Breite von Verfassungsrecht, Kriminalpolitik und Strafrechtsdogmatik geführten politisch-ethischen Diskurs bestimmen will (a.a.O., S.683). Aber wird der „Legitimationsgrund" letztlich nicht selbst durch eine Art (teleologische?) Auslegung ermittelt?

γ) Vermögen als alleiniges Rechtsgut des § 263 StGB?

Geht man davon aus, daß das Rechtsgut eines Tatbestands durch Auslegung zu ermitteln ist, so bleibt die Frage, welches Rechtsgut § 263 StGB hat. Zwar wird – wie bereits erwähnt wurde – von der ganz h.M. angenommen, daß geschütztes Rechtsgut des Betrugstatbestands ausschließlich das Vermögen sei[565], doch begründet wird dies nur vereinzelt[566]; ganz überwiegend[567] werden dagegen keinerlei weitere Ausführungen hierzu gemacht. In neuerer Zeit hat freilich *Nelles* das Rechtsgut des § 266 StGB eingehend untersucht[568] und dabei Ausführungen gemacht, die auch für § 263 StGB bedeutsam sind.

Wählt man als ersten Anknüpfungspunkt für die Ermittlung des Rechtsguts des § 263 StGB den Gesetzeswortlaut, so ergibt sich, daß § 263 StGB als tatbestandlichen Erfolg das Vorliegen eines *Vermögens*schadens verlangt. Von daher kann nicht ernstlich zweifelhaft sein, daß Angriffsobjekt des Betrugs jedenfalls auch das Vermögen ist. Billigt man dem Angriffsobjekt eines Tatbestands auch eine Bedeutung für die Ermittlung des Rechtsguts zu, drängt sich die Auffassung, daß Rechtsgut des § 263 StGB das Vermögen ist, tatsächlich geradezu auf.[569]

Fraglich ist aber, ob es bei § 263 StGB daneben noch ein weiteres Rechtsgut gibt. Von vornherein ausgeschlossen könnte dies möglicherweise aus gesetzessystematischen Gründen sein: Bei § 266 StGB wird schließlich von einem Teil der Literatur vertreten, daß dieser Tatbestand neben dem Vermögen allein deswegen kein weiteres Rechtsgut haben könne, weil er im 22. Abschnitt des Besonderen Teils des StGB eingeordnet sei.[570] Da § 263 StGB ebenfalls in diesen Abschnitt eingegliedert ist, stellt sich diese Problematik für den Betrug in gleicher Weise. Überzeugen würde der Verweis auf diese Einordnung jedoch allenfalls dann, wenn bei sämtlichen übrigen Tatbeständen des 22. Abschnitts des Besonderen Teils des StGB allein das Vermögen das Rechtsgut wäre. Dies ist jedoch in mehrfacher Hinsicht nicht der Fall.[571] Erwähnt sei an dieser Stelle nur der Tatbestand des § 265 StGB. Rechtsgut des § 265 StGB a.F. war nach ganz überwiegender – und hier als richtig zu unterstellender – Meinung, jedenfalls (auch) die soziale Leistungsfähigkeit des dem allgemeinen Nutzen dienenden (Feuer- und See-) Versicherungswesens.[572] Trotz der Neufassung des § 265 StGB dürfte die soziale Leistungsfähigkeit des Versicherungswesens aber auch weiterhin zumindest ein Rechtsgut dieses Tatbestands

---

565 Nachweise hierzu oben S.88 Fußn.522.

566 Siehe etwa *Ahn*, S.32ff.; *H. Hartmann*, S.17ff., 19ff.; *Joecks*, Vermögensverfügung, S.48; *Lackner*, in: LK[10] § 263 Rdnr.4; *Tiedemann*, in: LK[11] vor § 263 Rdnr.18ff.

567 Siehe nur *Boog*, S.7f. (bezogen auf Art.148 SchwStGB a.F.); *Cramer*, in: Schönke/Schröder[25] § 263 Rdnr.1; *W. Hartmann*, S.20f.

568 *Nelles*, S.290ff.

569 *Tiedemann*, in: LK[11] vor § 263 Rdnr.19; bezogen auf § 266 StGB ganz ähnlich *Nelles*, S.290f.

570 So wohl *Engelbert Hübner*, in: LK[10] § 266 Rdnr.19; *Schünemann*, in: LK[11] § 266 Rdnr.28; vgl. hierzu *Nelles*, S.292.

571 Zusammenfassend *Nelles*, S.293ff.

572 Für die h.M. *Tiedemann*, in: LK[11] § 265 Rdnr.8 m.w.N. in Rdnr.6; *BGHSt* 11, 398, 400f.

sein.[573] Von daher kann aus der Tatsache, daß § 263 StGB in den 22. Abschnitt des Besonderen Teils des StGB eingeordnet ist, nicht gefolgert werden, daß es bei § 263 StGB außer dem Vermögen kein weiteres Rechtsgut gibt.[574] Da für eine solche Folgerung auch ansonsten keine Ansatzpunkte ersichtlich sind, ist es somit prinzipiell möglich, daß § 263 StGB mehrere Rechtsgüter hat. Ob dies tatsächlich der Fall ist, soll im folgenden – zumindest kurz – beleuchtet werden:

Diskutiert wird in diesem Zusammenhang im Schrifttum in erster Linie die Frage, ob sich ein weiteres Rechtsgut des § 263 StGB aus einem Vergleich mit § 253 StGB herleiten läßt.[575] Entsprechende Ausführungen finden sich in neuerer Zeit bei *Kindhäuser*[576], der den Betrug als ein vermögensschädigendes Freiheitsdelikt ansieht. Zur Begründung führt *Kindhäuser* an, daß die Erpressung allgemein als eine gegen die Freiheit der wirtschaftlichen Disposition gerichtete Nötigung interpretiert werde.[577] Neben den in § 240 StGB genannten Mitteln gehöre aber auch die u.a. in §§ 234, 235, 237 StGB erwähnte – und bei Vorliegen einer Täuschung stets zu bejahende – List zu den vom Strafrecht geächteten Zwangsmitteln. Da die List in Form der Täuschung aber ebenso Konstituente des Betrugstatbestands sei, wie Gewalt und Drohung Konstituenten der Erpressung seien, sei – so *Kindhäuser* – nicht einsichtig, warum das Betrugsverbot nur das Vermögen und nicht *auch*[578] die Dispositionsfreiheit des Geschädigten schützen solle.[579]

Gegen eine solche Argumentation wird allerdings vorgebracht, daß die persönliche Freiheit auch außerhalb der Erpressung gegen Zwang strafrechtlich geschützt sei (§ 240 StGB) – so daß die Erpressung unter dem Gesichtspunkt des Freiheitsschutzes als spezialisierter Fall der Nötigung erscheine –, während es an der entsprechenden rechtlichen Konkretisierung eines Schutzes sowohl der Wahrheit und Redlichkeit im Verkehr wie auch der persönlichen Freiheit gegen Überlistung fehle.[580] Ob dieser Gedanke wirklich durchgreift, erscheint jedoch fraglich: Zutreffend

573 Siehe nur *Fischer*, in: Tröndle/Fischer[49] § 265 Rdnr.2; *Tiedemann*, Wirtschaftsbetrug, Nachtrag § 265 Rdnr.11 m.w.N., der sogar der Ansicht ist, die Gesamtausgestaltung des § 265 StGB n.F. lasse diesen Tatbestand stärker als in der früheren Fassung zu einer Straftat gegen die soziale Leistungsfähigkeit der Versicherer werden; siehe auch *Hillenkamp*, in: Wessels/Hillenkamp, BT 2[22], S.254 Rdnr.652.

574 So bezogen auf § 266 StGB *Nelles*, S.294ff.; in diesem Sinne (für § 263 StGB) auch *Tiedemann*, in: LK[11] vor § 263 Rdnr.19.

575 Hierzu etwa *Ahn*, S.32; *H. Hartmann*, S.18, 21; *Kindhäuser*, ZStW 103 (1991), 398f.; *Lackner*, in: LK[10] § 263 Rdnr.4; *Tiedemann*, in: LK[11] vor § 263 Rdnr.23f.

576 *Kindhäuser*, ZStW 103 (1991), 398f.; siehe auch ders., JZ 1991, 492, 495 Fußn.22 a.E. [siehe dazu auch oben S.82 Fußn.490]; kritisch zu *Kindhäusers* Deutung des Betrugs als vermögensschädigendes Freiheitsdelikt *Gössel*, BT 2, S.312 Rdnr.2.

577 Die h.M. schließt an diese Interpretation der Erpressung die Aussage an, daß Rechtsgüter des § 253 StGB sowohl das Vermögen als auch die Freiheit seien (für die h.M. *Eser*, in: Schönke/Schröder[25] § 253 Rdnr.1 m.w.N., der allerdings von „Schutzgütern" spricht.).

578 Hervorhebung im Original.

579 *Kindhäuser*, ZStW 103 (1991), 398f.

580 *Lackner*, in: LK[10] § 263 Rdnr.4; ganz ähnlich *H. Hartmann*, S.21; *Joecks*, Vermögensverfügung, S.48; wohl auch *Ahn*, S.33; ansatzweise auch *Bockelmann*, in: Kohlrausch-FS, S.226, 242 Fußn.29; siehe auch *Tiedemann*, in: LK[11] vor § 263 Rdnr.24.

ist zwar, daß die Erpressung eine qualifizierte Nötigung ist[581] und daß sich vergleichbare Überlegungen etwa bezüglich der in § 235 StGB genannten List nicht anstellen lassen. Keineswegs selbstverständlich ist dagegen, daß eine entsprechende rechtliche Konkretisierung offenbar Voraussetzung für das Rechtsgut sein soll: Bei § 242 StGB stellt die h.M. zur Ermittlung des Rechtsguts nämlich letztlich (auch) auf die Art des Angriffs ab und erblickt das Rechtsgut dort nicht nur im Eigentum, sondern auch im Gewahrsam.[582] Für den Gewahrsam gilt jedoch in gleicher Weise wie etwa für die List, daß er keinen eigenständigen strafrechtlichen Schutz genießt. Von daher erscheint zweifelhaft, ob die Auffassung, neben dem Vermögen sei die Dispositionsfreiheit geschütztes Rechtsgut des § 263 StGB, mit der oben aufgezeigten Begründung abgelehnt werden kann.

Ermittelt man das Rechtsgut eines Tatbestands durch Auslegung, ergibt sich aber zumindest aus einem anderen Grund, daß die Dispositionsfreiheit jedenfalls nicht dergestalt Rechtsgut des § 263 StGB sein kann, daß deren bloße Beeinträchtigung bereits einen Vermögensschaden begründet: denn aus der tatbestandlichen Struktur des § 263 StGB lassen sich auch Aussagen für dessen Rechtsgut gewinnen.[583] Wie bereits mehrfach erwähnt wurde[584], wird diese Struktur aufgezeigt durch einen Vergleich zwischen § 263 StGB und § 123 BGB und die sich daran anschließende Erkenntnis, daß das Merkmal des Vermögensschadens letztlich keine eigenständige Bedeutung hätte, wenn es allein aufgrund des Vorliegens einer irrtumsbedingten Vermögensverfügung erfüllt wäre. Daraus folgt für das Rechtsgut zunächst einmal – mit den obigen Erkenntnissen einhergehend –, daß die Dispositionsfreiheit keinesfalls das alleinige Rechtsgut des § 263 StGB sein kann. Ob daraus auch abzuleiten ist, daß die Dispositionsfreiheit überhaupt kein Rechtsgut des § 263 StGB ist[585], mag u.U. zweifelhaft erscheinen, kann im vorliegenden Zusammenhang allerdings offenbleiben. Denn jedenfalls ergibt sich aus der tatbestandlichen Struktur des § 263 StGB – und an dieser könnte auch eine empirisch orientierte Rechtsgüterlehre nicht vorbeisehen –, daß die Dispositionsfreiheit nicht dergestalt Rechtsgut des § 263 StGB ist, daß aus ihrer bloßen Beeinträchtigung bereits das Vorliegen eines Vermögensschadens folgt.

Mit alledem ist keineswegs gesagt, daß Rechtsgut des § 263 StGB *allein* das Vermögen ist. Erwägenswert erscheint insbesondere, in einer § 242 StGB entsprechenden Art und Weise auch bei § 263 StGB bei der Ermittlung des Rechtsguts an die Angriffsart anzuknüpfen. Zumindest im Hinblick darauf, daß die bloße Vermögensbeschädigung im deutschen Recht nicht strafbar ist, könnte ein solches Anknüpfen

---

581 *Eser*, in: Schönke/Schröder[25] § 253 Rdnr.1.

582 Für die h.M. *Ruß*, in: LK[11] vor § 242 Rdnr.3 m.w.N.; *BGHSt* 10, 400, 401.

583 Daß man aus der tatbestandlichen Struktur des § 263 StGB auch – wie oben auf S.87 geschehen – „direkte" Aussagen zu den auf den Schutz der Dispositionsfreiheit hinauslaufenden Schadensbegriffen ableiten kann, steht der Möglichkeit von Aussagen zum Rechtsgut des § 263 StGB nicht entgegen.

584 Siehe oben S.85f., 87.

585 So *Ahn*, S.33f.; dagegen ist *Jordan*, JR (im Erscheinen), Abs.18f., der Ansicht, daß der Gesetzeswortlaut eine „Einbeziehung bestimmter Aspekte der Dispositionsfreiheit" nicht ausschließe, läßt aber offen, ob die Dispositionsfreiheit Rechtsgut des § 263 StGB sei.

auch durchaus sinnvoll sein. In Betracht käme dann etwa, daß neben dem Vermögen auch die Wahrheit und / oder Treu und Glauben Rechtsgüter des § 263 StGB wären.[586] Ob dem tatsächlich so ist, bedürfte freilich einer sehr eingehenden Untersuchung, die wohl nicht umhinkäme, auch die verschiedenen Rechtsgutsbegriffe einzubeziehen, und möglicherweise im einzelnen auch Schwierigkeiten mit sich bringen könnte, wenn das Rechtsgut eines Tatbestands allein durch Auslegung ermittelt wird. Im Rahmen dieser Arbeit kann und muß eine solche Untersuchung jedoch nicht unbedingt geleistet werden: nach dem hier vertretenen[587] Ansatz kann die Tragfähigkeit einer auf das Rechtsgut des § 263 StGB abstellenden Argumentation schließlich im Ergebnis dahingestellt bleiben. Daher soll an dieser Stelle darauf verzichtet werden, das Rechtsgut des § 263 StGB durch eine entsprechend umfangreiche Untersuchung weiter zu beleuchten.

Als eine Art „Zwischenergebnis“ bleibt jedoch folgendes festzuhalten:

1. Rechtsgut des § 263 StGB ist jedenfalls das Vermögen.
2. Das Bestehen eines weiteren oder mehrerer weiterer Rechtsgüter des § 263 StGB ist nicht von vornherein ausgeschlossen.
3. Die Dispositionsfreiheit ist jedenfalls nicht dergestalt Rechtsgut des § 263 StGB, daß deren bloße Beeinträchtigung bereits einen Vermögensschaden begründet.

δ) Bedeutung des Rechtsguts für die Auslegung

Wenn die h.M. zur Ablehnung von Schadensbegriffen, die auf den Schutz der Dispositionsfreiheit hinauslaufen, auf das Rechtsgut des § 263 StGB abstellt[588], so nimmt sie damit nach allgemeiner Auffassung eine teleologische Auslegung vor.[589] Ermittelt man das Rechtsgut eines Tatbestands jedoch selbst durch Auslegung, so erscheint die Aussagekraft einer solchen Vorgehensweise fraglich: Zwar ist auch die teleologische Auslegung im deutschen Strafrecht grundsätzlich von Bedeutung dafür, die Reichweite einer einzelnen Norm unter Beachtung der Wortlautgrenze (Art.103 II GG) zu bestimmen[590], doch es wirkt bei unbefangener Betrachtung nicht besonders überzeugend, wenn man sich dabei – wie im Falle des Rechtsguts – seinerseits auf ein Auslegungsprodukt stützt.

Auf den ersten Blick mag man hier schon an das Vorliegen eines Zirkelschlusses denken.[591] Bei genauerem Hinsehen zeigt sich jedoch, daß entsprechende Bedenken wohl unbegründet wären, denn eine sich auf das Rechtsgut stützende Auslegung wäre jedenfalls dann nicht zirkulär, wenn man bei der Ermittlung des Rechtsguts

586 Gegen solche Überlegungen *H. Hartmann*, S.19ff.
587 Siehe oben S.87.
588 Nachweise hierzu oben S.87 Fußn.519.
589 Vgl. nur *Nelles*, S.287ff.; *Rudolphi*, in: Honig-FS, S.151 m.w.N.
590 *Nelles*, S.289.
591 So etwa *J. Vogel*, Legitimationsprobleme, S.567, 678.

diejenigen – zweifelhaften – Merkmale einer Norm nicht berücksichtigen würde, für deren Interpretation das Rechtsgut benötigt wird.[592]

Viel problematischer ist ein ganz anderer Gesichtspunkt: Wenn teleologische Argumentation mittels des Rechtsguts letztlich – wie es *Nelles* vom Standpunkt eines materiellen Rechtsgutsverständnisses aus formuliert – „nichts anderes [ist] als der Schluß aus bekannten Elementen einer Norm, ihren systematischen Bezügen und ihren Motiven auf ein Gut, [... das] durch Wertentscheidung des Gesetzgebers zum „Rechtsgut“ geworden ist, [...] um dieses materiale Kriterium dann für die Auslegung (der übrigen Elemente) der Norm einsetzen zu können“[593], dann ist ihre Leistungsfähigkeit in der Tat begrenzt: Es wird mit einer solchen Argumentation zwar etwas ausgesagt, doch nicht mehr als dasjenige, was sich unter Zuhilfenahme der üblichen Auslegungsmethoden auch als Ergebnis einer nicht auf das Rechtsgut abstellenden Auslegung sagen ließe. Hieran mag man sich zwar stören, doch richtiggehend „schädlich“ ist dies nicht. Problematisch an der aufgezeigten Vorgehensweise ist aber, daß man in die Auslegungskette den Begriff des Rechtsguts einschiebt: Angesichts der Bedeutung, die dem Rechtsgut im Rahmen der Straftattheorie zugesprochen wird, dürfte man tendenziell nämlich geneigt sein, den Stellenwert einer auf das Rechtsgut abhebenden Argumentation zumindest unbewußt zu überschätzen. Der Rechtsgutsbegriff als solcher hat eine suggestive Kraft[594], ist andererseits aber – wie oben dargestellt wurde[595] – in grundsätzlicher Hinsicht mit vielen Unklarheiten und Unsicherheiten behaftet.

Insgesamt ist dies für eine auf das Rechtsgut abstellende Argumentation kein besonders gutes Ergebnis. Im Hinblick darauf, daß eine *eigenständige* Bedeutung des Rechtsguts als Mittel zur Auslegung nicht ersichtlich ist – da man dieselben Aussagen auch durch eine nicht auf das Rechtsgut abzielende Auslegung gewinnen könnte –, drängt sich somit die Frage auf, ob es nicht sinnvoller wäre, den Begriff des Rechtsguts im Rahmen der Auslegung überhaupt nicht oder nur zurückhaltend heranzuziehen. Diese Frage näher zu beleuchten, kann jedoch nicht Aufgabe dieser Arbeit sein.

ε) Konsequenzen für diejenigen Schadensbegriffe, die auf den Schutz der Dispositionsfreiheit hinauslaufen

Stellt man sich allerdings auf den Standpunkt, daß das Rechtsgut als solches bei der Auslegung zu berücksichtigen ist, bleibt zu beleuchten, welche Konsequenzen sich hieraus für § 263 StGB ergeben. Von Interesse sind an dieser Stelle nur die Folgen für diejenigen Schadensbegriffe, die auf den Schutz der Dispositionsfreiheit hinauslaufen. Geht man davon aus, daß zumindest das Vermögen, keinesfalls jedoch die Dispositionsfreiheit dergestalt Rechtsgut des § 263 StGB ist, daß deren bloße Be-

---

592 *Nelles*, S.289f., 290; ablehnend hierzu *J. Vogel*, Legitimationsprobleme, S.678f.

593 *Nelles*, S.290.

594 *Appel*, S.345.

595 Siehe oben S.92ff.

einträchtigung bereits einen Vermögensschaden begründet, dann sind insoweit keine Gesichtspunkte auszumachen, die einer allein auf das Rechtsgut des § 263 StGB gestützten Ablehnung dieser Schadensbegriffe entgegenstehen könnten.

ccc) Zusammenfassung

Insgesamt ist nach alledem zur Argumentation der h.M., die die zum Schutz der Dispositionsfreiheit führenden Schadensbegriffe allein mit der Begründung ablehnt, daß geschütztes Rechtsgut des § 263 StGB ausschließlich das Vermögen sei, folgendes festzuhalten:

1. Eine gesicherte Erkenntnis darüber, was ein Rechtsgut überhaupt ist, gibt es derzeit nicht.
2. Die Frage, wie das Rechtsgut eines Tatbestands ermittelt wird, bleibt überwiegend unbeantwortet. Vereinzelt wird angenommen, daß das Rechtsgut durch Auslegung zu ermitteln sei; hält man dies für zutreffend, ergibt sich:
3. Rechtsgut des § 263 StGB ist jedenfalls das Vermögen; die Existenz eines weiteren oder mehrerer weiterer Rechtsgüter ist nicht von vornherein ausgeschlossen.
4. Die Dispositionsfreiheit ist jedenfalls nicht dergestalt Rechtsgut des § 263 StGB, daß deren bloße Beeinträchtigung bereits einen Vermögensschaden begründet.
5. Das Rechtsgut kann zur (teleologischen) Auslegung prinzipiell herangezogen werden. Eine *eigenständige* Bedeutung des Rechtsguts als Mittel zur Auslegung ist jedoch nicht ersichtlich, da dieselben Aussagen auch durch eine nicht auf das Rechtsgut abstellende Auslegung gewonnen werden könnten.
6. Der Rechtsgutsbegriff hat eine suggestive Kraft. Von daher besteht die Gefahr, die Bedeutsamkeit einer auf das Rechtsgut abhebenden Argumentation zu überschätzen.
7. Stellt man trotzdem bei der Auslegung auf das Rechtsgut des betreffenden Tatbestands ab, so sind keine Gesichtspunkte auszumachen, die einer allein auf das Rechtsgut des § 263 StGB gestützten Ablehnung derjenigen Schadensbegriffe, die zum Schutz der Dispositionsfreiheit führen, entgegenstehen könnten.

Zusammenfassend läßt sich sagen, daß die Argumentation der h.M. in grundsätzlicher Hinsicht mit manchen Fragezeichen zu versehen ist: das Rekurrieren auf das Rechtsgut als solches schafft eigentlich mehr Probleme, als daß es hilfreich wäre. Trotz der oben aufgezeigten Bedenken ist die Argumentation andererseits aber auch nicht gänzlich von der Hand zu weisen. Auf eine abschließende Stellungnahme soll hier verzichtet werden. Im Hinblick darauf, daß diejenigen Schadensbegriffe, die auf den Schutz der Dispositionsfreiheit hinauslaufen, zumindest aufgrund der tatbestandlichen Struktur des § 263 StGB keine Zustimmung verdienen[596], ist eine solche Stellungnahme auch ohne weiteres entbehrlich.

---

596 Siehe hierzu oben S.87.

cc) Zwischenergebnis

Als Zwischenergebnis ist festzuhalten, daß die zum Schutz der Dispositionsfreiheit führenden Schadensbegriffe nicht überzeugen können. Somit sind sowohl der personale als auch der subjektive und der rein individuelle Schadensbegriff abzulehnen. Zu prüfen bleibt, ob die anderen Schadensbegriffe Zustimmung verdienen.

b) Zum funktionalen Schadensbegriff

Gegen den funktionalen Schadensbegriff *Weidemanns* wird häufig vorgebracht, daß auch er auf den Schutz der Dispositionsfreiheit hinauslaufe; ergeben soll sich dies aus dem Umfang der berücksichtigten Zwecksetzungen.[597] Ob diese Bedenken zutreffend sind – immerhin verlangt *Weidemann* für das Vorliegen eines Vermögensschadens auch den Einsatz von Vermögensgütern zur Erreichung des betreffenden Zwecks – mag dahingestellt sein: Abzulehnen ist der funktionale Schadensbegriff nämlich zumindest deswegen, weil er letztendlich den Schutz der freien Entfaltung der Persönlichkeit zum Ziel hat, ohne überzeugend darzulegen, warum § 263 StGB an diesem Schutz überhaupt mitwirken sollte.[598]

c) Zum Schadensbegriff *Jakobs'*

Einwänden sieht sich auch der zwischen wirtschaftlicher und nicht wirtschaftlicher Betätigung differenzierende Schadensbegriff *Jakobs'* ausgesetzt. Erstens ist schon unklar, wie diese beiden Bereiche voneinander abgegrenzt werden sollen; *Jakobs* selbst zeigt diesbezüglich keine tauglichen Abgrenzungskriterien auf.[599] Und zweitens wird bei *Jakobs* – und das ist noch gravierender – letztlich nicht deutlich, worauf sich im Bereich nicht wirtschaftlicher Betätigung das Vorliegen eines Schadens in dogmatischer Hinsicht gründen soll. Der bloße Verweis auf die angebliche Schutzlosigkeit des eingesetzten Vermögens reicht zur Schadensbegründung nicht aus. Damit ist auch der Schadensbegriff *Jakobs'* abzulehnen.[600]

d) Zum Schadensbegriff *Nauckes*

Gleich in mehrfacher Hinsicht ist auch der Schadensbegriff *Nauckes* erheblichen Einwänden ausgesetzt:

Schon *Nauckes* Ausgangspunkt – Art.103 II GG den Inhalt zu geben, der § 2 PrStGB beigelegt wurde – vermag kaum zu überzeugen: In methodischer Hin-

597 *Cramer*, in: Schönke/Schröder[25] § 263 Rdnr.81 a.E.; *Gerhold*, S.27; vgl. *Boog*, S.21; siehe auch *Lackner*, in: LK[10] § 263 Rdnr.124.

598 Vgl. (bezogen auf den funktionalen Vermögensbegriff) bereits oben S.84; ablehnend zum funktionalen Schadensbegriff i.E. auch *Tiedemann*, in: LK[11] § 263 Rdnr.185.

599 *Jakobs*, JuS 1977, 228, 231, selbst weist sogar darauf hin, daß sich die Grenze zwischen wirtschaftlichem Verhalten und persönlicher Lebensgestaltung wohl nur ungenau bestimmen lasse.

600 So i.E. etwa auch *D. Geerds*, S.127 Fußn.254, der auf Abgrenzungsschwierigkeiten zum allgemeinen Persönlichkeitsschutz abhebt; *Lackner*, in: LK[10] § 263 Rdnr.124.

sicht stimmt hieran bereits bedenklich, daß *Naucke* sehr schnell von den Vorstellungen des konkreten Normgebers – also des Grundgesetzgebers – abgeht, mögen dessen Vorstellungen auch noch so dürftig gewesen sein.[601] Unabhängig hiervon lassen die Ausführungen *Nauckes* aber auch eine eingehende Begründung dafür vermissen, warum stattdessen gerade die Vorstellungen des Gesetzgebers des § 2 PrStGB maßgeblich sein sollten. Im Hinblick darauf, daß der von *Naucke* bemühte[602] Grundsatz „nullum crimen sine lege" im 19. Jahrhundert in Deutschland nicht nur in § 2 PrStGB, sondern auch in mehreren Verfassungen und in anderen Strafgesetzbüchern verankert war[603], sind *Nauckes* diesbezüglichen Ausführungen schlicht zu knapp geraten.[604]

Aber selbst wenn Art.103 II GG der Inhalt zu geben wäre, der § 2 PrStGB beigelegt wurde, würden Bedenken gegen die Ansicht *Nauckes* bestehen: Zweifelhaft ist nämlich auch *Nauckes* weitere Annahme, ausschließlich die historische Auslegungsmethode sei als mit § 2 PrStGB vereinbar angesehen worden. Aufschlußreich hierzu sind insbesondere *Goldtammers* Materialien zum PrStGB, in denen es bezogen auf § 2 PrStGB heißt: „Die Ausschließung der Analogie [...] beschränkt [...] das richterliche Urtheil lediglich auf die allgemeinen Interpretationsregeln. Diese gestatten aber sowohl die grammatische als die logische Interpretation, also die Auslegung nach Wortlaut und Sinn der einzelnen Vorschriften. Dies ist unzweifelhaft die Absicht des Gesetzbuches."[605] Zumindest mit diesen Feststellungen *Goldtammers* läßt sich *Nauckes* Position nicht einmal ansatzweise in Einklang bringen.[606]

Darüber hinaus spricht gegen *Nauckes* Deutung des Art.103 II GG, daß sie die geistesgeschichtlichen Zusammenhänge gänzlich unberücksichtigt läßt: schon die Vorstellung, der Grundgesetzgeber (!) habe für das Strafrecht nur die historische Auslegung als verfassungsgemäß erachten und den anderen allgemein anerkannten Auslegungsmethoden eine Absage erteilen wollen – womit er dem Recht insoweit jegliche Entwicklungs- und Anpassungsfähigkeit genommen hätte –, ist geradezu absurd.[607] Es ergibt sich somit, daß Art.103 II GG keine Verpflichtung zu einer

601 *Cramer*, S.29 Fußn.39; vgl. *Hirsch*, ZStW 81 (1969), 934, 940.

602 Vgl. *Naucke*, S.184f.

603 Vgl. hierzu *Cramer*, S.29 Fußn.39 m.w.N. zur historischen Verbreitung des Grundsatzes „nullum crimen sine lege".

604 *Cramer*, S.29 Fußn.39. – Damit ist freilich nicht gesagt, daß Art.103 II GG nicht auf § 2 PrStGB zurückgeht.

605 *Goldtammer*, Materialien I, S.55.

606 Vgl. *Hirsch*, ZStW 81 (1969), 934, 939f.; *Tiedemann*, in: LK[11] vor § 263 Rdnr.19.

607 Vgl. *Cramer*, S.29 Fußn.39, S.31 („Nichts lag weniger in den Intentionen unseres Verfassungsgebers als ein 'Zurück zur geistigen Vorstellungswelt unserer Urgroßväter'."); *Hirsch*, ZStW 81 (1969), 934, 940, für den sich bei einer Analyse des historischen Willens des Grundgesetzgebers anhand der Materialien des Parlamentarischen Rates jedenfalls ergibt, daß jener hinsichtlich des Satzes nullum crimen sine lege keine Rückkehr zum Rechtszustand der Mitte des vorigen Jahrhunderts beabsichtigt habe, sondern an die späteren Regelungen des Satzes angeknüpft habe und von den inzwischen erfolgten Entwicklungen der juristischen Hermeneutik ausgegangen sei; *Otto*, Struktur, S.20.

ausschließlich historischen Auslegung begründet.[608] [609] Nach alledem ist als Fazit zu ziehen, daß der Schadensbegriff *Nauckes* abzulehnen ist.[610]

---

608 So zumindest i.E. auch *Cramer*, S.29 Fußn.39 a.E., S.31; *Eser*, in: Schönke/Schröder[25] § 1 Rdnr.42; *Hirsch*, ZStW 81 (1969), 934, 940ff.; *Riemann*, S.19f.; *Schmidt-Aßmann*, in: Maunz/Dürig Art.103 II Rdnr.228; *Tiedemann*, in: LK[11] vor § 263 Rdnr.19. – Nur am Rande sei bemerkt, daß auch *Naucke* selbst an anderer Stelle Ausführungen macht, die mit der von ihm angenommenen Verpflichtung – und der Art und Weise ihrer Herleitung aus Art.103 II GG – zu einer ausschließlich historischen Auslegung im Strafrecht kaum vereinbar sind: So plädiert *Naucke*, ZRP 1969, 8ff., im Zusammenhang mit dem Rückwirkungsverbot etwa für eine rechtspolitische Handhabung des Art.103 II GG („Es ist *nicht* zu erörtern, wieweit Art.103 Abs.2 GG *reicht*, sondern es ist zu erörtern, wieweit diese Bestimmung *reichen soll.*", a.a.O., 8 [Hervorhebungen im Original]). Darüber hinaus bezeichnet er die Meinung, Art.103 II GG könne kein Analogieverbot zuungunsten des Beschuldigten enthalten, da Auslegung und Analogie heutzutage nicht mehr zu trennen seien, als „wohlbegründet" und „bisher unwiderlegt" (a.a.O., 9). Die Gegensätzlichkeit der verschiedenen Äußerungen *Nauckes* könnte damit aber kaum größer sein (kritisch dazu auch *Hirsch*, ZStW 81 (1969), 934, 943).

609 Selbst wenn man von einer solchen Verpflichtung ausgehen würde, könnte den Überlegungen *Nauckes* nicht zugestimmt werden: Maßgeblich für die Auslegung müßte dann nämlich der Wille des Gesetzgebers des StGB und nicht – wie *Naucke* meint – des PrStGB von 1851 sein (*Hirsch*, ZStW 81 (1969), 934, 942; *Riemann*, S.20f. [Die Grenzen, die *Naucke* dem Schadensbegriff zuschreibt, waren 1871 von der Rechtsprechung zudem schon überschritten, siehe etwa *PrObTr*, OppenhoffsR 10 (1869), 782, das 1869 – mit *Nauckes* Schadensverständnis unvereinbar – eine Vermögensgefährdung als Schaden angesehen hatte; vgl. hierzu auch *Hirsch*, ZStW 81 (1969), 934, 942; *Riemann*, S.21]).
Würde man sich trotzdem bei der Auslegung des § 263 StGB allein auf die Entstehungsgeschichte des § 241 PrStGB stützen, wäre aber auch – wie *Cramer*, S.30f. Fußn.48, herausgearbeitet hat – zweifelhaft, ob sich aus ihr überhaupt der von *Naucke* vertretene Schadensbegriff herleiten ließe: Nach Art.62 I PrVerf erfolgte die Gesetzgebung in Preußen gemeinschaftlich durch den König und durch zwei Kammern. Daß sich der König Gedanken über den Schadensbegriff gemacht hat, ist kaum anzunehmen (vgl. a.a.O., S.30 Fußn.48 Ziff.1). Aber auch bei den beiden Kammern sind weder in den Sitzungsprotokollen noch in den Drucksachen irgendwelche Ausführungen zum Schadensbegriff zu finden (vgl. hierzu a.a.O., S.30 Fußn.48 Ziff.1f. mit einer Übersicht über die von *Cramer* ausgewerteten Sitzungsprotokolle und Drucksachen). *Naucke* stellt zur historischen Auslegung des § 241 PrStGB letztlich denn auch allein auf ein Votum des Justizministers *von Savigny* aus dem Jahre 1845 ab. Zur Frage, ob der zu schaffende Betrugstatbestand nicht bloß den Eintritt eines Schadens, sondern wie im PrALR eine Kränkung von Rechten erfordern sollte, führte *von Savigny* aus, daß „der nicht glücklich gewählte Ausdruck gekränkter Rechte [im ... PrALR] gewiß nichts anderes sagen [wolle], als daß man sich durch die Täuschung bestimmen lasse, Etwas wegzugeben, was man sonst behalten hätte." (*von Savigny*, zitiert nach *Goldtammer*, Materialien II, S.540f., 541). Allein diese Äußerung – und schon das ist kaum überzeugend [kritisch insoweit auch *Cramer*, S.30f. Fußn.48 Ziff.3; *Hirsch*, ZStW 81 (1969), 934, 935f., 941] – reicht *Naucke*, S.81, dafür, um anzunehmen, daß der preußische Gesetzgeber von 1851 den Vermögensschaden so verstanden habe, wie er unter der Geltung des PrALR verstanden worden sei.
Wenn *Naucke*, S.66f., 67, dann weiter unter maßgeblicher Berufung auf *Temme* ausführt, als „Schaden" i.S. des § 1256 PrALR sei allein die Minderung des Vermögens durch den Verlust von Geldern, Sachen oder Rechten aufgefaßt worden, so ist dies aber noch zweifelhafter: denn die Berufung auf *Temme* hält einer Überprüfung nicht stand (zustimmend *Tiedemann*, in: LK[11] vor § 263 Rdnr.19) – ein entsprechendes Betrugsverständnis sah dieser nämlich als zu eng an (siehe etwa *Temme*, S.75f., 76: Betrugsbegriffe, die nur den Fall der Weggabe umfassen würden, seien zu einseitig; stattdessen wird angenommen, der Betrug bestehe „in einer vermittelst Täuschung bewirkten Veranlassung eines Menschen zu einem ihm nachtheiligen Rechtsgeschäfte."; vgl. zum Ganzen auch *Cramer*, S.24f. Fußn.9; *Hirsch*, ZStW 91 (1969), 934, 936).

e) Zum objektiv-individuellen Schadensbegriff

Zu prüfen bleibt, ob der von der h.M. vertretene objektiv-individuelle Schadensbegriff Zustimmung verdient. Für diesen Schadensbegriff spricht, daß sein Ausgangspunkt die reine Marktwertbetrachtung der im Zusammenhang mit der Täuschung herbeigeführten Vermögensbewegungen ist. Durch diese Marktwertbetrachtung wird nämlich zweierlei sichergestellt: zum einen wird gewährleistet, daß der Vermögensschutz nicht zum Persönlichkeitsschutz wird und zum anderen, daß jedenfalls insoweit die Annahme eines Schadens nicht auf den Schutz der Dispositionsfreiheit hinausläuft. Darüber hinaus spricht für diesen Schadensbegriff, daß er durch die Berücksichtigung individueller Gesichtspunkte – Stichwort: persönlicher Schadenseinschlag – im Grundsatz auch eine soziale und „gerechte"[611] Betrachtungsweise des Vermögens ermöglicht, die insoweit auch mit der Lebensrealität einhergeht.[612]

Zweifelhaft könnte am objektiv-individuellen Schadensbegriff allerdings die Erfassung von Zweckverfehlungen sein, soweit selbige als schadensbegründend angesehen werden. Ob insoweit die Dispositionsfreiheit geschützt wird – fernliegend ist dies zumindest nicht –, muß an dieser Stelle jedoch nicht abschließend geklärt werden, da es hier nur darum geht, die vorzugswürdigste Ausgangsposition zum Vermögensschaden zu ermitteln, und die Zweckverfehlung beim objektiv-individuellen Schadensbegriff gerade nicht das zentrale Kriterium der Schadensprüfung ist. In bezug auf seinen Ausgangspunkt ist der objektiv-individuelle Schadensbegriff nach den obigen Ausführungen allerdings durchaus überzeugend. Zumindest im Grundsatz ist diesem Schadensbegriff daher zu folgen; sein genauer Umfang ist unten zu untersuchen.[613]

3. Stellungnahme zur Schadensbegründung mittels des geschützten Rechtsguts

Eine gesonderte Stellungnahme zur Schadensbegründung mittels des geschützten Rechtsguts ist nach den obigen Ausführungen[614] zum Rechtsgut und seiner Bedeutung für die Auslegung entbehrlich.

---

610 So zumindest i.E. auch *Arzt*, in: Arzt/Weber, LH 3^2, S.135 Rdnr.381; *Cramer*, S.29ff.; *Eser*, in: Schönke/Schröder[25] § 1 Rdnr.42; *Hirsch*, ZStW 81 (1969), 934, 935f., 939ff.; *Riemann*, S.19ff., der u.a. darauf abstellt, daß die Ansicht *Nauckes* in völligem Gegensatz zu der im Strafrecht als herrschend anerkannten Synthese zwischen subjektiv-historischer und objektiv-teleologischer Auslegung stehe (a.a.O., S.20); *J. Vogel*, Legitimationsprobleme, S.391; siehe auch *Tiedemann*, in: LK[11] vor § 263 Rdnr.19.

611 *Lackner*, in: LK[10] § 263 Rdnr.156.

612 Selbst wenn die genaue Reichweite einer solchen Betrachtungsweise zweifelhaft sein mag, so ist dem objektiv-individuellen Schadensbegriff aber jedenfalls zugute zu halten, daß er eine solche Betrachtungsweise überhaupt zu leisten vermag.

613 Siehe dazu unten S.112ff.

614 Siehe oben S.91ff., 95ff.

V. Erfordernis einer unbewußten Selbstschädigung bei § 263 StGB?

Bevor die genaue Reichweite des objektiv-individuellen Schadensbegriffs näher beleuchtet wird, ist noch zu klären, ob Betrug i.S. des § 263 StGB das Vorliegen einer unbewußten Selbstschädigung erfordert. Diese Frage ist – gerade im Hinblick auf die Zweckverfehlungslehre – eng mit der Schadensproblematik verknüpft und kann daher auch im Rahmen dieser Arbeit nicht außer Betracht bleiben.[615] Bei dieser Problematik handelt es sich freilich nicht zwangsläufig um eine solche des Tatbestandsmerkmals des Vermögensschadens – in der Literatur finden sich diesbezüglich in dogmatischer Hinsicht unterschiedliche Einordnungen[616], die hier allerdings nicht eingehender behandelt werden sollen.

Ausgangspunkt zur Klärung der Frage, ob Betrug das Vorliegen einer unbewußten Selbstschädigung erfordert, ist der Gesetzeswortlaut des § 263 StGB. Dieser enthält keinerlei Anhaltspunkte für ein Erfordernis einer unbewußten Selbstschädigung. Dementsprechend nehmen Rechtsprechung und ein Teil der Literatur an, daß der Betrugstatbestand das Vorliegen einer unbewußten Selbstschädigung nicht erfordere, mithin auch eine bewußte Selbstschädigung einer entsprechenden Strafbarkeit nicht entgegenstehe.[617] Überwiegend wird in der deutschen[618] Literatur allerdings das Gegenteil angenommen[619]:

---

615 *Gerhold*, S.61, geht offenbar davon aus, daß die Problematik der unbewußten Selbstschädigung sogar wenn überhaupt, dann nur im Bereich der Zweckverfehlung relevant werden könne. Dies zeigt sich daran, daß er meint, es stelle sich die Frage, weshalb es neben der – im Rahmen der vorliegenden Arbeit noch zu untersuchenden – Anerkennung vermögensrelevanter Zwecksetzungen überhaupt noch eines Erfordernisses der unbewußten Selbstschädigung bedürfe. Damit wird aber verkannt, daß das Kriterium einer unbewußten Selbstschädigung nicht notwendig nur im Zusammenhang mit Zweckverfehlungen von Bedeutung sein könnte, sondern etwa auch im Bereich des persönlichen Schadenseinschlags eine Berechtigung haben könnte (siehe hierzu etwa *Cramer*, in: Schönke/Schröder[25] § 263 Rdnr.122; *Ellscheid*, GA 1971, 161, 162; *Graul*, in: Brandner-FS, S.801, 816ff.; *Lenckner*, NJW 1971, 599, 600, sowie oben S.76 Fußn.434).

616 Zu den verschiedenen dogmatischen Einordnungsmöglichkeiten eines solchen Kriteriums zusammenfassend *Gerhold*, S.59f.; siehe auch *Seier*, JuS 1996, L 21, L 22.

617 *Bockelmann*, BT 1[2], S.71f.; *Deutscher/Körner*, JuS 1996, 296, 301; *Gerhold*, S.59ff., 79; *Gössel*, BT 2, S.313 Rdnr.3 a.E., S.370 Rdnr.132, S.389 Rdnr.172; *Hilgendorf*, JuS 1994, 466, 468f.; *Hillenkamp*, in: Wessels/Hillenkamp, BT 2[22], S.210f. Rdnr.525ff.; *Mohrbotter*, GA 1975, 41, 46; *Rengier*, BT I[3], S.170 Rdnr.62; *Schmoller*, JZ 1991, 117, 122ff., 129; ders., in: Bundesministerium für Justiz, Strafrechtliche Probleme der Gegenwart, S.27, 80; *Steininger*, in: Leukauf/Steininger[3] § 146 Rdnr.49; *Welzel*[11], S.370; *Wessels*, BT 2[20], S.135 Rdnr.510, S.143 Rdnr.547; *RG*, JW 1916, 146; *RGSt* 52, 134, 136; *RGSt* 70, 255, 256; *BGHSt* 19, 37, 45; *BGH*, NJW 1992, 2167; *BGH*, NJW 1995, 539; *Hanseat. OLG*, LZ 1933, 798 Nr.3; *BayObLG*, NJW 1952, 798; *OLG Köln*, NJW 1972, 1823, 1824; *OLG Köln*, NJW 1979, 1419, 1420; *LG Aachen*, NJW 1950, 759f.; *BGE* 71 IV 18, 23; wohl auch *Hirschberg*, S.295; *Pawlik*, S.267 Fußn.60; *Schmitt*, PolBl. 1967, 177, 179; *RGSt* 44, 230, 244; widersprüchlich *Benfer*, BT I[2], S.184 Rdnr.667f.

618 Anders ist es im österreichischen Schrifttum (vgl. hierzu *Schmoller*, JZ 1991, 117, 118); für das Erfordernis einer unbewußten Selbstschädigung *Bertel*, Vermögensdelikte, § 146 Anm.III.

619 Für die h.L. *Cramer*, S.206f., 207; ders., in: Schönke/Schröder[25] § 263 Rdnr.41, 100; *Ellmer*, S.134; *Eser*, IV[4], S.125 Rdnr.22, S.144 Rdnr.64; *Frank*[18] § 263 Anm.VI 1; *Goldschmidt*, ZStW 48 (1928), 149, 157; *Haft*, BT[7], S.207, 214f.; *W. Hartmann*, S.74f., 165f.; *Hohmann/Sander*, BT I, S.135 Rdnr.116; *Hoppenz*, S.83; *Krey*, BT 2[12], S.244 Rdnr.468; *Kühl*, in: Lackner/Kühl[23] § 263 Rdnr.55f.; *Küper*, NJW 1970, 2253, 2254; *Lackner*, in: LK[10] § 263 Rdnr.172; *Lenckner*, NJW 1971, 599, 600; *Maiwald*, in: Maurach/Schroeder/Maiwald, BT 1[8], S.461 Rdnr.121;

1. Fehlende Täuschung bei bewußter Selbstschädigung?

Arzt stellt im Falle der bewußten Selbstschädigung auf den Gesichtspunkt der Täuschung ab und meint – bezogen auf den sog. Spendenbetrug –, daß eine Täuschung im Hinblick auf das Wissen des Opfers um die eigene wirtschaftliche Schädigung nicht möglich sei und § 263 StGB von daher nicht eingreife.[620] Dieser Standpunkt hat zu Recht vielfältige Ablehnung erfahren, denn *Arzt* verkennt, daß es auch im Falle einer bewußten Selbstschädigung zahlreiche Möglichkeiten gibt, einen anderen durch Täuschung zu motivieren. Bei § 263 StGB kommt es nach dem insoweit eindeutigen Gesetzeswortlaut aber nicht darauf an, ob sich die Täuschung gerade auf die Schädlichkeit der Vermögensverfügung bezieht, sondern bloß darauf, ob sie auf dem Wege über einen Irrtum – welchen Inhalts auch immer – einen Schaden verursacht hat.[621]

2. Fehlender betrugsrelevanter Irrtum bei bewußter Selbstschädigung?

a) Irrtum als eigentliche Quelle der Verletzung

Teilweise ähnlich wie *Arzt*, jedoch auf das Tatbestandsmerkmal des Irrtums bezogen, hatte sich auch *Adolf Merkel* geäußert. Er forderte, daß sich der Getäuschte „in einem die verletzende Qualität der Handlung verbergenden Irrthume“ befinden müsse.[622] Zur Begründung stellte er darauf ab, daß der Betrug durch die Täuschung charakterisiert sei; deswegen müsse sich der Irrtum beim Betrug als die eigentliche Quelle der Verletzung darstellen. Letzteres sei aber nur dann der Fall, so *Merkel,* wenn der Irrtum dem Irrenden die ihn benachteiliegende Verfügung als in seinem Interesse liegend erscheinen lasse.[623] Gerade in diesem Punkt geht *Merkel* allerdings fehl: Als eigentliche Quelle der Vermögensminderung erscheint ein Irrtum schließlich auch dann, wenn der Verfügende nicht über den vermögensschädigenden Charakter seiner Verfügung irrt; entscheidend ist insoweit lediglich, daß der Getäuschte ohne den betreffenden Irrtum nicht verfügt hätte.[624] Damit läßt sich aber auch aus dem Ansatz *Merkels* eine Beschränkung des Betrugstatbestands auf unbewußte Selbstschädigungen nicht herleiten.[625]

A. Merkel, KrimAbh.II/1, S.207f.; *Mitsch*, BT 2/1, S.411 Rdnr.34; *Rudolphi*, in: Klug-FS, S.315, 317; ders., NStZ 1995, 289f.; *Samson/Günther*, in: SK[5] § 263 Rdnr.51, 163; *Eb. Schmidt*, in: von Liszt/Schmidt[25], S.671; ders., JZ 1952, 542; *Schröder*, NJW 1962, 721, 722; ders., JR 1962, 431, 432; *Seier*, JuS 1996, L 21, L 23f.; *Sternberg-Lieben*, S.515; siehe auch *D. Geerds*, Jura 1994, 309, 318 i.V. mit 320f.; zu Art.148 SchwStGB a.F. *Krauss*, in: Vischer-FS, S.47, 61.

620 *Arzt*, in: Arzt/Weber, LH 3[2], S.186 Rdnr.493.

621 *W. Hartmann*, S.59f.; *Lackner*, in: LK[10] § 263 Rdnr.166; hiergegen wiederum, allerdings wenig überzeugend *Arzt*, in: Arzt/Weber, LH 3[2], S.187 Rdnr.494 Fußn.29 a.E.

622 *A. Merkel*, KrimAbh.II/1, S.207f. – Nach *Gerhold*, S.61, stellt die o.g. Äußerung *A. Merkels* überhaupt die erste Forderung nach einer unbewußten Selbstschädigung beim Betrug dar.

623 *A. Merkel*, KrimAbh.II/1, S.207. – Damit ist letztlich aber nichts anderes gemeint, als die Forderung nach dem Vorliegen einer unbewußten Selbstschädigung.

624 *Gerhold*, S.61f., 62; *Hoppenz*, S.77.

625 So i.E. auch *Gerhold*, S.62; *Hoppenz*, S.77.

b) Abgrenzungskriterium zu anderen Delikten

Auch *Eberhard Schmidt* verneint im Falle einer bewußten Selbstschädigung das Vorliegen eines tatbestandsrelevanten Irrtums, stellt dabei aber auf einen anderen Gesichtspunkt ab: Er meint, das Kriterium der unbewußten Selbstschädigung sei erforderlich, da nur dieses Kriterium „eine einigermaßen sichere Abgrenzung echter Betrugsfälle ermögliche von den ganz anders gearteten Fällen, wo sich jemand durch Schwindel und Täuschungen und demgemäß auch durch „Irrtumserregung" die Gelegenheit zu anderen Delikten, insbesondere Diebstahl verschaffe."[626] [627] Inwiefern das genannte Kriterium für die Abgrenzung nützlich sein könnte, wird bei *Eberhard Schmidt* freilich nicht ersichtlich. Üblicherweise erfolgt die Abgrenzung allerdings anhand des Tatbestandsmerkmals der Vermögensverfügung. Wie *Gerhold* im einzelnen herausgearbeitet hat, sind keine Fälle ersichtlich, in denen das Kriterium der unbewußten Selbstschädigung insoweit eine eigenständige Bedeutung haben könnte.[628] Daher läßt sich auch nicht mit dem Ansatz *Eberhard Schmidts* ein Erfordernis einer unbewußten Selbstschädigung beim Betrug begründen.

3. Fehlende Kausalität?

Einige Stimmen im älteren Schrifttum stellten bei der bewußten Selbstschädigung auf die Kausalität ab. Von diesem Teil der Literatur wurde angenommen, daß der notwendige Kausalzusammenhang zwischen Täuschung und Schaden bei einer bewußten Selbstschädigung unterbrochen sei.[629] Dies wurde damit begründet, daß nicht der Täuschende, sondern der Betroffene selbst sein Vermögen eigenverantwortlich geschädigt habe.[630] Diese Auffassung – die im Ergebnis zu einer Beschränkung des Betrugs auf unbewußte Selbstschädigungen führt – entspricht der Lehre vom Regreßverbot.[631] Nach dieser Lehre sind die Vorbedingungen einer Bedingung, die frei und bewußt (vorsätzlich und schuldhaft) auf Herbeiführung des Erfolgs gerichtet war, keine Ursachen im Rechtssinne.[632] Diese Lehre gilt heute jedoch zu Recht als überholt.[633] Von daher kann auch der vorgenannte Ansatz eine

626 *Eb. Schmidt*, JZ 1952, 542.

627 Nur nebenbei sei darauf verwiesen, daß dem Kriterium der unbewußten Selbstschädigung auch bei *A. Merkel*, KrimAbh.II/1, S.207f., eine Abgrenzungsfunktion beigelegt wird. Bei *A. Merkel*, ebenda, geht es jedoch um die Abgrenzung zur Erpressung.

628 Eingehend *Gerhold*, S.63.

629 *Binding*, BT 1^2, S.352; *Frank*[18] § 263 Anm.VI 1.

630 *Frank*[18], § 263 Anm.VI 1; Ansätze finden sich auch bei *Cramer*, S.207, der jedoch primär auf die Figur der mittelbaren Täterschaft abstellt.

631 Vgl. hierzu *W. Hartmann*, S.58f.; *Lackner*, in: LK[10] § 263 Rdnr.166; vgl. *Ellscheid*, GA 1971, 161, 163; *Gerhold*, S.62.

632 *Frank*[18], § 1 Anm.III 2a.

633 Siehe nur *Ellscheid*, GA 1971, 161, 163; *Lenckner*, in: Schönke/Schröder[25] Vorbem. §§ 13ff. Rdnr.77 m.w.N.

Beschränkung des Betrugstatbestands auf unbewußte Selbstschädigungen nicht begründen.[634]

4. Betrug als eine in mittelbarer Täterschaft begangene Vermögensschädigung?

Teilweise wird eine Ausscheidung bewußter Selbstschädigungen aus dem Anwendungsbereich des § 263 StGB damit begründet, daß der Betrugstatbestand das Vermögen schütze und dabei als ein Sonderfall der mittelbaren Täterschaft konstruiert sei.[635] Wie bei der mittelbaren Täterschaft benutze der Täter den Getäuschten beim Betrug als Werkzeug für seine Zwecke. Der Getäuschte sei aber nur dann ein Werkzeug, wenn ihm verborgen bleibe, daß das, was er tue, zu einer Verringerung seines Vermögens beitrage[636] – daher könne der Betrugstatbestand nur die unbewußte Selbstschädigung umfassen. Diese Argumentation hat – insbesondere von *Frisch* – erhebliche und berechtigte Kritik erfahren: Die Figur der mittelbaren Täterschaft ist schließlich ein vertikales Zurechnungsprinzip, das voraussetzt, daß diejenige Person, der das rechtsgutsbeeinträchtigende Verhalten eines Dritten zugerechnet werden soll, sich strafbar machen würde, wenn sie sich selbst so wie dieser verhalten würde.[637] Damit setzt die mittelbare Täterschaft aber voraus, daß das jeweilige Delikt vom mittelbaren Täter auch ohne das Handeln eines Tatmittlers überhaupt begangen werden könnte.[638] Beim Betrug ist gerade dies jedoch nicht möglich: ohne einen Verfügenden kann der Täuschende die Tat dort überhaupt nicht begehen.[639] Somit läßt sich eine Beschränkung des Betrugs auf unbewußte

---

634 *Ellscheid*, GA 1971, 161, 163; *W. Hartmann*, S.58f.; *Lackner*, in: LK[10] § 263 Rdnr.166; *Seier*, JuS 1996, L 21, L 22; vgl. *Gerhold*, S.62.

635 *Cramer*, S.206f., 207, der zwar vom Werkzeug, jedoch nicht ausdrücklich von mittelbarer Täterschaft spricht; *Weidemann*, S.195; ganz ähnlich *Hoppenz*, S.79ff., 82f. – Auch *Kindhäuser*, in: Bemmann-FS, S.339, 355ff., 356, deutet den Betrug als vertypte mittelbare Täterschaft und leitet daraus ab, daß sich die Verfügung des Vordermannes aus dessen Perspektive als nicht selbstschädigend darstellen müsse; allerdings will er den Vermögensschaden als *ungewollte* [Hervorhebung im Original] Einbuße an Vermögenswerten definieren und aus alledem herleiten, daß der Vordermann taugliches Werkzeug sei, wenn er sein Vermögen mindert und diese Vermögensminderung dem Hintermann gegenüber nicht als gewollt (i.S. von eigenverantwortlich) gilt. Zwar sei der Zweck einer Spende kein wirtschaftlich kompensationsfähiges Element, doch unabhängig hiervon seien die vorstehenden Voraussetzungen beim Spendenbetrug erfüllt, wenn das Wollen des Vordermannes auf einem Defekt beruhe, für den der Hintermann kraft Täuschung in Garantenstellung zuständig sei, so daß dann eine Strafbarkeit auch des Spendenbetrugs gegeben sei.

636 *Cramer*, S.207.

637 *Frisch*, in: Bockelmann-FS, S.647, 651; *Graul*, in: Brandner-FS, S.801, 821; *W. Hartmann*, S.70; hiergegen *Gössel*, BT 2, S.314 Rdnr.6 mit Fußn.12, der zwar gleichfalls meint, § 263 StGB stelle einen Fall mittelbarer Täterschaft dar (ebenda), allerdings das Erfordernis einer unbewußten Selbstschädigung bei § 263 StGB gleichwohl verneint (a.a.O., S.370 Rdnr.132, S.389 Rdnr.172); *Kindhäuser*, in: Bemmann-FS, S.339, 350.

638 *W. Hartmann*, S.71; *Gerhold*, S.65.

639 *W. Hartmann*, S.71, 165; vgl. auch *Frisch*, in: Bockelmann-FS, S.647, 652; *Gerhold*, S.65, der darauf abstellt, daß die Straftat beim Betrug insofern nicht durch den Täter selbst begangen werden könne, als die Schädigung fremden Vermögens im deutschen Strafrecht nicht per se unter Strafe gestellt sei, sondern nur dann, wenn die Schädigung durch bestimmte, vom Gesetzgeber als besonders gefährlich angesehene Verhaltensweisen herbeigeführt werde; *Graul*, in: Brandner-FS, S.801, 821.

Selbstschädigungen auch nicht durch einen Vergleich mit der mittelbaren Täterschaft begründen.[640]

5. *Betrug als gesetzlicher Fall einer irrtumsbedingt unwirksamen Einwilligung bzw. eines irrtumsbedingt unwirksamen Einverständnisses in die Vermögensschädigung?*

Teilweise wird in bezug auf das Kriterium der unbewußten Selbstschädigung auf die Institute der rechtfertigenden Einwilligung bzw. des tatbestandsausschließenden Einverständnisses abgestellt. Angeknüpft wird insofern an die Behandlung rechtsgutsbezogener Irrtümer und an die Struktur des § 263 StGB[641]: Nach *Herzberg* etwa ist die Vermögensverfügung des Getäuschten bei § 263 StGB mit einer Einwilligung vergleichbar und kommt dem Tatbestandsmerkmal des Irrtums in § 263 StGB u.a. die Aufgabe zu, mangelfreie Einwilligungen in den Vermögensverlust aus dem Tatbestand des vollendeten Betrugs auszuscheiden. Dem Irrtum i.S. des § 263 StGB soll dabei der Irrtum entsprechen, der allgemein eine Einwilligung unwirksam mache und trotz äußerlicher Zustimmung zur Strafbarkeit des Täters führe.[642] Der Streit über das Erfordernis einer unbewußten Selbstschädigung ist für *Herzberg* nichts anderes als die sich im Rahmen der Interpretation eines Einzeltatbestands fortsetzende Diskussion der allgemeinen Frage, ob der Irrtum des Einwilligenden „rechtsgutsbezogen" sein muß, um als Willensmangel relevant zu sein.[643] Knüpft man an die h.M.[644] an, nach der eine irrtumsbedingte Einwilligung nur dann unwirksam ist – es mithin also zu einer Strafbarkeit des Täters kommen kann –, wenn der Irrtum eine „rechtsgutsbezogene" Fehlvorstellung ist, und überträgt man dies auf den Betrug, so würde sich auf der Grundlage des *Herzberg*'schen Ansatzes ergeben, daß die Vermögensverfügung nur dann als irrtumsbedingt unwirksame Einwilligung in die Vermögensverletzung angesehen werden könnte – es also nur dann zu einer Strafbarkeit gemäß § 263 StGB kommen könnte –, wenn der Irrtum i.S. des § 263 StGB rechtsgutsbezogen wäre. Nähme man an, daß der Irrtum bei § 263 StGB nur dann rechtsgutsbezogen wäre, wenn er dem Getäuschten die nachteilige Wirkung der Verfügung auf das Vermögen verschleiern würde, würde sich – da dies bei einer bewußten Selbstschädigung nicht der Fall ist – insofern eine Beschränkung des Betrugstatbestands auf unbewußte Selbstschädigungen ergeben.[645] [646]

---

640 So zumindest i.E. auch *Ellscheid*, GA 1971, 161, 165; *Frisch*, in: Bockelmann-FS, S.647, 651f., 666f.; *Gerhold*, S.65; *W. Hartmann*, S.70f., 164f.; *Lackner*, in: LK[10] § 263 Rdnr.172; siehe auch *Tiedemann*, in: LK[11] § 263 Rdnr.5.

641 Vgl. hierzu eingehend *W. Hartmann*, S.71ff.

642 *Herzberg*, GA 1977, 289, 296; vgl. auch *Seier*, JuS 1996, L 21, L 23.

643 *Herzberg*, GA 1977, 289, 296.

644 Für die h.M. *Lenckner*, in: Schönke/Schröder[25] Vorbem. §§ 32ff. Rdnr.46 m.w.N.

645 *Seier*, JuS 1996, L 21, L 23f.; vgl. hierzu *W. Hartmann*, S.72, 165. – *Herzberg*, GA 1977, 289, 295f., selbst stellt sich freilich nicht ausdrücklich auf den Standpunkt, daß *nur* rechtsgutsbezogene Fehlvorstellungen die Einwilligung unwirksam machen würden und äußert sich insofern auch nicht abschließend zur Erforderlichkeit eines Kriteriums der unbewußten Selbstschädigung.

Diese Sichtweise setzt zunächst voraus, daß nicht nur eine irrtumsbedingte, sondern auch eine durch Täuschung – denn eine solche erfordert § 263 StGB – erschlichene Einwilligung nur bei rechtsgutsbezogenen Fehlvorstellungen unwirksam ist.[647] Unabhängig hiervon spricht gegen sie, daß das Institut der rechtfertigenden Einwilligung Erfordernisse enthält, die – wie etwa die Einwilligungsfähigkeit – im Rahmen des § 263 StGB fehl am Platze sind.[648] Darüber hinaus erscheint diese Auffassung aber auch insofern fraglich, als es in bezug auf die Beurteilung bewußter Selbstschädigungen letztlich um eine Frage der Tatbestandsmäßigkeit geht, während die Einwilligung nach h.M.[649] die Rechtswidrigkeit betrifft. Aus dem letztgenannten Grund verlagert *Wolfgang Hartmann* die aufgezeigte Argumentation denn auch in den Bereich des Tatbestands und sieht den Betrug dementsprechend als einen gesetzlichen Fall eines irrtumsbedingt unwirksamen Einverständnisses in die Vermögensschädigung an.[650] Die Ansicht *Hartmanns* läßt sich freilich nur dann halten, wenn es aufgrund der tatbestandlichen Struktur des § 263 StGB überhaupt zutreffend wäre, statt einer Einwilligung ein Einverständnis anzunehmen. Vor allem setzt diese Sichtweise aber voraus, daß auch ein erschlichenes Einverständnis – was keineswegs selbstverständlich ist[651] – nur bei nicht rechtsgutsbezogenen Fehlvorstellungen wirksam ist. Sowohl gegen den Einwilligungs- als auch gegen den Einverständnisansatz spricht darüber hinaus, daß bislang nicht hinreichend deutlich gemacht wurde, wie diese Konzeptionen die besondere Problematik des Dreiecksbetrugs bewältigen wollen. Nach alledem ergibt sich somit, daß ein Erfordernis einer unbewußten Selbstschädigung bei § 263 StGB aus den vorgenannten Ansätzen bei ihrer derzeitigen dogmatischen Durcharbeitung nicht hergeleitet werden kann.

---

646 Der Vollständigkeit halber sei bemerkt, daß *Herzberg*, MDR 1972, 93, 95ff., auch dafür plädiert, § 263 StGB in Anlehnung an § 253 StGB zu einem „offenen" Tatbestand zu machen. Nicht für strafwürdig erachtete Fälle will er über eine an der Sozialadäquanz orientierte Verwerflichkeitsklausel aus dem Tatbestand des § 263 StGB ausscheiden. Zumindest in Teilbereichen könnte auch dieses Kriterium zu einem Ausschluß von Fällen der bewußten Selbstschädigung aus dem Anwendungsbereich des § 263 StGB führen (vgl. hierzu *W. Hartmann*, S.60). Schon aufgrund der erheblichen Unsicherheiten, die mit diesem Kriterium verbunden sind, kann jedoch auch dieser Ansatz keine Zustimmung verdienen (ebenso ablehnend *W. Hartmann*, S.60f.; *Gerhold*, S. 67f.; *Lackner*, in: LK[10] § 263 Rdnr.172 a.E.).

647 Siehe zu der umstrittenen Frage, wann eine Täuschung eine Einwilligung unwirksam macht etwa *W. Hartmann*, S.72; *Lenckner*, in: Schönke/Schröder[25] Vorbem. §§ 32ff. Rdnr.47 m.w.N.

648 Eingehend *Frisch*, in: Bockelmann-FS, S.647, 653f.; gegen ihn *W. Hartmann*, S.73.

649 Eingehend zur Stellung der Einwilligung im System der Verbrechenslehre *Jescheck/Weigend*[5], S.375.

650 *W. Hartmann*, S.74f., 165f.

651 Siehe zur umstrittenen Behandlung eines erschlichenen Einverständnisses etwa einerseits (im Gegensatz zur Einwilligung grundsätzlich wirksam) *F. Geerds*, GA 1954, 262; *Haft*, AT[8], S.106; andererseits (in unterschiedlicher Weise differenzierend) *Jordan*, JR (im Erscheinen), 30. Abs.; *Hirsch*, in: LK[11] vor § 32 Rdnr.100 m.w.N.; *Kühl*, in: Lackner/Kühl[23] vor § 32 Rdnr.11; *Lackner*, in: Lackner/Kühl[22] vor § 32 Rdnr.11; *Lenckner*, in: Schönke/Schröder[25] Vorbem. §§ 32ff. Rdnr.32.

6. Funktionale Beziehung der einzelnen Tatbestandsmerkmale des § 263 StGB?

Schröder ist der Ansicht, daß die einzelnen Tatbestandsmerkmale des § 263 StGB in einer – über den bloßen Kausalzusammenhang hinausgehenden – funktionalen Beziehung zueinander stehen und meint, daß sich aus dieser das Erfordernis einer unbewußten Selbstschädigung ergebe. Diese funktionale Beziehung, die zu einer näheren inhaltlichen Bestimmung der einzelnen Merkmale nötige, sei dadurch anerkannt, daß nach ganz überwiegender Meinung das aus § 263 StGB unmittelbar nicht zu entnehmende Merkmal der Stoffgleichheit zwischen Schaden und Vorteil dem Betrugstatbestand subintelligiert werde. Von daher ergebe sich, daß eine funktionale Beziehung auch zwischen Irrtum und Schaden gefordert werden müsse.[652] Dieser Schluß ist jedoch – abgesehen von der sich daran anschließenden weiteren Frage, ob sich aus einer solchen Beziehung tatsächlich auch eine Beschränkung auf unbewußte Selbstschädigungen ergeben würde – nicht zwingend.[653] Somit kann auch nicht aus dem Ansatz *Schröders* ein Erfordernis einer unbewußten Selbstschädigung bei § 263 StGB hergeleitet werden.

7. Teleologische Überlegungen

Zu prüfen bleibt, ob sich mit teleologischen Erwägungen ein Erfordernis unbewußter Selbstschädigungen bei § 263 StGB begründen läßt. In der Literatur wird diesbezüglich gelegentlich angenommen, eine Einbeziehung bewußter Selbstschädigungen in den Betrugstatbestand führe dazu, eine Strafbarkeit nach § 263 StGB auch dann zu bejahen, wenn lediglich die Dispositionsfreiheit beeinträchtigt sei.[654] Sobald der Betroffene nämlich wisse, daß er sein Vermögen mindere, würden sich die Täuschung und ihre Wirkung nicht notwendig gegen ein wirtschaftlich faßbares Interesse richten, sondern u.U. nur gegen einen Affektionswert, an dessen Verwirklichung dem Getäuschten liege.[655] Dieser Gedankengang ist freilich nicht unbestritten. Gegen ihn wird etwa vorgebracht, daß die These von einer lediglich die Dispositionsfreiheit beeinträchtigenden Selbstschädigung schon logisch widersprüchlich sei, da sie die paradoxe Vorstellung von einer zu keinem Vermögensschaden führenden Selbstschädigung am Vermögen einschließen würde.[656] Hierbei wird allerdings übersehen, daß nicht jede Vermögensminderung einen Schaden i.S. des § 263 StGB darstellen muß.[657] Darüber hinaus wird vorgebracht, daß ein Angriff

---

652 *Schröder*, NJW 1962, 721, 722. – Teilweise wird in der Literatur im Zusammenhang mit der Begründung des Bestehens eines funktionalen Zusammenhangs auch auf eine angebliche Parallele zu den Fahrlässigkeitsdelikten verwiesen (siehe etwa *Weidemann*, GA 1967, 238, 241ff.; offenbar auch *Lenckner*, NJW 1971, 599f.; i.E. zu Recht ablehnend *Ellscheid*, GA 1971, 161, 164; *Gerhold*, S.64).

653 *Gerhold*, S.64.

654 Vgl. *Lackner*, in: LK[10] § 263 Rdnr.172; *Rudolphi*, in: Klug-FS, S.315, 317; ders., NStZ 1995, 289, 290.

655 *Lackner*, in: LK[10] § 263 Rdnr.172, wo allerdings versehentlich vom „Täter" gesprochen wird; *Rudolphi*, in: Klug-FS, S.315, 317; ders., NStZ 1995, 289, 290.

656 *Ellscheid*, GA 1971, 161, 166; *Gerhold*, S.66.

657 *W. Hartmann*, S.68, der in diesem Zusammenhang auch zutreffend darauf hinweist, daß es wohl

auf das durch den Betrug geschützte Vermögen auch in den Fällen bewußter Selbstschädigung gar nicht zu leugnen sei.[658] Ob diese Überlegung zutreffend ist, sei an dieser Stelle dahingestellt, denn die Ausscheidung bewußter Selbstschädigungen aus dem Tatbestand des § 263 StGB läßt sich jedenfalls mit einem anderen teleologischen Gesichtspunkt begründen: Ein Getäuschter, der sein Vermögen bewußt mindert, steht im Hinblick auf etwaige Möglichkeiten zur Verhinderung dieser bloßen Minderung letztlich nicht schlechter da als jemand, der keinem Irrtum erlegen ist.[659] Ein echtes Strafbedürfnis dürfte in dieser Konstellation damit aber kaum auszumachen sein. Dies muß um so mehr vor dem Hintergrund des § 123 BGB gelten, der auch in den Fällen der bewußten Selbstschädigung einschlägig ist und somit dafür Sorge trägt, daß der Betroffene auch in diesen Fällen nicht gänzlich schutzlos ist. Von daher ergibt sich, daß der Wortlaut des § 263 StGB insoweit zu weit ist, als er auch die Fälle der bewußten Selbstschädigung umfaßt.[660] Der Tatbestand des Betrugs ist somit – zumindest grundsätzlich – auf die Fälle unbewußter Selbstschädigungen zu beschränken.

VI. Zur Reichweite des objektiv-individuellen Schadensbegriffs

Nach den bisherigen Ausführungen steht fest, daß grundsätzlich ein ökonomisch-juristischer Vermögensbegriff maßgeblich ist, der Betrugstatbestand zumindest grundsätzlich auf unbewußte Selbstschädigungen zu beschränken ist und zumindest im Grundsatz dem objektiv-individuellen Schadensbegriff zu folgen ist. Die genaue Reichweite des objektiv-individuellen Schadensbegriffs steht allerdings noch nicht fest; sie ist daher im folgenden näher zu beleuchten:

1. Marktwertbetrachtung als Ausgangspunkt

Wie bereits ausgeführt wurde, basiert der objektiv-individuelle Schadensbegriff auf der Annahme, ein Schaden könne nur bei einer Verminderung des Gesamtwerts des Vermögens vorliegen.[661] Im Rahmen der Schadensprüfung wird diesbezüglich zunächst eine reine Marktwertbetrachtung der im Zusammenhang mit der Täuschung

---

angebrachter wäre, statt von einer bewußten Selbstschädigung von einer bewußten Vermögensbeeinträchtigung zu sprechen.

658 *Bockelmann*, BT 1[2], S.71f.; *Frisch*, in: Bockelmann-FS, S.647, 667; *Gerhold*, S.66; *Schmoller*, JZ 1991, 117, 123, 129; vgl. auch *W. Hartmann*, S.68.

659 Eingehend *Ellmer*, S.134; ferner *Backmann*, S.48ff.; a.M. *Gerhold*, S.67.

660 Vgl. insoweit auch *Lackner*, in: LK[10] § 263 Rdnr.172, der meint, der Schutzzweck des Betrugstatbestands könne grundsätzlich nicht dem gelten, der den Wert seines Vermögens bewußt durch sinnvollen Einsatz von Wirtschaftsgütern vermindere; ihm folgend *Rudolphi*, in: Klug-FS, S.315, 317; ders., NStZ 1995, 289, 290.

661 Vgl. etwa *Fischer*, in: Tröndle/Fischer[49] § 263 Rdnr.27a, 30; *Kohlmann/Brauns*, S.66; *Kühl*, in: Lackner/Kühl[23] § 263 Rdnr.36; *Samson/Günther*, in: SK[5] § 263 Rdnr.133 i.V. mit Rdnr.160; *Tiedemann*, in: LK[11] § 263 Rdnr.159; *Tröndle*[48] § 263 Rdnr.27a, 30; *RGSt* 16, 1, 3; *RG* vom 20.6.1935, 3 D 283/35, S.5; *BGHSt* 16, 220, 221; *BGHSt* 16, 321, 325; *BGHSt* 30, 388, 389.

unmittelbar herbeigeführten Vermögensbewegungen vorgenommen.[662] Bei dieser wird der Marktwert, der üblicherweise bei Geschäften dieser Art, zu dieser Zeit, an diesem Ort und auf dieser Umsatzstufe bezahlt wird, zugrunde gelegt.[663] Ergibt sich bei dieser Betrachtung, daß das Vermögen des durch die Täuschung Betroffenen infolge der Täuschung (dem Marktwert nach) vermindert ist, so wird grundsätzlich das Vorliegen eines Vermögensschadens angenommen.[664] Ist das Vermögen dem Marktwert nach dagegen nicht vermindert, liegt ein sog. objektiv bzw. wirtschaftlich ausgeglichenes Geschäft vor, bei dem das Vorliegen eines Vermögensschadens aber dennoch nicht von vornherein ausgeschlossen ist.

2. Persönlicher Schadenseinschlag als Korrektiv

a) Anerkennung des persönlichen Schadenseinschlags

Bei Vorliegen eines solch objektiv ausgeglichenen Geschäfts werden die betreffenden Leistungen auf der nächsten Stufe der Schadensprüfung nämlich nicht mehr nur unter objektiven Gesichtspunkten gewürdigt, sondern es wird auch auf die individuelle Lage des Betroffenen abgestellt und untersucht, ob insofern ein Vermögensschaden vorliegt. Die Berücksichtigung dieses sog. persönlichen Schadenseinschlags[665] ist ein Verdienst der grundlegenden Entscheidung des *RG* zum Vermögensschaden – *RGSt 16, 1*[666] –,[667] die insofern eine Absage an die an der klassi-

---

662 Gesetzliche Schadensausgleichsansprüche, die dem Betroffenen gerade aufgrund der Täuschung erwachsen, sind dabei nach allgemeiner Meinung nicht zu berücksichtigen (siehe nur *Samson/Günther*, in: SK[5] § 263 Rdnr.136 m.w.N.; *Tiedemann*, in: LK[11] § 263 Rdnr.166 m.w.N.; *BGH*, MDR/D 1970, 13). – Zu Bewertungsmaßstäben bei der Veräußerung von Treuhandunternehmen bei mehreren Handlungsalternativen *Reck*, wistra 1996, 127, 128ff.

663 *Lackner*, in: LK[10] § 263 Rdnr.150; *Samson/Günther*, in: SK[5] § 263 Rdnr.141; *Tiedemann*, in: LK[11] § 263 Rdnr.163; ganz ähnlich *Cramer*, in: Schönke/Schröder[25] § 263 Rdnr.113; *Kühl*, in: Lackner/Kühl[23] § 263 Rdnr.38; *BGH*, NStZ 1991, 488.
Strittig – und für den sog. Submissionsbetrug relevant – ist, ob der Marktpreis auch hypothetisch ermittelt werden kann (dazu eingehend *Tiedemann*, in: LK[11] § 263 Rdnr.165; bejahend etwa *BGHSt* 38, 186, 193; *OLG Frankfurt*, NJW 1990, 1057, 1058; *Baumann*, NJW 1992, 1661, 1665; *Satzger*, S.250; verneinend etwa *Bruns*, NStZ 1983, 385, 388; vgl. auch *LG Frankfurt*, NStZ 1991, 86f. (nicht rechtskräftig)).

664 *Cramer*, in: Schönke/Schröder[25] § 263 Rdnr.109; *Samson/Günther*, in: SK[5] § 263 Rdnr.140.

665 Teilweise finden sich in der Literatur auch andere Bezeichnungen, so etwa „individuelle Schadenskomponente" (*Kienapfel*, BT II[3], § 146 Rdnr.181, der statt von einem objektiv-individuellen Schadensbegriff auch von einem „differenziert-objektiven Schadensbegriff" spricht; *Schmoller*, ZStW 103 (1991), 92, 93; ders., in: Bundesministerium für Justiz, Strafrechtliche Probleme der Gegenwart, S.27), „individueller Schadenseinschlag" (*Volk*, Fehlerhafte Mittelverwendung, S.461,470; ders., Bewirtschaftung, S.24; ders., in: Krekeler/Tiedemann/Ulsenheimer/Weinmann (Hrsg.), HWiStR, Haushaltsuntreue, S.2 [siehe zur Terminologie *Volks* aber auch unten S.214 Fußn.1211]), „individueller Einschlag" (*Arzt*, in: Noll-GS, S.169, 180), „personaler Einschlag" (*Boog*, S.87ff.), „subjektiver Schadenseinschlag" (*Fahl*, JA 1995, 198, 200) oder „subjektiver Einschlag" (*Schröder*, NJW 1962, 721; *Cramer*, S.42 Fußn.111; *Tiedemann*, in: LK[11] § 263 Rdnr.177).

666 *RGSt* 16, 1, 6ff. – Kritisch zum Verhältnis einer auf den Geldwert abstellenden Schadensberechnung und der Feststellung eines individuellen Schadens *Cramer*, S.49f.; siehe zur sog. Geldwertlehre auch *Tiedemann*, in: LK[11] § 263 Rdnr.158 m.w.N.

schen Nationalökonomie orientierte Auffassung vom Menschen als „homo sapiens oeconomicus" und den Übergang zu einer sozialen Betrachtungsweise des Vermögens und seines Trägers darstellt.[668] Zwar ist nicht zu leugnen, daß die Berücksichtigung individueller Gesichtspunkte mit einem rein wirtschaftlichen Schadensverständnis nicht in Einklang zu bringen ist[669], doch diese „Durchbrechung" des rein objektiven Konzepts erscheint zumindest grundsätzlich nicht nur hinnehmbar, sondern aus Gründen der „Gerechtigkeit" sogar geradezu geboten.[670] Trotz mancher Unsicherheiten über die genaue Reichweite des persönlichen Schadenseinschlags, ist diese Figur im Grundsatz denn auch von der ganz h.M. in Deutschland anerkannt.[671] Auch im österreichischen[672] und im schweizerischen[673] Schrifttum ist sie zu finden. Der *BGH* hat die ältere – in ihrer Ausdrucksweise vielfach wechselnde – deutsche Rechtsprechung[674] im sog. Melkmaschinenfall eingehend systematisiert und präzisiert.[675] Der Leitsatz dieser grundlegenden Entscheidung lautet:

---

667 *Cramer*, S.48, der allerdings der Ansicht ist, daß die individuelle Schadensbetrachtung der Sache nach älter sei.

668 *Cramer*, S.48f., 104; *Maiwald*, in: Maurach/Schroeder/Maiwald, BT 1[8], S.459 Rdnr.114.

669 Vgl. *Boog*, S.97, 105.

670 Vgl. *Boog*, S.104f.; *Lackner*, in: LK[10] § 263 Rdnr.156, 159; *Tiedemann*, in: LK[11] vor § 263 Rdnr.32.

671 Siehe nur *Fischer*, in: Tröndle/Fischer[49] § 263 Rdnr.35; *Gössel*, BT 2, S.385 Rdnr.163; *Hillenkamp*, in: Wessels/Hillenkamp, BT 2[22], S.217f. Rdnr.547ff.; *Hohmann/Sander*, BT I, S.138ff. Rdnr.133ff.; *Kohlmann/Brauns*, S.68f.; *Krey*, BT 2[12], S.242f. Rdnr.464; *Lackner*, in: LK[10] § 263 Rdnr.156ff.; *Maiwald*, in: Maurach/Schroeder/Maiwald, BT 1[8], S.459f. Rdnr.113ff.; *H. Meyer*, S.104f., 108; *Mezger*, DR 1940, 287; *Mitsch*, BT 2/1, S.464f. Rdnr.102f.; *Molketin*, NStZ 1987, 369, 370; *Neye*, S.38; *Reck*, wistra 1996, 127, 130; *F. Reuter*, S.29f., 45; *Samson/Günther*, in: SK[5] § 263 Rdnr.142ff.; *Schmitt*, PolBl. 1967, 177, 178; *Schroth*, BT[2], S.127; *Schünemann*, in: LK[11] § 266 Rdnr.142; *Sebbel*, in: Tagungsberichte XII, Anlage 4, S.24; *Sonnen*, JA 1982, 593, 594; *Tiedemann*, in: LK[11] § 263 Rdnr.126, 177ff., 203f.; *Waßmer*, S.138ff.; *RGSt* 16, 1, 6ff.; *BGHSt* 16, 321, 325ff.; *BGHSt* 43, 293f., 298; *BayObLG*, NJW 1973, 633; *OLG Stuttgart*, NJW 1980, 1177, 1178; *OLG Karlsruhe*, NJW 1980, 1762; *OLG Hamm*, NStZ 1986, 119, 120; einschränkend *Mayer*, Strafrechtsreform, S.77f.; kritisch zur Individualisierung des Schadens *Joecks* § 263 Rdnr.91ff.

672 Siehe nur *Kienapfel*, BT II[3], § 146 Rdnr.181ff. m.w.N.; *Steininger*, in: Leukauf/Steininger[3] § 146 Rdnr.42; siehe auch *Foregger/Fabrizy*[7] § 146 Rdnr.9; vgl. zum österreichischen Schrifttum aber auch *Schmoller*, ZStW 103 (1991), 92, 106f., 107. – Anders als im überwiegenden deutschen Schrifttum wird in diesem Zusammenhang auch gelegentlich von einer Berücksichtigung opferbezogener Faktoren gesprochen (siehe etwa *Kienapfel*, BT II[3], § 146 Rdnr.181; *Steininger*, in: Leukauf/Steininger[3] § 146 Rdnr.42).

673 Siehe nur *Ardinay*, SchwZStR 86 (1970), 225, 242; *Arzt*, in: Noll-GS, S.169, 180, der zum Umfang dieser Figur die These vertritt, daß ein Recht, das – wie das schweizerische Strafrecht – die Mitverantwortung des Opfers für den Schutz seiner Rechtsgüter dazu heranziehe, um bei leicht durchschaubaren Vorspiegelungen die Arglist i.S. des Art.148 SchwStGB a.F. zu verneinen, den Schaden eher extensiv interpretieren könne, als ein Recht, das – wie das deutsche Strafrecht – die Opfermitverantwortung bei der Täuschung nicht berücksichtige; *Boog*, S.96, 104ff., 199, 201; *Schubarth*, in: Schubarth/Albrecht Art.148 Rdnr.85ff.; *Schwander*, SchwZStR 78 (1962), 334, 342; *Stratenwerth*, BT I[5], S.334f. Rdnr.51f. – Vgl. zur schweizerischen Rechtsprechung *Boog*, S.98ff., 107ff.

674 Übersicht hierzu in *BGHSt* 16, 321, 327.

675 Vgl. *BGHSt* 16, 321, 327.

„Wer sich auf Grund einer Täuschung zu einer Leistung verpflichtet und dafür eine gleichwertige Gegenleistung erhalten soll, ist allein durch die Beeinträchtigung seiner wirtschaftlichen Bewegungsfreiheit nicht ohne weiteres im Sinne des Betrugstatbestandes an seinem Vermögen geschädigt. Ein Vermögensschaden ist in diesem Falle nur gegeben, wenn weitere Umstände hinzutreten. Diese können insbesondere dann vorliegen, wenn der Erwerber

a) die angebotene Leistung nicht oder nicht in vollem Umfange zu dem vertraglich vorausgesetzten Zweck oder in anderer zumutbarer Weise verwenden kann oder

b) durch die eingegangene Verpflichtung zu vermögensschädigenden Maßnahmen genötigt wird oder

c) infolge der Verpflichtung nicht mehr über die Mittel verfügen kann, die zur ordnungsgemäßen Erfüllung seiner Verbindlichkeiten oder sonst für eine seinen persönlichen Verhältnissen angemessene Wirtschafts- oder Lebensführung unerläßlich sind."[676]

Wie der *BGH* selbst hervorhebt, sind die von ihm gebildeten Fallgruppen nicht abschließend, sondern werden lediglich als Darstellung der typischen Fälle, in denen ein Vermögensschaden in Form des persönlichen Schadenseinschlags in Betracht kommen kann, verstanden.[677] Dennoch erscheint es angebracht – und ist im Schrifttum auch üblich[678] –, die genaue Reichweite des persönlichen Schadenseinschlags (zumindest auch) anhand dieser Fallgruppen zu beleuchten:

b) Die im Melkmaschinenfall gebildeten Fallgruppen

aa) Fallgruppe „a": Fehlende oder verringerte Verwendbarkeit zu dem vertraglich vorausgesetzten Zweck oder in anderer zumutbarer Weise

Zur Festlegung der Reichweite der Fallgruppe „a"[679] knüpft der *BGH* an den zutreffenden Grundsatz an, daß ein Vermögensschaden nicht schon dann vorliegt, wenn jemand infolge eines durch eine Täuschung hervorgerufenen Irrtums eine Vermögensverfügung getroffen hat, die er nicht getroffen haben würde, wenn er die Wahrheit gekannt hätte. Mit anderen Worten: bei § 263 StGB soll und kann nicht die Meinung des Getäuschten darüber maßgebend sein, ob und inwieweit das Vermögen als beschädigt anzusehen ist.[680] Für die Fallgruppe „a" leitet der *BGH* hieraus nun zutreffend ab, daß für die Klärung der Frage, ob der Betroffene die angebotene Leistung[681] nicht oder nicht in vollem Umfang für den von ihm vertraglich voraus-

676 *BGHSt* 16, 321.
677 *BGHSt* 16, 321, 325.
678 Siehe etwa *Lackner*, in: LK[10] § 263 Rdnr.159f.; *Tiedemann*, in: LK[11] § 263 Rdnr.178ff.
679 Schwerpunktmäßig wird diese Fallgruppe im Bereich des Zeitungs-, Zeitschriften- und Büchervertriebs sowie beim Anstellungsbetrug und im Rahmen des Gebrauchtwagenhandels relevant (vgl. *Lackner*, in: LK[10] § 263 Rdnr.157; *Tiedemann*, in: LK[11] § 263 Rdnr.206).
680 *BGHSt* 16, 321, 325.
681 *BGHSt* 16, 321, 326 spricht insoweit allerdings von einer Sache. Aus dem Leitsatz ergibt sich jedoch, daß die Ausführungen nicht auf Sachen zu beschränken sind.

gesetzten Zweck oder in anderer zumutbarer Weise[682] verwenden könne, die Auffassung eines *sachlichen* Beurteilers maßgeblich sei.[683]

Im deutschen Schrifttum haben Grundsätze der Fallgruppe „a" bei den Vertretern des objektiv-individuellen Schadensbegriffs insofern einhellige Zustimmung gefunden, als niemand eine Einschränkung dieser Fallgruppe fordert.[684] Teilweise wird in der Literatur jedoch eine weitergehendere Individualisierung zugelassen.[685] Jedenfalls soweit dabei im Ergebnis subjektive Vorstellungen des Betroffenen über das Vorliegen eines Schadens maßgeblich sein sollen, kann hierfür allerdings kein Raum sein, denn ansonsten würde die im Ausgangspunkt objektive Betrachtungsweise nicht mehr nur punktuell durchbrochen, sondern letztenendes zugunsten eines primär subjektiven Schadensverständnisses aufgegeben[686]; damit würde dann aber im Ergebnis allein die Dispositionsfreiheit geschützt werden.

In neuerer Zeit wird diese Sichtweise allerdings von *Schmoller* angezweifelt. *Schmoller* meint, daß die Beachtlichkeit subjektiver Nützlichkeitsvorstellungen nicht zwangsläufig auf den Schutz der bloßen Dispositionsfreiheit hinauslaufe: Gegen die h.M., die das Vorliegen eines Vermögensschadens zwar unter Berücksichtigung der individuellen Situation, aber nach objektiven Kriterien beurteilt, führt *Schmoller* als ersten Einwand an, daß es jedenfalls in bestimmten Bereichen gar keine greifbaren objektiven Kriterien gebe, um die Brauchbarkeit eines Vermögensgegenstands für eine bestimmte Person zutreffend zu bestimmen. Dies zeige sich deutlich bei den rein geschmacksabhängigen Gütern wie Gemälden oder alkoholischen Getränken, die dem einen Konsumenten großen Genuß, einem anderen hingegen nicht das geringste Vergnügen bereiteten. Bei derartigen Gütern fehle es, so *Schmoller*, von vornherein an allgemein verbindlichen Nützlichkeitskriterien. Von daher helfe das „vernünftige Urteil eines unbeteiligten Dritten" in diesem Bereich als Maßstab nicht weiter.[687] Aber auch im übrigen hält *Schmoller* es für problematisch, die Schadensberechnung beim Betrug allein an objektiven Kriterien zu orientieren, denn damit würden alle darüber hinausgehenden Vorstellungen und Präferenzen des einzelnen – obgleich sie im Hinblick auf den tatsächlichen Nutz-

---

682 Siehe zur noch nicht abschließend geklärten Frage, wann eine Verwendung „in anderer zumutbarer Weise" möglich ist *Lackner*, in: LK[10] § 263 Rdnr.157; *Tiedemann*, in: LK[11] § 263 Rdnr.178, 207. Jedenfalls soweit es sich um die Ausnutzung einer ohne besonderen Aufwand sofort realisierbaren Wiederverkaufsmöglichkeit handelt, ist die Zumutbarkeit in der Regel zu bejahen (*Lackner*, in: LK[10] § 263 Rdnr.157; *Tiedemann*, in: LK[11] § 263 Rdnr.178; vgl. *RGSt* 16, 1, 8f., 9).

683 *BGHSt* 16, 321, 326; ferner etwa *OLG Stuttgart*, NJW 1980, 1177, 1178; wohl auch *RGSt* 16, 1, 9.

684 Vgl. hierzu *Lackner*, in: LK[10] § 263 Rdnr.159.

685 So etwa von *Franzheim/Krug*, GA 1975, 97, 101f. (Abstellen auf den „Gebrauchswillen" des Betroffenen); *Schlüchter*, MDR 1974, 617, 623 (Berücksichtigung des „aktuellen Bedürfnisses" des Betroffenen); *Waßmer*, S.140f. (für den Bereich der privaten Lebensgestaltung unter Bezugnahme auf *Jakobs*, JuS 1977, 228, 230f.); offenbar auch *Fahl*, JA 1995, 198, 201; siehe zum österreichischen Schrifttum *Schmoller*, ZStW 103 (1991), 92, 106f., 107.

686 Vgl. *Boog*, S.90, 105, 201; *Lackner*, in: LK[10] § 263 Rdnr.159.

687 *Schmoller*, ZStW 103 (1991), 92, 96f., 132; ders., in: Bundesministerium für Justiz, Strafrechtliche Probleme der Gegenwart, S.27, 33.

wert eine reale wirtschaftliche Relevanz besitzen würden – im Ergebnis vernachlässigt werden.[688] Die wirtschaftliche Relevanz zeige sich dabei daran, daß bei jemandem, der großen Wert auf eine ganz bestimmte Eigenschaft eines Vermögensgegenstands legt, Güter ohne diese Eigenschaft für ihn nicht den sich im Anschaffungspreis äußernden Nutzwert hätten, sondern – wenn der Betroffene aufgrund der fehlenden Eigenschaft danach trachte, den Gegenstand wieder in Geld umzusetzen – für ihn lediglich den Wiederverkaufswert hätten.[689] Aus diesen Gründen sieht sich *Schmoller* dazu veranlaßt, subjektive Vorstellungen und Präferenzen auch auf der Grundlage eines im Ausgangspunkt wirtschaftlichen Schadensbegriffs zu berücksichtigen.[690] Dabei hält er die Berücksichtigung der subjektiven Nützlichkeit allerdings nur insoweit für bedeutsam, als von ihr abhängen soll, ob ein Vermögensgegenstand konkret zum marktüblichen Anschaffungs- oder lediglich zum marktüblichen Wiederverkaufswert zu veranschlagen sei.[691] Mit dieser Sichtweise werde, so *Schmoller*, der wirtschaftliche Ansatz nicht preisgegeben, sondern konsequent weitergeführt[692], und der Betrug werde auch nicht zu einem Delikt gegen die bloße Dispositionsfreiheit umfunktioniert.[693]

Jedenfalls die letzte Behauptung läßt sich aber kaum halten: Selbst wenn man nämlich die subjektiven Bedürfnisse und Präferenzen des Betroffenen lediglich für die Entscheidung darüber berücksichtigen wollte, ob der marktübliche Anschaffungs- oder der Wiederverkaufswert zugrunde zu legen ist, so würde dies nichts daran ändern, daß insoweit letztlich bloß subjektive Gesichtspunkte über das Vorliegen eines Schadens entscheiden würden und damit im Ergebnis bloß die Dispositionsfreiheit geschützt würde. Von daher verdient die Sichtweise *Schmollers* keine Zustimmung.

Festzuhalten ist somit, daß in der vom *BGH* im Melkmaschinenfall gebildeten Fallgruppe „a“ die Auffassung eines sachlichen Beurteilers über die entsprechende Verwendbarkeit maßgeblich ist.[694]

---

688 *Schmoller*, ZStW 103 (1991), 92, 99, 132f.; ders., in: Bundesministerium für Justiz, Strafrechtliche Probleme der Gegenwart, S.27, 33f., 35.

689 *Schmoller*, ZStW 103 (1991), 92, 98, ähnlich S.110f.; ders., in: Bundesministerium für Justiz, Strafrechtliche Probleme der Gegenwart, S.27, 34.

690 *Schmoller*, ZStW 103 (1991), 92, 99, 132f.; ders., in: Bundesministerium für Justiz, Strafrechtliche Probleme der Gegenwart, S.27, 46ff., 78.

691 Vgl. *Schmoller*, ZStW 103 (1991), 92, 111, 133; ders., in: Bundesministerium für Justiz, Strafrechtliche Probleme der Gegenwart, S.27, 48. Maßgeblich soll insoweit auch nur die Verfehlung sog. dominanter Nützlichkeitsvorstellungen sein (ders., ZStW 103 (1991), 92, 120f., 134; ders., in: Bundesministerium für Justiz, Strafrechtliche Probleme der Gegenwart, S.27, 51ff., 78f.).

692 *Schmoller*, ZStW 103 (1991), 92, 110, 133; ders., in: Bundesministerium für Justiz, Strafrechtliche Probleme der Gegenwart, S.27, 48.

693 *Schmoller*, ZStW 103 (1991), 92, 111, 133; ders., in: Bundesministerium für Justiz, Strafrechtliche Probleme der Gegenwart, S.27, 46ff., 79.

694 So i.E. etwa auch *Boog*, S.105, 201; *Gössel*, BT 2, S.387 Rdnr.166; *Tiedemann*, in: LK[11] § 263 Rdnr.177.

bb) Fallgruppe „b“: Nötigung zu vermögensschädigenden Folgemaßnahmen und Fallgruppe „c“: Liquiditätsverlust

Wesentlich umstrittener als die Fallgruppe „a“ sind die Fallgruppen „b“ und „c“.[695] Bei diesen beiden Fallgruppen führt die Vermögensverfügung letztlich bloß zu einer – wenn auch schwerwiegenden – Beschränkung der wirtschaftlichen Bewegungsfreiheit.[696] [697]

Bedenken gegen ihre Anerkennung werden namentlich von *Eser* erhoben: *Eser* ist der Ansicht, daß diese Fallgruppen mit dem Erfordernis der Unmittelbarkeit der Schadenszufügung[698] nicht in Einklang zu bringen seien – sowohl etwaige durch die eingegangene Verpflichtung notwendig gewordene vermögensschädigende Maßnahmen des Getäuschten als auch die Verknappung der Mittel zur normalen Wirtschafts- und Lebensführung seien nur mittelbare Folgen der irrtumsbedingten Vermögensdisposition.[699] Zu den Bedenken *Esers* ist zunächst zu bemerken, daß sich die Frage nach der Unmittelbarkeit des Schadens letztlich allein an der Werteinbuße des Vermögens orientiert.[700] Vom Standpunkt des objektiv-individuellen Schadensbegriffs kann aber – wie unten zu zeigen sein wird[701] – auch schon eine Vermögensgefährdung einen Vermögensschaden begründen, und zwar selbst dann, wenn zur Realisierung der Gefahr eine weitere Handlung des Täters oder eines Dritten erforderlich sein sollte.[702] Allerdings gehören aufgrund des Unmittelbarkeitserfordernisses zum Schaden i.S. des § 263 StGB nur solche Nachteile, die sich aus dem betrügerischen Geschäft als solchem ergeben – im Bereich gegenseitiger Geschäfte ihre Grundlage also irgendwie im Austausch von Leistung und Gegenlei-

---

695 Nach *BGHSt* 16, 321, 328f. soll der Vermögensschaden bei der Fallgruppe „c“ darin zu sehen sein, daß die nach der erschlichenen Vermögensverfügung verfügbar gebliebenen Restmittel des Getäuschten auch nach der Auffassung eines sachlichen Beurteilers infolge ihrer an den bisherigen Bedürfnissen des jeweiligen Erwerbers gemessenen Unzulänglichkeit für ihn derart an Verwendbarkeit und damit an Wert verlieren würden, daß das Gesamtvermögen dadurch eine Einbuße erfahre. Dabei sei zu beachten, daß der Wert eines Vermögens sich nicht nur aus der Zusammenzählung des Werts der einzelnen Vermögensgegenstände ergebe, sondern daß dieser Wert mitbestimmt werde durch die tatsächliche und rechtliche Möglichkeit, die vorhandenen Vermögensstücke entsprechend den sachlich anzuerkennden Bedürfnissen des jeweiligen Vermögensträgers zu verwenden.

696 Vgl. *Lackner*, in: LK[10] § 263 Rdnr.160 i.V. mit Rdnr.158. – Die beiden Fallgruppen werden im Schrifttum häufig einheitlich gewürdigt (siehe etwa *Lackner*, in: LK[10] § 263 Rdnr.160 i.V. mit Rdnr.158). Hierfür spricht, daß es zumindest nicht fernliegend ist, die Einschränkung des Lebensstiles infolge eines ungewollten Geschäfts gleichzubehandeln mit dem Fall, daß der Betroffene stattdessen einen Kredit aufnimmt (vgl. *Fahl*, JA 1995, 198, 202).

697 Nach *BGHSt* 16, 321, 328f. kann bei beiden Fallgruppen ein erschlichenes Opfer an Verfügungsfreiheit freilich auch durch wirtschaftliche Vorteile ausgeglichenen werden, so daß kein Vermögensschaden vorliege.

698 Vgl. *BGHSt* 6, 115, 116.

699 *Eser*, GA 1962, 289, 291f., 292; ders., IV[4], S.135 Rdnr.13; ebenso *Gerhold*, S.73; ähnlich *Boog*, S.106; in bezug auf die Fallgruppe „b“ *Brauns*, JR 1998, 381, 383.

700 Vgl. *Lackner*, in: LK[10] § 263 Rdnr.160.

701 Siehe unten S.147.

702 Vgl. *Lackner*, in: LK[10] § 263 Rdnr.160; *Tiedemann*, in: LK[11] § 263 Rdnr.180.

stung haben.[703] Unter diesem Gesichtspunkt ist die Anerkennung der Fallgruppen „b" und „c" in der Tat zumindest nicht ganz unproblematisch.[704]

Lackner sieht den Unmittelbarkeitsgrundsatz hier gleichwohl gewahrt. Dies deswegen, weil dem Betroffenen auch in diesen Fallgruppen durch die Täuschung die Setzung einer bestimmten Rangordnung für die Befriedigung seiner wirtschaftlichen Bedürfnisse aufgedrängt werde, die er bei Kenntnis der wahren Sachlage anders festgelegt hätte. Der Betroffene werde von daher in der autonomen wirtschaftlichen Zwecksetzung hier ebenso beeinträchtigt wie in den als unproblematisch geltenden Fällen, in denen ein Gegenstand für ihn unbrauchbar oder nur minder brauchbar sei.[705] Überzeugen können die Überlegungen *Lackners* allerdings nicht, denn sie sind mit dem wirtschaftlichen Ausgangspunkt des objektiv-individuellen Schadensbegriffs in keinster Weise mehr in Einklang zu bringen: Es geht bei diesem Schadensbegriff schließlich nicht entscheidend darum, die wirtschaftlichen Bedürfnisse und Zwecksetzungen des Betroffenen zu schützen, sondern es geht darum, eine Verringerung des Gesamtwerts des Vermögens festzustellen, die allerdings auch unter individuellen Gesichtspunkten gegeben sein kann – und allenfalls insoweit kann für eine Berücksichtigung entsprechender Bedürfnisse Raum sein. Die Bejahung eines Schadens aufgrund individueller Gesichtspunkte stellt dabei aber nur dann eine – aus Gründen der Gerechtigkeit gebotene – Durchbrechung und nicht eine Abkehr vom objektiven Ausgangspunkt der Schadensermittlung dar, wenn gleichwohl von einem „Wertverlust" des Vermögens gesprochen werden kann. Gerade dies ist jedoch der entscheidende Unterschied zwischen den einzelnen Fallgruppen: Während bei Fallgruppe „a" das Vermögen individuell gesehen eindeutig weniger „wert" ist, liegen die Dinge bei den beiden anderen Fallgruppen anders. Bei unbefangener Betrachtung ist das Vermögen in der Fallgruppe „c" selbst unter individuellen Gesichtspunkten überhaupt nicht im Wert gemindert. Allenfalls in Fallgruppe „b" könnte man individuell gesehen von einer Wertminderung sprechen, die aber kaum noch als unmittelbar angesehen werden könnte. Auch soweit die Gegenansicht ausführt, daß der durch einen entsprechenden Eingriff bewirkte Einsatz oder die Bindung wirtschaftlicher Mittel „wirtschaftlich unvernünftig" sei[706], vermag dies nicht zu überzeugen, denn es handelt sich hierbei weitgehend um eine bloße Behauptung, die im übrigen kaschiert, daß der eigentliche Schadensgrund zumindest in Fallgruppe „c" die Unmöglichkeit der Befriedigung anderer Bedürfnisse infolge des Fehlens dafür notwendiger finanzieller Mittel wäre.[707]

Auf einen ganz anderen Gesichtspunkt hebt in neuerer Zeit *Fahl* ab: Er hält die Fallgruppen „b" und „c" im Hinblick auf die Verteilung strafrechtlicher „Risiko-" und „Interessensphären" für problematisch. So meint er, daß die Verantwortung des

703 Vgl. *Cramer*, in: Schönke/Schröder[25] § 263 Rdnr.142; *Samson/Günther*, in: SK[5] § 263 Rdnr.137; *Schröder*, NJW 1962, 721.

704 Vgl. *Schröder*, NJW 1962, 721, der die betreffenden Fallgruppen deswegen auch ablehnt; a.M. *Cramer*, in: Schönke/Schröder[25] § 263 Rdnr.142.

705 *Lackner*, in: LK[10] § 263 Rdnr.160.

706 So etwa *Lackner*, in: LK[10] § 263 Rdnr.160.

707 Vgl. *Boog*, S.106.

Täters überspannt werde, wenn die strafrechtliche Verantwortung davon abhängig sei, was Dritte vereinbaren.[708] Außerdem stellt er darauf ab, daß in unserer Wirtschaftsordnung primär jeder für sich selbst die Verantwortung trage: wie einer sein Auto oder eine Melkmaschine finanziere – etwa durch die Aufnahme eines Kredites oder den Verkauf der Uhr der Großmutter –, sei seine Sache; und wenn er die Mittel dafür nicht aufbringen könne, dann hätte er sich das eben vorher überlegen müssen.[709] Würdigt man die Äußerungen *Fahls* unbefangen, kommt man freilich nicht umhin, zumindest dem letztgenannten Gedanken eine gewisse Überzeugungskraft zuzusprechen.

Zusammenfassend ist nach alledem zu konstatieren, daß die im Melkmaschinenfall gebildeten Gruppen „b" und „c" teilweise erheblichen Bedenken ausgesetzt sind und von daher kaum zu überzeugen vermögen.[710] Anders sieht es jedoch bei der Fallgruppe „a" aus: dort ist die Durchbrechung des objektiven Ausgangspunkts der Schadensermittlung ohne Bedenken anzuerkennen.

3. Normative Gesichtspunkte als Korrektiv

Eine weitere Durchbrechung des marktwirtschaftlichen Ausgangspunktes erfolgt beim objektiv-individuellen Schadensbegriff durch die Berücksichtigung normativer Gesichtspunkte. Eine solche Berücksichtigung ist zur Vermeidung von Wertungswidersprüchen in der Gesamtrechtsordnung grundsätzlich geboten[711] und kommt sowohl bei objektiv ausgeglichenen als auch bei unausgeglichenen Geschäften in Betracht. Für den Untersuchungsgegenstand dieser Arbeit sind hier in erster Linie diejenigen Fälle von Interesse, in denen tatsächlich ein Anspruch auf die betreffende Leistung bestand oder aber dessen Voraussetzungen vorgetäuscht wurden. Diese beiden Konstellationen sind freilich strikt voneinander zu unterscheiden.

a) Bestehen eines fälligen und einredefreien Anspruchs

Bestand auf die Leistung, die aufgrund der Täuschung erfolgte, ein fälliger und einredefreier Anspruch, erscheint das Vorliegen eines Vermögensschadens des Schuldners bereits bei unbefangener Betrachtung zweifelhaft. Teilweise wird in dieser Konstellation angenommen, daß die Befreiung von der das Vermögen wirt-

---

708 Anschaulich *Fahl*, JA 1995, 198, 202: „Was kann denn der Täter dafür, daß die Bank dem Bauern keine günstigeren Kredite einräumt?".

709 *Fahl*, JA 1995, 198, 202f.

710 Kritisch zu diesen Fallgruppen ferner *Joecks* § 263 Rdnr.93f.; *Schröder*, NJW 1962, 721f., der in den Fällen des Gelegenheitskaufs auch Bedenken im Hinblick auf das Erfordernis der unbewußten Selbstschädigung geltend macht (a.a.O., 722); *Schmoller*, ZStW 103 (1991), 92, 99f.; ders., in: Bundesministerium für Justiz, Strafrechtliche Probleme der Gegenwart, S.27, 36; in bezug auf die Fallgruppe „b" *Schmitt*, PolBl. 1967, 177, 178; in bezug auf die Fallgruppe „c" *Mohrbotter*, GA 1975, 41, 44; *J. Vogel*, Legitimationsprobleme, S.516. – Für die Anerkennung der Fallgruppen „b" und „c" dagegen etwa *Lackner*, in: LK[10] § 263 Rdnr.160 („mindestens vertretbar").

711 *Lackner*, in: LK[10] § 263 Rdnr.155.

schaftlich belastenden Verbindlichkeit ein vollwertiges Äquivalent für die durch die Vermögensverfügung erlittene Vermögenseinbuße darstelle, und somit ein wirtschaftlich ausgeglichenes Geschäft vorliege.[712] Diese Meinung übersieht allerdings, daß es keineswegs selbstverständlich ist, daß die hingegebene Leistung und die bloße Befreiung von der entsprechenden Verbindlichkeit wirtschaftlich gleichwertig sind.[713] Im Gegenteil: geht man zutreffend davon aus, daß das Innehaben einer Vermögensposition wirtschaftlich vorteilhafter ist als der bloße Anspruch auf Einräumung dieser Position, muß man bei einer konsequent wirtschaftlichen Betrachtungsweise auch umgekehrt annehmen, daß die bloße – möglicherweise vom Gläubiger schwer beweisbare – Verpflichtung zu einer Leistung wirtschaftlich weniger belastend sein muß als die effektive Aussonderung der Leistung aus dem Vermögen.[714] Dann liegt aber insoweit - zumindest grundsätzlich – kein wirtschaftlich ausgeglichenes Geschäft vor. Von daher ist in dieser Konstellation für eine normative Korrektur grundsätzlich Raum. Eine solche Korrektur ist hier auch tatsächlich vorzunehmen, da es ein erheblicher Wertungswiderspruch wäre, wenn die Rechtsordnung einerseits dazu verpflichten würde, unbedingt und ohne Aufschub einen bestimmten Zustand herzustellen, andererseits aber die Erfüllung dieser Verpflichtung einen betrugsrelevanten Schaden begründen würde.[715] Mit anderen Worten: wer täuschungsbedingt einen fälligen und einredefreien Anspruch erfüllt, mag zwar wirtschaftlich ärmer werden, ist jedoch nicht i.S. des § 263 StGB geschädigt.[716]

b) Vortäuschen eines fälligen und einredefreien Anspruchs

Ganz anders ist die Situation, wenn der Täter einem anderen das Bestehen eines fälligen und einredefreien Anspruchs vorspiegelt, ihn dadurch zur Erfüllung einer vermeintlichen, in Wahrheit aber nicht bestehenden Verbindlichkeit veranlaßt und eine dadurch eintretende Vermögensminderung unausgeglichen bleibt. Hier liegt unproblematisch - zumindest grundsätzlich - ein Vermögensschaden vor. Dieser liegt allein in der unausgeglichen gebliebenen Vermögensminderung.[717] Daß auf eine Nichtschuld geleistet wurde, ist insoweit unerheblich.

Probleme wirft allerdings die Frage auf, ob in diesen Fällen eine bewußte Selbstschädigung vorliegt, die nach der hier vertretenen Ansicht einer Betrugsstrafbarkeit

---

712 *Gerhold*, S.17; *W. Hartmann*, S.23f. Fußn.5; siehe auch *Lackner*, in: LK[10] § 263 Rdnr.165 Fußn.293; *RG*, JW 1923, 403 Nr.53.

713 *Lackner*, in: LK[10] § 263 Rdnr.155.

714 *Lackner*, in: LK[10] § 263 Rdnr.155 m.w.N.; *Tiedemann*, in: LK[11] § 263 Rdnr.186; vgl. auch *Samson/Günther*, in: SK[5] § 263 Rdnr.148.

715 *Lackner*, in: LK[10] § 263 Rdnr.155; *Tiedemann*, in: LK[11] § 263 Rdnr.186. – Teilweise wird in dieser Konstellation aber auch ein betrugsrelevanter Schaden bejaht, dann jedoch die Rechtswidrigkeit des Vermögensvorteils verneint (so etwa *RG* R 6, 493, 496; *BGHSt* 3, 160, 162; *BGHSt* 19, 206, 216; *BGH*, MDR/D 1956, 10; siehe auch *RGSt* 64, 342, 344).

716 *Cramer*, S.97, 109f., 160; ders., in: Schönke/Schröder[25] § 263 Rdnr.117; *Lackner*, in: LK[10] § 263 Rdnr.155; *Samson/Günther*, in: SK[5] § 263 Rdnr.148 m.w.N.; *Tiedemann*, in: LK[11] § 263 Rdnr.265; siehe auch *Gössel*, BT 2, S.385 Rdnr.162; *Joecks* § 263 Rdnr.76; *BayObLGSt* 1955, 3, 7; *BGH*, NJW 1983, 2646, 2648.

717 *W. Hartmann*, S.25, 142; *Lackner*, in: LK[10] § 263 Rdnr.243, siehe auch Rdnr.165 Fußn.293.

entgegenstehen würde: Leistet der Betroffene auf eine Nichtschuld, so glaubt er, daß das Freiwerden von der vermeintlich bestehenden Verbindlichkeit im Zuge der Gesamtsaldierung berücksichtigt wird. Hierbei gibt es allerdings zwei verschiedene Konstellationen: Geht der Betroffene davon aus, daß der vermeintliche Anspruch von gleichem wirtschaftlichem Wert ist wie die von ihm erbrachte Leistung, liegen die Dinge einfach: der Betroffene stellt sich dann nämlich vor, daß die durch die Leistung eintretene Vermögensminderung durch das Freiwerden von dem vermeintlichen Anspruch in voller Höhe kompensiert wird und ein Schaden von daher nicht eintritt. In dieser Konstellation liegt somit eine unbewußte Selbstschädigung vor.

Schwieriger ist es dagegen, wenn der Betroffene (zutreffend) davon ausgeht, daß der bloße Anspruch auf eine Leistung einen geringeren wirtschaftlichen Wert hat als die Leistung als solche. Dann stellt sich der Betroffene nämlich vor, daß das Freiwerden von dem vermeintlichen Anspruch zwar im Zuge der Gesamtsaldierung berücksichtigt wird, dieses jedoch nicht ausreicht, um die durch die Leistung eintretene Vermögensminderung in der vollen Höhe zu kompensieren. Der Betroffene geht in dieser Konstellation somit davon aus, daß das Vermögen einen Wertverlust erleiden wird – und zwar in der Höhe, in der er dem vermeintlichen Anspruch auf die Leistung einen geringeren wirtschaftlichen Wert beimißt als der Leistung als solcher –[718], er glaubt sich aber zu diesem Wertverlust verpflichtet.

Fraglich ist, welche Konsequenzen dies hat. Diesbezüglich läßt sich an die obigen Ausführungen zur täuschungsbedingten Erfüllung eines fälligen und einredefreien Anspruchs anknüpfen: Nimmt man nämlich an, daß die täuschungsbedingte Erfüllung eines – tatsächlich bestehenden – fälligen und einredefreien Anspruchs trotz Vorliegen eines wirtschaftlichen Wertverlusts aufgrund einer normativen Korrektur keinen betrugsrelevanten Vermögensschaden begründet, dann muß auch die bloße Vorstellung, einen entsprechenden Anspruch zu erfüllen und dabei einen wirtschaftlichen Wertverlust zu erleiden, aufgrund einer normativen Korrektur als eine solche angesehen werden, sich nicht betrugsrelevant zu schädigen.[719] [720] Von daher liegt auch in dieser Konstellation eine unbewußte Selbstschädigung i.S. des § 263 StGB vor.

Damit ist festzuhalten, daß ein Vermögensschaden – zumindest grundsätzlich – vorliegt, wenn jemandem das Bestehen eines fälligen und einredefreien Anspruchs vorgespiegelt wurde, er dadurch zur Erfüllung der vermeintlichen Verbindlichkeit veranlaßt wurde und eine dadurch eintretende Vermögensminderung unausgeglichen geblieben ist.[721] Des weiteren liegt hier eine unbewußte Selbstschädigung vor[722], und zwar sowohl dann, wenn der Betroffene davon ausgeht, daß der bloße

718 Dies wird offenbar verkannt von *Gerhold*, S.17; *W. Hartmann*, S.25.

719 Vgl. *Cramer*, S.97.

720 Normativ korrigiert wird in dieser Konstellation also letztenendes das Erfordernis der unbewußten Selbstschädigung.

721 So i.E. auch *Arzt*, in: Arzt/Weber, LH 3^2, S.187 Rdnr.497; *Gerhold*, S.17f.; *W. Hartmann*, S.25, 142; *Lackner*, in: LK^{10} § 263 Rdnr.243; *Weidemann*, S.98 Fußn.176.

722 So i.E. auch *Cramer*, S.97; *Gerhold*, S.17; *W. Hartmann*, S.25; wohl auch *Weidemann*, S.98 Fußn.176.

Anspruch auf eine Leistung einen geringeren wirtschaftlichen Wert hat als die Leistung als solche, als auch dann, wenn er beiden Positionen den gleichen wirtschaftlichen Wert beimißt.

4. Erfassung von Zweckverfehlungen

Eine ganz andere Problematik ist die der Zweckverfehlung im Rahmen des objektiv-individuellen Schadensbegriffs. Wird einer Leistung ein Zweck beigelegt und wird dieser Zweck verfehlt, so fragt sich, ob – und ggf. worin – auch in dieser Konstellation ein Schaden vorliegt. In der Literatur wird diese besondere Problematik teilweise als ein Unterfall des sog. persönlichen Schadenseinschlags erörtert.[723] Dabei wird allerdings verkannt, daß es sich hier schon im Ausgangspunkt um ganz unterschiedliche Problemfelder handelt: Die sog. Zweckverfehlungslehre hat in historischer Hinsicht maßgebliche Wurzeln im Bereich objektiv unausgeglichener Geschäfte[724] und wird auch heutzutage überwiegend nur dort für bedeutsam gehalten.[725] Ein Schaden in Form des persönlichen Schadenseinschlags setzt dagegen gerade das Vorliegen eines objektiv ausgeglichenen Geschäfts voraus. Von daher ist die Zweckverfehlungsproblematik als ein eigenständiger Problembereich aufzufassen.[726]

a) Zur Entstehung der Zweckverfehlungslehre

Der Ursprung der Zweckverfehlungslehre liegt im Streit um die Strafbarkeit des sog. Bettelbetrugs.[727] Während in der gemeinrechtlichen Praxis – soweit ersichtlich – nie bezweifelt wurde, daß in diesen Fällen Betrug vorliege[728], war die Strafbarkeit des Bettelbetrugs unter der Geltung des PrALR umstritten[729]: Ein Teil der Literatur verneinte damals die Betrugsstrafbarkeit im Hinblick darauf, daß der Angebettelte freiwillig gegeben habe.[730] Andere bejahten die Strafbarkeit, da sie als Betrug jede „in einer vermittelst Täuschung bewirkten Veranlassung eines Menschen zu einem ihm nachtheiligen Rechtsgeschäfte" ansahen.[731]

---

723 So etwa von *Eser*, IV^4, S.145 Rdnr.66; *Gössel*, BT 2, S.388ff. Rdnr.170ff. i.V. mit S.387 Rdnr.167 a.E.; *Haft*, BT^7, S.214; *Hillenkamp*, in: Wessels/Hillenkamp, BT 2^{22}, S.218f. Rdnr.550; *Kienapfel*, BT II^3, § 146 Rdnr.188; *Labsch*, S.280 Fußn.135; *Wessels*, BT 2^{20}, S.140 Rdnr.533; siehe allerdings auch *W. Hartmann*, S.31, der meint, beim individuellen Schadenseinschlag handele es sich in Wahrheit um ein Problem der Zweckverfehlung.

724 Siehe hierzu sogleich unten.

725 Siehe oben S.76 Fußn.437 sowie unten S.128ff.

726 So ausdrücklich *Deutscher/Körner*, JuS 1996, 296, 297; *Schmoller*, JZ 1991, 117f. m.w.N.; ders., in: Bundesministerium für Justiz, Strafrechtliche Probleme der Gegenwart, S.27, 60; vgl. *Fahl*, JA 1995, 198, 204.

727 Vgl. hierzu *Gerhold*, S.14; *Neye*, S.44.

728 Vgl. hierzu *A. Merkel*, KrimAbh.II/1, S.216; *Temme*, S.76 m.w.N.; siehe auch *Gerhold*, S.14.

729 Eingehend hierzu *Temme*, S.75ff.

730 Vgl. hierzu *Temme*, S.76f. m.w.N.; siehe auch *Gerhold*, S.14; *Neye*, S.44.

731 So etwa *Temme*, S.75f.

Das – für die Auslegung des § 263 StGB bedeutsame[732] – PrStGB enthielt zwar einen privilegierten Sondertatbestand der betrügerischen Bettelei (§ 118 PrStGB).[733] Gleichwohl ging der preußische Gesetzgeber davon aus, daß die dort nicht erfaßten Fälle unter den allgemeinen Betrugstatbestand des § 241 PrStGB fallen würden.[734] Diese Auffassung spiegelte sich in der Rechtsprechung des *PrObTr* allerdings nicht wider: dort wurde nämlich die Auffassung vertreten, daß es beim betrügerischen Erlangen freiwilliger Gaben an einem Vermögensschaden fehle.[735] Auch in der Literatur war die Behandlung des Bettelbetrugs in den Folgejahren umstritten: *Köstlin* lehnte mit kurzen Erwägungen eine Betrugsstrafbarkeit ab, da es am Kausalzusammenhang zwischen Irrtum und Vermögensverfügung fehle.[736] Eingehende – und zugleich grundlegende – Ausführungen zur Strafbarkeit des Bettelbetrugs machte dagegen im Jahre 1867 *Adolf Merkel*: Er unterschied zwei verschiedene Formen des Betruges. Die eine sei der Normalfall des Betrugs, von ihm auch als gemeiner Betrug bezeichnet. Bei diesem wolle der Betroffene vermögenswerte Leistungen austauschen, wolle aber keinen Vermögensverlust erleiden; das ihm für seine Leistung vorgespiegelte Äquivalent sei in dieser Konstellation ein materielles gleichartigen Charakters. Ganz anders liege es dagegen bei der anderen Betrugsform. In dieser wolle der Betroffene – wie etwa beim Bettelbetrug – wirklich das eigene Vermögen mindern und das des anderen vermehren. Zwar erfolge auch hier die Gabe im Hinblick auf ein illusorisches Äquivalent. Dieses Äquivalent – beim Bettelbetrug die Genugtuung, welche die Milderung menschlichen Leidens dem Barmherzigen gewähre – sei allerdings kein materielles, sondern ein sog. ideales. *Merkel* nahm nun an, daß auch das Ausbleiben eines solch idealen Äquivalents eine Verletzung des Gebers in sich einschließe, so daß eine Strafbarkeit wegen Betrugs in Betracht komme.[737] Mit diesen Ausführungen wurde erstmals der Versuch unternommen, ideelle Zwecksetzungen mit einer objektiven Schadenskonzeption in Einklang zu bringen. Von daher ist *Adolf Merkel* wohl als der geistige Urvater der Zweckverfehlungslehre anzusehen[738], auch wenn diese Lehre bei ihm noch nicht im einzelnen präzisiert war. In der Folgezeit fand die Position *Merkels* nur vereinzelt Zustimmung[739], teilweise wurde sie ausdrücklich abgelehnt[740], überwiegend wurde die

---

732 Siehe oben S.26.

733 Privilegierende Tatbestände der „betrüglichen Bettelei" fanden sich freilich auch in anderen Strafgesetzen [Übersicht hierzu bei *A. Merkel*, KrimAbh.II/1, S.214f.], so etwa in § 640 BadStGB; kritisch zu diesen Privilegierungen *A. Merkel*, KrimAbh.II/1, S.215f.

734 Vgl. *Goldtammer*, Materialien II, S.544; vgl. hierzu *Gerhold*, S.14; *Neye*, S.44.

735 *PrObTr* vom 22.11.1853 (zitiert nach *A. Merkel*, KrimAbh.II/1, S.214 Fußn.1); ebenso *F.C. Oppenhoff* § 118 Nr.6.

736 *Köstlin*, Abt.II, S.151.

737 *A. Merkel*, KrimAbh.II/1, S.212ff.

738 Vgl. hierzu zutreffend *Neye*, S.45ff., 47; ähnlich *Gerhold*, S.15 (*A. Merkel* als „Vorläufer der heutigen Zweckverfehlungslehre [...], die nur eine terminologisch andere Umschreibung desselben Gedankengangs darstellt.").

739 So etwa von *Binding*, BT 1^2, S.354, 357 (allerdings vom Standpunkt eines juristischen bzw. subjektiven Schadensbegriffs [kritisch hierzu *Cramer*, S.209]).

740 *Ebermayer*, in: LK^4 § 263 Anm.8; $Frank^{18}$ § 263 Anm.VI 1 m.w.N.; siehe auch $Gerland^2$, S.638f.; *Hälschner*, BT 1, S.249f. Fußn.1; *Wachenfeld*, S.408 Fußn.1; i.E. auch *Waag*, GerS 31 (1879), 241, 242.

Problematik des Bettelbetrugs dagegen im Bereich der Kausalität angesiedelt.[741] Einen nachhaltigen Einfluß hatte die Sichtweise *Merkels* nicht.

Für die weitere Entwicklung der Zweckverfehlungslehre war dann die Rechtsprechung nach der nationalsozialistischen Machtübernahme bedeutsam. Bei der Erschleichung öffentlicher oder zumindest öffentlich „gebundener" Mittel gewann der Gedanke der Zweckverfehlung im Rahmen der Schadensprüfung dort immer mehr an Bedeutung.

Schwache Ansätze fanden sich erstmals in einer Entscheidung des *Hanseatischen OLG:* im Zusammenhang mit dem Vorliegen einer bewußten Selbstschädigung wurde dort auf den Bestimmungszweck des betroffenen Vermögens abgestellt; der dogmatische Ansatz wurde dabei allerdings nicht deutlich.[742] In der soweit ersichtlich ersten reichsgerichtlichen Entscheidung aus dieser Zeit lag ein Geschäft vor, das mit einer öffentlichen Hilfsmaßnahme verknüpft war, deren erstrebter Erfolg aber ausblieb; es war nicht auszuschließen, daß das Geschäft objektiv ausgeglichen war. Das *RG* stellte hier auf die besonderen Zwecke und Verhältnisse des Betroffenen ab und bejahte von daher einen Schaden.[743] In der nächsten Entscheidung ging es um einen Angriff auf ein zur Erfüllung von öffentlichen Aufgaben bestimmtes Zweckvermögen. Hier wurde zwar auf die vorherige Entscheidung Bezug genommen – und auch auf die individuellen Verhältnisse des Betroffenen abgezielt –, aber wohl erstmals in Betracht gezogen, daß die Nichterreichung des mit der Bildung des Zweckvermögens gewollten Erfolgs als solche einen Vermögensschaden begründen könne.[744] Besonders bedeutsam war dann die darauffolgende Entscheidung: sie führte ebenfalls aus, daß die besonderen Verhältnisse des Betroffenen zu berücksichtigen seien, verwendete in diesem Zusammenhang aber erstmals die – auch in der Rechtsprechung des *BGH* später üblich gewordene[745] – Formel von der „zweck- und sinnlosen Fehlleitung staatlicher Mittel" als Vermögensschaden.[746] Der endgültige Durchbruch des Zweckverfehlungsgedankens war dann wenig später mit *RGSt 70, 33ff.* erreicht[747], und zwar insofern, als dort nicht mehr auf die besonderen Verhältnisse des Betroffenen abgestellt wurde, sondern der Verfehlung des Zwecks bei zweckgebundenen Geldern eine eigenständige Bedeutung beigemessen wurde.[748]

---

741 Für die h.M. *T. Oppenhoff*[12] § 263 Anm.36; *Pröll*, GA 1917, 411, 414.

742 *Hanseat. OLG* vom 6.3.1933, LZ 1933, 798 Nr.3 (Postbehördenunterstützungsfonds).

743 *RG* vom 28.11.1933, DRiZ Rspr. 1934, Nr.112 Sp.108ff. (Gebundene Kartoffelflocken).

744 *RG* vom 20.6.1935, 3 D 283/35, S.6 (Entschuldungsdarlehen).

745 Siehe nur *BGHSt* 19, 37, 45 (VW).

746 *RG* vom 16.9.1935, JW 1936, 262 Nr.25 (Ostpreußenhilfe), wo sich erstaunlicherweise nicht mit den vorherigen Entscheidungen auseinandergesetzt wird.

747 Die zwischenzeitlich – am 9.10.1935 – ergangene Entscheidung *RG*, JW 1936, 513 Nr.15 (Osthilfemittel) ist für die Entwicklung der Zweckverfehlungslehre unergiebig, obwohl in *BGHSt* 19, 37, 45 auf sie Bezug genommen wird.

748 *RGSt* 70, 33, 36 vom 16.12.1935 (Ehestandsdarlehen) unter Bezugnahme auf *RGSt* 58, 171f.; *RG* vom 31.1.1935, 3 D 1393/34; *RG* vom 20.6.1935, 3 D 283/35, wobei die beiden erstgenannten Entscheidungen für die Entwicklung der Zweckverfehlungslehre unergiebig sind. Auf *RGSt* 70, 33, 36 selbst wird in der nachfolgenden Rechtsprechung häufig Bezug genommen (so etwa von

In der Folgezeit [749] wurde trotz mancher Unterschiede im Detail im großen und ganzen der eingeschlagene Weg fortgesetzt. Als Neuerung kam allerdings hinzu, daß die bisherige Rechtsprechung auch auf § 266 StGB ausgedehnt wurde.[750] Dort ist eine Entscheidung aus dem Jahre 1937 besonders hervorzuheben, in der es um die Fehlleitung öffentlicher Gelder ging, die die Sicherstellung ausreichender Fleischversorgung in fleischarmen Zeiten bezwecken sollten (Schweinemast-Fall). In dieser Entscheidung heißt es:

> „Die Untreue ist grundsätzlich eine Straftat, die sich gegen das Vermögen richtet. Ein Vermögensnachteil kann aber unter Umständen nicht bloß dann vorliegen, wenn vermögensrechtl. Ansprüche rein zahlen- oder rechnungsmäßig verletzt [... werden] oder ihr Wert beeinträchtigt wird; vielmehr kann, wenn öffentl. Mittel zu bestimmten, im Interesse der Gesamtheit liegenden Zwecken zur Verfügung gestellt werden, die öffentl. Hand auch dadurch geschädigt werden, daß diese Mittel [...] fehlgeleitet, ihrem Zweck entzogen oder entfremdet werden [...]. Dem mit der Betreuung solcher zweckgebundener öffentl. Mittel Beauftragten steht über sie keine völlig freie Verfügung zu; werden sie fehlgeleitet, so kann das eine Schädigung der öffentl. Hand bedeuten, sofern sie diese Mittel für den Zweck, dem sie bestimmungswidrig zugeflossen sind, nicht aufgewendet haben würde, ihre Aufbringung und Hingabe also erfolgt ist, ohne daß der damit bezweckte Erfolg eingetreten wäre. Das hat das RG. schon für den Fall des betrügerischen Verhaltens ausgesprochen, vgl. RGSt. Bd. 70 S.36; 1 D 460/37 vom 3. Sept. 1937; der Begriff des Vermögensnachteils nach § 266 StGB. ist aber von dem des Vermögensschadens nach § 263 StGB. nicht grundsätzlich verschieden (vgl. RGSt. Bd. 71 S.333)."[751]

An dieser Entscheidung fällt zweierlei auf: erstens, daß das *RG* ausdrücklich hervorhebt, die Fehlleitung öffentlicher Gelder könne auch dann einen Schaden begründen, wenn das Vermögen dem Wert nach nicht gemindert sei. Und zweitens fällt auf, daß gleichwohl überhaupt nicht der Versuch unternommen wird, den Gedanken der Zweckverfehlung in ein wirtschaftliches Schadensverständnis zu integrieren.[752] [753] Dies legt zumindest nahe, daß das *RG* einer Zweckerreichung keinen

---

RG vom 3.9.1937, 1 D 460/37, S.3; *BGH* vom 27.11.1956, 5 StR 310/56, S.10; *BGHSt* 19, 37, 45; *OLG Hamm*, GA 1962, 219, 220).

749 *RG* vom 3.9.1937, 1 D 460/37, S.3 (Wohnungsamt); *RGSt* 73, 382, 383f. vom 4.12.1939 (Reißwerkzeug).

750 *RG* vom 30.11.1936, HRR 1937, Nr.535 (Fehlleitung von Unterstützungsgeldern) [Nach *Neye*, S.17, ist dies die erste Entscheidung, bei der im Rahmen des § 266 StGB das Vorliegen eines Vermögensschadens mit dem Gedanken der Fehlleitung öffentlicher Mittel begründet wurde; dieser Erweiterung des Schadensbegriffs habe es in der Entscheidung jedoch überhaupt nicht bedurft.]; *RG* vom 17.12.1937, HRR 1938, Nr.864 (Zweckwidrige Schweinemast); *RG* vom 11.1.1938, HRR 1938, Nr.921 (Planungswidrige Fleischzuteilung); vgl. *RG* vom 23.5.1939, HRR 1939, Nr.1071 (Winterhilfswerk) [hierzu *Neye*, S.17f.].

751 *RG* vom 17.12.1937, HRR 1938, Nr.864 (Zweckwidrige Schweinemast).

752 Auch darin, daß das *RG*, ebenda, ausführt, die öffentliche Hand würde die Mittel für den bestimmungswidrigen Zweck nicht aufgewendet haben, kann kein Versuch gesehen werden, den Gedanken der Fehlleitung öffentlicher Mittel in ein wirtschaftliches Schadensverständnis zu integrieren, denn zumindest das – entscheidende – anschließende Abstellen auf den ausbleibenden Erfolg steht insoweit gänzlich im Raum.

wirtschaftlichen Wert beigemessen hat, und zwar nicht nur bei § 266 StGB, sondern – wie die Bezugnahme auf *RGSt 70, 33, 36* zeigt – auch bei § 263 StGB. Von daher kann die Bedeutung dieser Entscheidung wohl kaum hoch genug eingeschätzt werden.[754]

Aber auch die anderen Entscheidungen des *RG* zu Angriffen auf öffentliches Vermögen haben einen nicht zu unterschätzenden Stellenwert: schließlich war der Gedanke, einen Vermögensschaden (allein) mit der „Fehlleitung" öffentlicher Mittel zu begründen, ein völlig neuer, der von der vorherigen Schadenskonzeption gänzlich abwich.[755] Die betreffenden Entscheidungen lassen die hierfür gebotene Begründung allerdings vermissen.[756] Daneben fällt auf, daß die mit dem Gedanken der Zweckverfehlung in der Rechtsprechung verbundene Erweiterung der Strafbarkeit ausgerechnet in die Zeit des Nationalsozialismus fällt. Von daher drängt sich die Frage auf, ob die Entstehung der Zweckverfehlungslehre vom Nationalsozialismus beeinflußt war.[757] Im Rahmen dieser Arbeit kann und muß dieser Frage jedoch nicht näher nachgegangen werden. Im Schrifttum wurde an die von Rechtsprechung eingeschlagene Linie für den Bereich öffentlicher Mittel – soweit ersichtlich – erstmals von *Mezger*[758] im Jahre 1940 angeknüpft.

Auch nach dem 2. Weltkrieg zog die Rechtsprechung den Gesichtspunkt der Fehlleitung öffentlicher Mittel weiterhin zur Schadensbegründung heran.[759] In der

753 Kritisch hierzu auch *Neye*, S.17, der der Auffassung ist, der herkömmliche Vermögens- und Schadensbegriff sei mit dieser Entscheidung für den Bereich des staatlichen Vermögensschutzes endgültig überwunden worden.

754 Vgl. *Neye*, S.17.

755 Vgl. hierzu *Neye*, S.17.

756 *Neye*, S.18 („Gedanke der Zweckverfehlung hätte zwingend eine nähere Begründung erfordert.").

757 Diese wahrlich interessante Frage ist – soweit ersichtlich – bislang noch nicht Gegenstand eingehenderer Untersuchungen gewesen. Ohne nähere Begründung konstatiert *Fabricius*, NStZ 1993, 414, 417 mit Fußn.27, eine Verquickung des Zweckverfehlungs- und Fehlleitungsgedankens mit nationalsozialistischem Gedankengut. Deutlich differenzierter äußert sich dagegen *Neye*. *Neye*, S.17, geht davon aus, daß die Interpretation des Merkmals des Vermögensnachteils in der Zeit nach 1933 am erklärten Ziel des damaligen Gesetzgebers, mit der Neufassung des § 266 StGB „Schiebertum und Korruption" zu bekämpfen, ausgerichtet worden sei und dadurch eine erhebliche Erweiterung erfahren habe, zu der auch der dogmatisch völlig neue Gesichtspunkt der Fehlleitung öffentlicher Mittel gehört habe. Insoweit übersieht *Neye* freilich, daß der Fehlleitungsgedanke erstmals nicht bei § 266 StGB, sondern bei § 263 StGB auftauchte, dort aber – soweit ersichtlich – keine vergleichbaren Äußerungen des Gesetzgebers zu finden sind. *Lackner*, Vermögen und Vermögensbeschädigung, S.95, nimmt sogar an, daß die Fortentwicklung des Tatbestandsmerkmals des Vermögensschadens „auf keinen Fall" zu jenen sprunghaften und unorganischen Entwicklungen der Zeit des Nationalsozialismus gehört habe, die vorschnellen politischen Erwägungen entsprungen seien (siehe aber auch a.a.O., S.71).

758 *Mezger*, DR 1940, 287 („Auch *neben* der ungeminderten Möglichkeit oder Verwertung [der angebotenen Leistung] *kann* [...] die Unterstützung eines andern für das Ministerium (den Staat) einen selbständigen Vermögenswert besitzen, dessen Vereitelung eine Vermögensbeschädigung darstellt. Dies darf man allerdings [...] nicht rein subjektiv nach der Meinung des Empfängers beurteilen [...]. Zur richtigen „individuellen" Beurteilung der Lage gehört [...] wohl die *übereinstimmend* von den Vertragsschließenden angenommene Grundlage." [Hervorhebungen im Original]).

759 Siehe etwa *BGHSt* 19, 37, 45 (VW); *BGHSt* 31, 93, 95 (Investitionszulagen); *BGH*, BB 1991, 98 (Neue Wohnungsbauvorhaben); *OLG Hamm*, GA 1962, 219, 220 (Sozialer Wohnungsbau); *KG*,

Literatur gewann der Zweckverfehlungsgedanke dann auch – wenn auch in anderer Form – bei Angriffen auf privates Vermögen an Raum: Deutliche Ansätze fanden sich in dieser Zeit erstmals bei *Lange*.[760] 1961 wurde die Zweckverfehlungslehre dann von *Gallas* präzisiert: Ausgehend davon, daß der Vermögensinhaber auch in seinen sozialen Funktionen zu sehen sei, führte *Gallas* aus, daß in den Fällen einer unentgeltlichen Leistung der sachliche Sinn der Leistung ausschließlich durch den ihr vom Leistenden beigelegten sozialen Zweck bestimmt werde. Werde dieser Zweck erreicht, sei daher die Annahme eines Schadens trotz Verminderung des Vermögensbestands ausgeschlossen; werde der Zweck verfehlt, werde die Ausgabe dagegen sinnlos und daher auch „unwirtschaftlich".[761] *Gallas* nahm hierbei zwar auf *Lange* Bezug und zog für den Bereich objektiv ausgeglichener Geschäfte *RGSt 70, 33, 36* vergleichend heran[762], dennoch wird er im Schrifttum häufig als der alleinige Begründer der Zweckverfehlungslehre angesehen.[763] Trotz mancher Unterschiede im Detail hat der Standpunkt von *Gallas* in der Literatur vielfach Zustimmung erfahren[764] und kann mittlerweile wohl als h.L. bezeichnet werden.

Würdigt man die Entwicklung der Zweckverfehlungslehre insgesamt, so fällt eines ganz besonders auf: der Fehlleitungsgesichtspunkt bei öffentlichen, „zweckbestimmten" Mitteln stand letztlich Pate für die generelle Beurteilung von Zweckverfehlungen. Mit anderen Worten: das Allgemeine entwickelte sich aus dem Speziellen – eine sonderbare Entwicklung.

b) Gegenstand der Zweckverfehlungslehre

Vor dem soeben skizzierten Hintergrund erweckt die Zweckverfehlungslehre besonderes Interesse. Bei ihrer Darstellung – und der Darstellung der abweichenden

---

JR 1962, 26, 27 (ERP-Sondervermögen); siehe auch *BGH* vom 27.11.1956, 5 StR 310/56, S.10 (Forstamt).

760 *Lange*, in: Kohlrausch/Lange[39/40] Vorbem. Betrug und Untreue Anm.II, wo angenommen wird, daß der Getäuschte bei § 263 StGB nicht wisse, daß er sich oder einen Dritten schädige, und daraus abgeleitet wird, daß der Betrug dadurch gekennzeichnet sei, daß der Betrogene bei Kenntnis der wahren Sachlage anders gehandelt hätte. Hierauf bezogen wird dann ausgeführt: „Zweifelhaft könnten höchstens die dem sog. Bettelbetrug ähnlich liegenden Fälle sein. Allein auch der unter Vorspiegelung körperlicher Gebrechen Angebettelte weiß nicht, daß die Voraussetzung, unter der er schenken wollte, nicht vorlag. Dadurch wird, was er für Wohltätigkeit hielt, zu einer Selbstschädigung (der Angebettelte selber, der auf die Vorspiegelung hin etwas gab, wird sich zweifellos „geschädigt" fühlen; aber auch objektiv ist der soziale Sinn der Vermögensverschiebung ein ganz anderer als der Getäuschte meint und will) *und der Bettler zum Betrüger* [Hervorhebung vom *Verf.*]." – *Weidemann*, S.94, weist zutreffend darauf hin, daß diese Äußerungen vor den Ausführungen *Gallas'* gemacht wurden.

761 *Gallas*, in: Eb. Schmidt-FS, S.401, 435.

762 Siehe hierzu aber auch *Neye*, S.46, der meint, *Gallas* habe auf die vom *RG* begründete Terminologie von der Verfehlung des sozialen Zwecks zurückgegriffen, dies aber nicht hinreichend deutlich gemacht.

763 Siehe etwa *D. Geerds*, Jura 1994, 309, 310 Fußn.14; vgl. auch *Graul*, in: Brandner-FS, S.801, 804 („einer der Urheber"); *J. Vogel*, Legitimationsprobleme, S.516 Fußn.555 („grundlegend").

764 Nachweise hierzu oben S.76 Fußn.436.

Positionen – ist danach zu differenzieren, ob ein wirtschaftlich ausgeglichenes oder unausgeglichenes Geschäft vorliegt.

aa) Zweckverfehlungen im Bereich wirtschaftlich unausgeglichener Geschäfte

Im Bereich wirtschaftlich unausgeglichener Geschäfte ist nach den obigen Ausführungen zur Berücksichtigung normativer Gesichtspunkte für eine eigenständige Bedeutung des Zweckverfehlungsgesichtspunkts – zumindest grundsätzlich – nur Raum, wenn weder auf einen tatsächlich bestehenden fälligen und einredefreien Anspruch geleistet wurde[765] noch das Bestehen eines solchen Anspruchs vorgetäuscht wurde.[766] [767] Der verbleibende Bereich – zu dem etwa der sog. Bettelbetrug gehört – ist dabei dadurch gekennzeichnet, daß der Betroffene einen Vermögenswert ganz oder teilweise unentgeltlich weggibt oder eine Verbindlichkeit zu unentgeltlicher Weggabe eingeht, um dadurch einen bestimmten Zweck zu erreichen, dieser Zweck aber verfehlt wird. Die Problematik hierbei besteht darin, daß der Wert des Vermögens in dieser Konstellation rein wirtschaftlich betrachtet an sich eindeutig gemindert wird und dies dem Betroffenen an sich auch bewußt ist. Die zentrale Frage ist nun, ob die ebenfalls vorliegende Zweckverfehlung insbesondere in bezug auf die damit angeschnittene Problematik der bewußten Selbstschädigung bedeutsam wird. In der Rechtsprechung und im aktuellen Schrifttum lassen sich dazu im wesentlichen vier unterschiedliche Ausgangspositionen ausmachen:

aaa) Verzicht auf Erfordernis der unbewußten Selbstschädigung?

Relativ einfach stellt sich die Problematik dar, wenn man das Vorliegen einer unbewußten Selbstschädigung bei § 263 StGB nicht für erforderlich hält. Der Schaden läßt sich dann nämlich – zumindest auf den ersten Blick – zwanglos allein mit der unausgeglichen gebliebenen Wertminderung begründen, die durch die Weggabe des betreffenden Vermögensbestandteils eintritt; die Zweckverfehlung als solche wäre insoweit ohne jede Bedeutung. Diese Position wurde von der älteren Recht-

---

765 Vgl. etwa *Kühl*, in: Lackner/Kühl[23] § 263 Rdnr.56; *Lackner*, in: LK[10] § 263 Rdnr.165.

766 Vgl. etwa *Arzt*, in: Arzt/Weber, LH 3[2], S.188 Rdnr.497; *Hack*, S.44; *W. Hartmann*, S.25, 142; *Lackner*, in: LK[10] § 263 Rdnr.165 Fußn.293; *T. Walter*, S.548; *Weidemann*, S.98 Fußn.176; siehe auch *Betschart*, S.38.

767 In neuester Zeit will *Tiedemann*, in: LK[11] § 263 Rdnr.185f., hier allerdings insgesamt zu einer „Neuformulierung der Prinzipien der Schadensberechnung" (a.a.O., Rdnr.186) kommen: dazu will er den Schadensbegriff durchgehend normativieren – der Vermögensschaden soll zusätzlich zu der Feststellung des wirtschaftlichen Wertverlusts normativ dahingehend bewertet werden, ob der Verlust durch eine Rechtsgrundlage ausgeglichen bzw. gerechtfertigt wird – und damit auch die Fälle der Zweckverfehlung lösen (eingehend a.a.O., Rdnr.185). Eine durchgehend normativierte Schadensbestimmung sieht sich jedoch – zumindest in weiten Teilen – den unten S.185f. erhobenen Bedenken ausgesetzt. Zudem bleibt bei *Tiedemann*, ebenda, letztendlich offen, worauf sich die (von ihm namentlich im Spendensammlerfall des *BayObLG* angenommene) Vermögensrelevanz von Zweckerreichungen letztendlich gründen soll (*generell* auf die Figur des persönlichen Schadenseinschlags?).

sprechung[768] und wird auch heutzutage noch von einem Teil des Schrifttums[769] vertreten; im Ergebnis wird damit also grundsätzlich bei jeder täuschungs- und irrtumsbedingten, unausgeglichenen Weggabe von Vermögenswerten das Vorliegen eines Vermögensschadens angenommen.[770] Daß diese Auffassung problematisch ist, zeigt sich besonders deutlich im sog. Spendensammlerfall, den das *BayObLG* in den fünfziger Jahren zu entscheiden hatte: Dort hatte ein Spendensammler zur Anregung des Spendeneifers in seine Liste erfundene Beträge eingetragen und unter Hinweis auf diese Summen eine Reihe von Personen um Spenden gebeten. Durch dieses Vorbringen ließen sich diese Personen dann auch tatsächlich zu einer Spende bestimmen. Das *BayObLG* bejahte auf der Grundlage der soeben skizzierten Ansicht das Vorliegen eines Betruges.[771] Im Schrifttum erfuhr diese Entscheidung jedoch erhebliche Ablehnung[772] – und zwar zu Recht schon deswegen, weil in dem entschiedenen Fall zumindest primär bloß reine Affektionsinteressen beeinträchtigt sind.

Wohl auch aus diesem Grund findet sich in Rechtsprechung[773] und Literatur[774] noch eine zweite Meinung, die gleichfalls das Erfordernis einer unbewußten Selbstschädigung ablehnt, sich von der zuvor skizzierten Ansicht aber dennoch unterscheidet: Um sicherzustellen, daß § 263 StGB das Vermögen, nicht aber die Dispositionsfreiheit schützt[775], werden – in im einzelnen unterschiedlichen Ausformungen – nur bestimmte Irrtümer bzw. bestimmte Zwecksetzungen[776] für beachtlich gehalten.[777]

---

768 So etwa *RGSt* 4, 352f.; *RGSt* 52, 134, 136; *RGSt* 53, 225f.; *RGSt* 70, 255, 256; *BGHSt* 19, 37, 45 (in bezug auf den Bettelbetrug); *BayObLG*, NJW 1952, 798; *LG Aachen*, NJW 1950, 759.

769 *Gössel*, BT 2, S.389ff. Rdnr.172f.; *Hilgendorf*, JuS 1994, 466, 469; *Steininger*, in: Leukauf/Steininger[3] § 146 Rdnr.49; wohl auch *Jagusch*, in: LK[8] § 263 Anm.11b.

770 So explizit *Hilgendorf*, JuS 1994, 466, 469; *Steininger*, in: Leukauf/Steininger[3] § 146 Rdnr.49; vgl. hierzu etwa auch *Schmoller*, JZ 1991, 117, 118 m.w.N.; kritisch hierzu etwa *Lackner*, in: LK[10] § 263 Rdnr.171, der geltend macht, daß eine unausgeglichene, einseitige Weggabe von Wirtschaftsgütern begriffsnotwendig eine Wertminderung im Vermögen des Betroffenen bedeute und somit deren ausnahmslose Anerkennung als Schaden im Rechtssinne das Merkmal der Vermögensbeschädigung in diesem Bereich seiner Funktion entkleiden würde; hiergegen wiederum *Schmoller*, JZ 1991, 117, 123, 129; ders., in: Bundesministerium für Justiz, Strafrechtliche Probleme der Gegenwart, S.27, 69.

771 *BayObLG*, NJW 1952, 798.

772 Ausführliche Übersicht hierzu bei *Graul*, in: Brandner-FS, S.801, 803f. Fußn.5; aus neuerer Zeit *Jerouschek*, GA 1999, 416, 423 mit Fußn.47. – Um die Fragwürdigkeit der Entscheidung besonders anschaulich aufzuzeigen, wird in der Literatur teilweise auch der gleichgelagerte Beispielsfall eines Pfarrers, der vorweg einen größeren Geldschein in den Klingelbeutel legt, um den Spendeneifer durch diese Täuschung anzuregen, gebildet (siehe etwa *Schmoller*, JZ 1991, 117, 118 m.w.N.).

773 *BGH*, NJW 1992, 2167; *BGH*, NJW 1995, 539.

774 *Deutscher/Körner*, JuS 1996, 296, 301; *Gerhold*, S.36ff. i.V. mit S.56ff., S.73f.; *Hillenkamp*, in: Wessels/Hillenkamp, BT 2[22], S.219ff. Rdnr.551ff. i.V. mit S.211 Rdnr.527; *Rengier*, BT I[3], S.171f. Rdnr.64ff.; *Wessels*, BT 2[20], S.141f. Rdnr.534ff. i.V. mit S.135 Rdnr.510, S.143 Rdnr.547; vgl. *Welzel*[11], S.376 i.V. mit S.370.

775 So ausdrücklich *Hillenkamp*, in: Wessels/Hillenkamp, BT 2[22], S.219 Rdnr.551; *Rengier*, BT I[3], S.172 Rdnr.65 a.E.; *Wessels*, BT 2[20], S.141 Rdnr.534; *BGH*, NJW 1995, 539.

776 Siehe etwa *Gerhold*, S.36ff.; *Wessels*, BT 2[20], S.141 Rdnr.534 („nur eine objektivierbare, der konkreten Leistung immanente und wirtschaftlich relevante Zwecksetzung"); nunmehr ebenso auch *Hillenkamp*, in: Wessels/Hillenkamp, BT 2[22], S.219 Rdnr.551.

Teilweise wird dabei auch der Gedanke einer Zweckerreichung mit in die Betrachtung eingestellt.[778] Diese Konzeption, die im Kern auch von der neueren *BGH-Rechtsprechung* zugrunde gelegt wird[779], wirft im einzelnen viele Fragen auf – so etwa die Frage, worin der Vermögensschaden eigentlich erblickt wird.[780] Ohne eine

---

777 Teilweise ähnlich auch *Schmoller*, JZ 1991, 117, 122ff., der bei einer täuschungsbedingten, einseitigen Weggabe von Vermögenswerten grundsätzlich einen Vermögensschaden bejaht (a.a.O., 123, 129), über eine restriktive Auslegung des Tatbestandsmerkmals des Vermögensschadens aber bestimmte – sog. „nicht schadensbegründende" – Täuschungen aus dem Betrugstatbestand ausklammern will (a.a.O., 125ff., 127, 129). Auszuklammern seien insofern im Regelfall: Täuschungen über solche Umstände, die lediglich ein größeres oder kleineres Angebot, eine höhere oder geringere Nachfrage indizierten (a.a.O., 127), die Fälle, in denen die motivierende Wirkung der Täuschung allein auf einem „Mitläufereffekt" beruhe sowie bloß falsche Parteiangaben in kontradiktorischen Verfahren vor einem Gericht oder einer Behörde (a.a.O., 128) [eingehend zur letzten Fallgruppe bereits oben S.22ff.]. Die Fälle der Subventionserschleichung beurteilt *Schmoller* gesondert (a.a.O., 124f., 129) [hierzu unten S.228ff.]. Ebenso ders., in: Bundesministerium für Justiz, Strafrechtliche Probleme der Gegenwart, S.27, 68ff., 80f.

778 So etwa *Gerhold*, S.74; *Hillenkamp*, in: Wessels/Hillenkamp, BT 2[22], S.219 Rdnr.551; *Wessels*, BT 2[20], S.141 Rdnr.534.

779 *BGH*, NJW 1995, 539 [Anm. *Rudolphi*, NStZ 1995, 289f.], wo zwar daran festgehalten wird, daß in den Fällen des sog. Spenden-, Bettel- oder Schenkungsbetrugs die Annahme eines Vermögensschadens nicht schon deshalb entfalle, weil sich der Getäuschte der nachteiligen Wirkung seiner Verfügung bewußt sei, ergänzend jedoch darauf abgestellt wird, daß die (bewußte) Vermögenseinbuße nach den Vorstellungen des Gebenden durch Erreichen eines bestimmten nicht vermögensrechtlichen Zweckes ausgeglichen werden solle. Werde dieser Zweck verfehlt, so werde das Vermögensopfer auch wirtschaftlich zu einer unvernünftigen Ausgabe, die auf Täuschung beruhe. Allerdings könne – sofern § 263 StGB nicht seines Charakters als einer Vorschrift zum Schutze des Vermögens beraubt und zu einer Vorschrift zum Schutze der Dispositionsfreiheit umgestaltet werden solle – nicht jeder auf Täuschung beruhende Motivirrtum die Strafbarkeit begründen. Erforderlich sei vielmehr die Verfehlung eines Zwecks, der dem Verfügenden in der konkreten Situation notwendig und sinnvoll erscheine, sei es, daß er einen sozialen, sei es, daß er einen indirekt wirtschaftlich relevanten Zweck verfolge. Etwas weitergehend hält *BGH*, NJW 1992, 2167 die Verfehlung eines *solchen* Zwecks nicht für *erforderlich*, sondern läßt sie *genügen*.
Ansatzweise wohl auch *Hanseat. OLG*, LZ 1933, 798 Nr.3 (Postbehördenunterstützungsfonds), wonach bei einer bewußt vorgenommenen Vermögensverringerung § 263 StGB namentlich dann erfüllt sein könne, wenn eine Behörde der Meinung gewesen sei, daß sie im Sinne der Bestimmung eines Unterstützungsfonds handele, wenn sie die Auszahlung bewirke, und sie sich insofern in einer wesentlichen Beziehung über die Bedeutung ihrer Vermögensposition geirrt habe; siehe auch *OLG Köln*, NJW 1979, 1419, 1420, wonach eine bewußte Selbstschädigung einen Vermögensschaden i.S. des § 263 StGB darstellen könne, wenn der für den Abschluß des Geschäfts entscheidend bestimmende soziale Zweck verfehlt werde.

780 Teilweise wird angenommen, der Schaden liege darin, daß die Leistung des Getäuschten ohne Ausgleich in Form der Zweckerfüllung geblieben sei (so etwa *Gerhold*, S.74); teilweise wird der Schaden aber auch in der ausgebliebenen Zweckerreichung als solcher bzw. der Zweckverfehlung als solcher gesehen (so etwa *Deutscher/Körner*, JuS 1996, 296, 302; wohl auch *Hillenkamp*, in: Wessels/Hillenkamp, BT 2[22], S.219 Rdnr.554; *Wessels*, BT 2[20], S.141 Rdnr.537).
Die neuere *BGH*-Rechtsprechung wird insgesamt unterschiedlich gewürdigt: *Kühl*, in: Lackner/Kühl[23], § 263 Rdnr.55, etwa ist der Auffassung, dort werde auf die Zweckverfehlung abgestellt, dies sei jedoch inkonsequent (insoweit zustimmend *T. Walter*, S.543; siehe auch *Tiedemann*, in: LK[11] § 263 Rdnr.183), da es dafür eine zureichende Begründung nur unter der von der Rechtsprechung abgelehnten Voraussetzung gebe, daß die bewußte Selbstschädigung nicht in den Schutzbereich des § 263 StGB falle. *Rudolphi*, NStZ 1995, 289, 290, geht dagegen davon aus, daß der *BGH* für die fragliche Konstellation nun „wohl anerkenne", daß der Betrugstatbestand nur dann erfüllt sei, wenn dem Betroffenen aufgrund der Täuschung verborgen geblieben sei, daß er den verfolgten (sozialen) Zweck verfehle. Ähnlich äußert sich auch *Seier*, JuS 1996, L 21, L 22

eingehende Darstellung der unterschiedlichen Facetten dieser Ansicht dürfte eine Beantwortung dieser Fragen freilich kaum möglich sein. Im Rahmen der vorliegenden Arbeit kann eine solche Darstellung jedoch unterbleiben: Da der Betrugstatbestand nach der hier vertretenen Ansicht zumindest grundsätzlich das Vorliegen einer unbewußten Selbstschädigung erfordert, verdient diese Ansicht ebenso wie die zuvor skizzierte nämlich schon aus diesem Grund keine Zustimmung.

bbb) Relevanz von Zweckverfehlungen auf der Grundlage der Theorie der unbewußten Selbstschädigung

Die wohl h.L.[781] beschreitet zur Erfassung von Zweckverfehlungen denn auch einen anderen Weg. Sie geht von der zutreffenden Theorie der unbewußten Selbstschädigung aus und unternimmt auf dieser Grundlage den Versuch, Zweckverfehlungen in das im Ausgangspunkt wirtschaftliche Schadensverständnis zu integrieren. Der Kerngedanke ist dabei die – im einzelnen unterschiedlich begründete[782] – Vorstellung, das Erreichen des einer Leistung beigelegten Zwecks habe eine kompensierende Wirkung. Im wesentlichen werden zwei unterschiedliche Ausformungen dieses Gedankens im Schrifttum vertreten: Nach einer Auffassung[783] kann die Zweckerreichung schon den durch die betreffende Leistung eingetretenen Wertverlust kompensieren. Wird der Zweck erreicht, liegt nach dieser Ansicht also bereits kein Schaden vor. Wird der Zweck verfehlt, ist dementsprechend auch ein Schaden – und unproblematisch auch das Vorliegen einer unbewußten Selbstschädigung – anzunehmen. Die andere Auffassung[784] sieht die eigentliche Bedeutung der Zweck-

---

Fußn. 13 a.E., der mutmaßt, der *BGH* sehe den Betrugstatbestand neuerdings bei einer bewußten Selbstschädigung wohl nicht mehr als erfüllt an. *Graul*, in: Brandner-FS, S.801, 807 Fußn.25, ist der Meinung, der *BGH* sehe das Erreichen des sozialen Zwecks nunmehr „wohl" als Äquivalent an, das den Geldverlust kompensiere. *Otto*, JZ 1993, 652, 656, deutet die neuere *BGH*-Rechtsprechung dahingehend, daß der Schaden dort nicht von der Vermögensminderung, sondern von der Verfehlung des mit der Vermögensminderung erstrebten Zwecks her bestimmt werde. – Schon diese Stellungnahmen zeigen, daß die neuere Rechtsprechung des *BGH* eigentlich mehr Fragen aufwirft, als daß sie Klarheit schafft.

781 Für die h.L. *Cramer*, S.210ff.; ders., in: Schönke/Schröder[25] § 263 Rdnr.99ff.; *Gallas*, in: Eb. Schmidt-FS, S.401, 435; *Haft*, BT[7], S.214f.; *Kühl*, in: Lackner/Kühl[23] § 263 Rdnr.56; *Lackner*, in: LK[10] § 263 Rdnr.172; *Maiwald*, in: Maurach/Schroeder/Maiwald, BT 1[8], S.461f. Rdnr.120ff.; *Rudolphi*, in: Klug-FS, S.315, 322, 327 i.V. mit S.317; ders., NStZ 1995, 289, 290; *Samson/Günther*, in: SK[5] § 263 Rdnr.163 i.V. mit Rdnr.154; *Schröder*, NJW 1962, 721, 722; wohl auch *Hack*, S.51ff. i.V. mit S.55; *Sonnen*, JA 1982, 593, 594.

782 Siehe hierzu unten S.140ff.

783 *Gallas*, in: Eb. Schmidt-FS, S.401, 435; *Schröder*, NJW 1962, 721, 722 (Schaden liegt darin, daß „die zu bestimmten sozialen, insbesondere wohltätigen Zwecken hingegebene Leistung ihren sinnhaften Gegenwert nicht findet."); wohl auch *Samson/Günther*, in: SK[5] § 263 Rdnr.163 i.V. mit Rdnr.154; *Thormann/von Overbeck* Art.148 Rdnr.8; abweichend *Haft*, BT[7], S.215, der bei Zweckverfehlungen im Bereich objektiv unausgeglichener Geschäfte weder auf die durch die Leistung eingetretene Wertminderung des Vermögens noch auf eine etwaige Kompensation abstellt, sondern den Schaden dort in der Zweckverfehlung als solcher erblickt; ähnlich *Krey*, BT 2[12], S.244f. Rdnr.470f. („um den sozialen Sinn betrogen").

784 So wohl *Maiwald*, in: Maurach/Schroeder/Maiwald, BT 1[8], S.461 Rdnr.121 (siehe aber auch Rdnr.120); wohl auch *Sonnen*, JA 1982, 593, 594.

erreichung dagegen im Bereich des Schädigungsbewußtseins. Für den Schaden als solchen wird von dieser Meinung wohl alleine auf die infolge der Leistung eingetretene, unausgeglichen gebliebene Wertminderung des Vermögens abgestellt. In bezug auf das Erfordernis der unbewußten Selbstschädigung wird dann jedoch angenommen, daß der Wertverlust als solcher dem Betroffenen zwar bewußt sei, die Zweckverfehlung ihm jedoch das Bewußtsein der Schädlichkeit der Vermögensverfügung nehme, da die Zweckerreichung nach seiner Vorstellung diesen Wertverlust zu kompensieren vermöge. Trotz dieses konstruktiven Unterschieds gleichen sich die aufgezeigten Auffassungen insgesamt aber sehr. Im Detail ist bei diesen Meinungen manches gleichwohl umstritten; besonders bedeutsam ist dabei der Streit darüber, ob jegliche Zweckverfehlung oder nur die Verfehlung bestimmter Zwecke bedeutsam ist.[785]

Dies soll an dieser Stelle freilich nicht näher beleuchtet werden, denn auch insgesamt soll zu dem aufgezeigten Lösungsansatz hier noch nicht abschließend Stellung genommen werden: da diese Konzeption maßgeblich darauf fußt, daß einer Zweckerreichung „wirtschaftliche Werthaftigkeit“ zukommt, sich die Frage nach der „Werthaftigkeit“ aber auch im Bereich objektiv ausgeglichener Geschäfte stellen könnte, erscheint es angebracht, die „Werthaftigkeit“ erst nach einer Darstellung der Problematik im Bereich objektiv ausgeglichener Geschäfte – und dort möglicherweise hinzutretender weiterer Lösungsansätze – genauer zu beleuchten. Zuvor sollen freilich noch die weiteren Ansichten für den Bereich unausgeglichener Geschäfte aufgezeigt und – soweit vorab möglich – untersucht werden.

ccc) Beschränkung des Betrugstatbestands auf Täuschungen, die auf den objektiven Zweck der Leistung bezogen sind?

In neuerer Zeit findet sich ein weiterer Ansatz zur Zweckverfehlungsproblematik bei *Graul*. *Graul* billigt einer möglichen Zweckerreichung keinerlei ökonomische Relevanz zu.[786] Deswegen sei „die Zweckverfehlungslehre“ auf der Grundlage eines im Ausgangspunkt wirtschaftlichen Schadensverständnisses beim Tatbestandsmerkmal des Vermögensschadens nicht haltbar.[787] Im Falle der unentgeltlichen Weggabe eines Vermögensguts werde der Gesamtwert des Vermögens des Spenders immer vermindert und dies stelle nach rein wirtschaftlicher Betrachtung

785 Siehe etwa *Hack*, S.52 (jede Zwecksetzung, die zum „Gegenstand eines Austauschverhältnisses“ gemacht wurde); *Haft*, BT[7], S.215 (nur „sozial gebilligte oder wirtschaftspolitische Zwecke“); *Lackner*, in: LK[10] § 263 Rdnr.171f. (nur „wirtschaftlich relevante Zwecksetzungen“); *Maiwald*, in: Maurach/Schroeder/Maiwald, BT 1[8], S.461 Rdnr.121 (nur solche Zwecke, „deren Verfolgung verallgemeinerungsfähig als 'sinnvolle Geldausgabe' (und nicht etwa nur als persönliche Marotte)“ angesehen wird); *Samson/Günther*, in: SK[5] § 263 Rdnr.163 (nur solche Zwecke, „die nach dem Vertragszweck üblicherweise verfolgt werden“); kritisch zum Ganzen *Mitsch*, JA 1995, 32, 42; *Schmoller*, JZ 1991, 117, 120; ders., in: Bundesministerium für Justiz, Strafrechtliche Probleme der Gegenwart, S.27, 62f.

786 *Graul*, in: Brandner-FS, S.801, 807ff.

787 *Graul*, in: Brandner-FS, S.801, 805, 813; vgl. dies., GA 1991, 285, 288.

auch immer einen Schaden dar.[788] Dennoch mißt *Graul* Zwecksetzungen im Rahmen des Betrugstatbestands eine Relevanz bei; sie siedelt die Bedeutung einer Zweckverfehlung jedoch beim Tatbestandsmerkmal der Täuschung an[789]: Bei diesem Tatbestandsmerkmal seien, so *Graul*, nur solche Täuschungen betrugsrelevant, die die Beschädigung des Vermögens des Opfers (auch) als Werk des Täters ausweisen würden und nicht (ausschließlich) als eigenverantwortliche Selbstschädigung des Opfers erscheinen lassen würden.[790] *Graul* nimmt nun an, daß in den Fällen der unbewußten Selbstschädigung die Verantwortung für die Vermögensschädigung unproblematisch beim Täuschenden liege. Diese Fälle würden die typische Betrugskonstellation charakterisieren, die im Bereich der gegenseitig verpflichtenden Geschäfte liege. In dieser Konstellation handele das Opfer als homo oeconomicus, der auf die Erhaltung des Gesamtwerts seines Vermögens bedacht sei; deshalb könnten seine psychischen Hemmungen, die der Weggabe eines Vermögensguts entgegenstünden, in der Regel nur dadurch beseitigt werden, daß ihm der vermögensschädigende Charakter dieser Maßnahme verschleiert werde, wobei letzteres in der Regel durch das Vortäuschen einer das eigene Vermögensopfer ausgleichenden Gegenleistung geschehe.[791] *Graul* bestreitet nun aber, daß dies auch für die angeblich atypische Konstellation des Betrugs gegenüber dem homo beneficus zu gelten habe, denn der homo beneficus, der bewußt ein Vermögensgut weggebe, ohne eine materielle Gegenleistung zu erwarten, müsse doch notwendigerweise durch andere Täuschungen zu seinem Handeln[792] veranlaßt werden als der homo oeconomicus, der sich gar nicht schädigen wolle. Der homo beneficus müsse mithin notwendigerweise durch andere Täuschungen als die über den vermögensschädigenden Charakter seines Tuns zur Weggabe eines Vermögensguts motiviert werden. Gleichwohl dürfe im Blick auf die Verteilung der Verantwortlichkeiten und damit das erfaßte Unrecht nicht mit zweierlei Maß gemessen werden. Daher müßten die Täuschungen auf dem Gebiet der Wohltätigkeit von vergleichbarer Erheblichkeit sein wie die auf dem Gebiet wirtschaftlicher Austauschgeschäfte. Dazu müsse sich die Täuschung jeweils auf den objektiven Zweck der Leistung beziehen[793]: Bei wirtschaftlichen Austauschgeschäften bestehe der objektive Zweck in der Erzielung eines Äquivalenzverhältnisses von Leistung und Gegenleistung. Deshalb könnten in diesem Bereich nur solche Täuschungen betrugsrelevant sein, die dem Betroffenen die Schädlichkeit seines Tuns verschleiern. Demgegenüber bestehe der objektive (Primär-)

788 *Graul*, in: Brandner-FS, S.801, 813.

789 *Graul*, in: Brandner-FS, S.801, 813ff.

790 *Graul*, in: Brandner-FS, S.801, 814.

791 *Graul*, in: Brandner-FS, S.801, 814f.

792 Im Originaltext heißt es statt „in seinem Handeln" bei *Graul*, in: Brandner-FS, S.801, 815, „zu dieser unbewußten Selbstschädigung". Mit den nachfolgenden beiden Sätzen ist diese Wortwahl nach Ansicht des *Verf.* nicht in Einklang zu bringen. Diese beiden Sätze lauten: „Die bewußte Selbstschädigung kann schon begrifflich nicht durch eine Verschleierung der Schädlichkeit der Verfügung veranlaßt werden. Deshalb werden die Dinge geradezu auf den Kopf gestellt, wenn die bewußte Selbstschädigung am Vermögen, die jeder Spende/Schenkung/Subvention wesenseigen ist, von der h.L. [...] im Rahmen der Zweckverfehlungslehre zu einer unbewußten Selbstschädigung uminterpretiert wird.".

793 *Graul*, in: Brandner-FS, S.801, 815f., siehe auch S.828.

Zweck einer Spende / Schenkung / Subvention in der Bereicherung desjenigen, der die – objektiv maßgeblichen – Vergabevoraussetzungen erfülle bzw. zu erfüllen bereit und in der Lage sei; deshalb könnten auf dem Gebiet der bewußt einseitigen Leistungen, wo der Vermögensinhaber als homo beneficus angesprochen sei, nur solche Täuschungen betrugsrelevant sein, die ihm die Erreichbarkeit eben dieses Zwecks verschleiern.[794] Im Ergebnis vertritt *Graul* somit in bezug auf das Kriterium der unbewußten Selbstschädigung eine gespaltene Position: nur in bestimmten Konstellationen hält sie dieses Kriterium für erforderlich.[795] [796]

Abgesehen davon, daß der Ansatz *Grauls* schon im Hinblick darauf, daß § 263 StGB nach der hier vertretenen Ansicht grundsätzlich das Vorliegen einer unbewußten Selbstschädigung erfordert, Bedenken ausgesetzt sein dürfte, kann ihr Standpunkt jedenfalls auch aus anderen Gründen nicht überzeugen: Zum einen fehlt bereits für *Grauls* Ausgangspunkt – betrugsirrelevante Täuschungen durch den Blick auf Verantwortungsbereiche aus dem Tatbestand des § 263 StGB auszuscheiden – eine zureichende Begründung. *Graul* führt insoweit lediglich an, daß insofern im Ansatz eine gewisse Parallele zur mittelbaren Täterschaft vorliege, weist dann aber selbst darauf hin, daß sich die Figur der mittelbaren Täterschaft für den Betrug nur begrenzt fruchtbar machen lasse.[797] Aber auch *Grauls* weitere Überlegung – Täuschungen auf dem Gebiet der Wohltätigkeit und Täuschungen auf dem Gebiet wirtschaftlicher Austauschgeschäfte seien nur dann von vergleichbarer Erheblichkeit, wenn sich die Täuschung jeweils auf den objektiven Zweck der Leistung beziehe – ist keineswegs zwingend. Auch im Bereich subjektiver Zwecksetzungen ist eine Vergleichbarkeit durchaus denkbar. Damit erweist sich die Auffassung *Grauls* aber auch insgesamt zur Lösung der Zweckverfehlungsproblematik nicht als tauglich.

ddd) Fehlende Betrugsstrafbarkeit?

Ein Teil der Literatur vertritt in bezug auf die Behandlung von Zweckverfehlungen eine von den bislang aufgezeigten Auffassungen erheblich abweichende Sichtweise. Dieser Teil des Schrifttums geht zwar gleichfalls vom Erfordernis einer unbewußten Selbstschädigung bei § 263 StGB aus, stellt jedoch maßgeblich darauf ab, daß im Falle einer Zweckverfehlung immaterielle Interessen betroffen seien. Die Saldierung materieller Werte mit immateriellen sei aber, so wird angenommen, mit einem grundsätzlich wirtschaftlichen Schadensverständnis nicht in Einklang zu

---

794 *Graul*, in: Brandner-FS, S.801, 816.

795 So ausdrücklich *Graul*, in: Brandner-FS, S.801, 817, 827 („Erfordernis der unbewußten Selbstschädigung nur bei wirtschaftlichen (!) Austauschgeschäften"), siehe auch S.828f.

796 Insbesondere in bezug auf das Kriterium der unbewußten Selbstschädigung unterscheidet sich *Graul* damit auch von *Schmoller*, JZ 1991, 117, 121ff., 129, der zwar ebenfalls bestimmte Täuschungen aus dem Betrugstatbestand ausklammern will, das Erfordernis einer unbewußten Selbstschädigung aber generell ablehnt [eingehend zu *Schmoller* oben S.131 Fußn.777].

797 *Graul*, in: Brandner-FS, S.801, 814.

bringen; aus diesem Grund entfalle eine Strafbarkeit nach § 263 StGB.[798] Gegen diese Ansicht wird häufig vorgebracht, daß ihr Ergebnis kriminalpolitisch nicht akzeptabel sei und sie (auch) deswegen abzulehnen sei.[799] Diese Kritik überzeugt jedoch kaum: wer zur Begründung einer Strafbarkeit auf kriminalpolitische Bedürfnisse abstellt, läßt von der besonderen Bedeutung der insoweit bestehenden Wortlautgrenze[800] im Strafrecht wenig übrig.[801] Die Überzeugungskraft des soeben aufgezeigten Ansatzes hängt daher nicht von kriminalpolitischen Gesichtspunkten, sondern primär davon ab, ob Zweckerreichungen ein „wirtschaftlicher Wert“ zukommt. Letzteres soll an dieser Stelle zunächst noch offen bleiben. Zuvor soll die Zweckverfehlungsproblematik im Bereich objektiv ausgeglichener Geschäfte beleuchtet werden.

bb) Zweckverfehlungen im Bereich wirtschaftlich ausgeglichener Geschäfte

Im Bereich objektiv ausgeglichener Geschäfte zeigt sich die Zweckverfehlungsproblematik besonders nachdrücklich. Es geht handelt sich hierbei um Fälle wie den folgenden: Zur Unterstützung der ostdeutschen Landwirtschaft kauft jemand Äpfel aus Thüringen an, bekommt aber anstelle thüringischer Äpfel badische gleicher Qualität, die den gezahlten Preis auch tatsächlich wert sind. Schon auf den ersten Blick erscheint das Vorliegen eines Vermögensschadens hier als sehr zweifelhaft; es drängt sich geradezu auf, daß in einer solchen Konstellation – zumindest grundsätzlich – nur reine Affektionsinteressen verletzt sind. In Rechtsprechung und Literatur wird denn auch überwiegend angenommen, Zweckverfehlungen als solche seien im Bereich objektiv ausgeglichener Geschäfte grundsätzlich nicht schadenskonstituierend.[802] Die Begründungen hierfür sind unterschiedlich: Teilweise wird angeführt, es handele sich insoweit um reine – unbeachtliche – Motivirrtümer.[803] Häufig

---

798 *Arzt*, in: Arzt/Weber, LH 3^{2}, S.187 Rdnr.494f., der § 263 StGB allerdings auch schon aufgrund des Fehlens einer Täuschung für unanwendbar hält (a.a.O., S.186 Rdnr.493 [siehe hierzu bereits oben S.106]); *Bertel*, Vermögensdelikte, § 146 Anm.III (zu § 146 ÖStGB); *Ellmer*, S.136f. i.V. mit S.134; *Mitsch*, JA 1995, 32, 42; ders., BT 2/1, S.415ff. Rdnr.38ff. (Fehlen einer tatbestandsmäßigen Täuschung); siehe auch *Maurach*, NJW 1961, 625, 629f. In diese Richtung gehen wohl auch die Ausführungen von *Jordan*, JR (im Erscheinen), Abs.4-19, der die Zweckverfehlungsproblematik bei § 263 StGB vornehmlich beim Merkmal des Irrtums ansiedelt, und der Ansicht ist, die Zweckverfehlungslehre laufe auf den Schutz der Dispositionsfreiheit hinaus, allerdings insoweit auf eine abschließende Stellungnahme – auch zum Rechtsgut des § 263 StGB – verzichtet.

799 So etwa *Deutscher/Körner*, JuS 1996, 296, 298; *Jerouschek*, GA 1999, 416, 423 mit Fußn.47; *Schmoller*, JZ 1991, 117, 119.

800 Zur Wortlautgrenze *Jescheck/Weigend*^{5}, S.159 m.w.N. auch zu abweichenden Ansichten.

801 Ähnlich *Maurach*, NJW 1961, 625, 630; nachdrücklich auch *Lackner*, Vermögen und Vermögensbeschädigung, S.75f.

802 Für die h.M. *Boog*, S.147; *Cramer*, S.219ff.; *Gerhold*, S.70f.; *Haft*, BT^{7}, S.215; *Hillenkamp*, in: Wessels/Hillenkamp, BT 2^{22}, S.221 Rdnr.560; *Kienapfel*, BT II^{3}, § 146 Rdnr.192; *Kühl*, in: Lackner/Kühl^{23} § 263 Rdnr.56 a.E.; *Lackner*, in: LK^{10} § 263 Rdnr.177; *Schmitt*, PolBl. 1967, 177, 179; *Sonnen*, JA 1982, 593, 594; *Sternberg-Lieben*, S.515; *Wessels*, BT 2^{20}, S.142 Rdnr.543; *RGSt* 50, 316, 318; *OLG Köln*, NJW 1979, 1419, 1420; wohl auch *Cramer*, in: Schönke/Schröder^{25} § 263 Rdnr.105; siehe auch *Tiedemann*, Fälle und Entscheidungen^{3}, S.161; einschränkend *RGSt* 73, 382, 383f.

803 Vgl. *OLG Köln*, NJW 1979, 1419, 1420.

finden sich aber auch weitgehend Behauptungen wie: für die Anwendung der Zweckverfehlungslehre sei ein wirtschaftlicher Minussaldo „unerläßlich“[804] oder: es „würde zu weit gehen“[805], die Zweckverfehlungslehre (auch) im Bereich ausgeglichener Geschäfte anzuwenden.

Daß bloße Behauptungen wenig überzeugend sind, liegt auf der Hand. Von daher verwundert es nicht sonderlich, daß eine Mindermeinung in Literatur und Rechtsprechung Zweckverfehlungen auch bei wirtschaftlich ausgeglichenen Geschäften als schadensbegründend ansieht.[806] Im wesentlichen sind diesbezüglich drei unterschiedliche Ansätze auszumachen:

aaa) Fall des persönlichen Schadenseinschlags?

Das *OLG Düsseldorf* stellt auf den persönlichen Schadenseinschlag ab. Es nimmt an, daß die Zweckverfehlung bei einer beabsichtigten Unterstützung eines anderen im Rahmen eines wirtschaftlich ausgeglichenen Geschäfts dazu führe, daß die betreffende Leistung vom Betroffenen nicht für den von ihm vertraglich vorausgesetzten Zweck verwendet werden könne; die Zweckverfehlung begründe daher insoweit einen Schaden in Form des persönlichen Schadenseinschlags.[807]

In dieser allgemeinen Form ist diese Ansicht allerdings nicht haltbar: Sicherlich gibt es Fälle, in denen ein objektiv ausgeglichenes Geschäft mit einer Zwecksetzung verknüpft ist und die betreffende Leistung für den Betroffenen nicht hinreichend verwendbar ist. In solchen Fällen kommt in der Tat ein Schaden in Form des persönlichen Schadenseinschlags in Betracht: maßgeblich ist nach den zum persönlichen Schadenseinschlag entwickelten Grundsätzen dabei insoweit aber allein die entsprechende Unbrauchbarkeit der betreffenden Leistung; die Zweckverfehlung als solche ist unerheblich. Freilich kann die Zwecksetzung gleichwohl in bezug auf die Beurteilung der Brauchbarkeit der Leistung bedeutsam sein, und zwar insofern, als sie im Einzelfall individuelle Bedürfnisse aufzeigt. Das *OLG Düsseldorf* geht nun aber wesentlich weiter: es stellt letztlich allein auf die Zweckverfehlung ab. Zwar schließt es in dem entschiedenen Fall aus der Zweckverfehlung auf die Unbrauchbarkeit der Leistung zu dem vertraglich vorausgesetzten Zweck, prüft letztere letztenendes aber nicht wirklich.[808] Mit den für den persönlichen Schadensein-

---

804 *Lackner*, in: LK[10] § 263 Rdnr.177; ähnlich *Boog*, S.147; *Gerhold*, S.70f., der insoweit aber auch eine Begründung anführt [siehe dazu unten S.139 Fußn.813].

805 *Haft*, BT[7], S.215.

806 *Maiwald*, in: Maurach/Schroeder/Maiwald, BT 1[8], S.461 Rdnr.120; *Samson*, JA 1978, 625, 628; *Steinke*, Kriminalistik 1979, 568, 569; *Gallas*, in: Eb. Schmidt-FS, S.401, 435, der die Relevanz allerdings grundsätzlich nur bei zweckgebundenem Vermögen bejaht; *OLG Düsseldorf*, NJW 1990, 2397; wohl auch *Samson/Günther*, in: SK[5] § 263 Rdnr.158f.; differenzierend *F.-R. Schmidt*, S.126ff., der einen Schaden bejaht, wenn das Opfer ausschließlich durch die Zwecksetzung motiviert war, einen Schaden aber verneint, wenn das mit der Zwecksetzung verknüpfte Interesse nur mitmotivierend war; zur Position *Esers* siehe oben S.76 Fußn.437 a.E.

807 *OLG Düsseldorf*, NJW 1990, 2397; ähnlich *AG Mannheim*, MDR 1960, 945.

808 In dem entschiedenen Fall hatte ein Zeitschriftenwerber eine Kundin zur Bestellung einer Zeitschrift dadurch veranlaßt, daß er wahrheitswidrig vorgab, durch den Zeitschriftenbezug werde ei-

schlag maßgeblichen Grundsätzen läßt sich diese Vorgehensweise aber nicht in Einklang bringen.[809] Somit vermag die Meinung des *OLG Düsseldorf* nicht zu überzeugen; aus ihr läßt sich das Vorliegen eines Vermögensschadens bei Zweckverfehlungen im Rahmen wirtschaftlich ausgeglichener Geschäfte nicht herleiten.

bbb) Kriminalpolitische Erwägungen

Ganz andere Überlegungen finden sich bei *Steinke*. *Steinke* ist der Ansicht, daß die Verneinung eines Schadens im Zweckverfehlungsfalle bei wirtschaftlich ausgeglichenen Geschäften schlichtweg „unannehmbar" sei. Allein aus kriminalpolitischen Erwägungen bejaht er daher auch in dieser Konstellation das Vorliegen eines Vermögensschadens.[810] Dogmatisch wird das tatsächliche Vorliegen eines Schadens hierdurch freilich in keinster Weise begründet: es handelt sich bei den Ausführungen *Steinkes* letztlich um bloße Behauptungen, die zur Klärung der Problematik ungeeignet sind.

ccc) Konsequente Fortführung der für wirtschaftlich unausgeglichene Geschäfte angenommenen Grundsätze

Ergiebiger erscheint dagegen die im Schrifttum vereinzelt anzutreffende Auffassung, Zweckverfehlungen seien bei wirtschaftlich ausgeglichenen und unausgeglichenen Geschäften gleichermaßen zu behandeln. So meinen *Samson/Günther*, es sei schlichtweg „nicht zu erklären", warum die Verfehlung sozialer Zwecke dann, wenn man sie bei wirtschaftlich unausgeglichenen Geschäften als relevant ansähe, nicht auch bei ausgeglichenen Geschäften beachtlich sein solle.[811] Dieser Gedanke erscheint zumindest konsequent. Eine bereits erwähnte Auffassung bringt gegen ihn jedoch vor, daß ein wirtschaftlicher Minussaldo für die schadensbegründende Relevanz von Zweckverfehlungen unerläßlich sei; anderenfalls würde die Anerkennung der Zweckverfehlung nämlich auf den Schutz der Dispositionsfreiheit hinauslau-

---

ne soziale Einrichtung unterstützt. Zwar führte *OLG Düsseldorf*, NJW 1990, 2397 aus, daß der Inhalt der Zeitschrift die Betroffene nicht interessierte, doch diese Feststellung blieb für die Schadensannahme weitgehend bedeutungslos. Stattdessen wurde primär darauf abgestellt, daß die im Wege des Abonnements bestellte Zeitschrift für die Kundin nur dann einen vollen Wert ihrer Gegenleistung darstellen würde, wenn mit dem Bezug der Zeitschrift die von der Zeugin beabsichtigte Unterstützung der caritativen Organisation auch wirklich einhergehen würde (ähnlich *AG Mannheim*, MDR 1960, 945f.; siehe auch *Lackner*, in: LK[10] § 263 Rdnr.177). Damit wird aber nur vordergründig auf die Leistung als solche abgezielt. Hintergründig wird nicht die Brauchbarkeit der Zeitschrift untersucht, sondern allein die Zweckverfehlung als maßgeblich angesehen.

809 Vgl. *Gerhold*, S.73; *OLG Köln*, NJW 1979, 1419, 1420; wohl a.M. *Lackner*, in: LK[10] § 263 Rdnr.177.

810 *Steinke*, Kriminalistik 1979, 568, 569. – Auch soweit *Steinke*, ebenda, darüber hinaus eine Parallele zur Makeltheorie dahingehend sieht, daß eine etwaige Anfechtung des Getäuschten in den „Zeitschriftenfällen" erfolglos sei und ggf. zu Prozeßkosten führe, gehen seine Ausführungen zumindest insofern fehl, als er die insoweit regelmäßig bestehende Anfechtungsmöglichkeit nach § 123 BGB übersieht.

811 *Samson/Günther*, in: SK[5] § 263 Rdnr.159; siehe auch *Samson*, JA 1978, 625, 628; *Volk*, Fehlerhafte Mittelverwendung, S.461; ders., Bewirtschaftung, S.28f.

fen.[812] Dieser Kritik ist zugute zu halten, daß im Bereich objektiv ausgeglichener Geschäfte tatsächlich sehr deutlich aufgezeigt wird, daß die Annahme eines Schadens infolge Zweckverfehlung möglicherweise auf den Schutz der Dispositionsfreiheit hinausläuft. Das ändert aber nichts daran, daß es sich bei der Kritik im übrigen weitgehend um eine bloße Behauptung handelt.[813] Betrachtet man die Problematik unbefangen, erscheint es – zumindest auf den ersten Blick – vielmehr tatsächlich widersprüchlich, die Zweckverfehlung im Bereich ausgeglichener Geschäfte anders zu beurteilen als im Bereich unausgeglichener.[814] Insofern erscheint die von *Samson/Günther* angenommene Gleichbehandlung der beiden Fallgruppen durchaus plausibel. Daß eine Gleichbehandlung auch in dem von ihnen angenommenen Sinne – schadensbegründende Relevanz von Zweckverfehlungen – zu erfolgen hat, ist damit allerdings nicht gesagt. Ob Zweckverfehlungen überhaupt bedeutsam sind, hängt nach den bisherigen Ausführungen vielmehr maßgeblich davon ab, ob eine Zweckerreichung „werthaftig" ist, bzw. davon ab, ob Zweckverfehlungen vermögensrelevant sind.

cc) Vermögensrelevanz von Zwecksetzungen?

Ob Zwecksetzungen eine Vermögensrelevanz zukommt, erscheint schon auf den ersten Blick als fraglich. Bei unvoreingenommener Betrachtung kann man nämlich kaum daran vorbeisehen, daß die Erreichung eines bestimmten Zwecks als solche eigentlich nur einen immateriellen Wert hat und keinen Vermögensbestandteil darstellt.[815] Gibt jemand einem tatsächlich Bedürftigen eine Spende, wäre es schlichtweg abwegig, anzunehmen, daß die erreichte Unterstützung Bestandteil des Spendervermögens sei.[816] Im Ergebnis kann man dann aber auch kaum in Abrede stel-

---

812 *Lackner*, in: LK[10] § 263 Rdnr.177; ähnlich *Gerhold*, S.70.

813 Eine Begründung führt allerdings *Gerhold*, S.70, an. Er stellt für die Vermögensrelevanz bestimmter Leistungszwecke auf den sog. Kommerzialisierungsgedanken ab. Maßgeblich soll dabei sein, daß die Zweckerreichung durch den Einsatz geldwerter Mittel erkauft sei [eingehend hierzu unten S.144ff.]. Eine entsprechende Aufopferung wirtschaftlicher Werte sei – anders als bei objektiv unausgeglichenen Geschäften – im Bereich wirtschaftlich ausgeglichener Geschäfte aber nicht zu finden; von daher seien Zweckverfehlungen insoweit irrelevant. Freilich bedeutet dies nicht, daß *Gerholds* Ansicht Zustimmung verdient. Im Gegenteil: daß *Gerhold* die Zweckverfehlungen in den beiden Fallgruppen unterschiedlich würdigt, erscheint widersprüchlich und dürfte eher *insgesamt* gegen die Tauglichkeit des von ihm angeführten Kommerzialisierungsgedankens sprechen.

814 In diesem Sinne auch *Jordan*, JR (im Erscheinen), 15.Abs.

815 *Graul*, in: Brandner-FS, S.801, 807f.; *Mitsch*, BT 2/1, S.416 Rdnr.39; *Schmoller*, JZ 1991, 117, 121; ders., in: Bundesministerium für Justiz, Strafrechtliche Probleme der Gegenwart, S.27, 64; ganz ähnlich *Herzberg*, MDR 1972, 93, 94; in diesem Sinne auch *Lackner*, Vermögen und Vermögensbeschädigung, S.53f., 72, 75f. – *Jordan*, JR (im Erscheinen), 40.Abs., behauptet allerdings, daß „die Zweckverfehlungslehre" die Verfolgung eines ideellen Zieles als „Bestandteil des Vermögens" anerkennen würde; diese kühne Behauptung bleibt aber unbelegt.

816 Vgl. *Graul*, in: Brandner-FS, S.801, 808; *Herzberg*, MDR 1972, 93, 94; *Schmoller*, JZ 1991, 117, 121 mit dem zutreffenden Hinweis darauf, daß eine andere Sichtweise schon deswegen unhaltbar sei, weil sie nicht angeben könne, wo sich der angebliche Vermögensbestandteil *vor* der Transaktion befunden habe; ders., in: Bundesministerium für Justiz, Strafrechtliche Probleme der Gegenwart, S.27, 64.

len, daß auch die sinnvollste Ausgabe, soweit sie unentgeltlich erfolgt, rein wirtschaftlich betrachtet zu einer Vermögensminderung führt.[817] Vor diesem Hintergrund muß es notgedrungen schwierig sein, Zwecksetzungen gleichwohl eine mit einem im Ausgangspunkt wirtschaftlichen Schadensverständnis einhergehende „Werthaftigkeit" zuzusprechen. Ob hierfür dennoch Raum ist, soll im folgenden näher beleuchtet werden.

aaa) Wirtschaftlich unvernünftige Ausgabe?

Im Bereich objektiv unausgeglichener Geschäfte wird für die Annahme eines Schadens teilweise auf das Vorliegen einer wirtschaftlich unvernünftigen Ausgabe abgestellt.[818] In bezug auf Zweckverfehlungen wird insoweit angenommen, daß ein einseitiges Vermögensopfer sinnlos werde, wenn es den ihm beigelegten wirtschaftlichen oder sozialen Zweck verfehle. Aufgrund dieser Sinnlosigkeit sei das Vermögensopfer auch wirtschaftlich unvernünftig und begründe von daher einen Schaden.[819] Diese Auffassung überzeugt nicht: Zwar leuchtet ein, daß ein Vermögensopfer bei einer Zweckverfehlung für den Betroffenen sinnlos wird, aber allein daraus läßt sich doch nicht schließen, daß es auch wirtschaftlich unvernünftig ist.[820] *Lackner* – mittlerweile[821] ein maßgeblicher Vertreter der aufgezeigten Ansicht – bringt nun freilich vor, der entsprechende Schluß beruhe auf dem Gedanken, daß die Verfolgung von Anliegen, deren Verwirklichung der Schaffung wirtschaftlicher Werte an anderer Stelle diene oder die Bedingungen des Zusammenlebens unter Menschen verbessere, auch unter ökonomischen Gesichtspunkten Relevanz habe. Wirtschaftlicher Aufwand zu diesen Zwecken schaffe Werte; er bedeute für den wirtschaftenden Menschen nicht lediglich die Befriedigung eines subjektiven Interesses, sondern zugleich eine Förderung der allgemeinen ökonomischen und gesellschaftlichen Bedingungen, unter denen er lebe und die ihm deshalb auch nicht

817 *Graul*, in: Brandner-FS, S.801, 808; *Mitsch*, BT 2/1, S.416 Rdnr.39; *Schmoller*, JZ 1991, 117, 121; ders., in: Bundesministerium für Justiz, Strafrechtliche Probleme der Gegenwart, S.27, 64; siehe auch *D. Geerds*, Jura 1994, 309, 318; *Hoppenz*, S.100; *Kühl*, in: Lackner/Kühl[23] § 263 Rdnr.55, der meint, die Zweckerreichung als solche sei ein für das Vermögen des Betroffenen irrelevanter Vorgang und könne daher nicht ohne Widerspruch zu den allgemeinen Grundlagen des Schadensbegriffs zur Kompensation herangezogen werden; *Pawlik*, S.274; anschaulich *Herzberg*, MDR 1972, 93, 94 („Natürlich ist die Freude, die ich mir und einem Kind mache, wenn ich ihm eine Tafel Schokolade schenke, mehr „wert" als eine Mark; aber diesen Wert schaffe ich erst dadurch, daß ich mein *Vermögen* [Hervorhebung im Original] schmälere.").

818 *Lackner*, in: LK[10] § 263 Rdnr.170; *Rudolphi*, in: Klug-FS, S.315, 322; kritisch hierzu *Gerhold*, S.32, der geltend macht, die Behauptung, jede wirtschaftlich unvernünftige Ausgabe sei ein Schaden, setze einen erweiterten Schadensbegriff bereits als gegeben voraus.

819 *Gallas*, in: Eb. Schmidt-FS, S.401, 435; *Lackner*, in: LK[10] § 263 Rdnr.170; ganz ähnlich *Rudolphi*, in: Klug-FS, S.315, 322, der dabei zumindest für den Bereich des Spendenbetrugs eine Eingrenzung der relevanten Zweckverfehlungen über die Maßfigur des sorgfältigen Treuhänders eines zweckgebundenen Vermögens vornehmen und hierzu an die Grundsätze zur Bestimmung der Vermögensfürsorgepflichten im Rahmen des Treubruchstatbestands des § 266 StGB anknüpfen will (a.a.O., S.323f. [ablehnend *Gerhold*, S.32f.; siehe hierzu auch *W. Hartmann*, S. 140f.]).

820 Vgl. *Graul*, in: Brandner-FS, S.801, 804; *Kindhäuser*, ZStW 103 (1991), 398, 407 Fußn.28.

821 1946 lehnte *Lackner*, Vermögen und Vermögensbeschädigung, S.53f., 72, 75f., eine Vermögensrelevanz öffentlicher Zwecksetzungen noch nachdrücklich ab.

gleichgültig sein könnten.[822] Auch mit diesen Ausführungen wird die Vermögensrelevanz von Zwecksetzungen aber letztlich nur behauptet; nachgewiesen wird sie dadurch nicht.[823] Abgesehen davon, daß es darüber hinaus sehr zweifelhaft sein dürfte, ob ein Spender mit seiner Spende auch auf eine Förderung der gesamtgesellschaftlichen Lebensbedingungen abzielt[824] – maßgeblich ist für ihn doch primär die Hilfe im Einzelfall bzw. in gleichgelagerten Fällen –, erklärt *Lackners* Argumentation zudem diejenigen Fälle nicht, in denen die Hilfe weit weg vom Lebensumfeld des Spenders ankommt: Spendet etwa ein Freiburger für Opfer eines Vulkanausbruchs in Island, so verbessert er die Lebensbedingungen in Island, nicht aber die in Freiburg.[825] Diese wichtige Fallgruppe bleibt bei *Lackner* aber ohne hinreichende Begründung. Insgesamt ergibt sich somit, daß allein aus einem Abstellen auf die Sinnlosigkeit eines Vermögenseinsatzes nicht auf dessen wirtschaftliche Unvernünftigkeit geschlossen werden kann. Von daher läßt sich auf diese Weise eine Vermögensrelevanz von Zwecksetzungen nicht begründen.[826]

bbb) Erfüllung einer sittlichen Verbindlichkeit?

Auf eine ganz andere Weise versucht *Cramer* die Vermögensrelevanz von Zwecksetzungen zu begründen. *Cramer* nimmt für den Bereich objektiv unausgeglichener Geschäfte an, daß derjenige, der geldwerte Mittel einsetze, um soziale Ziele zu erreichen, regelmäßig eine ihm auferlegte sittliche Pflicht erfülle.[827] Da sich namentlich aus §§ 534, 814 BGB ergebe, daß die Erfüllung einer durch Anstand oder Sittlichkeit begründeten Pflicht als ein ethisch oder sozial wertvoller Akt rechtliche Anerkennung verdiene, sei die Erfüllung einer solchen Verbindlichkeit in ihren praktischen Wirkungen dabei mit der Erfüllung einer rechtlichen Verbindlichkeit gleichzusetzen.[828] Dementsprechend liege ein Vermögensschaden vor, wenn dem Leistenden in bezug auf die erfolgte Leistung ein Sachverhalt vorgespiegelt wurde, der im Falle seines tatsächlichen Vorliegens Grund zu einer Anstandsschenkung oder sonstigen sittlich geforderten Zuwendung gewesen wäre.[829] Bewege sich eine unentgeltliche Hingabe dagegen in dem durch §§ 534, 814 BGB abgesteckten Rahmen einer sittlichen oder Anstandspflicht, sei die Erfüllung dieser Pflicht – sofern sie vom Willen des Leistenden getragen sei – ein ausreichendes Äquivalent für die Leistung.[830]

---

822 *Lackner*, in: LK[10] § 263 Rdnr.170.
823 *Gerhold*, S.31.
824 *T. Walter*, S.544.
825 Ähnlich *T. Walter*, S.544.
826 So i.E. auch *Gerhold*, S.31f.; *Kindhäuser*, ZStW 103 (1991), 398, 407 Fußn.28; vgl. *Ellmer*, S.135f., 136; *Graul*, in: Brandner-FS, S.801, 804.
827 *Cramer*, S.211; vgl. ders., in: Schönke/Schröder[25] § 263 Rdnr.102.
828 *Cramer*, S.212f.
829 *Cramer*, S.214, 216.
830 *Cramer*, S.214; ganz ähnlich bereits *Goldschmidt*, ZStW 48 (1928), 149, 157f., 158; *Nowakowski*, S.185.

Diese Sichtweise *Cramers* kann jedoch nicht überzeugen: Zunächst ist gegen sie schon vorzubringen, daß sie allenfalls nur einen Teilbereich der unter dem Gesichtspunkt der Zweckverfehlung bedeutsamen Fälle erklären könnte. Fälle, in denen von der Erfüllung einer aus Sittlichkeit oder Anstand sich ergebenden Pflicht keine Rede sein kann, lassen sich mit ihr nicht erfassen; namentlich gilt dies etwa für diejenigen Subventionserschleichungen, die dem Zweckverfehlungsgedanken prinzipiell zugänglich sind.[831] Wenn *Cramer* in diesen Fällen gleichwohl das Vorliegen eines Betrugs bejaht[832], geht dies zumindest mit der aufgezeigten Konzeption nicht einher.[833] Aber auch im übrigen verdient seine Auffassung keine Zustimmung: Sie läßt nämlich unberücksichtigt, daß §§ 534, 814 BGB lediglich auf bereits vollzogene Vermögensverschiebungen abzielen. Forderungsrechte, die einem fälligen und einredefreien Anspruch vergleichbar wären, werden durch diese Vorschriften nicht begründet. Daß *Cramer* unter maßgeblichem Abstellen auf §§ 534, 814 BGB die Erfüllung einer durch Anstand oder Sittlichkeit begründeten Pflicht in ihren praktischen Wirkungen mit der Erfüllung einer rechtlichen Verbindlichkeit gleichsetzen will, kann schon von daher nicht überzeugen.[834] Nach alledem ergibt sich, daß auch *Cramers* Begründungsversuch für eine Vermögensrelevanz von Zwecksetzungen keine Zustimmung verdient.[835]

ccc) Vom Verfügenden beigemessene „Vermögensbedeutung"

Auf eine andere Weise versucht auch *Hack*[836] eine Vermögensrelevanz von Zwecksetzungen nachzuweisen. *Hack* ist der Ansicht, daß grundsätzlich jede Zwecksetzung kommerzialisierbar sei. Erforderlich sei hierfür bloß, daß die Zwecksetzung zum Gegenstand eines Austauschverhältnisses gemacht werde.[837] *Hack* geht dabei davon aus, daß einem bestimmten Verhalten auch bei Nichtexistenz einer Marktbewertung dann eine „Vermögensbedeutung" zukomme, wenn ihm der Verfügende eine solche beimesse, wobei letzteres in der Regel schon durch die Aufwendung von Vermögen zu einem bestimmten Zweck zum Ausdruck komme. Dementsprechend werde eine Leistung, für die kein Markt existiere, zum Vermögenswert, wenn sich jemand bereit erkläre, für das Erbringen der Leistung eine Gegenleistung

831 *Gerhold*, S.30; *Neye*, S.49; *Weidemann*, S.97ff., S.209 Fußn.17; vgl. *Hirsch*, ZStW 81 (1969), 944, 952; *Hoppenz*, S.91.

832 *Cramer*, S.218f.

833 Vgl. *Gerhold*, S.30 Fußn.79; *Neye*, S.49; *Weidemann*, S.97 Fußn.173.

834 *Gerhold*, S.30; *Weidemann*, S.209; *T. Walter*, S.545.

835 So i.E. auch *Gerhold*, S.30f.; *W. Hartmann*, S.85, der darauf abstellt, daß die Befreiung von einer Verbindlichkeit nur dann einen Vermögensvorteil darstelle, wenn die Verbindlichkeit – solange sie bestehe – auch bei den Passiva des Vermögens zu Buche schlage; eine Forderung, die sich nur sittlich, nicht aber rechtlich begründen lasse, verschaffe ihrem Inhaber jedoch nur ein sittliches, nicht aber ein rechtlich begründbares Aktivum und müsse deshalb sowohl bei den Aktiva des Berechtigten als auch bei den Passiva des Verpflichteten außer Betracht bleiben [differenzierend zu diesem Gedankengang *Weidemann*, S.208ff.]; *Hirsch*, ZStW 81 (1969), 944, 952; *Neye*, S.49; *Schmoller*, JZ 1991, 117, 120 Fußn.36 a.E.; *Weidemann*, S.97ff., 208ff.

836 *Hack*, S.52f., 55.

837 Nach *Hack*, S.53, muß insofern vereinbart sein, daß der Täuschende den Zweck zu erfüllen habe.

einzusetzen.[838] [839] Daher sei auch die Erfüllung eines Zwecks in der Form eines zugrundegelegten wirtschaftlichen Werts dazu tauglich, eine Vermögenshingabe zu kompensieren.[840]

Diese Ausführungen sind jedoch erheblichen Bedenken ausgesetzt: Wenn *Hack* annimmt, ein bestimmtes Verhalten habe bereits dann eine „Vermögensbedeutung", wenn der Verfügende sie ihm beimesse, haben seine Überlegungen insoweit nämlich faktisch den Boden einer im Ausgangspunkt objektiven Schadensauffassung verlassen und dürften eher im Bereich eines subjektiven Schadensverständnisses anzusiedeln sein.[841] Aber auch soweit *Hack* verlangt, der Leistungszweck müsse zum Gegenstand eines Austauschverhältnisses gemacht sein, können seine Ausführungen nicht überzeugen. Denn damit ließe sich allenfalls ein Teilbereich der unter dem Gesichtspunkt der Zweckverfehlung als problematisch angesehenen Konstellationen erklären: von einem Austauschverhältnis kann hier nämlich nur in den Fällen gesprochen werden, in denen zur Zweckerreichung noch ein Verhalten des Leistungsempfängers erforderlich ist. Daran fehlt es aber etwa im Bereich des Bettelbetrugs, da ein tatsächlich Bedürftiger zur Erreichung des Unterstützungszwecks die betreffende Leistung nur annehmen, selbst aber keine Gegenleistung erbringen müßte.[842] Die hieraus resultierende Ungleichbehandung[843] derjenigen Fälle, in de-

---

838 *Hack*, S.52, verdeutlicht diesen Gedankengang anhand des Beispiels, daß jemand zur Befriedigung seines Bedürfnisses, einen Handstand zu sehen, einem sich Anbietenden 5,- DM gibt, um diesen zu dem Handstand zu veranlassen. Durch die Bereitschaft der Vermögenshingabe zum Zwecke der Leistung eines Handstands werde diese selbst zum Vermögenswert, der die Vermögensverringerung durch Zahlung des vereinbarten Preises kompensiere, so daß bei einer Gesamtsaldierung des Vermögens des Verfügenden kein Vermögensschaden vorliege.

839 Teilweise ähnlich auch *F.-R. Schmidt*, S.86f., der es für erforderlich hält, sich „von einer übertriebenen „ökonomischen" Betrachtungsweise freizumachen", und meint, die Unterstellung, der Mensch setze seine geldwerten Güter ausschließlich im Wirtschaftsverkehr zur Erlangung wirtschaftlicher Gegenwerte ein, werde den modernen Formen menschlichen Zusammenlebens nicht gerecht; auch für den Vermögensbegriff könne man nicht daran vorbeisehen, daß im täglichen Leben immaterielle Werte vielfach im Austausch mit materiellen Werten stehen würden. Daher seien (ausnahmsweise) auch immaterielle Güter dem Vermögen zuzurechnen, und zwar dann, wenn sie ganz oder teilweise nach der Verkehrsauffassung ein quasi-materielles, wirtschaftlich wägbares Äquivalent seien, wenn sie als „sinnhafter Gegenwert" für materielle Aufwendungen anzusehen seien (a.a.O., S.124). Ein solch immaterieller „sinnhafter Gegenwert" sei etwa bei der Vergabe von Subventionen der Subventionserfolg (a.a.O., S.126). Für die Verfolgung sozialpolitischer Ziele durch die öffentliche Hand nimmt *F.-R. Schmidt*, S.126ff., 129, zusammenfassend an, daß die Vereitelung eines angestrebten, sozialpolitischen Erfolges einen Schaden nur dann rechtfertige, wenn mit Rücksicht auf diesen Zweck auf eine Gegenleistung ganz oder teilweise verzichtet worden sei (Ausfall des immateriellen „sinnhaften Gegenwertes" als Schaden), oder wenn bei einem objektiv ausgeglichenen Geschäft ein ausschließlich sozialpolitisches Interesse der öffentlichen Hand an der Transaktion bestanden habe. Auch *F.-R. Schmidts* Überlegungen verdienen jedoch keine Zustimmung: denn eine Vermögensrelevanz von Zwecksetzungen i.S. des in der vorliegenden Untersuchung zugrundegelegten Vermögensbegriffs wird durch diese Überlegungen nicht begründet.

840 *Hack*, S.53.

841 Vgl. *W. Hartmann*, S.84.

842 Vgl. *Gerhold*, S.35f.; *W. Hartmann*, S.83f.

843 *Hack*, S.53, selbst scheint den Bettelbetrug allerdings auch auf der Grundlage des von ihm entwickelten Erklärungsansatzes für strafbar zu halten, so daß es insoweit im Ergebnis zu keiner Ungleichbehandlung käme.

nen der Zweck unmittelbar durch die Vermögenshingabe selbst verwirklicht wird, von denjenigen, in denen hierzu ein weiteres Handeln des Leistungsempfängers erforderlich ist, dürfte sich sachlich aber kaum begründen lassen.[844] Damit ist insgesamt festzustellen, daß auch *Hacks* Begründungsversuch für eine Vermögensrelevanz von Zwecksetzungen keine Zustimmung verdient.[845]

ddd) Bestehende Rückforderungsansprüche?

Trotz bedeutsamer Unterschiede im Detail ähnelt partiell auch die Auffassung *Gerholds* der Ansicht *Hacks*. Für eine Vermögensbewertung sozialer Zwecksetzungen knüpft *Gerhold*[846] an den vom *BGH* im sog. Seereisefall[847] entwickelten Kommerzialisierungsgedanken des zivilrechtlichen Schadensrechts an. Danach sei ein an sich immaterieller Wert dann, wenn er in der Regel nur durch Vermögensaufwendungen „erkauft" werden könne und auch tatsächlich durch solche erkauft worden sei, in einem gewissen Umfang kommerzialisiert. Trotz häufig vorgebrachter Kritik[848] hält *Gerhold* an diesem Gedanken zumindest für den Bereich unmittelbarer Genußbeeinträchtigungen fest und legt ihn seinen weiteren Überlegungen zum Bettel-, Spenden- und Subventionsbetrug zugrunde.[849] Diesbezüglich nimmt *Gerhold* an, daß das Bestehen eines Gegenseitigkeitsverhältnisses zwischen Leistung und Leistungszweck, bei dem die Zweckerreichung gerade als das durch das Vermögensopfer „erkaufte" Äquivalent erscheine, entscheidend für die Abgrenzung von vermögensrelevanten Zwecken und bloß dispositionsbestimmenden Motiven sei.[850] Ein solches Gegenseitigkeitsverhältnis will *Gerhold* bei den unter dem Gesichtspunkt der Zweckverfehlung diskutierten Fällen ganz oder teilweise unentgeltlicher Leistungen aber nur dann annehmen, wenn sich aus einschlägigen Leistungsstörungsregelungen des Privat- oder Öffentlichen Rechts ergeben würde, daß der Betroffene bei Verfehlung des verfolgten Zwecks die Leistung vom Täuschenden zurückfordern könne. Dabei sollen allerdings nur solche Ansprüche Berücksichtigung finden, die unmittelbar an die Zweckverfehlung selbst anknüpfen.[851] Im Ergebnis leitet *Gerhold* damit aus dem Bestehen eines entsprechenden Rückforde-

844 *Gerhold*, S.36, mit einem überzeugenden Beispiel.

845 So i.E. *Gerhold*, S.35f.; *W. Hartmann*, S.83f.; siehe auch *Maiwald*, in: Maurach/Schroeder/Maiwald, BT 1[8], S.461 Rdnr.122.

846 *Gerhold*, S.36ff.

847 *BGH*, NJW 1956, 1234f.

848 Vgl. hierzu *Gerhold*, S.38ff.; vgl. zum Ganzen auch *Medicus*[18], S.613ff. Rdnr.822ff. – Soweit *Graul*, GA 1991, 285, 287, als Rezensentin behauptet, *Gerhold* gehe auf die in der neueren zivilrechtlichen Literatur und etwa auch in *BGH*, NJW 1986, 2037, 2040 zu findende Tendenz zu einer Einschränkung der Kommerzialisierungsthese „mit keinem Wort ein", übersieht sie, daß *Gerhold*, S.38ff., sich mit dieser Tendenz eingehend auseinandersetzt und auch den soeben genannten Vorlagebeschluß des 5. Zivilsenats des *BGH* erwähnt (a.a.O., S.38 Fußn.112).

849 *Gerhold*, S.40 i.V. mit S.37.

850 *Gerhold*, S.41.

851 *Gerhold*, S.42f.

rungsanspruchs die Vermögensrelevanz des mit der Leistung verfolgten Zwecks ab.[852]

Diese Auffassung sieht sich jedoch erheblichen Bedenken ausgesetzt: Zunächst ist gegen sie schon einzuwenden, daß ihr Schluß von der Rückforderbarkeit einer Leistung auf einen bestimmten Vermögenswert der „Gegenleistung" mit der im Rahmen der Schadensermittlung üblichen *selbständigen* Bewertung der für die Saldierung in Betracht kommenden Posten nicht einhergeht.[853] Aber selbst wenn man sich hieran nicht stören wollte, würde die Ansicht *Gerholds* keine Zustimmung verdienen, denn zumindest kann ihr Schluß von der zivilrechtlichen Rückforderbarkeit der erbrachten Leistung auf den wirtschaftlichen Wert der Zweckerreichung – wie *Schmoller* herausgearbeitet hat – nicht überzeugen: denn am immateriellen Charakter eines Zwecks ändert sich nichts dadurch, daß man zu seiner Erreichung Vermögensmittel einsetzt.[854] Das bedeutet aber, daß der Einsatz von Vermögensmitteln zur Erreichung eines immateriellen Zwecks eine Vermögensrelevanz dieses Zwecks jedenfalls für sich alleine nicht begründen kann. Wenn nun aber nicht einmal der Einsatz von Vermögensmitteln eine Vermögensrelevanz des verfolgten Zwecks zu begründen vermag, kann eine solche Vermögensrelevanz erst recht nicht alleine aus dem Bestehen von Rückforderungsansprüchen hinsichtlich der eingesetzten Mittel hergeleitet werden.[855] Nach alledem ist auch die Auffassung *Gerholds* abzulehnen.[856]

eee) Zwischenergebnis

Als Zwischenergebnis ist somit festzuhalten, daß von den soeben aufgezeigten Auffassungen keine dazu imstande ist, eine Vermögensrelevanz von Zwecksetzungen schlüssig zu begründen. Da für eine solche Vermögensrelevanz auch ansonsten keine Ansatzpunkte ersichtlich sind und die Erreichung eines bestimmten Zwecks als solche bei unbefangener Betrachtung nur einen immateriellen Wert hat, ist eine Vermögensrelevanz von Zwecksetzungen somit zumindest grundsätzlich zu verneinen.[857]

---

852 Vgl. *Gerhold*, S.43.

853 *Schmoller*, JZ 1991, 117, 122; ders., in: Bundesministerium für Justiz, Strafrechtliche Probleme der Gegenwart, S.27, 67.

854 *Schmoller*, JZ 1991, 117, 121; ders., in: Bundesministerium für Justiz, Strafrechtliche Probleme der Gegenwart, S.27, 67.

855 *Schmoller*, JZ 1991, 117, 122; ders., in: Bundesministerium für Justiz, Strafrechtliche Probleme der Gegenwart, S.27, 67; i.E. auch *Graul*, GA 1991, 285, 288; dies., in: Brandner-FS, S.801, 809.

856 So i.E. auch *Betschart*, S.33f.; *Gössel*, BT 2, S.390 Rdnr.172; *Graul*, GA 1991, 285, 287f.; dies., in: Brandner-FS, S.801, 809; *Kindhäuser*, ZStW 103 (1991), 398, 408 Fußn.32 a.E.; *Kühl*, in: Lackner/Kühl[23] § 263 Rdnr.55; *Pawlik*, S.276; *Schmoller*, JZ 1991, 117, 122; ders., in: Bundesministerium für Justiz, Strafrechtliche Probleme der Gegenwart, S.27, 67; *T. Walter*, S.545f.

857 So i. E. auch *Ellmer*, S.136; *Gössel*, BT 2, S.390 Rdnr.172; *Graul*, in: Brandner-FS, S.801, 807f.; *Herzberg*, MDR 1972, 93f., 94; *Kindhäuser*, in: Bemmann-FS, S.339, 355; *Lackner*, Vermögen und Vermögensbeschädigung, S.53f., 72, 75f. (zumindest in bezug auf öffentliche Zwecksetzungen); *F. Reuter*, S.27, 41; *Schmitt*, PolBl. 1967, 177, 179; *Schmoller*, JZ 1991, 117, 121; ders., in: Bundesministerium für Justiz, Strafrechtliche Probleme der Gegenwart, S.27, 64; *T. Walter*,

dd) Konsequenzen für die Beurteilung von Zweckverfehlungen bei § 263 StGB

Für den Bereich wirtschaftlich ausgeglichener Geschäfte hat die fehlende Vermögensrelevanz von Zwecksetzungen zur Folge, daß Zweckverfehlungen dort als solche zumindest grundsätzlich irrelevant sind. Sofern ein Vermögen sowohl objektiv als auch individuell nicht im Wert vermindert ist, kann bei einer Zweckverfehlung von einem *Vermögens*schaden keine Rede sein; die Zweckverfehlung beeinträchtigt in dieser Konstellation zwar in der Regel die Dispositionsfreiheit des Betroffenen, keinesfalls aber dessen Vermögen.

Für den Bereich wirtschaftlich unausgeglichener Geschäfte liegt es sehr nahe, die Relevanz von Zweckverfehlungen im Ergebnis in der gleichen Weise zu beurteilen wie im Bereich objektiv ausgeglichener Geschäfte. Aufgrund der fehlenden „wirtschaftlichen Werthaftigkeit" von Zweckerreichungen ist zumindest der von der wohl herrschenden Lehre beschrittene Weg, bei einer Zweckverfehlung das Vorliegen eines Vermögensschadens bzw. einer unbewußten Selbstschädigung aus dem Ausbleiben einer wirtschaftlich werthaften Zweckerreichung bzw. aus einer diesbezüglichen Fehlvorstellung abzuleiten, nicht gangbar. Es spricht daher viel dafür, auch im Bereich wirtschaftlich unausgeglichener Geschäfte bei einer Zweckverfehlung eine Betrugsstrafbarkeit zu verneinen. Anders als im Bereich ausgeglichener Geschäfte dürfte insoweit allerdings wohl in erster Linie das Vorliegen einer unbewußten Selbstschädigung fragwürdig sein.[858] Eine abschließende Stellungnahme zur Problematik der Zweckverfehlung im Bereich unausgeglichener Geschäfte kann im Rahmen dieser Arbeit jedoch zumindest an dieser Stelle unterbleiben: Gegenstand der vorliegenden Untersuchung ist das öffentliche Vermögen bei § 263 StGB. Zu klären ist hierbei u.a. die Frage, ob bei öffentlichem Vermögen im Gegensatz zu privatem Zweckverfehlungen bei objektiv ausgeglichenen Geschäften schadensbegründend sind. Nach den vorstehenden Ausführungen – grundsätzliche Unbeachtlichkeit von Zweckverfehlungen in diesem Bereich – kommt dieser Frage jedenfalls eine eigenständige Relevanz zu. Sollte diese Frage zu bejahen sein, dürfte bei öffentlichem Vermögen eine Beachtlichkeit von Zweckverfehlungen dann aber wohl erst recht auch im Bereich unausgeglichener Geschäfte anzunehmen sein. Wie es sich im letztgenannten Bereich bei vergleichbaren Angriffen auf privates Vermögen verhält, wäre dann für den Untersuchungsgegenstand dieser Arbeit ohne Bedeutung. Von daher besteht zumindest an dieser Stelle[859] keine Notwendigkeit, die

S.547, 552; vgl. *Arzt*, in: Arzt/Weber, LH 3^2, S.187 Rdnr.494f.; *Fabricius*, NStZ 1993, 414, 417 Fußn.37; *Maurach*, NJW 1961, 625, 629f.; *Mitsch*, JA 1995, 32, 42.

858 Auch wenn im Bereich objektiv unausgeglichener Geschäfte nicht wie bei ausgeglichenen das Tatbestandsmerkmal des Vermögensschadens, sondern das Erfordernis einer unbewußten Selbstschädigung maßgeblich sein sollte, würden diese beiden Konstellationen insofern dennoch nicht unterschiedlich behandelt: maßgeblich wäre nämlich sowohl bei ausgeglichenen als auch bei unausgeglichenen Geschäften die fehlende Vermögensrelevanz von Zwecksetzungen; selbige würde nur an unterschiedlichen Stellen der Betrugsprüfung bedeutsam werden.

859 Sollte sich allerdings ergeben, daß Zweckverfehlungen gegenüber öffentlichem Vermögen im Bereich ausgeglichener Geschäfte irrelevant sind, könnte sich aufgrund etwaiger Besonderheiten des öffentlichen Vermögens dort möglicherweise dennoch eine Relevanz im Bereich unausgeglichener Geschäfte begründen lassen. Etwa dann wäre aber auch eine abschließende Stellungnahme

Problematik der Zweckverfehlung auch in jenem Bereich abschließend zu beurteilen.

5. Vermögensgefährdung als Vermögensschaden

Auf der Grundlage des objektiv-individuellen Schadensbegriffs kann auch eine Vermögensgefährdung als Schaden anzusehen sein.[860] In Rechtsprechung und Literatur wird auf unterschiedliche Weise versucht, schadensbegründende Gefährdungen von den nichtschadensbegründenden abzugrenzen. Während in der Rechtsprechung diesbezüglich auf das Vorliegen einer konkreten Vermögensgefährdung abgestellt wird[861], finden sich in der Literatur häufig auch einschränkendere Ansätze.[862] Zwar wird insofern maßgeblich auch auf die Abgrenzung zwischen Versuch und Vollendung abgezielt[863], dennoch erscheint ein allgemeines Abgrenzungskriterium für die betrugsrelevanten Vermögensgefährdungen entbehrlich: Aufgrund des wirtschaftlichen Ausgangspunkts des objektiv-individuellen Schadensbegriffs stellt eine Vermögensgefährdung schließlich einen „echten“ Schaden dar, wenn sie tatsächlich den wirtschaftlichen Wert des Vermögens mindert und dieser Wertverlust unausgeglichen bleibt. Maßgeblich hierfür ist aber letztlich – wie auch sonst – allein der Einzelfall. Freilich muß dann aber auch u.U. im Einzelfall geklärt werden, ob die vorliegende Konstellation tatsächlich die Annahme eines vollendeten Betrugs rechtfertigen kann oder ob sie nicht vielmehr bloß einem versuchten Betrug entspricht.

6. Zusammenfassung

Nach den obigen Ausführungen ist zusammenfassend festzuhalten, daß bei § 263 StGB im Rahmen der Schadensprüfung ein objektiv-individueller Schadensbegriff zugrunde zu legen ist. Dieser hat grundsätzlich folgende Reichweite:

1. Ausgangspunkt der Schadensprüfung ist eine Gesamtsaldierung, die von einer rein wirtschaftlichen Betrachtungsweise der verschiedenen Positionen ausgeht.
2. Im Rahmen der Schadensermittlung können in gewissem Umfang auch individuelle Gesichtspunkte Berücksichtigung finden. Diesbezüglich ist zumindest die vom *BGH* im Melkmaschinenfall gebildete Fallgruppe „a“ anzuerkennen.

---

zur generellen Beurteilung von Zweckverfehlungen im Bereich unausgeglichener Geschäfte im vorliegenden Zusammenhang von Interesse.

860 Für die ganz h.M. *Lackner*, in: LK[10] § 263 Rdnr.151ff. m.w.N.; *Tiedemann*, in: LK[11] § 263 Rdnr.168ff.

861 Siehe nur *BGHSt* 21, 112, 113 m.w.N.; *BGHSt* 40, 287, 296; aus dem Schrifttum etwa *Haft*, BT[7], S.213; *Kohlmann/Brauns*, S.67f.; *Tiedemann*, in: LK[11] § 263 Rdnr.172, 213.

862 Übersicht über diese Meinungen bei *Riemann*, S.44ff., der auch selbst (a.a.O., S.162) einen stark einschränkenden Standpunkt vertritt.

863 Vgl. hierzu *Cramer*, S.126; *Riemann*, S.43 i.V. mit S.60.

3. Zur Vermeidung von Wertungswidersprüchen in der Gesamtrechtsordnung sind auch normative Gesichtspunkte zu berücksichtigen.
4. Zwecksetzungen weisen jedenfalls grundsätzlich keine Vermögensrelevanz auf. Dementsprechend sind Zweckverfehlungen als solche zumindest im Bereich wirtschaftlich ausgeglichener Geschäfte irrelevant.
5. Im Rahmen einer wirtschaftlichen Betrachtungsweise kann auch eine Vermögensgefährdung einen Vermögensschaden darstellen.

Neben dem objektiv-individuellen Schadensbegriff in dem soeben aufgezeigten Umfang ist im allgemeinen bei der Schadensprüfung bei § 263 StGB ein ökonomisch-juristischer Vermögensbegriff sowie das Erfordernis einer unbewußten Selbstschädigung zugrunde zu legen. Im folgenden soll nunmehr untersucht werden, ob es bei Angriffen auf öffentliches Vermögen Besonderheiten bei der Schadensermittlung gibt.

C. Zum Vermögensschaden bei öffentlichem Vermögen

Hinsichtlich der Problematik des Vermögensschadens bei öffentlichem Vermögen sind sowohl die Positionen des Schrifttums als auch der Rechtsprechung von Interesse. Dabei ist das Hauptaugenmerk auf die Frage zu richten, ob – und wenn ja, unter welchen Voraussetzungen – die Fehlleitung öffentlicher Mittel einen Vermögensschaden i.S. des § 263 StGB begründet. Daneben ist die besondere Problematik des sog. Anstellungsbetrugs zu beleuchten.

I. Fehlleitung öffentlicher Mittel

1. Gegenstand und Gang der Darstellung

Öffentliche Mittel können in ganz unterschiedlichen – und daher u.U. auch unterschiedlich zu beurteilenden – Konstellationen fehlgeleitet werden. So könnte es etwa ein Unterschied sein, ob eine Leistung aufgrund eines vorgetäuschten Anspruchs oder im Ermessensbereich erfolgt, oder: ob materielle oder bloß formelle Vergabevoraussetzungen nicht erfüllt sind. Es liegt daher nahe, die verschiedenen Konstellationen voneinander getrennt zu würdigen. Die Rechtsprechung hat allerdings in vielen Entscheidungen zur Fehlleitung öffentlicher Mittel auch auf Gesichtspunkte abgestellt, die im konkreten Fall letztlich keine eigenständige Bedeutung hatten. Da dies entwicklungsgeschichtliche Gründe haben könnte, die Rechtsprechung für die Entstehung der „Zweckverfehlungslehre bei öffentlichem Vermögen" aber von tragender Bedeutung war[864], soll daher eine andere Darstellungsform

864 Hierzu bereits oben S. 125ff.

gewählt werden: zunächst soll die Rechtsprechung chronologisch ausgewertet werden, anschließend die Literatur. Die dabei herausgearbeiteten unterschiedlichen Problemfelder sollen dann – soweit erforderlich – im Rahmen des eigenen Lösungsansatzes näher beleuchtet werden.

Da die Rechtsprechung den Begriff des Vermögensnachteils i.S. des § 266 StGB mit dem des Vermögensschadens i.S. des § 263 StGB grundsätzlich gleichsetzt[865], ist in die folgende Darstellung der Position der Rechtsprechung auch § 266 StGB einzubeziehen. Ausgeklammert werden an dieser Stelle dagegen §§ 264 StGB, 370 AO – beides Normen, bei denen zwangsläufig öffentliches Vermögen „betroffen"[866] wird und deren Handhabung daher möglicherweise auch für die Schadensdogmatik bei § 263 StGB von Bedeutung sein könnte. Diese Bestimmungen werden im weiteren Verlauf der Arbeit gesondert gewürdigt.[867]

Ebenfalls auszuklammern sind die österreichische und die schweizerische Judikatur zum Betrugstatbestand: angesichts der dort teilweise zu findenden deutlichen Anklänge an das subjektive Schadensverständnis[868] kann es von der Warte eines objektiv-individuellen Schadensbegriffs aus kaum ergiebig sein, diese Rechtsprechung auch in bezug auf öffentliches Vermögen zu untersuchen.

Die folgende Darstellung der Rechtsprechung zur Fehlleitung öffentlicher Mittel enthält freilich nicht nur Entscheidungen zu Angriffen auf öffentliches Vermögen, sondern auch einige zu Angriffen auf privates Vermögen, die im vorliegenden Zusammenhang aber entwicklungsgeschichtlich bedeutsam erscheinen. Insgesamt werden 46 Entscheidungen zusammengefaßt, chronologisch aneinandergereiht und anschließend in ihrer Gesamtheit gewürdigt. Damit gerät dieser Abschnitt zwangsläufig sehr umfangreich. Im Interesse der Vollständigkeit der Darstellung erschien eine Beschränkung auf weniger Entscheidungen jedoch nicht angezeigt, da gerade die Unterschiedlichkeit der Begründungsmuster ein wesentliches Merkmal der Rechtsprechung in diesem Bereich ist. Zudem waren auch mehrere unveröffentlichte Entscheidungen auszuwerten, auf deren Wiedergabe im vorliegenden Zusammenhang nicht verzichtet werden konnte. Die der Einzeldarstellung nachfolgende Zusammenfassung auf S.181ff. eröffnet freilich die Möglichkeit, sich auch ohne vollständige Lektüre des nachfolgenden Abschnitts einen hinreichenden Überblick über das Problemfeld zu verschaffen.

865 *RGSt* 14, 401, 404; *RGSt* 71, 155, 158; *RGSt* 71, 333; *RG*, HRR 1938, Nr.921; *RGSt* 73, 283, 285; *BGH* vom 27.11.1956, 5 StR 310/56, S.9; *BGHSt* 15, 342, 343f.; vgl. *RG*, HRR 1938, Nr.864; *BGH* vom 28.9.1954, 5 StR 203/54, S.3; *BGH*, NJW 1998, 913, 914.

866 Eine Aussage zum Rechtsgut ist damit nicht gemacht.

867 Hierzu unten S.249ff.

868 Hierzu bereits oben S.74.

2. Rechtsprechung in Deutschland[869]

Wie soeben angedeutet wurde, zeigt die Rechtsprechung zur Fehlleitung öffentlicher Mittel kein einheitliches Bild:

a) Einzeldarstellung der wichtigsten Urteile

(1) RGSt 50, 316ff. (Heereslieferant) vom 8.2.1917, I 615/16

Der Angeklagte hatte mit dem Militärfiskus einen Vertrag über die Lieferung von Uniformteilen abgeschlossen. Als Nebenabrede war ausbedungen, daß er 75% des Kaufpreises an die „tatsächlichen Anfertiger" zu zahlen habe. Diesen Lohnsatz hielt der Angeklagte nicht ein, im übrigen erfüllte er seine vertraglichen Verpflichtungen.

Das *RG* lehnte zunächst einen Vermögensschaden der Arbeiter des Heereslieferanten mit der Begründung ab, daß ein echter Vertrag zugunsten Dritter i.S. des § 328 BGB nicht vorliege.[870] Anschließend verneinte es auch einen Vermögensschaden des Fiskus: die gelieferten Uniformstücke als solche seien vertragsgemäß gewesen, zudem würde der Fiskus dieselben Tarifsätze wie an den Angeklagten auch an andere Unternehmer gezahlt haben. Auch aus der Nichteinhaltung der Nebenabrede über die Lohnsätze ergebe sich kein Vermögensschaden, denn diese Nebenabrede habe im wesentlichen sozialpolitischen, ethischen Zielen gedient. Insofern sei aber nur ein immaterielles Interesse des Fiskus betroffen worden; der Anspruch auf Einhaltung der Lohnsätze sei nicht vermögensrechtlicher Natur gewesen.[871] [872]

(2) RGSt 52, 154ff. (Lebensmittelkarten) vom 11.7.1918, I 225/18

Die Angeklagten hatten versucht, auf einem Lebensmittelamt Lebensmittelkarten durch Vorlage eines von einem Soldaten erhaltenen Urlaubsscheines zu erlangen. Der Versuch mißlang, weil sich der Urlaubsschein als gefälscht erwies.

Das *RG* nahm an, der die Lebensmittelkarten ausgebende Kommunalverband hätte allein hinsichtlich der Vordrucke selbst (zzgl. etwaiger Ersatzbeschaffungskosten) geschädigt werden können.[873] Obwohl das Gericht ausdrücklich ausführte, daß der Staat durch die Ausgabe von Lebensmittelkarten die Ernährung der Bevölkerung sichern würde[874], prüfte es – anders als in *RGSt 50, 316ff.* – nicht einmal an, ob die

869 Die Darstellung umfaßt nicht die DDR-Rechtsprechung. Mit der Bezeichnung „Rechtsprechung in Deutschland" soll auch in völkerrechtlicher Hinsicht keine Aussage zum Status der DDR gemacht werden. – Eingehend zum Schutz des öffentlichen Vermögens in der DDR durch den Betrugstatbestand unten S.279ff.

870 *RGSt* 50, 316, 317.

871 *RGSt* 50, 316, 317f.; i.E. zustimmend *Cramer*, S.219f.; *Maurach*, NJW 1961, 625, 629; *F.-R. Schmidt*, S.127f., 128; ablehnend *R. Müller*, DRiZ 1963, 55, 57f.

872 Auf diese Entscheidung wird vergleichend Bezug genommen in: *OLG Hamburg*, NJW 1962, 1407, 1408.

873 *RGSt* 52, 154, 155f.

874 *RGSt* 52, 154, 156.

Durchkreuzung der öffentlichen Verteilungsmaßnahmen einen Vermögensschaden der öffentlichen Hand begründen könnte.[875] Daneben lehnte das *RG* einen Vermögensschaden der berechtigten Inhaber der Lebensmittelkarten ab: diesen hätte weder ein Anspruch, mit einer bestimmten Menge des Vorrats nach Maßgabe der Verteilungsanordnung und mit Ausschluß anderer Personen beliefert zu werden, noch ein dingliches Recht an der Verteilungsmasse zugestanden.[876]

(3) RGSt 58, 171f. (Deputatkohle RG) vom 7.12.1923, IV 665/23

In bezug auf die Vereitelung von Zwecken liegen auf derselben Linie auch die Ausführungen des *RG* im Deputatkohlenfall:

Eine Kohlezeche hatte unentgeltlich Freikohle, auf die nur ein bestimmter Bergarbeiter einen persönlichen Anspruch hatte, an einen Dritten geliefert, der dessen Ausweiskarten mißbraucht hatte.

Das *RG* bejahte – unter maßgeblichem Abstellen auf die mangelnde Anspruchsberechtigung und die eingetretene Vermögensminderung – einen Vermögensschaden der Zeche, ohne auf die Durchkreuzung der Zwecke einzugehen, die mit der Lieferung der Deputatkohle verfolgt wurden.[877]

(4) RGSt 66, 281ff. (Hauszinssteuerdarlehen) vom 6.6.1932, III 422/32

Dem Angeklagten war ein „Hauszinssteuerdarlehen" aus öffentlichen Mitteln zugesagt worden. Die Gewährung des Darlehens war u.a. an die Bedingung geknüpft, daß der Mietzins für die vom dem Angeklagten zu vermietenden Wohnungen eine bestimmte Höhe nicht überschreiten dürfe. Der Angeklagte hielt diese Bedingung nicht ein, täuschte aber diesbezüglich das zuständige Siedlungsamt und veranlaßte es dadurch zur Auszahlung der letzten Darlehensrate.

Das *RG* bejahte einen Betrug zum Nachteil des Siedlungsamtes. Den Vermögensschaden erblickte es allein in der Auszahlung der letzten Darlehensrate; auf die mit dem „Hauszinssteuerdarlehen" verfolgten Zwecke ging es insoweit nicht ein.[878] Im Ergebnis wurde ferner – aus hier im einzelnen nicht interessierenden Gründen – das Vorliegen eines Betrugs zum Nachteil der Mieter des Angeklagten angenommen.[879]

---

875 Vgl. hierzu auch *Eberle*, S.16 („erstaunlich").

876 *RGSt* 52, 154, 156.

877 *RGSt* 58, 171f.; vgl. hierzu auch *Weidemann*, S.85. – Siehe zu dieser Entscheidung aber auch *Maurach*, NJW 1961, 625, 629, der meint, dieses Urteil gehe zwar nicht ausdrücklich auf den sozialpolitischen Zweck der Kohlenversorgung der Bergleute ein, lasse aber doch erkennen, daß die Vermögensbeschädigung in der Fehlleitung sozialpolitisch zweckgebundener Mittel erblickt werde. Auch *RGSt* 70, 33, 36; *RG*, HRR 1938, Nr.921, und *OLG Hamm*, GA 1962, 219, 220 („vgl."), nehmen im Rahmen von Ausführungen zur Zweckverfehlung bei zweckgebundenem bzw. zweckbestimmtem Vermögen auf diese Entscheidung Bezug.

878 *RGSt* 66, 281, 283f.

879 *RGSt* 66, 281, 284ff., 288.

(5) Hanseatisches OLG, LZ 1933, 798 Nr.3 (Postbehördenunterstützungsfonds) vom 6.3.1933, R 491/32

Der Angeklagte hatte durch eine Täuschung erreicht, daß ihm eine Beihilfe aus einem Unterstützungsfonds einer Postbehörde ausgezahlt wurde.

Das *Hanseatische OLG* wies zunächst darauf hin, daß die Beihilfe dem Angeklagten „festgestelltermaßen nicht gewährt worden wäre", wenn er die falschen Angaben nicht gemacht hätte. Eingehend setzte sich das Gericht dann mit der Frage auseinander, ob die Kenntnis der Postbehörde von der schädigenden Wirkung der Vermögensverfügung einer Betrugsstrafbarkeit entgegenstehen könnte. Hierzu führte es aus, daß bei einer bewußt vorgenommenen Vermögensverringerung § 263 StGB namentlich dann erfüllt sein könne, wenn eine Behörde der Meinung gewesen sei, daß sie im Sinne der Bestimmung eines Unterstützungsfonds handele, wenn sie die Auszahlung bewirke, und sie sich insofern in einer wesentlichen Beziehung über die Bedeutung ihrer Vermögensposition geirrt habe. Das *Hanseatische OLG* bejahte von daher eine Strafbarkeit nach § 263 StGB.

Mit diesem Urteil deutet sich ansatzweise erstmals eine Trendwende in der Rechtsprechung an: mit großer Vorsicht scheint das *Hanseatische OLG* den Zwecken des Unterstützungsfonds eine Bedeutung bei der Betrugsprüfung zuzubilligen. Der dogmatische Hintergrund wird dabei allerdings nicht deutlich.

(6) RG, DRiZ Rspr. 1934, Nr.112 Sp.108ff. (Gebundene Kartoffelflocken) vom 28.11.1933, 1 D 780/33[880]

Der Angeklagte hatte eine öffentliche Hilfsmaßnahme in Gestalt der Stützung des Preises für Kartoffelflocken mißbräuchlich ausgenutzt: er hatte Kartoffelflocken, die bis zu seinem Erwerb „gebundene" Kartoffelflocken gewesen waren, aus dem Verbrauchergebiet in das Erzeugergebiet zurückgeschafft. Diese Kartoffelflocken wurden aufgrund einer Täuschung erneut von der mit der Durchführung der Hilfsmaßnahme befaßten Deutschen Getreidehandelsgesellschaft (DGH) als vermeintlich freie Kartoffelflocken des Erzeugergebiets erworben. Dabei war nicht auszuschließen, daß Leistung und Gegenleistung vom Standpunkt des allgemeinen Handels aus gleichwertig waren.

Das *RG* bejahte einen Vermögensschaden der Deutschen Getreidehandelsgesellschaft, da der von ihr allein erstrebte Erfolg – „der ostdeutschen Landwirtschaft günstige Kartoffelpreise und den westdeutschen und süddeutschen Viehhaltern billige Futtermittel zu verschaffen" – durch den Wiedererwerb der Kartoffelflocken nicht hätte gefördert werden können. Für die besonderen Zwecke der DGH seien die von dem Angeklagten gelieferten Flocken wertlos gewesen und der Erwerb solcher Flocken hätte der DGH den Nachteil gebracht, daß ihre Geldmittel mindestens zeitweilig für Geschäfte festgelegt worden seien, die außerhalb der Aufgaben der DGH gelegen hätten. Diese Berücksichtigung der besonderen Verhältnisse der DGH ergebe das Vorliegen eines Vermögensschadens.[881] [882]

880 = JW 1934, 367f. Nr.23 [Anm. *Pée*, JW 1934, 367f.].

881 *RG*, DRiZ Rspr. 1934, Nr.112 Sp.108, 109; zustimmend *Pée*, JW 1934, 367, 368.

(7) RG vom 20.6.1935, 3 D 283/35 (Entschuldungsdarlehen)

Die Angeklagte hatte mit unrichtigen und unvollständigen Angaben ein Entschuldungsdarlehen zu geringen Zins- und Rückzahlungssätzen beantragt und gewährt bekommen. Das Darlehen war hypothekarisch in voller Höhe abgesichert. Es wurde von der Industriebank ausbezahlt, stammte aber nicht aus ihrem Vermögen, sondern aus einem ausschließlich zur Erfüllung von öffentlichen Aufgaben bestimmten sog. „Zweckvermögen", das der freien Verfügung der Industriebank entzogen war und durch gesetzliche Vorschriften an die Mitwirkung der „Landstelle" gebunden war.

Das *RG* führte aus, daß im Rahmen der Schadensprüfung die besonderen Verhältnisse des Geldgebers zu berücksichtigen seien: die Grundsätze, die sonst für das gewerbsmäßige Ausleihen von Geld gelten würden, könnten hier nicht maßgebend sein, da die Gelder aus dem ausschließlich zur Erfüllung von öffentlichen Aufgaben bestimmten Zweckvermögen stammen würden, bei dessen Verwaltung die Landstelle mitwirke. Die Vorinstanz – an die die Sache zurückverwiesen wurde[883] – hätte daher prüfen müssen, ob durch die Entziehung von Geldern für so lange Zeit zu so geringen Zins- und Rückzahlungssätzen der Bestand der nur beschränkt vorhandenen Mittel derart verringert worden sei, daß dadurch die Erreichung des mit der Bildung des Zweckvermögens gewollten Erfolgs beeinträchtigt oder gefährdet und dadurch ein Vermögensschaden der beteiligten Stellen und damit mittelbar des Reichs eingetreten sei, für den die eingetauschten Verzinsungs- und Rückzahlungsansprüche keinen entsprechenden Gegenwert bedeuten würden.[884] [885]

Mit diesen Ausführungen zieht das *RG* wohl erstmals in Betracht, daß auch die Nichterreichung des mit der Bildung eines Zweckvermögens verfolgten Zwecks als solche einen Vermögensschaden begründen könnte – schließlich stellt das Gericht letztendlich nicht auf die Bestandsverringerung der vorhandenen Mittel ab, sondern auf die betreffenden Zwecke.

(8) RG, JW 1936, 262 Nr.25 (Ostpreußenhilfe) vom 16.9.1935, 6 D 152/35

Der Angeklagte hatte aufgrund falscher Angaben ein Umschuldungsdarlehen zu besonders günstigen Konditionen aus den Mitteln der staatlichen „Ostpreußenhilfe" erhalten.

Das *RG* bejahte das Vorliegen eines Vermögensschadens: Gegen die Auffassung der Revision, daß die dem Angeklagten zugeflossenen Beträge anderenfalls die gleiche Verwendung gefunden hätten – der „Vermögensstatus" des Darlehensgebers deshalb der gleiche gewesen wäre – führte das Gericht aus, daß der Vermögensschaden zwar nach sachlichen Gesichtspunkten, aber doch unter Berücksichtigung der besonderen Verhältnisse des Geschädigten zu beurteilen sei. Im Hinblick auf die wirtschaftliche Aufgabe der Ostpreußenhilfe würde die Darlehensgewäh-

882 Auf diese Entscheidung wird vergleichend Bezug genommen in: *RG* vom 20.6.1935, 3 D 283/35, S.6.

883 *RG* vom 20.6.1935, 3 D 283/35, S.1.

884 *RG* vom 20.6.1935, 3 D 283/35, S.6 unter vergleichender Bezugnahme auf *RG*, DRiZ Rspr. 1934, Nr.112 Sp.108ff.

885 Auf diese Entscheidung wird vergleichend Bezug genommen in: *RGSt* 70, 33, 36 Fußn.1.

rung an den Angeklagten „eine zweck- und sinnlose Fehlleitung der verfügbaren Mittel [bedeuten] und somit, wie jede unnütze Ausgabe, für den Darlehnsgeber einen Vermögensschaden [darstellen].“[886] Damit dienen die besonderen persönlichen Verhältnisse des Betroffenen dem *RG* im Rahmen der Schadensprüfung nur als Anknüpfungspunkt; letztenendes hiervon unabhängig soll offenbar – dies wird im Leitsatz der Entscheidung noch deutlicher[887] – bei *jeder* „zweck- und sinnlosen Fehlleitung staatlicher Mittel“ ein Vermögensschaden zu bejahen sein.[888] Damit ist dem Zweckverfehlungsgedanken bei § 263 StGB im Bereich öffentlicher Mittel endgültig der Weg geebnet – und zwar in einem sehr weiten Umfang und im Ergebnis ohne zureichende dogmatische Begründung.[889]

(9) RG, JW 1936, 513 Nr.15 (Osthilfemittel) vom 9.10.1935, 6 D 207/35

Der Angeklagte hatte aufgrund falscher Angaben ein Umschuldungsdarlehen zu besonders günstigen Konditionen aus Mitteln der Osthilfe erhalten.

Das *RG* erblickte einen Vermögensschaden des Reichs darin, daß es selbst höhere Zinsen zahlen mußte als es für das Darlehen empfing, und die Darlehensgewährung an einen Antragsteller, der hierauf mangels der gesetzlichen Voraussetzungen keinen Anspruch gehabt habe, eine ungerechtfertigte Verminderung der Osthilfemittel bewirkt habe.

Erstaunlich ist, daß der gleiche Strafsenat des *RG* den im wesentlichen gleichgelagerten Ostpreußenhilfemittelfall kurz zuvor mit einer anderen Begründung entschieden hatte – nämlich unter maßgeblichem Abstellen auf die „zweck- und sinnlose Fehlleitung staatlicher Mittel“. Eine solche Schadensbegründung wird im Osthilfemittelfall überhaupt nicht in Betracht gezogen, der Ostpreußenhilfemittelfall bleibt ohne jede Erwähnung. Dies verwundert sehr.[890]

---

886 Auf diese Entscheidung wird Bezug genommen in: *BGH* vom 16.6.1965, 2 StR 434/64, S.6; vergleichend in: *BGHSt* 19, 37, 45; *KG*, JR 1962, 26, 27.

887 Dort heißt es: „Eine zweck- und sinnlose Fehlleitung staatlicher Mittel bedeutet einen Vermögensschaden.“

888 *Weidemann*, S.84, geht dagegen davon aus, daß *RG*, JW 1936, 262 Nr.25 den Anwendungsbereich der individualisierenden Betrachtungsweise erweitern wollte: der persönliche Schadenseinschlag sei nicht mehr bloß im Bereich der Prüfung der Verwendbarkeit des Äquivalents, sondern allgemein für bedeutsam erachtet worden.

889 Vgl. hierzu auch *Neye*, S.17. – Die Entscheidung setzt sich – zumindest in dem veröffentlichten Ausschnitt – erstaunlicherweise auch überhaupt nicht mit der vorherigen Judikatur auseinander.

890 Noch erstaunlicher ist freilich, daß *BGHSt* 19, 37, 45 und *KG*, JR 1962, 26, 27, ähnlich auch *BGH* vom 16.6.1965, 2 StR 434/64, S.6, die Entscheidung *RG*, JW 1936, 513 Nr.15 (Osthilfemittel) für die Relevanz der Zweckverfehlung im Bereich zweckgebundener Mittel vergleichend anführen.

(10) RGSt 70, 33ff. (Ehestandsdarlehen) vom 16.12.1935, 5 D 681/35

Der Angeklagte hatte unberechtigterweise sog. Bedarfsdeckungsscheine aus Ehestandsdarlehen in Zahlung genommen. Über einen Dritten, der zur Entgegennahme solcher Scheine berechtigt war, ließ er diese beim Finanzamt unter Täuschung über ihre wahre Herkunft einlösen. Zweck der Bereitstellung von Ehestandsdarlehen war sowohl, dem Arbeitsmarkt weibliche Arbeitskräfte zu entziehen und die Schließung von Ehen zu fördern, als auch, Arbeits- und Verdienstmöglichkeiten für bestimmte Kreise der Wirtschaft zu schaffen. Dabei hatte sich der Gesetzgeber vorbehalten, durch eine besondere Zulassung die zu bezeichnen, die er an den Vorteilen der Arbeitsbeschaffungsmaßnahmen teilnehmen lassen wollte.[891]

Das *RG* führte aus, der Angeklagte habe keinen Anspruch auf Einlösung der Bedarfsdeckungsscheine gehabt. Daher „wurde das Vermögen des Reiches [...] beschädigt; denn die durch Täuschung erschlichene Einlösung der Scheine stellte sich als Zahlung einer Nichtschuld dar [...]. Hieran wird auch dadurch nichts geändert, daß das Finanzamt die Bedarfsdeckungsscheine hätte einlösen müssen, wenn sie von zugelassenen Händlern [... berechtigterweise] vorgelegt worden wären, und daß das Reich dadurch, daß es die Scheine einlöste, von seinen Verpflichtungen gegenüber den Empfängern der Ehestandsdarlehen befreit worden ist. Denn die zur Einlösung verwendeten Reichsgelder waren zweckgebunden; sie wurden der Verwendung entzogen, für die sie der Gesetzgeber bestimmt hatte."[892] [893] Aufgrund des Vorliegen eines Betrugs zum Nachteil des Reiches müsse nicht erörtert werden, ob mittelbar Dritte geschädigt seien.[894]

Mit dieser Entscheidung ist der Zweckverfehlungsgedanke in der Rechtsprechung für den Bereich öffentlicher Mittel endgültig zum Durchbruch gelangt: erstmals wird der Verfehlung des Zwecks nicht mehr nur im Rahmen der besonderen Verhältnisse des Betroffenen, sondern *eigenständig* eine Bedeutung im Rahmen der Schadensprüfung beigemessen.[895]

---

891 Vgl. hierzu *RGSt* 70, 33, 35. – Bei der Auswahl der zuzulassenden Betriebe war u.a. zu prüfen, ob der Betriebsinhaber der Förderung „würdig" sei. Zur Entgegennahme von Bedarfdeckungsscheinen wurden u.a. solche Geschäftsinhaber nicht zugelassen, „die nicht deutsches oder artverwandtes Blut besaßen, oder nicht Gewähr dafür boten, sich jederzeit rückhaltlos für den nationalsozialistischen Staat einzusetzen" (vgl. hierzu *Cramer*, S.220 Fußn.81 a.E. m.w.N.).

892 *RGSt* 70, 33, 35f. unter Bezugnahme auf *RGSt* 58, 171ff.

893 Auf diese Ausführungen wird Bezug genommen in: *RG*, HRR 1938, Nr.921; *RGSt* 73, 382, 384; *BGH* vom 27.11.1956, 5 StR 310/56, S.10; *BGH* vom 16.6.1965, 2 StR 434/64, S.6; vergleichend in: *RG* vom 3.9.1937, 1 D 460/37, S.3; *RG*, HRR 1938, Nr.864; *BGH* vom 3.11.1953, 5 StR 161/53, S.12; *BGHSt* 19, 37, 45; *OLG Hamm*, GA 1962, 219, 220; *KG*, JR 1962, 26, 27. – Siehe zu dieser Entscheidung auch *Weidemann*, S.85, der meint, der Schaden werde dort nicht ausschließlich mit der Zweckverfehlung begründet, sondern in erster Linie damit, daß auf eine nur vermeintlich bestehende Schuld gezahlt worden sei; kritisch *Lackner*, Vermögen und Vermögensbeschädigung, S.53ff., der die Feststellung und Erörterung der verfolgten Zwecke für „absolut belanglos" hält (a.a.O, S.54); ablehnend *Cramer*, S.220, der hervorhebt, daß der damalige Staat für die mit der Bereitstellung von Ehestandsdarlehen verfolgten Zwecke keinen Pfennig ausgegeben habe.

894 *RGSt* 70, 33, 36.

895 Daß *RGSt* 70, 33, 35f. gleichwohl – oder sogar in erster Linie – auf das Zahlen einer Nichtschuld abstellt, ändert daran nichts, denn an sich hätte das Gericht die Zweckverfehlungsproblematik zur Schadensbegründung überhaupt nicht anprüfen müssen.

(11) RG, HRR 1937, Nr.535 (Fehlleitung von Unterstützungsgeldern) vom 30.11.1936, 2 D 699/36

Der Angeklagte hatte aus Geldern der Landesstelle einen Betrag entnommen und diesen seiner Freundin geschenkt. Die Gelder waren an sich für in Not befindliche „Volksgenossen" Familien bestimmt.

Das *RG* bejahte einen Vermögensnachteil i.S. des § 266 StGB: Auf den Einwand des Angeklagten, der entsprechende Betrag wäre zweifellos sonst an einen Dritten vergeben worden und damit nicht mehr bei der Landesstelle vorhanden, führte das Gericht aus, daß die Mittel der Landesstelle zur Unterstützung nicht unbegrenzt gewesen seien. Soweit sie fehlgeleitet worden seien, sei die Landesstelle außerstande gesetzt worden, jene Aufgabe der Unterstützung zu erfüllen. Soweit sie dagegen der Aufgabe der Unterstützung zugeführt worden seien, sei die Landesstelle ihrer Unterstützungspflicht ledig geworden. Von daher liege ein Schaden der Landesstelle vor.[896] Diese Entscheidung ist – soweit ersichtlich – die erste, bei der auch im Rahmen des § 266 StGB auf den Gedanken der Fehlleitung von Mitteln abgehoben wird.

(12) RG vom 3.9.1937, 1 D 460/37 (Wohnungsamt)

Durch das Verhalten des Angeklagten wurden Mittel des Deutschen Reiches von einem Wohnungsamt täuschungsbedingt an Kunden des Angeklagten gezahlt. Diese Mittel sollten der Verminderung der Arbeitslosigkeit dienen; dieses Ziel sollte durch die Bezuschussung von Kaufverträgen erreicht werden. Voraussetzung für die Gewährung der Reichsleistungen war u.a., daß das zu bezuschußende Geschäft noch nicht abgewickelt war und der Kaufpreis mindestens 100 RM betrug. Diese Voraussetzungen waren nicht erfüllt.

Das *RG* bejahte einen Vermögensschaden mit folgender Begründung: „Das Reich wollte – vertreten durch das zuständige Wohnungsamt – die Zuschüsse nur dann und nur insoweit gewähren, als die dafür aufgestellten Voraussetzungen (Bedingungen) erfüllt waren. Wenn Beträge infolge Täuschung fehlgeleitet wurden, so kann darin eine Schädigung des Reiches liegen."[897] [898] Das Vorliegen eines wirtschaftlichen Wertverlusts prüfte das Gericht nicht an.

(13) RG, HRR 1938, Nr.864 (Zweckwidrige Schweinemast) vom 17.12.1937, 1 D 484/37[899]

Um eine ausreichende Fleischversorgung in fleischarmen Zeiten sicherzustellen, sollten an Landwirte aus öffentlichen Mitteln große Futtermittelmengen unter Stundung des Kaufpreises bis zum Verkauf der schlachtreifen Schweine geliefert werden. Der Angeklagte war als

896 Kritisch *Neye*, S.17, der zutreffend hervorhebt, daß zur Nachteilsbegründung auch der herkömmliche Schadensbegriff ausgereicht hätte und es des Abstellens auf den Fehlleitungsgedanken nicht bedurfte hätte.

897 *RG* vom 3.9.1937, 1 D 460/37, S.2f. (Wohnungsamt) unter vergleichender Bezugnahme auf *RGSt* 70, 33.

898 Auf diese Entscheidung wird vergleichend Bezug genommen in: *RG*, HRR 1938, Nr.864.

899 = JW 1938, 793 Nr.12.

Bevollmächtigter der „Reichsstelle für Tiere und tierische Erzeugnisse" für die Abwicklung dieser Maßnahme zuständig. Dabei handelte er seinen vertraglichen Pflichten zuwider.

Das *RG* setzte sich eingehend mit dem Begriff des Vermögensnachteils i.S. des § 266 StGB auseinander. Hierzu führte es – wie bereits oben erwähnt wurde[900] – aus:

> „Ein Vermögensnachteil kann aber unter Umständen nicht bloß dann vorliegen, wenn vermögensrechtl. Ansprüche rein zahlen- oder rechnungsmäßig verletzt [... werden] oder ihr Wert beeinträchtigt wird; vielmehr kann, wenn öffentl. Mittel zu bestimmten, im Interesse der Gesamtheit liegenden Zwecken zur Verfügung gestellt werden, die öffentl. Hand auch dadurch geschädigt werden, daß diese Mittel [...] fehlgeleitet, ihrem Zweck entzogen oder entfremdet werden [...]. [...] werden sie fehlgeleitet, so kann das eine Schädigung der öffentl. Hand bedeuten, sofern sie diese Mittel für den Zweck, dem sie bestimmungswidrig zugeflossen sind, nicht aufgewendet haben würde, ihre Aufbringung und Hingabe also erfolgt ist, ohne daß der damit bezweckte Erfolg eingetreten wäre."[901]

Noch weitergehend äußert sich der Leitsatz der Entscheidung, der nicht nur das Vorliegen*können*, sondern auch das tatsächliche Vorliegen eines Vermögensschadens annimmt, wenn (durch kreditweise Lieferung von Futtermittel zur Verfügung gestellte) zweckbestimmte öffentliche Gelder derart fehlgeleitet werden, daß sie ihrer Zweckbestimmung nicht mehr dienen.

An dieser Entscheidung[902] fällt – wie ebenfalls bereits erwähnt wurde[903] – auf, daß das *RG* ausdrücklich hervorhebt, die Fehlleitung öffentlicher Gelder könne auch dann einen Schaden begründen, wenn das Vermögen dem Wert nach nicht gemindert ist. Daß das *RG* vor diesem Hintergrund nicht einmal den Versuch unternimmt, den Gedanken der Zweckverfehlung in ein wirtschaftliches Schadensverständnis zu integrieren, zeigt, daß es für den Bereich öffentlicher Mittel spätestens mit dieser Entscheidung von seinem herkömmlichen Schadensverständnis endgültig Abstand genommen hat.[904]

(14) RG, HRR 1938, Nr.921 (Planungswidrige Fleischzuteilung) vom 11.1.1938, 1 D 739/37

Zwischen der Reichsstelle für Tiere und tierische Erzeugnisse und einer Fleischerinnung war ein Auftrag zustande gekommen, kraft dessen sich die Innung verpflichet hatte, ausländisches Frischfleisch, das von der Reichsstelle geliefert wurde, an die der Innung angeschlossenen Metzger im Wege des Verkaufs gerecht (kontingentgemäß) zu verteilen. Die Angeklagten waren für die Durchführung dieser Zuteilung zuständig, teilten aber planwidrig

900 Siehe oben S.126.

901 *RG*, HRR 1938, Nr.864 unter vergleichender Bezugnahme auf *RGSt* 70, 33, 36; *RG*, vom 3.9.1937, 1 D 460/37.

902 Auf diese Entscheidung wird Bezug genommen in: *BGH*, LM § 266 StGB Nr.16, Bl.1 Rückseite; *BGH* vom 15.2.1956, 1 StR 475/55, S.7; *BGH* vom 27.11.1956, 5 StR 310/56, S.10; *BGH* vom 16.6.1965, 2 StR 434/64, S.6; vergleichend in: *BGH* vom 3.11.1953, 5 StR 161/53, S.12.

903 Siehe oben S.126.

904 Vgl. *Neye*, S.17; ablehnend auch *Schünemann*, in: LK[11] § 266 Rdnr.143 Fußn.756.

zu. Seitens der Reichsstelle sollte die Abgabe des Auslandsfleisches sowohl der Sicherstellung der Ernährungslage als auch der Erhaltung der Metzgereien dienen.

Das *RG* verwies die Sache an das Landgericht zurück; dieses habe u.a. eine Untreue zum Nachteil der Reichsstelle zu erwägen. Hierzu führte das *RG* aus:

> „Ein Vermögensschaden kann in der Fehlleitung zweckgebundener Mittel gefunden werden (RGSt. Bd. 70 S. 33, 36; Bd. 58, S.171 flg.). [...] Erfolgte eine planungswidrige, ungerechte Abgabe [des von der Reichsstelle eingeführten Auslandsfleisches], das mit Mitteln der Reichsstelle erworben worden war, so wurden Mittel der Reichsstelle fehlgeleitet; es wurde mit ihnen nicht der Zweck erreicht, für den sie bestimmt waren; die Reichsstelle erhielt als Gegenwert für die Ware zwar den Kaufpreis, aber nicht den Erfolg, den sie mit den Mitteln erstrebte." Sollte der von der Reichstelle verlangte Preis nicht alle beim Einkauf entstandenen Unkosten abgedeckt haben, „dann könnte der Vermögensschaden auch darin gefunden werden, daß gewisse Aufwendungen insoweit umsonst erfolgt wären, als nicht eine gerechte Zuteilung des Fleisches an alle Metzgereien erreicht worden wäre."[905]

(15) RGSt 73, 212ff. (Saatroggen) vom 15.5.1939, 2 D 211/39

Der Angeklagte war Ortsbauernführer einer Gemeinde. Er hatte von der Kreisbauernschaft verbilligten Saatroggen erhalten und war vom Reichsnährstand beauftragt worden, diesen Roggen an „würdige" und bedürftige Bauern seines Dorfes gegen Erstattung eines festen Unkostenbeitrags zu verteilen. Diesen Unkostensatz hatte er an die Kreisbauernschaft bezahlt und abgeliefert. Bei der Verteilung des Saatroggens ließ sich der Angeklagte jedoch ein den Unkostensatz übersteigendes Entgelt geben und behielt den Überschuß für sich.

Das *RG* führte aus, der Angeklagte habe den Zweck, den der Reichsnährstand mit seiner Notstandshilfe entsprechend dem ihm gesetzlich zugewiesenen Aufgabenkreis verfolgt habe, vereitelt. Hierin erblickte das Gericht – „unter den gegebenen Umständen" – einen Vermögensnachteil des Reichsnährstandes. Dieser Nachteil sei durch die Zahlungen an die Kreisbauernschaft nicht ausgeglichen gewesen.[906] [907]

(16) RG, HRR 1939, Nr.1071 (Winterhilfswerk) vom 23.5.1939, 4 D 224/39

Die Angeklagten waren Funktionäre des Winterhilfswerks, einer nationalsozialistischen Hilfsorganisation. Sie hatten Geldspenden für das Winterhilfswerk nicht entsprechend ihrer Dienstanweisung an eine Zentralstelle abgeliefert, sondern das Geld direkt für wohltätige Zwecke verwendet.

Das *RG* bejahte ohne nähere Ausführungen das Vorliegen eines Vermögensnach

---

905 Auf diese Entscheidung wird Bezug genommen in: *BGH* vom 27.11.1956, 5 StR 310/56, S.10; *BGH* vom 16.6.1965, 2 StR 434/64, S.6; vergleichend in: *BGH* vom 3.11.1953, 5 StR 161/53, S.12. – Kritisch zu dieser Entscheidung *Neye*, S.18; zustimmend dagegen *Kohlmann/Brauns*, S.93.

906 *RGSt* 73, 212, 213.

907 Diese Entscheidung wird erwähnt in: *OLG Kiel*, SchlHA 1948, 147, 148.

teils i.S. des § 266 StGB. Ein Ausschluß des Nachteils aufgrund Zweckerreichung wurde nicht in Betracht gezogen.[908]

(17) RGSt 73, 382ff. (Reißwerkzeug) vom 4.12.1939, 2 D 494/39[909]

Die Angeklagten waren gegenüber einem Ministerium vertraglich zur Lieferung von Reißwerkzeugen der in einem Notstandsgebiet ansässigen Firma N zu einem bestimmten Preis verpflichtet. Die Angeklagten lieferten gleichwertige Reißwerkzeuge einer anderen Firma, die nicht in dem Notstandsgebiet ansässig war.

Das *RG* verneinte einen Vermögensschaden des Reiches: Unter dem Gesichtspunkt des persönlichen Schadenseinschlags führte es aus, daß das Ministerium ein Bedürfnis für die bestellte Ware gehabt habe und daß die gelieferten Reißwerkzeuge den verlangten Zweck erfüllt hätten, auch sonst brauchbar gewesen seien und den Reißwerkzeugen der Firma N nicht im Werte nachgestanden hätten. Auch in der Tatsache, daß der mit der Bestellung verbundene Zweck, einen Hersteller im Notstandsgebiet zu unterstützen, vereitelt worden sei, könne keine Minderung des Vermögens des Reiches gefunden werden.[910] Die Voraussetzungen für einen solchen Vermögensschaden seien nämlich „nur dann gegeben, wenn die Bestellung *lediglich*[911] zu diesem wohltätigen Zweck, unabhängig vom eigenen Bedürfnis, aufgegeben worden wäre; denn dann wäre die Aufwendung der Mittel nur durch den Unterstützungszweck bedingt gewesen (RGSt. Bd. 70 S.33).“[912]

Allerdings leitete das *RG* daraus, daß das Ministerium ausdrücklich Reißwerkzeuge der Firma N. kaufen wollte, eine Anwartschaft dieser Firma ab; die Entziehung der Anwartschaft begründe einen Vermögensschaden der Firma N. Außerdem zog das *RG* das Vorliegen eines Schadens anderer Zwischenhändler in Betracht, die gewillt waren, Erzeugnisse der Firma N zu liefern.[913] [914]

---

908 Unzutreffend *Neye*, S.17f., 18 Fußn.80 a.E., der meint, in dieser Entscheidung sei das Vorliegen eines Nachteils mit dem Gedanken der Fehlleitung begründet worden, und die Entscheidung von daher kritisiert.

909 = DR 1940, 286f. mit anderem Leitsatz als in der amtlichen Sammlung [Anm. *Mezger*, DR 1940, 287].

910 *RGSt* 73, 382, 383.

911 Hervorhebung im Original.

912 *RGSt* 73, 382, 383f., 384.

913 *RGSt* 73, 382, 384.

914 Auf diese Entscheidung wird vergleichend Bezug genommen in: *OLG Hamm*, GA 1962, 219, 220. – Ablehnend zu dieser Entscheidung *Lackner*, Vermögen und Vermögensbeschädigung, S.49ff., 72, der der Ansicht ist, dieses Urteil sei nur nach außen hin von wirtschaftlichen Erwägungen beherrscht, in Wahrheit solle es aber dem Schutz immaterieller Werte – nämlich den Wohlfahrtsbestrebungen des Ministeriums – dienen (a.a.O., S.49ff.); *F.-R. Schmidt*, S.128; kritisch auch *Bockelmann*, DR 1942, 1112; ders., in: Kohlrausch-FS, S.226, 230ff.; *Gutmann*, MDR 1963, 3; siehe ferner *Cramer*, S.220f. Fußn.82; *Mohrbotter*, Stoffgleichheit, S.87 Fußn.182; ders., GA 1969, 225 Fußn.9 („Der Sache nach Widerspruch zu *RGSt* 50, 316“); weitergehend allerdings *Mezger*, DR 1940, 287, der meint, die Unterstützung eines anderen könne für das Ministerium bzw. für den Staat einen selbständigen Vermögenswert besitzen, dessen Vereitelung eine Vermögensbeschädigung darstelle; Voraussetzung sei lediglich, daß die Unterstützung zum Vertragsbestandteil geworden sei.

An diesem Urteil fällt vornehmlich auf, daß angenommen wird, im Bereich objektiv ausgeglichener Geschäfte könne die Zweckverfehlung nur dann einen Vermögensschaden (der öffentlichen Hand) begründen, wenn der betreffende Zweck der *alleinige* Beweggrund für die Leistung gewesen sei. Der hierfür angeführten Entscheidung *RGSt 70, 33ff.* läßt sich dies nicht entnehmen[915], und auch in der übrigen Judikatur – namentlich etwa in *RG, HRR 1938, Nr.921 letzte Spalte* – findet diese Annahme keine Entsprechung. Auch später taucht dieser Gedanke, soweit ersichtlich, nicht mehr in der Rechtsprechung auf.[916]

(18) RG, DR 1944, 443 Nr.13 (Bezugsberechtigungen) vom 21.4.1944, 1 C 28/44

Der Angeklagte hatte durch Täuschung des Ernährungsamtes Bezugsberechtigungen erschlichen.

Das *RG* nahm an, daß die Allgemeinheit – nicht: die öffentliche Hand – durch den Verstoß gegen kriegsrechtliche Bezugsvorschriften zwar beeinträchtigt, nicht aber geschädigt werde. Einen Schaden der öffentlichen Hand prüfte das Gericht nicht an.

(19) OLG Kiel, SchlHA 1948, 147f. (Abendmahlwein)
vom 10.3.1948, Ss 55/48 – Ar

Der Angeklagte hatte als Landrat auf Anregung verschiedener Geistlicher 130 Flaschen Rotwein für Abendmahlzwecke beschafft. Der Wein war damals nicht bewirtschaftet. Er wurde dem Kreis übereignet, aus Kreismitteln bezahlt, auf Vorschußkonto verbucht und im Landratsamt aufbewahrt. Der Angeklagte entnahm 12 dieser Flaschen, die an sich für die Zwecke der Kirche bestimmt waren, und trank sie mit Gästen in seiner Wohnung zu „Repräsentationszwecken". Hierfür hat er den vom Kreis aufgewandten Einkaufspreis ordnungsgemäß auf das Vorschußkonto eingezahlt.

Das *OLG Kiel* lehnte einen Vermögensschaden der Kirche ab, da sie nur einen ideellen, jedoch keinen vermögensrechtlichen Anspruch darauf gehabt habe, daß der Wein für Abendmahlzwecke verwendet werden würde. Darüber hinaus verneinte das Gericht einen Vermögensschaden des Landkreises, da der Angeklagte den Wein bezahlt habe. Allerdings sei in der Rechtsprechung wiederholt – so etwa in *RGSt 73, 212, 213* – die zweckwidrige Weggabe zweckgebundener Mangelware gegen Entgelt als Vermögensschaden gewertet worden. Im vorliegenden Fall sei jedoch von einer größeren Menge Wein nur ein verhältnismäßig kleiner Teil entnommen worden; außerdem sei der Kreis gegenüber der Kirche nicht zur Nachlieferung verpflichtet gewesen. Bei der geringen entnommenen Menge, die ordnungsgemäß bezahlt war, könne ein Vermögensschaden des Kreises deshalb nicht festgestellt werden, zumal der Angeklagte den Wein nicht für persönliche Bedürfnisse, sondern zu Zwecken der Repräsentation aus dienstlicher Veranlassung verwendet habe.[917]

---

915 Vgl. hierzu *Eberle*, S.18 Fußn.113 („steht in Widerspruch zu *RGSt* 70, 33ff.").
916 Vgl. hierzu *Eberle*, S.18 Fußn.113.
917 *OLG Kiel*, SchlHA 1948, 147, 148.

(20) BGHSt 2, 325ff. (Deputatkohle BGH) vom 24.4.1952, 4 StR 854/51

Der Angeklagte war ein Bergmann. Er hatte Hausbrandkohlen, die ihm nach dem Tarifvertrag ausschließlich zur Deckung seines eigenen Bedarfs zustanden, angefordert, obwohl er beabsichtigte, sie an Dritte zu veräußern.

Der *BGH* bejahte einen Vermögensschaden der Zeche: dieser entstehe durch die Lieferung verbilligter Kohlen, auf die der Angeklagte keinen Anspruch habe. Diese Rechtslage werde auch nicht dadurch berührt, daß der Angeklagte seinen Anspruch behalten würde, wenn er in seinem Haushalt mit den Kohlen verschwenderisch umgehen würde.[918] [919]

(21) BGH vom 6.11.1952, 4 StR 164/52 (Weihnachtssammlung)

Der Angeklagte war Geschäftsführer eines eingetragenen Vereins der Kriegs- und Zivilgeschädigten. Er hatte aus Spendengeldern der Weihnachtssammlung, die in das Eigentum des Verbandes übergegangen waren, einen Betrag für den eigenen Verbrauch entnommen.

Der *BGH* bejahte einen Vermögensnachteil: die Spenden hätten zwar alsbald weitergegeben werden müssen und wären sonach wieder aus dem Vermögen des Verbandes ausgeschieden; dieser sei aber schon dadurch geschädigt worden, daß die vom Angeklagten entnommenen Beträge nicht für den von den Spendern gewollten Zweck verwendet werden konnten, so daß der Verband seinen Aufgaben nicht gerecht werden konnte.[920] [921]

(22) BGH vom 3.11.1953, 5 StR 161/53 (Straßenbauamt)

Der Angeklagte war Leiter eines Straßenbauamtes. Er hatte entgegen den Bestimmungen einen Regierungsbauinspektor, der noch nicht entnazifiziert war und daher im Landesdienst nicht verwendet werden durfte, im Straßenbauamt beschäftigt und „besoldet“. Die in etwa entsprechenden Bezüge ließ der Angeklagte dem Regierungsbauinspektor von einer Baufirma auszahlen, die dafür im Einvernehmen mit dem Angeklagten die Rechnungen über Baumaterialien erhöhte. Der Angeklagte wies die Landesbezirkskasse zur Zahlung dieser Rechnungen an.

Der *BGH* prüfte das Vorliegen eines Vermögensnachteils i.S. des § 266 StGB unter drei Gesichtspunkten: Zunächst führte er aus, daß dem Land durch die Auszahlun-

---

918 *BGHSt* 2, 325, 327.

919 Siehe zu dieser Entscheidung *Gutmann*, MDR 1963, 3, der meint, in Wahrheit habe wohl der – nicht ausdrücklich erwähnte – Gedanke der Fehlleitung sozialpolitisch gebundener Mittel den Ausschlag gegeben. Dies will er dem letztzitierten Satz entnehmen, da man ihm hinzufügen könne, daß in dem dort genannten Falle die Kohlen wenigstens nicht offensichtlich sozialpolitisch fehlgeleitet würden. Auch ein Teil der Rechtsprechung deutet die Entscheidung offenbar in diesem Sinne: *OLG Hamm*, GA 1962, 219, 220 nimmt nämlich auf diese Entscheidung im Zusammenhang mit dem „Fehlleitungsgedanken“ vergleichend Bezug; noch weitergehend *Maiwald*, in: Maurach/Schroeder/Maiwald, BT 1[8], S.461 Rdnr.119 („Lehre von der Zweckverfehlung [... damit] – mindestens im Ergebnis – bestätigt“).

920 *BGH* vom 6.11.1952, 4 StR 164/52, S.3.

921 Auf diese Entscheidung wird Bezug genommen in: *BGH* vom 15.2.1956, 1 StR 475/55, S.7.

gen selbst kein Vermögensschaden entstanden sei. Als Gegenwert seien dem Land nämlich die Arbeitsleistungen des Regierungsbauinspektors zugeflossen.[922] Die Frage, ob den Arbeitsleistungen ein geringerer Wert beizumessen sei, weil der Regierungsbauinspektor im Landesdienst nicht verwendet werden durfte, untersuchte der *BGH* nicht. Sodann beleuchtete der *BGH* den Gesichtspunkt der Verschleierung vermögensrechtlicher Vorgänge. Diese Verschleierung alleine sei für den Auftraggeber noch nicht ohne weiteres ein Vermögensnachteil. Sie begründe einen solchen aber dann, wenn ihr die Gefahr innewohne, sich zu einer Minderung des Vermögens zu entwickeln. Zwar gefährde die Bildung sog. schwarzer Kassen grundsätzlich und jedenfalls dann das Vermögen des Auftraggebers, wenn die Möglichkeit naheliege, daß die verheimlichten Vermögensbestandteile gegen dessen Willen und dessen Interesse verwendet werden. Die vom Angeklagten betriebene Verschleierung lasse sich hiermit jedoch nicht vergleichen: die vorschriftswidrige Verfügung über Haushaltsmittel bedeute für sich alleine noch keinen Vermögensschaden; daher könne auch eine diesbezügliche Verschleierung keinen Schaden begründen.[923]

Eingehend untersuchte der *BGH* dann, ob ein Vermögensnachteil aufgrund der Fehlleitung öffentlicher Mittel gegeben sei. Hierzu führte er aus:

> „Die „Fehlleitung“ öffentlicher Gelder ist für die Körperschaft, die sie verwaltet, dann ein Vermögensnachteil, wenn sie dazu führt, daß die Aufwendungen für die Körperschaft nutzlos sind, d.h. nicht deren Aufgaben dienen (vgl RGSt 70, 33; RG HRR 1938 Nr 864, 921). Werden die Gelder aber entgegen ihrer eigentlichen Bestimmung für Zwecke verwendet, die die Körperschaft ebenfalls zu erfüllen hat, und werden dadurch die für diese Aufgaben im Haushaltsplan vorgesehenen Mittel gespart, so bedeutet die „Fehlleitung“ allein nicht ohne weiteres einen Vermögensnachteil. Das Vermögen des Staates und der öffentlichrechtlichen Verbände wird durch den Haushaltsplan nicht in mehrere rechtlich selbständige Zweckvermögen aufgespaltet, die jedes für sich allein geschädigt werden könnten [...]. Das ganze Vermögen bleibt vielmehr auch rechtlich eine Einheit. Darin allein, daß Haushaltsmittel für Baumaterialien zu Gunsten personeller Ausgaben verwendet worden sind, kann also kein Vermögensnachteil des Landes gesehen werden.“[924] [925]

Ein Vermögensnachteil liege unter dem Gesichtspunkt der Vermögensgefährdung erst dann vor, wenn sich aus der „Fehlleitung“ ganz bestimmte Schäden für das Land entwickeln konnten.[926] Eine solche Vermögensgefährdung könne in mehrfacher Hinsicht bestanden haben – u.U. etwa darin, daß bei dem Titel für Straßenbaumittel erhebliche Summen fehlten, die dort hätten verwendet werden müssen und infolge ihres Abzugs die Durchführung notwendiger Aufgaben in Frage stellten; insoweit sei das vorherige Urteil des LG aber nicht aussagekräftig genug.[927]

---

922 *BGH* vom 3.11.1953, 5 StR 161/53, S.10f.

923 *BGH* vom 3.11.1953, 5 StR 161/53, S.11.

924 *BGH* vom 3.11.1953, 5 StR 161/53, S.11f.

925 Auf diese Ausführungen wird Bezug genommen in: *BGH*, NStZ 1984, 549, 550; *BGHSt* 40, 287, 294f., vergleichend in: *LG Stuttgart*, BWGZ 1997, 786, 787 (nicht rechtskräftig).

926 *BGH* vom 3.11.1953, 5 StR 161/53, S.12.

927 *BGH* vom 3.11.1953, 5 StR 161/53, S.12ff., 14.

(23) BGH, LM § 266 StGB Nr.16 (Wiederaufbaustiftung) vom 14.4.1954, 1 StR 565/53

Der Angeklagte war Vorstandsmitglied einer privatrechtlichen Stiftung für den Wiederaufbau. Ohne sich selbst zu bereichern, hatte er Mittel der Stiftung, die zur Bestreitung von Baukosten bestimmt waren, bestimmungswidrig verwendet, indem er sie „langfristig" anlegte. Der bayerische Staat hatte diese Stiftung zuvor mit Baudarlehen unterstützt.

Der *BGH* prüfte zunächst die Strafbarkeit wegen Untreue zum Nachteil der öffentlichen Hand. Dabei nahm er an, daß das Interesse des Staates an der zweckgerechten Verwendung seiner Haushaltsmittel als ein Vermögensinteresse angesehen werden könne.[928] [929] Im vorliegenden Fall fehle es jedoch an einer Treupflicht des Angeklagten.[930]

Sodann prüfte der *BGH* § 266 StGB zum Nachteil der Stiftung. Dabei führte er aus, daß in einer Zweckentfremdung von Geldern für sich alleine kein Vermögensnachteil gesehen werden könne, da § 266 StGB ansonsten in einer nicht mehr zu billigenden Weise ausgeweitet werden würde. Ob etwa im Bereich der öffentlichen Verwaltung u.U. etwas anderes zu gelten habe, ließ der *BGH* jedoch offen („bedarf hier keiner Entscheidung").[931] Vor dem Hintergrund der zuvor gemachten Ausführungen zum „Vermögensinteresse" des Staates an der zweckgerechten Verwendung seiner Haushaltsmittel verwundert dies allerdings sehr.

(24) BGH vom 28.9.1954, 5 StR 203/54 (Wehrmachtsschrott)

Der Angeklagte war Leiter einer Verwaltungsstelle für Reichs- und Staatsvermögen. Er hatte Schrott aus ehemaligen Wehrmachtsbeständen verkaufen lassen und die Erlöse dieser Verkäufe schwarzen Kassen zugeführt. Aus den Kassen wurden Anschaffungen getätigt, die in der Dienststelle benötigt wurden, für die jedoch ordentliche Haushaltsmittel nicht oder nur unzureichend bewilligt worden waren.

Der *BGH* führte aus, daß die Bildung einer schwarzen Kasse zwar grundsätzlich einen Vermögensnachteil in Form einer Vermögensgefährdung begründe. Im Einzelfall habe jedoch u.U. eine wertmäßige Abwägung zwischen dem in der Gefährdung liegenden Schaden und dem möglicherweise hierdurch gleichzeitig bewirkten Vorteil stattzufinden. Im vorliegenden Fall sei insofern zu berücksichtigen, daß die Anschaffungen für eine ordnungsgemäße Arbeit der Dienststelle benötigt wurden.[932] [933]

---

928 *BGH*, LM § 266 StGB Nr.16 Bl.1 Rückseite unter Bezugnahme auf *RG*, HRR 1938, Nr.864.

929 Offenbar auf diese Äußerung wird Bezug genommen in: *BGH*, NStZ 1984, 549, 550.

930 *BGH*, LM § 266 StGB Nr.16 Bl.1 Rückseite.

931 *BGH*, LM § 266 StGB Nr.16 Bl.2 Vorderseite.

932 *BGH* vom 28.9.1954, 5 StR 203/54, S.3f.

933 Auf diese Entscheidung wird Bezug genommen in: *BGH* vom 27.11.1956, 5 StR 310/56, S.10; *BGH*, NStZ 1984, 549, 550.

(25) BGHSt 9, 30ff. (Vertriebenenvergünstigungen) vom 31.1.1956, 5 StR 472/55

Der *BGH* nahm an, daß das Erschleichen eines gemäß § 74 BVFG bevorzugt vergebenen öffentlichen Auftrags in der Regel keinen Vermögensschaden darstellt. Der Gesichtspunkt der Fehlleitung öffentlicher Mittel wurde nicht in die Erwägungen einbezogen.[934]

(26) BGH vom 15.2.1956, 1 StR 475/55 (Gewerkschaftsfunktionär)

Der Angeklagte war Gewerkschaftsfunktionär und hatte Gewerkschaftsgelder für sich entnommen. Er machte unwiderlegt geltend, er habe Aufwendungen für Zwecke der Gewerkschaft gemacht, für die er Ersatz verlangen könne; überprüfbare Belege konnte er nicht vorweisen. Außerdem nahm der Angeklagte in seiner Eigenschaft als Betriebsratsvorsitzender eine Sammlung für Hochwassergeschädigte vor. Er führte den gesammelten Betrag jedoch nicht seinem Zwecke zu, sondern verwendete ihn, um andere Entnahmen von Geldern zu decken.

Hinsichtlich der entnommenen Gewerkschaftsgelder bejahte der *BGH* einen Vermögensnachteil. Hierzu führte er aus, daß der Anspruch auf Erstattung gewisser Ausgaben dem Angeklagten nicht das Recht gegeben habe, eigenmächtig und ohne Vorlage überprüfbarer Belege die für andere Aufgaben bestimmten Geldmittel der Gewerkschaft anzugreifen.[935] Auch in bezug auf die Hochwasserspenden nahm der *BGH* einen Nachteil an: dieser entfalle nicht dadurch, daß dem Vermögen der Spender auch im Falle bestimmungsgemäßer Verwendung der hingegebenen Gelder keine Gegenleistung zugeflossen wäre; da der Tatbestand des § 266 StGB auch dadurch verwirklicht werden könne, daß *zweckgebundene*[936] Mittel für einen anderen als den dafür vorgesehenen Zweck ausgegeben werden.[937] [938]

(27) BGH vom 27.11.1956, 5 StR 310/56 (Forstamt)

Der Angeklagte ließ bei einem Forstamt mittels fingierter Rechnungen zu noch nicht vollausgeschöpften Haushaltstiteln Gelder auf ein „schwarzes" Konto überweisen. Von diesem Konto wurden dann auf Veranlassung des Angeklagten Verbindlichkeiten des Forstamtes beglichen, die in dessen Büchern nicht erschienen. Für die meisten Verbindlichkeiten standen keinerlei Haushaltsmittel zur Verfügung; sie wären auch nicht bewilligt worden.

Der *BGH* betonte zunächst, daß die Verschleierung vermögensrechtlicher Vorgänge nicht ohne weiteres einen Vermögensnachteil begründe; einen Nachteil stelle sie

934 *BGHSt* 9, 30, 31f.; zustimmend *Gutmann*, MDR 1963, 3 Fußn.5 a.E.; ders., MDR 1963, 91, 94 Fußn.45.

935 *BGH* vom 15.2.1956, 1 StR 475/55, S.2 unter Bezugnahme auf *BGH* vom 19.2.1952, 1 StR 531/51; *BGH* vom 21.10.1954, 3 StR 770/53.

936 Hervorhebung im Original. Der Begriff des zweckgebundenen Vermögens wird damit freilich sehr weit gefaßt.

937 *BGH* vom 15.2.1956, 1 StR 475/55, S.7 unter Bezugnahme auf *RG*, JW 1938, 793 Nr.12 [= HRR 1938, Nr.864]; *BGH* vom 6.11.1952, 4 StR 164/52.

938 Auf diese Entscheidung wird Bezug genommen in: *BGH* vom 16.6.1965, 2 StR 434/64, S.6; vergleichend in: *BGHSt* 19, 37, 45.

nur dann dar, soweit ihr die Gefahr innewohne, sich zu einer Minderung des Vermögens zu entwickeln.[939] In bezug auf die Fehlleitung der Mittel führte der *BGH* aus:

„Die „Fehlleitung“ öffentlicher Gelder ist für die Körperschaft, die sie verwaltet, jedenfalls dann ein Vermögensnachteil, wenn sie Aufwendungen dient, die für die Körperschaft nicht erforderlich sind (RGSt 70, 33, RG HRR 1938, 864, 921). Werden die Gelder aber entgegen ihrer eigentlichen Bestimmung für Zwecke verwendet, die die Körperschaft ebenfalls zu erfüllen hat, und werden dadurch Mittel gespart, die für diese Aufgaben im Haushaltsplan vorgesehen sind oder sonst beschafft werden müßten, so bedeutet die „Fehlleitung“ allein keinen Vermögensnachteil.“[940] [941]

(28) OLG Hamm, GA 1962, 219f. (Sozialer Wohnungsbau) vom 11.7.1961, 3 Ss 457/61

Der Angeklagte hatte zur Finanzierung eines Bauvorhabens ein Darlehen aus Landesmitteln des sozialen Wohnungsbaus aufgenommen. Die so geförderte Wohnung durfte er nur an einen bestimmten – bedürftigen – Personenkreis überlassen. Obwohl der Wohnraum mit anderen Personen belegt war, erwirkte der Angeklagte die Auszahlung der letzten Darlehensrate.

Das *OLG Hamm* bejahte einen Vermögensschaden des Landes: Das Gericht führte aus, daß es dem Land im Gegensatz zu einer Bank nicht darauf angekommen sei, durch das Darlehen ein gewinnbringendes Geschäft zu tätigen. Das Land habe vielmehr durch die Hergabe des Geldes den Bau von Wohnungen fördern wollen, die bestimmungsgemäß minderbemittelten Bevölkerungsteilen zu tragbaren Mieten zur Verfügung stehen sollten. Sei dieser Zweck nicht erreicht worden, sei das Geld für das Land nutzlos vertan. Die Hingabe des Geldes habe sich damit als Fehlleitung dargestellt, die jedenfalls angesichts der langfristigen Festlegung zu einer völligen Zweckentfremdung geführt habe. Eine solche Fehlleitung zweckbestimmter Mittel sei aber bereits ein Vermögensschaden i.S. des § 263 StGB.[942] [943]

Gegen in der Literatur geäußerte Bedenken, in solchen Fällen sei bloß die Dispositionsfreiheit beeinträchtigt, führte das *OLG Hamm* an, daß sich im vorliegenden Fall ein „spezieller Vermögensschaden“ jedenfalls auch aus anderen Gesichtspunkten ergebe: es könne nämlich davon ausgegangen werden, daß die Gegenansprüche des Landes auf Geldleistungen gegenüber solchen aus vergleichbaren Darlehensge-

---

939 *BGH* vom 27.11.1956, 5 StR 310/56, S.9, siehe auch S.15.

940 *BGH* vom 27.11.1956, 5 StR 310/56, S.10 unter Bezugnahme auf und Festhalten an *BGH* vom 3.11.1953, 5 StR 161/53; *BGH* vom 28.9.1954, 5 StR 203/54.

941 Auf diese Entscheidung wird Bezug genommen in: *BGH* vom 16.6.1965, 2 StR 434/64, S.6; *BGH*, NStZ 1984, 549, 550; vergleichend in: *BGHSt* 19, 37, 45; *LG Stuttgart*, BWGZ 1997, 786, 787 (nicht rechtskräftig).

942 *OLG Hamm*, GA 1962, 219, 220 unter vergleichender Bezugnahme auf *RGSt* 58, 171f.; *RGSt* 70, 33ff.; *RGSt* 73, 382ff.; *BGHSt* 2, 325ff.; *OLG Hamm*, JMBlNRW 57, 82; *OLG Celle*, GA 1955, 155.

943 Auf diese Entscheidung wird Bezug genommen in: *BGH* vom 16.6.1965, 2 StR 434/64, S.6; vergleichend in: *BGHSt* 19, 37, 45.

schäften des allgemeinen Kapitalmarktes einen wirtschaftlich geringeren Wert gehabt hätten. Aber selbst wenn sie in ihrer Höhe denen des allgemeinen Kapitalmarktes entsprochen hätten, würde sich ein Schaden des Landes daraus ergeben, daß das Land die Ansprüche nicht in gleicher Weise für die bestimmungsgemäßen Zwecke einsetzen konnte wie den hingegebenen Geldbetrag. Die vom Angeklagten in Geld zu erbringende Gegenleistung wäre für das Land nur zusammen mit der Erfüllung der weiteren Verpflichtung – den Wohnraum nur einem bestimmten Personenkreis zur Verfügung zu stellen – ein brauchbares Äquivalent gewesen. Eine solch geringere Brauchbarkeit begründe aber anerkanntermaßen einen Vermögensschaden.[944]

(29) KG, JR 1962, 26f. (ERP-Sondervermögen)
vom 30.8.1961, (1) 1 Ss 157/61 (59/61)

Der Angeklagte mußte zum Ankauf einer Immobilie ein Darlehen aufnehmen. Durch Täuschung gelang es ihm, einen Kredit aus Mitteln des ERP-Sondervermögens gewährt und ausgezahlt zu bekommen. Der aus den ERP-Mitteln stammende Kredit hätte nach den bestehenden Richtlinien jedoch nur zur Bezahlung von Instandsetzungsarbeiten gewährt und verwendet werden dürfen.

Das *KG* bejahte einen Vermögensschaden. Es führte aus, daß bei der Beurteilung des Vermögensschadens auch die besonderen persönlichen Verhältnisse des Geschädigten von Bedeutung seien. Daher müsse berücksichtigt werden, daß der Kredit aus einem zweckgebundenen Vermögen der öffentlichen Hand vergeben worden sei und nach den bestehenden Richtlinien nicht hätte gewährt werden dürfen. Der Angeklagte habe bewirkt, daß dieses Vermögen in Höhe des ausgezahlten Kredits seiner Bestimmung entzogen worden sei und für die gesetzlich vorgesehenen Zwekke zunächst nicht mehr zur Verfügung gestanden hätte. Daher seien öffentliche Mittel zweck- und sinnlos fehlgeleitet worden; dies begründe einen Vermögensschaden.[945] Abschließend hob das Gericht hervor, daß die Festlegung öffentlicher Mittel in gesetzeswidriger Weise auch dann einen Vermögensschaden bewirke, wenn darüber hinaus keine weiteren nachteiligen Folgen für den Vermögensträger oder einen Dritten eingetreten seien.[946] [947]

Erschleichung von Volkswagenaktien im Rahmen der erfolgten Privatisierung

In den sechziger Jahren ergingen mehrere Entscheidungen zur Erschleichung von VW-Aktien im Rahmen der damals erfolgten Privatisierung des Unternehmens. Folgender Sachverhalt lag zugrunde:

---

944 *OLG Hamm*, GA 1962, 219, 220.

945 *KG*, JR 1962, 26, 27 unter vergleichender Bezugnahme auf *RGSt* 70, 33, 36; *RG*, JW 1936, 262; *RG*, JW 1936, 513.

946 *KG*, JR 1962, 26f., 27.

947 Auf diese Entscheidung wird Bezug genommen in: *BGH* vom 16.6.1965, 2 StR 434/64, S.6; vergleichend in: *BGHSt* 19, 37, 45.

Die Bundesregierung hatte gemäß dem Gesetz über die Überführung der Anteilsrechte an der Volkswagenwerk GmbH in private Hand vom 21.7.1960[948] (PrivG) durch Banken 3.600.000 Aktien zunächst einem besonders bevorrechtigten – in §§ 6, 7 PrivG bezeichneten – Personenkreis angeboten. Schon das Angebot an diesen Personenkreis führte zu einer Überzeichnung, so daß für den vorgesehenen späteren allgemeinen Verkauf nach § 8 PrivG keine Aktien übrigblieben. Die Verteilung der Aktien an den bevorrechtigten Personenkreis erfolgte dergestalt, daß die Zeichner von ein und zwei Aktien voll berücksichtigt wurden. Den Zeichner von drei bis fünf Aktien wurden – abgesehen von den Arbeitnehmern des Volkswagenwerks, die nach § 7 PrivG vorweg berücksichtigt worden waren – nur je zwei Aktien zugeteilt. Der verbleibende Rest wurde unter ihnen nach einem ausgelosten Schlüssel verteilt; dabei bekamen 32,2609% dieser Bewerber eine dritte Aktie.

Die Ausgabe der Aktien erfolgte zu einem verhältnismäßig niedrigen Kurs und überdies mit abgestuftem Sozialrabatt; sie diente bestimmten sozialpolitischen Zielen: die Aktien sollten breit gestreut und von Beziehern kleinerer Einkommen erworben werden. Der Aktienerwerb sollte diese Bevölkerungskreise zur Eigentumsbildung anregen. Außerdem sollten die Betriebsangehörigen des Volkswagenwerks möglichst weitgehend an den Betrieb gebunden werden. Die in § 6 PrivG bezeichneten Personen durften von vornherein nur bis zu fünf Aktien, die in § 7 PrivG bezeichneten bis zu zehn Aktien mit Sozialrabatt erwerben. Dennoch erschlichen sich Angehörige dieser Personenkreise eine höhere Zuteilung von Aktien, indem sie bei verschiedenen Banken Zuteilungsanträge stellten. Darüber hinaus gelang es auch Personen, die nicht den in §§ 6, 7 PrivG genannten Kreisen angehörten, sich durch Einschaltung von Strohmännern Aktien zu beschaffen.

Im Schrifttum fanden beide Fallkonstellationen eingehende Beachtung[949]; sie beschäftigten aber auch die Rechtsprechung:

(30) OLG Hamburg, NJW 1962, 1407f. (VW OLG Hamburg) vom 6.6.1962, Ss 355/61[950]

Das *OLG Hamburg* hatte über die erstgenannte Konstellation zu urteilen. Es verneinte zunächst einen Vermögensschaden derjenigen, denen infolge des Verhaltens des Angeklagten keine dritte Aktie zugeteilt worden war: ihre Chance, durch das Los eine weitere Aktie zugeteilt zu bekommen, sei nur minimalst – beim Ausfall von 18 Aktien beispielsweise um weniger als 0,005 % – verringert worden. Eine so geringfügige Vermögensbeschädigung sei nicht in Geld meßbar; dies sei aber Voraussetzung für das Vorliegen eines Vermögensschadens.[951] Anschließend verneinte das Gericht auch einen Vermögensschaden der Bundesrepublik Deutschland, da eine Fehlleitung sozialpolitisch gebundener Mittel zu keiner Vermögensverringerung führe.[952] Gegenteiliger Auffassung war das *BayObLG* in einem gleichliegenden Fall. Es legte daher die Sache dem *BGH* zur Entscheidung vor[953]:

948 BGBl. I S.585.

949 Siehe etwa *Bode*, NJW 1963, 238f.; *Hoppenz*, S.3ff., 61ff.; *Maurach*, NJW 1961, 625ff.; *R. Müller*, DRiZ 1963, 55ff.; *H. Schäfer*, Kriminalistik 1962, 385ff.; *H. Schäfer/Seyler*, GA 1963, 338ff.; *Schröder*, JR 1962, 431f.

950 = JR 1962, 430f. [abl. Anm. *Schröder*, JR 1962, 431f.].

951 *OLG Hamburg*, NJW 1962, 1407, 1408.

952 *OLG Hamburg*, NJW 1962, 1407, 1408 unter Hinweis auf *RGSt* 50, 316.

953 *BayObLG*, NJW 1963, 688 Nr.40.

(31) BGHSt 19, 37ff. (VW) vom 18.7.1963, 1 StR 130/63[954]

Der *BGH* nahm im Ergebnis den Standpunkt des *BayObLG* ein. Er bejahte einen Vermögensschaden derjenigen Zeichner, die ohne die Täuschung eine weitere Aktie zugeteilt erhalten hätten: entgegen der Auffassung des *OLG Hamburg* seien nämlich nicht die Aktien selbst ausgelost worden, sondern bloß der Verteilungsschlüssel. Die betroffenen Personen hätten auf der Grundlage dieses Verteilungsschlüssels aber eine sichere – und das Vermögen günstig gestaltende – Aussicht auf die Zuteilung einer dritten Aktie gehabt.[955]

Außerdem nahm der *BGH* einen Vermögensschaden der Bundesrepublik Deutschland an: die Beschränkung des ersten Zeichnungsangebots auf den in §§ 6, 7 PrivG genannten Personenkreis sei erfolgt, um die mit der Ausgabe der Aktien verfolgten Ziele zu erreichen. Habe sich jemand unmittelbar bei diesem Aktienverkauf unberechtigterweise Aktien verschafft, so habe er dadurch den für den genannten sozialpolitischen Zweck bereitgestellten Vermögensteil des Bundes vermindert. Zur Frage, ob der Schaden dadurch ausgeschlossen werde, daß der Bund die Aktien anderenfalls zu gleichen oder schlechteren Bedingungen veräußert hätte, führte der *BGH* aus, daß es sich hier so wie in jenen Fällen verhalte, in denen Haushaltsmittel im Staatshaushaltsplan zur Erreichung sozialpolitischer Ziele eingesetzt seien: Wer sich, ohne zu der begünstigten Gruppe zu gehören, Beträge aus diesen haushaltsrechtlich gebundenen Mitteln erschleiche, könne nicht einwenden, daß dem Staat kein Schaden entstanden sei, weil er das Erlangte sonst an andere Personen hätte verausgaben müssen. Der Staat sei geschädigt, weil die zweckgebundenen Mittel verringert worden seien, ohne daß hierdurch der erstrebte Zweck erreicht worden sei.[956] Ähnlich liege es bei der Veräußerung von Aktien des Volkswagenwerks; auch bei der in Rede stehenden Fallkonstellation habe eine „zweck- und sinnlose Fehlleitung der verfügbaren Mittel" vorgelegen.[957] [958]

(32) BGHSt 18, 317ff. (VW Strohmann) vom 9.4.1963, 5 StR 587/62

Die Strohmannproblematik im Bereich der Zeichnung von VW-Aktien wurde von *BGHSt 18, 317ff.* beleuchtet. Bei den Erörterungen zu einem Schaden der Bundesrepublik Deutschland wurde der Gedanke der Fehlleitung nicht mit in die Be-

---

954 = NJW 1963, 1835ff.

955 *BGHSt* 19, 37, 42ff.

956 *BGHSt* 19, 37, 44f., 45 unter vergleichender Bezugnahme auf *RG*, JW 1936, 262 Nr.25; *RG*, JW 1936, 513 Nr.15; *RGSt* 70, 33, 36; *BGH* vom 15.2.1956, 1 StR 475/55; *BGH* vom 27.11.1956, 5 StR 310/56; *OLG Hamm*, GA 1962, 219f.; *KG*, JR 1962, 26f.

957 *BGHSt* 19, 37, 45. – Erstaunlicherweise verweist *BGHSt* 19, 37, 45 auch auf den „rechtsähnlichen Fall" des Bettelbetrugs, bezieht die vereitelten Zwecke insoweit aber nicht in die Betrachtung ein: Wenn sich jemand aus einer Unterstützungskasse einen Geldbetrag erschwindele, sei durch die Verminderung des Kassenbestands ein Vermögensschaden entstanden, auch wenn der Betrag später an andere Personen verschenkt worden wäre.

958 Auf diese Entscheidung wird Bezug genommen in: *BGH* vom 16.6.1965, 2 StR 434/64, S.6; *BGHSt* 31, 93, 95; *BGH*, BB 1991, 98; vergleichend in: *BGH* vom 13.7.1966, 2 StR 58/66, S.4; *BGHSt* 43, 293, 298. – Siehe zu dieser Entscheidung auch *Cramer*, S.219 (differenzierend).

trachtungen einbezogen.[959] Auch die Entscheidung des Großen Senats für Strafsachen *BGHSt 19, 206ff.* setzte sich mit einer Frage aus dem Bereich der Strohmanngeschäfte auseinander, machte jedoch keine Ausführungen zur Schadensproblematik.[960]

(33) BGH vom 16.6.1965, 2 StR 434/64 (Leistungen an Vertriebene und Flüchtlinge)

Der Angeklagte hatte sich Leistungen aus Sondervermögen des Bundes erschlichen, indem er darüber getäuscht hatte, daß er zu dem begünstigten Personenkreis gehören würde.

Der *BGH* stellte darauf ab, daß die Sondervermögen für bestimmte Zwecke vorgesehen waren, und bejahte einen Vermögensschaden. Er führte aus, daß die Mittel zweckentfremdet worden seien, da der Angeklagte nicht zu dem begünstigten Personenkreis gehört habe. Eine solche Fehlleitung öffentlicher Mittel bedeute aber – wie in der Rechtsprechung allgemein anerkannt sei – schon für sich alleine einen Vermögensschaden der öffentlichen Hand; der Feststellung eines sonstigen Schadens bedürfe es daneben nicht.[961]

(34) BGH, MDR 1981, 267f. (Hochschullehrer) vom 3.11.1980, 3 StR 242/80

Der Angeklagte war Hochschullehrer. Er hatte die Universitätsverwaltung dazu veranlaßt, einen Laborgehilfen einzustellen, den er jedoch ausschließlich für private Zwecke beschäftigte. Die Bezahlung erfolgte aus einem im Landeshaushalt berücksichtigten Konto „Beiträge Dritter". Auf diesem wurden Spenden verbucht, über die der Angeklagte im Rahmen der haushaltsrechtlichen Zweckbestimmung des Kontos zur Wissenschaftsförderung frei verfügen durfte. Er selbst hatte auf dieses Konto aus eigenen Mitteln Gelder mit dem Vermerk „Personalvergütung, die von [... dem Angeklagten] persönlich zur Verfügung gestellt wird" eingezahlt; diese Gelder deckten den an den Laborgehilfen gezahlten Betrag.

Der *BGH* bejahte einen Vermögensschaden: Er führte aus, daß die vom Angeklagten zur Verfügung gestellten Geldbeträge mit ihrem Eingang auf das Konto in das Vermögen des Landes übergegangen seien und damit der Zweckbindung der Haushaltsmittel unterlegen hätten. Die Universitätsverwaltung sei durch die Auszahlung des an den Laborgehilfen gezahlten Lohnes geschädigt worden, weil die Zahlungen bei Beachtung der haushaltsrechtlichen Zweckbestimmung des Kontos „Beiträge Dritter" nicht geleistet hätten werden dürfen.

Außerdem prüfte der *BGH*, ob der Verwaltungsaufwand, der dem Land infolge der über die Hochschulkasse abgewickelten Privatzahlungen entstanden war, einen weiteren Vermögensschaden begründet habe. Insoweit verneinte er einen Schaden: ein solcher könne zwar in der Gewährung von Leistungen liegen, jedoch allein dann,

959 Siehe *BGHSt* 18, 317, 322ff.

960 So ausdrücklich *BGHSt* 19, 206, 209f., 210 (VW GS) vom 16.12.1963, GSSt 1/63.

961 *BGH* vom 16.6.1965, 2 StR 434/64, S.6 unter Bezugnahme auf *RG*, JW 1936, 262 Nr.25; *RG*, JW 1936, 513 Nr.15; *RGSt* 70, 33, 36; *RG*, HRR 1938, Nr.864; *RG*, HRR 1938, Nr.921; *BGH* vom 15.2.1956, 1 StR 475/55; *BGH* vom 27.11.1956, 5 StR 310/56; *BGHSt* 19, 37, 45; *OLG Hamm*, GA 1962, 219f.; *KG*, JR 1962, 26f.

wenn sie üblicherweise nur gegen Entgelt erbracht würden. Daran fehle es jedoch bei Leistungen der Kassenverwaltung einer Universität.[962]

(35) OLG Hamm, NJW 1982, 1405ff. (Investitionszulage OLG Hamm)
vom 10.2.1982, 4 Ss 1621/81

Im Rahmen eines Urteils zum Verschaffen einer Investitionszulage nahm das *OLG Hamm* an, daß eine Zweckverfehlung vorliege, wenn eine Leistung für eine Investitionsentscheidung gewährt werde, die rechtsverbindlich bereits vor Beginn des Förderungszeitraums getroffen worden war. Diese Zweckvereitelung begründe einen Vermögensschaden.[963]

(36) BGHSt 31, 93ff. (Investitionszulagen) vom 30.6.1982, 1 StR 757/81[964]

Die Angeklagten hatten in der Verkaufsorganisation einer Firma stehende Personen dazu veranlaßt, Kraftfahrzeugbestellungen entgegenzunehmen, die nach dem 30.6.1975 getätigt, aber fälschlich mit vor dem 1.7.1975 liegenden Daten versehen waren.[965] Dies war im Hinblick auf die Gewährung von Investitionszulagen nach dem InvZulG geschehen, die u.a. zur Voraussetzung hatte, daß das betreffende Wirtschaftsgut vor dem 1.7.1975 bestellt worden war. Das Finanzamt zahlte an mehrere Besteller, die die falsch datierten Unterlagen vorlegten, die Investitionszulagen aus.

Die Verteidigung hatte vorgebracht, der Zweck des InvZulG sei auch bei rückdatierten Bestellungen erreicht worden; mangels Zweckverfehlung sei die Staatskasse daher nicht geschädigt. Der *BGH* bejahte dagegen einen Vermögensschaden. Auf das Vorbringen der Verteidigung hin führte er aus, der erkennende Senat habe bereits in *BGHSt 19, 37, 45* ausgesprochen, daß „wer Beträge aus haushaltsrechtlich gebundenen Mitteln erschleicht, ohne zu der im Gesetz vorgesehenen begünstigten Bevölkerungsgruppe zu gehören, dem Staat Schaden zufügt, weil dadurch die zweckgebundenen Mittel verringert werden, ohne daß der erstrebte sozialpolitische Zweck erreicht wird".[966] Der *BGH* wies nun darauf hin, daß es ein unzulässiger Umkehrschluß wäre, hieraus zu folgern, der Staat könne selbst dann nicht geschädigt werden, wenn jemand, der zu einer begünstigten Gruppe gehöre, oder jemand, der die zu einem bestimmten wirtschaftlichen Zweck vom Staat ausgeworfenen Gelder in einer den gesetzgeberischen Motiven entsprechenden Weise verwende, über Sachverhalte – etwa über die Einhaltung bestimmter Fristen – täusche, die im Gesetz als Voraussetzung der staatlichen Leistung ausdrücklich genannt seien. Vielmehr sei es so, daß der Staat auch durch die Täuschung über die Wahrung ei-

962 *BGH*, MDR 1981, 267, 268.
963 *OLG Hamm*, NJW 1982, 1405, 1406.
964 = NJW 1982, 2453f. = JR 1983, 211f. [Anm. *Tiedemann*, JR 1983, 212ff.].
965 Es handelt sich hier also um eine Rückdatierung. Dagegen lag der zuvor erwähnten Entscheidung *OLG Hamm*, NJW 1982, 1405ff. eine Vordatierung zugrunde. Zu Unterschieden zwischen diesen beiden Fallgruppen *Tiedemann*, JR 1983, 212f.
966 Auf diese Äußerungen wird Bezug genommen in: *BGH*, BB 1991, 98.

ner gesetzlich vorgesehenen Frist i.S. des § 263 StGB geschädigt werden könne.[967] Hierzu führte der *BGH* aus:

„Ob aus der Sicht des § 263 StGB privates und öffentliches Vermögen sich grundsätzlich unterscheiden (so Tiedemann, ZStW 86, 911ff.[968]), mag dahinstehen [...]. Fest steht jedenfalls, daß die Verwendung staatlicher Mittel streng in gesetzliche Regeln eingebunden ist. Staatliche Stellen dürfen Geld nur ausgeben, soweit das durch Gesetz vorgeschrieben oder zugelassen ist. Das Motiv des Gesetzgebers ist dabei nur insoweit von Bedeutung, als es im Gesetz seinen Ausdruck gefunden hat; eigenständige Bedeutung kommt dem Motiv nicht zu. Die Berufung auf den gesetzgeberischen Zweck kann insbesondere nicht dazu führen, Ansprüche anzuerkennen, die nach dem klaren Wortlaut des Gesetzes ausgeschlossen sein sollen. Das gilt nicht nur für Regelungen, die sich mit dem Kreis der Begünstigten oder mit der Verwendung der ausgeschütteten Mittel befassen, sondern auch für zeitliche Begrenzungen. Wer die zeitlichen Voraussetzungen für die Leistung einer Subvention nicht erfüllt, hat auf sie keinen Anspruch; wie nahe sein Handeln dem gesetzgeberischen Motiv sonst kommt, ist ohne Bedeutung. Wird die zuständige staatliche Stelle veranlaßt, den in Wahrheit nicht bestehenden Anspruch zu erfüllen, so wird dadurch die Staatskasse in Höhe der unberechtigten Leistung geschädigt."[969] Der *BGH* ließ allerdings offen, ob etwas anderes zu gelten habe, wenn gewisse Voraussetzungen nur die Verwaltungstätigkeit erleichtern oder der Beweissicherung dienen sollten.[970]

(37) BGH, NStZ 1984, 549f. (Kulturamt) vom 1.8.1984, 2 StR 341/84[971]

Der Angeklagte war Leiter eines Kulturamtes. Aufgrund eines von ihm entworfenen Veranstaltungskonzepts war im Gemeindehaushalt ein Etat für Kulturveranstaltungen festgesetzt worden. Die vorgesehenen Veranstaltungen wurden tatsächlich durchgeführt, wurden aber in mehreren Fällen – aufgrund zwischenzeitlich eingetretener Popularitätssteigerungen der beteiligten Künstler – wesentlich teurer, als ursprünglich geplant war. Zur Finanzierung ließ der Angeklagte unrichtige Rechnungen ausstellen, die einen anderen Haushaltstitel betrafen, den er ebenfalls zu verwalten hatte. In diesem Titel war noch Geld vorhanden. Über eine „schwarze Kasse" finanzierte er damit dann die betreffenden Veranstaltungen.

Das *LG Darmstadt* hatte angenommen, den betreffenden Ausgaben habe jeweils ein Gegenwert in Form der durchgeführten Veranstaltung gegenübergestanden.[972] Der *BGH* nahm dennoch einen Vermögensschaden an: Er führte aus, daß nicht jede der ursprünglichen Zweckbestimmung zuwiderlaufende Verwendung öffentlicher Mittel schon ohne weiteres einen Vermögensschaden begründe. Ein Schaden könne

967 *BGHSt* 31, 93, 95.

968 Hierzu unten S.196ff.

969 *BGHSt* 31, 93, 95f.

970 *BGHSt* 31, 93, 96. – Siehe hierzu *Gerhold*, S.20f., der meint, in der Rechtsprechung zum täuschungsbedingten Erlangen staatlicher Zuwendungen sei dem Zweckverfehlungsgesichtspunkt eine eigenständige materielle Bedeutung zuvor nicht zugekommen; möglicherweise zeichne sich mit dieser Entscheidung jedoch eine Tendenz zu einer weitergehenden Berücksichtigung dieses Gesichtspunkts ab.

971 = wistra 1985, 69ff. [Anm. *Otto*, JK (1985) § 266 StGB Nr.4].

972 *LG Darmstadt* (nicht rechtskräftig), zitiert nach *BGH*, wistra 1985, 69, 70.

z.B. dann zu verneinen sein, wenn eine Reparatur dringend erforderlich wird, diese aber nur aus einem dafür nicht vorgesehenen Titel bezahlt werden kann und die nachträgliche Bewilligung der Mittel durch die zuständige Stelle mit Sicherheit zu erwarten ist.[973] [974] Die vorschriftswidrige Begründung einer Verpflichtung oder die Ausgabe für eine Anschaffung, die nicht zwingend ist und bei welcher der Titelverwalter anstelle der dafür zuständigen Institution sein eigenes Ermessen ausübt, werde dagegen regelmäßig als schädigend anzusehen sein. Hier könne nicht schon die Tatsache, daß der Verpflichtung oder Ausgabe eine gleichwertige Leistung gegenübersteht, zur Verneinung des Vermögensschadens führen. Deutlich zeige sich das in Fällen einer zwar der Aufwendung im Wert entsprechenden, jedoch überflüssigen Anschaffung, in denen die entstandene Lücke wieder aufgefüllt werden müsse. Aber auch sonst gelte dies im Hinblick darauf, daß ein bis zum Ende des Haushaltsjahres nicht (zweckwidrig) in Anspruch genommener Betrag für die Folgezeit zur Verfügung stehen würde und von der zuständigen Stelle für einen von ihr als vordringlich erachteten Zweck eingesetzt werden könnte. Bei Berücksichtigung des Anliegens, daß die von der Allgemeinheit aufzubringenden Mittel sachgerecht im Sinne der vom Gesetzgeber zur Vergabe berufenen Institution zu verwalten sind, erscheine bereits die unter Mißachtung der Dispositionsfreiheit dieses Organs vorgenommene Zweckentfremdung von Geldmitteln als vermögensschädigend.[975]

Daneben zog der *BGH* einen Vermögensschaden unter dem Gesichtspunkt der Verschleierung vermögensrechtlicher Vorgänge in Betracht. Diesbezüglich führte er aus, daß das in der schwarzen Kasse aufbewahrte Geld zweckentfremdet und der ordnungsmäßigen haushaltsrechtlichen Überwachung entzogen worden sei. Auch das stelle grundsätzlich einen Vermögensnachteil für den Vermögensträger dar, es sei denn, daß ein im Sinne der vorstehend aufgezeigten Grundsätze dringender, auf ordnungsgemäßem Wege nicht zu erledigender Ausnahmefall vorliege oder jedenfalls nicht ausgeschlossen werden könne.[976]

(38) OLG Hamm, NStZ 1986, 119f. (Repräsentationsaufwendungen) vom 21.6.1985, 4 Ws 163/85[977]

Der Angeklagte war kaufmännischer Direktor einer privatrechtlich strukturierten Stadtwerke-GmbH. Diese GmbH diente als Eigengesellschaft der öffentlichen Daseinsvorsorge im Bereich der Versorgung der Bevölkerung mit Gas, Wasser und Fernwärme. Alleinige Gesellschafter waren mehrere Gemeinden. Der Angeklagte hatte für die Stadtwerke-GmbH innerhalb von drei Jahren zu Repräsentationszwecken für insgesamt über 166.000 DM Spiri-

973 *BGH*, NStZ 1984, 549, 550 unter Bezugnahme auf *BGH*, LM § 266 StGB Nr.16; *BGH* vom 3.11.1953, 5 StR 161/53, S.11, 12; *BGH* vom 28.9.1954, 5 StR 203/54, S.3, 4; *BGH* vom 27.11.1956, 5 StR 310/56, S.15; *BGH* vom 8.10.1957, 1 StR 310/57.

974 Auf diese Ausführungen wird Bezug genommen in: *BGHSt* 40, 287, 294; vergleichend in: *LG Stuttgart*, BWGZ 1997, 786, 787 (nicht rechtskräftig); siehe auch *BGHSt* 43, 293, 296ff.

975 *BGH*, NStZ 1984, 549, 550; zustimmend *Hillenkamp*, in: Wessels/Hillenkamp, BT 2^{22}, S.297 Rdnr.777.

976 *BGH*, NStZ 1984, 549, 550.

977 Anm. *Molketin*, NStZ 1987, 369f.

tuosen gekauft und innerhalb von 15 Jahren etwa 500 Kunstwerke für insgesamt etwa 340.000 DM angeschafft.

Das *OLG Hamm* bejahte einen Vermögensnachteil. Es führte aus, daß die Eigengesellschaft nach §§ 94, 89 III Nr.2 GemO-NRW a.F. so zu führen war, daß nicht nur der öffentliche Zweck erfüllt werden würde, sondern sie auch möglichst Erträge für die Haushalte der beteiligten Gemeinden abwerfen würde. Von daher ließen sich die der öffentlichen Daseinsvorsorge dienenden Stadtwerke insoweit nicht mit privatwirtschaftlichen Unternehmungen gleicher Größenordnung vergleichen; erzielte Gewinne könnten daher keinen Maßstab für Repräsentationsaufwendungen abgeben. Angesichts des Zwecks der Gesellschaft und des den §§ 89, 94 GemO-NRW a.F. zu entnehmenden Gebots sparsamer Wirtschaftsführung hätten sich solche Aufwendungen auch verboten. Den Versorgungsempfängern gegenüber, die dem Anschlußzwang unterlagen, habe es keiner Repräsentationen bedurft. Die Aufwendungen für die Spirituosen in dem derartigen Umfang seien daher zweckwidrig gewesen. Durch diese zweckfremden Aufwendungen seien den Gesellschaftern Nachteile entstanden; schließlich hätten die hierfür verwendeten Mittel der Abführung an die Haushalte der an der Gesellschaft beteiligten Gemeinden unterlegen.[978] Hinsichtlich der Anschaffung der Kunstwerke würden diese Gesichtspunkte ebenfalls gelten. Insoweit sei ein Nachteil jedenfalls in Form des persönlichen Schadenseinschlags gegeben, da eine rein objektive Betrachtungsweise der Eigentümlichkeit der Gesellschaft nicht gerecht werden würde.[979]

(39) LG Paderborn, MDR 1986, 952 (Repräsentationsaufwendungen II) vom 10.12.1985, 1 KLs 14 Js 138/84

Mit übermäßigen Repräsentationsaufwendungen setzte sich auch das *LG Paderborn* auseinander. In dem von ihm entschiedenen Fall handelte es sich offenbar um den gleichen Angeklagten wie in der soeben wiedergegebenen Entscheidung des *OLG Hamm* und um die gleiche Stadtwerke-GmbH, die privatrechtlich strukturiert war, deren Stammkapital sich jedoch voll in öffentlicher Hand befand. Strafrechtlich zu würdigen war hier u.a., daß der Angeklagte in seiner Eigenschaft als alleiniger kaufmännischer Geschäftsführer mehrfach Abendessen für Mitarbeiter und Ehefrauen mit einem Pro-Kopf-Verbrauch von über 150,-- DM veranstaltet hatte.

Das *LG Paderborn* bejahte einen Vermögensnachteil. Es führte aus, daß die betreffenden Abendessen gemessen an dem durch §§ 89, 94 GemO-NRW a.F. vorgegebenen Maßstab und dem daraus folgenden Gebot sparsamer Wirtschaftsführung „schlicht und einfach dermaßen überzogen" gewesen seien, daß sie bereits die Grenze der strafrechtlichen Relevanz i.S. des § 266 StGB überschritten hätten. Derartige Ausgaben seien mit dem Sinn und Zweck der Stadtwerke als öffentliches Versorgungsunternehmen und den daran zu messenden Pflichten des Angeklagten zur sparsamen Mittelverwendung nicht mehr zu vereinbaren gewesen.[980]

---

978 *OLG Hamm*, NStZ 1986, 119f.; kritisch hierzu *Brauns*, JR 1998, 381, 382 Fußn.9.
979 *OLG Hamm*, NStZ 1986, 119, 120.
980 *LG Paderborn*, MDR 1986, 952, 953 a.E.

(40) BGH, NStZ 1986, 455f. (Schulleiter) vom 6.5.1986, 4 StR 124/86[981]

Der Angeklagte war Leiter einer Schule. Träger dieser Schule war der Landschaftsverband Rheinland. Der Angeklagte ließ vermeintliche Portokosten, denen in Wirklichkeit keine entsprechenden Briefmarkenkäufe zugrunde lagen, vom Landschaftsverband erstatten. Die auf diese Weise erlangten Beträge verwendete er für Zwecke der Schule.

Der *BGH* bejahte einen Vermögensnachteil des Landschaftsverbandes mit der Begründung, daß den gezahlten Beträgen keine Gegenleistung gegenübergestanden habe. Daß die erlangten Gelder für Zwecke der Schule und damit im Interesse des Landschaftsverbandes ausgegeben wurden, schließe das Vorliegen des Nachteils nicht aus: dies stelle ein neues, von der Untreuehandlung unabhängiges Handeln dar, mit dem letztlich nur eine Wiedergutmachung des Nachteils bewirkt worden sei.[982] [983]

(41) BGHZ 106, 204ff. (Schutzgesetz) vom 13.12.1988, VI ZR 235/87[984]

Der *VI. Zivilsenat des BGH* hatte zu entscheiden, ob § 264 StGB ein Schutzgesetz i.S. des § 823 II BGB ist. In diesem Zusammenhang äußerte er sich auch zur Zweckverfehlungslehre bei § 263 StGB für den Bereich des Subventionsmißbrauchs. Diesbezüglich führte er aus, daß die staatliche Planungs- und Dispositionsfreiheit auf der vom Haushaltsgesetzgeber beschlossenen Etatisierung der Subventionsmittel beruhen würden. Sie sei im Hinblick auf § 45 I BHO an die Zweckbestimmung und die ordnungsgemäße Verwendung der Mittel gebunden. Eine Mißachtung der Vergabevorschriften habe einen vermögensmäßigen Schaden zur Folge, weil Mittel für unberechtigte Zuwendungen etatmäßig nicht zur Verfügung stünden.[985] Außerdem äußerte der *BGH*, daß fiskalische Vermögensinteressen nicht anders als private gegen Betrügereien durch § 263 StGB geschützt seien.[986]

(42) BGH, BB 1991, 98 (Neue Wohnungsbauvorhaben) vom 6.11.1990, 1 StR 726/89

Der Angeklagte hatte versucht, Fördermittel zu erlangen, die einen finanziellen Anreiz für neue, noch nicht begonnene Wohnungsbauvorhaben schaffen sollten, aber nicht allgemein der Unterstützung von Wohnungsbauten dienten. Dazu hatte er über Umstände, die den „Beginn des Vorhabens" kennzeichneten, getäuscht. Er brachte nun vor, die Täuschungshandlungen seien nicht auf einen Schaden gerichtet gewesen, da der Subventionszweck erreicht worden sei.

---

981 = wistra 1986, 260ff.

982 *BGH*, NStZ 1986, 455, 456.

983 Auf diese Entscheidung wird vergleichend Bezug genommen in: *BGH*St 43, 293, 296ff.

984 = NJW 1989, 974ff. = JR 1989, 239ff. = wistra 1989, 193ff. = MDR 1989, 344f. = BB 1989, 382ff. = VersR 1989, 262ff. = NStE § 264 StGB Nr.4 = CR 1989, 624ff. [Anm. *Ranft*, EWiR 5 (1989), 245f.].

985 *BGHZ* 106, 204, 209.

986 *BGHZ* 106, 204, 210.

Der *BGH* folgte dem nicht. Er führte aus, daß das Handeln des Angeklagten vom Zweck her auf den unberechtigten Empfang einer Subvention gerichtet gewesen sei. Durch Fehlleitung zweckgebundener Mittel könne der Staat aber einen Schaden erleiden.[987] [988]

(43) BGHSt 40, 287ff. (BND) vom 21.10.1994, 2 StR 328/94[989]

Der Angeklagte war Verantwortlicher des Bundesverteidigungsministeriums in einem deckwortgeschützten Vorhaben des Bundesnachrichtendienstes. Für die Finanzierung des Projekts war eine Beteiligung des Bundesverteidigungsministeriums vereinbart; die in einem Haushaltstitel dafür vorgesehenen jährlichen Beiträge wurden jedoch von Anfang an überschritten. Nachdem das Ministerium eine vom BND gewünschte Aufstockung der Mittel abgelehnt hatte, sorgte der Angeklagte dafür, daß aus noch unverbrauchten Ausgabeermächtigungen des Titels, die sonst zum Jahresende erloschen wären, erhebliche Beträge an den BND überwiesen wurden. Beim BND wurden diese Gelder zunächst auf ein Verwahrkonto genommen, gingen dann in die sog. „Betriebsmitteldisposition" für allgemeine Ausgaben ein und wurden später projektbezogen verauslagt.

Das *LG Bonn* hatte die Transaktionen des Angeklagten nicht als Untreue gewertet, da es an einem Nachteil gefehlt habe. Dies hatte es u.a. damit begründet, daß die überwiesenen Gelder letztendlich bestimmungsgemäß verwendet worden seien. Auch seien die Zahlungsvorgänge als solche verfolgbar und unverschleiert vonstatten gegangen und die transferierten Mittel hätten den Bereich des eigentlichen Vermögensträgers – der Bundesrepublik Deutschland – nicht verlassen.[990]

Der *BGH* folgte dieser Sichtweise nicht. Er führte aus, daß ein Vermögensnachteil dem zu betreuenden Vermögen dadurch zugefügt werden könne, daß ein Beamter Haushaltsmittel eines Ministeriums, die mangels Inanspruchnahme einer Ausgabeermächtigung zum Jahresende verfallen würden, unter Verstoß gegen Haushaltsgrundsätze einer anderen Behörde zur Verfügung stellt.[991] Dies konkretisierte der *BGH* dahingehend, daß allein die Vorschriftswidrigkeit solchen Verhaltens noch keinen Vermögensnachteil begründe.[992] Es genüge daher nicht, daß der Täter das Gebot des § 34 II 1 BHO außer acht läßt, Ausgaben nur soweit und nicht eher zu leisten, als sie zur wirtschaftlichen und sparsamen Verwaltung erforderlich sind. Auch sei es nicht ohne weiteres als Vermögensnachteil zu werten, wenn öffentliche

---

987 *BGH*, BB 1991, 98 unter Bezugnahme auf *BGHSt* 19, 37, 45; *BGHSt* 31, 93, 95.

988 *BGHSt* 43, 293, 298 will auf diese Äußerungen offenbar vergleichend Bezug nehmen. Zitiert wird dort zwar versehentlich die nicht einschlägige Fundstelle „*BGH*, NStZ 1991, 143f.". Jedoch wird in dieser Fundstelle ebenfalls das *BGH*-Urteil vom 6.11.1990, 1 StR 726/89 veröffentlicht – allerdings ein anderer Ausschnitt.

989 = NJW 1995, 603ff. = NStZ 1995, 144ff. = wistra 1995, 63ff. = StV 1995, 1ff. = BGHR § 266 StGB Abs.1 Nachteil 32 = MDR 1995, 622f. = DÖV 1995, 200f. [Anm. *Vahle*, DVP 1995, 525].

990 *LG Bonn* (nicht rechtskräftig), zitiert nach *BGHSt* 40, 287, 293.

991 *BGHSt* 40, 287, 294; kritisch hierzu *Samson/Günther*, in: SK[5] § 266 Rdnr.45. – Auf die Ausführungen von *BGHSt* 40, 287, 294 wird Bezug genommen in: *BGHSt* 43, 293, 296.

992 *BGHSt* 40, 287, 294; zustimmend *Bittmann*, NStZ 1998, 495, 496; *Vahle*, DVP 1995, 525. – Auf diese Ausführungen wird vergleichend Bezug genommen in: *LG Stuttgart*, BWGZ 1997, 786, 787 (nicht rechtskräftig).

Mittel zweckwidrig verwendet werden.[993] Würden solche Mittel etwa für die Erfüllung von Aufgaben verwendet, die der Vermögensträger gleichfalls wahrnehmen muß, und würde dies die sonst unumgängliche Inanspruchnahme anderweitiger, dafür im Haushaltsplan bewilligter Mittel ersparen, so bedeute die Fehlleitung der Mittel noch keinen Vermögensnachteil.[994] Entscheidend sei insgesamt, ob das Handeln des Täters die Zuordnung der Mittel in einer Weise verändert, daß das Vermögen bei wirtschaftlicher Betrachtung gemindert ist.[995] Es verstehe sich von selbst, daß diese Frage bejaht werden müsse, wo öffentliche Mittel durch Fehlleitung Dritten zugewendet werden, ohne daß dem bisherigen Vermögensträger daraus ein wirtschaftlich gleichwertiger Vorteil erwächst. Im vorliegenden Fall hätten sich die Mittel jedoch nach wie vor dem Transfer im Vermögen der Bundesrepublik Deutschland befunden, denn das Gesamtvermögen des Bundes bilde eine Einheit; durch die Aufteilung in Einzelhaushalte werde es nicht in rechtlich selbständige Zweckvermögen aufgespalten.[996] Dennoch könne der Bund geschädigt sein – etwa unter dem Gesichtspunkt einer Vermögensgefährdung. Eine solch schadensgleiche Vermögensgefährdung käme etwa in Frage, wenn der Mitteltransfer im Einvernehmen der Beteiligten dazu dienen sollte und diente, dem BND die Möglichkeit zu verschaffen, nach seinem Gutdünken eigenmächtig und unkontrolliert über die überwiesenen Gelder zu verfügen. Insoweit fehle es aber an entsprechenden Feststellungen des LG.[997] Daß die Gelder zu einem späteren Zeitpunkt projektbezogen verauslagt wurden, hindere das Vorliegen eines Nachteils jedenfalls nicht; dies sei ggf. bloß eine nachträgliche Schadenswiedergutmachung.[998]

Der Fall Gönnenwein

Für ein erhebliches Echo sorgte in jüngerer Zeit der Fall Gönnenwein. Ihm lag folgender Sachverhalt zugrunde:

Der Angeklagte war Generalintendant der württembergischen Staatstheater in Stuttgart. Er war hierzu von der Landesregierung berufen worden mit dem Auftrag, das nationale Renommée der Staatstheater zu heben. Nach der politischen Zielsetzung sollte die Steigerung des nationalen Ansehens der Staatstheater mit dazu beitragen, dem Land Baden-Württemberg einen Standortvorteil zu sichern. Als Generalintendant hatte der Angeklagte die künstlerische, wirtschaftliche und administrative Leitung der Theater inne. Die Staatstheater sind unselbständiger Teil der Landesverwaltung. Zur Finanzierung erhalten sie Gelder des Landes und Zuschüsse der Stadt Stuttgart; hinzu kommen Sponsorengelder, Spenden und eigene Einnahmen. Die gesamten öffentlichen Mittel sind im Staatshaushaltsplan festgelegt. Der

---

993 *BGHSt* 40, 287, 294 unter Bezugnahme auf *BGH*, NStZ 1984, 549f.

994 *BGHSt* 40, 287, 294f. unter Bezugnahme auf *BGH* vom 3.11.1953, 5 StR 161/53, S.11f.; zustimmend *Bittmann* NStZ 1998, 495, 496f.; siehe auch *Schünemann*, in: LK[11] § 266 Rdnr.143.

995 *BGHSt* 40, 287, 295. – Auf diese Äußerungen wird Bezug genommen in: *LG Stuttgart*, BWGZ 1997, 786, 787 (nicht rechtskräftig).

996 *BGHSt* 40, 287, 295.

997 *BGHSt* 40, 287, 295ff.; zustimmend *Bittmann*, NStZ 1998, 495, 496f.; *Vahle*, DVP 1995, 525. – Auf diese Äußerungen wird vergleichend Bezug genommen in: *AG Tiergarten* vom 9.2.1998, (213) 4 Wi Js 506/96 Ls (129/97), S.9f.

998 *BGHSt* 40, 287, 295, 298.

Angeklagte war aufgrund seines Dienstvertrags dazu verpflichtet, diese Haushaltsansätze einzuhalten. Dennoch bezog er u.a. die neu eröffnete Spielstätte „Theater im Depot" mit in den Theaterbetrieb ein, für die im Haushaltsplan 1990 – mit Ausnahme von Technikerstellen – keine Mittel vorgesehen waren. Im November 1989 erkannte der Angeklagte die Möglichkeit, daß der Haushalt für 1990 um mindestens 2 Millionen DM überschritten werden könnte. Er ließ jedoch erst im März 1990 erste konkrete Einsparungsvorschläge erarbeiten. Insgesamt wurde der Haushalt der Staatstheater für 1990 um rund 5,1 Millionen DM überzogen – freilich ausschließlich durch „zweckentsprechende" Ausgaben. Dieser Betrag wurde 1991 vom Land Baden-Württemberg im Wege eines Nachtragshaushalts ohne Erhöhung der Nettokreditaufnahme abgedeckt.

(44) LG Stuttgart, BWGZ 1997, 786f. (Gönnenwein LG) vom 3.12.1996, 6 Kls 276/95 [nicht rechtskräftig]

In erster Instanz bejahte das *LG Stuttgart* einen Vermögensnachteil i.S. des § 266 StGB. Dabei bewegte sich das Gericht in dem durch *BGHSt 40, 287ff.* abgesteckten Rahmen: es betonte, daß allein die Vorschriftswidrigkeit des Verhaltens keinen Vermögensnachteil begründe.[999] Trotz Verstoß gegen Haushaltsrecht könne ein Schaden etwa dann zu verneinen sein, wenn eine Reparatur dringend erforderlich wird, nur mit Mitteln des Folgehaushalts bezahlt werden kann und die Nachbewilligung durch die zuständige Stelle mit Sicherheit zu erwarten ist bzw. die Mittel im Folgehaushalt für diesen Zweck bereits enthalten sind.[1000] Ausdrücklich hob das Gericht hervor, daß die Beeinträchtigung der Dispositionsfreiheit des Haushaltsgesetzgebers nicht in jedem Fall einen Vermögensnachteil begründe. Entscheidend sei vielmehr, ob das betreffende Vermögen bei wirtschaftlicher Betrachtung gemindert ist. Dabei sei zu berücksichtigen, daß das Gesamtvermögen des Landes eine Einheit bilde und durch die Aufteilung auf einzelne Haushalte nicht in einzelne, voneinander unabhängige Vermögen aufgespalten werde.[1001]

Im vorliegenden Fall sei zwar davon auszugehen, daß die mit den Geldern erworbenen Leistungen im Wert den dafür getätigten Ausgaben entsprachen, dennoch sei dadurch, daß der Haushalt unter Vernachlässigung des Gebots wirtschaftlicher und sparsamer Haushaltsführung ohne zwingenden Grund überschritten wurde, ein Vermögensschaden eingetreten. Dies begründete das *LG Stuttgart* wie folgt: Durch das Eingehen haushaltsmäßig nicht gedeckter Verbindlichkeiten habe der Angeklagte eigenmächtig den vom Haushaltsgesetzgeber zur Verfügung gestellten Finanzrahmen erweitert. Da die Gesamtmenge der verfügbaren öffentlichen Geldmittel des Landes beschränkt sei, habe dies zwangsläufig die dem Land zur Verfügung stehende finanzielle Verfügungsmasse geschmälert, ohne daß diese von ihm zusätzlich

---

999 *LG Stuttgart* vom 3.12.1996, 6 KLs 276/95, S.44 = BWGZ 1997, 786, 787 (nicht rechtskräftig) unter vergleichender Bezugnahme auf *BGH*, wistra 1985, 69ff.; *BGHSt* 40, 287ff.

1000 *LG Stuttgart* vom 3.12.1996, 6 KLs 276/95, S.44f. = BWGZ 1997, 786, 787 (nicht rechtskräftig) unter vergleichender Bezugnahme auf *BGH* vom 3.11.1953, 5 StR 161/53; *BGH* vom 28.9.1954, 5 StR 203/54; *BGH* vom 27.11.1956, 5 StR 310/56; *BGH* vom 8.10.1957, 1 StR 310/57.

1001 *LG Stuttgart* vom 3.12.1996, 6 KLs 276/95, S.45 = BWGZ 1997, 786, 787 (nicht rechtskräftig) unter vergleichender Bezugnahme auf *BGHSt* 40, 287ff.

eingegangenen Verpflichtungen Aufgaben betrafen, zu denen das Land sowieso verpflichtet war. Ob die nicht eingeplanten Ausgaben im Gesamthaushalt des Landes durch Einsparungen in anderen Bereichen ausgeglichen werden konnten oder durch eine Erhöhung der Nettokreditaufnahme abgedeckt werden mußten, sei zudem im Zeitpunkt des Eingehens der Verbindlichkeiten nicht absehbar gewesen. Nach alledem sei nicht nur die Dispositionsfreiheit des Haushaltsgesetzgebers betroffen gewesen, sondern das Vermögen des Landes in einer Weise gefährdet gewesen, die wirtschaftlich einer Schädigung gleichkomme.[1002] [1003]

Diesem Urteil wurde in den Medien erhebliche Bedeutung beigemessen. Man sprach von einer „Signalwirkung“ für künftige Haushaltsüberziehungen und billigte dem Fall Gönnenwein einen „Platz in der Rechtsgeschichte“ zu.[1004] Das Urteil wurde allerdings nicht rechtskräftig:

(45) BGHSt 43, 293ff. (Gönnenwein) vom 4.11.1997, 1 StR 273/97[1005]

Der *BGH* machte in seiner Entscheidung eingehende Ausführungen zur Problematik der sog. „Haushaltsuntreue“: Zunächst stellte er klar, daß eine strafbare Untreue auch bei Verstößen gegen haushaltsrechtliche Vorgaben oder Prinzipien gegeben sein könne.[1006] Allerdings schütze § 266 I StGB ebenso wie der Betrugstatbestand nur das Vermögen, nicht aber die Dispositionsbefugnis.[1007] Hieran anknüpfend führte der *BGH* dann aus:

> „Die Pflichtwidrigkeit der Verfügung über das zu betreuende Vermögen allein ist ebensowenig ein Vergehen der Untreue wie die irrtumsbedingte Verfügung des Getäuschten

1002 *LG Stuttgart* vom 3.12.1996, 6 KLs 276/95, S.45f. = BWGZ 1997, 786, 787 (nicht rechtskräftig).

1003 Unzutreffend daher *BGHSt* 43, 293, 295f. soweit dort ausgeführt wird, das *LG Stuttgart* habe angenommen, der Vermögensnachteil sei „dadurch zugefügt worden, daß ohne zwingende Notwendigkeit Gelder unter Verstoß gegen Haushaltsgrundsätze [... der] Disposition [des Haushaltsgebers] entzogen worden seien.“ Unzutreffend auch *Martin*, JuS 1998, 565, soweit er zudem behauptet, das *LG Stuttgart* habe für das Vorliegen eines Vermögensnachteils „pauschal allein darauf [... abgestellt], daß Haushaltsmittel unter Überschreitung des Haushaltsplans verbraucht wurden“.

1004 Siehe hierzu nur die bei *Wolf* (1997), S.29ff.; ders. (1998), S.16ff., wiedergegebenen Pressereaktionen. Freilich gewinnt man bei *Wolf*, jeweils ebenda, den unzutreffenden Eindruck, das Urteil sei rechtskräftig geworden. Lediglich *Wolf* (1997), S.31 Fußn.46 a.E.; ders. (1998), S.18 Fußn.46 a.E., läßt erahnen, daß das Urteil möglicherweise nicht rechtskräftig werden würde. *Wolf* (1998) verzichtete gar auf die Einarbeitung des zwischenzeitlich ergangenen *BGH*-Urteils im Fall Gönnenwein!

1005 = NJW 1998, 913ff. = NStZ 1998, 514f. = JR 1998, 379ff. = wistra 1998, 103f. = BGHR § 266 StGB Abs.1 Nachteil 39 = DVBl. 1998, 633f. = BayVBl. 1998, 251f. [Anm. *Bieneck*, wistra 1998, 249ff.; *Brauns*, JR 1998, 381ff.; *Nix*, NJ 1998, 325f.; *Otto*, JK (1998) § 266 StGB Nr.17; Besprechungsaufsatz *Bittmann*, NStZ 1998, 495ff.; Entscheidungsbesprechung *Martin*, JuS 1998, 565f.].

1006 *BGHSt* 43, 293, 296.

1007 *BGHSt* 43, 293, 297 – Auf diese Äußerungen wird Bezug genommen in: *LG Potsdam* vom 23.7.1999, 25 KLs 23/97, S.98 (nicht rechtskräftig) [Seitenzählung bei zum Zwecke der Anonymisierung abgekürzten Personennamen].

schon zur Bejahung des Betrugs führt. Erforderlich ist in beiden Fällen, daß das Vermögen [...] im ganzen [...] vermindert ist. Dies kann auch für Fälle der vorliegenden Art nicht anders gesehen werden. Daß gegen haushaltsrechtliche Vorschriften verstoßen wurde, genügt nach der systematischen Stellung im Gesetz und vor allem nach dem Wortlaut der Vorschrift nicht, um einen sich bereits aus der Verausgabung öffentlicher Mittel ergebenden Vermögensnachteil zu begründen. Es gibt keinen Tatbestand der Haushaltsuntreue, der allein die Pflichtwidrigkeit haushaltswidriger Verfügungen mit Strafe bedroht.

Liegt ein zweckwidriger Einsatz öffentlicher Mittel vor, so kann darin bereits eine Nachteilszufügung liegen, weil die zweckgebundenen Mittel verringert wurden, ohne daß der Zweck erreicht wurde[1008] (vgl. BGHSt 19, 37, 45; BGH, NStZ 1991, 143f.[[1009]]). Entspricht der Mitteleinsatz dagegen grundsätzlich den vorgegebenen Zwecken – nur darum geht es hier nach den bisherigen Feststellungen – und ist die durch den Einsatz öffentlicher Mittel erzielte Gegenleistung gleichwertig, so ist eine Haushaltsüberschreitung nicht ohne weiteres Untreue. [...] Trotz Gleichwertigkeit von Leistung und Gegenleistung kommt [...] ein Vermögensnachteil [...] nur unter besonderen Voraussetzungen in Betracht: Für die Beeinträchtigung der wirtschaftlichen Bewegungsfreiheit eines privaten Vermögensinhabers [...] hat der *BGH* bereits in BGHSt 16, 321, 325ff. [...] die maßgeblichen Gesichtspunkte dafür herausgearbeitet [...]. Diese für die Beeinträchtigung der wirtschaftlichen Bewegungsfreiheit eines privaten Vermögensinhabers entwickelten Grundsätze müssen auf die Fälle der Haushaltsuntreue übertragen werden, soll der Tatbestand der Untreue für diese Fälle nicht seinen Charakter als Vermögensdelikt verlieren und die bloße Kompetenzüberschreitung unter Strafe stellen. Danach wird folgendes zu gelten haben: Ungeachtet der Gleichwertigkeit von Leistung und Gegenleistung kommt Haushaltsuntreue in Betracht, wenn durch die Haushaltsüberziehung eine wirtschaftlich gewichtige Kreditaufnahme erforderlich wird, wenn die Dispositionsfähigkeit des Haushaltsgesetzgebers in schwerwiegender Weise beeinträchtigt wird und er durch den Mittelaufwand insbesondere in seiner politischen Gestaltungsbefugnis beschnitten wird. Daß solche Umstände hier vorliegen könnten, liegt nach den bisherigen Feststellungen nicht nahe, bedarf aber der Prüfung durch den für die Feststellung des Sachverhalts verantwortlichen Tatrichter."[1010]

Daraufhin ging die Strafsache erneut zum *LG Stuttgart*, das das Verfahren schließlich endgültig einstellte.[1011]

1008 Auf diese Äußerungen wird Bezug genommen in: *LG Potsdam* vom 23.7.1999, 25 KLs 23/97, S.98 (nicht rechtskräftig) [Seitenzählung bei zum Zwecke der Anonymisierung abgekürzten Personennamen].

1009 Die hier vom *BGH* zitierte Fundstelle „*BGH*, NStZ 1991, 143f." veröffentlicht einen Abschnitt des Urteils vom 6.11.1990, 1 StR 726/89 ist aber nicht einschlägig. Offenbar ist der in BB 1991, 98 veröffentlichte Abschnitt des Urteils gemeint.

1010 *BGHSt* 43, 293, 297ff. – Nach *Bittmann*, NStZ 1998, 495, 497, handelt es sich bei diesen Ausführungen um ein bloßes obiter dictum ohne Bindungswirkung, da die Aufhebung des erstinstanzlichen Urteils des *LG Stuttgart* bereits durch das beanstandete [In der vorliegenden Untersuchung nicht wiedergegeben.] Fehlen ausreichender Feststellungen zu den Tathandlungen getragen worden sei; in der Prüfungsreihenfolge sei dies aber vorrangig.

1011 *LG Stuttgart* vom 6.4.1998, 10 (6) KLs 276/95.

Unabhängig davon, wie das *BGH*-Urteil im Fall Gönnenwein im einzelnen zu bewerten ist, fällt an dieser Entscheidung dreierlei ganz besonders auf: erstens, daß der *BGH* die im Melkmaschinenfall gemachten Ausführungen zum persönlichen Schadenseinschlag anscheinend auf den Bereich privaten Vermögens beschränkt verstanden wissen will, wofür es in *BGHSt 16, 321ff.* keinerlei Anhaltspunkte gab. Zweitens fällt auf, daß die Fallgruppe „a" des Melkmaschinenfalls überhaupt nicht erörtert wird.[1012] Und drittens verwundert, daß sich der *BGH* mit der Problematik der Vermögensgefährdung zumindest nicht explizit auseinandersetzt[1013] [1014], obwohl das *LG Stuttgart* zuvor maßgeblich auf diese Figur abgestellt hatte. Unter dem Gesichtspunkt einer etwaig erforderlichen Nettokreditaufnahme erscheint das Vorliegen einer Vermögensgefährdung nicht von vornherein ausgeschlossen, auch wenn der Annahme eines Schadens insoweit möglicherweise das Unmittelbarkeitserfordernis entgegenstehen könnte.

(46) AG Tiergarten vom 9.2.1998, (213) 4 Wi Js 506/96 Ls (129/97) (Einrichtung in Berlin)

Die angeklagte Person war Verwaltungsleiterin einer dem Land Berlin nachgeordneten Einrichtung. Sie war zugleich Haushaltsbeauftragte des Landes und damit für die Einhaltung des Haushalts verantwortlich. Dennoch führte sie ein „schwarzes Konto", von dem sie größere Beträge abhob. Mit diesen Geldern bestritt sie Ausgaben der Einrichtung, die über den Landeshaushalt nicht zu finanzieren waren.

Das *AG Tiergarten* bejahte einen Vermögensnachteil des Landes. Es führte aus, daß eine konkrete Vermögensgefährdung nicht bloß aufgrund eines Verstoßes gegen Vorschriften des Haushaltsrechts gegeben sei. Eine schadensgleiche Vermö-

---

1012 Entsprechende Ausführungen finden sich weder in dem veröffentlichten Ausschnitt noch in der vollständigen, unveröffentlichten Fassung des Urteils.
Noch weiter geht freilich die zum Gönnenwein-Urteil herausgegebene Mitteilung der *Pressestelle des BGH*, Nr.78/1997, S.2: Die dort benutzten Formulierungen laufen i.E. darauf hinaus, daß die Fallgruppe „a" des Melkmaschinenfalls bei Haushaltsüberschreitungen überhaupt nicht zur Anwendung kommen könnte. Hierbei dürfte es sich aber wohl um ein redaktionelles Versehen der Pressestelle handeln.

1013 Entsprechende Ausführungen finden sich weder in dem veröffentlichten Ausschnitt noch in der vollständigen, unveröffentlichten Fassung des Urteils.

1014 So vertritt denn auch *Bittmann*, NStZ 1998, 495, 496, daß die Anwendung der Grundsätze des 2. Strafsenats aus *BGHSt* 40, 287, 295ff. auch im Fall Gönnenwein zu einem Vermögensnachteil in Form einer schadensgleichen Vermögensgefährdung geführt hätte, und schließt sich dieser Sichtweise auch ausdrücklich an. Soweit er, ebenda, dann ausführt, es liege hier keineswegs nur eine Mißachtung des Entscheidungsrechts und der Dispositionsbefugnis des Vermögensträgers vor, und zwar dies deshalb, weil der Vermögensträger „Haushaltsmittel für Zwecke verwenden mußte, für die er sie nicht verwenden wollte und ohne das Handeln der [...] Angeklagten auch nicht hätte verwenden müssen", überzeugt dies freilich nicht: denn diese Begründung läuft doch gerade auf den Schutz der bloßen Dispositionsfreiheit hinaus. Eine schadensgleiche Vermögensgefährdung wird im Fall Gönnenwein offenbar auch von *Bieneck*, wistra 1998, 249, 251, bejaht, der zudem in *BGHSt* 43, 293ff. ein Abgehen von *BGH*, NStZ 1984, 549f. sieht. Desweiteren erblickt auch *Otto*, StrafR BT[5], S.261 Rdnr.35 Fußn.501 a.E., im Gönnenwein-Urteil des *BGH* eine wesentliche Einschränkung der vorherigen höchstrichterlichen Rechtsprechung zur Problematik der zweckwidrigen Verwendung öffentlicher Gelder.

gensgefährdung könne aber dann angenommen werden, wenn Mittel dem Rechtsträger des Vermögens entzogen werden, um einem Dritten die Möglichkeit zu verschaffen, nach seinem Gutdünken eigenmächtig und unkontrolliert über öffentliche Gelder zu verfügen. Es bestehe dann die Gefahr, daß mit den öffentlichen Mitteln auch unter Vernachlässigung des Gebots wirtschaftlicher und sparsamer Verwaltung Ausgaben ohne zwingenden Grund gemacht würden und dies zudem unter Mißachtung der Dispositionsfreiheit der vom Gesetzgeber zur Vergabe öffentlicher Mittel berufenen Institution.[1015] Diese Voraussetzungen seien im vorliegenden Fall erfüllt. Von daher sei das Vermögen des Landes bereits zum Zeitpunkt der Vornahme der Barabhebungen konkret gefährdet gewesen. Der Vermögensnachteil entfalle auch nicht dadurch, daß die Gelder für Zwecke der Einrichtung verwandt wurden: dies seien von der Untreuehandlung unabhängige, rechtlich selbständige Handlungen gewesen; zudem habe sich durch sie die bereits eingetretene Vermögensgefährdung realisiert, weil Landesmittel damit auch unter Mißachtung des Landesparlaments zweckentfremdet wurden.[1016]

b) Zusammenfassung

Nach alledem ist zur Rechtsprechung im Bereich der Fehlleitung öffentlicher Mittel folgendes festzuhalten: In der Rechtsprechung wurde Zweckverfehlungen bei § 263 StGB zunächst keine Bedeutung zugebilligt.[1017] Vorsichtige Tendenzen zu einer Berücksichtigung von Zwecksetzungen finden sich erstmals in einer Entscheidung des *Hanseatischen OLG*[1018], in der der dogmatische Ansatz insoweit allerdings nicht deutlich wird. In der Folgezeit erachtete das *RG* Zweckverfehlungen dann mehrfach im Rahmen der Figur des persönlichen Schadenseinschlags als bedeutsam.[1019] Eine eigenständige, schadensbegründende Relevanz deutete sich erstmals in einem *RG-Urteil vom 20.6.1935*[1020] an und gelangte in *RGSt 70, 33, 36* endgültig zum Durchbruch. In der letztgenannten und in einigen anderen Entscheidungen[1021] wurde freilich auf den Gedanken der Zweckverfehlung abgestellt, um damit dem Einwand zu begegnen, die betreffenden Mittel wären ohnehin anderweitig verausgabt worden. Zur Abfederung dieses Einwands wurde in der Rechtsprechung daneben auch mehrfach darauf abgestellt, daß auf eine Nichtschuld gezahlt wurde bzw. die Anspruchsberechtigung fehle.[1022]

1015 *AG Tiergarten* vom 9.2.1998, (213) 4 Wi Js 506/96 Ls (129/97), S.9f. unter vergleichender Bezugnahme auf *BGHSt* 40, 287, 296.

1016 *AG Tiergarten* vom 9.2.1998, (213) 4 Wi Js 506/96 Ls (129/97), S.10.

1017 *RGSt* 50, 316, 317f.; *RGSt* 52, 154, 155f., 156; *RGSt* 66, 281, 283f.; wohl auch *RGSt* 58, 171f.

1018 *Hanseat. OLG*, LZ 1933, 798 Nr.3.

1019 *RG*, DRiZ Rspr. 1934, Nr.112 Sp.108, 109; *RG* vom 20.6.1935, 3 D 283/55, S.6; *RG*, JW 1936, 262 Nr.25.

1020 *RG* vom 20.6.1935, 3 D 283/35, S.6.

1021 *RG*, JW 1936, 262 Nr.25; *RG*, HRR 1937, Nr.535; *BGH* vom 6.11.1952, 4 StR 164/52, S.3; *BGHSt* 19, 37, 44f., 45.

1022 *RGSt* 58, 171f.; *RG*, JW 1936, 513 Nr.15; *RGSt* 70, 33, 35f.; *BGHSt* 2, 325, 327; *BGHSt* 31, 93, 96; ansatzweise wohl auch *Hanseat. OLG*, LZ 1933, 798 Nr.3 („Beihilfe [wäre ...] festgestelltermaßen nicht gewährt worden."); *KG*, JR 1962, 26, 27.

Die berühmte Formel von der „zweck- und sinnlosen Fehlleitung staatlicher Mittel" als Vermögensschaden tauchte erstmals in *RG, JW 1936, 262 Nr.25* auf – und zwar dort offenbar dergestalt, daß *jede* zweck- und sinnlose Fehlleitung staatlicher Mittel einen Vermögensschaden begründe. Auch andere Entscheidungen scheinen bei jeder zweckwidrigen Verwendung bzw. Fehlleitung zweckgebundener Mittel einen Vermögensschaden bejahen zu wollen[1023] oder leiten einen Schaden allein aus der Haushaltsgesetzwidrigkeit bzw. aus einem Verstoß gegen Vergabevorschriften her.[1024] Dennoch finden sich sowohl in älterer als auch in neuerer Zeit auch zahlreiche Entscheidungen, die ausdrücklich betonen, daß die gesetzeswidrige Verfügung über Haushaltsmittel für sich alleine noch keinen Vermögensschaden begründe[1025] und nicht jede zweckwidrige Verwendung bzw. Fehlleitung öffentlicher Gelder einen Vermögensnachteil darstelle.[1026] [1027] Sofern dabei ein Schaden dann verneint wird, wenn die Gelder entgegen ihrer eigentlichen Bestimmung für Zwecke verwendet werden, die der betreffende Vermögensinhaber ebenfalls zu erfüllen hat, und dadurch im Haushaltsplan vorgesehene Mittel erspart werden[1028], wird insoweit – zumindest im Ansatz – ein materielles Schadensverständnis zugrundegelegt. Freilich liegen keineswegs alle Entscheidungen auf dieser Linie: So läßt etwa *BGHSt 31, 93, 96* offen, ob ein Schaden zu verneinen sei, wenn lediglich gegen Vergabevorschriften verstoßen wurde, die nur die Verwaltungstätigkeit erleichtern oder der Beweissicherung dienen sollen, der materielle Subventionszweck aber gleichwohl erreicht wurde.[1029] Zahlreiche andere Entscheidungen ziehen die Bedeutsamkeit einer materiellen Zweckerreichung sogar nicht einmal in Betracht[1030] bzw. beurteilen die Frage der Zweckerreichung allein nach der Erfüllung bzw. Nichterfüllung der

---

1023 *RGSt* 70, 33, 36; *BGH* vom 16.6.1965, 2 StR 434/64, S.6; *KG*, JR 1962, 26, 27; ansatzweise wohl auch *RG*, HRR 1937, Nr.535; *BGH* vom 6.11.1952, 4 StR 164/52, S.3; *BGHSt* 19, 37, 45; siehe auch *AG Tiergarten* vom 9.2.1998, (213) 4 Wi Js 506/96 Ls (129/97), S.10.

1024 *KG*, JR 1962, 26, 27; *BGHZ* 106, 204, 209; vgl. auch *BGH*, MDR 1981, 267, 268.

1025 *BGH* vom 3.11.1953, 5 StR 161/53, S.11; *BGHSt* 40, 287, 294; *BGHSt* 43, 293, 297; *LG Stuttgart*, BWGZ 1997, 786, 787 (nicht rechtskräftig); siehe auch *AG Tiergarten* vom 9.2.1998, (213) 4 Wi Js 506/96 Ls (129/97), S.9.

1026 *RG* vom 3.9.1937, 1 D 460/37, S.3; *BGH* vom 3.11.1953, 5 StR 161/53, S.11f.; *BGH* vom 15.2.1956, 1 StR 475/55, S.7; *BGH* vom 27.11.1956, 5 StR 310/56, S.10; *BGH*, NStZ 1984, 549, 550; *BGH*, BB 1991, 98; *BGHSt* 40, 287, 294; *BGHSt* 43, 293, 297f.; *LG Potsdam* vom 23.7.1999, 25 KLs 23/97, S.99, 108 (nicht rechtskräftig) [Seitenzählung bei zum Zwecke der Anonymisierung abgekürzten Personennamen]; wohl auch *OLG Kiel*, SchlHA 1948, 147, 148; nicht ganz eindeutig *RG*, HRR 1938, Nr.921; *RGSt* 73, 212, 213; *OLG Hamm*, GA 1962, 219, 220; teilweise weitergehend *RG*, HRR 1938, Nr.864.

1027 Zur Frage, wann der *BGH* überhaupt eine „nicht dem Zweck entsprechende Verwendung annimmt" *BGH* vom 13.7.1966, 2 StR 58/66, S.6.

1028 *BGH* vom 3.11.1953, 5 StR 161/53, S.12; *BGH* vom 27.11.1956, 5 StR 310/56, S.10; *BGH*, NStZ 1984, 549, 550; *BGHSt* 40, 287, 294f.; *LG Stuttgart*, BWGZ 1997, 786, 787 (nicht rechtskräftig); *LG Potsdam* vom 23.7.1999, 25 KLs 23/97, S.99 (nicht rechtskräftig) [Seitenzählung bei zum Zwecke der Anonymisierung abgekürzten Personennamen]; siehe auch *BGH* vom 28.9.1954, 5 StR 203/54, S.4. Ferner finden sich leichte Anzeichen für eine materielle Sichtweise bei *OLG Kiel*, SchlHA 1948, 147, 148.

1029 Siehe dazu *Gerhold*, S.20f.

1030 *RG*, HRR 1939, Nr.1071.

Vergabevoraussetzungen.[1031] Hervorhebenswert erscheinen auch die Ausführungen, die der *BGH* im Kulturamtsfall gemacht hat: partiell finden sich dort deutliche Anklänge an eine materielle Sichtweise, gleichwohl wird aber an anderer Stelle eine unter Mißachtung der Dispositionsfreiheit vorgenommene Zweckentfremdung von Geldmitteln als vermögensschädigend erachtet[1032] und damit insoweit letztendlich die Planeinhaltung als schutzwürdig angesehen.[1033]

Sehr erstaunlich ist schließlich die Entscheidung *BGH, LM § 266 StGB Nr.16*, die bereits 1954 erging, aber weitgehend in Vergessenheit geriet: In ihr wird einerseits das Interesse des Staates an der zweckgerechten Verwendung seiner Haushaltsmittel als ein Vermögensinteresse angesehen. Andererseits wird aber ausgeführt, daß in einer Zweckentfremdung von Geldern für sich alleine kein Vermögensnachteil gesehen werden könne, dabei wird aber offengelassen, ob im Bereich der öffentlichen Verwaltung u.U. etwas anderes zu gelten habe. Letzteres verwundert, denn faktisch liegt den Ausführungen bereits ein gespaltenes Vermögens- bzw. Schadensverständnis zugrunde: wenn man das Interesse an der zweckgerechten Verwendung von Geldern bereits als Vermögensinteresse ansieht, kommt man schließlich nicht umhin, umgekehrt die Vereitelung dieses Interesses – die ja gerade durch Zweckentfremdung erfolgt – als Vermögensnachteil zu begreifen.

Vor diesem Hintergrund erstaunt allerdings sehr, daß auf diese Entscheidung in *BGHSt 31, 93, 95* überhaupt nicht eingegangen wird, obwohl dort – unter Bezugnahme auf *Tiedemann* – ausdrücklich offengelassen wird, ob sich aus der Sicht des § 263 StGB öffentliches und privates Vermögen grundsätzlich unterscheiden. In neuerer Zeit führt *BGHZ 106, 204, 210* freilich aus, daß fiskalische Vermögensinteressen nicht anders als private gegen Betrügereien durch § 263 StGB geschützt seien. Und im Gönnenwein-Urteil hebt der *BGH* hervor, daß auch für den Bereich der Haushaltsuntreue vom Erfordernis der Minderung des Vermögens im ganzen nicht abgegangen werden könne und die Dispositionsbefugnis durch §§ 263, 266 StGB nicht geschützt werde.[1034] Dennoch vertritt die ganz überwiegende Rechtsprechung eigentlich schon seit geraumer – und auch noch in neuerer – Zeit einen gespaltenen Schadensbegriff: der Schaden bei Angriffen auf zweckgebundenes Vermögen wird anders begründet als bei Angriffen auf nichtzweckgebundenes. Das heißt aber nicht, daß die Rechtsprechung damit auch der Sichtweise *Tiedemanns* folgt. Vielmehr verwendet sie zur Schadensbegründung bei beiden Vermögensarten meistens unterschiedliche Formulierungen, läßt bei den Detailproblemen jedoch keine einheitliche Linie erkennen. Der dahinterstehende dogmatische Ansatz wird nicht deutlich. Dies wird sogleich näher ausgeführt, gilt aber um

---

1031 Vgl. hierzu *Tiedemann*, ZStW 86 (1974), 897, 908f., 909; ders., Subventionskriminalität, S.313; ders., Wirtschaftsstrafrecht 2, S.96f., 97.

1032 *BGH*, NStZ 1984, 549, 550. – Eine unter Mißachtung der Dispositionsfreiheit vorgenommene Zweckentfremdung öffentlicher Mittel scheint auch *AG Tiergarten* vom 9.2.1998, (213) 4 Wi Js 506/96 Ls (129/97), S.10, als schadenskonstituierend zu erachten.

1033 Kritisch zu dieser Entscheidung auch *Brauns*, JR 1998, 381, 382, der meint, in ihr werde die Anmaßung fremder Planungskompetenz mit einem Schaden gleichgesetzt; die Entscheidung laufe auf einen Schutz der Dispositionsfreiheit hinaus.

1034 *BGHSt* 43, 293, 297; ähnlich zuvor *LG Stuttgart*, BWGZ 1997, 786, 787 (nicht rechtskräftig).

so mehr vor dem Hintergrund, als sich auch Entscheidungen finden, die bei Angriffen auf öffentliches oder zumindest zweckbestimmtes Vermögen im Rahmen der Schadensprüfung überhaupt nicht auf die Vereitelung von Zwecken abstellen.[1035]

Darüber hinaus ist darauf hinzuweisen, daß die Rechtsprechung bei § 263 StGB gelegentlich auch problematisiert hat, ob durch die Fehlleitung öffentlicher Mittel (auch) Dritte geschädigt sein könnten.[1036]

c) Stellungnahme

Schon angesichts des Fehlens einer klaren Linie insgesamt erweckt die Rechtsprechung Bedenken. Sie überzeugt allerdings auch im Detail nicht:

So fragt sich schon, warum der *BGH* bei § 263 StGB im Bereich wirtschaftlich unausgeglichener Geschäfte überhaupt auf das Vorliegen einer Zweckverfehlung abstellt[1037], obwohl er das Erfordernis einer unbewußten Selbstschädigung verneint[1038]: Bei privatem Vermögen läßt der *BGH* in neuerer Zeit zwar trotz Verzichts auf das Kriterium der unbewußten Selbstschädigung nicht mehr jeden Motivirrtum zur Strafbarkeitsbegründung ausreichen – sondern hält nur die Verfehlung bestimmter Zwecke für beachtlich –, um damit sicherzustellen, daß nicht allein die Dispositionsfreiheit geschützt wird.[1039] Abgesehen davon, daß der dahinterstehende dogmatische Ansatz kaum deutlich wird[1040], dürfte es jedoch höchst zweifelhaft sein, ob diese Motivation auch der Rechtsprechung im Bereich öffentlichen Vermögens zugrunde liegt. Zudem gilt zu berücksichtigen, daß die Rechtsprechung zuvor jahrzehntelang bei privatem Vermögen einen Schaden – ebenfalls unter Verzicht auf das Kriterium der unbewußten Selbstschädigung – allein mit der unausgeglichen gebliebenen Wertminderung des Vermögens begründet hatte.[1041] Insoweit wird der Schaden also anders begründet als bei Angriffen auf öffentliches Vermögen. Warum die Zweckverfehlung bei öffentlichem Vermögen bedeutsam sein soll, leuchtet jedoch – vom Standpunkt der Rechtsprechung aus – nicht ein.[1042] Auch so-

---

1035 *RG*, JW 1936, 513 Nr.15; siehe auch *BGHSt* 9, 30, 31f.; *BGHSt* 18, 317, 322ff.; *BGH*, NStZ 1986, 455, 456; vgl. auch *RG*, HRR 1939, Nr.1071.

1036 Siehe *RGSt* 52, 154, 156; *RGSt* 70, 33, 36; *RGSt* 73, 382, 384; *BGHSt* 19, 37, 42ff.; *OLG Hamburg*, NJW 1962, 1407, 1408.

1037 Siehe etwa *BGHSt* 31, 93, 95; *BGH*, BB 1991, 98; ferner *RG* vom 3.9.1937, 1 D 460/37, S.3; *OLG Hamm*, NJW 1982, 1405, 1406; ansatzweise wohl auch *Hanseat. OLG*, LZ 1933, 798 Nr.3.

1038 Siehe nur *BGHSt* 19, 37, 45 (in bezug auf den Bettelbetrug); *BGH*, NJW 1992, 2167; *BGH*, NJW 1995, 539.

1039 *BGH*, NJW 1995, 539; vgl. auch *BGH*, NJW 1992, 2167.

1040 Siehe hierzu bereits oben S.131f. Fußn.780.

1041 Siehe nur *RGSt* 4, 352f.; *RGSt* 52, 134, 136; *RGSt* 53, 225f.; *RGSt* 70, 255, 256; *BGHSt* 19, 37, 45 (in bezug auf den Bettelbetrug); *BayObLG*, NJW 1952, 798; *LG Aachen*, NJW 1950, 759.

1042 *D. Geerds*, S.170f.; *W. Hartmann*, S.26, 56 Fußn.2; *Kühl*, in: Lackner/Kühl[23] § 263 Rdnr.55; *Lackner*, in: LK[10] § 263 Rdnr.167 („im Kern höchst unklare Rechtsprechung"); *Satzger*, S.93; *Seier*, JuS 1996, L 21, L 22f.; *Tiedemann*, in: LK[11] § 263 Rdnr.183; *T. Walter*, S.548f.; vgl. *D. Geerds*, Jura 1994, 309, 317; *Gerhold*, S.20; *Samson/Günther*, in: SK[5] § 263 Rdnr.154; *Schmoller*, JZ 1991, 117, 119 (nur „formelle Bezugnahme").

weit die Rechtsprechung auf die Zweckverfehlung abstellt, um damit dem Einwand zu begegnen, die betreffenden Mittel wären sonst anderweitig verausgabt worden[1043], überzeugt dies nicht: bei diesem Einwand handelt es schließlich bloß um hypothetische – und damit unbeachtliche[1044] – Kausalität, so daß von daher insoweit keine Notwendigkeit besteht, auf die Zweckverfehlung Bezug zu nehmen.[1045]

Damit besteht aber gleichermaßen auch keine Notwendigkeit, zur Abfederung dieses Einwands den Schaden – wie die Rechtsprechung dies gelegentlich tut[1046] – damit zu begründen, daß der Täter keinen Anspruch auf die betreffende Leistung hat und die öffentliche Hand *dadurch*[1047], daß sie auf eine Nichtschuld zahlt, geschädigt wird. Soweit damit (auch) auf die Vorstellung des Opfers abgehoben werden soll, eine Verbindlichkeit zu erfüllen, ist hierzu ergänzend zu bemerken, daß diese Vorstellung nur vor dem Hintergrund des von der Rechtsprechung abgelehnten Kriteriums der unbewußten Selbstschädigung bedeutsam wäre. Daneben führt diese Form der Schadensbegründung aber zumindest zu einer Normativierung des Schadensbegriffs – die in ähnlicher Form übrigens auch in der Rechtsprechung des *Obersten Gerichts der DDR (OG)* zu finden ist[1048] –, da nur die *rechtswidrige* Schädigung einen betrugsrelevanten Schaden darstellt. Wie *Tiedemann* bereits vor geraumer Zeit herausgearbeitet hat, wird jedoch das Fehlen der Anspruchs- oder Vergabevoraussetzungen im Bereich der Subventionserschleichung praktisch bereits durch das Tatbestandsmerkmal der Täuschung erfaßt, so daß dort letztlich jede täuschungsbedingte Verfügung zu einem Vermögensschaden führen würde und das Tatbestandsmerkmal des Vermögensschadens daher insoweit keine eigenständige

---

1043 *RG*, JW 1936, 262 Nr.25; *RGSt* 70, 33, 36; *BGHSt* 19, 37, 44f., 45; teilweise ähnlich *Marqués/Kert*, ÖJZ 1999, 213, 224.

1044 *Jescheck/Weigend*[5], S.282.

1045 *Gerhold*, S.20; *Lackner*, in: LK[10] § 263 Rdnr.167; *J. Vogel*, Legitimationsprobleme, S.524; *Weidemann*, S.84 Fußn.146; kritisch zu dem genannten Einwand auch *Ranft*, JuS 1986, 445, 447, der dabei allerdings auf den Umverteilungscharakter von Subventionen abstellt; abweichend *U. Weber*, in: Arzt/Weber, LH 4[2], S.16f., 17 Rdnr.29; siehe zum Ganzen auch *Tiedemann*, ZStW 86 (1974), 897, 908f., der zwar ausführt, daß der Schaden, der sich aus einer zu Unrecht erfolgenden Auszahlung von Subventionsmitteln in Höhe der Haushaltsminderung ergibt, auch bei der zu Recht erfolgenden Subventionsauszahlung eintreten würde; die von der Rechtsprechung verwendete Formel von der Verfehlung des sozialen Zwecks der Leistung hält *Tiedemann*, a.a.O., 909, freilich für eine Leerformel, da die Rechtsprechung die Frage, ob der Zweck der Subventionierung erreicht sei, allein nach der Erfüllung der Vergabevoraussetzungen beurteile; vgl. ders., Subventionskriminalität, S.309, 312; Wirtschaftsstrafrecht 2, S.96f.

1046 Sehr deutlich etwa *RGSt* 70, 33, 35f.; vgl. auch *RG*, JW 1936, 513 Nr.15; *BGHSt* 2, 325, 327; *BGHSt* 31, 93, 96; *KG*, JR 1962, 26, 27.

1047 Vgl. hierzu *Tiedemann*, ZStW 86 (1974), 897, 908; ders., Wirtschaftsstrafrecht 2, S.96.

1048 *OG*, NJ 1966, 442, das einen Vermögensschaden i.S. des § 263 StGB allein aufgrund eines „unzulässigen Kreditverschaffens" bejahte, obwohl der betreffende Kredit ordnungsgemäß zurückgezahlt wurde [kritisch hierzu *Nees*, S.53].
Bis 1968 galt in der DDR noch das Strafgesetzbuch von 1871, wenn auch mit vielfältigen Änderungen (vgl. hierzu § 1 II Nr.1 des Einführungsgesetzes zum Strafgesetzbuch und zur Strafprozeßordnung der Deutschen Demokratischen Republik, DDR-GBl. 1968 I S.97; ferner *Woesner*, NJW 1969, 257). Betrug zum Nachteil öffentlichen Vermögens wurde zeitweise jedoch nach § 1 II VESchG bzw. nach § 29 StEG bestraft. Die Schadensdogmatik war in der DDR insgesamt kaum entwickelt. – Eingehend zum Schutz des öffentlichen Vermögens in der DDR durch das Betrugsstrafrecht unten S.279ff.

Bedeutung mehr hätte.[1049] Auch in diesem Punkt überzeugt die Rechtsprechung also nicht.

Gleichfalls verdient die Rechtsprechung zu § 266 StGB bei Angriffen auf öffentliches oder zumindest zweckbestimmtes Vermögen keine Zustimmung: Soweit sie bei Vorliegen eines wirtschaftlich unausgeglichenen Geschäfts auf den Gedanken der Zweckverfehlung abhebt, um damit hypothetischen Erwägungen zu begegnen[1050], kann auf die obigen Ausführungen zu § 263 StGB verwiesen werden. Insgesamt ist die dogmatische Struktur des § 266 StGB allerdings nicht mit der des § 263 StGB vergleichbar: bei § 266 StGB gibt es schließlich kein Erfordernis einer unbewußten Selbstschädigung. Im Bereich objektiv unausgeglichener Geschäfte läßt sich der Nachteil daher unproblematisch allein mit der unausgeglichen gebliebenen Wertminderung des Vermögens begründen; auf Zweckverfehlungen muß überhaupt nicht abgestellt werden.[1051] Diskutabel wäre in dieser Konstellation allenfalls, bei einer materiellen Zweckerreichung einen Nachteil oder zumindest die Strafwürdigkeit zu verneinen; auf entsprechende Überlegungen wird jedoch beispielsweise in *RG, HRR 1939, Nr.1071* verzichtet, obwohl dafür dort u.U. Raum gewesen wäre. Es bleibt daher insgesamt unklar, warum – und vor allem: mit welchem dogmatischen Ansatz – die Rechtsprechung mehrfach den Gedanken der Zweckverfehlung bei Vorliegen eines objektiv unausgeglichenen Geschäfts zur Nachteilsbegründung herangezogen hat.

Zweifelhaft erscheint auch die Rechtsprechung zu § 266 StGB im Bereich wirtschaftlich ausgeglichener Geschäfte: sofern dort ein Nachteil – ohne auf den persönlichen Schadenseinschlag abzustellen – allein mit der Fehlleitung zweckgebundener Mittel begründet wird[1052], bleibt die Rechtsprechung einen Beweis für das

---

1049 *Tiedemann*, Subventionskriminalität, S.309; ders., ZStW 86 (1974), 897, 908; ders., in: Prot.7, S.2469; ders., Wirtschaftsstrafrecht 2, S.96f. [für einen durchgehend normativierten Schadensbegriff allerdings ders., in: LK[11] § 263 Rdnr.185]; *Volk*, Fehlerhafte Mittelverwendung, S.456f., 457; ders., Bewirtschaftung, S.27 Fußn.22 i.V. mit S.89 [kritisch hierzu *Lackner*, in: LK[10] § 263 Rdnr.165 Fußn.293 a.E.; *J. Vogel*, Legitimationsprobleme, S.527]. – Ablehnend zur Normativierung des Schadensbegriffs auch *Betschart*, S.30ff., der allerdings maßgeblich darauf abstellt, daß der vermögensschützende Charakter des Betrugstatbestands gesprengt werde (a.a.O., S.32), wenn in den Vergabevoraussetzungen nicht nur Leistungszwecke, sondern auch bloße Leistungsmotive normativiert seien (a.a.O., S.31).

1050 *RG*, HRR 1937, Nr.535; *BGH* vom 6.11.1952, 4 StR 164/52, S.3; *BGH* vom 15.2.1956, 1 StR 475/55, S.7.

1051 *Schünemann*, in: LK[11] § 266 Rdnr.143; ähnlich *Neye*, S.47f., 48, der i.E. sogar bei jeder Subventionsgewährung einen Nachteil bejaht (a.a.O., S.53); a.M. *Labsch*, S.280 Fußn.135; *Lenckner*, in: Schönke/Schröder[25] § 266 Rdnr.43; ferner (von seinem Standpunkt zu § 263 StGB aus konsequent) *Gerhold*, S.76.

1052 *RG*, HRR 1938, Nr.864; *RG*, HRR 1938, Nr.921; vgl. *RGSt* 73, 212, 213; wohl auch *OLG Kiel*, SchlHA 1948, 147, 148; siehe auch *BGH*, NStZ 1984, 549, 550; *AG Tiergarten* vom 9.2.1998, (213) 4 Wi Js 506/96 Ls (129/97), S.10 (Nachteil, weil „Landesmittel [...] unter Mißachtung des Landesparlaments zweckentfremdet [wurden]"). – Siehe hierzu *D. Geerds*, S.171 Fußn.439, der der Auffassung ist, die Rechtsprechung würde damit nicht nur das Merkmal des Vermögensschadens in § 263 StGB und § 266 StGB unterschiedlich bestimmen, sondern der Sache nach insoweit sogar ein personales Schadensverständnis – vgl. insoweit auch *Otto*, JK (1985) § 266 StGB Nr.4 – zugrunde legen.

Vorliegen dieses Nachteils letztendlich schuldig.[1053] Der Nachteil wird bloß behauptet, ist dogmatisch aber durch keine Figur abgesichert. Dies gilt um so mehr, als die Rechtsprechung den Begriff des zweckgebundenen Vermögens – soweit ersichtlich – nicht näher bestimmt hat. Überwiegend versteht sie diesen Begriff wohl im Sinne einer Zweckbestimmung, die „normativ" festgeschrieben wurde[1054], teilweise verzichtet sie jedoch auf das Erfordernis einer „normativen" Festschreibung und scheint jedwede Form der Zweckbestimmung für ausreichend zu erachten.[1055]

Zustimmung verdient die Rechtsprechung allerdings, soweit sie in mehreren Entscheidungen ausführt, daß aus der Gesetzeswidrigkeit einer Verfügung allein noch kein Nachteil folgt.[1056] Wie der *BGH* im Gönnenwein-Urteil zutreffend ausgeführt hat, ergibt sich dies bereits aus dem Wortlaut des § 266 StGB, der eben nicht allein die Haushaltsgesetzwidrigkeit von Verfügungen mit Strafe bedroht, sondern gerade das Vorliegen eines Nachteils verlangt.[1057] Freilich kann auch eine gesetzeswidrige Verfügung zu einem Nachteil führen; maßgeblich hierfür ist jedoch der Einzelfall und das Vorliegen eines Wertverlusts im Gesamtvermögen. Desweiteren ist der Rechtsprechung im Grundsatz darin beizupflichten, daß im Falle der Bildung sog. schwarzer Kassen ein Nachteil in Form der Vermögensgefährdung in Betracht kommen kann.[1058] Auch einige einzelne Entscheidungen der Rechtsprechung verdienen durchaus Zustimmung: Hervorzuheben sind hier insbesondere die Ausführungen des *OLG Hamm* im Repräsentationsaufwendungsfall, die in bemerkenswerter Klarheit im Falle der übermäßigen Anschaffung von Kunstwerken für eine Stadtwerke-GmbH einen Nachteil in Form des persönlichen Schadenseinschlags bejahen.[1059]

Dagegen überzeugt das Gönnenwein-Urteil des *BGH*[1060] im Hinblick auf die Anwendung der Figur des persönlichen Schadenseinschlags nicht. Der *BGH* konkretisiert dort für den Bereich der Haushaltsuntreue nämlich nur die Fallgruppen „b"

1053 Vgl. *Neye*, S.17f.

1054 Siehe nur *RGSt* 70, 33, 36; *RG*, HRR 1938, Nr.864; *BGHSt* 19, 37, 44f.; *BGHSt* 31, 93, 95; vgl. auch *RGSt* 73, 212, 213; *BGH*, NStZ 1984, 549, 550; *BGHSt* 43, 293, 297f.

1055 *BGH* vom 15.2.1956, 1 StR 475/55, S.7, wo bereits schlichte Spendengelder als zweckgebundene Mittel bezeichnet werden.

1056 *BGH* vom 3.11.1953, 5 StR 161/53, S.11; *BGHSt* 40, 287, 294; *BGHSt* 43, 293, 297; *LG Stuttgart*, BWGZ 1997, 786, 787 (nicht rechtskräftig); siehe auch *AG Tiergarten* vom 9.2.1998, (213) 4 Wi Js 506/96 Ls (129/97), S.9.

1057 *BGHSt* 43, 293, 297; in diesem Sinne auch *J. Vogel*, Legitimationsprobleme, S.534.

1058 So etwa *BGH* vom 3.11.1953, 5 StR 161/53, S.11; *BGH* vom 28.9.1954, 5 StR 203/54, S.3; *AG Tiergarten* vom 9.2.1998, (213) 4 Wi Js 506/96 Ls (129/97), S.9f.
Eingehender – und im Detail unterschiedlich – zu der vielschichtigen Problematik der Bildung schwarzer Kassen im Bereich öffentlicher Haushalte *Bieneck*, wistra 1998, 249; *Händel*, VerwR 1978, 95; *Hefendehl*, S.451; *Engelbert Hübner*, in: LK[10] § 266 Rdnr.98 m.w.N.; *Lenckner*, in: Schönke/Schröder[25] § 266 Rdnr.45; *Neye*, S.73ff.; ders., NStZ 1981, 369, 372; *Riemann*, S.158f.; *Schünemann*, in: LK[11] § 266 Rdnr.148; *J. Vogel*, Legitimationsprobleme, S.560; *Volk*, Fehlerhafte Mittelverwendung, S.444f.

1059 *OLG Hamm*, NStZ 1986, 119, 120.

1060 *BGHSt* 43, 293, 298f.

und „c" des Melkmaschinenfalls[1061], die aber – wie oben bereits ausgeführt wurde[1062] – schon im allgemeinen erheblichen Bedenken ausgesetzt sind. Die Fallgruppe „a" (fehlende oder verringerte individuelle Verwendbarkeit) beleuchtet der *BGH* hingegen nicht. Gerade diese Fallgruppe war jedoch – die grundsätzliche Anwendbarkeit dieser Figur auch auf öffentliches Vermögen unterstellt – einschlägig[1063]: denn die individuelle Verwendbarkeit einer Leistung wird im Bereich der öffentlichen Haushalte gerade (auch) durch Haushaltspläne aufgezeigt. Die normativ festgeschriebene Entscheidung des Haushaltsgesetzgebers darüber, in welcher Höhe

1061 Siehe dazu auch *Brauns*, JR 1998, 381, 382, der aus der Wortwahl des *BGH* „wenn durch die Haushaltsüberziehung eine wirtschaftlich gewichtige Kreditaufnahme erforderlich wird, wenn die Dispositionsfähigkeit des Haushaltsgesetzgebers in schwerwiegender Weise beeinträchtigt wird und er durch den Mittelaufwand insbesondere in seiner politischen Gestaltungsbefugnis beschnitten wird" (*BGHSt* 43, 293, 299) entnehmen will, daß der *BGH* hier die Fallgruppen „b" und „c" des Melkmaschinenfalles zu kombinieren scheine, mit der Folge, daß danach nicht wie sonst eine Fallgruppe *alternativ* [Hervorhebung im Original], sondern die wirtschaftlich gewichtige Kreditaufnahme und die schwerwiegende Beeinträchtigung der Dispositionsfähigkeit *kumulativ* [Hervorhebung im Original] vorliegen müßten und noch eine Beschneidung der politischen Gestaltungsbefugnis hinzukommen müsse. Diese Sichtweise ist aber nicht zweifelsfrei. Im Gegenteil: die Verwendung des Wortes „wenn" vor den Worten „die Dispositionsfähigkeit [...] beeinträchtigt wird" dürfte wohl eher gegen ein solch kumulatives Erfordernis (im erstgenannten Sinne) sprechen.
Darüber hinaus macht *Brauns*, JR 1998, 381, 382f., 383, geltend, daß mit der Einbeziehung der Beeinträchtigung der Dispositionsfähigkeit und der Beschneidung der politischen Gestaltungsbefugnis in die Schadensbetrachtung im Ergebnis doch die Tendenz angelegt worden sei, die Untreue entgegen der vom *BGH* erklärten Absicht von einem Vermögensschädigungsdelikt in ein Delikt des haushaltswidrigen Verhaltens oder der Kompetenzüberschreitung umzudeuten, bei dem ein materieller wirtschaftlicher Schaden i.S. einer Differenz im Vermögen vor und nach der Tat allenfalls nur noch eine untergeordnete Rolle spiele. Ansätze, dieser Tendenz zu begegnen, würden lediglich die vom *BGH* genannten Aspekte bieten, daß es sich bei der erforderlichen Kreditaufnahme um eine „wirtschaftlich gewichtige" und bei der Beeinträchtigung der Dispositionsfähigkeit um eine „schwerwiegende" handeln müsse. Diese Kautelen seien jedoch – wie auch *Bittmann*, NStZ 1998, 495, 497, rügt („merkwürdig schwammig", „Die Häufung unbestimmter Rechtsbegriffe spricht der notwendigen Rechtsklarheit und Rechtssicherheit Hohn.", „Schwierigkeiten, den objektiven Tatbestand zu erkennen") – äußerst unscharf. Unabhängig hiervon meint auch *Nix*, NJ 1998, 325, 326, daß die Kriterien für die Annahme eines Vermögensnachteils im Gönnenwein-Urteil des *BGH* nicht präzise genug seien; diesen Kriterien zustimmend dagegen *Hillenkamp*, in: Wessels/Hillenkamp, BT 2^{22}, S.297 Rdnr.777. Grundsätzliche Zweifel, ob die von *BGHSt* 43, 293, 299 aufgestellten Erfordernisse der „wirtschaftlich gewichtigen Kreditaufnahme", der „schwerwiegenden Beeinträchtigung der Dispositionsfreiheit" und der „Beschneidung der politischen Gestaltungsbefugnis" in der Praxis überhaupt je erfüllt sein könnten, macht hingegen *Bieneck*, wistra 1998, 249, 251, im Hinblick darauf geltend, daß der Staat im Gegensatz zum Privatmann jederzeit die Möglichkeit habe, seine Einnahmen etwa durch Steuern zu erhöhen, und auch weitgesteckte politische Gestaltungs- und Reaktionsmöglichkeiten habe; ähnlich äußert sich auch *Otto*, JK (1998) § 266 StGB Nr.17.

1062 Siehe oben S.118ff.

1063 Anders dagegen *Brauns*, JR 1998, 381, 382, der meint, die Fallgruppe „a" des Melkmaschinenfalles sei im Gönnenwein-Urteil wohl deshalb unerwähnt geblieben, weil sie angesichts der „zweckentsprechenden" Verwendung der Mittel – gegen die Annahme einer „zweckgemäßen" Mittelverwendung in den Fällen der Haushaltsansatzüberschreitung jedoch *Otto*, JK (1998) § 266 StGB Nr.17; zum Begriff der „zweckentsprechenden" Mittelverwendung auch ders., JK (1985) § 266 StGB Nr.4; *LG Potsdam* vom 23.7.1999, 25 KLs 23/97, S.98f. (nicht rechtskräftig) [Seitenzählung bei zum Zwecke der Anonymisierung abgekürzten Personennamen] – „offensichtlich nicht einschlägig" sei.

Haushaltsmittel für welchen Zweck zur Verfügung stehen, ist quasi die Richtschnur für die Beurteilung der individuellen Verwendbarkeit. Daher ist eine Leistung, die dadurch erlangt wird, daß der entsprechende Haushaltstitel überzogen wird, jedenfalls dann für den Haushaltsträger nicht voll brauchbar, wenn die betreffende Ausgabe nicht notwendig ist.[1064] Genauso lag es aber im Fall Gönnenwein. Trotz anzunehmender objektiver Gleichwertigkeit von Leistung und Gegenleistung war dort ein Vermögensnachteil i.S. des § 266 StGB somit gegeben. Daß der *BGH* die Problematik unter diesem Gesichtspunkt mit keinem Wort gewürdigt hat, ist nicht begreiflich.

Aber auch zahlreiche andere *BGH*-Entscheidungen verdienen keine Zustimmung. Im Hinblick auf die Fülle der ergangenen und sich teilweise widersprechenden Entscheidungen muß hier jedoch nicht jede einzelne Entscheidung beleuchtet werden. Denn für den vorliegenden Zusammenhang genügt die resümierende Feststellung, daß eine klare und zugleich dogmatisch einleuchtende Linie zur Problematik der Fehlleitung öffentlicher Mittel in der Rechtsprechung nicht auszumachen ist. Überzeugende Ausführungen bilden eher die Ausnahme, überwiegend ist die Rechtsprechung dagegen mit vielen Fragezeichen zu versehen. Im Hinblick auf den Untersuchungsgegenstand dieser Arbeit ist freilich besonders zu kritisieren, daß bereits in *BGH, LM § 266 StGB Nr.16* aufgeworfen wurde, ob die Zweckentfremdung öffentlicher Gelder u.U. anders zu beurteilen sei als eine vergleichbare Entfremdung privater Gelder, diese wichtigen Ausführungen jedoch weitgehend in Vergessenheit gerieten.

3. *Ansichten im Schrifttum auf der Grundlage einer zumindest teilweise objektiv-individuellen Schadenskonzeption*

Im Schrifttum finden sich – so Angriffe auf öffentliches Vermögen überhaupt gesondert gewürdigt werden[1065] – mehrere unterschiedliche Ansätze zur strafrechtlichen Erfassung der Fehlleitung öffentlicher Mittel im Rahmen der §§ 263, 266 StGB.[1066]

1064 Vgl. insoweit – für eine allerdings etwas anders gelagerte Fallkonstellation – *LG Potsdam* vom 23.7.1999, 25 KLs 23/97, S.99f. (nicht rechtskräftig) [Seitenzählung bei zum Zwecke der Anonymisierung abgekürzten Personennamen].

1065 Im übrigen werden im Schrifttum entweder überhaupt keine expliziten Ausführungen zur Schadensproblematik im Bereich öffentlichen Vermögens gemacht oder es wird – wie etwa bei *Schmidt-Hieber*, NJW 1980, 322, 324 – ohne nähere Konkretisierungen bloß kurz darauf verwiesen, daß die allgemein geltenden Überlegungen und Kriterien auch im Bereich öffentlichen Vermögens zur Anwendung kommen würden, und die Leistungszwecke bei öffentlichem und privatem Vermögen gleichermaßen geschützt seien.

1066 Auch im Schrifttum wird der Vermögensnachteil i.S. des § 266 StGB ganz überwiegend mit dem Vermögensschaden i.S. des § 263 StGB gleichgesetzt (siehe nur *Fabricius*, NStZ 1993, 414, 416; *Gössel*, BT 2, S.490 Rdnr.3; *Hillenkamp*, in: Wessels/Hillenkamp, BT 2[22], S.297 Rdnr.775; *Jerouschek*, GA 1999, 416, 429; *Joecks* § 263 Rdnr.30; *Kohlmann/Brauns*, S.65; *Kühl*, in: Lackner/Kühl[23] § 266 Rdnr.17; *Lenckner*, in: Schönke/Schröder[25] § 266 Rdnr.39; *Ostendorf/Batschko*, RuP 1988, 192, 199; *Radtke*, ZevKR 44 (1999), 71, 84; *Ranft*, JuS 1986, 445, 448; *Rengier*, BT I[3], S.226 Rdnr.21; *Schmidt-Hieber*, NJW 1989, 558, 560; *Sebbel*, in: Ta-

a) Übernahme der Begründungsmuster der Rechtsprechung

Teilweise werden in der Literatur weitgehend die Begründungsmuster der Rechtsprechung übernommen, und zwar häufig ohne sich eingehender mit der Problematik auseinanderzusetzen. So führen etwa *Wessels* und *Hillenkamp* aus, es sei „allgemein anerkannt", daß derjenige einen Betrug begeht, der durch unwahre Angaben über zuteilungserhebliche Tatsachen sich oder einem Dritten *zweckgebundene öffentliche Mittel*[1067] verschafft, die zur Förderung bestimmter sozialpolitischer oder wirtschaftspolitischer Ziele dienen. Die Fehlleitung derartiger Mittel bilde „nach einhelliger Auffassung" einen Vermögensschaden.[1068] Auch *Lenckner* geht im Grundsatz davon aus, daß die öffentliche Hand geschädigt sei, wenn öffentliche Gelder fehlgeleitet und damit ihrem Zweck entfremdet werden, schränkt dies jedoch – ebenfalls in Übereinstimmung mit mehreren Entscheidungen der Rechtsprechung – dahingehend ein, daß nicht jeder Verstoß gegen haushaltsrechtliche Vorschriften und nicht jede der ursprünglichen Zweckbestimmung zuwiderlaufende Verwendung öffentlicher Mittel eo ipso auch einen Vermögensnachteil begründe.[1069]

Insgesamt finden sich im Schrifttum sowohl bei § 263 StGB[1070] als auch bei § 266 StGB[1071] zahlreiche Äußerungen, die sich letztendlich weitgehend auf den

---

gungsberichte XII, Anlage 4, S.24; *Tröndle*[48] § 266 Rdnr.20 – ihm nachfolgend nunmehr *Fischer*, in: Tröndle/Fischer[49] § 266 Rdnr.20 –, die allerdings beide den Begriff des Vermögens bei § 266 StGB weiter als bei § 263 StGB ziehen wollen (beide, a.a.O., Rdnr.17); vgl. *Neye*, S.37f., siehe aber auch S.47f., 48; *Samson/Günther*, in: SK[5] § 266 Rdnr.41ff.; a.M. *Hillenkamp*, NStZ 1981, 161, 166).

1067 Hervorhebung im Original.

1068 *Hillenkamp*, in: Wessels/Hillenkamp, BT 2[22], S.219 Rdnr.550; *Wessels*, BT 2[20], S.140 Rdnr.533.

1069 *Lenckner*, in: Schönke/Schröder[25] § 266 Rdnr.44.

1070 *Fischer*, in: Tröndle/Fischer[49] § 263 Rdnr.35; *Hillenkamp*, in: Wessels/Hillenkamp, BT 2[22], S.219 Rdnr.550; *Rengier*, BT I[3], S.186 Rdnr.94; *Tröndle*[48] § 263 Rdnr.35; *Wessels*, BT 2[20], S.140 Rdnr.533; vgl. *H. Schäfer/Seyler*, GA 1963, 338, 343f., 344; *Schmidt-Hieber*, NJW 1989, 558, 561; unklar *Ranft*, NJW 1986, 3163, 3165 mit Fußn.17, der ohne Ausdifferenzierungen neben zahlreichen unterschiedlichen Ansätzen auch auf *BGHSt* 19, 37, 45 hinweist, an anderer Stelle (JuS 1986, 445, 448) jedoch einer personalen Konzeption nahezustehen scheint; siehe auch ders., EWiR 5 (1989), 245, 246.

1071 *Fischer*, in: Tröndle/Fischer[49] § 266 Rdnr.12b, der dabei der Ansicht ist, im Falle der zweckwidrigen, jedoch nicht eigennützigen Verwendung öffentlicher Mittel würden bei der Beurteilung des Vermögensnachteils Gesichtspunkte der *Verfälschung des Staatswillens* [Hervorhebung im Original] eine erhebliche Rolle spielen; *Hillenkamp*, in: Wessels/Hillenkamp, BT 2[22], S.297 Rdnr.777; *Kohlmann/Brauns*, S.93f., die zwar auf S.93 ausdrücklich auf die Figur des persönlichen Schadenseinschlags abheben, deren Ausführungen aber ein Eingreifen dieser Figur nicht tragen; *Kühl*, in: Lackner/Kühl[23] § 266 Rdnr.17; *Lenckner*, in: Schönke/Schröder[25] § 266 Rdnr.44; *Martin*, JuS 1998, 565; *Ostendorf/Batschko*, RuP 1988, 192, 200; *Radtke*, ZevKR 44 (1999), 71, 84f.; *Rengier*, BT I[3], S.226 Rdnr.21; *Schmidt-Hieber*, NJW 1989, 558, 560f., 562; *Sebbel*, in: Tagungsberichte XII, Anlage 4, S.26f., 48, 58; *Tröndle*[48] § 266 Rdnr.16; *Vahle*, DVP 1995, 525; siehe auch *Schmidt-Hieber/Kiesswetter*, NJW 1992, 1790, 1793, die von brauchbaren Maßstäben der Rechtsprechung und Literatur zur Strafbarkeit der Haushaltsuntreue sprechen (und anscheinend bei jedwedem Haushaltsverstoß einen Schaden bejahen wollen), aber zugleich konstatieren, daß diese Maßstäbe auffälligerweise immer nur dann angewandt würden, wenn es um kleine Summen und machtlose Täter geht, und die hierin einen Anhaltspunkt dafür sehen,

Bahnen der Rechtsprechung bewegen. Vielen dieser Äußerungen liegt faktisch eine gespaltene Schadenskonzeption insofern zugrunde, als der Schaden anders als im Bereich privaten Vermögens begründet oder sogar weiter gefaßt wird.[1072] Einige Details mögen dabei zwar durchaus Zustimmung verdienen, im Kern sehen sich diese Ansätze jedoch den Bedenken ausgesetzt, die auch gegen die Rechtsprechung bestehen. Letzteres gilt namentlich für die fehlende dogmatische Absicherung der Figur der bloßen Fehlleitung öffentlicher Mittel als Vermögensschaden. Schon von daher können diese Ansätze nicht überzeugen und müssen deshalb an dieser Stelle auch nicht weiter vertieft werden.

Freilich ist darauf hinzuweisen, daß sich bei diesen Ansätzen dennoch auch wichtige Überlegungen finden: so wird teilweise hervorgehoben, daß es eines Rückgriffs auf den Fehlleitungsgedanken nicht bedürfe, wo eine fehlende Anspruchsberechtigung in Rede steht.[1073] Außerdem wird diskutiert, ob auch ein Verstoß gegen formelle Vergabevorschriften schon einen Vermögensschaden begründet.[1074] Und vereinzelt wird angenommen, daß jeder Verstoß gegen die Haushaltsgrundsätze der Wirtschaftlichkeit und Sparsamkeit schadenskonstituierend sei.[1075] [1076]

---

daß Entscheidungen der Justiz durch Parteigeist und politischen Geist beeinflußt werden, und die zu Recht eine umfassende Untersuchung anmahnen, die dem Verdacht einer Bevorzugung der Politik durch die teilweise ämterpatronierte (a.a.O., 1791f.) Justiz nachgeht; letztendlich dürfte an dieser Stelle wohl auch *Däke*, zitiert nach Handelsblatt vom 28.4.1998, S.7, einzuordnen sein, soweit er kritisiert, daß die strafrechtliche Verfolgungspraxis noch immer dazu tendieren würde, einen wirtschaftlichen Vermögensschaden der öffentlichen Hand bei Verstößen gegen Haushaltsrecht abzulehnen (in diesem Sinne wohl auch ders., in: Bund der Steuerzahler (Hrsg.), Öffentliche Verschwendung, S.2; anders aber ders., Stbg 1994, 418); siehe ferner *Bittmann*, NStZ 1998, 495, 496f., bei dem sich allerdings gewisse Ansätze an ein subjektives Schadensverständnis finden und dessen Sichtweise trotz gegenteiliger Beteuerungen zumindest in einigen Fällen auf den Schutz der bloßen Dispositionsfreiheit hinausläuft; differenzierend *Bieneck*, wistra 1998, 249ff.

1072 Sehr deutlich tritt eine gespaltene Sichtweise insbesondere bei *Lenckner*, in: Schönke/Schröder[25] § 266 Rdnr.44 (Gesichtspunkt der Zweckverfehlung hat bei der Verwaltung öffentlicher Gelder „eine weitergehende Bedeutung"), und bei *Wessels*, BT 2[20], S.141 Rdnr.534, sowie ihm nachfolgend *Hillenkamp*, in: Wessels/Hillenkamp, BT 2[22], S.219 Rdnr.551 („Umstritten und noch nicht abschließend geklärt ist dagegen, inwieweit sich dies auf eine vergleichbare subjektive Zwecksetzung und deren Verfehlung im privaten Bereich übertragen läßt."), zutage.

1073 *Lenckner*, in: Schönke/Schröder[25] § 266 Rdnr.44.

1074 Bejahend offenbar *Sebbel*, in: Tagungsberichte XII, Anlage 4, S.26, siehe aber auch S.77; i.E. wohl auch *Däke*, zitiert nach Handelsblatt vom 28.4.1998, S.7; verneinend *Lenckner*, in: Schönke/Schröder[25] § 266 Rdnr.44.

1075 *Lenckner*, in: Schönke/Schröder[25] § 266 Rdnr.44; *Schmidt-Hieber*, NJW 1989, 558, 561.

1076 In eine andere Richtung geht dagegen der 1975 vom *Bund der Steuerzahler* vorgelegte Entwurf eines zu schaffenden Tatbestands der Amtsuntreue. Ihm liegt u.a. die Auffassung zugrunde, daß § 266 StGB nicht ausreichen würde, alle als strafbedürftig erachteten Fälle zu erfassen (vgl. *Bund der Steuerzahler*, Amtsuntreue, S.11f.). Daher wurde vorgeschlagen, einen Tatbestand zu schaffen, der bereits bestraft, wenn jemand „als Amtsträger zur Mitwirkung an der Verwendung oder Verplanung öffentlicher Mittel berufen ist und dabei vorsätzlich bewirkt, daß öffentliche Mittel entgegen den Grundsätzen der Sparsamkeit und der Wirtschaftlichkeit, insbesondere entgegen haushaltsrechtlichen Vorschriften, verausgabt werden". Dabei sollte auch leichtfertiges Handeln pönalisiert werden. Desweiteren war eine Versuchsstrafbarkeit vorgesehen (a.a.O., S.14f.). Dieser Entwurf erfuhr allerdings erhebliche Kritik (*Haas*, S.95; *Labsch*, S.281; *Neye*, S.97ff.; *Pfeiffer*, in: Tagungsberichte XII, Anlage 6, S.5ff.; *Sebbel*, in: Tagungsberichte XII, An-

b) Konkretisierung der Kriterien einer angenommenen Vermögensrelevanz von Zwecksetzungen im allgemeinen

Im Bereich der Erschleichung von Subventionen will *Lackner* bei § 263 StGB – soweit dort überhaupt Anlaß besteht, den Zweckverfehlungsgedanken zu berücksichtigen – darauf abstellen, ob der Empfänger der Subvention im Zeitpunkt ihrer Bewilligung die materiellen Vergabevoraussetzungen erfüllt hat. Täuschungen über bloße Formalien oder über sonstige Bedingungen, die lediglich der Erleichterung der Verwaltungstätigkeit oder der Beweissicherung dienen, seien unerheblich.[1077] Denn nur die Nichterfüllung der materiellen Vergabevoraussetzungen führe dazu, daß die betreffende Ausgabe sinnlos und damit wirtschaftlich unvernünftig sei.[1078] Mit diesen Ausführungen konkretisiert *Lackner* für den Bereich der Subventionserschleichung lediglich seinen allgemeinen Begründungsansatz zur Vermögensrelevanz von Zwecksetzungen. Da dieser Ansatz aber – wie oben bereits ausgeführt wurde[1079] – schon im allgemeinen keine Zustimmung verdient, kann auch eine diesbezügliche Konkretisierung zu keiner stimmigen Konzeption führen. Eine weitergehende Auseinandersetzung mit dieser Meinung erübrigt sich somit.

Entsprechendes gilt für die Ansicht *Cramers*: Auch *Cramer* stellt bei der Erschleichung öffentlicher Subventionen im Kern auf seinen zum Bettel- und Spendenbetrug – und von der Konzeption *Lackners* abweichenden – Ansatz ab[1080], den er um die Bemerkung ergänzt, daß sich die Zweckverfehlung insoweit aus der jeweiligen Zweckgebundenheit des Vermögens der öffentlichen Hand ergebe.[1081] Wie oben

lage 4, S.74ff., 78; *Tagungsberichte XII*, S.49; *Volk*, Fehlerhafte Mittelverwendung, S.495; *U. Weber*, in: Dreher-FS, S.555, 570; siehe auch *Heller*, S.232 Fußn.22 m.w.N.; *Kerner/Rixen*, GA 1996, 355, 386) und wurde nicht umgesetzt. Weitere Reformvorschläge wurden später von *Kohlmann/Brauns*, S.124ff. [kritisch hierzu *Neye*, S.100ff.; *Volk*, Bewirtschaftung, S.63ff.; ders., in: Krekeler/Tiedemann/Ulsenheimer/Weinmann (Hrsg.), HWiStR, Haushaltsuntreue, S.2], sowie von *Volk*, Bewirtschaftung, S.74ff. [kritisch hierzu *Neye*, S.106f.], vorgelegt; sie wurden vom Gesetzgeber jedoch ebenfalls nicht aufgegriffen. In neuerer Zeit wird die Frage der Schaffung eines entsprechenden Tatbestands erneut von *Brauns*, JR 1998, 381, 384, und *Otto*, JK (1998) § 266 StGB Nr.17, aufgeworfen. Der Präsident des Bundes der Steuerzahler, *Däke*, äußert sich zu dem vorstehenden Problemkreis auffallend widersprüchlich: einerseits bekräftigt er die Forderung nach Schaffung eines Amtsuntreuestraftatbestands mit der Begründung, daß die bestehenden Gesetze zu kurz greifen würden (Stbg 1994, 418), andererseits spricht er davon, daß das strafrechtliche Instrumentarium für Sanktionen zur Ahndung von Verstößen gegen das Haushaltsrecht bereits vorhanden sei (in: Bund der Steuerzahler (Hrsg.), Öffentliche Verschwendung, S.2), wobei freilich auffällt, daß es zu diesem Meinungsumschwung – soweit ersichtlich – erst kam, nachdem *Wolf* im Auftrag des Bundes der Steuerzahler das Gutachten über „Die Strafbarkeit der rechtswidrigen Verwendung öffentlicher Mittel“ [dazu oben S.80f.] erstattet hatte. Eingehend zum Ganzen *Haas*, S.92ff.; *Labsch*, S.275ff.; *Neye*, S.97ff.; siehe ferner *Wolf* (1997), S.177ff.; ders. (1998), S.165ff.

1077 *Lackner*, in: LK[10] § 263 Rdnr.176; i.E. ganz ähnlich *Kühl*, in: Lackner/Kühl[23] § 263 Rdnr.56.

1078 Vgl. *Lackner*, in: LK[10] § 263 Rdnr.176 („auf dieser Grundlage“).

1079 Siehe oben S.140f.

1080 *Cramer*, S.218f.; ders., in: Schönke/Schröder[25] § 263 Rdnr.104.

1081 *Cramer*, in: Schönke/Schröder[25] § 263 Rdnr.104. – Wird eine einseitige öffentliche Leistung erschlichen, auf die nur unter bestimmten Voraussetzungen ein Anspruch besteht, soll nach *Cramer*, in: Schönke/Schröder[25] § 263 Rdnr.104a, ein Schaden vorliegen, wenn die Leistung erbracht wird, ohne daß die Anspruchsvoraussetzungen gegeben sind.

bereits ausgeführt wurde, überzeugt jedoch *Cramers* Rekurrieren auf die Erfüllung einer sittlichen Verbindlichkeit und auf §§ 534, 814 BGB bereits im allgemeinen, aber noch viel mehr im Bereich der Subventionserschleichung nicht, da bei einer Subventionsvergabe von der Erfüllung einer sich aus Sitte oder Anstand ergebenden Pflicht keine Rede sein kann.[1082] Somit muß aber auch der Ansatz *Cramers* an dieser Stelle nicht weiter vertieft werden.

c) Vermögensrelevanz aufgrund von Rückwirkungen auf den Gesamthaushalt (*H. Schäfer*)

Eigenständige Begründungsversuche für eine Vermögensrelevanz öffentlicher Zwecksetzungen finden sich im Schrifttum – soweit ersichtlich – erstmals im Zuge der strafrechtlichen Beurteilung der sog. VW-Aktien-Fälle.

Dabei nimmt *Herbert Schäfer* an, daß die Nichterfüllung der Vergabevoraussetzungen bei Vorliegen eines objektiv ausgeglichenen Geschäfts dazu führe, daß die Gegenleistung minderwertig sei: der Begriff des Vermögens müsse nämlich auch volkswirtschaftlich gesehen und gewertet werden. Mit der Ausgabe der VW-Aktien aufgrund des PrivG habe der Staat zwar auch politische Zwecke verfolgt, denen kein vermögensrechtlicher Wert zugekommen sei. In erster Linie habe dem Staat jedoch an einer wirtschaftlichen Sicherheit jener wirtschaftlich Schwachen (durch Bildung von Eigenkapital) gelegen, die im übrigen in der Mehrheit seien. Sei diese Mehrheit wirtschaftlich gesund, so habe deren Stärke aber „nachweisbare [...] Rückwirkungen auf das gesamte Wirtschaftsleben der Bevölkerung und auf den Staatshaushalt." Dies sei „ein realer, meßbarer wirtschaftlicher Vorteil für den Staat" und jeder bedingungswidrige VW-Aktienbezug habe partiell diese für den Staat günstigen, vermögenswerten Folgen beseitigt.[1083]

In der Literatur ist diesen Ausführungen – soweit ersichtlich – nur *Rudolf Müller*[1084] beigetreten. Zwar ist *Schäfers* Überlegung, bei der Nichterfüllung von Vergabevoraussetzungen einen (individuellen) Minderwert zu bejahen, durchaus interessant. Doch die gelieferte Begründung kann nicht überzeugen: Wenn nämlich die Vermögensrelevanz der betreffenden Zwecksetzungen mit den positiven „Rückwirkungen" auf den Staatshaushalt begründet wird, so bleibt schon unklar, welche Rückwirkungen überhaupt gemeint sind. Vor allem handelt es sich bei „Rück-"Wirkungen aber begrifflich gerade um solche Wirkungen, die mit dem Unmittelbarkeitserfordernis nicht in Einklang zu bringen sind.[1085] Von daher verdient der Ansatz *Schäfers* keine Zustimmung; eine hinreichende Vermögensrelevanz öffentlicher Zwecksetzungen läßt sich mit den Ausführungen nicht begründen.

1082 Siehe bereits oben S.142.
1083 *H. Schäfer*, Kriminalistik 1962, 385, 388f.
1084 *R. Müller*, DRiZ 1963, 55, 57.
1085 Vgl. *Hoppenz*, S.94.

d) Verminderung der bestehenden Aufgabenlast (*Hoppenz*)

Ein anderer Ansatz findet sich bei *Hoppenz*. *Hoppenz* nimmt an, daß ein Geschäftszweck für das Vorliegen eines Vermögensschadens nur dann relevant sein könne, wenn seine Erreichung sich in irgendeiner Hinsicht auf das Vermögen des Leistenden auswirke.[1086] Hiervon ausgehend beurteilt er die Erschleichung staatlicher Unterstützungen anders als die Fälle des Bettelbetrugs. Eine Strafbarkeit des sog. Bettelbetrugs lehnt *Hoppenz* ab[1087]: für die Vermögenslage des Gebers sei dort unerheblich, ob das Geld einem nur vermeintlich oder einem tatsächlich Bedürftigen zufließt[1088]; ein Unterschied bestehe insoweit nur auf der Ebene des Irrtums.[1089] Die Lehre vom idealen Äquivalent bzw. von der Zweckverfehlung sei mit dem wirtschaftlichen Vermögensbegriff unvereinbar, da sie Irrtum und Vermögensschaden nicht auseinanderhalte.[1090]

Grundsätzlich anders stelle sich die Lage dagegen beim Staat dar: mit Subventionen würden keine Schenkungszwecke erfüllt; der Staat habe nichts zu verschenken. Mit der Gewährung einer Subvention erfülle er vielmehr Aufgaben, die ihm im Interesse der Allgemeinheit obliegen würden.[1091] Da Aufgabe des Staates sei, das Wohl seiner Bürger zu fördern, könne durchaus von einer allgemeinen Zweckgebundenheit des Staatsvermögens gesprochen werden. Insoweit unterscheide sich der Staat aber als Vermögensträger entscheidend von einer Privatperson. Deren Vermögen sei weder zweckgebunden, noch könne von einer ausgesprochenen Aufgabe des einzelnen gesprochen werden, Arme zu unterstützen. Gelange dagegen eine Leistung des Staates versehentlich an einen nicht Unterstützungsbedürftigen, so geschehe dies im Widerspruch zur Zweckgebundenheit des Staatsvermögens. Dieser konkrete Fall unterscheide sich vom Normalfall nicht nur durch das Vorliegen eines Irrtums. Auch die Vermögenslage des Staates habe sich demgegenüber verschlechtert, weil dem Einsatz von Geldmitteln nicht eine entsprechende Abnahme der den Einsatz weiterer Geldmittel erfordernden Unterstützungsaufgaben gegenüberstehe.[1092] *Hoppenz* macht diese Ausführungen zwar wohl nur für den Bereich staatlicher Unterstützungen, sie dürften sich allerdings auch insgesamt auf Unterstützungen aus zweckgebundenen Vermögen übertragen lassen.[1093] Im Bereich objektiv ausgeglichener Geschäfte verneint *Hoppenz* allerdings auch bei öffentlichem Vermögen eine schadensbegründende Relevanz von Zweckverfehlungen.[1094]

Hoppenz' Überlegungen verdienen jedoch keine Zustimmung: denn im Bereich wirtschaftlich unausgeglichener Geschäfte könnte das Nichtvorliegen eines betrugs-

---

1086 *Hoppenz*, S.103.
1087 *Hoppenz*, S.101.
1088 *Hoppenz*, S.100f., 109f.
1089 *Hoppenz*, S.100f., 101.
1090 *Hoppenz*, S.101f.
1091 *Hoppenz*, S.95.
1092 *Hoppenz*, S.102f., vgl. S.109f.
1093 Siehe auch *Hoppenz*, S.103 („Es muß eine Zweckbindung des Vermögens oder eines Teils davon bestehen. Das ist beim Vermögen des Staates der Fall.").
1094 *Hoppenz*, S.104f., 105 Fußn.354 i.V. mit S.88 Fußn.285.

relevanten Schadens mit der Abnahme der den Einsatz weiterer Geldmittel erfordernden Unterstützungsaufgaben allenfalls dann begründet werden, wenn der betreffende Vermögensinhaber zu entsprechenden Unterstützungen verpflichtet wäre.[1095] Wie oben bereits ausgeführt wurde, bedarf es aber bei einer unausgeglichen gebliebenen Leistung auf eine vermeintlich bestehende Verbindlichkeit keines Rückgriffs auf den Zweckverfehlungsgedanken, um einen betrugsrelevanten Schaden zu bejahen.[1096] Daneben versagt der Ansatz *Hoppenz*', wenn es um Unterstützungen geht, die nach freiem Ermessen vergeben werden. Eine allgemeine Vermögensrelevanz öffentlicher Zwecksetzungen läßt sich so nicht begründen.

e) Ausdifferenzierungen unter dem Gesichtspunkt der „Beschränktheit der zur Verfügung stehenden Mittel" bei Ablehnung einer schadensbegründenden Relevanz von Zweckverfehlungen (*Schmitt*)

Anders als *Hoppenz* beurteilt dessen Doktorvater *Schmitt* die Problematik der Erschleichung öffentlicher Zuwendungen. *Schmitt* ist der Meinung, eine Zweckverfehlung könne für sich alleine schon deshalb keinen Schaden begründen, weil sie auf der Vorteilsseite nicht wieder in Erscheinung trete.[1097] Damit lehnt *Schmitt* eine Vermögensrelevanz von Zwecksetzungen ab. Im Bereich objektiv ausgeglichener Geschäfte verneint er dann ausdrücklich mit der vorgenannten Begründung das Vorliegen eines Schadens, wenn bloß eine Zweckverfehlung in Rede steht. Handelt es sich dagegen um ein wirtschaftlich unausgeglichenes Geschäft, nimmt *Schmitt* bei der Erschleichung öffentlicher Zuwendungen folgendes an: Sind die für die Zuwendung bestimmten Mittel nicht beschränkt, liege ein Betrug zum Nachteil der öffentlichen Hand „ohne besondere Problematik" vor. Anders sei es jedoch, wenn die für die Zuwendung bestimmten Mittel etatmäßig beschränkt seien und nach der Zahl der Begünstigten davon auszugehen sei, daß die zur Verfügung stehenden Mittel restlos erschöpft werden: abgesehen von den Fällen, in denen die Zuwendung in Form eines zinsverbilligten oder zinslosen Darlehens gewährt werde – und ein Schaden in der Zinsdifferenz erblickt werden könne –, sei in dieser Konstellation ein Schaden zu verneinen, da die öffentliche Hand den verfügbaren Betrag insgesamt nur einmal auszahlen würde.[1098]

Auch diese Sichtweise verdient jedoch keine Zustimmung: denn bei dem letztgenannten Gesichtspunkt handelt es sich bloß um hypothetische Kausalität (Auszahlung an andere). Im übrigen fußt die Ansicht *Schmitts* darüber hinaus auf einer Ablehnung des Kriteriums der unbewußten Selbstschädigung. Wie oben bereits ausgeführt wurde[1099], kann aber im Rahmen des § 263 StGB auf dieses Erfordernis zu-

1095 Vgl. *Gerhold*, S.29. – Selbst *Hoppenz*, S.104, spricht immerhin von einer Verminderung der „Ausgaben*last*" [Hervorhebung vom Verf.]. – Siehe zur wirtschaftlichen Bewertung der Befreiung von einer Verbindlichkeit und zu normativen Gesichtspunkten oben S.120f.

1096 Siehe oben S.121ff.

1097 *Schmitt*, PolBl. 1967, 177, 179.

1098 *Schmitt*, PolBl. 1967, 177, 179.

1099 Siehe oben S.112.

mindest grundsätzlich – und eine etwaige Ausnahme wurde von *Schmitt* auch nicht dargetan – nicht verzichtet werden. Daher ist auch die Meinung *Schmitts* abzulehnen.

f) Wesen der öffentlichen Haushalte (*Tiedemann*)

Sehr eingehende Ausführungen zur Problematik der Zweckverfehlung im Bereich öffentlichen Vermögens finden sich bei *Tiedemann*, und zwar im Rahmen seiner umfangreichen Untersuchungen zur mißbräuchlichen Inanspruchnahme von Subventionen. Im Ergebnis vertritt *Tiedemann* dabei nach eigenem Bekunden einen gespaltenen Vermögens- und Schadensbegriff innerhalb des äußerlich einheitlichen Betrugstatbestands.[1100]

aa) Die von *Tiedemann* angeführte Begründung für eine „gespaltene" Vermögens- und Schadenskonzeption

Tiedemann weist zunächst darauf hin, daß Subventionen eigentlich nicht gewährt würden, um Rechtsansprüche zu erfüllen, sondern um wirtschafts- und sozialpolitische Zwecke zu erreichen, auch wenn diesen rechtliche Ansprüche der Begünstigten entsprechen würden.[1101] Damit einhergehend nimmt er an, daß dem Wesen der Subventionierung aus öffentlichen Mitteln allein eine durchgehend materielle Vermögens- und Schadenskonzeption entspreche.[1102] Eine solche müsse den Schaden nicht mehr als statische Einbuße am Vermögen, sondern als gleichsam dynamische Vermögensstörung ansehen.[1103] Im einzelnen begründet und versteht *Tiedemann* diese materiale Konzeption wie folgt:

Zunächst führt er den wirtschaftswissenschaftlichen Wertbegriff an, der allgemein den Wert eines Gutes für die Bedürfnisbefriedigung erfasse. Diese Bedürfnisbefriedigung unterliege bei wirtschaftlichem Verhalten einem bestimmten Plan, der den Einsatz bestimmter Mittel zu bestimmten Zwecken regele. Für den Einzelwirtschafter habe die Rechtsprechung diese Sichtweise durch die Figur des persönlichen Schadenseinschlags übernommen und auch dem personalen Vermögens- und Schadensverständnis liege sie insgesamt zugrunde.[1104] *Tiedemann* selbst lehnt in diesem Bereich jedoch eine Relevanz von Zwecksetzungen ab, da der einzelne private

1100 Vgl. *Tiedemann*, ZStW 86 (1974), 897, 912; ders., in: Klug-FS, S.405, 416f., 417 Fußn.44. – *Tiedemann*, in: LK[11] § 263 Rdnr.185, vertritt nunmehr zwar insgesamt einen normativierten Schadensbegriff – der sich den oben S.185 erhobenen Bedenken ausgesetzt sieht – lehnt aber bei der Schadensprüfung eine pauschale Gleichbehandlung öffentlicher und privater Mittel (im Hinblick auf die streng normative Zweckbindung ersterer) weiterhin ab (a.a.O., Rdnr.233) und spricht in diesem Zusammenhang von „Besonderheiten des öffentlichen Vermögens" (in: LK[11] vor § 263 Rdnr.42 a.E.).

1101 *Tiedemann*, Subventionskriminalität, S.311f.; kritisch hierzu *J. Vogel*, Legitimationsprobleme, S.527f. („steht in tendenziellem Widerspruch zum Grundsatz der Gesetzesbindung").

1102 *Tiedemann*, ZStW 86 (1974), 897, 910.

1103 *Tiedemann*, Subventionskriminalität, S.314.

1104 *Tiedemann*, Subventionskriminalität, S.314f.; ders., ZStW 86 (1974), 897, 910f.

Wirtschafter keineswegs auf die Erreichung bestimmter Zwecke festgelegt sei. Ein der Leistung vom privaten Leistenden beigelegter Zweck sei willkürlich, austauschbar und rücknehmbar.[1105] Ganz anders stelle sich die Lage dagegen im Bereich der öffentlichen Haushaltswirtschaft dar: dort sei ein planvolles Vorgehen durch die Haushaltsordnung, die Haushaltspläne und insbesondere durch den Grundsatz größtmöglicher Wirtschaftlichkeit vorgeschrieben[1106], und auch die Leistungszwekke seien dort normativ festgelegt.[1107] Da die öffentliche Hand im wesentlichen mit Hilfe von Steuergeldern, also mit Fremdmitteln, wirtschafte, habe sie die Finanzmittel rational und optimal zugunsten der Allgemeinheit einzusetzen und insbesondere keine Gewinne zu erwirtschaften. Dieser Einsatz zugunsten der Allgemeinheit erfolge zu einem erheblichen Teil dadurch, daß die Steuergelder über den Weg der Subventionen in die Volkswirtschaft zurückflössen. Von daher seien die verausgabten Gelder Durchlaufvermögen des Staates, und der Vermögensverteilungs- und -entziehungsprozeß werde dadurch gestört, daß Mittel zu Unrecht ausgezahlt und damit weitere Mittel für die Bewältigung der öffentlichen Aufgaben ausgegeben oder beschafft werden müßten.[1108] *Tiedemann* meint deshalb, daß der Eigenart der öffentlichen Haushaltswirtschaft allein eine Vermögensauffassung entspreche, die die öffentlichen Mittel als zweckgebundenes Umlaufvermögen[1109] und nicht als Eigentum der öffentlichen Hand begreife.[1110] Den personal-individualisierenden Ansatz des *BGH* aus dem Melkmaschinenfall hält er insoweit der Sache nach für zutreffend.[1111]

bb) Inhalt und Umfang einer materiellen Vermögensschadenskonzeption

aaa) Zweckverfehlung als Vermögensschaden

Konkret nimmt *Tiedemann* an, Schaden i.S. des § 263 StGB sei bei öffentlichen Haushalten die „Beeinträchtigung der staatlichen Disposition“[1112] bzw. „primär [die] Beeinträchtigung der staatlichen Planung („Disposition“), wenn auch bezogen auf das staatliche Vermögen“[1113]; nur im Bereich der öffentlichen Haushalte würden „die Dispositionsfreiheit und die Leistungszwecke voll relevant und vom Straf-

1105 *Tiedemann*, Subventionskriminalität, S.314; ders., ZStW 86 (1974), 897, 911 [kritisch zu dieser Argumentation *W. Hartmann*, S.99f., 100, der geltend macht, daß bei der Schadensbegründung beim Betrug von vornherein nur die Verfehlung solcher Zwecke in Betracht kommen könne, die das Opfer im Zeitpunkt der Vermögensverfügung verfolgt.].

1106 *Tiedemann*, Subventionskriminalität, S.315; ders., ZStW 86 (1974), 897, 911; siehe auch ders., in: Institute of Comparative Law Waseda University (Hrsg.), Law in east and west, S.927, 937.

1107 *Tiedemann*, ZStW 86 (1974), 897, 911.

1108 *Tiedemann*, Subventionskriminalität, S.315; ders., ZStW 86 (1974), 897, 911.

1109 *Tiedemann*, Subventionskriminalität, S.315; ders., ZStW 86 (1974), 897, 911; siehe auch ders., in: Institute of Comparative Law Waseda University (Hrsg.), Law in east and west, S.927, 937.

1110 *Tiedemann*, Subventionskriminalität, S.315; siehe auch ders., in: Institute of Comparative Law Waseda University (Hrsg.), Law in east and west, S.927, 937 („wirtschaftlich nicht Vermögen des Staates“).

1111 *Tiedemann*, Subventionskriminalität, S.315.

1112 *Tiedemann*, Subventionskriminalität, S.315.

1113 *Tiedemann*, in: LK[11] § 264 Rdnr.13.

recht geschützt".[1114] Dabei erblickt *Tiedemann* den Schaden zwar in der Zweckverfehlung – soweit es überhaupt eines Abstellens auf diesen Gedanken bedürfe –, will jedoch zur Schadensbegründung nicht auf die Zweckverfehlungstheorie zurückgreifen, die die Konturen des § 263 StGB verwische, sondern auf das „Wesen" der öffentlichen Haushalte.[1115] Im Ergebnis bedeute diese Konzeption eine Spaltung des Vermögens- und Schadensbegriffs: Der Vermögensbegriff bei privaten Haushalten sei ein anderer als bei öffentlichen Haushalten.[1116] Einschränkend nimmt *Tiedemann* allerdings an, daß das zu öffentlichem Vermögen Gesagte entsprechend auch bei solchen privatwirtschaftlichen Haushalten gelte, deren Zwecksetzung und Mittelvergabe durch öffentliche Rechtsnormen geregelt[1117] bzw. gesetzlich festgelegt[1118] sind.

bbb) Zweckerreichung und Zweckvereitelung

Als Konsequenz des materialen Schadensverständnisses stellen sich für *Tiedemann* zwei weitere Fragen: einmal, ob der Vermögensschaden dann entfällt, wenn die materiellen Subventionszwecke trotz Verstoßes gegen die Vergabemodalitäten erreicht sind („Zweckerreichung"), und zum anderen, ob ein Schaden auch dann bejaht werden kann, wenn die formalen Vergabevoraussetzungen einer Subventionsgewährung erfüllt sind („Zweckvereitelung").[1119] Bei beiden Fragen könne es dabei nur um spezifische Subventionszwecke gehen, nicht dagegen um den für jede Subventionsgewährung typischen Zweck der Einkommensmehrung.[1120] Von daher würden sich diese beiden Fragen bei den meisten Sozialsubventionen mangels spezifischer Zwecke überhaupt nicht stellen.[1121] Im übrigen sei die Feststellung der spezifischen Subventionszwecke aber häufig schwierig, selbst wenn diese Feststellung nicht mit einer ökonomischen Erfolgskontrolle identifiziert werde.[1122] Von diesen eher praktischen Bedenken[1123] abgesehen, beurteilt *Tiedemann* die beiden Konstellationen wie folgt:

Bei der Problematik der Zweckerreichung stellt er darauf ab, daß bei Zugrundelegung eines materialen Ansatzes nur die Verletzung der realen Güterverteilung und ihrer Zwecke kriminell strafwürdig erscheine; die Beeinträchtigung der Vorbereitung, Unterstützung und Kontrolle der Verteilung stelle im Prinzip bloßes Ord-

---

1114 *Tiedemann*, ZStW 86 (1974), 897, 912; ders., Wirtschaftsstrafrecht 2, S.99.

1115 *Tiedemann*, in: LK[11] § 264 Rdnr.13; wohl auch ders., in: Tagungsberichte IV, S.65f., 66.

1116 *Tiedemann*, Subventionskriminalität, S.315; ders. ZStW 86 (1974), 897, 912; vgl. ders., in: LK[11] § 264 Rdnr.13; siehe auch ders., in: Klug-FS, S.405, 416f. mit Fußn.44; i.E. wohl auch ders., in: Tagungsberichte IV, S.65f., 66 („Nuancierung des allgemeinen Schadensbegriffes").

1117 *Tiedemann*, ZStW 86 (1974), 897, 911; ders., Wirtschaftsstrafrecht 2, S.99.

1118 *Tiedemann*, Subventionskriminalität, S.315.

1119 Vgl. *Tiedemann*, ZStW 86 (1974), 897, 912; ders., Wirtschaftsstrafrecht 2, S.100.

1120 *Tiedemann*, Subventionskriminalität, S.316f., 317; vgl. ders. ZStW 86 (1974), 897, 913; ders., Wirtschaftsstrafrecht 2, S.101; ders., in: LK[11] § 264 Rdnr.13 i.V. mit Rdnr.18.

1121 Vgl. *Tiedemann*, in: LK[11] § 264 Rdnr.13, 18.

1122 *Tiedemann*, ZStW 86 (1974), 897, 913; ders., Wirtschaftsstrafrecht 2, S.100; ders., in: LK[11] § 264 Rdnr.18; vgl. ders., Subventionskriminalität, S.316f.

1123 *Tiedemann*, in: LK[11] § 264 Rdnr.18.

nungsunrecht dar.[1124] *Tiedemann* weist diesbezüglich allerdings darauf hin, daß die verwaltungsmäßigen Vergabevoraussetzungen den Subventionszweck in primär maßgeblicher Weise konkretisieren würden; daher führe die Täuschung über diese Voraussetzungen *regelmäßig*[1125] zur Annahme eines Betruges. Nur wenn die Zweckerreichung gleichwohl feststehe – prozessuale Zweifel müßten insoweit zu Lasten des Täters gehen – sei Raum für die Berücksichtigung der Zweckerreichung.[1126] Die Situation sei dann in gewisser Hinsicht auch mit dem sog. Beweismittelbetrug (bloße Benutzung falscher Beweismittel zur Durchsetzung eines vorhandenen Anspruchs) vergleichbar, der anerkanntermaßen nicht strafbar sei.[1127] Zusammengefaßt kann somit nach *Tiedemann* eine materielle Zweckerreichung eine Strafbarkeit nach § 263 StGB ausschließen[1128] – und zwar unter dem Gesichtspunkt des Vermögensschadens[1129] –; die Berücksichtigung der Zweckerreichung soll dabei aber auf Ausnahmefälle beschränkt sein.[1130]

Bei der zweiten Konstellation – Zweckvereitelung trotz Vorliegen der formalen Vergabevoraussetzungen – weist *Tiedemann* zunächst auf den Unterschied zwischen Schein- und Umgehungsgeschäften hin. Ein Scheingeschäft liege vor, wenn eine Willenserklärung einem anderen gegenüber abzugeben sei und beide Teile sich darüber einig seien, daß das Erklärte in Wahrheit nicht gewollt ist.[1131] Die Unerheblichkeit von Scheingeschäften und Scheinhandlungen sei aber ein allgemeiner Rechtsgedanke – und zwar nicht nur im nationalen, sondern auch im EG-rechtlichen Bereich.[1132] Von daher entfalle bei einem reinen Scheingeschäft bereits der Subventionsanspruch.[1133] Schwieriger sei es dagegen im Bereich der Umgehungsgeschäfte: denn im Ausgangspunkt sei die Straflosigkeit von Umgehungshandlungen in Art.103 II GG verankert.[1134] Allerdings helfe bei normativen Tatbestandsmerkmalen häufig eine die Wortlautgrenze beachtende und mit der Rechtsprechung des *BVerfG* einhergehende Auslegung weiter, um entsprechende Manipulationen zu erfassen.[1135] Im übrigen entspreche die Anwendung des Umgehungs-

1124 *Tiedemann*, ZStW 86 (1974), 897, 913; ders., Wirtschaftsstrafrecht 2, S.100; vgl. ders., Subventionskriminalität, S.317.

1125 Hervorhebung im Original.

1126 *Tiedemann*, ZStW 86 (1974), 897, 913.

1127 *Tiedemann*, Subventionskriminalität, S.317f.; siehe auch ders., JR 1983, 212, 213.

1128 *Tiedemann*, Subventionskriminalität, S.317; ders., ZStW 86 (1974), 897, 913, 919; ders., Wirtschaftsstrafrecht 2, S.100; ders., in: LK[11] § 264 Rdnr.18.

1129 *Tiedemann*, Subventionskriminalität, S.316ff., 316; ders., ZStW 86 (1974), 897, 912ff., 912; ders., Wirtschaftsstrafrecht 2, S.100ff., 100; siehe insoweit auch ders., in: LK[11] § 263 Rdnr.185.

1130 *Tiedemann*, ZStW 86 (1974), 897, 915; ders., Wirtschaftsstrafrecht 2, S.102; ders., in: LK[11] § 264 Rdnr.18.

1131 *Tiedemann*, in: LK[11] § 264 Rdnr.105.

1132 *Tiedemann*, NJW 1990, 2226, 2230; ders., Rivista 1991, 513, 527; ders., Rivista 1991, 535, 545; ders., in: LK[11] § 264 Rdnr.103.

1133 *Tiedemann*, ZStW 86 (1974), 897, 916; ders., Wirtschaftsstrafrecht 2, S.103.

1134 *Tiedemann*, ZStW 86 (1974), 897, 915; ders., Wirtschaftsstrafrecht 2, S.102; ders., NJW 1980, 1557, 1559f.; vgl. ders., NJW 1990, 2226, 2231; ders., Rivista 1991, 513, 527; ders., Rivista 1991, 535, 545.

1135 *Tiedemann*, in: LK[11] § 264 Rdnr.109; vgl. ders., ZStW 86 (1974), 897, 917; ders., Wirtschaftsstrafrecht 2, S.103; ders., in: Krekeler/Tiedemann/Ulsenheimer/Weinmann (Hrsg.), HWiStR, gedankens jedoch methodisch der Analogie und könne daher im Strafrecht – außer im Falle eigener Inkriminierung von Umgehungshandlungen in selbständigen Straftatbeständen – nur bei Eingreifen ausdrücklicher Gesetzesklauseln nach Art des § 4 II SubvG zulässig sein.[1136] Bei der Auslegung des § 4 II SubvG komme es dabei auf den Endzweck der Subventionierung an[1137]; allerdings sei die Vorschrift zumindest auf EG-Recht nicht anwendbar, eine EG-rechtliche Erfassung von Umgehungshandlungen ermögliche aber Art.4 III EG-VO Nr.2988/95.[1138]

ccc) Konsequenzen für das Rechtsgut des § 263 StGB und das Rechtsgut des § 264 StGB

Abschließend ist aufzuzeigen, welche Konsequenzen *Tiedemann* aus seinem „gespaltenen“ Vermögens- und Schadensverständnis für das Rechtsgut des § 263 StGB zieht: *Tiedemann* nimmt an, daß § 263 StGB auch im Bereich der öffentlichen Haushalte das Vermögen schütze.[1139] Im Ergebnis sieht er darüber hinaus bei öffentlichem Vermögen aber auch die Dispositionsfreiheit als geschützt an.[1140] Ob er die Dispositionsfreiheit insoweit als eigenständiges Rechtsgut des § 263 StGB begreift[1141] oder von einem entsprechend verstandenen Vermögensschutz umfaßt sieht[1142], dürfte dabei von seinem materialen Ansatz aus eine vorwiegend terminologische Frage sein. Anders ist es dagegen beim Rechtsgut des § 264 StGB. Dort ist

---

Umgehung, S.1; ders., NJW 1990, 2226, 2231; ders., Rivista 1991, 513, 527; ders., Rivista 1991, 535, 545; siehe auch ders., Subventionskriminalität, S.341.

1136 *Tiedemann*, in: LK[11] § 264 Rdnr.109; vgl. ders., in: Krekeler/Tiedemann/Ulsenheimer/Weinmann (Hrsg.), HWiStR, Umgehung, S.1ff.

1137 *Tiedemann*, in: LK[11] § 264 Rdnr.113.

1138 *Tiedemann*, in: LK[11] § 264 Rdnr.8, 110.

1139 *Tiedemann*, in: LK[11] § 264 Rdnr.12.

1140 *Tiedemann*, ZStW 86 (1974), 897, 912; ders., Wirtschaftsstrafrecht 2, S.99.

1141 In diesem Sinne wohl *Tiedemann*, NJW 1990, 2226, 2228; ders., Rivista 1991, 513, 519; ders., Rivista 1991, 535, 539, der bereits aus der Strafbarkeit der nachträglichen Nichtaufklärung über den Wegfall der Subventionsvoraussetzungen und über die zweckwidrige Verwendung der Subvention nach § 264 I Nr.3 StGB i.d.F. des EGFinSchG [= § 264 I Nr.2 StGB a.F.] i.V. mit § 3 SubvG und der entsprechenden Verschärfung in § 153 II AO und § 153 III AO folgert, es sei naheliegend, die *Zweckvereitelung* [Hervorhebung im Original] insgesamt mit in die Rechtsgutsbestimmung bei Steuerhinterziehung und Subventionsbetrug aufzunehmen; schließlich gehe es insoweit eindeutig nicht nur um den materiellen Vermögensschaden, sondern auch um die Vereitelung der verfolgten Zwecke. Da *Tiedemann*, jeweils ebenda Fußn.13, dabei auf seine vor Einfügung des § 264 StGB gemachten Ausführungen in ZStW 86 (1974), 897, 911f. verweist, dürfte diese Sichtweise wohl auch auf die von § 263 StGB umfaßten Subventionen zu beziehen sein. Ferner wohl auch ders., in: Tagungsberichte IV, S.65f. („neben“); vgl. hierzu auch *W. Hartmann*, S.102.

1142 Sehr eindeutig *Tiedemann*, ZStW 86 (1974), 897, 919 („Der strafrechtliche Vermögens- und Schadensbegriff *umfaßt* [Hervorhebung vom Verf.] bei der öffentlich-rechtlich geregelten Haushaltswirtschaft [...] den Schutz der Dispositionsfreiheit“); in diesem Sinne ferner ders., Subventionskriminalität, S.315f., 316 („eigentlicher Rechtsgutsbegriff des Vermögens“); ders., in: LK[10] § 264 Rdnr.9 („ausschließlich Vermögensschutz bezweckt“).

u.a. umstritten, ob das Vermögen überhaupt geschützt wird.[1143] *Tiedemann* meint diesbezüglich, daß aus dem Vermögensschutz bei § 263 StGB nicht gefolgert werden könne, daß auch § 264 StGB das Vermögen schütze: § 264 StGB schütze vielmehr die Planungshoheit in bezug auf öffentliche Finanzmittel und sehe vom Eintritt eines Vermögensschadens ab, daher könne das Bezugsobjekt der Planung dieses Delikt nicht in eine Vermögensstraftat verwandeln. Alleiniges Rechtsgut des § 264 StGB sei somit nur die öffentliche Vermögensplanungshoheit.[1144]

cc) Reaktionen in Rechtsprechung und Literatur

aaa) Übersicht

Tiedemanns Kernthese – beim Vermögensschaden i.S. des § 263 StGB sei in bezug auf die Relevanz von Leistungszwecken grundsätzlich zwischen öffentlichem und privatem Vermögen zu unterscheiden – hat in Rechtsprechung und Literatur zahlreiche Reaktionen und Stellungnahmen hervorgerufen: So ließ der *BGH* 1982, wie bereits erwähnt wurde, unter Bezugnahme auf *Tiedemann* ausdrücklich offen, ob sich privates und öffentliches Vermögen aus der Sicht des § 263 StGB grundsätzlich unterscheiden.[1145] Im Schrifttum hat die Meinung *Tiedemanns* dagegen mehrfach ausdrückliche Ablehnung erfahren[1146]; teilweise allerdings unter Verkennung der Problematik.[1147] Gelegentlich wird diese Ansicht aber auch ohne eingehende Auseinandersetzung einfach erwähnt[1148] – sogar auch im ausländischen Schrift-

1143 Zum Streit über das Rechtsgut des § 264 StGB *Lenckner*, in: Schönke/Schröder[25] § 264 Rdnr.4; *Tiedemann*, in: LK[11] § 264 Rdnr.11ff.

1144 *Tiedemann*, in: LK[11] § 264 Rdnr.14; kritisch hierzu *Betschart*, S.64 Fußn.347.

1145 *BGHSt* 31, 93, 95.

1146 *Betschart*, S.28, 139; *Fabricius*, NStZ 1993, 414, 417; *Gerhold*, S.28f.; *Hack*, S.26ff., 63f. Fußn.28; *W. Hartmann*, S.100f., 144 Fußn.2; *Kühl*, in: Lackner/Kühl[23] § 263 Rdnr.33; *Lackner*, in: LK[10] § 263 Rdnr.176 Fußn.308; *Nelles*, S.392ff.; *Neye*, S.50f.; *Satzger*, S.96 Fußn.253; *Schmidt-Hieber*, NJW 1980, 322, 324; *J. Vogel*, Legitimationsprobleme, S.523ff., 527, 537; *Weimann*, S.37f.; vom Standpunkt des personalen Ansatzes *D. Geerds*, S.176f.; ders., Jura 1994, 309, 318; *Otto*, Bargeldloser Zahlungsverkehr, S.27; ders., StrafR BT[5], S.225f. Rdnr.64f.; vgl. ders., JZ 1975, 293, 294; siehe auch *Wolf* (1997), S.57; ders. (1998), S.44.

1147 So führt *Nelles*, S.390f., aus, für *Tiedemann* „sei zweifelhaft, ob § 263 StGB seinem Schutzgut nach staatliches Vermögen erfasse" (a.a.O., S.390); außerdem nimmt sie an, daß *Amelung* im Ergebnis mit *Tiedemann* übereinstimme (a.a.O., S.391); siehe aber auch a.a.O., S.394f.
Wolf (1997), S.57; ders. (1998), S.44, erwähnt die Position *Tiedemanns* im Zusammenhang mit der Frage der Anwendbarkeit der Vermögensdelikte auf öffentliches Vermögen [kritisch hierzu *Berger*, GA (im Erscheinen)]. Dabei führt *Wolf*, jeweils ebenda, dann jedoch aus, die von *Tiedemann* vertretene Unterscheidung zwischen öffentlichem und privatem Vermögen ziele möglicherweise darauf ab, „daß exakt bestimmt werden muß, in welchem Vermögen der tatbestandlich erforderliche Nachteil eintreten muß". „Soweit [... dies] damit gemeint sein sollte" – eine genauere Klärung glaubt *Wolf* sich in einer Arbeit sparen zu können, in der es explizit um die Strafbarkeit der rechtswidrigen Verwendung öffentlicher Mittel geht! –, sei das aber eine Selbstverständlichkeit. Im Tatbestand der Vermögensdelikte werde gerade nicht zwischen öffentlichem und privatem Vermögen unterschieden.

1148 *Fischer*, in: Tröndle/Fischer[49] § 263 Rdnr.1b; *Gössel*, BT 2, S.362 Rdnr.115, der den Ansatz *Tiedemanns* für entbehrlich hält (ebenda), da er schon das Erfordernis einer unbewußten Selbstschädigung verneint (a.a.O., S.389ff. Rdnr.172f.); *de la Mata*, in: Schünemann/Suárez González tum.[1149] Jedoch stimmt auch ein nicht unerheblicher Teil der Literatur *Tiedemann* zumindest im Kern zu.[1150] Eine jedenfalls für den Bereich öffentlichen Vermögens im Ergebnis ganz ähnliche, aber partiell anders begründete Sichtweise findet sich bei *Volk*.[1151]

(Hrsg.), Madrid-Symposium, S.227, 228 Fußn.7; *Schmoller*, JZ 1991, 117, 124 Fußn.72; *Tröndle*[48] § 263 Rdnr.1a; siehe auch *Lüderssen*, wistra 1988, 43, 45.

1149 *de la Mata*, in: Jornadas, S.243, 245 Fußn.7.

1150 *Blei*, in: Prot.7, S.2503; *Dannecker*, S.145f.; *Sannwald*, S.61; wohl auch *Haas*, S.97f.; nahestehend *T. Walter*, S.553f. (Öffentliches und privates Vermögen als solches seien nicht wesensverschieden. Doch das sei für die Geltung der Zweckverfehlungslehre nicht der entscheidende Punkt; dies seien vielmehr die Vermögensverwendungsregeln. Wenn es aber das bestimmende Kennzeichen öffentlicher Mittel sei, daß sie überhaupt nur streng zweckgebunden existieren, sei auch die Berechtigung vorhanden, dieser Zweckbindung ausnahmsweise Rechnung zu tragen; es handele sich dabei aber um eine systemwidrige Ausnahme.); teilweise ähnlich auch *Krauss*, in: Vischer-FS, S.47ff., der zwar die Anwendbarkeit des Betrugstatbestands bei rein politischen Entscheidungen – verstanden in einem engen Sinne – ablehnt, die Anwendbarkeit bei Akten des Verwaltungsvollzugs jedoch bejaht (a.a.O., S.56ff., 59 [hierzu bereits oben S.32 Fußn.193]) und in diesem Bereich unter ausdrücklicher Bezugnahme auf *Tiedemann* jede Anleihe bei der „obskuren Zweckverfehlungslehre" zur Schadensbegründung für überflüssig hält (a.a.O., S.63), den Schaden dann aber maßgeblich mit aus dem Haushaltsansatz resultierenden Folgen begründet („Wo der Irrende [...] zur (vermeintlichen) Erfüllung einer gesetzlichen Verbindlichkeit oder jedenfalls im Rahmen einer gesetzlichen Vorgabe tätig wird, [bringt] ein Zuviel an Leistung [...] Mehrausgaben und ist von wirtschaftlichem Nachteil.", a.a.O., S.63f.) und dabei trotz gegenteiliger Beteuerungen verkennt, daß diese Konzeption zumindest im „Ermessensbereich" versagt; offengelassen von *Schmid*, S.64ff., 65 („spricht vieles dafür"), der die Zweckverfehlungsproblematik bei § 263 StGB allerdings weitgehend verkennt (a.a.O., S.64f.); siehe der Sache nach auch *Kerner/Rixen*, GA 1996, 355, 386f. mit Fußn.179, die von staatshaushaltlichen Besonderheiten sprechen und vor diesem Hintergrund für eine dogmatische Überarbeitung des Nachteilsbegriffs bei § 266 StGB plädieren; unklar *Fuhrhop*, S.70ff., 73f.; *Lampe*, in: Prot.7, S.2511; *Richter*, in: Krekeler/Tiedemann/Ulsenheimer/Weinmann (Hrsg.), HWiStR, Sozialsubvention, S.2f.; *Schulz*, S.33 i.V. mit S.26; *Sonderausschuß*, 1. WiKG, BT-Drucks. 7/5291, S.3; zudem ist nicht ersichtlich, ob die von *Tiedemann*, in: Tagungsberichte IV, S.66, vertretene „Nuancierung des allgemeinen Schadensbegriffes" auch von den übrigen Mitgliedern der *Unterkommission I der vierten Arbeitstagung der Sachverständigenkommission zur Bekämpfung der Wirtschaftskriminalität* geteilt wurde.
Eindeutig nicht hierher gehört dagegen *Jakobs*, JuS 1977, 228, 230 Fußn.25, der zwar unter Bezugnahme auf *Tiedemann* ausführt, daß der an privaten Haushalten entwickelte Schadensbegriff auf öffentliche Haushalte nicht passe, insgesamt jedoch zwischen wirtschaftlicher und nicht wirtschaftlicher Betätigung differenziert und auf dieser Grundlage auch im Bereich der persönlichen Lebensgestaltung die Verfügungsfreiheit als geschützt ansieht [eingehend hierzu bereits oben S.79f.]. Auch *Samson/Günther*, in: SK[5] § 263 Rdnr.157, stimmen *Tiedemann* in mancher Hinsicht zu, vertreten insgesamt aber eine ganz andere Konzeption als er (siehe nur a.a.O., Rdnr.163 i.V. mit Rdnr.159). *Pawlik*, S.270 Fußn.82, spricht zwar unter Verweis auf *Tiedemann* von „den Besonderheiten der öffentlichen Haushaltswirtschaft", vertritt aber kein – zumindest im Ausgangspunkt – objektives, sondern ein im Kern personales Schadensverständnis (a.a.O., S.283ff.). *Kohlmann*[7] § 370 AO Rdnr.108.4 Bl.158/2, meint (irrig), daß *Tiedemann*, ZStW 86 (1974), 897, 911, die Anwendbarkeit des § 263 StGB auf öffentliches Vermögen insgesamt verneine, und will sich dieser Position anscheinend anschließen.

1151 *Volk*, Fehlerhafte Mittelverwendung, S.459ff.; ders, Bewirtschaftung, S.24ff.; ders., in: Krekeler/Tiedemann/Ulsenheimer/Weinmann (Hrsg.), HWiStR, Haushaltsuntreue, S.2f.

bbb) Vorgetragene Kritik

Soweit die Ansicht *Tiedemanns* abgelehnt wird, wird dabei folgendes vorgebracht:

α) Aufspaltung des Vermögens- bzw. Schadensbegriffs

Zum einen wird kritisiert, daß diese Auffassung zu einer Aufspaltung des Vermögens- bzw. Schadensbegriffs innerhalb ein- und desselben Tatbestands führe.[1152] Dies sei mit den Grundsätzen des geltenden Rechts nicht vereinbar.[1153] Auch methodisch sei es kaum legitimierbar, dem Wort „Vermögensnachteil" zwei divergierende Bedeutungen beizulegen.[1154] Außerdem würde eine Spaltung des Vermögensbegriffs dazu führen, daß genau dieselbe Verhaltensweise strafrechtlich unterschiedlich zu beurteilen wäre.[1155] Auch aus terminologischen Gründen verbiete sich eine solche Spaltung, weil sich privates und öffentliches Vermögen nicht mehr auf einen gemeinsamen Oberbegriff zurückführen lassen würden.[1156]

Die vorgenannten Bedenken greifen jedoch nicht durch: Zunächst ist darauf hinzuweisen, daß sich der (Rechtsguts-) Begriff des Vermögens durchaus soweit abstrahieren läßt, daß privates und öffentliches Vermögen als eigene Unterbegriffe erscheinen.[1157] Aber auch im übrigen geht die vorgetragene Kritik fehl. Sie läßt nämlich unberücksichtigt, daß unterschiedliche Vermögensarten auch unterschiedliche Tatobjekte sind. Bei unterschiedlichen Tatobjekten muß aber der tatbestandsmäßige Erfolg – bei § 263 StGB also der Eintritt eines Vermögensschadens – auch bei einer vergleichbaren Handlung des Täters keineswegs gleichermaßen eintreten: Sticht etwa jemand mit einer Stecknadel in einen Luftballon, so platzt dieser Ballon und wird damit zerstört i.S. des § 303 StGB. Sticht dieselbe Person mit derselben Stecknadel auf eine massive Stahlkugel ein, so wird diese Kugel dadurch hingegen nicht zerstört – allenfalls die Stecknadel geht dabei kaputt. Von daher sind die vorgetragenen Bedenken, daß mit der Konzeption *Tiedemanns* genau dieselbe Verhaltensweise strafrechtlich unterschiedlich zu beurteilen wäre, insoweit unbegründet.

Allerdings stellt sich in der Tat die Frage, ob *Tiedemann* im Rahmen der Schadensprüfung bei öffentlichem Vermögen grundsätzlich andere Maßstäbe anlegt als bei privatem Vermögen. Bedenken gegen eine solchermaßen „gespaltene" Schadenskonzeption wären zumindest nicht von vornherein von der Hand zu weisen.[1158] Je-

---

1152 *Fabricius*, NStZ 1993, 414, 417; *D. Geerds*, S.176; ders., Jura 1994, 309, 318; *Gerhold*, S.28; *W. Hartmann*, S.101f.; *Lackner*, in: LK[10] § 263 Rdnr.176 Fußn.308; *Neye*, S.50f.; *Satzger*, S.96 Fußn.253; siehe auch *J. Vogel*, Legitimationsprobleme, S.523 (Öffentliches Vermögen muß „unstreitig nicht anders als Vermögen überhaupt Vermögen- und Geldwert haben.").

1153 *Neye*, S.50f.

1154 *Fabricius*, NStZ 1993, 414, 417.

1155 *W. Hartmann*, S.101; *Schmidt-Hieber*, NJW 1980, 322, 324.

1156 *D. Geerds*, S.176; ders., Jura 1994, 309, 318.

1157 *Tiedemann*, Subventionskriminalität, S.315f., 316, der Bedenken gegen eine Spaltung des Vermögensbegriffs ferner die Lehre von der Relativierung des Rechtsguts entgegenhält, die belege, daß Rechtsgüter als Interessenbeziehungen nicht in allen Situationen im gleichen Umfang gewährleistet würden.

1158 Nachdrücklich gegen ein Anlegen unterschiedlicher Maßstäbe bei öffentlichem Vermögen einerdoch liegen die Dinge wohl anders: Zwar spricht *Tiedemann* selbst davon, daß der Vermögensbegriff bei privaten Haushalten grundsätzlich „ein anderer" als bei öffentlichen Haushalten sei[1159], führt aus, daß seine Konzeption „im Ergebnis eine Spaltung des Vermögens- und Schadensbegriffs" bedeute[1160], und meint offenbar auch, daß der „Vermögens- und Schadensbegriff für die öffentlichen Haushalte anders als für den privaten Wirtschafter zu bestimmen" sei[1161], dennoch ist folgendes zu berücksichtigen: letztendlich begründet *Tiedemann* den Schaden bei öffentlichem Vermögen allein unter Rückgriff auf das „Wesen" dieser Haushalte.

In gewisser Hinsicht erinnert dies an die Figur des persönlichen Schadenseinschlags[1162], auch wenn an dieser Stelle nicht verkannt wird, daß diese Figur jedenfalls im allgemeinen das Vorliegen eines objektiv ausgeglichenen Geschäfts voraussetzt. Vor allem schließt die von *Tiedemann* angeführte Begründung aber nicht aus, das „Wesen" der jeweiligen Vermögensmasse als eine eigenständige Schadensfigur zu begreifen, die ganz allgemein gilt, im Bereich privaten Vermögens jedoch in der Regel nicht erfüllt ist. So gesehen, würden bei der Schadensprüfung keine unterschiedlichen inhaltlichen Maßstäbe angelegt und es bestünde eigentlich nicht einmal Anlaß, diese Konzeption als eine „gespaltene" zu bezeichnen. All dies wird jedoch von den Kritikern *Tiedemanns* übersehen; ihre gleichwohl gegen eine „Spaltung" des Vermögens- und Schadensbegriffs geäußerten Bedenken überzeugen daher nicht. Freilich bedeutet dies nicht, daß damit der Ansicht *Tiedemanns* auch tatsächlich zu folgen ist.

β) Vereinbarkeit mit dem Rechtsgut des § 263 StGB

Fraglich erscheint insbesondere, ob die Auffassung *Tiedemanns* mit dem Rechtsgut des § 263 StGB vereinbar ist. In der Literatur wird diesbezüglich vorgebracht, daß die Konzeption *Tiedemanns* in dem Teilbereich, in dem das betrügerische Verhalten gegen die öffentliche Hand gerichtet ist, dazu führe, daß als Schutzgut des § 263 StGB bereits die Dispositionsfreiheit anzusehen sei; dies sei aber damit, daß § 263 StGB allein das Vermögen schütze, nicht vereinbar.[1163] Hierzu ist zunächst zu bemerken, daß *Tiedemann* selbst auf dem Standpunkt steht, § 263 StGB schütze auch im Bereich der öffentlichen Haushalte das Vermögen.[1164] Ob er in diesem Bereich daneben die Dispositionsfreiheit als eigenständiges Rechtsgut des § 263 StGB

---

seits und privatem Vermögen andererseits, allerdings ohne sich ausdrücklich auf *Tiedemann* zu beziehen *Brauns*, JR 1998, 381, 384.

1159 *Tiedemann*, Subventionskriminalität, S.315; ders., ZStW 86 (1974), 897, 912.

1160 *Tiedemann*, ZStW 86 (1974), 897, 912.

1161 *Tiedemann*, in: Klug-FS, S.405, 416f. mit Fußn.44.

1162 Recht deutliche Anklänge an diese Figur finden sich insbesondere bei *Tiedemann*, Subventionskriminalität, S.314f., 315, wo ausgeführt wird, daß der personal-individualisierende Ansatz des *BGH* aus dem Melkmaschinenfall für die öffentliche Haushaltswirtschaft „der Sache nach zutreffend" sei.

1163 *W. Hartmann*, S.102; vgl. *Schmidt-Hieber*, NJW 1980, 322, 324; siehe auch *Satzger*, S.96; *Weimann*, S.38 (in bezug auf die Ansicht *Volks* zu § 266 StGB).

1164 *Tiedemann*, in: LK[11] § 264 Rdnr.12.

begreift oder von einem entsprechend verstandenen Vermögensschutz umfaßt sieht, dürfte dabei zwar – wie oben bereits erwähnt wurde[1165] – von seinem materialen Ansatz aus ein vorwiegend terminologisches Problem sein, gleichwohl stellt sich aber natürlich die Frage, ob die Dispositionsfreiheit zumindest im Ergebnis insoweit überhaupt ein weiteres Rechtsgut des § 263 StGB sein könnte: Nach den obigen Ausführungen zum Rechtsgut (im allgemeinen) steht dabei als Ausgangspunkt fest, daß die Dispositionsfreiheit zumindest nicht dergestalt Rechtsgut des Betrugstatbestands ist, daß deren bloße Beeinträchtigung bereits einen Vermögensschaden begründet. Dies ergab sich – wie oben gezeigt[1166] – aus der tatbestandlichen Struktur des § 263 StGB, die verdeutlicht wird durch einen Vergleich zwischen § 263 StGB und § 123 BGB und der sich daran anschließenden Erkenntnis, daß das Merkmal des Vermögensschadens letztlich keine eigenständige Bedeutung hätte, wenn es allein aufgrund des Vorliegens einer irrtumsbedingten Vermögensverfügung erfüllt wäre.

Die „radikalste" Denkmöglichkeit wäre nun, diesen Ausgangspunkt bewußt zu ignorieren und die Dispositionsfreiheit im Bereich der öffentlichen Haushalte einfach ohne irgendwelche Einschränkungen als Rechtsgut des § 263 StGB zu betrachten. Dieser Weg ist jedoch versperrt, da damit bei der Auslegung des Betrugstatbestands unterschiedliche inhaltliche Maßstäbe angelegt würden und die Einheitlichkeit dieses Tatbestands somit aufgegeben würde.[1167]

Es fragt sich daher, ob es gelingen kann, eine im Ergebnis gleiche Rechtsgutsauffassung mit dem o.g. Ausgangspunkt in Einklang zu bringen. Diesbezüglich könnte man argumentieren, daß das Tatbestandsmerkmal des Vermögensschadens überhaupt nicht „leerlaufen" würde, wenn es ausschließlich im Bereich öffentlichen Vermögens bereits aufgrund des Vorliegens einer irrtumsbedingten Vermögensverfügung erfüllt wäre, da es ja immer noch im Bereich privaten Vermögens eine eigenständige Bedeutung hätte. Doch dieses Argument verfängt nicht, da man dieselbe Überlegung genausogut in die entgegengesetzte Richtung führen könnte, also versuchen könnte, die Dispositionsfreiheit allein im Bereich privaten Vermögens in den Rang eines solchermaßen geschützten Rechtsguts zu erheben. Die Konsequenz daraus kann nur sein, daran festzuhalten, daß die Dispositionsfreiheit insgesamt – also auch im Bereich der öffentlichen Haushaltswirtschaft – jedenfalls kein Rechtsgut des § 263 StGB in dem Sinne ist, daß die bloße Beeinträchtigung der Dispositionsfreiheit bereits zu einem Vermögensschaden führt.

Letzteres schließt freilich – worauf *Lackner* zutreffend hinweist[1168] – nicht aus, daß im Einzelfall auch der Dispositionsfreiheit in Form bloßer Schutzreflexwirkungen faktisch Schutz zuteil werden kann. Notwendig bleibt jedoch das Vorliegen einer solchen Vermögensbeschädigung, die sich nicht allein aus einer Beeinträchtigung

---

1165 Siehe oben S.200.

1166 Siehe oben S.97

1167 Vgl. *Schmidt-Hieber*, NJW 1980, 322, 324; nachdrücklich – wenn auch ohne Bezugnahme auf die Ausführungen *Tiedemanns* – gegen ein Austauschen des Rechtsguts für bestimmte Fallgruppen auch *Jordan*, JR (im Erscheinen) 10. Abs. a.E.

1168 *Lackner*, in: LK[10] § 263 Rdnr.4 a.E.

der Dispositionsfreiheit herleiten läßt und deren Anerkennung zumindest keine vollständige Abkehr von einem objektiv-individuellen Ansatz darstellt.[1169] An diesem Maßstab ist letztlich aber auch die Ansicht *Tiedemanns* zu messen. Und diesbezüglich ist folgendes zu bemerken:

1. Wenn *Tiedemann* davon spricht, daß die Dispositionsfreiheit und die Leistungszwecke im Bereich der öffentliche Haushalte voll relevant und vom Strafrecht geschützt werden[1170], muß dies nicht zwangsläufig der hier vertretenen Ansicht zum Rechtsgut des § 263 StGB entgegenstehen. Möglich wäre insoweit auch eine Deutung des Schutzes der Dispositionsfreiheit als bloße Reflexwirkung. Letzteres ist sogar naheliegend, da *Tiedemann* an anderer Stelle ausführt, daß § 263 StGB „ausschließlich Vermögensschutz bezweckt".[1171]
2. Ein betrugsrelevanter Schaden kann gleichwohl nur dann vorliegen, wenn nicht lediglich die Dispositionsfreiheit beeinträchtigt ist. Diesbezüglich ist zu konstatieren, daß *Tiedemann* den Schaden im Bereich der öffentlichen Haushalte nicht allein aus dem Vorliegen einer irrtumsbedingten Vermögensverfügung ableitet. Zur Schadensbegründung stellt er vielmehr maßgeblich (auch) auf die von ihm angenommenen Eigenarten der öffentlichen Haushaltswirtschaft ab.
3. *Tiedemanns* Ansatz ist mit einer im Ausgangspunkt objektiv-individuellen Schadensauffassung jedenfalls nicht notwendig unvereinbar, da der Rückgriff auf das Wesen der öffentlichen Haushalte zumindest in gewisser Hinsicht an die Figur des persönlichen Schadenseinschlags erinnert.

Damit ergibt sich aber, daß die Ansicht *Tiedemanns* in grundsätzlicher Hinsicht – Rechtsgut des § 263 StGB und Kern des hier vertretenen Schadensverständnisses – keineswegs von vornherein abzulehnen ist. Dies heißt jedoch immer noch nicht, daß der Auffassung *Tiedemanns* auch tatsächlich zu folgen und das Wesen der öffentlichen Haushaltswirtschaft als eine eigenständige Schadensfigur anzuerkennen ist. Diesbezüglich stellt sich etwa die Frage, ob es überhaupt notwendig ist, ein weiteres Element in den Schadensbegriff einzubauen; möglicherweise ließe sich ein ähnliches Ergebnis auch durch eine extensive Anwendung der dogmatisch an sich gesicherten Figur des persönlichen Schadenseinschlags erreichen – und zwar nicht nur im Bereich objektiv ausgeglichener, sondern ausnahmsweise auch im Bereich unausgeglichener Geschäfte. Dies soll an dieser Stelle freilich nicht näher untersucht werden, wird aber im weiteren Verlauf dieser Arbeit noch zu klären sein.[1172] Im folgenden soll zunächst die übrige Kritik dargestellt und überprüft werden, die in der Literatur gegen die Ansicht *Tiedemanns* vorgebracht wird.

1169 Diese Möglichkeit scheint freilich *Brauns*, JR 1998, 381, 384, zu übersehen, soweit er verallgemeinernd – und auch nicht ausdrücklich auf *Tiedemann* bezogen – ausführt, daß die Einbeziehung von Gestaltungsbefugnissen und Zweckbindungen in die Schadensbetrachtung aus dem Bereich der Vermögensdelikte herausführe; der Schadensbegriff sei ungeeignet, die Verwendung der öffentlichen Mittel in dem Sinne abzusichern, wie dies von den dazu berufenen Entscheidungsträgern festgelegt und in den einschlägigen Vorschriften bestimmt sei.

1170 *Tiedemann*, ZStW 86 (1974), 897, 912; ders., Wirtschaftsstrafrecht 2, S.99.

1171 *Tiedemann*, in: LK[10] § 264 Rdnr.9; ähnlich ders., Subventionskriminalität, S.315f., 316.

1172 Siehe dazu unten S.263f.

γ) Fehlen eines wesensmäßigen Unterschieds unter dem Aspekt der Zweckbindung

Teilweise wird im Schrifttum geltend gemacht, daß sich ein wesensmäßiger Unterschied zwischen öffentlichem und privatem Vermögen unter dem Aspekt der Zweckbindung nicht festmachen lasse: auch privates Vermögen könne – etwa bei Personen- und Kapitalgesellschaften sowie bei Vereinen – einer Zweckbindung im Sinne einer planmäßigen Festlegung bestimmter Verwendungsentscheidungen unterliegen.[1173] Insbesondere Großunternehmen würden die Verwendungszwecke oftmals sehr genau festlegen, außerdem jährlich Haushaltspläne erstellen und deren Einhaltung strikt überwachen.[1174] Auf der anderen Seite seien aber auch im Bereich der öffentlichen Haushaltswirtschaft die Zielsetzungen nicht für immer fixiert, sondern der Abänderung durch den Gesetzgeber zugänglich.[1175] Zudem könne auch öffentliches Vermögen im Rahmen von Ermessensentscheidungen flexibel ausgegeben werden.[1176] Letztendlich resultiere die formelle Festschreibung bestimmter Verwendungsentscheidungen dort aus der Verantwortlichkeit des Staates gegenüber den Bürgern, die durch ihre Steuerzahlung mit den zu den Quellen der öffentlichen Finanzmittel gehören würden, und aus der schlicht organisatorischen Notwendigkeit eines Planes – nicht aber aus einem wesensmäßigen Unterschied öffentlichen Vermögens gegenüber privatem.[1177] Darüber hinaus trete auch die Verwaltung zunehmend die „Flucht ins Privatrecht“ an, indem sie vor allem Tätigkeiten der Leistungsverwaltung und Daseinsvorsorge auf Privatrechtssubjekte, vor allem auf Kapitalgesellschaften im Anteilseigentum der öffentlichen Hand auslagere.[1178]

Zwar geht der Verweis darauf, daß auch öffentliches Vermögen im Rahmen von Ermessensentscheidungen flexibel ausgegeben werden könne, fehl – denn dabei wird übersehen, daß auch in jenem Rahmen gerade die „Zweckbindung“ des öffentlichen Vermögens zu beachten ist –, im übrigen ist die vorgetragene Kritik jedoch keineswegs von der Hand zu weisen: Auch wenn hier nicht verkannt wird, daß zwischen öffentlichem und privatem Vermögen wohl insofern ein Unterschied besteht, als öffentliches Vermögen nicht nur nach Möglichkeit, sondern gerade notwendig plangebunden ist[1179], kann nämlich nicht daran vorbeigesehen werden, daß auch privates Vermögen – etwa bei einem eingetragenen Verein oder einer Stiftung – einer festgeschriebenen „Zweckbindung“ unterliegen kann. Hieraus mag man ableiten, daß insoweit kein wesensmäßiger Unterschied zwischen öffentlichem und privatem Vermögen besteht.

1173 *Fabricius*, NStZ 1993, 414, 417; *Gerhold*, S.28f. unter Verweis auf Stiftungen und Vereine; *Hack*, S.28f., 29; *Neye*, S.50; *J. Vogel*, Legitimationsprobleme, S.537; *Weimann*, S.37f.; siehe auch *Betschart*, S.28; ohne sich mit der Ansicht *Tiedemanns* auseinanderzusetzen, hebt auch *Jordan*, JR (im Erscheinen) Fußn.41, hervor, daß auch privates Vermögen zweckgebunden sein könne.

1174 *Hack*, S.29; siehe auch *Betschart*, S.28; *J. Vogel*, Legitimationsprobleme, S.537.

1175 *Gerhold*, S.28f., 29; *Neye*, S.50.

1176 *Fabricius*, NStZ 1993, 414, 417.

1177 *Hack*, S.28f.; *W. Hartmann*, S.100f.

1178 *J. Vogel*, Legitimationsprobleme, S.537.

1179 *Tiedemann*, in: LK^{11} § 264 Rdnr.13.

Dennoch ist dies – und das wird in der Literatur in der Regel übersehen – für den Bereich der öffentlichen Haushalte nicht unbedingt ein Argument gegen eine schadensbegründende Relevanz von Zweckverfehlungen: denn jene Erkenntnis sagt überhaupt nichts gegen die Bedeutsamkeit einer „Zweckbindung“ für das Vorliegen eines Vermögensschadens im Falle einer Zweckverfehlung aus, sondern zwingt allenfalls dazu, nicht zwischen öffentlichem und privatem Vermögen, sondern zwischem „zweckgebundenem“ und „nichtzweckgebundenem“ Vermögen zu unterscheiden. Damit wird aber nicht ausgeschlossen, bei „zweckgebundenem“ Vermögen – zu dem dann das gesamte öffentliche Vermögen und bestimmte Erscheinungsformen privaten Vermögens zu rechnen wären – zur Schadensbegründung auf das „Wesen“ dieser Vermögensmassen zurückzugreifen. Für eine zumindest im Ansatz ähnliche[1180] Differenzierung tritt letztlich aber auch *Tiedemann* ein, wenn er seine zu öffentlichem Vermögen entwickelte Konzeption auch bei solchen privatwirtschaftlichen Haushalten angewandt wissen will, deren Zwecksetzung und Mittelvergabe durch öffentliche Rechtsnormen geregelt[1181] bzw. gesetzlich festgelegt[1182] sind.[1183] [1184] Unabhängig hiervon bleibt jedoch festzuhalten, daß die Einwände, die gegen *Tiedemanns* Rekurrieren auf die Zweckbindung öffentlichen Vermögens als solche erhoben werden, jedenfalls für den Bereich der öffentlichen Haushaltswirtschaft nicht überzeugen.

δ) Fehlen eines wesensmäßigen Unterschieds im Hinblick auf die Art der verfolgten Zwecke

Allerdings wird im Schrifttum gegen die Ansicht *Tiedemanns* ferner vorgebracht, daß sich öffentliches und privates Vermögen auch nicht notwendig in der Art der verfolgten Zwecke unterscheiden würden und daher auch nicht insofern ein wesensmäßiger Unterschied zwischen diesen beiden Vermögenstypen bestehe.[1185] Für den Bereich der fiskalischen Verwaltungstätigkeit sei dies offensichtlich. Aber auch so-

---

1180 Ob auch *Tiedemann* insgesamt zwischen „zweckgebundenem“ und „nichtzweckgebundenem“ Vermögen unterscheiden will, ist nicht zweifelsfrei ersichtlich. So wird beispielsweise auch beim eingetragenen Verein das Vereinsvermögen durch den Vereinszweck „gebunden“, dessen Änderung i.d.R. nur unter den engen Voraussetzungen des § 33 I 2 BGB möglich ist. Die Mittelvergabe ist dort jedoch grundsätzlich nicht in obigem Sinne durch öffentliche Rechtsnormen geregelt bzw. gesetzlich festgelegt, sondern erfolgt gemäß der Vereinssatzung.

1181 *Tiedemann*, ZStW 86 (1974), 897, 911; ders., Wirtschaftsstrafrecht 2, S.99.

1182 *Tiedemann*, Subventionskriminalität, S.315.

1183 Auch bei *Blei*, in: Prot.7, S.2503, ist die Differenzierung nicht notwendig auf öffentliches und privates Vermögen beschränkt („[es ist ...] nicht ohne weiteres möglich [...], das Vermögen des privatwirtschaftenden einzelnen mit seinen Zielsetzungen zu identifizieren mit „Vermögen“, das in der Hand *irgendwelcher* [Hervorhebung vom Verf.] Subventionsträger für bestimmte Zwecke gebunden vorhanden ist.“).

1184 Im Gegensatz hierzu lehnt *Brauns*, JR 1998, 381, 384 mit Fußn.23, eine Einbeziehung der Zweckbindung in die Schadensbetrachtung nicht nur bei öffentlichem, sondern auch bei „zweckgebundenem“ privaten Vermögen – unter Anführung des Beispiels eines ethischen Aktienfonds, der satzungswidrig haussierende Aktien eines Rüstungskonzerns kauft – ausdrücklich ab, allerdings ohne sich mit der Ansicht *Tiedemanns* auseinanderzusetzen.

1185 *Gerhold*, S.28; *Hack*, S.30f.; siehe auch *Betschart*, S.28.

weit die öffentliche Hand Finanzhilfen vergebe, Unterstützungen tatsächlicher Art einräume etc., unterscheide sie sich selbst in diesem Handeln nicht von dem eines gemeinnützigen Idealvereins, eines Mäzens oder eines Spenders.[1186] Denn derselbe Zweck – beispielsweise die Unterstützung einer sozial schwachen Person – könne sowohl durch eine staatliche Leistung, etwa in Form der Sozialhilfe, als auch durch die milde Gabe eines privaten Spenders verfolgt werden.[1187] Diese Überlegungen erscheinen zwar durchaus zutreffend, besagen aber letztlich nichts zwingend *gegen* die Auffassung *Tiedemanns*: Wenn sich öffentliches und privates Vermögen nicht notwendig in der Art der verfolgten Zwecke unterscheiden, hat dies nämlich nur zur Folge, daß sich daraus nichts *für* die Ansicht *Tiedemanns* ableiten läßt. Daß aus einem anderen Grund ein wesensmäßiger Unterschied zwischen öffentlichem und privatem Vermögen besteht, wird dadurch ebensowenig ausgeschlossen, wie zur Schadensbegründung auf das „Wesen" zweckgebundener Haushalte zurückzugreifen.

ε) Rekurrieren auf den Charakter als Umlaufvermögen

Weitere Kritik erfährt die Position *Tiedemanns* im Hinblick auf die Charakterisierung der öffentlichen Mittel als Umlaufvermögen und die darauf gestützte Abgrenzung zu privaten Mitteln. Diesbezüglich wird vorgebracht, daß nicht nur bei der öffentlichen Hand, sondern auch bei einem privat Wirtschaftenden ein ständiger Vermögensverteilungs- und -entziehungsprozeß stattfinde; der Vermögensumlauf sei ein wesentliches Merkmal der durch Wirtschaften geprägten Gesellschaft, das Staat und Private gleichermaßen betreffe.[1188] Zwar würden in Teilbereichen Unterschiede bei der Methode der Vermögensbildung bestehen – der Staat bediene sich überwiegend der Vermögensschöpfung durch Steuererhebung, der Private sei dagegen allein auf die Teilnahme am wirtschaftlichen Handeln angewiesen –, doch diese Abweichungen würden nur die formale Abwicklung des Umlaufs betreffen, nicht aber die Tatsache des Umlaufs als solche.[1189]

Zudem werde auch eine Qualifizierung der *gesamten* öffentlichen Mittel als Umlaufvermögen den tatsächlichen Gegebenheiten nicht gerecht: denn auch bei der öffentlichen Hand seien ganz erhebliche Werte als Anlagevermögen im betriebswirtschaftlichen Sinne einem Vermögensumlauf entzogen.[1190] Auf der anderen Seite gehe aber auch die Behauptung fehl, der Staat erstrebe grundsätzlich keine Mehrung seines Vermögens: denn die Beteiligungen der öffentlichen Hand an Wirtschaftsunternehmen würden zweifelsohne *auch*[1191] der Gewinnerzielung dienen[1192]; außerdem seien die öffentlichrechtlichen Kreditinstitute grundsätzlich betriebswirtschaftlich zu führen.[1193]

1186 *Hack*, S.30.
1187 *Gerhold*, S.28.
1188 *Hack*, S.26f.; ähnlich *Gerhold*, S.28; siehe auch *Betschart*, S.27f.
1189 *Hack*, S.27.
1190 *Gerhold*, S.28; *Hack*, S.27.
1191 Hervorhebung im Original.
1192 *Neye*, S.50; ähnlich wohl *Hack*, S.27.
1193 *Nelles*, S.393f., 393.

Desweiteren wird gegen die Auffassung, das öffentliche Vermögen sei als zweckgebundenes Umlaufvermögen und nicht als Eigentum der öffentlichen Hand zu begreifen, angeführt[1194], daß als Konsequenz dann auch Diebstahl und Unterschlagung zum Nachteil der öffentlichen Hand nicht oder nur um den Preis einer Neudefinition des Rechtsguts der Eigentumsdelikte möglich wären.[1195] Angriffe auf „öffentliches Eigentum" könnten dann nur als Eingriffe in den planmäßigen Vermögensverteilungs- und Entziehungsprozeß des Staates verstanden werden; dies überzeuge aber nicht.[1196] Außerdem seien nicht alle öffentlichen Mittel „Fremdmittel", denn mindestens in Ansehung von Gegenständen des Anlagevermögens, das dem Vermögensumlauf entzogen sei, sei „Eigentum" der öffentlichen Hand nach den Regeln des Zivilrechts denknotwendig und unangefochten möglich.[1197]

Diese Bedenken greifen allerdings nicht durch: denn *Tiedemann* stellt überhaupt nicht in Abrede, daß die öffentliche Hand im zivilrechtlichen Sinne Eigentum hat bzw. haben kann. Seine Ausführungen beziehen sich vielmehr nur auf die Frage, wann ein Vermögensschaden i.S. des § 263 StGB vorliegt; und *dabei* ist für ihn das öffentliche Vermögen bei einer „materiellen" Betrachtung maßgeblich als Umlaufvermögen und nicht als Eigentum zu charakterisieren. Daraus zieht *Tiedemann* Konsequenzen für den *Schadens*begriff, er klammert aber keineswegs das Eigentum der öffentlichen Hand per se aus dem Vermögensbegriff und dem Anwendungsbereich des § 263 StGB aus. Schon von daher kann aber keine Rede davon sein, *Tiedemanns* Sichtweise hätte zur Folge, daß Diebstahl und Unterschlagung zum Nachteil der öffentlichen Hand unmöglich wären. Aber auch die Annahme, *Tiedemanns* Position bedinge zumindest eine Neudefinition des Rechtsguts der Eigentumsdelikte, übersieht, daß es sich bei der mißbräuchlichen Inanspruchnahme von Subventionen um ganz spezifische Probleme des Vermögensschadens i.S. des § 263 StGB – Zweckverfehlung und unbewußte Selbstschädigung – handelt, die bei §§ 242, 246 StGB (Wegnahme bzw. Zueignung) nicht wiederkehren. Die in dieser Hinsicht vorgetragene Kritik geht daher fehl.

Aber auch durch die übrigen unter dem Gesichtspunkt des Umlaufvermögens erhobenen Einwände wird *Tiedemanns* Rückgriff auf das „Wesen" der öffentlichen Haushalte zur Schadensbegründung nicht notwendig ausgeschlossen: Zwar ist jenen Stimmen zuzubilligen, daß sich vereinzelt auch bei juristischen Personen des Öffentlichen Rechts ein Streben nach Gewinnerzielung findet. So heißt es etwa in § 5 II der Satzung der Bremer Landesbank[1198], einer von der Freien Hansestadt Bremen und dem Land Niedersachsen errichteten rechtsfähigen Anstalt des Öffentlichen Rechts: „Die Geschäfte der Bank sind unter Beachtung allgemeinwirtschaft-

1194 *Hack*, S.28 Fußn.42, und *Nelles*, S.392 Fußn.299, erscheint dabei bereits bemerkenswert, daß *Tiedemann* jene aus Subventionskriminalität, S.315, stammende Feststellung in späteren Veröffentlichungen nicht wiederholte.

1195 *Nelles*, S.392; weitergehend *Weimann*, S.37 (Öffentliches Vermögen wäre „dann nicht durch die Eigentumsdelikte geschützt".).

1196 *Hack*, S.28; *Nelles*, S.392.

1197 *Nelles*, S.392.

1198 Satzung der Bremer Landesbank Kreditanstalt Oldenburg - Girozentrale - in der Fassung vom März 1997, in Kraft getreten am 20.3.1997.

licher Grundsätze nach kaufmännischen Gesichtspunkten zu führen. Das Bestreben, Gewinn zu erzielen, hat zurückzutreten, soweit besondere öffentliche Interessen dies erfordern." Hierbei handelt es sich allerdings nicht um eine „typische" Erscheinungsform öffentlichen Vermögens.[1199] Zudem dürfte gerade dann, wenn und soweit auch im Bereich der öffentlichen Haushaltswirtschaft eine Erzielung von Gewinnen angestrebt wird, das Vorliegen eines der unter dem Gesichtspunkt der Zweckverfehlung diskutierten Fälle zumindest bei einem wirtschaftlich unausgeglichenen Geschäft in der Regel nicht in Betracht kommen. Auch wenn man in Frage stellt, ob das gesamte öffentliche Vermögen als Umlaufvermögen zu qualifizieren ist, und eine auf dieses Kriterium gestützte generelle Abgrenzung zu privaten Mitteln für zweifelhaft hält, schließt dies freilich nicht notwendig einen Rückgriff auf das Wesen der öffentlichen Haushalte zur Schadensbegründung aus. Denn ein solcher Rückgriff könnte auch aus ganz anderen Gründen – u.U. schon allein im Hinblick auf die „Zweckbindung" öffentlichen Vermögens – legitimiert sein. Die Kritik, die gegen *Tiedemanns* Bezugnahme auf den Charakter öffentlicher Mittel als Umlaufvermögen erhoben wird, steht insoweit nicht entgegen.

ζ) Hinwegsetzen über die Vorgaben des Öffentlichen Rechts

Bedenken gegen eine materiale Schadenskonzeption macht auch *Joachim Vogel* im Zuge der Auseinandersetzung mit der Ansicht *Tiedemanns* geltend: *Vogel* meint, der Versuch, mit Hilfe der Zweckverfehlungslehre den vermögensstrafrechtlichen Schutz von Subventionen auf deren „materielle" Voraussetzungen zu beschränken, setze sich in problematischer Weise über die Vorgaben des Subventionsrechts hinweg. Gliedere man aus den materiell-rechtlichen Anspruchsvoraussetzungen in strafrechtlicher Sicht diejenigen aus, die „nur" der Verwaltungserleichterung oder Beweissicherung dienen, so sei dagegen einzuwenden, daß der Gesetzgeber, der den materiellrechtlichen Subventionsanspruch um der Verwaltungserleichterung oder Beweissicherung willen formalisiere, *auch* den legitimen und verfassungsrechtlich in keiner Weise bedenklichen Zweck verfolge, Praktikabilität und Effektivität des Subventionsverfahrens zu gewährleisten. *Dieser* Zweck sei ein materieller Zweck; und er werde verfehlt, wenn die Subvention anderweitig – beispielsweise durch Vorlage eines gefälschten Nachweises – erlangt werde. Die Abgrenzung zwischen „nur" formellen und materiellen Zwecken sei aber uneindeutig; letztlich würden die Subventionsvoraussetzungen entscheiden. Gerade *weil* öffentliches Haushaltsvermögen anders als privates Vermögen (rechts-)normativen Verwendungs- und Zweckbindungen unterliege, komme es daher *nicht unmittelbar* auf die *materielle*[1200] Zweckverfehlung oder -erreichung, sondern darauf an, ob die (rechts-)normativen Verwendungsvorgaben eingehalten seien oder nicht.[1201]

1199 Siehe zum Ganzen auch *Heller*, S.85 Rdnr.27f., der aus der in § 2 Satz 1 HGrG normierten Bedarfsdeckungsfunktion ableiten will, daß die Haushaltswirtschaft nicht in erster Linie erwerbswirtschaftlichen Zwecken dienen solle.

1200 Hervorhebungen im Original.

1201 *J. Vogel*, Legitimationsprobleme, S.526f.

Abgesehen davon, daß der Vorschlag *Vogels*, auf die normativen Vergabevoraussetzungen abzustellen, keine Zustimmung verdient – denn wie oben bereits dargelegt wurde, wird das Fehlen der Anspruchs- und Vergabevoraussetzungen im Bereich der Subventionserschleichung bereits durch das Merkmal der Täuschung erfaßt, so daß dort letztlich jede täuschungsbedingte Verfügung zu einem Vermögensschaden führen würde und das Tatbestandsmerkmal des Vermögensschadens daher insoweit keine eigenständige Bedeutung mehr hätte[1202] –, greifen die Bedenken, die *Vogel* gegen eine materiale Schadenskonzeption vorbringt, im Ergebnis nicht durch: denn kriminell strafwürdig erscheint – unter dem Gesichtspunkt des Betruges – in der Tat überhaupt nur die Verletzung der realen Güterverteilung unter Berücksichtigung der individuellen Verhältnisse des Vermögensinhabers.[1203] Darüber hinaus läuft die Position *Vogels* auf einen Schutz der Praktikabilität und Effektivität des Subventionsverfahrens hinaus. Dies kann aber schon deswegen kein Rechtsgut des § 263 StGB sein, weil damit eine gespaltene Rechtsgutskonzeption vertreten würde. Zudem setzt der Subventionsgeber im Rahmen der Subventionsvergabe zur Erreichung *dieses* Zwecks – im Gegensatz zu den materiellen Zwekken – keinerlei Vermögensmittel ein. Gegen die vorstehenden Überlegungen kann auch nicht eingewandt werden, daß der Subventionsgeber eindeutig wirtschaftlich ärmer geworden sei, denn damit würde außer acht bleiben, daß § 263 StGB das Vorliegen einer unbewußten Selbstschädigung erfordert; und eine Ausnahme hiervon wurde insoweit auch nicht dargetan. Somit zwingt aber auch die von *Vogel* vorgetragene Kritik nicht dazu, von dem Ansatz *Tiedemanns* abzugehen.

η) Plan- und Gesetzmäßigkeit als Merkmale bloß des Vermögenseinsatzes

Betschart bringt gegen die Ansicht *Tiedemanns* vor, daß die Plan- und Gesetzmäßigkeit im Bereich der öffentlichen Haushaltswirtschaft bloß Charakteristika des *Handelns* seien. Sie würden nicht das öffentliche Vermögen als solches kennzeichnen, sondern seien lediglich Merkmale des Vermögens*einsatzes*. Das öffentliche Vermögen stelle genauso wie das private eine „Bestandesgröße“ dar. Damit bestehe aber kein wesensmäßiger Unterschied zwischen diesen beiden Vermögensarten und folglich sei auch im Bereich öffentlichen Vermögens für eine Einbeziehung bloßer Leistungsmotivationen in die Schadensberechnung kein Raum.[1204] Diese Überlegungen überzeugen allerdings nicht: denn *Betschart* verkennt bereits, daß ein Vermögen bei einer materiellen Betrachtung durch eine „Zweckbindung“ ein beson-

1202 Siehe oben S.185f. mit zahlreichen Nachweisen. – Hiergegen wiederum *J. Vogel*, Legitimationsprobleme, S.527, der geltend macht, daß es zwar zutreffe, daß die Subventionsvoraussetzungen gleichermaßen *Maßstab* von Täuschung und Schaden seien, jedoch müsse zu der Täuschungshandlung stets noch die schädigende Vermögensverfügung in Gestalt – mindestens – der Subventionszusage *hinzukommen* [Hervorhebungen im Original]. – Das zusätzliche Erfordernis einer Vermögensverfügung steht der hier vertretenen Ansicht allerdings nicht entgegen: denn wenn man zur Schadensbegründung allein auf die Vergabevoraussetzungen abstellen würde, wäre dennoch bei jeder *täuschungs-* und irrtumsbedingten *Verfügung* ein Schaden zu bejahen.

1203 *Tiedemann*, ZStW 86 (1974), 897, 913; ders., Wirtschaftsstrafrecht 2, S.100.

1204 *Betschart*, S.27f., 28.

deres „Gepräge" erhält, das unter „individuellen" Gesichtspunkten auch im Rahmen der Schadensermittlung bedeutsam sein kann.[1205] Desweiteren berücksichtigt *Betschart* nicht hinreichend, daß Vermögens- und Schadensbegriff grundsätzlich voneinander zu trennen sind: selbst wenn es sich bei der Plan- und Gesetzmäßigkeit lediglich um Merkmale des Vermögenseinsatzes handeln sollte, so folgt daraus alleine noch nicht notwendig etwas gegen eine schadensbegründende Relevanz von Leistungszwecken im Bereich öffentlichen Vermögens.

9) Zwischenergebnis

Zusammenfassend ist nach alledem festzuhalten, daß die im Schrifttum vorgetragene Kritik nicht dazu zwingt, von einem Rückgriff auf das Wesen der öffentlichen Haushalte zur Schadensbegründung in diesem Bereich abzusehen. Vielmehr ist auch im Rahmen der Schadensprüfung zu berücksichtigen, daß durch eine „Zweckbindung" des Vermögen (auch) „individuelle" Verhältnisse des betreffenden Vermögensträgers aufgezeigt werden. Allerdings fragt sich, ob es dazu eines Rückgriffs auf das „Wesen" der betreffenden Haushalte bedarf. Möglicherweise ließe sich dasselbe Ergebnis in diesem Bereich auch durch eine – wie auch immer geartete – Bezugnahme auf die dogmatisch gesicherte Figur des persönlichen Schadenseinschlags erreichen; in puncto Übersichtlichkeit und Klarheit des Schadensbegriffs wäre eine solche Lösung vorzuziehen.

g) Persönlicher Schadenseinschlag und Zweckverfehlungslehre als Inbegriff der Maximen von „Wirtschaftlichkeit und Sparsamkeit" (*Volk*)

Ein in die letztgenannte Richtung gehender Ansatz findet sich bei *Volk*, der im Rahmen seiner eingehenden Untersuchungen zur Haushaltsuntreue bei der Charakterisierung des öffentlichen Vermögens weitgehend mit *Tiedemann* übereinstimmt, das Vorliegen eines Schadens im Zweckverfehlungsfalle jedoch anders begründet.

Volk geht davon aus, daß der Staat auch andere als ökonomische Zwecke verfolge.[1206] Unter Bezugnahme auf *Tiedemann* nimmt er an, daß es nicht Aufgabe des Staates sei, das eigene Vermögen zu mehren. Der Staat akkumuliere Mittel nicht, um Gewinne zu erzielen, sondern um sie in den Wirtschaftskreislauf einzuspeisen. Daher sei das Staatsvermögen insoweit nicht im Sinne der Zuordnung einer Eigentümerposition zu verstehen, sondern als „Umlaufvermögen" zu begreifen.[1207] Der Prozeß der Steuerung und Umverteilung öffentlicher Mittel sei dabei streng regelgeleitet; Pläne und Normen lenkten den Einsatz der Mittel.[1208] Insgesamt sei das öf-

---

1205 Dazu bereits oben S.188f. sowie eingehend unten S.218ff., 260ff.
1206 *Volk*, Fehlerhafte Mittelverwendung, S.459; ders., Bewirtschaftung, S.28.
1207 *Volk*, Fehlerhafte Mittelverwendung, S.460; ganz ähnlich ders., Bewirtschaftung, S.28.
1208 *Volk*, Fehlerhafte Mittelverwendung, S.460; ders., Bewirtschaftung, S.28.

fentliche Vermögen als Planungshoheit zu begreifen[1209], es bestehe in den Befugnissen zu zweckmäßiger Planung und planmäßiger Mittelverwendung.[1210]

In bezug auf den Vermögensschaden meint *Volk* nun, daß die Sachgesetzlichkeiten des Wirtschaftens mit öffentlichen Geldern alleine über die Figuren des „Schadenseinschlags"[1211] und der „Zweckverfehlung" zu erfassen seien.[1212] Im Bereich der Haushaltsuntreue würden sich diese beiden Elemente allerdings nicht verschiedenen Fallgruppen zuordnen lassen[1213]: die besonderen persönlichen Verhältnisse des Opfers (Schadenseinschlag) seien dort durch „Wirtschaftlichkeit und Sparsamkeit" normativ vorgezeichnet[1214] – die „individuelle" Komponente des Schadensbegriffs stelle insoweit also nicht anderes dar als den Inbegriff der Maximen von „Wirtschaftlichkeit und Sparsamkeit"[1215] –; an dem gleichen Maßstab sei aber auch jegliche Zweckverfolgung und somit auch Zweckverfehlung zu messen.[1216] Von daher sei es bei der Haushaltsuntreue egal, ob ein wirtschaftlich ausgeglichenes oder unausgeglichenes Geschäft vorliegt.[1217] Da der zweckwidrige (oder „zwecklose") Einsatz von Haushaltsgeldern unwirtschaftlich sei, stelle also – spezifisch haushaltsrechtlich gewendet – jeder Verstoß gegen die Grundsätze von „Wirtschaftlichkeit und Sparsamkeit" einen Nachteil im Sinne des Untreuetatbestands dar.[1218]

Volk nimmt an, daß mit dieser Deutung aus § 266 StGB als Vermögensdelikt insoweit ein Delikt zum Schutze der Befugnis zu zweckgeleiteter Planung und planmäßiger Verwendung von Mitteln werde[1219], ein Delikt (auch) gegen staatliche

---

1209 *Volk*, Fehlerhafte Mittelverwendung, S.483.

1210 *Volk*, in: Krekeler/Tiedemann/Ulsenheimer/Weinmann (Hrsg.), HWiStR, Haushaltsuntreue, S.3.

1211 *Volk*, Fehlerhafte Mittelverwendung, S.461, 470; ders., Bewirtschaftung, S.24; ders., in: Krekeler/Tiedemann/Ulsenheimer/Weinmann (Hrsg.), HWiStR, Haushaltsuntreue, S.2, benutzt nicht die im Rahmen dieser Arbeit verwendete Bezeichnung „persönlicher Schadenseinschlag", sondern spricht grundsätzlich vom „individuellen Schadenseinschlag". Für den Bereich des Wirtschaftens mit öffentlichen Geldern verwendet er jedoch eine andere Terminologie: Dort sei nicht eine individuelle Lage des Betroffenen nach objektiven Maßstäben zu beurteilen, sondern bereits der Gegenstand der Wertung „objektiv" zu fassen (*Volk*, Bewirtschaftung, S.25f.; ders., in: Krekeler/Tiedemann/Ulsenheimer/Weinmann (Hrsg.), HWiStR, Haushaltsuntreue, S.2; vgl. ders., Fehlerhafte Mittelverwendung, S.455). Dadurch werde die „individuelle" Komponente zu einer objektiven: die typischen, objektivierten Verhältnisse öffentlicher Haushaltswirtschaft würden den „Schadenseinschlag" ausmachen, der damit insoweit kein „individueller" mehr sei (*Volk*, Fehlerhafte Mittelverwendung, S.455; ders., Bewirtschaftung, S.26).

1212 *Volk*, Bewirtschaftung, S.32; siehe auch ders., Fehlerhafte Mittelverwendung, S.469.

1213 *Volk*, Fehlerhafte Mittelverwendung, S.469; ders., Bewirtschaftung, S.32.

1214 *Volk*, Bewirtschaftung, S.32f.; vgl. ders., in: Krekeler/Tiedemann/Ulsenheimer/Weinmann (Hrsg.), HWiStR, Haushaltsuntreue, S.2.

1215 *Volk*, Fehlerhafte Mittelverwendung, S.455; ders., Bewirtschaftung, S.26f., 27.

1216 *Volk*, Bewirtschaftung, S.32f., 33; vgl. ders., Fehlerhafte Mittelverwendung, S.460, 462.

1217 *Volk*, Bewirtschaftung, S.29, 33; vgl. ders., Fehlerhafte Mittelverwendung, S.469.

1218 *Volk*, Bewirtschaftung, S.29; ders., in: Krekeler/Tiedemann/Ulsenheimer/Weinmann (Hrsg.), HWiStR, S.2f.; i.E. auch ders., Fehlerhafte Mittelverwendung, S.462, 469; wesentlich enger ders., in: Belke/Oehmichen (Hrsg.), Wirtschaftskriminalität, S.85f. („Die Fälle der sogenannten Haushaltsuntreue [...] sind als Untreue *nur* [Hervorhebung vom Verf.] zu qualifizieren, wenn man Wirtschaftlichkeit und Sparsamkeit als die obersten Zwecke staatlichen Wirtschaftens in den Vermögens- und Schadensbegriff einsetzt.").

1219 *Volk*, Fehlerhafte Mittelverwendung, S.462; ders., Bewirtschaftung, S.29; vgl. ders., in: Krekeler/Tiedemann/Ulsenheimer/Weinmann (Hrsg.), HWiStR, Haushaltsuntreue, S.3.

Planungshoheit und zweckgebundene Disposition.[1220] Ob sich der Tatbestand des § 266 StGB auf derart veränderter Grundlage noch als Vermögensdelikt bezeichnen läßt – weil eben in diesem Bereich Vermögen als Planungshoheit begriffen werden müsse – oder ob er als Vorschrift zum Schutze des Vertrauens in den wirtschaftlichen und sparsamen Umgang mit öffentlichen Geldern zu bezeichnen ist, ist dabei für *Volk* bloß ein terminologisches Problem.[1221] Sicher sei, daß § 266 StGB im Bereich der Haushaltsuntreue ein anderes Rechtsgut als im „privaten" Bereich schützt[1222]; bei der Haushaltsuntreue werde mit der aufgezeigten Sichtweise im Ergebnis die Dispositionsfreiheit geschützt.[1223]

Allerdings sieht *Volk* die von ihm dargelegte Konzeption – die sich nach Ansicht des *Verfassers* auch auf öffentliches Vermögen bei § 263 StGB übertragen ließe – keineswegs als zweifelsfrei an: sie werde zwar den Sachgesetzlichkeiten des Wirtschaftens mit öffentlichen Geldern gerecht[1224], jedoch seien die schadenskonstitutiven Elemente der Wirtschaftlichkeit und Sparsamkeit von „unbestimmter Weite".[1225] Von daher bestünden erhebliche Bedenken, ob die durch das Rekurrieren auf diese Grundsätze bewirkte Fassung des Schadensbegriffs noch mit dem Bestimmtheitsgebot vereinbar sei.[1226] Im Ergebnis äußert sich *Volk* diesbezüglich nicht abschließend und eindeutig. Immerhin hat er aber einen Gesetzentwurf zur Strafbarkeit der sachwidrigen Verkürzung öffentlicher Mittel vorgelegt, bei dem es nicht darum gehen soll, ein „Sonderrecht" für die öffentliche Haushaltswirtschaft zu schaffen, sondern darum, die Untreue für diesen besonderen Bereich so zu umschreiben, daß seine Besonderheiten Ausdruck finden.[1227]

Wie *Volk* im Rahmen des § 263 StGB bei privatem Vermögen zur Zweckverfehlungslehre steht, ist ebenfalls nicht zweifelsfrei ersichtlich: einerseits spricht er davon, daß diese Doktrin dogmatisch noch nicht gesichert sei[1228] und die gegen die Zweckverfehlungslehre vorgetragenen Bedenken wohl berechtigt seien[1229], andererseits meint er, daß beim Betrug zumindest aus kriminalpolitischen Gründen ohne diese Lehre kaum auszukommen sei.[1230] Daneben wirft *Volk* schon bei § 266 StGB die Frage auf, ob und inwieweit die Wirtschaftsführung der „privaten" Industrie sich den Regeln staatlicher Wirtschaftsführung angenähert habe, so daß in bezug auf den Schadensbegriff nicht zwischen „öffentlicher" und „privater" Wirtschafts-

---

1220 *Volk*, Fehlerhafte Mittelverwendung, S.469; ders., Bewirtschaftung, S.33.

1221 *Volk*, Fehlerhafte Mittelverwendung, S.483.

1222 *Volk*, Fehlerhafte Mittelverwendung, S.483f.

1223 *Volk*, in: Krekeler/Tiedemann/Ulsenheimer/Weinmann (Hrsg.), HWiStR, Haushaltsuntreue, S.2f., 3.

1224 Vgl. *Volk*, Fehlerhafte Mittelverwendung, S.469; ders., Bewirtschaftung, S.32.

1225 *Volk*, Fehlerhafte Mittelverwendung, S.484. – Eingehend zu den Grundsätzen von Wirtschaftlichkeit und Sparsamkeit, insbesondere im Hinblick auf das Bestimmtheitsgebot *Volk*, Fehlerhafte Mittelverwendung, S.462ff.; siehe auch ders., Bewirtschaftung, S.30ff.

1226 *Volk*, Fehlerhafte Mittelverwendung, S.471ff., 483f.; ders., Bewirtschaftung, S.33ff.; vgl., ders., in: Krekeler/Tiedemann/Ulsenheimer/Weinmann (Hrsg.), HWiStR, Haushaltsuntreue, S.3.

1227 *Volk*, Bewirtschaftung, S.75ff.

1228 *Volk*, Fehlerhafte Mittelverwendung, S.457; ders., Bewirtschaftung, S.27.

1229 *Volk*, Fehlerhafte Mittelverwendung, S.457f.

1230 *Volk*, Fehlerhafte Mittelverwendung, S.457.

führung zu unterscheiden sei, sondern allenfalls diese beiden Bereiche vom – wie er es nennt – „individuellen" Haushalten getrennt seien.[1231]

Im Schrifttum wird die Ansicht *Volks* ganz überwiegend zusammen mit der Position *Tiedemanns* gewürdigt. Sie erfährt dabei erhebliche Kritik[1232]: Auch gegen die Auffassung *Volks* wird vorgebracht, daß sie zu einer Aufspaltung des Vermögens- und Schadensbegriffs innerhalb ein- und desselben Tatbestands führe[1233], die mit den Grundsätzen des geltenden Rechts nicht vereinbar sei.[1234] Desweiteren wird ebenfalls vorgetragen, daß sich ein wesensmäßiger Unterschied zwischen öffentlichem und privatem Vermögen weder unter dem Aspekt der Zweckbindung als solcher[1235] noch im Hinblick auf die Art der verfolgten Zwecke[1236] begründen lasse. Und schließlich wird gleichermaßen geltend gemacht, daß auch die Charakterisierung der öffentlichen Mittel als Umlaufvermögen die Konzeption nicht schlüssig begründen könne.[1237] Allerdings haben all diese Bedenken nicht zur Folge, daß die Position *Volks* insgesamt zu verwerfen ist: insoweit kann auf die obigen[1238], im Rahmen der Diskussion der Ansicht *Tiedemanns* erfolgten Ausführungen zu diesen Kritikpunkten verwiesen werden; diese Ausführungen lassen sich entsprechend auf die Auffassung *Volks* übertragen.

Ergänzend ist darauf hinzuweisen, daß diese Auffassung auch unter dem Gesichtspunkt des geschützen Rechtsguts nicht von vornherein abzulehnen ist: Zwar führt *Volk* aus, daß § 266 StGB im Bereich der Haushaltsuntreue ein anderes Rechtsgut als im „privaten" Bereich schützt[1239] – insoweit laufe die aufgezeigte Konzeption im Ergebnis auf einen Schutz der Dispositionsfreiheit hinaus[1240] –, doch damit wird eine Deutung des Schutzes der Dispositionsfreiheit als bloße Reflexwirkung nicht ausgeschlossen. Entscheidend bleibt jedenfalls für § 263 StGB, ob ein betrugsrelevanter Schaden nicht bloß aus einer Beeinträchtigung der Dispositionsfreiheit hergeleitet wird; zudem darf die Anerkennung dieses Schadens auch keine vollständige Abkehr von einem objektiv-individuellen Ansatz darstellen. Damit greift aber auch die Kritik, die von *Weimann* erhoben wird, zu kurz: *Weimann* macht gegen die Ansicht *Volks* geltend, daß § 266 StGB das Vermögen schütze, nicht aber die Art und Weise des Einsatzes der Vermögensobjekte, wobei die Dispositionsbefugnis auch nicht dadurch zum Rechtsgut des § 266 StGB werde, weil sie von *Volk* als Vermö-

---

1231 *Volk*, Fehlerhafte Mittelverwendung, S.470.

1232 Siehe *Gerhold*, S.27ff.; *Hack*, S.26ff.; *Nelles*, S.391ff.; *Neye*, S.49ff.; *Weimann*, S.37f.; dagegen scheint *Haas*, S.97f., (auch) der Ansicht *Volks* zuzustimmen, setzt diese allerdings weitgehend mit der Auffassung *Tiedemanns* gleich.

1233 *Brauns*, JR 1998, 381, 384; *Gerhold*, S.28; *Neye*, S.50.

1234 *Neye*, S.50f.

1235 *Gerhold*, S.28f.; *Hack*, S.28ff.; *Neye*, S.50; *Weimann*, S.37f.

1236 *Gerhold*, S.28; *Hack*, S.30f.

1237 So zumindest i.E. *Gerhold*, S.28; *Hack*, S.26ff.; *Nelles*, S.392ff.; *Neye*, S.50; *Weimann*, S.37.

1238 Siehe oben S.203ff.

1239 *Volk*, Fehlerhafte Mittelverwendung, S.483f.

1240 *Volk*, in: Krekeler/Tiedemann/Ulsenheimer/Weinmann (Hrsg.), HWiStR, Haushaltsuntreue, S.2f., 3.

gen bezeichnet werde.[1241] Allerdings unterläßt *Weimann*, genauer zu untersuchen, ob die Sichtweise *Volks* im Ergebnis nicht doch mit einem Schutz des Vermögens und einer im Kern objektiv-individuellen Schadenskonzeption in Einklang zu bringen ist.

Gerade unter dem letztgenannten Gesichtspunkt spricht aber einiges für die Ansicht *Volks*: schließlich stellt *Volk* maßgeblich (auch) auf die Figur des persönlichen Schadenseinschlags ab. Die Anwendbarkeit dieser Figur folgt dabei letztlich aus der „Zweckbindung" des Vermögens, da durch die Zweckbindung auch die individuellen Verhältnisse des betreffenden Vermögensträgers aufgezeigt werden. Insoweit bewegt sich die Konzeption *Volks* aber zumindest im Bereich wirtschaftlich ausgeglichener Geschäfte auf dogmatisch gesichertem Terrain. Dagegen bleibt unklar, woraus sich die Vereinbarkeit mit dem objektiv-individuellen Ansatz im Bereich unausgeglichener Geschäfte ergeben soll: Wenn *Volk* ausführt, daß sich Schadenseinschlag und Zweckverfehlung bei der Haushaltsuntreue nicht verschiedenen Fallgruppen zuordnen lassen würden[1242], läßt sich dem nicht entnehmen, ob er damit die Figur des persönlichen Schadenseinschlags in irgendeiner Form auf den Bereich wirtschaftlich unausgeglichener Geschäfte erstrecken will oder wie er dort sonst eine Vermögensrelevanz von Zwecksetzungen begründen will. Auch wenn *Volk* im Bereich der öffentlichen Haushaltswirtschaft jegliche Zweckverfolgung und Zweckverfehlung an den Maximen von „Wirtschaftlichkeit und Sparsamkeit" messen will[1243], ergibt sich selbst insoweit allein daraus noch keine Vermögensrelevanz von Zwecksetzungen. Aber auch im übrigen begegnet *Volks* Rekurrieren auf die Grundsätze der „Wirtschaftlichkeit und Sparsamkeit" gewissen Bedenken: wenn *Volk* nämlich ausführt, daß die individuelle Komponente des Schadensbegriffs im Bereich der Haushaltsuntreue nichts anderes darstellt als den Inbegriff dieser Maximen[1244], ist dies zu kurz gegriffen, da die individuellen Bedürfnisse dort – zumindest in erster Linie – durch die festgeschriebenen Verwendungszwecke aufgezeigt werden. Vor allem leuchtet aber nicht ein, warum *Volk* insoweit ausschließlich auf die Grundsätze der Wirtschaftlichkeit und Sparsamkeit abhebt, wenn er doch zugleich deren „unbestimmte Weite"[1245] kritisiert. Zumindest zu ersterem besteht – wie gesagt – kein Anlaß.

Insgesamt ist der Ansichts *Volks* zugute zu halten, daß sie im Bereich objektiv ausgeglichener Geschäfte mit dem Abstellen auf die Figur des persönlichen Schadenseinschlags auf eine dogmatisch gesicherte Konstruktion Bezug nimmt. Insoweit erscheint diese Ansicht gegenüber der Konzeption *Tiedemanns* vorzugswürdig, wo-

---

1241 *Weimann*, S.38. – Dabei macht *Weimann*, ebenda, bereits gegen eine Definition des Vermögens durch planvolle Disposition geltend, daß der Disposition erst die Vermögensgegenstände zugrundeliegen müßten, über die dann disponiert werden könne. Diesbezüglich ist schon zu kritisieren, daß *Weimann* nicht untersucht, ob *Volk* mit seinen Ausführungen überhaupt das Vermögen abschließend definieren will oder ob er es vielmehr bloß charakterisieren will, um diese Charakterisierung dann für den *Schadens*begriff nutzbar zu machen.

1242 *Volk*, Fehlerhafte Mittelverwendung, S.469; ders., Bewirtschaftung, S.32.

1243 *Volk*, Bewirtschaftung, S.32f., 33.

1244 *Volk*, Fehlerhafte Mittelverwendung, S.455; ders., Bewirtschaftung, S.26f., 27.

1245 *Volk*, Fehlerhafte Mittelverwendung, S.484.

mit allerdings nicht umgekehrt etwas gegen *Tiedemanns* Rückgriff auf das Wesen der öffentlichen Haushalte zur Schadensbegründung ausgesagt wird. Desweiteren dürfte es in die richtige Richtung gehen, wenn *Volk* die Frage aufwirft, ob die Grenze für eine schadensbegründende Relevanz von Zweckverfehlungen überhaupt zwischen „öffentlicher" und „privater" Wirtschaftsführung zu ziehen ist oder ob diese Grenze nicht vielmehr mitten durch den Bereich privaten Vermögens verläuft.[1246] Dennoch verdient die Konzeption *Volks* keine Zustimmung: denn im Bereich objektiv unausgeglichener Geschäfte bleibt bei ihr die entscheidende Frage – die Vereinbarkeit mit einem im Ausgangspunkt wirtschaftlichen Schadensverständnis – unbeantwortet.

h) Anwendung der Figur des persönlichen Schadenseinschlags ohne Annahme eines wesensmäßigen Unterschieds zwischen öffentlichem und privatem Vermögen

Teilweise kommt die Figur des persönlichen Schadenseinschlags im Schrifttum auch im Bereich der öffentlichen Haushaltswirtschaft zur Anwendung, ohne daß dabei von einem wesensmäßigen Unterschied zwischen öffentlichem und privatem Vermögen ausgegangen wird. Die Figur wird mit ihren allgemeinen Kriterien letztendlich „direkt" auf das öffentliche Vermögen angewandt. In der Regel geht es dabei allerdings nicht um „Zweckverfehlungsfälle", sondern eben um mehr oder weniger typische Konstellationen des persönlichen Schadenseinschlags. Möglicherweise läßt sich aus den verschiedenen Ansichten aber dennoch etwas zur Lösung der Zweckverfehlungsproblematik ableiten.

So bejaht *Gössel* in diesem Bereich einen Schaden in Form des persönlichen Schadenseinschlags, wenn ein durch eine zweckwidrige Ausgabe erlangter Vorteil nach den konkret von der öffentlichen Hand verfolgten Bedürfnissen und Verhältnissen kein ausreichendes Äquivalent darstellt, was etwa dann der Fall sei, wenn die konkrete Ausgabe dazu führt, daß *ein anderer*[1247] vom Vermögensinhaber verfolgter Zweck eben wegen der zweckfremden Mittelverwendung nicht oder teilweise nicht erreicht wird.[1248] *Neye* zieht zur Bestimmung der individuellen Verwendbarkeit einer Leistung für die öffentliche Hand auch die haushaltsrechtlichen Vorschriften und Richtlinien heran. So hebt er etwa bei § 266 StGB für den Fall der sog. Überbevorratung – der Anschaffung von Gebrauchsgegenständen in großer Zahl, ohne daß ein akuter Bedarf dafür besteht – im Anwendungsbereich des § 63 I BHO auf den Inhalt dieser Vorschrift ab: aus § 63 I BHO ergebe sich, daß Gebrauchsgegenstände und Geräte im staatlichen Bereich beschafft würden, um „in absehbarer Zeit" ihrer zweckentsprechenden Verwendung zugeführt zu werden. Sinn der Anschaffung sei dagegen nicht die langfristige Aufbewahrung in Vorratslagern. Würden die Gegenstände nicht gebraucht, bestehe für sie regelmäßig keine andere zumutbare Verwendungsmöglichkeit. Von daher ergebe sich in diesen Fällen ein

1246 *Volk*, Fehlerhafte Mittelverwendung, S.470.
1247 Hervorhebung im Original.
1248 *Gössel*, BT 2, S.491 Rdnr.7.

Nachteil in Form des persönlichen Schadenseinschlags.[1249] Vergleichbare Ausführungen macht *Neye* auch für den Bereich übertriebenen gestalterischen Aufwands bei der Errichtung öffentlicher Verwaltungsgebäude[1250], stellt dabei allerdings auf die Fallgruppe „c" des Melkmaschinenfalls ab.[1251] Ohne eine Fallgruppe zu benennen, bejaht auch *Molketin* einen Schaden in Form des persönlichen Schadenseinschlags, wenn Diensträume teurer ausgestattet werden, als dies nach den dafür geltenden Richtlinien zulässig ist.[1252] [1253]

Zumindest im Ergebnis weitgehend ähnlich äußert sich auch *Lackner* zu § 263 StGB: *Lackner* beschränkt seine Ausführungen nicht auf öffentliches Vermö-

---

1249 *Neye*, S.67f.; ders., NStZ 1981, 369, 371.

1250 *Neye*, S.58f. i.V. mit S.61; ders., NStZ 1981, 369, 370f.; siehe ferner *Schünemann*, in: LK[11] § 266 Rdnr.143.

1251 Übertragen auf den genannten Bereich soll dabei nach *Neye*, S.58; ders., NStZ 1981, 369, 370, entscheidend sein, ob aufgrund der Ausgaben für die aufwendige Ausstattung öffentlicher Gebäude die Mittel fehlen oder vermindert sind, welche der Erfüllung sonstiger staatlicher Aufgaben dienen. Allerdings fragt sich, ob in dieser Fallkonstellation überhaupt auf die – zumindest bei § 263 StGB nicht unproblematische – Fallgruppe „c" des Melkmaschinenfalles zurückgegriffen werden muß: Soweit in Richtlinien konkret bestimmt ist, welches Maß an gestalterischem Aufwand bei der Errichtung öffentlicher Bauten zulässig ist, sind Bauten, die dieses Maß übersteigen, für die öffentliche Hand individuell betrachtet doch weniger „wert" als der dafür gezahlte marktübliche Preis. Sie dürften daher regelmäßig zu einem Vermögensnachteil in Form der unproblematischen Fallgruppe „a" des Melkmaschinenfalls führen.

1252 *Molketin*, NStZ 1987, 369, 370; auch *Lenckner*, in: Schönke/Schröder[25] § 266 Rdnr.44 a.E., der aber wohl zugleich einen Schaden bereits in der Fehlleitung der öffentlichen Mittel als solcher erblickt [siehe zu letzterem bereits oben S.190f.].

1253 Bei einer Zugrundelegung des objektiv-individuellen Schadensbegriffs würde auch *Wolf* (1997), S.102f.; ders. (1998), S.91, den persönlichen Schadenseinschlag im Bereich der öffentlichen Haushaltswirtschaft aus Haushaltsrichtlinien, Erlassen und anderen Vorgaben herleiten wollen. *Wolf* selbst vertritt allerdings einen anderen – oben auf S.80f. dargestellten – Schadensbegriff. Zu Anwendungsfällen der Figur des persönlichen Schadenseinschlags im Bereich der Amts- und Haushaltsuntreue auch *J. Vogel*, Legitimationsprobleme, S.535ff. – Dagegen wird die Figur des persönlichen Schadenseinschlags von *Däke*, Stbg 1994, 418, ganz augenscheinlich übersehen, wenn er beim Bau eines luxuriösen, mit Marmorplatten verzierten Schwimmpalastes durch eine hochverschuldete Gemeinde einen Vermögensschaden allein mit der knappen Begründung verneint, die Gemeinde habe für ihr Geld einen entsprechenden wirtschaftlichen Gegenwert erhalten. In diese Richtung gehen auch die Ausführungen von *G. Schultz*, MDR 1981, 372, der meint, es könne zweifelhaft sein, ob ein Schaden entsteht, wenn ein Dienstzimmer mit Mobiliar ausgestattet wird, das seinen Preis wert ist, die dafür vorgesehenen Haushaltsmittel durch die Anschaffung aber um ein Vielfaches überschritten werden – schließlich würde der Gegenwert der vorschriftswidrig verwendeten Gelder in das betreffende Vermögen eingehen. *G. Schultz*, ebenda, nimmt desweiteren an, daß der Begriff des Vermögensnachteils bei bloßen Verstößen gegen die Grundsätze der Wirtschaftlichkeit, Ordnungsmäßigkeit und Sparsamkeit „nicht ohne weiteres paßt". Auch *Schünemann*, in: LK[11] § 266 Rdnr.121, konzidiert, daß in den letztgenannten Fällen das spezifische Unrecht prima facie nicht in der Beeinträchtigung fiskalischer Interessen, sondern in der Verfälschung des Staatswillens liege. Bei bloßen Verstößen gegen haushaltsrechtliche Festsetzungen lehnt *Schünemann*, ebenda, ein Eingreifen der Figur des persönlichen Schadenseinschlags grundsätzlich ab, da der Staat seine Mittel grundsätzlich für alle öffentlichen Aufgaben einsetzen könne, und es daher nicht um inhaltliche, sondern um rein kompetentielle Fragen gehe. Auch Verstöße gegen die Grundsätze der Wirtschaftlichkeit und Sparsamkeit würden nicht eo ipso zu einem Eingreifen dieser Figur führen (ders., in: LK[11] § 266 Rdnr.142). Grundsätzlich bejaht *Schünemann*, in: LK[11] § 266 Rdnr.143, jedoch die Möglichkeit einer Schädigung auch der öffentlichen Hand in Form des persönlichen Schadenseinschlags.

gen, sondern nimmt insgesamt an, daß die Erlangung von Mitteln aus einem „zweckgebundenen“ Vermögen bei einem wirtschaftlich ausgeglichenen Geschäft häufig bereits einen Schaden in Form des persönlichen Schadenseinschlags begründe, weil für solche Vermögen die vom Täter erbrachte Gegenleistung meist deshalb minderwertig sei, weil sie die Möglichkeit des Vermögenseinsatzes im Sinne der Zweckbindung einschränke.[1254] Gleichwohl ist die Problematik der Zweckverfehlung für *Lackner* ein eigenständiges – vom persönlichen Schadenseinschlag unabhängiges – Problemfeld, in dem er – wie oben bereits dargestellt wurde[1255] – bei Vorliegen eines wirtschaftlich unausgeglichenen Geschäfts von einer Vermögensrelevanz von Zwecksetzungen ausgeht. Für den Bereich objektiv ausgeglichener Geschäfte plädiert auch *Cramer* für eine – im Ergebnis ganz ähnliche – Anwendung der Figur des persönlichen Schadenseinschlags auf „zweckgebundenes“ Vermögen.[1256]

Die vorgenannten Auffassungen zeichnen sich dadurch aus, daß sie einer „Zweckbindung“ des Vermögens Rechnung tragen: schließlich zeigt eine „Zweckbindung“ besonders anschaulich die individuellen Verhältnisse des betreffenden Vermögensträgers und damit auch die individuelle Verwendbarkeit einer Leistung auf. Daß dies im Bereich öffentlicher Haushalte etwa auch durch Haushaltspläne geschieht, wurde bereits erwähnt.[1257] Nichts anderes kann aber auch für die sonstigen haushaltsrechtlichen Vorschriften gelten, sofern sie dem betreffenden Vermögen ein „materielles Gepräge“ geben. Von daher ist es im Kern überzeugend, wenn die oben skizzierten Ansichten insoweit auf die Figur des persönlichen Schadenseinschlags abstellen, auch wenn sie nicht von einem wesensmäßigen Unterschied zwischen öffentlichem und privatem Vermögen ausgehen. – Ein solcher Unterschied ist für die Anwendung des persönlichen Schadenseinschlags im Bereich der öffentlichen Haushaltswirtschaft nicht erforderlich. Allerdings beziehen sich die obigen Ansichten allein auf den Bereich objektiv ausgeglichener Geschäfte. Dies erklärt sich daraus, daß die Anwendung des persönlichen Schadenseinschlags an sich das Vorliegen eines solchen Geschäfts voraussetzt. Trotzdem drängt sich die Frage auf, ob sich aus den gewonnenen Erkenntnissen auch etwas für den Bereich wirtschaftlich unausgeglichener Geschäfte ableiten läßt. So könnte man insbesondere an eine ausnahmsweise „Erstreckung“ der Figur des persönlichen Schadenseinschlags auf diesen Bereich denken. Bei den vorgenannten Autoren finden sich jedoch – soweit ersichtlich – keine Überlegungen in diese Richtung.[1258]

1254 *Lackner*, in: LK[10] § 263 Rdnr. 177.

1255 Siehe oben S. 140f., 192.

1256 *Cramer*, S. 221 Fußn. 84, will bei einer zweckverfehlenden Leistung aus einem für soziale Zwekke gebundenen Vermögen und dem Vorliegen einer objektiv gleichwertigen Gegenleistung auf die Figur des persönlichen Schadenseinschlags zurückgreifen. Dies verdeutlicht er an dem berühmten Beispiel von *Gallas*, in: Eb. Schmidt-FS, S. 401, 435: Eine Stiftung, deren Vermögen zur Förderung notleidender junger Künstler bestimmt ist, kauft ein Bild an, das in Wahrheit von einem arrivierten Maler in guten Verhältnissen stammt. Hier will *Cramer*, ebenda, einen Vermögensschaden deswegen bejahen, weil für die Stiftung nur ein Bild den gezahlten Preis wert sei, das von einem jungen Künstler stammt.

1257 Siehe oben S. 188f.

1258 *Lackner*, in: LK[10] § 263 Rdnr. 177 Fußn. 309, beruft sich zwar für ein Eingreifen der Figur des

i) Ausdifferenzierungen auf der Grundlage einer Trennung zwischen „Eingehungs-" und „Erfüllungsbetrug" und der Ablehnung eines normativierten Schadensbegriffs (*Betschart*)

Eingehende Ausführungen zur Problematik des Vermögensschadens i.S. des Art.148 SchwStGB a.F. bei Angriffen auf öffentliches Vermögen finden sich bei *Betschart*. Diese Überlegungen sind auch für § 263 StGB von Interesse. Ihnen liegt offenbar ein objektiv-individuelles Schadensverständnis zugrunde.[1259] Die Zweckverfehlungslehre zeigt *Betschart* dabei vorab nur verhältnismäßig kurz auf, äußert sich zu ihr jedoch nicht abschließend[1260]; er bezeichnet sie aber an anderer Stelle als „problembehaftet".[1261] Insgesamt ist die Ansichts *Betscharts* maßgeblich durch eine umfassende – und recht eigenwillige – Differenzierung zwischen „Eingehungs-" und „Erfüllungsbetrug" gekennzeichnet. Von einem „Eingehungsbetrug" spricht *Betschart* dabei dann, wenn der Täter bereits bei Vertragsschluß getäuscht hat; in diesem Fall seien der wirtschaftliche Wert der versprochenen Leistung und Gegenleistung miteinander zu vergleichen.[1262] Auch Fälle wie den sog. Bettelbetrug diskutiert *Betschart* unter diesem Begriff; schließlich würde sich dort der Getäuschte für eine materielle Leistung eine immaterielle Gegenleistung versprechen lassen.[1263] Einen „Erfüllungsbetrug" nimmt *Betschart* dagegen an, wenn erst bei der Vertragserfüllung getäuscht wurde; dann würden nicht die Leistung und die Gegenleistung den Ausgangspunkt für die Schadensberechnung bilden, sondern die vertragliche Vereinbarung.[1264] Bei Angriffen auf öffentliches Vermögen unterscheidet *Betschart* neben der vorgenannten Differenzierung ferner danach, ob eine Leistung erschlichen oder eine Forderung vorenthalten wurde.[1265] Das Erschleichen öffentlicher Leistungen beurteilt *Betschart* nun wie folgt:

Beim „Eingehungsbetrug" unterscheidet er zunächst danach, ob eine einseitige Leistung, eine Leistung aus einem „Austauschverhältnis" oder aus einem „verbundenen Verhältnis" in Rede steht.[1266] Dabei rechnet er die Subventionen den einsei-

---

persönlichen Schadenseinschlags bei der Erlangung von Mitteln aus einem zweckgebundenen Vermögen auf *BGHSt* 19, 37, 45 und weist dabei darauf hin, daß es sich dort „allerdings [...] um ein wirtschaftlich unausgeglichenes Geschäft gehandelt hat", doch es wäre zu weit gegriffen, wollte man hieraus ableiten, *Lackner* wolle diese Schadensfigur insoweit auch auf unausgeglichene Geschäfte erstrecken. Dies muß um so mehr gelten, als *BGHSt* 19, 37, 45 nicht einmal auf den persönlichen Schadenseinschlag abstellt. Letztendlich bleibt daher unklar, warum *Lackner*, ebenda, für seine Sichtweise *BGHSt* 19, 37, 45 mit dem genannten Hinweis überhaupt anführt.

1259 Siehe etwa *Betschart*, S.9, 12.

1260 So ausdrücklich *Betschart*, S.12.

1261 *Betschart*, S.34.

1262 *Betschart*, S.9f.

1263 *Betschart*, S.10ff.

1264 *Betschart*, S.9f., 10.

1265 Dabei faßt *Betschart*, S.3, unter den Begriff der Leistung „alle Handlungen, welche dem Adressaten einen Vorteil bringen" und unter den Begriff der Forderung „alle *finanziellen* [Hervorhebung im Original] Leistungsansprüche". Allerdings beziehen sich auch seine Ausführungen zur Erschleichung öffentlicher Leistungen grundsätzlich nur auf den Bereich finanzieller staatlicher Leistungen (= Geldleistungen) (a.a.O., S.15).

1266 Zu diesen Begriffen *Betschart*, S.15ff.

tigen öffentlichen Leistungen[1267] zu, bei denen allerdings die Schwierigkeit bestehe, daß der Wert eines auf Zweckerfüllung gerichteten Versprechens des Täters nicht konsequent ermittelt werden könne.[1268] Für eine an dieses Versprechen anknüpfende Saldierung sei dort daher kein Raum.[1269] Aus diesem Grund untersucht *Betschart* anschließend, ob in dieser Konstellation stattdessen – formalisierend – allein auf die Erfüllung oder Nichterfüllung der einzelnen Vergabevoraussetzungen abgestellt und damit ein normativierter Schadensbegriff zugrundegelegt werden könnte. Dabei betrachtet er zuerst diejenigen Fälle, in denen die Erfüllung der gesetzlich festgehaltenen Vergabevoraussetzungen noch keinen Anspruch, sondern bloß eine Anwartschaft auf die betreffende Leistung begründe. Dort lehnt *Betschart* einen normativierten Schadensbegriff bereits deshalb ab, weil in den Leistungsvoraussetzungen nicht nur Leistungszwecke, sondern auch bloße Leistungsmotive – wie etwa das Abhängigmachen der Leistung von der Zusage einer anderen Institution – normativiert sein könnten. Mit der Berücksichtigung von Leistungsmotiven werde aber nicht mehr das Vermögen des Staates, sondern allein die Dispositionsfreiheit geschützt.[1270] Auch wenn man aus der Schadensbetrachtung diejenigen Normen ausscheiden würde, die bloß der Verwaltungskontrolle oder der Beweissicherung dienen, würde sich daran nichts ändern, denn auch auf diese Weise „bereinigte Leistungsvoraussetzungen" könnten immer noch bloße Leistungsmotive enthalten. Ebenso helfe es nicht weiter, zwischen Primär- und Endzwecken einer Subventionsvergabe zu unterscheiden, da sich zumindest eine etwaig geforderte Leistungszusage einer anderen Institution diesem Unterteilungsmuster entziehen würde.[1271] *Betschart* zieht nun daraus, daß in dem untersuchten Bereich sowohl die Zweckverfehlungslehre versage als auch ein normativierter Schadensbegriff mit dem Charakter des Betrugs als Vermögensdelikt unvereinbar sei, die Konsequenz, daß der Betrugstatbestand insoweit nicht eingreifen könne.[1272]

Anschließend beleuchtet er die Konstellation, daß vom Täter nicht bloß eine Anwartschaft, sondern ein Anspruch auf eine einseitige öffentliche Leistung vorgetäuscht und diese infolgedessen auch zugesagt wurde: *Betschart* bejaht in dieser Konstellation einen wirtschaftlichen Vermögensschaden der öffentlichen Hand. Dieser sei darin begründet, daß sich die öffentliche Hand mit einer Leistungsverpflichtung belaste, ohne daß der Täter einen bereits bestehenden Leistungsanspruch als Äquivalent in die Saldierung einbringe. Dabei sei es ohne Bedeutung, ob die vorgetäuschten Leistungsvoraussetzungen leistungsfremde Motive enthalten würden oder nicht, denn das Vorliegen dieses Leistungsanspruchs belaste in jedem Fall

---

1267 Dabei nimmt *Betschart*, S.15, eine einseitige staatliche Leistung dann an, wenn der Empfänger dem Staat keine materielle Gegenleistung zu erbringen hat.

1268 *Betschart*, S.29. – Anschaulich *Betschart*, S.15 („Wieviel etwa der durch Subventionen geförderte Verbleib der Bergbauern auf ihren schwierig zu bewirtschaftenden Grundstücken für die Allgemeinheit wirklich wert ist, lässt sich weder im Einzelfall noch insgesamt mit wirtschaftlichen Masstäben fassen.").

1269 *Betschart*, S.29.

1270 *Betschart*, S.31.

1271 *Betschart*, S.32f.

1272 *Betschart*, S.34, 139.

das öffentliche Vermögen. Jede Anerkennung eines bloß vorgespiegelten Leistungsanspruchs führe zu einem wirtschaftlichen Schaden.[1273] Dennoch verneint *Betschart* auch in dieser Konstellation ein Eingreifen des Art.148 SchwStGB a.F., und zwar aus folgendem Grund: *Betschart* meint, daß eine konsequent betriebene Normativierung des Schadensbegriffs in diesem Bereich zur Folge haben könnte, daß wirtschaftliche Schadensminderungsgründe bei der Schadensberechnung unberücksichtigt bleiben[1274]: denn denkbar sei der Fall, daß ein Täter durch Täuschung ein Leistungsversprechen erwirkt, ihm aber zugleich ein Leistungsanspruch aus „anderen Gründen" zugestanden hätte. Wenn nun der Schuldner durch seine spätere Leistungshingabe von der „anderen" Verpflichtung befreit werde, sei der Schuldner rein wirtschaftlich betrachtet nicht geschädigt.[1275] Allerdings sei fraglich, ob es überhaupt zulässig wäre, diese „anderen Gründe" mit der Leistungszusage zu saldieren. Ein normativierter Schadensbegriff hätte hier zur Folge, daß die von der Rechtsprechung zum schweizerischen Steuerrecht für vergleichbare Fälle entwikkelten Regeln sinngemäß zu übernehmen wären.[1276] Danach wäre eine Saldierung von Leistungsansprüchen aus „anderen Gründen" mit einer Leistungszusage unzulässig, wenn sie einen anderen Leistungsfall betreffen bzw. bei gleichem Leistungsfall unter das „Kompensationsverbot"[1277] fallen würden.[1278] Damit würden aber insoweit wirtschaftliche Schadensminderungsgründe bei der Schadensberechnung unberücksichtigt bleiben.[1279] Da in diesen Fällen nicht mehr das Vermögen der öffentlichen Hand, sondern deren Dispositionsfreiheit geschützt werde, greife Art.148 SchwStGB a.F. insoweit also nicht ein.[1280] Sodann zieht *Betschart* einen weitreichenden Schluß: Da es bloß von Zufällen abhänge, ob ein „anderer" Leistungsanspruch vorliege, der mit der erschlichenen Leistungszusage saldiert werden könnte, würde es sich rechtfertigen, bei *jeder*[1281] erschlichenen Anerkennung von einseitigen Leistungsansprüchen von der Anwendung des Betrugstatbestands abzusehen.[1282]

Zusammenfassend ergibt sich somit für *Betschart*, daß Art.148 SchwStGB a.F. bei der Erschleichung einseitiger staatlicher Leistungszusagen in keinem Fall eingreift.[1283]

1273 *Betschart*, S.38.

1274 *Betschart*, S.139.

1275 *Betschart*, S.38.

1276 Und zwar obwohl auch in der Schweiz bei der Steuerhinterziehung nicht der allgemeine Betrugstatbestand, sondern Sondertatbestände Anwendung finden würden (*Betschart*, S.35 i.V. mit S.38).

1277 *Betschart*, S.35, versteht dabei unter „Kompensationsverbot", daß der Vorteilsverzicht des Steuerpflichtigen mit dem erschlichenen Vorteil nur saldiert werden dürfe, wenn dieser Vorteil noch nicht rechtskräftig eingeschätzt sei. Nur Tatsachen, die mit der Hinterziehung untrennbar zusammenhängen würden, seien davon ausgenommen.

1278 *Betschart*, S.38.

1279 In diesem Sinne *Betschart*, S.38f. i.V. mit S.35ff., 37, 139.

1280 *Betschart*, S.39, 139.

1281 Hervorhebung im Original.

1282 *Betschart*, S.39.

1283 *Betschart*, S.39, 41, 46, 54, 139.

Sodann beleuchtet *Betschart* die Erschleichung von Leistungszusagen im Rahmen von „Austauschverhältnissen" und „verbundenen Verhältnissen". Nach seiner Terminologie liegt ein Austauschverhältnis dann vor, wenn die öffentliche Hand für ihre Leistung entweder vollständig („synallagamatisches Austauschverhältnis") oder teilweise („unvollkommenes Austauschverhältnis") materiellen Ersatz fordert.[1284] Bei beiden Arten von Austauschverhältnissen nimmt *Betschart* an, daß kein Bedarf bestehe, auf einen normativierten Schadensbegriff zurückzugreifen, wenn der Täter beim Eingehen eines solchen Austauschverhältnisses über den Wert der vom Opfer zu erbringenden Leistung täuscht. Denn die vom Täter zu erbringende Gegenleistung sei dort wirtschaftlich hinreichend quantifizierbar.[1285] Art.148 SchwStGB a.F. greife daher insoweit ein.[1286]

Anders sei es dagegen bei „verbundenen Verhältnissen": Ein „verbundenes Leistungsverhältnis" liegt für *Betschart* vor, wenn ein synallagmatisches oder unvollkommenes Austauschverhältnis von einem einseitigen Leistungsverhältnis überlagert oder mit ihm kombiniert wird.[1287] In diese Gruppe ordnet *Betschart* diejenigen Fälle ein, in denen der Getäuschte mit seiner Leistungszusage weitere, über den Empfang der Gegenleistung hinausgehende Zwecke verfolgt.[1288] *Betschart* will nun bei „verbundenen Verhältnissen" das Austausch- und das einseitige Leistungsverhältnis mit seiner Zweckverfehlungsproblematik isoliert betrachten: Soweit sich die Betrugshandlung der Sache nach auf das einseitige öffentliche Leistungsverhältnis beziehe, sei auch dessen strafrechtliche Beurteilung maßgeblich. Da Art.148 SchwStGB a.F. bei der Erschleichung einseitiger öffentlicher Leistungszusagen – aus den oben bereits dargestellten Gründen[1289] – nicht eingreifen würde, müsse dies insoweit auch bei der Erschleichung von Leistungszusagen im Rahmen „verbundener Leistungsverhältnisse" gelten.[1290]

Recht knappe Ausführungen macht *Betschart* sodann zu dem von ihm als solchem benannten „Erfüllungsbetrug" im Bereich der Leistungserschleichung. Dabei ist allerdings schon nicht zweifelsfrei ersichtlich, welche Konstellation *Betschart* damit überhaupt meint: An einer Stelle scheint es so, als würde er darunter nur diejenigen Fälle fassen, in denen der Täter erst nach erfolgter rechtskräftiger Leistungszusage täuscht.[1291] An anderer Stelle gewinnt man dagegen den Eindruck, er würde hierzu auch solche Fälle zählen, in denen der Täter von der öffentlichen Hand eine Leistungshingabe erwirkt, indem er eine gar nie erteilte Leistungszusage vortäuscht oder indem er den Weiterbestand eines im Moment der Zusage gegebenen, aber nachträglich weggefallenen Leistungsanspruchs vorspiegelt.[1292] Jedenfalls nimmt *Betschart* an, daß der Vermögensschaden beim Erfüllungsbetrug durch einen Ver-

1284 *Betschart*, S.18f.
1285 *Betschart*, S.39f.
1286 *Betschart*, S.40 i.V. mit S.46.
1287 *Betschart*, S.19f.
1288 *Betschart*, S.40f.
1289 Siehe oben S.222, 223.
1290 *Betschart*, S.41; i.E. auch ders., S.46.
1291 *Betschart*, S.46.
1292 *Betschart*, S.42.

gleich der im Eingehungsgeschäft festgelegten Leistungsverpflichtung des Schuldners mit dessen tatsächlicher Leistung festzustellen sei. Da dabei eine wirtschaftliche Schadensberechnung ohne größere Probleme möglich sei – und daher auch nicht die beim „Eingehungsbetrug" für eine Schadensnormativierung angeführten Gründe verfangen würden –, stehe der Anwendbarkeit des Betrugstatbestands insoweit nichts entgegen, und zwar sowohl im Bereich einseitiger Leistungen als auch bei Leistungen aus Austausch- und verbundenen Verhältnissen.[1293]

Daneben untersucht *Betschart* eingehend, ob durch die Erschleichung öffentlicher Leistungen (auch) Dritte geschädigt werden.[1294] Die diesbezüglichen Überlegungen werden im weiteren Verlauf der vorliegenden Arbeit gesondert dargestellt.[1295]

Schließlich beleuchtet *Betschart* noch den Komplex des betrügerischen Vorenthaltens von Forderungen, die der öffentlichen Hand zustehen. Dabei trennt er wiederum zwischen „Eingehungs"- und „Erfüllungsbetrug". Soweit es dabei um das Vorenthalten von Steuern geht, wird an dieser Stelle auf eine Darstellung verzichtet, da es nicht Sinn und Aufgabe dieser Arbeit sein kann, Detailfragen des schweizerischen Steuerstrafrechts zu untersuchen. Im übrigen nimmt *Betschart* dabei – soweit er Art.148 SchwStGB a.F. für grundsätzlich anwendbar hält[1296] – ohne größere Ausführungen ein Eingreifen des Art.148 SchwStGB a.F. an, und zwar sowohl im Bereich des „Eingehungs"- als auch des „Erfüllungsbetrugs" (Täter erschleicht Verzicht auf eine bereits bestehende Forderung[1297]). Dem soll so sein sowohl bei Forderungen aus Austauschverhältnissen als auch bei einseitigen Forderungen und Forderungen aus verbundenen Verhältnissen.[1298]

Trotz ihrer zahlreichen Ausdifferenzierungen kann die Ansicht *Betscharts* jedoch nicht überzeugen: In terminologischer Hinsicht ist vorab zu bemerken, daß in Deutschland von einem Eingehungsbetrug üblicherweise nur dann gesprochen wird, wenn es um ein Vertragsverhältnis geht, bei dem einer Leistung irgendeine Gegenleistung gegenübersteht.[1299] Bei denjenigen Leistungen, die wie beispielsweise Subventionen im vorliegenden Zusammenhang von besonderem Interesse sind und die *Betschart* als „einseitige Leistungen" bezeichnet, wird dieser Begriff – soweit ersichtlich – üblicherweise nicht benutzt. Gleichwohl stellt sich inhaltlich jedoch die Frage, ob die Erschleichung einer einseitigen Leistungszusage bereits einen strafbaren Betrug darstellt.[1300] Bei den „Zweckverfehlungsfällen" wird diese Frage in Deutschland – soweit ersichtlich – überhaupt nicht thematisiert. Von daher ist

1293 *Betschart*, S.42f.

1294 *Betschart*, S.43ff.

1295 Siehe unten S.287f.

1296 Nach *Betschart*, S.50f. i.V. mit S.54, fiel die Abwendung der drohenden Festsetzung einer Geldbuße durch betrügerische Manipulationen nicht in den Schutzbereich des Art.148 SStGB a.F.

1297 *Betschart*, S.54.

1298 *Betschart*, S.51ff.

1299 Siehe etwa *Cramer*, S.173; ders., in: Schönke/Schröder[25] § 263 Rdnr.125; *Lackner*, in: LK[10] § 263 Rdnr.222; *Samson/Günther*, in: SK[5] § 263 Rdnr.165.

1300 Demgegenüber stellt *BGH* vom 13.7.1966, 2 StR 58/66, S.4, insgesamt auf die „Bewilligung und Auszahlung" der betreffenden Mittel (verlorene Zuschüsse) ab, ohne zu untersuchen, ob bereits die Bewilligung als solche einen Vermögensschaden begründet.

Betschart zugute zu halten, daß er diese Problematik überhaupt aufgeworfen hat, auch wenn seine diesbezüglichen Ausführungen keine Zustimmung verdienen: denn letztenendes projeziert *Betschart* die Gesamtproblematik aus Zweckverfehlung, unbewußter Selbstschädigung und normativierter Schadensberechnung bereits in den Bereich des „Eingehungsbetrugs". Selbst wenn man dabei *Betscharts* Ablehnung einer normativierten Schadensberechnung in jeder Hinsicht für zutreffend hielte, würde dies aber nicht notwendig bedeuten, daß auch die daraus abgeleiteten Folgerungen richtig sind:

Wenn *Betschart* nämlich allein aus dieser Ablehnung sowie aus der Ablehnung der (von ihm ohnehin nur knapp beleuchteten) Zweckverfehlungslehre ableiten will, daß der Betrugstatbestand insoweit nicht eingreifen würde, ist dies einfach zu kurz gegriffen und auch nicht zwingend. *Betschart* versäumt es, zu untersuchen, ob ein Vermögensschaden in dieser Konstellation mit anderen dogmatischen Figuren begründet werden könnte. Abgesehen davon, daß auch *Betscharts* Auseinandersetzung mit der Ansicht *Tiedemanns* – die an anderer Stelle erfolgt – zu kurz geraten ist und nicht überzeugen kann[1301], lassen seine Ausführungen etwa eine Stellungnahme zu dem Lösungsansatz *Volks* vermissen. Der Gedanke einer „extensiven Nutzbarmachung" der Figur des persönlichen Schadenseinschlags für den Bereich öffentlichen Vermögens wird überhaupt nicht aufgeworfen. Damit ist die gesamte Konzeption *Betscharts* aber in weiten Teilen erschüttert und kann schon von daher nicht überzeugen.

Freilich sei am Rande folgendes bemerkt: Wenn und soweit öffentliches Vermögen durch die Erschleichung einer einseitigen Leistungszusage mit einer Verbindlichkeit belastet wird[1302], dürfte die Ansicht *Betscharts* – Nichteingreifen des objektiven Tatbestands – freilich im Ergebnis gleichwohl zutreffend sein. Selbst wenn man nämlich in dieser Konstellation zu einem Vermögensschaden und dem Vorliegen einer unbewußten Selbstschädigung käme, kann man nicht daran vorbeisehen, daß die erschlichene Leistungszusage bei einer wertenden Betrachtung nur die Vorstufe zur Auszahlung dieser Leistung ist. Damit ist aber letztenendes, deutsche Terminologie hin oder her, gerade die besondere Problematik des „Eingehungsbetrugs" – nämlich die Grenzziehung zwischen Versuch und Vollendung[1303] – angesprochen. Allerdings kann es nicht Aufgabe dieser Arbeit sein, auch diese Frage umfassend aufzuarbeiten. Nur soviel: will man nicht von einer wirtschaftlichen Schadensauffassung abgehen, könnte man erwägen, diese Problematik aus dem Bereich des Vermögensschadens herauszunehmen und trotz Vorliegens eines Vermögensschadens über ein im Tatbestand nicht vorgesehenes Korrektiv – das im einzelnen freilich noch herauszuarbeiten wäre – bestimmte Fälle aus dem Bereich der Vollendung auszuscheiden. Da sich dies zugunsten des Täters auswirken würde,

---

1301 Hierzu bereits oben S.212f.

1302 In den Fällen des Bettelbetrugs wird es freilich bei der Zusage der Spende regelmäßig schon im Hinblick auf das Formerfordernis des § 518 I 1 BGB an einer Verbindlichkeit fehlen.

1303 Siehe dazu etwa *Cramer*, S.169ff.; ders., in: Schönke/Schröder[25] § 263 Rdnr.127ff.; *Lackner*, in: LK[10] § 263 Rdnr.222 i.V mit Rdnr.153; *Riemann*, S.75ff.; *Samson/Günther*, in: SK[5] § 263 Rdnr.164ff.

wäre diese Lösung im Hinblick auf Art.103 II GG, § 1 StGB unbedenklich. Freilich würde sie einen partiellen Bruch mit dem Dogma – bzw. genauer: eine Einschränkung des Dogmas –, daß der Betrug mit dem Eintritt des Vermögensschadens vollendet ist[1304], bedeuten. Dies ist aber vielleicht der Preis, den man dafür zahlen muß, wenn man nicht entweder mit einer wirtschaftlichen Schadensberechnung brechen[1305] oder zu einer kriminalpolitisch kaum vertretbaren Ausdehnung der Betrugsstrafbarkeit[1306] kommen will.

Gelingt es dem Täter, sich eine einseitige Leistungszusage der öffentlichen Hand zu erschleichen, aufgrund derer ihm die Leistung an sich später ohne sein weiteres Zutun ausgezahlt würde, kommt es aber nicht zu dieser Auszahlung, weil sich herausstellt, daß der Täter unwahre Angaben gemacht hat[1307], liegt zumindest kein vollendeter Betrug vor: Wie oben bereits erwähnt wurde, ist die erschlichene Leistungszusage bei einer wertenden Betrachtung hier bloß die Vorstufe zu der Auszahlung dieser Leistung.[1308] Trotz der Leistungszusage hatte die öffentliche Hand nach wie vor die alleinige Verfügungsmacht über den „realen“ Vermögenswert und hatte diesen auch noch nicht in irgendeiner Form endgültig „eingebüßt“.[1309] Zu einem „endgültigen Vermögensverlust“ hätte es ersichtlich weiterer Handlungen bedurft.[1310] Auch vom Standpunkt des Opfers aus läßt sich bei einer lebensnahen Betrachtung

1304 Siehe nur *Cramer*, in: Schönke/Schröder[25] § 263 Rdnr.178 m.w.N.; *Lackner*, in: LK[10] § 263 Rdnr.290 m.w.N.

1305 Vgl. hierzu *Lackner*, in: LK[10] § 263 Rdnr.222 i.V. mit Rdnr.153.

1306 Vgl. hierzu *Cramer*, S.172; *Samson/Günther*, in: SK[5] § 263 Rdnr.167, die in diesem Zusammenhang darauf hinweisen, daß die Vorverlagerung des Vollendungszeitpunkts dem Täter die Rücktrittsmöglichkeit und damit jeden Anreiz, den „endgültigen Schadenseintritt“ zu verhindern, nehme.

1307 Nur nebenbei sei bemerkt, daß andere Fälle des Eingehungsbetrugs eine gewisse, – soweit ersichtlich – bislang kaum beachtete Parallele zum untauglichen Versuch eines unechten Unterlassungsdelikts aufweisen: Geht jemand einen gegenseitigen Vertrag ein, ohne diesen erfüllen zu wollen, entschließt er sich aber später, doch die geschuldete Leistung vertragsgemäß zu erbringen, und tut dies auch, so spielt sich die gesamte Tat letztlich bloß im Kopf des Täters ab. So liegt es aber auch beim untauglichen Versuch eines unechten Unterlassungsdelikts. Damit dürfte dann aber auch die aufgezeigte Fallkonstellation insoweit den Bedenken ausgesetzt sein, die unter diesem Gesichtspunkt vereinzelt im Schrifttum gegen eine Strafbarkeit des untauglichen Versuchs eines unechten Unterlassungsdelikts erhoben werden (*Rudolphi*, MDR 1967, 1, 3 („Annahme einer Straftat, deren Schauplatz [...] allein die Seele des Menschen wäre [, stimme bedenklich]“); *Schmidhäuser*, in: Gallas-FS, S.81, 96f.). Freilich greifen diese Bedenken im Ergebnis nicht durch (eingehend *Freund*, S.100 Fußn.163; *J. Vogel*, Norm und Pflicht, S.226) und damit einhergehend bejaht auch die ganz h.M. die Strafbarkeit des untauglichen Versuchs eines unechten Unterlassungsdelikts (für die h.M. *Eser*, in: Schönke/Schröder[25] vor § 22 Rdnr.27; *Jescheck*, in: LK[11] § 13 Rdnr.46; *Jescheck/Weigend*[5], S.637 Fußn.5 m.w.N.; *J. Vogel*, Norm und Pflicht, S.226; *OGHSt* 1, 357, 359ff.; mit im einzelnen unterschiedlichen Begründungen a.M. *Niepoth*, S.395; *Rudolphi*, MDR 1967, 1, 3, 6; ders., in: SK[6] vor § 13 Rdnr.55; *Schmidhäuser*, in: Gallas-FS, S.81, 96f.). Im übrigen ist darauf hinzuweisen, daß bei einem solchen Versuch das vom Garanten zu beschützende Rechtsgut objektiv keinerlei Gefährdung ausgesetzt ist (*Freund*, S.100 Fußn.163). Damit besteht aber zumindest insoweit doch ein wichtiger Unterschied zu der eingangs genannten Konstellation.

1308 In diesem Sinne *Schröder*, in: Schönke/Schröder[17] § 263 Rdnr.91, 102.

1309 Siehe auch *Samson/Günther*, in: SK[5] § 263 Rdnr.167.

1310 Siehe auch *Amelung*, NJW 1975, 624, 625; *D. Meyer*, MDR 1971, 718, 719f.; *Schröder*, JZ 1965, 513, 516.

eigentlich kaum sagen, daß es erfolgreich betrogen worden sei. All dies steht der Annahme eines vollendeten Betrugs bei der Erschleichung einseitiger Leistungszusagen der öffentlichen Hand entgegen. Damit kann dann aber auch offen bleiben, ob in diesen Fällen überhaupt schon ein Vermögensschaden (durch die Erteilung der Leistungszusage) gegeben ist und auch eine unbewußte Selbstschädigung vorliegt. Denn die Erschleichung einer einseitigen, öffentlichen Leistungszusage stellt nach alledem so oder so keinen vollendeten Betrug dar. Insoweit ist also die Ansicht *Betscharts* trotz der obigen Kritik dennoch im Ergebnis zutreffend.

Im übrigen überzeugt die Konzeption *Betscharts* schon deshalb nicht, weil nicht einmal zweifelsfrei ersichtlich ist, wo *Betschart* den wichtigen Fall einordnen will, daß dem Täter aufgrund einer Täuschung zunächst eine Subvention zugesagt und diese dann auch später ausgezahlt wird, ohne daß der Täter erneut falsche Angaben macht. Zudem bleibt insgesamt – wie oben bereits kritisiert wurde[1311] – unklar, welche Fälle genau der Konstellation des „Erfüllungsbetrugs" im Bereich der Leistungserschleichung zugeordnet werden sollen. Damit bleiben aber in wichtigen Bereichen entscheidende Fragen offen.

Nach alledem verdient die Ansicht *Betscharts* schon aus den skizzierten Gründen keine Zustimmung.

j) Vergleichbarkeit der nicht als unentgeltliche Leistung zu begreifenden Auszahlung einer Subvention mit der Erfüllung einer Verbindlichkeit (*Schmoller*)

Für den Bereich der Subventionserschleichung hat auch *Schmoller* einen eigenen Lösungsvorschlag vorgelegt. Dabei ist allerdings – wie bereits dargelegt wurde – nicht zweifelsfrei ersichtlich, in welchem Umfang *Schmoller* § 263 StGB überhaupt auf öffentliches Vermögen für anwendbar hält: schließlich verneint er ein Eingreifen des Betrugstatbestands bei „bloß falschen Parteiangaben in kontradiktorischen Verfahren vor einer Behörde"[1312], ohne daß genau deutlich wird, welche Verfahren er unter diesen Begriff fassen will und wie er seine Ausführungen zur strafrechtlichen Würdigung der Subventionserschleichung damit in Einklang bringen will.[1313]

Ausgehend davon, daß Zwecksetzungen keine Vermögensrelevanz zukomme[1314] und § 263 StGB nicht das Vorliegen einer unbewußten Selbstschädigung erfordere[1315], bejaht *Schmoller* im allgemeinen bei einer täuschungsbedingten, einseitigen Weggabe von Vermögenswerten grundsätzlich einen Vermögensschaden.[1316] Allerdings schränkt er dies dahingehend ein, daß dabei bestimmte, sog. „nicht schadens-

---

1311 Siehe oben S.224.

1312 *Schmoller*, JZ 1991, 117, 128; siehe auch ders., in: Bundesministerium für Justiz, Strafrechtliche Probleme der Gegenwart, S.27, 77.

1313 Dazu eingehend oben S.22f.

1314 *Schmoller*, JZ 1991, 117, 121; ders., in: Bundesministerium für Justiz, Strafrechtliche Probleme der Gegenwart, S.27, 64.

1315 *Schmoller*, JZ 1991, 117, 122ff., 129.

1316 *Schmoller*, JZ 1991, 117, 123f., 129; ders., in: Bundesministerium für Justiz, Strafrechtliche Probleme der Gegenwart, S.27, 68ff., 80.

begründende Täuschungen" – und zu diesen zählt er auch die bloß falschen Parteiangaben in kontradiktorischen Verfahren vor einer Behörde – aus dem Betrugstatbestand auszuklammern seien.[1317] Die Problematik der Subventionserschleichung beurteilt *Schmoller* nun aber vermittels anderer Überlegungen, da er annimmt, daß diese Problematik nicht der des Bettel- und Spendenbetrugs gleichgelagert sei.[1318]

Schmoller meint, es wäre nicht sachgerecht, die Erschleichung von Subventionen nach den für die Erschleichung von unentgeltlichen Leistungen geltenden Regeln zu behandeln[1319]; denn die Auszahlung einer Subvention sei von vornherein nicht mit einer unentgeltlichen Leistung, sondern vielmehr mit der Erfüllung einer Verbindlichkeit vergleichbar.[1320] Hätte der Empfänger einen Rechtsanspruch auf die Auszahlung der betreffenden Subvention, würde schließlich mit der Auszahlung dieser Subvention diese Verbindlichkeit erlöschen, so daß die öffentliche Hand in diesem Fall nicht geschädigt sei.[1321] Eine analoge Sicht erscheine nun aber auch dann angebracht, wenn der Empfänger keinen Anspruch auf die betreffende Subvention hat: Maßgeblich hierfür sei, daß die Auszahlung staatlicher Gelder nie willkürlich erfolge, sondern stets nur dann, wenn die gesetzlich festgelegten Vergabevoraussetzungen vorliegen würden.[1322] Wenn der potentielle Subventionsempfänger diese Vergabevoraussetzungen erfüllt, habe er aber eine vermögenswerte Anwartschaft. Auf der anderen Seite sei die öffentliche Hand auch ohne einen ausdrücklichen Rechtsanspruch des Leistungsempfängers zur Ausbezahlung der jeweiligen Subvention verpflichtet – und damit mit einer Verbindlichkeit belastet. Bei dieser Sachlage erfolge aber die Auszahlung einer Subvention auch dann, wenn kein ausdrücklicher Rechtsanspruch auf sie besteht, nicht „unentgeltlich" – schließlich würde auf seiten des Empfängers die betreffende Anwartschaft und auf seiten der öffentlichen Hand die Pflicht zur Auszahlung erlöschen.[1323] Diese Konstellation sei aber am ehesten mit der Tilgung einer Schuld vergleichbar. Daher sei es naheliegend, auch die strafrechtliche Beurteilung der Erschleichung staatlicher Subventionen an der Erschleichung der Einlösung sonstiger Verbindlichkeiten zu orientieren.[1324]

Da für den letztgenannten Bereich anerkannt sei, daß ein Vermögensschaden eintrete, wenn eine nach der materiellen Rechtslage nicht bestehende Schuld vorgetäuscht wird, ein Schaden jedoch zu verneinen sei, wenn die Täuschung lediglich dazu dient, einen materiellrechtlich bestehenden Anspruch unkomplizierter durch-

---

1317 *Schmoller*, JZ 1991, 117, 125ff., 127f., 129; ders., in: Bundesministerium für Justiz, Strafrechtliche Probleme der Gegenwart, S.27, 71ff., 81; ausführlicher hierzu oben S.131 Fußn.777.

1318 *Schmoller*, JZ 1991, 117, 129; siehe auch ders., in: Bundesministerium für Justiz, Strafrechtliche Probleme der Gegenwart, S.27, 68.

1319 *Schmoller*, JZ 1991, 117, 124.

1320 *Schmoller*, JZ 1991, 117, 124, 129; ders., in: Bundesministerium für Justiz, Strafrechtliche Probleme der Gegenwart, S.27, 68.

1321 *Schmoller*, JZ 1991, 117, 124.

1322 *Schmoller*, JZ 1991, 117, 124, 129.

1323 *Schmoller*, JZ 1991, 117, 124.

1324 *Schmoller*, JZ 1991, 117, 124, 129.

zusetzen[1325], würde sich für die Fälle der Subventionserschleichung nun folgendes ergeben: Täuscht der Täter das Vorliegen materiellrechtlicher Vergabe- bzw. Anspruchsvoraussetzungen vor, begründe die Auszahlung der Subvention einen Vermögensschaden.[1326] Täuscht der Täter dagegen bloß über formelle Vergabevoraussetzungen – also über solche, die nur der Verwaltungskontrolle oder -erleichterung oder der Beweissicherung dienen –, erfüllt er aber die materiellen Vergabevoraussetzungen, so würde mit der Auszahlung die materiellrechtliche Verbindlichkeit der öffentlichen Hand erlöschen und damit auch kein Vermögensschaden vorliegen.[1327]

Auch wenn *Schmoller* das Erfordernis einer unbewußten Selbstschädigung bei § 263 StGB verneint, dürften sich dessen Überlegungen zur Problematik der Subventionserschleichung wohl auch auf der Grundlage dieses Kriteriums führen lassen. Sie können daher nicht schon im Hinblick auf die Erforderlichkeit dieses Kriteriums abgelehnt werden. Dennoch verdienen die Überlegungen keine Zustimmung, denn die Gründe, die *Schmoller* für eine Vergleichbarkeit der Auszahlung einer Subvention mit der Erfüllung einer Verbindlichkeit anführt, können in wesentlichen Punkten nicht überzeugen:

Soweit sich *Schmoller* darauf stützt, daß ein potentieller Subventionsempfänger, der die gesetzlich festgelegten Vergabevoraussetzungen erfüllt, eine „ganz konkrete Anwartschaft [, der von der h.M. ...] ein Vermögenswert beigemessen“[1328] würde, habe, ist diese Sichtweise – zumindest in dieser allgemeinen Form – nicht zutreffend.[1329] Denn wenn eine Subvention nach Ermessen vergeben wird, ist es doch gerade typischerweise so, daß nicht jeder, der die entsprechenden Vergabevoraussetzungen erfüllt, auch tatsächlich eine Subvention bewilligt und ausgezahlt bekommt. Ein nicht unerheblicher Teil der Antragsteller wird in der Regel „leer ausgehen“. Selbst wenn man vertreten wollte, daß durch die bloße Erfüllung der Vergabevoraussetzungen eine Anwartschaft begründet wird, könnte insofern aber zumindest im Ermessenbereich keine Rede davon sein, daß diese Position auch stets „vermögenswert“ ist. Denn hier kann – wie gezeigt – u.U. ganz offen sein, „ob der erwartete Vermögenszuwachs bei einem normalen Verlauf der Dinge mit Wahrscheinlichkeit eintritt“[1330]. Die Situation unterscheidet sich hier auch erheblich von der mit einem Lotterielos verbundenen Aussicht auf eine Gewinnchance[1331]: denn zum einen hat bei einer Lotterie jedes Los die gleiche Gewinnchance, während die Ausübung von Ermessen zu ganz unterschiedlichen Ergebnissen führen kann. Und zum anderen ließe sich bei einer Lotterie mit Sicherheit immer ein Gewinn erzielen, wenn man sämtliche Lose aufkaufen würde; bei der Vergabe einer Subvention nach Ermessen

---

1325 *Schmoller*, JZ 1991, 117, 124.

1326 *Schmoller*, JZ 1991, 117, 125.

1327 *Schmoller*, JZ 1991, 117, 125 i.V mit 129; ders., in: Bundesministerium für Justiz, Strafrechtliche Probleme der Gegenwart, S.27, 68, 80.

1328 *Schmoller*, JZ 1991, 117, 124.

1329 Vgl. *Tiedemann*, in: LK[11] § 263 Rdnr.184.

1330 *Cramer*, in: Schönke/Schröder[25] § 263 Rdnr.87 m.w.N.

1331 Für einen Vermögenswert dieser Chance *Cramer*, in: Schönke/Schröder[25] § 263 Rdnr.90; *Fischer*, in: Tröndle/Fischer[49] § 263 Rdnr.28; *Samson/Günther*, in: SK[5] § 263 Rdnr.122; *Tröndle*[48] § 263 Rdnr.28; *BGHSt* 8, 289, 291.

ginge vergleichbares nicht. Es bleibt daher festzuhalten, daß die Erfüllung der Vergabevoraussetzungen einer Subvention zumindest nicht notwendig das Vorliegen einer vermögenswerten Anwartschaft begründet; insoweit geht *Schmoller* also fehl.

Aber auch soweit *Schmoller* ausführt, daß die öffentliche Hand bei der Vergabe einer Subvention nach Ermessen „auch ohne einen ausdrücklichen Rechtsanspruch des Leistungsempfängers zur Ausbezahlung der jeweiligen Subvention verpflichtet“[1332] sei, überzeugt dies nicht: denn die öffentliche Hand ist einem potentiellen Subventionsempfänger, der die entsprechenden Vergabevoraussetzungen erfüllt, im Ermessensbereich doch gerade *nicht* zur Ausbezahlung der Leistung verpflichtet. Denkbar wäre zwar, daß *Schmoller* mit der vorgenannten Ausführung bloß zum Ausdruck bringen will, daß die öffentliche Hand jedenfalls *irgendeinem* der potentiellen Empfänger zur Auszahlung verpflichtet und insofern mit einer Verbindlichkeit belastet sei. Aber auch dies läßt sich – zumindest in so allgemeiner Form – nicht halten; entscheidend ist die Ausgestaltung der Subventionsvorschriften im Einzelfall.

Damit bleibt aber festzuhalten, daß die von *Schmoller* für eine Vergleichbarkeit der Auszahlung einer Subvention mit der Erfüllung einer Verbindlichkeit angeführten Gründe, nicht durchgreifen. Insofern entbehren aber auch die darauf fußenden Folgerungen einer tragfähigen Grundlage. Die Konzeption *Schmollers* verdient nach alledem also keine Zustimmung.

k) Ausbleiben einer Kompensation in Gestalt der Befreiung von einer Verbindlichkeit (*Fabricius*)

Auch *Fabricius* setzt sich mit der Frage auseinander, ob und unter welchen Voraussetzungen die Fehlleitung öffentlicher Mittel einen Vermögensschaden darstellt. Seine Ausführungen sind allerdings in mancher Hinsicht nicht ganz klar[1333]:

Fabricius geht davon aus, daß Zwecksetzungen keine Vermögensrelevanz zukommt.[1334] Zur Lösung der Fehlleitungsproblematik stellt er größtenteils auf das Bestehen und Freiwerden von Verpflichtungen ab: Dabei ist sein Ausgangspunkt, daß auch bei der mißbräuchlichen Inanspruchnahme von Subventionen und Zuwendungen für die Annahme eines Vermögensschadens nicht nur eine Vermögensminderung, sondern auch das Ausbleiben einer Kompensation festgestellt werden müsse. Eine solche Kompensation könne auch im Freiwerden von einer Verbindlichkeit liegen.

Sodann unterscheidet *Fabricius*: Fehle es an einer Verbindlichkeit, komme eine Kompensation durch Befreiung von einer Verbindlichkeit nicht in Betracht. Die Konsequenz sei, daß die von vornherein kompensationsfreie Weggabe die Einwilligung in eine Selbstschädigung sei.[1335] Was dies konkret bedeuten und zur Folge ha-

1332 *Schmoller*, JZ 1991, 117, 124.
1333 Vgl. hierzu auch *Schünemann*, in: LK[11] § 266 Rdnr.143 Fußn.761 a.E. („undeutlich“).
1334 *Fabricius*, NStZ 1993, 414, 417f. Fußn.37.
1335 *Fabricius*, NStZ 1993, 414, 418.

ben soll (Straflosigkeit?), bleibt allerdings weitgehend im Dunkeln.[1336] Im übrigen differenziert *Fabricius* zwischen – wie er sie nennt – „klagbaren Ansprüchen" und „Ansprüchen der Gemeinschaft der Anspruchsteller". In bezug auf erstere führt er aus, daß – ggf. auch potentielle – Antragsteller eine Anwartschaft besessen haben könnten, die sie durch eine mißbräuchliche Verfügung verloren haben könnten. Hier komme die Geltendmachung von Schadensersatzansprüchen in Betracht. In diesem Fall würden „keine Schwierigkeiten" auftreten.[1337] Dies wird allerdings von *Fabricius* nicht weiter konkretisiert. Einer solchen Konkretisierung hätte es jedoch zwingend bedurft, denn so ist nicht einmal zweifelsfrei ersichtlich, ob *Fabricius* einen Schaden der öffentlichen Hand oder der anderen Antragsteller bejahen will. Auf die „Ansprüche der Gemeinschaft der Anspruchsteller" will *Fabricius* dagegen abstellen, wenn keine vermögenswerten Anwartschaften der (anderen) Antragsteller bestehen. Dabei nimmt er folgendes an: Soweit es eine Bestimmung im Haushalt gibt und / oder Richtlinien einen Kreis von Antragstellern bestimmbar machen, hätten diese einen Anspruch auf ermessensfehlerfreie Entscheidung über die ausgewiesenen Mittel. Diesem Kreis stehe aber auch der gesamte Betrag inklusive möglicher Erhöhungen zu. Wenn nun ein Teil dieses Betrages an einen Antragsteller fließt, der durch die Rechtsvorschriften aus diesem Kreis ausgeschlossen ist, sei „das Gesamt" dieser – wie *Fabricius* sie nennt – „legitimen" Antragsteller geschädigt. Und auch der öffentlichen Hand entstehe mit der Unmöglichkeit, Mittel dem Kreis legitimer Antragsteller noch zukommen zu lassen, eine Belastung, die als ein „bezifferbarer Schaden" anzusehen sei. Außerdem lasse eine Zuwendung an illegitime Zuwendungsempfänger andere Verpflichtungen bestehen und stelle daher einen Vermögensnachteil dar. Anders stelle sich dagegen die Lage dar, wenn eine Zuwendung an einen „legitimen Zuwendungsempfänger" – unter Verletzung formeller Vorschriften und / oder ermessensfehlerhafter Bewilligung, aber bei richtiger Auslegung der unbestimmten Rechtsbegriffe – erfolgt: dann sei weder ein Schaden für „das Gesamt" der Antragsteller noch für die öffentliche Hand gegeben, denn die in der Zuwendung liegende Vermögensminderung werde durch ein Freiwerden von Verpflichtungen gegenüber „dem Gesamt" der legitimen Antragsteller kompensiert.[1338]

Abgesehen davon, daß es methodisch nicht zutreffend ist, von einer „richtigen Auslegung" unbestimmter Rechtsbegriffe zu sprechen – schließlich werden diese Begriffe durch Konkretisierung aufgehellt[1339] –, überzeugt die Ansicht von *Fabricius* aber auch inhaltlich nicht: und zwar zum einen, weil schon unklar bleibt, wie die

1336 Möglicherweise soll damit ausgedrückt werden, es liege eine bewußte Selbstschädigung vor, die einer Strafbarkeit nach § 263 StGB entgegenstehe: denn an anderer Stelle führt *Fabricius*, NStZ 1993, 414, 417, aus, *W. Hartmann*, S.75, konstruiere bei § 263 StGB eine Einwilligung in den Vermögensschaden, die durch Willensmängel wie üblich unwirksam sein könne. *W. Hartmann*, S.75, meint aber, daß der Betrug nach § 263 StGB die Vertatbestandlichung eines täuschungsbedingt unwirksamen Einverständnisses in eine Vermögensschädigung darstelle, und leitet daraus das Erfordernis einer unbewußten Selbstschädigung ab [hierzu bereits oben S.110].

1337 *Fabricius*, NStZ 1993, 414, 418.

1338 *Fabricius*, NStZ 1993, 414, 418f.

1339 *J. Vogel*, Juristische Methodik, S.98, 144ff.

Fälle gelöst werden sollen, in denen es an einer Verbindlichkeit fehlt – gerade diese Fallgruppe ist jedoch von erheblichem Interesse. Aber auch im übrigen verdienen die Ausführungen von *Fabricius* keine Zustimmung: denn teilweise wird – wie bereits gesagt – nicht einmal deutlich, zum Nachteil welchen Vermögens ein Schaden angenommen wird. Vor allem geht aber auch das Rekurrieren auf „das Gesamt der legitimen Antragsteller" fehl: Wenn *Fabricius* ausführt, daß diesem Kreis der *gesamte*[1340] Betrag der ausgewiesenen Mittel zustehen würde – und daraus dann weitere Folgerungen ableitet –, übersieht er bereits, daß es keineswegs zwangsläufig ist, daß ausgewiesene Mittel immer tatsächlich auch in ihrer vollen Höhe „abgefordert" werden: Steht beispielsweise ein Betrag von 50.000.000,-- DM für Subventionen in der Höhe von jeweils bis zu 1.000.000,-- DM zur Verfügung und gehen innerhalb der Antragsfrist nur zwei Anträge von „legitimen Anspruchstellern" sowie ein Antrag eines „illegitimen Anspruchstellers" ein, so greifen die Überlegungen von *Fabricius* selbst dann nicht, wenn alle Antragsteller den Förderungshöchstbetrag erhalten. Denn in dieser Konstellation kann weder die Rede davon sein, daß den zwei „legitimen Antragstellern" zusammen der Gesamtbetrag von 50.000.000,-- DM zusteht, noch davon, daß sie durch die Auszahlung der Subvention an den „illegitimen Anspruchsteller" geschädigt werden. Damit entbehren aber auch die weiteren Folgerungen, die *Fabricius* aus dem Rekurrieren auf „das Gesamt der legitimen Antragsteller" für den Bereich öffentlichen Vermögens zieht, insoweit einer tragfähigen Grundlage. Nach alledem kann der Ansicht von *Fabricius* somit nicht zugestimmt werden.

l) Zusammenfassung

Im Schrifttum finden sich zahlreiche, unterschiedliche Ansätze zur strafrechtlichen Beurteilung der Fehlleitung öffentlicher Mittel bei §§ 263, 266 StGB. Dabei sind insbesondere die Ausführungen *Tiedemanns* hervorzuheben. Ihnen ist zumindest insofern zuzustimmen, als dort auf die „Zweckbindung" öffentlichen Vermögens abgehoben wird. Da durch eine „Zweckbindung" (auch) individuelle Verhältnisse aufgezeigt werden, stellt sich allerdings die Frage, ob es überhaupt des von *Tiedemann* vertretenen Rückgriffs auf das „Wesen der öffentlichen Haushalte" zur Schadensbegründung bedarf. Insofern überzeugt – zumindest im Kern – für den Bereich objektiv ausgeglichener Geschäfte *Volks* Bezugnahme auf die dogmatisch gesicherte Figur des persönlichen Schadenseinschlags. Freilich ist darauf hinzuweisen, daß die Figur des persönlichen Schadenseinschlags im Bereich der öffentlichen Haushaltswirtschaft auch zur Anwendung kommen kann, wenn nicht von einem wesensmäßigen Unterschied zwischen öffentlichem und privatem Vermögen ausgegangen wird. Allerdings ist diese Figur an sich auf bestimmte Konstellationen im Bereich objektiv ausgeglichener Geschäfte beschränkt. Es fragt sich aber, ob sie sich in irgendeiner Form auch für wirtschaftlich unausgeglichene Geschäfte und die Zweckverfehlungsproblematik nutzbar machen läßt.

1340 Hervorhebung vom Verfasser.

Zur Lösung der Problematik der Fehlleitung öffentlicher Mittel bei §§ 263, 266 StGB wäre eine Konzeption am vorzugswürdigsten, die die Stärken der vorgenannten Auffassungen miteinander verbindet, deren Schwächen aber vermeidet. Eine solche Konzeption müßte der „Zweckbindung" öffentlichen Vermögens Rechnung tragen und insoweit mit einer dogmatisch gesicherten Figur eine Vermögensrelevanz von Zwecksetzungen sowohl bei wirtschaftlich ausgeglichenen als auch unausgeglichenen Geschäften begründen können. Ob eine solche Konzeption denkbar ist, soll für § 263 StGB im folgenden untersucht werden. Dabei soll aber auch nicht unbeachtet bleiben, daß nicht nur öffentliches Vermögen, sondern auch privates Vermögen „zweckgebunden" sein kann.

4. Entwicklung eines eigenen Lösungsvorschlags

Für die Entwicklung eines eigenen Lösungsvorschlags kann zum einen an die bisher gewonnenen Erkenntnisse und Ansatzpunkte angeknüpft werden; zum Teil müssen diese allerdings – wie etwa Art und Umfang der „Zweckbindung" öffentlichen Vermögens – noch näher beleuchtet werden. Darüber hinaus ist aber auch zu untersuchen, ob es noch weitere Ansatzpunkte für die strafrechtliche Beurteilung der Fehlleitung öffentlicher Mittel im Rahmen des § 263 StGB gibt.

a) Mögliche Ansatzpunkte

aa) Abkehr vom Erfordernis der unbewußten Selbstschädigung für den Bereich der öffentlichen Haushalte?

Zunächst ist der Blick auf die Frage zu richten, ob bei Angriffen auf öffentliches Vermögen möglicherweise vom Erfordernis der unbewußten Selbstschädigung abgegangen werden kann. So könnte man etwa für den Bereich der mißbräuchlichen Inanspruchnahme von Subventionen möglicherweise in Betracht ziehen, dort ausnahmsweise auf dieses Kriterium zu verzichten, den Schaden allein in der unausgeglichen gebliebenen Weggabe von Vermögenswerten zu erblicken, und die fehlenden Vergabevoraussetzungen bei der Rechtswidrigkeit des erstrebten Vermögensvorteils zu berücksichtigen.

Gegen eine solche Lösung würde allerdings bereits sprechen, daß bei ihr nicht zwischen fehlenden materiellen und fehlenden bloß formellen Vergabevoraussetzungen differenziert wird. Vor allem überzeugt aber nicht, überhaupt vom Erfordernis der unbewußten Selbstschädigung in diesem Bereich abzugehen. Dafür sind keine Gründe ersichtlich. Wollte man dort dennoch eine bewußte Selbstschädigung zur Tatbestandserfüllung für ausreichend erachten, würde man dieses Kriterium „gespalten" handhaben: denn dann würde man beim Bettelbetrug andere Maßstäbe anlegen als bei der mißbräuchlichen Inanspruchnahme von Subventionen; dies kann aber nicht richtig sein. Von daher ist auch für den Bereich der öffentlichen Haushalte am Erfordernis der unbewußten Selbstschädigung grundsätzlich festzuhalten.

bb) Höhere Strafwürdigkeit von Angriffen auf öffentliches Vermögen?

Bei den weiteren, möglicherweise in Betracht kommenden Ansatzpunkten für einen Lösungsvorschlag ist der Blick zunächst auf die Strafwürdigkeit zu richten. Ob Angriffe auf öffentliches Vermögen strafwürdiger als vergleichbare Angriffe auf privates Vermögen sind, wird nicht einheitlich beurteilt: vereinzelt finden sich im Schrifttum Äußerungen, die von einer erhöhten Strafwürdigkeit auszugehen scheinen[1341], überwiegend wird dies jedoch verneint.[1342] Im vorliegenden Zusammenhang kann eine abschließende Stellungnahme zu diesem Problemkreis freilich unterbleiben: denn selbst wenn eine höhere Strafwürdigkeit von Angriffen auf öffentliches Vermögen zu bejahen wäre – aus § 395 BGB folgt sie zumindest nicht, da diese Vorschrift lediglich der Verwaltungsvereinfachung dienen soll[1343] –, hätte dies allenfalls Bedeutung für die Strafzumessung[1344]; für die Schadensdogmatik bei

---

1341 So führt etwa *Krauss*, in: Vischer-FS, S.47, 70, aus, der deutsche Gesetzgeber bewerte das betrügerische Verhalten gegenüber dem Staat schwerer als Angriffe auf das Individualvermögen; dies zeige sich daran, daß § 264 I StGB denselben Strafrahmen wie § 263 I StGB aufweise, obwohl § 264 StGB im Gegensatz zu § 263 StGB nicht den Eintritt eines Vermögensschadens erfordere, sondern ein bloßes Gefährdungsdelikt sei. *Tiedemann*, Wirtschaftsstrafrecht 1, S.87 m.w.N., meint zumindest, daß durch die Inanspruchnahme öffentlicher (oder öffentlich-rechtlich geregelter) Mittel eine erhöhte Pflichtenstellung entstehe; ganz ähnlich – allerdings nur auf öffentliche Mittel bezogen – äußert sich auch *Lenckner*, in: Schönke/Schröder[25] § 264 Rdnr.2. Desweiteren führt *Karstendiek*, S.35, aus, daß es im Rahmen der Strafzumessung auch auf die Beeinträchtigung des Allgemeininteresses ankomme; deshalb werde die Bereicherung an öffentlichen oder für Wohltätigkeitszwecke bestimmten Geldern, die Ausnutzung sozialer Einrichtungen wie Krankenkassen, Sparkassen, öffentliche Versicherungen etc. grundsätzlich strenger geahndet.

1342 *Bertel*, ÖJZ 1989, 144 („Vermögen Privater ist nicht weniger schutzwürdig als das der öffentlichen Hand."); *H. Hartmann*, S.185 („Der Staat kann keinen weiteren Betrugsschutz als der Privatmann fordern."); *D. Schäfer*, S.125; wohl auch *Eberle*, S.168; *BGHZ* 106, 204, 210. – *Der Generalstaatsanwalt Bremen*, Richtlinien vom 15.10.1998 zur Anwendung der §§ 153, 153a, 376 StPO, Geschäftszeichen 4111/1–95/98–V–, S.4, hält jedenfalls nicht schon deshalb eine Einstellung nach §§ 153, 153a StPO für ausgeschlossen, weil Vermögen der öffentlichen Hand geschädigt wurde.

1343 *von Feldmann*, in: MüKo[3] § 395 Rdnr.1; siehe auch *Gursky*, in: Staudinger[13] § 395 Rdnr.3 a.E.; dagegen nimmt *T. Walter*, S.553, an, daß § 395 BGB aus der „Einzelzweckbindung öffentlichen Vermögens" folge, liefert dafür aber keinen Nachweis.

1344 In abgewandelter Form trat diese Problematik früher auch bei der Annahme eines besonders schweren Falles zutage: Nach § 263 IV 2 StGB i.d.F. des Gesetzes zur Abänderung strafrechtlicher Vorschriften vom 26.5.1933 (RGBl. I S.295, 297) war ein besonders schwerer Fall insbesondere dann anzunehmen, „wenn die Tat das Wohl des Volkes geschädigt [...] hat." Diese Vorschrift war nationalsozialistischem Rechtsdenken entsprungen (*Bourseaux*, S.1ff.; *Ritter*, JW 1935, 2930). Gleichwohl bestand im Nationalsozialismus keine Einigkeit darüber, ob die Schädigung öffentlichen Vermögens bzw. des „Volksvermögens" stets auch eine Schädigung des Wohles des Volkes bedeutete: Vereinzelt wurde ein solcher Zusammenhang im Schrifttum bejaht (*Ritter*, JW 1935, 2930, 2931 [ablehnend hierzu *Bourseaux*, S.20f.], der dabei zugrundelegte, daß das „Volksvermögen [...] das Vermögen einer inbegrifflich nach Blut, Boden, Geist und Arbeit zusammengehörigen Personenmehrheit" sei, den Vermögensbegriff dabei auch nicht auf wirtschaftlich werthafte Güter beschränkte (ebenda), und dennoch nicht bei jedem Angriff auf öffentliches Vermögen einen besonders schweren Fall i.S. des § 263 IV StGB a.F. annahm (a.a.O., S.2933); siehe ferner *Dackweiler*, JuR 1935, 209, 210; *Schwinge*, JW 1935, 290, 291), von der h.M. wurde er jedoch – in unterschiedlichen Ausformungen – verneint (*Bourseaux*, S.14, 20; *Nagler*, in: LK[6] Vorbem. Strafen [vor § 13] Anm.VIII 6a, S.175; *Schönke*[1] § 266 Anm.IX 1b; *Siegert*, JW 1935, 1416; *RGSt* 68, 218, 219; *LG Wiesbaden*, JW 1934, 2649; wohl

§ 263 StGB würde sich dies nicht nutzbar machen lassen. Rechtshistorisch von nicht unerheblichem Interesse ist allerdings die Frage, wie in der DDR die Strafwürdigkeit von betrügerischen Angriffen auf öffentliches Vermögen beurteilt wur-

---

auch *RG*, JW 1935, 1415 Nr.14; *RG*, JW 1935, 2201, 2202): so stellte etwa *RGSt* 68, 218, 219f. (auch bei Angriffen auf öffentliches Vermögen) für die Annahme einer Volkswohlschädigung vielmehr darauf ab, ob die Tat das Volk als Ganzes oder doch eine nicht geringfügige Mehrzahl von „Volksgenossen" – und zwar gerade in ihrer Eigenschaft als „Volksgenossen" – fühlbar beeinträchtigt hat, wobei der „Schaden" nicht wirtschaftlicher Art zu sein brauchte; bei einem Betrug gegenüber einer öffentlichen Kasse könne und werde das Wohl des Volkes geschädigt sein, „wenn die der Kasse durch Betrug entzogenen Vermögenswerte mit Rücksicht auf ihre Höhe und Zweckbestimmung ohne die Straftat irgendwie fühlbar einer nicht ganz geringfügigen Anzahl von Volksgenossen zugute gekommen sein würden." Aus der Literatur ist hier die Ansicht *Bourseaux*' hervorzuheben, da *Bourseaux* in dem vorstehenden Zusammenhang u.a. auf die „Zweckbindung" öffentlicher Mittel Bezug nahm: Auch *Bourseaux* verneinte, daß jedwede Schädigung öffentlichen Vermögens eine Volkswohlschädigung sei (a.a.O., S.14, 20); er nahm jedoch an, daß eine gewisse Wahrscheinlichkeit für das Vorliegen einer Volkswohlschädigung spreche, wenn die verletzten Rechtsgüter öffentlichen Einrichtungen zustehen würden (a.a.O., S.18, 20): da das öffentliche Vermögen stets zweckgebunden sei, würden dort stets die Mittel ihrer Zweckbestimmung, dem Allgemeinwohl zu dienen, entzogen; im Gegensatz dazu würde der einzelne zwar nach nationalsozialistischer Auffassung seine Güter als Treuhänder der Gemeinschaft verwalten, aber er habe doch – anders als bei öffentlichen Haushalten – regelmäßig einen erheblichen Spielraum, innerhalb dessen er nach seinem Gutdünken sein Vermögen verwenden könne (a.a.O., S.19f.).
Nach dem Ende des 2. Weltkriegs wurde vereinzelt angenommen, daß § 263 IV StGB a.F. nicht spezifisch nationalsozialistisch geprägt sei, und daher weitergelte (*Nagler*, in: LK$^{6/7}$ Vorbem. Betrug und Untreue Anm. vor I unter Verweis auf die insoweit allerdings nicht eindeutige Entscheidung *OLG Celle*, NdsRpfl. 1948, 250, 251). Hinsichtlich des besonders schweren Falles in Form der Schädigung des Volkswohls erscheint zumindest ersteres höchst zweifelhaft, soll an dieser Stelle jedoch nicht weiter untersucht werden: denn für die westlichen Besatzungszonen bestimmte Nr.8b der Allgemeinen Anweisungen der Militärregierung an Richter (insoweit abgedruckt in: Schönke^3 Anhang Nr.25, S.817) ohnehin, daß von der durch § 263 IV StGB a.F. eröffneten Strafschärfung nur insoweit Gebrauch gemacht werden durfte, „als die Verschärfung der Strafe durch die kriminelle Vergangenheit des Angeklagten oder die Häufigkeit der Straftat gerechtfertigt ist." Der Gesetzeswortlaut wurde allerdings erst durch das 3. StÄG vom 4.8.1953 (BGBl. I S.735) bereinigt.
Anders war es dagegen in der DDR: *OGSt* 2, 168, 171 führte zur Fortgeltung alter, noch nicht ausdrücklich aufgehobener Gesetze aus der Zeit des Nationalsozialismus aus, daß die Anwendbarkeit davon abhänge, ob die betreffende Rechtsnorm „gegen die antifaschistisch-demokratische Ordnung verstößt". Die Bestimmung über die Schädigung des Volkswohls als besonders schwerer Fall in § 266 II StGB a.F. [gleichlautend mit § 263 IV StGB a.F.] verstoße gegen diese Ordnung nicht, und sei deshalb weiterhin anzuwenden (*OGSt* 2, 168, 171; zu §§ 266 II, 263 IV StGB a.F. i.E. auch *OGSt* 2, 195, 196; siehe zu § 263 IV StGB a.F. auch *Erich Hübner*, S.58). Freilich habe sie durch die entscheidenden Änderungen der politischen und ökonomischen Verhältnisse seit dem Zusammenbruch des nationalsozialistischen Regimes im Jahre 1945 einen neuen materiellen Inhalt erhalten. Sei der Inhalt des § 266 II StGB a.F. früher durch den Nationalsozialismus bestimmt worden, könne eine Schädigung des Wohles des Volkes in der DDR nun „nur unter den Gesichtspunkten der antifaschistisch-demokratischen Ordnung festgestellt werden" (*OGSt* 2, 168, 171; siehe auch *OGSt* 2, 272, 274; *OGSt* 2, 276, 278; ähnlich *OGSt* 2, 195, 196 („Wohl aller werktätigen Deutschen")). Auf dieser Grundlage sprach das *OG* dann 1951 gleich in einer ganzen Serie von Urteilen aus, daß jedwede Schädigung des „Volkseigentums" [zum Begriff unten S.279f.] auch eine Schädigung des Wohles des Volkes sei, da Angriffe gegen das Volkseigentum geeignet [!] seien, die wirtschaftliche Entwicklung der DDR zu beeinträchtigen (*OGSt* 2, 168, 171; *OGSt* 2, 276, 278; ganz ähnlich *OGSt* 2, 272, 275). Zur weiteren gesetzesgeschichtlichen Entwicklung in der DDR unten S.281ff.

de. Auf diese Frage soll daher am Ende der Untersuchung[1345] im Rahmen eines Exkurses näher eingegangen werden.

cc) „Zweckbindung" öffentlichen und privaten Vermögens

Da der „Zweckbindung" des Vermögens nach den bisher gewonnenen Erkenntnissen für die Beurteilung der Zweckverfehlungsproblematik eine tragende Bedeutung beizukommen scheint, sollen Art und Umfang dieser „Zweckbindung" nunmehr näher beleuchtet werden. Schwerpunktmäßig ist dabei die „Zweckbindung" öffentlichen Vermögens zu untersuchen; der Bereich privaten Vermögens ist nur kurz zu betrachten.

aaa) Begriff des „zweckgebundenen Vermögens"

Vorab ist freilich zu klären, wann überhaupt von einem „zweckgebundenen" Vermögen gesprochen werden kann: Eine feststehende (strafrechtliche) Definition dieses Begriffs existiert – soweit ersichtlich – nicht. *Weidemann* spricht davon, daß *jedes*[1346] Vermögen zweckgebunden sei, und zwar durch die tatsächlich verfolgten Ziele seines Inhabers.[1347] *Mohrbotter* führt aus, eine Zweckbindung liege vor bei einem Zweck, den der Vermögensinhaber selbst dem Gegenstand des Vermögens setzt und den er selbst jederzeit wieder aufheben oder durch Herausnahme aus dem Zweckzusammenhang wieder abschwächen kann.[1348] *Rudolphi* nimmt das Vorliegen eines zweckgebundenen Vermögens jedenfalls dann an, wenn Spenden für einen bestimmten Zweck gesammelt wurden[1349]; ganz vereinzelt findet sich diese Position auch in der Rechtsprechung.[1350] Überwiegend scheint die Judikatur den Begriff des zweckgebundenen Vermögens dagegen – wie oben bereits ausgeführt wurde – im Sinne einer Zweckbestimmung zu verstehen, die normativ festgeschrieben ist.[1351]

In Anbetracht der vorstehend skizzierten Meinungsverschiedenheiten ist es erforderlich, den Begriff des zweckgebundenen Vermögens für die vorliegende Arbeit näher zu umreißen: Dabei steht als Ausgangspunkt fest, daß jedes Vermögen zunächst zweckfrei ist. Einen „Zweckbezug" weist ein Vermögen nicht von selbst auf – hierzu muß in irgendeiner Form der bzw. ein Wille betätigt werden.[1352] Hinsichtlich der Intensität des Zweckbezugs kann und soll dabei nun im folgenden zwischen verschiedenen Formen zweckbezogenen Vermögens unterschieden werden, die in

---

1345 Siehe unten S.279ff.

1346 Hervorhebung im Original.

1347 *Weidemann*, S.218.

1348 *Mohrbotter*, Stoffgleichheit, S.91; ders., GA 1969, 225, 228.

1349 *Rudolphi*, in: Klug-FS, S.315, 323.

1350 *BGH* vom 15.2.1956, 1 StR 475/55, S.7; auf ähnlicher Linie *OLG Kiel*, SchlHA 1948, 147f.

1351 Siehe nur *RGSt* 70, 33, 36; *RG*, HRR 1938, Nr.864; *BGHSt* 19, 37, 44f.; *BGHSt* 31, 93, 95; vgl. auch *RGSt* 73, 212, 213; *BGH*, NStZ 1984, 549, 550; *BGHSt* 43, 293, 297f.

1352 In diesem Sinne auch *Mohrbotter*, Stoffgleichheit, S.91; ders., GA 1969, 225, 228, der die Zwecksetzung als „finalen, subjektiven Widmungsakt" bezeichnet.

einer Art Stufenverhältnis zueinander stehen. Diese Formen werden hier als zweckbestimmtes, zweckgebundenes und zweckabhängiges Vermögen bezeichnet.

Die Intensität des Zweckbezugs ist dabei beim zweckabhängigen Vermögen am stärksten ausgeprägt: von einem zweckabhängigen Vermögen soll vorliegend nur gesprochen werden, wenn der dem Vermögen beigelegte Zweck nicht mehr rücknehmbar oder abänderbar ist – der Zweckbezug ist dort also „endgültig". Ganz anders ist es dagegen beim bloß zweckbestimmten Vermögen: jedes Vermögen, das einen Zweckbezug aufweist, ist „zweckbestimmt" – mag auch der Zweck, wie in den klassischen Fällen des Bettelbetrugs, ganz einfach rücknehmbar oder abänderbar sein; liegt dabei keine deutlich höhere Intensität des Zweckbezugs vor, handelt es sich um ein bloß zweckbestimmtes Vermögen. Hinsichtlich der Intensität des Zweckbezugs läßt sich das zweckgebundene Vermögen nun zwischen dem zweckabhängigen und dem bloß zweckbestimmten Vermögen einordnen: Gebunden bedeutet dabei schon dem Wortsinn nach, daß einerseits der Zweck grundsätzlich verbindlich festgeschrieben ist, andererseits ist jedoch nicht zwingend zu fordern, daß die Möglichkeit einer Zweckaufhebung von vornherein ausgeschlossen ist – der Zweck darf aber nicht allzu einfach rücknehmbar oder abänderbar sein.

Damit einhergehend wird – ohne bereits zur Zweckverfehlungsproblematik als solcher abschließend Stellung beziehen zu wollen – für die nachfolgenden Ausführungen nunmehr zugrundegelegt, daß ein zweckgebundenes Vermögen nur dann vorliegt, wenn der betreffende Zweck entweder

a) durch ein materielles oder auch nur formelles Gesetz direkt oder

b) gemäß einem gesetzlich vorgegebenen Verfahren oder

c) durch öffentliche Beurkundung eines verbandskonstituierenden oder -ändernden Organisationsvertrags[1353] festgeschrieben wurde.

Zweckgebunden ist dabei auch das zweckabhängige Vermögen; sofern sich diese Annahme im Einzelfall nicht unmittelbar aus den vorstehend aufgeführten Kriterien herleiten lassen sollte, folgt sie zumindest aus dem Stufenverhältnis, in dem diese Vermögensarten zueinander stehen. Für die Prüfung der Zweckbindung öffentlichen und privaten Vermögens ist der Begriff des zweckgebundenen Vermögens damit hinreichend umrissen.

bbb) Öffentliches Vermögen

α) Inländisches öffentliches Vermögen

Im Bereich inländischen öffentlichen Vermögens ist zunächst zwischem dem Haushaltsrecht des Bundes, der Länder sowie der Gemeinden und Gemeindeverbände zu unterscheiden. Die insoweit für den vorliegenden Zusammenhang wichtigen Normen finden sich in erster Linie im Haushaltsgrundsätzegesetz (HGrG), in der Bundeshaushaltsordnung, den Landeshaushaltsordnungen sowie den Gemeindeordnun-

1353 Zum Begriff des verbandskonstituierenden Organisationsvertrags *K. Schmidt*[3], S.81.

gen und Gemeindehaushaltsverordnungen der Bundesländer. Von zentraler Bedeutung ist dabei das HGrG: dieses „Grundgesetz des Haushaltsrechts“[1354] enthält in seinem ersten Teil die tragenden Grundsätze für die Gesetzgebung des Bundes und der Länder auf dem Gebiet des Haushaltsrechts (§ 1 Satz 1 HGrG).[1355] [1356] Diese Grundsätze sind in der BHO und den LHOen, die materiell und auch in der Paragraphenfolge weitgehend der BHO nachgebildet sind[1357], mittlerweile umgesetzt.[1358] Gleichwohl ist der erste Teil des HGrG dadurch nicht überflüssig geworden, sondern bleibt – wie das ganze HGrG – verbindlicher Maßstab für die Gesetzgebung des Bundes und der Länder auf diesem Gebiet.[1359] Am HGrG kann nicht nur jede haushaltsrechtliche Vorschrift des Bundes und der Länder überprüft werden, sondern es können mittelbar über die Länder auch die Vorschriften der Gemeinden und Gemeindeverbände auf ihre Vereinbarkeit mit den verbindlichen Grundsätzen dieses Gesetzes überprüft werden.[1360] Daher steht das HGrG auch im Mittelpunkt der folgenden Darstellung.

Nach § 2 Satz 2 HGrG[1361] ist der Haushaltsplan die Grundlage für die Haushalts- und Wirtschaftsführung. Durch diese sog. Rechts- und Kontrollfunktion ist die Verwaltung bei ihrer Aufgabenerfüllung (im voraus) an die Ausgabenermächtigungen gebunden und (im nachhinein) dem Nachweis der Einhaltung der Ermächtigungen verpflichtet.[1362] Daneben wird dem Haushaltsplan u.a. eine politische Funktion zugesprochen, im Rahmen derer er als ein Spiegel der gefundenen Entscheidungen („Regierungsprogramm in Zahlen“) verstanden wird[1363]; desweiteren ist seine Umverteilungsfunktion hervorzuheben.[1364] Der Haushaltsplan ermächtigt die Verwaltung, Ausgaben zu leisten und Verpflichtungen einzugehen (§ 3 I HGrG[1365]). Bei seiner Aufstellung und Ausführung – und damit bei jeder einzelnen Maßnahme[1366] – sind gemäß § 6 I HGrG[1367] die Grundsätze der Wirtschaftlichkeit und

---

1354 *Heller*, S.8 Rdnr.14.

1355 Vgl. hierzu auch *Heller*, S.8 Rdnr.11.

1356 Die Grundsatzgesetzgebungskompetenz des Bundes leitet sich dabei aus Art.109 III GG her (siehe dazu auch *Heller*, S.6 Rdnr.6, S.7 Rdnr.9).

1357 Vgl. hierzu *Heller*, S.13 Rdnr.27.

1358 Vgl. hierzu *Heller*, S.8 Rdnr.15, S.75 Rdnr.1. Auch die Gemeinden haben entsprechende Regelungen erlassen (vgl. hierzu *Heller*, S.75 Rdnr.1 a.E.).

1359 *Heller*, S.8f. Rdnr.15.

1360 *Heller*, S.V, 9 Rdnr.15.

1361 Siehe auch § 2 Satz 2 BHO; § 2 Satz 2 LHO-BaWü; Art.2 Satz 2 LHO-Bay.; § 1 Satz 2 LHO-Ber.; § 2 Satz 2 LHO-Bra.; § 2 Satz 2 LHO-HB; § 2 Satz 2 LHO-HH; § 2 Satz 2 LHO-Hes.; § 2 Satz 2 LHO-Meckl.; § 2 Satz 2 LHO-Nds.; § 2 Satz 2 LHO-NRW; § 2 Satz 2 LHO-RPfalz; § 2 Satz 2 LHO-Saar; § 2 Satz 2 LHO-Sachs.; § 2 Satz 2 LHO-SachsA; § 2 Satz 3 LHO-SH; § 2 Satz 2 LHO-Thü.; vgl. ferner etwa § 80 III 1 GemO-BaWü.

1362 *Heller*, S.85 Rdnr.29 m.w.N.; siehe auch *Siekmann*, S.38.

1363 *Heller*, S.86 Rdnr.31; *Müskens/Watzka*, S.26; *Siekmann*, S.38.

1364 *Heller*, S.86 Rdnr.32.

1365 Siehe auch § 3 I BHO; § 3 I LHO-BaWü; Art.3 I LHO-Bay.; § 3 I LHO-Ber.; § 3 I LHO-Bra.; § 3 I LHO-HB; § 3 I LHO-HH; § 3 I LHO-Hes.; § 3 I LHO-Meckl.; § 3 I LHO-Nds.; § 3 I LHO-NRW; § 3 I LHO-RPfalz; § 3 I LHO-Saar; § 3 I LHO-Sachs.; § 3 I LHO-SachsA; § 3 I LHO-SH; § 3 I LHO-Thü.

1366 *Heller*, S.117 Rdnr.127.

Sparsamkeit[1368] zu beachten; vergleichbare Vorschriften existieren auch für den Bereich der Kommunen.[1369]

Als abstrakte Zusammenfassung der in §§ 10, 11 HGrG[1370] geregelten Themen gebietet der sog. Grundsatz der Haushaltsklarheit für die *Aufstellung* des Haushaltsplans, diesen durchsichtig und übersichtlich darzustellen; aus seiner Gliederung muß erkennbar werden, wo und in welcher Höhe die veranschlagten Einnahmen ihren Entstehungsgrund haben, für welchen Zweck Ausgaben veranschlagt und warum sie in dieser Höhe veranschlagt sind und in welcher Höhe bestimmte Staatsaufgaben dotiert werden.[1371] Dieser Grundsatz gilt nicht nur für Bund und Länder, sondern auch im Bereich der Gemeinden.[1372] Dabei wird durch § 10 II 2 HGrG[1373] explizit vorgeschrieben, daß die Einzelpläne des Haushaltsplans in Kapitel und Titel einzuteilen sind. Die Kapitel untergliedern den Einzelplan nach Verwaltungszweigen und Sachgebieten und sind in Titel unterteilt.[1374] Dabei besteht ein Titel aus der Titelnummer, der sog. Zweckbestimmung, ggf. einem Vermerk und/oder einer Erläuterung sowie dem Betrag.[1375] Diese sog. Zweckbestimmung – die mit dem Begriff des zweckbestimmten Vermögens der vorliegenden Untersuchung nicht deckungsgleich ist – enthält die kurze Bezeichnung der Maßnahme, für die die Ausgabe bestimmt ist, oder den Grund für die Einnahme; sie ist verbindlich.[1376] Nach § 12 IV 1 HGrG[1377] sind die Ausgaben und die Verpflichtungsermächtigungen bei der Aufstellung des Haushaltsplans nach Zwecken getrennt zu veranschlagen (sog. Einzelveranschlagung). Dieser Grundsatz gilt auch im Bereich der Gemeinden[1378],

---

1367 Siehe auch § 7 I BHO; § 7 I LHO-BaWü; Art.7 I LHO-Bay.; § 7 I LHO-Ber.; § 7 I LHO-Bra.; § 7 I LHO-HB; § 7 I LHO-HH; § 7 I LHO-Hes.; § 7 I LHO-Meckl.; § 7 I LHO-Nds.; § 7 I LHO-NRW; § 7 I LHO-RPfalz; § 7 I LHO-Saar; § 7 I LHO-Sachs.; § 7 I LHO-SachsA; § 7 I LHO-SH; § 7 I LHO-Thü.; ferner etwa § 77 II GemO-BaWü; § 82 II GemO-Nds.

1368 Eingehender zu diesen Grundsätzen etwa *Heller*, S.116f. Rdnr.124f.; *Müskens/Watzka*, S.104; *Volk*, Fehlerhafte Mittelverwendung, S.462ff.; ders., Bewirtschaftung, S.30f.; *Wolf* (1997), S.133ff.; ders. (1998), S.122ff.

1369 Vgl. hierzu *Heller*, S.117 Rdnr.126.

1370 Siehe auch §§ 13, 14 BHO; §§ 13, 14 LHO-BaWü; Artt.13, 14 LHO-Bay.; §§ 13, 14 LHO-Ber.; §§ 13, 14 LHO-Bra.; §§ 13, 14 LHO-HB; §§ 13, 14 LHO-HH; §§ 13, 14 LHO-Hes.; §§ 13, 14 LHO-Meckl.; §§ 13, 14 LHO-Nds.; §§ 13, 14 LHO-NRW; §§ 13, 14 LHO-RPfalz; §§ 13, 14 LHO-Saar; §§ 13, 14 LHO-Sachs.; §§ 13, 14 LHO-SachsA; §§ 13, 14 LHO-SH; §§ 13, 14 LHO-Thü.

1371 *Heller*, S.178 Rdnr.16 m.w.N.

1372 *Heller*, S.179 Rdnr.18.

1373 Siehe auch § 13 II 2 BHO; § 13 II 2 LHO-BaWü; Art.13 II 2 LHO-Bay.; § 13 II 2 LHO-Ber.; § 13 II 2 LHO-Bra.; § 13 II 2 LHO-HB; § 13 II 2 LHO-HH; § 13 II 2 LHO-Hes.; § 13 II 2 LHO-Meckl.; § 13 II 2 LHO-Nds.; § 13 II 2 LHO-NRW; § 13 II 2 LHO-RPfalz; § 13 II 2 LHO-Saar; § 13 II 2 LHO-Sachs.; § 13 II 2 LHO-SachsA; § 13 II 2 LHO-SH; § 13 II 2 LHO-Thü.

1374 *Heller*, S.180 Rdnr.24f.

1375 *Heller*, S.181 Rdnr.27.

1376 *Heller*, S.182 Rdnr.32; *Müskens/Watzka*, S.49.

1377 Siehe auch § 17 I 1 BHO; § 17 I LHO-BaWü; Art.17 I LHO-Bay.; § 17 I LHO-Ber.; § 17 I LHO-Bra.; § 17 I LHO-HB; § 17 I LHO-HH; § 17 I LHO-Hes.; § 17 I LHO-Meckl.; § 17 I LHO-Nds.; § 17 I LHO-NRW; § 17 I LHO-RPfalz; § 17 I LHO-Saar; § 17 I LHO-Sachs.; § 17 I LHO-SachsA; § 17 I LHO-SH; § 17 I LHO-Thü.

1378 Vgl. hierzu *Heller*, S.193 Rdnr.74; siehe etwa (jeweils für Ausgaben) § 7 III 1 GemHVO-BaWü; § 7 III 1 GemHVO-Nds.

und auch durch das Haushaltsrechts-Fortentwicklungsgesetz (Flexibilisierung des Haushaltsrechts) ergeben sich insoweit keine Änderungen.[1379] Allerdings gibt es auch Ausnahmen vom Grundsatz der Einzelveranschlagung: zu nennen sind hier die sog. geringfügigen Beträge, die Deckungsreserven und die Verfügungsmittel[1380], die in § 15 II 2 HGrG[1381] als „Ausgaben, die ohne nähere Angabe des Verwendungszwecks veranschlagt sind", angesprochen sind.[1382]

Für die Phase der *Ausführung* des Haushaltsplans ist im vorliegenden Zusammenhang insbesondere auf § 27 I 1 1.Hs. HGrG hinzuweisen, wo bestimmt wird, daß Ausgaben und Verpflichtungsermächtigungen „nur zu dem im Haushaltsplan bezeichneten Zweck" geleistet oder in Anspruch genommen werden dürfen (Grundsatz der sachlichen Bindung).[1383] Besonders geregelt ist die Gewährung von Zuwendungen: Zuwendungen sind Ausgaben und Verpflichtungsermächtigungen für Leistungen an Stellen *außerhalb* der Verwaltung des Bundes oder des Landes zur Erfüllung bestimmter Zwecke. Sie dürfen gemäß § 14 HGrG[1384] bereits nur veranschlagt werden, wenn der Bund oder das Land an der Erfüllung durch solche Stellen ein besonderes Interesse hat, das ohne die Zuwendungen nicht oder nicht im notwendigen Umfang befriedigt werden kann. Nach § 26 I HGrG[1385] darf nun auch die Gewährung von Zuwendungen nur unter diesen Voraussetzungen erfolgen; desweiteren ist bei der Gewährung zu bestimmen, wie die zweckentsprechende Verwendung der Zuwendungen nachzuweisen ist; außerdem ist ein Prüfungsrecht der zuständigen Dienststelle oder ihrer Beauftragten festzulegen. Auch wenn insoweit entsprechende Vorschriften im Gemeindehaushaltsrecht fehlen[1386], ergibt sich dennoch aus der Gesamtschau der bislang aufgezeigten haushaltsrechtlichen Bestimmungen, daß die Zweckverfolgung im Anwendungsbereich des HGrG von zentraler Bedeutung ist.

1379 Vgl. hierzu *Heller*, S.193 Rdnr.73.

1380 Laut *Heller*, S.193f., 194 Rdnr.76, handelt es sich dabei in der Praxis i.d.R. um Mittel, die zur Verfügung von Dienststellenleitern, Bürgermeistern etc. für außergewöhnlichen Aufwand aus dienstlicher Veranlassung in besonderen Fällen (insbesondere zu repräsentativen Zwecken) veranschlagt sind; siehe etwa § 11 Satz 1 Nr.1 GemHVO-BaWü; §§ 11 Satz 1 Nr.1, 7 III 3 GemHVO-Nds.

1381 Siehe auch §§ 20 III, 37 V BHO; §§ 20 II, 37 V LHO-BaWü; Artt.20 III, 37 V LHO-Bay.; §§ 20 III, 37 V LHO-Ber.; §§ 20 III, 37 V LHO-Bra.; §§ 20 III, 37 II 2 LHO-HB; §§ 20 III, 37 V LHO-HH; §§ 20 III, 37 V LHO-Hes.; §§ 20 IV, 37 VI LHO-Meckl.; §§ 20 III, 37 V LHO-Nds.; §§ 20 III, 37 V LHO-NRW; §§ 20 II, 37 V LHO-RPfalz; §§ 20 III, 37 V LHO-Saar; §§ 20 III, 37 V LHO-Sachs.; §§ 20 III, 37 V LHO-SachsA; §§ 20 IV, 37 VII LHO-SH; §§ 20 III, 37 V LHO-Thü.

1382 *Heller*, S.193f. Rdnr.76; siehe auch *Siekmann*, S.101f.

1383 *Heller*, S.237 Rdnr.38.

1384 Siehe ferner § 23 BHO; § 23 LHO-BaWü; Art.23 LHO-Bay.; § 23 LHO-Ber.; § 23 LHO-Bra.; § 23 LHO-HB; § 23 LHO-HH; § 23 LHO-Hes.; § 23 LHO-Meckl.; § 23 LHO-Nds.; § 23 LHO-NRW; § 23 LHO-RPfalz; § 23 LHO-Saar; § 23 LHO-Sachs.; § 23 LHO-SachsA; § 23 LHO-SH; § 23 LHO-Thü.

1385 Siehe ferner § 44 I BHO; § 44 I LHO-BaWü; Art.44 I LHO-Bay.; § 44 I LHO-Ber.; § 44 I LHO-Bra.; § 44 I LHO-HB; § 44 I LHO-HH; § 44 I LHO-Hes.; § 44 I LHO-Meckl.; § 44 I LHO-Nds.; § 44 I LHO-NRW; § 44 I LHO-RPfalz; § 44 I LHO-Saar; § 44 I LHO-Sachs.; § 44 I LHO-SachsA; § 44 I LHO-SH; § 44 I LHO-Thü.

1386 *Heller*, S.209 Rdnr.127.

Für Sondervermögen des Bundes oder eines Landes[1387] und für bundes- oder landesunmittelbare juristische Personen des Öffentlichen Rechts[1388] bestimmt § 48 I HGrG[1389] die entsprechende Anwendung des HGrG, soweit durch Gesetz oder auf Grund eines Gesetzes nichts anderes bestimmt ist.

Da die Haushaltspläne von Bund und Ländern zudem in Gesetzesform ergehen[1390], ergibt sich nach alledem eindeutig, daß zumindest staatliches Vermögen i.e.S. regelmäßig – zu den Ausnahmen zählen insbesondere die sog. Verfügungsmittel – an spezifische Zwecke gebunden ist, und dieser Zweckbindung bei der Bewirtschaftung der Mittel auch eine ganz wesentliche Rolle zukommt. Entsprechend den Haushaltsgesetzen von Bund und Ländern werden die Haushaltspläne in den Gemeinden in Form von Haushaltssatzungen verabschiedet[1391]; damit liegt auch auf dieser Ebene regelmäßig eine spezifische Zweckbindung des Vermögens vor. Darüber hinaus sind die oben skizzierten Haushaltsgrundsätze auch für das Haushaltsrecht der (landesrechtlich unterschiedlich ausgeformten) Gemeindeverbände maßgebend[1392], also aller Kommunalkörperschaften, die auf einer Ebene über den Gemeinden angesiedelt sind.[1393] Für die übrigen Körperschaften des Öffentlichen Rechts ergeben sich die anzuwendenden haushaltsrechtlichen Bestimmungen zwar zum Teil aus anderen Gesetzen, allerdings verweisen auch diese grundsätzlich auf das Haushaltsrecht des Bundes oder der Länder.[1394] Öffentliches Vermögen ist darüber hinaus auch das Vermögen von Anstalten und Stiftungen des Öffentlichen Rechts. Im Rahmen der vorliegenden Untersuchung kann und muß jedoch nicht näher auf die verschiedenen, zum Teil landesrechtlichen Ausgestaltungen dieser juristischen Personen eingegangen werden: denn die rechtsfähige Anstalt wird bereits definiert als ein (rechtsfähiger) Bestand von Mitteln, welche in der Hand eines Trä-

---

1387 Sondervermögen i.S. des HGrG sind rechtlich unselbständige abgesonderte Teile des Bundes- oder Landesvermögens, die durch Gesetz oder aufgrund eines Gesetzes entstanden und zur Erfüllung einzelner Aufgaben des Bundes bzw. Landes bestimmt sind; sie sind keine juristischen Personen (*Heller*, S.288 Rdnr.3, 5). Die Bundes- und Landesbetriebe – die erwerbswirtschaftlich ausgerichtet sind – werden nicht zu den Sondervermögen gerechnet, wohl aber die kommunalen Eigenbetriebe; die kapitalmäßigen Beteiligungen des Bundes und der Länder an privatrechtlichen Unternehmen zählen ebenfalls nicht zu den Sondervermögen (*Heller*, S.289 Rdnr.6f., 9).

1388 Insbesondere für die Träger der Sozialversicherung ergeben sich die anzuwendenden haushaltsrechtlichen Bestimmungen aus besonderen Gesetzen; insoweit wird allerdings wiederum auf die Grundsätze des für Bund und Länder geltenden Haushaltsrechts verwiesen (vgl. hierzu *Heller*, S.18 Rdnr.37 mit Fußn.86). Übersicht über Rechtsvorschriften für Sondervermögen und juristische Personen des Öffentlichen Rechts bei *Heller*, S.293 Rdnr.20.

1389 Siehe ferner §§ 105, 113 BHO; §§ 105, 113 LHO-BaWü; Artt.105, 113 LHO-Bay.; §§ 105, 113 LHO-Ber.; §§ 105, 113 LHO-Bra.; §§ 105, 113 LHO-HB; §§ 105, 113 LHO-HH; §§ 105, 113 LHO-Hes.; §§ 105, 113 LHO-Meckl.; §§ 105, 113 LHO-Nds.; §§ 105, 113 LHO-NRW; §§ 105, 113 LHO-RPfalz; §§ 105, 113 LHO-Saar; §§ 105, 113 LHO-Sachs.; §§ 105, 113 LHO-SachsA; §§ 105, 113 LHO-SH; §§ 105 I, 113 LHO-Thü.

1390 Vgl. hierzu *Heller*, S.11 Rdnr.21 (Bund), S.13 Rdnr.27 (Länder); *Siekmann*, S.37; siehe zudem etwa Art.1 Satz 2 LHO-Bay.

1391 Vgl. hierzu *Heller*, S.16f. Rdnr.34; siehe etwa § 79 GemO-BaWü; § 84 GemO-Nds.

1392 *Heller*, S.17 Rdnr.35.

1393 *Maurer*[11], S.564 Rdnr.24. – Zu diesen Kommunalkörperschaften zählen auch die Zweckverbände (*Maurer*[11], S.566 Rdnr.28).

1394 Vgl. hierzu *Heller*, S.18 Rdnr.37.

gers öffentlicher Verwaltung einem besonderen öffentlichen Zweck dauernd zu dienen bestimmt sind[1395]; sie kann nur durch Gesetz oder auf Grund eines Gesetzes geschaffen werden.[1396] Letzteres gilt auch für die Stiftungen des Öffentlichen Rechts; im Gegensatz zu den Anstalten handelt es sich bei ihnen dabei aber um rechtsfähige Organisationen zur Verwaltung eines von einem Stifter „zweckgebunden"[1397] übergebenen Bestands an Vermögenswerten.[1398]

Damit steht nach alledem nunmehr fest, daß inländisches öffentliches Vermögen regelmäßig an spezifische Zwecke gebunden ist.

β) Europäische Gemeinschaften

Für EG, EGKS und Euratom ergeben sich die grundlegenden haushaltsrechtlichen Vorgaben in erster Linie aus dem EGV, dem EGKSV, dem EuratomV sowie der EuHO. Gemäß Art.1 I EuHO werden die Ausgaben und Einnahmen von EG und Euratom[1399] sowie die Verwaltungsausgaben und entsprechenden Einnahmen der EGKS[1400] in einem gemeinsamen „Gesamthaushaltsplan der Europäischen Gemeinschaften" veranschlagt und im voraus bewilligt. Für diesen Gesamthaushaltsplan[1401] gilt der Grundsatz der sachlichen Bindung; die Ausgaben müssen daher im Haushaltsplan für einen bestimmten Zweck bewilligt werden.[1402] Konkrete Ausformungen dieses Grundsatzes finden sich etwa in Art.271 EGV [= Art.202 EGV a.F.], Artt.175, 176 III EuratomV, Art.78a EGKSV sowie in Art.19 II EuHO. Desweiteren bestimmt Art.2 EuHO[1403], daß die Haushaltsmittel nach den Grundsätzen der Wirtschaftlichkeit der Haushaltsführung, insbesondere der Sparsamkeit und der Kosten-Nutzen-Verhältnisse, zu verwenden sind. Ohne hier auf die genannten Vorschriften im einzelnen näher eingehen zu müssen, läßt sich – ebenso wie für inländisches öffentliches Vermögen – damit also auch für den Bereich von EG, Euratom und EGKS festhalten, daß die Mittel dort regelmäßig an spezifische Zwecke gebunden sind.

1395 *Maurer*[11], S.577 Rdnr.46.

1396 *Maurer*[11], S.579 Rdnr.51.

1397 Der Begriff ist hier nicht notwendig deckungsgleich mit der vorliegend verwendeten Terminologie.

1398 *Maurer*[11], S.581 Rdnr.55.

1399 Vgl. hierzu auch *Bieber*, in: Ehlermann/Bieber (Hrsg.), HEuR, I A 90, Vorbem. Art.199ff. Rdnr.11, Art.199 Rdnr.8.

1400 Der sog. Funktionshaushalt der EGKS ist (noch) nicht in den Gesamthaushaltsplan integriert (vgl. hierzu *Bieber*, in: Ehlermann/Bieber (Hrsg.), HEuR, I A 90, Vorbem. Art.199ff. Rdnr.11, Art.199 Rdnr.8.); nach der Entschließung des Europäischen Parlaments vom 7.7.1988 (ABlEG 1988 Nr.C 235, S.142f., 143 Ziff.5) soll er jedoch mittelfristig in diesen aufgenommen werden.

1401 Siehe zum Aufstellungsverfahren Artt.12ff. EuHO.

1402 *Bieber*, in: Ehlermann/Bieber (Hrsg.), HEuR, I A 90, Art.199 Rdnr.12f. i.V. mit Rdnr.1.

1403 Siehe auch Art.274 EGV n.F.; Art.179 EuratomV; Art.78c EGKSV.

ccc) Privates Vermögen

Zu würdigen ist nunmehr der Bereich privaten Vermögens. – Den Rahmen der vorliegenden Untersuchung würde es allerdings sprengen, wollte man dabei auf alle gesellschaftsrechtlich möglichen Konstellationen und Detailfragen vertieft eingehen: so sind etwa bei *Erb* nicht weniger als 15 (!) Lösungsvorschläge allein zur Einordnung sog. Sammelvermögen wiedergegeben[1404], und auf so grundlegende Probleme wie den Streit über die Rechtsfähigkeit der Gesamthandsgesellschaft[1405] kann in dieser Arbeit naturgemäß ohnehin nicht in der gebührenden Weise eingegangen werden. Die folgende Darstellung greift daher lediglich einzelne, im vorliegenden Zusammenhang von Interesse erscheinende Formen privaten Vermögens auf; sie will dabei auch insoweit bloß charakteristische Merkmale aufzeigen und erhebt an keiner Stelle den Anspruch, erschöpfend zu sein.

α) Privatrechtliche Stiftung

Bei der Stiftung i.S. der §§ 80ff. BGB[1406] handelt es sich um eine mit Rechtsfähigkeit ausgestattete, nicht verbandsmäßig organisierte Einrichtung, die einen vom Stifter bestimmten Zweck mit Hilfe eines dazu gewidmeten Vermögens dauernd fördern soll.[1407] Der Zweck kann vom Stifter grundsätzlich frei bestimmt werden.[1408] Die Stiftung ist eine juristische Person.[1409] Für ihre Entstehung ist nach § 80 BGB neben dem Stiftungsgeschäft die (konstitutiv wirkende[1410]) Genehmigung der zuständigen Behörde erforderlich. Bei einem Stiftungsgeschäft unter Lebenden ist der Stifter bis zur Erteilung der Genehmigung zum Widerruf berechtigt (§ 81 II 1 BGB). Die Verfassung einer Stiftung wird sowohl durch das Stiftungsgeschäft als auch durch gesetzliche Vorgaben bestimmt (§ 85 BGB). Das Vermögen von Stiftungen ist somit also zweckgebunden. Ob hier sogar von zweckabhängigem Vermögen gesprochen werden kann, bedürfte insbesondere im Hinblick auf § 87 BGB einer eingehenderen Prüfung, auf die vorliegend jedoch verzichtet werden kann und soll.

β) Körperschaftliche Verbände des Privatrechts

Bei den privatrechtlichen Körperschaften soll zunächst der Verein beleuchtet werden: bei ihm handelt es sich um einen auf Dauer angelegten, körperschaftlich or-

---

1404 *Erb*, S.57ff.; siehe zur Rechtsnatur des Sammelvermögens auch *Rawert*, in: Staudinger[13] Vorbem. zu §§ 80ff. Rdnr.176.

1405 Siehe dazu (zusammenfassend) etwa *K. Schmidt*[3], S.189ff., 203ff.

1406 Die Regelungen der §§ 80ff. BGB sind lückenhaft; ergänzend gelten die Stiftungsgesetze der Länder.

1407 *Heinrichs*, in: Palandt[59] Vorbem. § 80 Rdnr.1 m.w.N.; ähnlich *K. Schmidt*[3], S.181f. – Dabei ist allerdings umstritten, ob der Stiftungszweck dauerhaft sein muß (vgl. hierzu nur *K. Schmidt*[3], S.183 m.w.N.).

1408 *K. Schmidt*[3], S.183; siehe auch *Heinrichs*, in: Palandt[59] Vorbem. § 80 Rdnr.2.

1409 *Heinrichs*, in: Palandt[59] Vorbem. § 80 Rdnr.4; *K. Schmidt*[3], S.181.

1410 *Heinrichs*, in: Palandt[59] § 80 Rdnr.2; *K. Schmidt*[3], S.185 m.w.N.

ganisierten Zusammenschluß von Personen mit einem gemeinsamen Zweck.[1411] Von Interesse sind vorliegend in erster Linie die rechtsfähigen nichtwirtschaftlichen[1412] Vereine: dies sind Vereine, deren Zweck „nicht auf einen wirtschaftlichen Geschäftsbetrieb gerichtet ist"; sie erlangen die Rechtsfähigkeit durch Eintragung in das Vereinsregister (§ 21 BGB). Nach § 25 BGB wird ihre Verfassung durch die §§ 26ff. BGB sowie durch die Vereinssatzung bestimmt. Die Satzung ist der Anmeldung zur Vereinsregistereintragung beizufügen (§ 59 II Nr.1 BGB). Da auch der Zweck des Vereins in der Satzung enthalten sein muß (§ 57 I BGB), ist somit auch das Vermögen des rechtsfähigen nichtwirtschaftlichen Vereins zweckgebunden. Eine Änderung der Satzung und des Vereinszwecks ist grundsätzlich nur, aber immerhin, unter den engen Voraussetzungen des § 33 BGB möglich, so daß insofern nicht auch zweckabhängiges Vermögen vorliegt; § 33 BGB ist allerdings dispositiv (§ 40 BGB).

Besondere gesellschaftsrechtliche Probleme bestehen beim sog. nichtrechtsfähigen Verein, der nach h.M. eine Gesamthand ist.[1413] Auf diese Probleme kann hier nicht im einzelnen eingegangen werden. Jedoch kann auch beim nichtrechtsfähigen nichtwirtschaftlichen Verein jedenfalls dann von einer Zweckbindung des Vermögens gesprochen werden, wenn die Vereinssatzung mit dem dort festgeschriebenen Vereinszweck öffentlich beurkundet wurde[1414], man dem „nichtrechtsfähigen" Verein Rechtssubjektivität zubilligt – obwohl er keine juristische Person ist –[1415], und sich darüber hinaus auf den Standpunkt stellt, daß auch das Vermögen dem Verein selbst[1416] gehört.

Von Interesse ist vorliegend auch die Aktiengesellschaft: sie ist in § 1 AktG definiert als eine Gesellschaft mit eigener Rechtspersönlichkeit und mit einem in Aktien zerlegten Grundkapital, für deren Verbindlichkeiten den Gläubigern nur das Gesellschaftsvermögen haftet. Die Aktiengesellschaft gilt nach § 3 AktG als eine Handelsgesellschaft. Gleichwohl ist weder erforderlich, daß ein Handelsgewerbe betrieben wird[1417], noch ist erforderlich, daß überhaupt ein gewerblicher Zweck

---

1411 *K. Schmidt*[3], S.661 m.w.N.

1412 Wirtschaftliche Vereine erlangen unter den Voraussetzungen des § 22 BGB Rechtsfähigkeit durch staatliche Verleihung. Der dort verankerte Grundsatz der Subsidiarität führt freilich dazu, daß der rechtsfähige Wirtschaftsverein in der Praxis nur eine geringe Rolle spielt: denn danach kann und soll die Behörde dem Verein die Rechtsfähigkeit nur verleihen, wenn dem Verein nicht zugemutet werden kann, eine handelsgesellschaftliche bzw. genossenschaftliche Rechtsform anzunehmen oder auf die Erlangung der Rechtsfähigkeit zu verzichten (*K. Schmidt*[3], S.683; siehe auch *Heinrichs*, in: Palandt[59] § 22 Rdnr.1). Allerdings kann sich die Zulässigkeit eines rechtsfähigen wirtschaftlichen Vereins auch aus speziellen Normativbestimmungen ergeben (vgl. hierzu *K. Schmidt*[3], S.684). Zur schwierigen Abrenzung zwischen wirtschaftlichen und nichtwirtschaftlichen Vereinen *K. Schmidt*[3], S.670ff.

1413 Für die h.M. *K. Schmidt*[3], S.743 m.w.N.

1414 Für sich alleine bedarf die Satzung des nichtrechtsfähigen Vereins allerdings keiner Form (siehe nur *Heinrichs*, in: Palandt[59] § 54 Rdnr.6).

1415 So etwa *K. Schmidt*[3], S.743, der es daher auch passender fände, anstatt vom nichtrechtsfähigen Verein vom „nicht eingetragenen Verein" zu sprechen.

1416 So – gegen die h.M. – etwa *K. Schmidt*[3], S.744 m.w.N. auch zur Gegenansicht.

1417 Dies ergibt sich bereits aus § 3 AktG.

verfolgt wird.[1418] Vielmehr kann eine Aktiengesellschaft für jeden gesetzlich zulässigen Zweck errichtet werden.[1419] Dieser Zweck braucht auch kein wirtschaftlicher zu sein; eine Aktiengesellschaft kann auch rein „ideale" – etwa gesellige, gemeinnützige, aber auch politische – Zwecke betreiben.[1420] Eine Aktiengesellschaft zur Unterstützung tatsächlich bedürftiger Bettler ist gesellschaftsrechtlich durchaus möglich! Da der „Gegenstand des Unternehmens"[1421] bei der Aktiengesellschaft sowohl in der notariell zu beurkundenden Satzung bestimmt sein muß (§ 23 III Nr.2 AktG) als auch in das Handelsregister eingetragen wird (§ 39 I AktG)[1422], kann also auch bei dieser Gesellschaftsform eine Zweckbindung des Vermögens an ideale Zwecke vorliegen. – Auch für die Kommanditgesellschaft auf Aktien i.S. des § 278 I AktG gilt insoweit zumindest im Ergebnis nichts anderes.[1423]

Auch bei der Gesellschaft mit beschränkter Haftung ist die Lage insoweit vergleichbar: Die GmbH ist eine aus einem oder mehreren Gesellschaftern bestehende Gesellschaft, die ein in Stammeinlagen zerlegtes Stammkapital hat.[1424] Sie ist eine juristische Person[1425] und kann nach § 1 GmbHG zu jedem gesetzlich zulässigen[1426] Zweck gegründet werden. Dieser Zweck kann auch ein nichtgewerblicher[1427] und auch ein rein idealer sein.[1428] [1429] Der „Gegenstand des Unternehmens"[1430] muß im Gesellschaftsvertrag, der notarieller Form bedarf (§ 2 I 1 GmbHG), enthalten sein (§ 3 I Nr.2 GmbHG) und wird auch in das Handelsregister eingetragen (§ 10 I 1 GmbHG). Von daher ist auch bei der GmbH eine Bindung des Vermögens an rein ideale Zwecke durchaus denkbar und möglich.

Eine Sonderstellung in bezug auf den zulässigen Verbandszweck nimmt die Rechtsform der eingetragenen Genossenschaft ein: Nach § 1 I GenG sind Genossenschaf-

1418 *K. Winkler*, NJW 1970, 449, 450.

1419 *K. Schmidt*³, S.65, 1260; *K. Winkler*, NJW 1970, 449, 450.

1420 *K. Winkler*, NJW 1970, 449, 450 m.w.N. – Dies gilt auch für die Schweiz, siehe Art.620 III OR („Die Aktiengesellschaft kann auch für andere als wirtschaftliche Zwecke gegründet werden.").

1421 Zur Unterscheidung zwischen dem „Gegenstand des Unternehmens" und dem Verbandszweck *K. Schmidt*³, S.67ff.

1422 Zu den Voraussetzungen für Änderungen des Gesellschaftszwecks und für Änderungen des Unternehmensgegenstands *K. Schmidt*³, S.855f.

1423 Zur Zulässigkeit rein idealer Gesellschaftszwecke bei der KGaA *K. Winkler*, NJW 1970, 449, 450 m.w.N.

1424 *K. Schmidt*³, S.981.

1425 *K. Schmidt*³, S.983.

1426 Übersicht über Fälle, in denen – wie etwa bei Schiffskreditbanken – die Rechtsform der GmbH unzulässig ist, bei *K. Schmidt*³, S.981f.

1427 *K. Schmidt*³, S.981.

1428 *K. Winkler*, NJW 1970, 449, 450 m.w.N.; siehe auch *K. Schmidt*³, S.65, 981, 1260.

1429 Anders ist es insoweit in Österreich und der Schweiz: Für die Schweiz ergibt sich aus Art.772 III OR, daß dort eine GmbH nur zu wirtschaftlichen Zwecken gegründet werden kann. In Österreich kann eine GmbH nach § 1 I ÖGmbHG zwar zu jedem gesetzlich zulässigen Zweck gegründet werden; nach § 1 II ÖGmbHG sind Gesellschaften mit beschränkter Haftung jedoch vom Betreiben von Versicherungsgeschäften sowie von der Tätigkeit als politische Vereine ausgeschlossen.

1430 Siehe zu diesem mißverständlichen Begriff des Unternehmensgegenstands *K. Schmidt*³, S.983, der hervorhebt, daß sich der „Gegenstand des Unternehmens" keineswegs immer wirklich auf ein Unternehmen beziehen müsse.

ten „Gesellschaften von nicht geschlossener Mitgliederzahl, welche die Förderung des Erwerbes oder der Wirtschaft ihrer Mitglieder mittels gemeinschaftlichen Geschäftsbetriebes bezwecken". Die Rechtsform der eingetragenen Genossenschaft kann nur für einen spezifisch genossenschaftlichen Zweck gewählt werden.[1431] Die eingetragene Genossenschaft ist juristische Person (vgl. § 17 I GenG)[1432]; der Gegenstand des Unternehmens ist in das Genossenschaftsregister einzutragen (§§ 10 I, 6 Nr.2 GenG).

γ) Personengesellschaften

Bei den Personengesellschaften ist der Blick zunächst auf die handelsgesellschaftlichen Erscheinungsformen zu richten: Sowohl die offene Handelsgesellschaft als auch die Kommanditgesellschaft ist nach § 124 HGB bzw. nach §§ 161 II, 124 HGB fähig, Trägerin von Rechten und Pflichten zu sein.[1433] Beide Gesellschaftsformen sind – auch wenn sie keine juristischen Personen sind – Rechtssubjekte.[1434] Zudem ist als Konsequenz aus § 124 HGB davon auszugehen, daß das Gesellschaftsvermögen von OHG und KG Vermögen der Gesellschaften selbst ist.[1435] Im Gegensatz etwa zur GmbH können OHG und KG allerdings nicht zu jedem gesetzlich zulässigen Zweck errichtet werden. Sowohl bei der OHG als auch bei der KG muß der Zweck der Gesellschaft vielmehr auf den Betrieb eines Handelsgewerbes unter gemeinsamer Firma gerichtet sein (§ 105 I HGB bzw. § 161 I HGB); alle anderen Tätigkeiten scheiden als Unternehmensgegenstand aus.[1436] Damit ist jedoch nur eine Aussage zum Verbandszweck selbst gemacht: der Gesellschaftsvertrag einer OHG oder KG muß zwar die soeben genannten Merkmale aufweisen, kann aber durchaus auch ideale Zielsetzungen und Vorgaben als *ergänzende* – und bei der Führung der Geschäfte der Gesellschaft im Innenverhältnis gleichfalls zu beachtende – Bestimmungen enthalten.[1437] Insoweit wäre also auch bei OHG und KG im Einzelfall eine Bindung des Vermögens an ideale Zwecke durchaus denkbar; allerdings müßte der Gesellschaftsvertrag öffentlich beurkundet sein.

1431 *K. Schmidt*[3], S.1260 m.w.N.

1432 *K. Schmidt*[3], S.1263.

1433 Entsprechendes gilt nach § 7 II PartGG auch für die Partnerschaftsgesellschaft, die allerdings keine Handelsgesellschaft, aber gleichwohl unternehmenstragend ist (*K. Schmidt*[3], S.1283, 1877f., 1880), und nach § 1 EWIV-AusführungsG auch für die Europäische wirtschaftliche Interessenvereinigung, die zwar als Handelsgesellschaft gilt, nach Ansicht von *K. Schmidt*[3], S.1901, jedoch nicht selbst Trägerin eines Unternehmens sein soll, sondern sich auf kooperative Zwecke zu beschränken hat. Hingegen fehlt es bei der Partenreederei i.S. des § 489 HGB an einer vergleichbaren Bestimmung; dennoch hat sich freilich die Auffassung durchgesetzt, daß auch die Partenreederei als Gesamthand Unternehmensträgerin und Trägerin von Rechten und Pflichten ist (*K. Schmidt*[3], S.209, 1892f. m.w.N.).

1434 *K. Schmidt*[3], S.1358f., 1359 m.w.N. auch zu anderen Ansichten, 1530.

1435 *K. Schmidt*[3], S.1359 m.w.N. – Dies ist freilich nicht unumstritten: Die Gegenansicht nimmt an, daß das Gesellschaftsvermögen ein Sondervermögen der Gesellschafter ist (Nachweise auch dazu bei *K. Schmidt*[3], S.1359 Fußn.33).

1436 *K. Winkler*, NJW 1970, 449, 450.

1437 *K. Winkler*, NJW 1970, 449, 452.

Schwierige gesellschaftsrechtliche Fragen wirft die Behandlung von als Gesamthand ausgestalteten Gesellschaften bürgerlichen Rechts auf: Solche Gesellschaften können zwar zu jedem zulässigen (gemeinsamen) Zweck gegründet werden[1438], doch werden sie im BGB weder ausdrücklich als juristische Personen bezeichnet, noch existiert für sie eine § 124 HGB vergleichbare Regelung. Vor diesem Hintergrund ist außerordentlich umstritten, ob und inwieweit auch Gesamthandsgesellschaften bürgerlichen Rechts rechtsfähig sein können. Freilich kann auf diesen Streit hier nicht im einzelnen eingegangen werden.[1439] Jedenfalls wenn man vertritt, daß auch die Gesamthands-BGB-Gesellschaft fähig ist, Trägerin von Rechten und Pflichten zu sein[1440], und sich auf den Standpunkt stellt, daß diese Gesamthand selbst Inhaberin des Gesellschaftsvermögens ist[1441], wäre eine Bindung des Vermögens an ideale Zwecke auch hier denkbar; erforderlich wäre aber auf jeden Fall eine öffentliche Beurkundung des Gesellschaftsvertrags.

δ) Zweckbindung durch Verwaltungsakt

Besonderer Erwähnung bedarf, daß eine Zweckbindung des Vermögens bei privaten Haushalten nicht nur „von innen", sondern auch „von außen" kommen kann: zu denken ist hier insbesondere an Zuwendungen der öffentlichen Hand, die der Zuwendungsempfänger mit der Maßgabe erhält, die Mittel (unter den festgelegten Voraussetzungen) seinerseits Dritten zu einem bestimmten Zweck zuzuwenden. Ein Beispiel hierfür bieten die im Bundeshaushalt aufgeführten Begabtenförderungswerke. Sie erhalten öffentliche Mittel für Zwecke der Studienförderung. In der Verwaltungspraxis wird in den Bewilligungsbescheiden an die jeweiligen Zuwendungsempfänger ausdrücklich bestimmt, daß die Zuwendung „zweckgebunden" ist und „zur Förderung begabter und bedürftiger Studierender und zur Vergabe von Büchergeld nach Maßgabe der Besonderen Nebenbestimmungen[[1442]] zu verwenden [ist]."[1443] [1444] Dadurch werden diese Mittel auch für die Begabtenförderungswerke zu zweckgebundenen Mitteln.

1438 *K. Schmidt*³, S.1737f. Der Zweck muß freilich darauf gerichtet sein, das Rechtsverhältnis unter den Beteiligten einem vertraglichen und nicht einem gesetzlichen Regelungswerk zu unterstellen (ders., S.1738).

1439 Siehe dazu etwa die zusammenfassenden Darstellungen bei *Müller-Laube*², S.60ff.; *K. Schmidt*³, S.203ff., 210ff.

1440 *K. Schmidt*³, S.211ff., 1770, 1772.

1441 *K. Schmidt*³, S.213, 1717, 1757.

1442 „Besondere Nebenbestimmungen für die Vergabe von Bundesmitteln an die Begabtenförderungswerke".

1443 *Bundesministerium für Bildung, Wissenschaft, Forschung und Technologie*, Geschäftszeichen 316-5025-(1997), Musterbescheid 1997 für Zuwendungen aus Kapitel 3004, Titel 681 01 (Studienförderung), S.2.

1444 In der – soweit ersichtlich – einzigen Entscheidung zur Erschleichung eines solchen Stipendiums wird auf die Zwecke der Studienförderung und die „Fehlleitung" der Mittel allerdings mit keinem Wort eingegangen: Der Angeklagte hatte ein über dem Freibetrag liegendes Einkommen verschwiegen. *LG Stuttgart* vom 14.9.1994, 107 Ns 103/93, S.30, führte zum Vorliegen eines Vermögensschadens lediglich aus, daß die Friedrich-Ebert-Stiftung dem Angeklagten bei Kenntddd) Zusammenfassung

Festzuhalten bleibt zum einen, daß öffentliches Vermögen regelmäßig an spezifische Zwecke gebunden ist. Zum anderen hat sich aber auch gezeigt, daß auch im Bereich privaten Vermögens eine Bindung an bestimmte Zwecke gegeben sein kann. In den klassischen Fällen des Bettelbetrugs, in denen sich eine natürliche Person spontan dazu entschließt, einem vermeintlich Bedürftigen ein Almosen zu geben, kann hingegen nicht von einem zweckgebundenen Vermögen gesprochen werden; dieses Vermögen ist vielmehr bloß zweckbestimmt.

dd) Ausgestaltung der Steuerhinterziehung in § 370 AO

Steht nach alledem nunmehr fest, daß öffentliches Vermögen regelmäßig zweckgebunden ist, drängt sich die weitere Frage auf, ob es im Strafrecht kodifizierte Konsequenzen dieser Zweckbindung gibt. Hier ist der Blick zunächst auf den Tatbestand der Steuerhinterziehung zu richten; schließlich wird dort stets – ohne damit allerdings etwas zum Rechtsgut des § 370 AO aussagen zu wollen – öffentliches Vermögen zumindest i.w.S. „betroffen". § 370 AO ist dabei im vorliegenden Zusammenhang um so mehr von Interesse, als dort auch die Erlangung nicht gerechtfertigter indirekter Subventionen in Form von Steuervorteilen[1445] erfaßt wird.

Nach § 370 I AO macht sich strafbar, wer durch – dort im einzelnen näher umschriebene – Tathandlungen „Steuern verkürzt oder für sich oder einen anderen nicht gerechtfertigte Steuervorteile erlangt."[1446] Dabei sind Steuern nach § 370 IV 1 AO „namentlich dann verkürzt, wenn sie nicht, nicht in voller Höhe oder nicht rechtzeitig festgesetzt werden"[1447]; wobei dies auch dann gilt, „wenn die Steuer vorläufig oder unter Vorbehalt der Nachprüfung festgesetzt wird oder eine Steueranmeldung einer Steuerfestsetzung unter Vorbehalt der Nachprüfung gleichsteht." Und § 370 IV 2 AO bestimmt: „Steuervorteile sind auch Steuervergütungen; nicht gerechtfertigte Steuervorteile sind erlangt, soweit sie zu Unrecht gewährt oder belassen werden."

Bei einer ersten – unbefangenen – Betrachtung scheint es so, als würden die vorstehenden Bestimmungen keine größeren Probleme aufwerfen. Doch dieser Eindruck

---

nis der wahren Umstände kein Promotionsstipendium gewährt hätte, und durch dessen Vorgehen geschädigt worden sei.

1445 Zum Begriff des Steuervorteils i.S. des § 370 AO und in Abgrenzung zu §§ 263, 264 StGB etwa *Joecks*, in: Franzen/Gast/Joecks[4] § 370 Rdnr.83ff. m.w.N.; *Lackner*, in: LK[10] § 263 Rdnr.332; *Lenckner*, in: Schönke/Schröder[25] § 264 Rdnr.10; *Samson/Günther*, in: SK[5] § 263 Rdnr.203, § 264 Rdnr.30; *Scheurmann-Kettner*, in: Koch/Scholtz[5] § 370 Rdnr.38f.; *Tiedemann*, in: LK[11] § 264 Rdnr.27f.

1446 *Seer*, in: Tipke/Lang[16], S.979 Rdnr.35, nimmt freilich an, die Alternativen der Steuerverkürzung und der Erlangung eines nicht gerechtfertigten Steuervorteils würden sich nicht voneinander abgrenzen lassen: in der Steuerverkürzung liege gleichzeitig ein Fall des ungerechtfertigten Steuervorteils und umgekehrt.

1447 *Joecks*, in: Franzen/Gast/Joecks[4] § 370 Rdnr.44, ist hierzu der Meinung, es handele sich nicht um drei, sondern lediglich um zwei verschiedene Formen des Erfolgseintritts, denn die nicht rechtzeitige Festsetzung umfasse auch den Fall der völlig unterbliebenen Festsetzung.

trügt. Sowohl im allgemeinen als auch im Detail ist bei der Steuerhinterziehung vieles unklar und umstritten: So besteht bereits keine Einigkeit darüber, ob der Tatbestand der Steuerhinterziehung überhaupt das Vorliegen einer Vermögensschädigung der öffentlichen Hand erfordert.[1448] Uneinheitlich wird auch beurteilt, ob es sich bei der Steuerhinterziehung de lege lata um ein Verletzungs-[1449] oder ein abstraktes[1450] oder konkretes[1451] Gefährdungsdelikt handelt. Und desweiteren herrscht reger Streit über das Rechtsgut des § 370 AO[1452]: So vertrat *Terstegen* – allerdings noch zum früheren § 396 RAO 1931 –, Schutzobjekte dieser Vorschrift seien „die Vermögen aller Steuerpflichtigen, soweit sie zu den öffentlichen Lasten beitragen müssen; der geregelte Ablauf des Gemeinschaftslebens, soweit es dafür öffentlicher Mittel bedarf; das Vermögen der einzelnen Staatsbürger, soweit es durch einen durch Steuerverkürzungen begangenen unlauteren Wettbewerb beeinträchtigt wird."[1453] Damit griff er jedoch viel zu weit und auf allenfalls mittelbare Auswirkungen zurück.[1454] Dagegen führte *Mattern* ebenfalls zu § 396 RAO 1931 aus, daß die Vorschrift dem Schutze der Steuerhoheit des Staates diene.[1455] Zum geltenden Recht wird nunmehr vereinzelt vertreten, § 370 AO stelle allein die Zuwiderhandlung gegen steuerliche Gesetzesbefehle unter Strafe.[1456] Demgegenüber erblickt die h.M. das Rechtsgut des § 370 AO im öffentlichen Interesse am rechtzeitigen und vollständigen Aufkommen der einzelnen Steuern[1457]; teilweise wird dies um die Be-

1448 Bejahend etwa *Göggerle*, BB 1982, 1851, 1856; *Engelbert Hübner*, in: Hübschmann/Hepp/Spitaler[10] § 370 Rdnr.17b; *Meine*, S.57 Rdnr.12; wohl auch *BGHSt* 7, 336, 345 (zu § 396 RAO 1931); verneinend etwa *Buschmann/Luthmann*, S.11 (zu § 392 RAO 1968); *Hofmann*, in: Kühn/Hofmann[17] § 370 AO Anm.2a; *Schmalz*, S.50 (zu § 359 RAO 1919); *BGH*, BStBl. 1961 I S.495 (zu § 396 RAO 1931); wohl auch *Tiedemann*, JZ 1975, 185, 186 (zu § 392 RAO 1968).

1449 So offenbar *Meine*, wistra 1982, 129, 131.

1450 So *Kohlmann/Sandermann*, StuW 1974, 221, 231f., 232; wohl auch *Tiedemann*, JZ 1975, 185, 186; ders., Gutachten C, S.29f.

1451 So *Dannecker*, S.204; *Seer*, in: Tipke/Lang[16], S.975 Rdnr.21, S.980 Rdnr.39; wohl auch *Joecks*, in: Franzen/Gast/Joecks[4] § 370 Rdnr.45ff., 48 a.E., 51.

1452 Eingehende Übersicht hierzu bei *Suhr*, S.12ff.

1453 *Terstegen*, S.81.

1454 Ähnlich *Backes*, S.148; ablehnend ferner *Dannecker*, S.175; *Suhr*, S.25.

1455 *Mattern*, S.36; ders., JZ 1954, 255; zu Recht ablehnend *Backes*, S.148; *Engelbert Hübner*, in: Hübschmann/Hepp/Spitaler[10] § 370 Rdnr.9e, der zutreffend darauf hinweist, daß das Hoheitsrecht des Staates zur Steuer*gesetzgebung* [Hervorhebung im Original] von der Steuerhinterziehung nicht berührt wird.

1456 *Isensee*, NJW 1985, 1007, 1008 (schützt „allein die positivrechtliche Ordnung des Steuerrechts"); ähnlich *Kohlmann*, in: Kohlmann (Hrsg.), Strafverfolgung, S.5, 19, der auf der Jahrestagung der Deutschen Steuerjuristischen Gesellschaft am 30.9./1.10.1982 diesbezüglich sogar vertrat [anders nunmehr ders.[7], § 370 AO Rdnr.9ff.], daß § 370 AO überhaupt „nicht die Verletzung von Rechtsgütern [...] unter Strafe [stellt], sondern die Zuwiderhandlung gegen den steuerlichen Gesetzesbefehl [und damit] also nur die öffentliche Kasse [schützt]" [ablehnend *Engelbert Hübner*, in: Hübschmann/Hepp/Spitaler[10] § 370 Rdnr.9c, der dabei darauf hinweist, daß die vorgenannte Äußerung *Kohlmanns* im Rahmen eines Vortrags über ein weitergreifendes Thema gefallen sei, und wohl mehr beiläufiger Natur und „nicht auf die Goldwaage zu legen" sei.; *Suhr*, S.19ff.].

1457 So *Buschmann/Luthmann*, S.11; *Dietz*, in: Leise § 370 Rdnr.14; *Franzen*, in: Franzen/Gast/Samson/Joecks[3] Einleitung Rdnr.8; *Göggerle*, BB 1982, 1851, 1854, 1856; *Hofmann*, in: Kühn/Hofmann[17] § 370 AO Anm.1b; *Kohlmann*[7] § 370 AO Rdnr.9.4ff.; *Meine*, S.56f.; ders., wistra 1991, 127, 128 mit Fußn.11; *Schmidt-Hieber*, NJW 1980, 322, 324; *Seer*, in: Tipke/Lang[16], S.975

merkung ergänzt, daß damit das Vermögen des Steuergläubigers geschützt werde.[1458] Vereinzelt wird dabei auch vertreten, daß neben dem öffentlichen Interesse am vorgenannten Aufkommen der Steuern noch ein weiteres Rechtsgut geschützt sei: das Vermögen der ehrlichen Steuerschuldner.[1459] Und *Dannecker* nimmt an, daß nicht nur das Steueraufkommen durch § 370 AO geschützt werde, sondern auch das Besteuerungssystem selbst[1460] – verstanden als die Kombination und Ausgestaltung der verschiedenen Steuern, die in einem Staat erhoben werden[1461] –; denn das Besteuerungssystem sei immer mehr auch zu einem Instrument zur Lenkung der Wirtschafts- und Sozialpolitik geworden[1462] und bedürfe auch in dieser Funktion des Strafschutzes – ähnlich wie bei § 264 StGB auch der Institution der Subvention als wichtigem Instrument staatlicher Wirtschaftslenkung Rechtsgutscharakter beigemessen werde.[1463] Ganz anders sieht dagegen ein bedeutsamer Teil des Schrifttums das Rechtsgut der Steuerhinterziehung allein in der Mitwirkungspflicht des Steuerpflichtigen bei der Sachverhaltsaufklärung.[1464]

Die vorstehend skizzierten Differenzen über das Erfordernis eines Vermögensschadens bei § 370 AO, die Deliktsnatur und das Rechtsgut der Steuerhinterziehung stehen bei alledem nicht isoliert nebeneinander, sondern sind weitgehend miteinander verwoben.[1465] Diese Meinungsverschiedenheiten, die insgesamt schon als erheblich bezeichnet werden können, kommen allerdings nicht von ungefähr: sie beruhen maßgeblich auf § 370 IV 3 AO – einer Vorschrift, zu der ein Vorsitzender

---

Rdnr.20; *Suhr*, S.32; *BGH* vom 6.4.1955, 3 StR 511/54, in: Henneberg A, Stichwort „Rechtsgut, geschütztes", S.2 (zu § 396 RAO 1931); *BGH* vom 20.3.1979, 1 StR 677/78, Juris (insoweit nicht abgedruckt in StRK § 370 AO 1977 Nr.9); *BGHSt* 36, 100, 102; etwas enger *Tagungsberichte VII*, S.36ff., 41 („Sicherung des vollständigen Aufkommens der einzelnen Steuern"), wo freilich unter Verweis auf die Zweckbindung des Steueraufkommens in die Rechtsgutsbestimmung u.a. noch mitaufgenommen wird, daß die einzelnen Steueraufkommen für die Erfüllung der staatlichen, gesellschaftlichen und wirtschaftlichen Aufgaben unerläßlich seien; ganz ähnlich (Anspruch des Steuergläubigers auf den vollen Ertrag der jeweils tatbetroffenen inländischen oder § 370 VI AO unterfallenden Einzelsteuer): *Engelbert Hübner*, in: Hübschmann/Hepp/Spitaler[10] § 370 Rdnr.9, 9a; *Kohlmann/Sandermann*, StuW 1974, 221, 231; *Kretzschmar*, DStR 1982, 646, 647; i.E. auch *Backes*, S.150 („Äußerer Bestand der Ansprüche auf Entrichtung von Steuern, Zöllen und Eingangsabgaben") [ablehnend hierzu *Suhr*, S.25f.]; *Joecks*, in: Franzen/Gast/Joecks[4] § 370 Rdnr.14; i.E. übereinstimmend *J. Vogel*, Legitimationsprobleme, S.623, 967 („Schutz der Institution Steuer").

1458 *Göggerle*, BB 1982, 1851, 1854f.; *Engelbert Hübner*, in: Hübschmann/Hepp/Spitaler[10] § 370 Rdnr.9c i.V. mit Rdnr.9, 9a; *Joecks*, in: Franzen/Gast/Joecks[4] § 370 Rdnr.14; *Kohlmann*[7] § 370 AO Rdnr.9.7; *Kohlmann/Sandermann*, StuW 1974, 221, 231; *Suhr*, S.23; *Tagungsberichte VII*, S.38.

1459 *Seer*, in: Tipke/Lang[16], S.975 Rdnr.20.

1460 *Dannecker*, S.174ff., 176, 204; ablehnend hierzu *Engelbert Hübner*, in: Hübschmann/Hepp/Spitaler[10] § 370 Rdnr.9f; *Suhr*, S.27f.; *J. Vogel*, Legitimationsprobleme, S.624.

1461 *Dannecker*, S.147.

1462 *Dannecker*, S.144, 155f., 202.

1463 *Dannecker*, S.175f.; gegen eine Einbeziehung der Planungs- und Dispositionsfreiheit der öffentlichen Hand in das Rechsgut des § 370 AO allerdings *Backes*, S.151.

1464 *Ehlers*, FR 1976, 504, 505; *Tiedemann*, Gutachten C, S.72 m.w.N.; wohl auch ders., JZ 1975, 185, 186; siehe auch *Franzen*, in: Franzen/Gast/Samson[2] Einleitung Rdnr.8 a.E. [anders nunmehr ders., in: Franzen/Gast/Samson/Joecks[3] Einleitung Rdnr.8]; ablehnend *Suhr*, S.23.

1465 *Meine*, S.54f.

Richter einer großen Strafkammer immerhin in öffentlicher Verhandlung äußerte, er werde nicht zögern, diese Regelung nicht anzuwenden, weil sie seinem Empfinden von Gerechtigkeit widerspreche[1466], und die für *Engelhardt* „zu den am heißesten umstrittenen Vorschriften des Steuerstrafrechts" zählt.[1467]

Nach § 370 IV 3 AO sind die Voraussetzungen der Sätze 1 und 2 des § 370 IV AO „auch dann erfüllt, wenn die Steuer, auf die sich die Tat bezieht, aus anderen Gründen hätte ermäßigt oder der Steuervorteil aus anderen Gründen hätte beansprucht werden können."[1468] Bereits eine erste Betrachtung ergibt, daß dieses sog. Kompensationsverbot[1469] möglicherweise eine Bestrafung wegen Steuerhinterziehung auch dann eröffnet, wenn letztendlich überhaupt kein Steuerausfall eingetreten ist und rein wirtschaftlich betrachtet kein Vermögensschaden vorliegt. Von einem Teil des Schrifttums wird letzteres jedoch in Abrede gestellt und § 370 IV 3 AO eine rein deklaratorische Bedeutung beigemessen.[1470] Dabei wird angenommen, daß die Steuerhinterziehung mit der unrichtigen Festsetzung i.S. des § 370 IV 1 AO vollendet und beendet sei, und *darum*[1471] seien der Festsetzung nachgeschobene „andere" Ermäßigungsgründe für den Straftatbestand bedeutungslos; dies würde § 370 IV 3 AO zur Klarstellung ganz ausdrücklich bestätigen.[1472] Dagegen billigt die h.M. dem Kompensationsverbot eine eigenständige Bedeutung zu, wobei allerdings über die genaue Reichweite dieser Vorschrift keine Einigkeit besteht: Teilweise wird angenommen, daß der Anwendungsbereich des § 370 IV 3 AO auf diejenigen Fälle beschränkt sei, in denen dem Täter der Ermäßigungsgrund im Zeitpunkt der Tat nicht bewußt war. Alle ihm zu diesem Zeitpunkt bekannten, in der Steuererklärung aber nicht mitgeteilten Steuerermäßigungsgründe müßten dagegen Berücksichtigung finden – schließlich habe der Täter insoweit keinen Steuerverkürzungsvorsatz.[1473] Damit wird § 370 IV 3 AO also subjektiv interpretiert.[1474] Überwiegend wird jedoch im Schrifttum und in der Rechtsprechung des *BGH* in unter-

1466 Vgl. hierzu *Meine*, S.1f. Rdnr.3f.

1467 *Engelhardt*, in: Hübschmann/Hepp/Spitaler[10] § 370 Rdnr.17; anschaulich auch *Joecks*, in: Franzen/Gast/Joecks[4] § 370 Rdnr.64 („Inhalt und Sinn dieser Vorschrift sind dunkel und umstritten.").

1468 Zur Gesetzesgeschichte dieser Vorschrift (§ 359 III 2.Hs. RAO 1919; gleichlautend § 396 III 2.Hs. RAO 1931; gleichlautend § 392 III 2.Hs. RAO 1968; § 370 IV 3 AO 1977 mit leicht verändertem Wortlaut) *Meine*, S.4ff. (mit Abdruck der vorgenannten Vorschriften), 53; ders., wistra 1982, 129.

1469 Diese Bezeichnung ist üblich geworden (siehe nur *von Briel/Ehlscheid*, S.89 Rdnr.156; *Dietz*, in: Leise § 370 Rdnr.59; *Engelhardt*, in: Hübschmann/Hepp/Spitaler[10] § 370 Rdnr.17; *Göggerle*, BB 1982, 1851, 1853; *Hofmann*, in: Kühn/Hofmann[17] § 370 AO Anm.2a; *Joecks*, in: Franzen/Gast/Joecks[4] § 370 Rdnr.64; *Meine*, wistra 1991, 127; *Suhr*, S.141); zuvor wurde die Bezeichnung „Vorteilsausgleichsverbot" verwendet (siehe nur *Meine*, S.1 Rdnr.1; *BGH*, wistra 1985, 225).

1470 *Dietz*, in: Leise § 370 Rdnr.59 (Kompensationsverbot als „Ausfluß der Äquivalenztheorie"); *Engelbert Hübner*, in: Hübschmann/Hepp/Spitaler[10] § 370 Rdnr.17b (Bl.16/29f.), 17c (Bl.16/36).

1471 Hervorhebung im Original.

1472 *Engelbert Hübner*, in: Hübschmann/Hepp/Spitaler[10] § 370 Rdnr.17c (Bl.16/36).

1473 *Meine*, wistra 1982, 131, 133 i.V. mit 130; ders., S.76, 86; siehe zu § 396 III 2.Hs. RAO 1931 *RG*, JW 1933, 2396; *RGSt* 70, 3, 6.

1474 So ausdrücklich *Meine*, wistra 1982, 129f.; vgl. hierzu auch *Joecks*, in: Franzen/Gast/Joecks[4] § 370 Rdnr.65f.

schiedlichen Ausformungen auf objektive Abgrenzungskriterien abgestellt: So meint etwa *Suhr*, „andere Gründe" i.S. des § 370 IV 3 AO seien nur solche nicht erklärten Ermäßigungsgründe, bei denen die konkrete Gefahr besteht, daß sie vom Täter später zur weiteren Herabsetzung der Steuerschuld nachgetragen werden.[1475] Etwas weiter, aber dennoch einschränkend wird das Kompensationsverbot vom *BGH* gehandhabt: Ob und in welchem Umfang ein Nachteil entstanden ist, ermittelt der *BGH* grundsätzlich durch einen Vergleich zwischen der Steuer, die aufgrund der unwahren Angaben festgesetzt wurde, und der Steuer, die zu erheben gewesen wäre, wenn an Stelle der unrichtigen die der Wahrheit entsprechenden Angaben zugrundegelegt worden wären.[1476] Andere, den Täter begünstigende Umstände sind danach grundsätzlich nicht zu berücksichtigen.[1477] Allerdings verneint der *BGH* ein Eingreifen des § 370 IV 3 AO – und läßt damit eine Kompensation zu –, wenn die verschwiegenen steuermindernden Umstände mit den verschleierten steuererheblichen (erhöhenden) Tatsachen in einem „unmittelbaren wirtschaftlichen Zusammenhang stehen".[1478] [1479] [1480] Dieses Abstellen auf den „unmittelbaren wirtschaftlichen Zusammenhang" hat auch im Schrifttum zahlreiche Anhänger gefunden.[1481]

Im vorliegenden Zusammenhang kann freilich auf eine eingehende Auseinandersetzung mit und Stellungnahme zu den soeben skizzierten Problemkreisen verzichtet werden: schließlich ist § 263 StGB tatbestandlich ganz anders ausgestaltet als § 370 AO. Gerade weil § 263 StGB keine dem Kompensationsverbot entsprechende Bestimmung enthält, läßt sich aus § 370 IV 3 AO zumindest unmittelbar nichts für die Auslegung des Betrugstatbestands herleiten – gleichgültig wie der Tatbestand der Steuerhinterziehung im einzelnen handzuhaben ist. Erwägen könnte man allenfalls, daß sich mittelbar aus dem Kompensationsverbot etwas für die Auslegung des § 263 StGB ergibt. Hier könnte man im vorliegenden Zusammenhang daran denken, daß die Formalisierung des Schadens in § 370 IV 3 AO[1482] in irgendeiner Form mit der Zweckbindung des öffentlichen Vermögens zusammenhängt[1483]

1475 *Suhr*, S.146, 150.

1476 *BGHSt* 7, 336, 345; *BGH*, MDR 1976, 770, 771; *BGH*, wistra 1985, 163, 164.

1477 *BGH*, wistra 1985, 163, 164; vgl. hierzu auch *Joecks*, in: Franzen/Gast/Joecks[4] § 370 Rdnr.66.

1478 Siehe nur *BGH*, GA 1978, 307; *BGH*, wistra 1984, 183; *BGH*, wistra 1991, 27, 28. Aus dem Rahmen fällt allerdings *BGH*, JZ 1975, 183, 185, wo auf die „besondere Fallgestaltung" [kritisch hierzu *Tiedemann*, JZ 1975, 185, 186] und den Vorsatz des Täters abgehoben wird.

1479 Besonders hervorhebenswert ist, daß die Rechtsprechung dem Beweismittelbetrug vergleichbare Konstellationen bei § 370 AO unter Bezugnahme auf das Kompensationsverbot jedenfalls dann für strafbar erachtet, wenn das Ermessen der Finanzbehörde dadurch ausgeschlossen wird (*BGH*, MDR 1979, 772f. [ablehnend zu dieser Entscheidung *Meine*, S.43f.]; siehe auch *BGH*, BStBl. 1961 I S.495, 497; insoweit zustimmend *Tiedemann*, in: LK[11] § 264 Rdnr.84). I. E. kommt es damit insoweit also zu einer anderen Beurteilung als bei § 263 StGB.

1480 Übersicht zur BGH-Rechtsprechung zu § 370 IV 3 AO bei *Joecks*, in: Franzen/Gast/Joecks[4] § 370 Rdnr.68f.; *Meine*, S.21ff.

1481 *von Briel/Ehlscheid*, S.90; *Joecks*, in: Franzen/Gast/Joecks[4] § 370 Rdnr.74; *Samson*, in: Franzen/Gast/Samson/Joecks[3] § 370 Rdnr.46l.

1482 Vgl. hierzu *Tiedemann*, JZ 1975, 185, 186 (zu § 392 RAO 1968).

1483 Davon scheint *Tiedemann* auszugehen, wenn er zum einen ausführt, daß beim Schadensbegriff des § 392 RAO 1968 „weder stets ein Vermögensschaden im engeren Sinne erforderlich noch überhaupt auf das Vermögen des Geschädigten als Ganzes abzustellen ist" (JZ 1975, 185, 186) und dadurch auch die individuellen Verhältnisse der öffentlichen Haushaltswirtschaft aufgezeigt werden. Doch dem ist nicht so: Die Gesetzgebungsmaterialien zu der Vorläuferbestimmung des § 359 III RAO 1919 enthalten keine konkreten Ausführungen zum Kompensationsverbot[1484] und auch die Materialien zu § 370 IV 3 AO sind wenig aufschlußreich (Verweis auf bestehende Rechtsprechung).[1485] Ganz überwiegend wird heutzutage angenommen, daß § 370 IV 3 AO bzw. die Vorläuferbestimmungen geschaffen wurden, um zu vermeiden, daß der gesamte Steuerfall neu aufgerollt und der Steueranspruch auf seine Berechtigung hin in vollem Umfang überprüft werden muß.[1486] Anhaltspunkte dafür, daß durch die Vorschrift der Zweckbindung öffentlichen Vermögens Rechnung getragen werden soll, sind nicht ersichtlich. Von daher ergibt sich aus § 370 IV 3 AO nichts für eine schadensbegründende Relevanz von Zweckverfehlungen bei § 263 StGB.[1487]

Jedoch könnte man daran denken, aus der Strafbarkeit nach §§ 370 I Nr.2, 153 II AO (Nachträgliche Nichtaufklärung über den Wegfall der Voraussetzungen für eine Steuervergünstigung) und / oder aus der Strafbarkeit nach §§ 370 I Nr.2, 153 III AO (Nachträgliche Nichtaufklärung über die bestimmungswidrige Verwendung von Waren, für die eine Steuervergünstigung unter einer Bedingung gewährt worden ist) etwas für eine solch schadensbegründende Relevanz von Zweckverfehlungen im Bereich öffentlichen Vermögens herzuleiten: Man könnte erwägen, daß die Bestimmungen des § 153 II AO und des § 153 III AO wohl mit der Zweckbindung des öffentlichen Vermögens zusammenhängen, und daß es deshalb naheliegend sei, auch bei § 263 StGB der Zweckverfehlung bei öffentlichem Vermögen im Rahmen des Schadensbegriffs Rechnung zu tragen.[1488] Doch dieser Schluß ist nicht zwingend: sowohl eine Strafbarkeit nach §§ 370 I Nr.2, 153 II AO als auch nach

---

– und damit wohl einen wirtschaftlichen Vermögensschaden bei der Steuerhinterziehung für entbehrlich hält –, und zum anderen ausdrücklich erklärt, daß die Zweckbindung dem öffentlichen Vermögen eigen sei und dessen wirtschaftlichen Wert in den Hintergrund treten lasse, weshalb es naheliegen würde, den Strafschutz der Subventionspolitik in Parallele zu dem des Abgabenwesens zu gestalten (in: LK[11] § 264 Rdnr.5).

1484 Vgl. hierzu *Meine*, S.5 Rdnr.4, S.53 Rdnr.28.

1485 Vgl. hierzu *Meine*, S.9 Rdnr.11, S.53 Rdnr.28.

1486 Für die h.M. *Becker*[6] § 359 Anm.7; *Meine*, wistra 1982, 129, 134 m.w.N.; *OLG Hamburg*, NJW 1966, 843, 845; *OLG Karlsruhe*, wistra 1985, 163, 164 m.w.N.; wohl auch *Seer*, in: Tipke/Lang[16], S.980 Rdnr.38.

1487 So im Ergebnis auch *J. Vogel*, der innerhalb des Betrugsstrafrechts eine „System- und Strukturlinie" zwischen den Tatbeständen der §§ 263, 263a, 265a, 352, 353 StGB einerseits – als den Tatbeständen, die ausschließlich die individualnützliche Institution Vermögen schützen würden – und den Tatbeständen der §§ 264, 264a, 265, 265b StGB, 4 UWG, 370 AO, 399 AktG, 82 GmbHG, 331 HGB andererseits – als den Tatbeständen, die (auch) dem Schutz gemeinnütziger Institutionen mit wirtschaftlichem Bezug dienen würden – ziehen will (Legitimationsprobleme, S.958 i.V. mit S.960), und eine weitere „System- und Strukturlinie" zwischen dem Schutz des öffentlichen Vermögens im engen technischen Sinne durch § 263 StGB einerseits und dem Schutz der öffentlichen Haushalte, nämlich der Institutionen Steuer und Subvention durch §§ 370 AO, 264 StGB andererseits ziehen will (a.a.O., S.968, 958), und auf dieser Grundlage sodann strafrechtsdogmatische Rückwirkungen der Sondertatbestände auf § 263 StGB über „System- und Strukturlinien" hinweg ablehnt (a.a.O., S.959).

1488 In diesem Sinne wohl *Tiedemann*, NJW 1990, 2226, 2228; ders., Rivista 1991, 513, 519; ders., Rivista 1991, 535, 539 [siehe dazu bereits oben S.200 Fußn.1141].

§§ 370 I Nr.2, 153 III AO setzt *zusätzlich* voraus, daß der Täter durch die Tathandlung Steuern verkürzt oder für sich oder einen anderen nicht gerechtfertigte Steuervorteile erlangt. – Die Erfüllung dieser Voraussetzung folgt jedoch nicht schon aus der Verletzung der Anzeigepflicht aus § 153 II AO bzw. § 153 III AO.

Da auch ansonsten in § 370 AO keine weiteren Ansatzpunkte für den vorliegenden Zusammenhang ersichtlich sind, bleibt nach alledem festzuhalten, daß sich aus der tatbestandlichen Ausgestaltung der Steuerhinterziehung in § 370 AO nichts für eine schadensbegründende Relevanz von Zweckverfehlungen bei § 263 StGB ableiten läßt.

ee) Ausgestaltung des Subventionsbetrugs in § 264 StGB

Es fragt sich nun, ob sich insoweit aus § 264 StGB etwas für die Auslegung des § 263 StGB gewinnen läßt – schließlich erblickt die ganz h.M. das Rechtsgut des § 264 StGB (zumindest auch) in der öffentlichen Planungs- und Dispositionsfreiheit[1489] bzw. sieht die Institution der Subvention als wichtiges Instrument öffentlicher Wirtschaftslenkung und die mit dieser Lenkung verfolgten wirtschaftspolitischen Zwecke als geschützt an.[1490]

Vorliegend ist der Blick zunächst auf das Merkmal der Vorteilhaftigkeit[1491] zu richten. Obwohl ausdrücklich nur in § 264 I Nr.1 StGB genannt, ist dieses Merkmal auch auf § 264 I Nr.3 StGB i.d.F. des EGFinSchG [= § 264 I Nr.2 StGB a.F.][1492] sowie auf § 264 I Nr.4 StGB i.d.F. des EGFinSchG [= § 264 I Nr.3 StGB a.F.][1493] zu erstrecken; sinngemäß dürfte es wohl auch in § 264 I Nr.2 StGB i.d.F. des EGFinSchG hineinzulesen sein. Diskutiert wird das Merkmal vornehmlich im Rahmen des § 264 I Nr.1 StGB: Dabei besteht weitgehend Einigkeit darüber, daß dadurch solche Angaben aus dem Anwendungsbereich der Norm ausgeschieden werden, die für den Subventionsnehmer ungünstig[1494] oder indifferent[1495] sind; auch

---

1489 Für die h.M. *Kühl*, in: Lackner/Kühl[23] § 264 Rdnr.1; *Sonderausschuß*, 1. WiKG, BT-Drucks. 7/5291, S.3; *Tiedemann*, in: LK[11] § 264 Rdnr.11 m.w.N.; *OLG Karlsruhe*, NJW 1981, 1383; *OLG Hamburg*, NStZ 1984, 218.
Umstritten – und auch für § 823 II BGB bedeutsam [dazu *BGHZ* 106, 204, 206ff.] – ist, ob daneben auch das öffentliche Vermögen durch § 264 StGB geschützt wird (bejahend etwa *Kühl*, in: Lackner/Kühl[23] § 264 Rdnr.1; *Lenckner*, in: Schönke/Schröder[25] § 264 Rdnr.4; verneinend etwa *Tiedemann*, in: LK[11] § 264 Rdnr.14 a.E.). Vereinzelt (*Gössel*, BT 2, S.460 Rdnr.31 a.E.; *Hack*, S.73) wird freilich auch allein das Vermögen als durch § 264 StGB geschützt angesehen. Überblick zum Ganzen bei *Hack*, S.19ff. m.w.N.

1490 *Lenckner*, in: Schönke/Schröder[25] § 264 Rdnr.4 m.w.N.; *Tiedemann*, in: LK[11] § 264 Rdnr.11; anders *J. Vogel*, Legitimationsprobleme, S.630 („§ 264 StGB schützt unmittelbar die Institution Subvention, wie sich rechtlich konstituiert ist, nicht aber die dahinter stehenden Zwecke oder Ziele.").

1491 Siehe zur Entstehungsgeschichte dieses Merkmals *Schulz*, S.44f.; *Tenckhoff*, in: Bemmann-FS, S.465f.

1492 *Tiedemann*, in: LK[11] § 264 Rdnr.95 a.E.

1493 *Tiedemann*, in: LK[11] § 264 Rdnr.99 a.E. m.w.N.

1494 *Gössel*, BT 2, S.465 Rdnr.49; *Lenckner*, in: Schönke/Schröder[25] § 264 Rdnr.47; *Otto*, StrafR BT[5], S.289 Rdnr.19; *Samson/Günther*, in: SK[5] § 264 Rdnr.56; *Schmidt-Hieber*, NJW 1980, 322, 325; *Tiedemann*, in: LK[11] § 264 Rdnr.82; *BayObLGSt* 1989, 29, 32.

unzutreffende Tatsachenbehauptungen, durch die lediglich die Subventionierungschancen eines Mitbewerbers verschlechtert werden, werden darüber aus dem Tatbestand des § 264 I Nr.1 StGB ausgeklammert.[1496]

Zweifelhaft ist aber die Behandlung der Fälle, in denen die Unrichtigkeit oder Unvollständigkeit der Angaben im Ergebnis die Lage des Subventionsempfängers nicht verbessert, weil die Voraussetzungen für eine Subventionsgewährung aus einem anderen Grund gegeben sind. Diese Konstellation ähnelt der des Beweismittelbetrugs – es geht hier letztenendes um eine „lügenhafte Verbesserung der Beweislage"[1497] im Rahmen des § 264 StGB. Der *BGH* knüpft an die unrichtigen Angaben als solche an, meint, daß sich aus ihnen bereits die Gefahr einer Fehlleitung von Subventionen ergebe, und nimmt darauf gestützt an, daß der Anwendbarkeit des § 264 I Nr.1, II Nr.1 StGB nicht entgegenstehe, „daß ein anderer als der im Subventionsantrag wahrheitswidrig behauptete Sachverhalt einen Anspruch auf Subvention begründet".[1498] Die Behandlung der Kompensationsproblematik in § 370 IV 3 AO stellt der *BGH* dabei nicht in seine Überlegungen ein.[1499] Im Schrifttum hat diese Rechtsprechung nur vereinzelt Zustimmung erfahren[1500], ganz überwiegend wird sie abgelehnt.[1501] Die h.L. nimmt stattdessen an, daß falsche Angaben nicht „vorteilhaft" i.S. des § 264 I Nr.1 StGB seien, wenn und soweit aufgrund von anderen Tatsachen die Subventionsvoraussetzungen erfüllt sind.[1502] Hierfür wird vor allem angeführt, daß die Gefahr einer Fehlleitung öffentlicher Mittel, der mit § 264 StGB entgegengewirkt werden solle, in dieser Konstellation von

1495 *Lenckner*, in: Schönke/Schröder[25] § 264 Rdnr.47; *Otto*, StrafR BT[5], S.289 Rdnr.19; *Samson/Günther*, in: SK[5] § 264 Rdnr.56; *Schmidt-Hieber*, NJW 1980, 322, 325; *Tiedemann*, in: LK[11] § 264 Rdnr.82; *BayObLGSt* 1989, 29, 32.

1496 *Lenckner*, in: Schönke/Schröder[25] § 264 Rdnr.47; *Tiedemann*, in: LK[11] § 264 Rdnr.83 m.w.N. (Vorteilhaft ist „jede Angabe, die als Gesichtspunkt für die Gewährung oder das Belassen einer Subvention oder eines Subventionsvorteils positiv erheblich ist, also die Aussichten auf Bewilligung der Subvention verbessert".).

1497 *Tiedemann*, in: LK[11] § 264 Rdnr.84.

1498 *BGHSt* 36, 373, 374ff.; in diesem Sinne zuvor bereits *BGHSt* 34, 265, 267ff.; *BayObLGSt* 1989, 29, 32; auf einer anderen Linie lag dagegen noch *BGH*, wistra 1985, 150 [siehe unten S.257 Fußn.1502 a.E.].

1499 Dies verwundert *Tenckhoff*, in: Bemmann-FS, S.465, 473f., 474; siehe auch *Meine*, wistra 1988, 13, 14.

1500 *Achenbach*, JR 1988, 251, 253f.; *Gössel*, BT 2, S.466 Rdnr.50; *Otto*, JK (1991) § 264 StGB Nr.2; ders., StrafR BT[5], S.289 Rdnr.19 a.E.; siehe auch *Meine*, wistra 1988, 13, 14.

1501 Für die h.M. *Kühl*, in: Lackner/Kühl[23] § 264 Rdnr.18 a.E.; *Lenckner*, in: Schönke/Schröder[25] § 264 Rdnr.47; *Lüderssen*, wistra 1988, 43ff.; *Samson/Günther*, in: SK[5] § 264 Rdnr.57f.; *Tiedemann*, in: LK[11] § 264 Rdnr.84 („läuft auf einen strafrechtlichen Schutz der Wahrheit im Subventionsverfahren und damit des Subventionsverfahrens selbst hinaus").

1502 Für die h.L. *Hack*, S.106f.; *Lenckner*, in: Schönke/Schröder[25] § 264 Rdnr.47 m.w.N.; *Samson/Günther*, in: SK[5] § 264 Rdnr.57f., 58; *Schmidt-Hieber*, NJW 1980, 322, 325; *Schulz*, S.55, der allerdings das Merkmal der Vorteilhaftigkeit als objektive Strafbarkeitsbedingung begreifen will (a.a.O., S.74, 83 [kritisch hierzu *Tenckhoff*, in: Bemmann-FS, S.465, 480]); *Tenckhoff*, in: Bemmann-FS, S.465, 478; *Tiedemann*, in: LK[10] § 264 Rdnr.67; ebenso *OLG Karlsruhe*, NJW 1981, 1383f.; auf dieser Linie – jedoch nicht exakt dieselbe Konstellation betreffend – lag auch noch *BGH*, wistra 1985, 150f., wo angenommen wurde, daß unrichtige subventionserhebliche Angaben nicht wirtschaftlich vorteilhaft seien, wenn nach der ständigen Praxis der Vergabebehörden eine Besserstellung des Subventionsnehmers infolge der fehlerhaften Angaben nicht eintritt.

Anfang an nicht bestehe[1503]; gelegentlich wird auch eine Gleichbehandlung mit den Fällen des Beweismittelbetrugs bei § 263 StGB damit erstrebt.[1504] Desweiteren wird auf § 264 II Nr.1 StGB verwiesen, wo von einer „nicht gerechtfertigten Subvention" gesprochen wird – dies würde systemwidrig sein, wenn nach § 264 I Nr.1 StGB die auf eine im Ergebnis gerechtfertigte Subvention bezogene, aber folgenlose Täuschungshandlung strafbar wäre.[1505] Teilweise wird im Schrifttum auch vorgeschlagen, die Kompensationsfrage hier entsprechend § 370 IV 3 AO zu behandeln.[1506]

Im vorliegenden Zusammenhang kann eine vertiefte Auseinandersetzung mit den vorstehend aufgezeigten Ansichten sowie eine abschließende Stellungnahme zu diesem Problemkreis jedoch unterbleiben. Obwohl sowohl der *BGH* als auch die h.L. bei der Auslegung des Merkmals der „Vorteilhaftigkeit" den Gesichtspunkt der (Gefahr bzw. fehlenden Gefahr einer) Fehlleitung öffentlicher Mittel – wenn auch in ganz unterschiedlicher Weise – in ihre Überlegungen einstellen, läßt sich aus der Behandlung der „lügenhaften Verbesserung der Beweislage" bei § 264 StGB so oder so nichts für (und auch nichts gegen) eine schadensbegründende Relevanz von Zweckverfehlungen bei § 263 StGB für den Bereich öffentlichen Vermögens ableiten; ein solcher Schluß wird – soweit ersichtlich – auch nirgendwo gezogen. Vertreten wird lediglich, umgekehrt die strafrechtliche Beurteilung des Beweismittelbetrugs bei § 263 StGB für die Auslegung des Merkmals der Vorteilhaftigkeit bei § 264 StGB heranzuziehen.[1507] Wollte man hieran dann wiederum für die Auslegung des § 263 StGB anknüpfen, wäre dies insoweit zirkulär. Aber auch im übrigen läßt sich das Merkmal der Vorteilhaftigkeit für den vorliegenden Zusammenhang nicht nutzbar machen: denn § 263 StGB und § 264 StGB sind von den tatbestandlichen Erfordernissen zu unterschiedlich – schließlich verlangt § 264 I StGB anders als § 263 StGB nicht den Eintritt eines Vermögensschadens –, als daß sich aus ihm unmittelbar etwas für den Schadensbegriff bei § 263 StGB ableiten ließe.[1508] Zudem ist das Merkmal der Vorteilhaftigkeit für sich alleine auch nicht dazu geeignet, besondere individuelle Verhältnisse der öffentlichen Hand aufzuzeigen, die u.U. im Rahmen des persönlichen Schadenseinschlags bedeutsam sein könnten.

Unter dem letztgenannten Gesichtspunkt ist jedoch ein Blick auf die Strafbarkeit der nachträglichen Nichtaufklärung über den Wegfall der Subventionsvoraussetzungen und über die zweckwidrige Verwendung nach § 264 I Nr.3 StGB n.F. i.V. mit § 3 SubvG zu werfen: Zwar ist § 3 SubvG auf Subventionen, die nach EG-

1503 *Lenckner*, in: Schönke/Schröder[25] § 264 Rdnr.47; *Samson/Günther*, in: SK[5] § 264 Rdnr.58; *Schulz*, S.55; *Tenckhoff*, in: Bemmann-FS, S.465, 471f.; *Tiedemann*, in: LK[10] § 264 Rdnr.67; *OLG Karlsruhe*, NJW 1981, 1383.

1504 *Tenckhoff*, in: Bemmann-FS, S.465, 473; *OLG Karlsruhe*, NJW 1981, 1383, 1384.

1505 *Lenckner*, in: Schönke/Schröder[25] § 264 Rdnr.47; kritisch hierzu *Tenckhoff*, in: Bemmann-FS, S.465, 471.

1506 *Tiedemann*, in: LK[11] § 264 Rdnr.84.

1507 *Tenckhoff*, in: Bemmann-FS, S.465, 473.

1508 Ähnlich *J. Vogel*, Legitimationsprobleme, S.959.

Recht gewährt werden, nicht anwendbar[1509] – und auch die EG-VO Nr.2988/95 enthält keine vergleichbaren Offenbarungspflichten[1510] –, dennoch scheint *Tiedemann* die vorgenannte Strafbarkeit mitheranziehen zu wollen, um eine schadenskonstituierende Wirkung von Zweckverfehlungen im Bereich öffentlichen Vermögens bei § 263 StGB zu begründen – schließlich gehe es insoweit eindeutig (auch) um die Vereitelung der verfolgten Zwecke.[1511] Eine vergleichbare Überlegung ließe sich nun auch mit § 264 I Nr.2 StGB n.F. führen, wo die Verletzung einer Verwendungsbeschränkung in Anlehnung an § 3 II SubvG[1512] unmittelbar (auch für Subventionen nach EG-Recht[1513]) unter Strafe gestellt ist.

Auch wenn § 263 StGB vergleichbare Alternativen gerade nicht enthält, und sich die grundsätzliche Anwendbarkeit des § 263 StGB im Bereich öffentlichen Vermögens auch nicht nur auf die mißbräuchliche Inanspruchnahme von Subventionen beschränkt, lassen sich die vorstehend genannten Bestimmungen dennoch für den vorliegenden Zusammenhang tatsächlich nutzbar machen: schließlich zeigen sie auf, daß im Bereich des Subventionsmißbrauchs die Vereitelung der mit der Subventionierung verfolgten Zwecke von so zentraler Bedeutsamkeit ist, daß letztendlich ihr alleine eine rechtsgutsbeeinträchtigende – wenn auch im Rahmen des § 264 StGB nicht notwendig vermögensschädigende – Wirkung zugesprochen wird. Mit anderen Worten: Die Vereitelung der Zweckbindung als solche wird hier bereits als strafwürdig erachtet.[1514] Gerade die Erreichung dieses (normativ festgeschriebenen) Zwecks steht jedoch für den Vermögensträger im Vordergrund seines Vermögenseinsatzes. Damit wird letzterer in diesen Fällen für den Vermögensträger regelmäßig i.w.S. „unbrauchbar". – Für ein objektiv-individuelles Schadensverständnis ist dies ein Anknüpfungspunkt. § 264 I Nr.2 StGB n.F. sowie § 264 I Nr.3 StGB n.F. i.V. mit § 3 SubvG zeigen somit für § 263 StGB auf, daß dort bei den § 264 StGB unterfallenden Subventionen die Verfehlung des Zwecks i.S. der Zweckbindung in die Beurteilung der individuellen Verhältnisse des Vermögensträgers miteinzustellen ist.[1515] Hiergegen kann auch nicht vorgebracht werden, es werde damit verbote-

1509 *Fischer*, in: Tröndle/Fischer[49] § 264 Rdnr.1; *Lenckner*, in: Schönke/Schröder[25] § 264 Rdnr.53; *RegE EGFinSchG*, BR-Drucks. 267/98, S.6 = BT-Drucks. 13/10425, S.6 (zu § 3 II SubvG); *Tiedemann*, NJW 1990, 2226, 2228; ders., Rivista 1991, 513, 519; ders., Rivista 1991, 535, 539; ders., in: LK[11] § 264 Rdnr.8 m.w.N.; *Tröndle*[48] § 264 Rdnr.1, 19.

1510 *Tiedemann*, in: LK[11] § 264 Rdnr.93.

1511 *Tiedemann*, NJW 1990, 2226, 2228; ders., Rivista 1991, 513, 519; ders., Rivista 1991, 535, 539 (jeweils unter Bezugnahme auf seine vor Einfügung des § 264 StGB gemachten Ausführungen in ZStW 86 (1974), 897, 911f. [siehe hierzu bereits oben S.200 Fußn.1141]).

1512 *RegE EGFinSchG*, BR-Drucks. 267/98, S.6 = BT-Drucks. 13/10425, S.6.

1513 Vgl. *RegE EGFinSchG*, BR-Drucks. 267/98, S.6 = BT-Drucks. 13/10425, S.6.

1514 In Österreich lassen sich vergleichbare Überlegungen mit dem neugeschaffenen Tatbestand des Förderungsmißbrauchs – § 153b I ÖStGB („Wer eine ihm gewährte Förderung mißbräuchlich zu anderen Zwecken als zu jenen verwendet, zu denen sie gewährt wurde, ist mit [...] zu bestrafen.") [eingehend zu dieser Vorschrift *Marqués/Kert*, ÖJZ 1999, 213, 216ff.; *RegE ÖStÄG 1998*, XX. GP Nr.1230 der Beilagen, S.1, 18f.] – führen.

1515 Dagegen lehnt *J. Vogel*, Legitimationsprobleme, S.959 – im Hinblick auf die von ihm angenommenen System- und Strukturlinien innerhalb des Betrugsstrafrechts [hierzu oben S.254 Fußn.1487] – ab, aus § 264 StGB Schlüsse für die Vermögens- und Schadensdogmatik zu ziene Analogie zuungunsten des Täters betrieben: denn der Täter würde nicht aus einer entsprechenden Anwendung oder dem Rechtsgedanken der betreffenden Bestimmungen bestraft, sondern diese würden lediglich – und zwar betrugsspezifisch – zur Ausfüllung der individuellen Komponente des Schadensbegriffs hinzugezogen. Konsequenterweise ist das vorstehende Ergebnis dabei allerdings nicht nur auf die § 264 StGB unterfallenden Subventionen zu beschränken, sondern insgesamt auf öffentliches Vermögen zu erstrecken, soweit damit Zwecke i.S. einer Zweckbindung verfolgt werden.

ff) Anwendbarkeit der Figur des persönlichen Schadenseinschlags auf Rechtssubjekte, die keine natürlichen Personen sind?

In den bisherigen Ausführungen klang bereits an, daß in dieser Arbeit versucht werden soll, über die Figur des persönlichen Schadenseinschlags die Zweckverfehlung gegenüber zweckgebundenem Vermögen insgesamt – also nicht nur im Bereich wirtschaftlich ausgeglichener Geschäfte – zu erfassen. Es fragt sich allerdings, ob diese Figur auch bei Vermögensträgern, die keine natürlichen Personen sind, überhaupt zur Anwendung kommen kann. Dabei ist entgegen *BGHSt 43, 293, 298f.* zunächst festzuhalten, daß sich im Melkmaschinenfall, wie oben bereits erwähnt wurde[1516], keine konkreten Anhaltspunkte dafür finden, daß die dort niedergelegten Grundsätze allein für „private Vermögensinhaber“[1517] entwickelt waren. Auch die Rechtsprechung selbst hatte zuvor ohne Bedenken auch bei nichtnatürlichen Rechtssubjekten auf individuelle Verhältnisse zur Schadensbegründung abgestellt.[1518] Vor allem sind aber auch keine Ansatzpunkte dafür ersichtlich, daß die Figur des persönlichen Schadenseinschlags nur bei natürlichen Personen zur Anwendung kommen könnte. – Im Gegenteil: wenn ein Bauer mit 20 Kühen eine Melkmaschine für 200 Kühe erhält, ist diese für ihn (individuell betrachtet) nicht voll brauchbar. Kaufen sich zwei benachbarte Bauern mit jeweils 20 Kühen zusammen eine Melkmaschine, und erhalten eine Maschine für 400 Kühe, ist auch diese für die beiden Bauern allenfalls nur vermindert brauchbar. Schließen sich nun alle 50 Bauern eines Dorfes mit jeweils 20 Kühen zu einer „Melk-“Gesellschaft bürgerlichen Rechts zusammen, und erhält diese nicht, wie benötigt, eine Melkmaschine für 1000, sondern für 10.000 Kühe, kann auch für diese Melkmaschine letztlich nichts anderes gelten: für die besonderen Zwecke der Gesellschaft – nämlich die Zurverfügungstellung von Melkmöglichkeiten allein für die Gesellschafter – ist auch diese Maschine nicht voll brauchbar. Wählen die 50 Dorfbauern statt der Rechtsform einer Gesellschaft bürgerlichen Rechts die einer GmbH, kann sich die Beurteilung aber kaum ändern. Wenn damit aber die Figur des persönlichen Schadenseinschlags auch bei juristischen Personen zur Anwendung kommen könnte, ist

---

hen; zur Frage der Berücksichtigung im Rahmen der Beurteilung der individuellen Verhältnisse des Vermögensträgers äußert er sich insoweit allerdings nicht ausdrücklich.

1516 Siehe oben S.180.

1517 *BGHSt* 43, 293, 298.

1518 Siehe nur *RG*, DRiZ Rspr. 1934, Nr.112 Sp.108, 109; *RG* vom 20.6.1935, 3 D 283/55, S.6; *RG*, JW 1936, 262 Nr.25; *OLG Hamm*, NStZ 1986, 119, 120.

nicht ersichtlich, warum dies nicht auch bei öffentlichem Vermögen möglich sein sollte. Desweiteren ist zu berücksichtigen, daß man beim Schaden mit zweierlei Maß messen würde, wenn man die grundsätzliche Anwendbarkeit – nicht das Eingreifen – dieser Figur auch auf nichtnatürliche Vermögensträger von vornherein verneinen würde. Gewisse Zweifel gegen die Figur des persönlichen Schadenseinschlags auch in diesem Bereich mag man allenfalls unter dem Gesichtspunkt hegen, ob – und ggf. wie – sich dort „individuelle" Verhältnisse überhaupt festmachen lassen. Doch auch diese Bedenken sind unbegründet: denn die individuellen Verhältnisse und Bedürfnisse ergeben sich dort doch weitgehend aus den (etwa in einem Haushaltsplan, einem Register oder in einem öffentlich beurkundeten Gesellschaftsvertrag) festgeschriebenen Zwecken, Zielen und ggf. auch Ansätzen.[1519] Ein sachlicher Beurteiler wird die individuelle Verwendbarkeit einer Leistung damit dort sogar häufig leichter feststellen können als bei einem Bauern, der eine Melkmaschine erhält! Selbst wenn man es nicht für sachgerecht halten würde, bei Rechtssubjekten, die keine natürlichen Personen sind, von einem *persönlichen* Schadenseinschlag zu sprechen, steht nach alledem dennoch fest, daß die Kriterien des persönlichen Schadenseinschlags auch auf solche Rechtssubjekte Anwendung finden können. Von daher ist diese Figur also auch im Bereich öffentlichen Vermögens anwendbar.[1520] Zu klären bleibt freilich, ob – und ggf. wie – sich diese Figur auch für den vorliegenden Zusammenhang nutzbar machen läßt.

b) Zweckverfehlung bei zweckgebundenem Vermögen als Vermögensschaden i.S. des § 263 StGB

aa) Wirtschaftlich ausgeglichene Geschäfte

Verhältnismäßig einfach stellt sich die Lage bei objektiv ausgeglichenen Geschäften dar. Dort begründet die Verfehlung des festgeschriebenen Zwecks bei zweckgebundenem Vermögen einen Schaden in Form des persönlichen Schadenseinschlags. Zwar ist an dieser Stelle in Erinnerung zu rufen, daß die Problematik der Zweckverfehlung (sowohl im Bereich objektiv ausgeglichener als auch erst recht im Bereich unausgeglichener Geschäfte) an sich als ein gegenüber dem persönlichen Schadenseinschlag eigenständiger Problemkreis zu begreifen ist[1521]; unabhängig davon greift aber – ohne daß es irgendwelcher Anleihen bei „der" Zweckverfehlungslehre bedarf – bei zweckgebundenem Vermögen im Falle einer Zweckverfehlung die Fallgruppe „a" des Melkmaschinenfalls grundsätzlich ein: denn der Vermögensträger kann die angebotene Leistung in diesem Fall nicht zu dem vertraglich

1519 In diesem Sinne *Molketin*, NStZ 1987, 369, 370; *Neye*, S.67f.; ders., NStZ 1981, 369, 371; siehe dazu auch *Wolf* (1997), S.102f.; ders. (1998), S.91; ansatzweise auch *LG Potsdam* vom 23.7.1999, 25 KLs 23/97, S.99f. (nicht rechtskräftig) [Seitenzählung bei zum Zwecke der Anonymisierung abgekürzten Personennamen].

1520 So i.E. etwa auch *Gössel*, BT 2, S.491 Rdnr.7; *Hillenkamp*, in: Wessels/Hillenkamp, BT 2[22], S.297 Rdnr.777; *Jordan*, JR (im Erscheinen), 38. Abs., *Molketin*, NStZ 1987, 369, 370; *Neye*, S.67f.; ders., NStZ 1981, 369, 371; *Schünemann*, in: LK[11] § 266 Rdnr.143; *J. Vogel*, Legitimationsprobleme, S.536.

1521 Siehe oben S.123.

vorausgesetzten Zweck und – da das Vermögen gerade zweckgebunden ist – regelmäßig auch nicht in anderer zumutbarer Weise verwenden.[1522] Kauft beispielsweise ein eingetragener Verein, der einzig und allein zu dem Zweck gegründet wurde, die ostdeutsche Landwirtschaft zu unterstützen, in Verfolgung dieses Zwecks thüringische Äpfel zum marktüblichen Preis an, bekommt jedoch statt diesen qualitätsgleiche Äpfel aus Sachsen geliefert, die den gezahlten Preis auch wert sind, liegt kein Schaden vor. Werden dagegen qualitätsgleiche Äpfel aus Hessen geliefert, die den gezahlten Preis ebenfalls wert sind, wird der Vereinszweck verfehlt, und individuell betrachtet liegt für den Verein ein Minderwert vor. Im Gegensatz zu bloß zweckbestimmtem Vermögen handelt es sich dabei nicht um ein bloßes Affektionsinteresse; schließlich werden die individuellen Verhältnisse durch die Zweckbindung gerade konstituiert und die Organe des Vereins sind auch dazu verpflichtet, bei der Geschäftsführung die Satzung und den dort festgeschriebenen Vereinszweck zu beachten.[1523] Daß aber eine Leistung, die vom Berechtigten nicht verwendet werden darf, für diesen nicht den vollen Wert hat[1524], dürfte kaum bezweifelt werden. Allerdings bedarf es nicht einmal notwendig des letztgenannten Gesichtspunkts, um im Bereich zweckgebundenen Vermögens bei der Zweckverfehlung einen Vermögensschaden zu begründen, denn der Schaden ergibt sich bei einer individualisierenden Betrachtungsweise ohne weiteres auch so. Daß die Verfolgung des festgeschriebenen Zwecks bei zweckgebundenem Vermögen in die Beurteilung der individuellen Verhältnisse des Vermögensträgers miteinzustellen ist, findet für den Bereich öffentlichen Vermögens sogar auch – wie oben bereits näher ausgeführt wurde[1525] – eine besondere Stütze in § 264 I Nr.2 StGB n.F. sowie in § 264 I Nr.3 StGB n.F. i.V. mit § 3 SubvG.

Zweifelhaft könnte im vorliegenden Zusammenhang allenfalls sein, ob tatsächlich bei allen Erscheinungsformen zweckgebundenen Vermögens ein Eingreifen der Figur des persönlichen Schadenseinschlags im Zweckverfehlungsfalle bejaht werden kann – gewisse Bedenken könnten möglicherweise dahingehend bestehen, ob die Anforderungen der Gruppe „c“ (Festschreibung des Zwecks durch öffentliche Beurkundung eines verbandskonstituierenden oder -ändernden Organisationsvertrags) hierfür als ausreichend zu erachten sind. Dazu ist folgendes zu sagen: Die Anwendung der Figur des persönlichen Schadenseinschlags hat zunächst zur Voraussetzung, daß die „individuellen“ Verhältnisse deutlich ersichtlich sind – das ist bei einem öffentlich beurkundeten Vertrag der Fall. Desweiteren bekommt der betreffende Verband durch die Festschreibung des Zwecks auch ein „Gepräge“ i.S. dieses Zweckes. Bedenken könnte man allenfalls dahingehend haben, ob sich die individuellen Verhältnisse dort durch eine Änderung des Organisationsvertrags allzu

1522 Selbst wenn man die Voraussetzungen der hier in Anspruch genommenen Fallgruppe „a“ des Melkmaschinenfalls nicht als erfüllt ansehen würde, müßte man gleichwohl einen Schaden im Hinblick auf den persönlichen Schadenseinschlag regelmäßig bejahen, da die von *BGHSt* 16, 321 aufgestellten Fallgruppen nicht abschließend sind, und „besondere Umstände“ jedenfalls in der Zweckgebundenheit des Vermögens zu erblicken wären.

1523 Siehe dazu auch *K. Winkler*, NJW 1970, 449, 452.

1524 So etwa *Gössel*, BT 2, S.382f. Rdnr.157 m.w.N.

1525 Siehe oben S.258.

leicht ändern lassen. Dazu ist zunächst zu bemerken, daß auch im Bereich der öffentlichen Haushalte die individuellen Verhältnisse nicht generell unveränderbar sind – selbst wenn ein Zweck durch ein Gesetz festgeschrieben wurde, kann er dennoch durch ein neues Gesetz abgeändert oder aufgehoben werden. Daß sich die individuellen Verhältnisse des Vermögensträgers irgendwann einmal ändern können, steht aber der Anwendung der Figur des persönlichen Schadenseinschlags nicht notwendig entgegen, schließlich können sich die individuellen Verhältnisse auch bei dem Bauern, der eine für ihn nicht in vollem Umfang verwendbare Melkmaschine erhält, irgendwann verändern. Das Erfordernis einer öffentlichen Beurkundung des Organisationsvertrags führt darüber hinaus nun dazu, daß der Zweck keineswegs so schnell abänderbar und beliebig ist, wie in den klassischen Fällen des Bettelbetrugs; zudem muß der Vermögensträger dort für die öffentliche Beurkundung des Zwecks sogar selbst Vermögenswerte aufwenden. Damit bleibt aber festzuhalten, daß auch bei dieser Erscheinungsform zweckgebundenen Vermögens die Figur des persönlichen Schadenseinschlags eingreifen kann.[1526]

Gegen den vorstehenden Lösungsvorschlag läßt sich auch nicht einwenden, er laufe auf den Schutz der bloßen Dispositionsfreiheit hinaus: denn durch das Rekurrieren auf die insoweit dogmatisch gesicherte Figur des persönlichen Schadenseinschlags ist sichergestellt, daß hier ein „echter“ Vermögensschaden vorliegt – bei einem zweckgebundenen Vermögen begründet die Verfehlung des festgeschriebenen Zwecks über diese Figur einen individuellen Minderwert für den Vermögensinhaber. Dies ist hier – Schutz des Vermögens – der entscheidende Gesichtspunkt. Daß faktisch zusätzlich auch den Zwecksetzungen und der Dispositionsfreiheit Strafschutz zuteil wird, soll nicht bestritten werden, ist aber unbedenklich, da es sich hierbei lediglich um bloße Schutzreflexwirkungen handelt. Ferner ist darauf hinzuweisen, daß auch im Hinblick auf das Merkmal der Stoffgleichheit keine Bedenken gegen die vorstehende Lösung bestehen: denn dieses Merkmal ist – gerade auch im Hinblick auf die Fälle des persönlichen Schadenseinschlags – bereits dann erfüllt, wenn Vorteil und Schaden auf derselben Vermögensverfügung beruhen und der Vorteil zu Lasten des geschädigten Vermögens geht[1527]; eine strenge „stoffliche“ Identität ist nicht erforderlich.

Nach alledem bleibt festzuhalten, daß bei einem zweckgebundenen Vermögen die Verfehlung des festgeschriebenen Zwecks im Bereich objektiv ausgeglichener Geschäfte i.d.R. zu einem betrugsrelevanten Vermögensschaden führt. Der Annahme eines wesensmäßigen Unterschieds zwischen zweckgebundenem und nichtzweck-

---

1526 Ob sich „unterhalb“ des in dieser Untersuchung zugrundegelegten Begriffs des zweckgebundenen Vermögens, aber „oberhalb“ der klassischen Bettelbetrugsfälle (etwa bei einer bloß schriftlichen Fixierung eines verbandskonstituierenden Organisationsvertrags) ein Eingreifen der Figur des persönlichen Schadenseinschlags im Zweckverfehlungsfalle ergeben könnte, kann im Hinblick auf den vorliegenden Untersuchungsgegenstand – Schutz öffentlichen Vermögens – dahingestellt bleiben.

1527 *Cramer*, in: Schönke/Schröder[25] § 263 Rdnr.168; *Kühl*, in: Lackner/Kühl[23] § 263 Rdnr.59; *Lackner*, in: LK[10] § 263 Rdnr.274; *Tiedemann*, in: LK[11] § 263 Rdnr.260; *BGHSt* 34, 379, 391; siehe auch *Fischer*, in: Tröndle/Fischer[49] § 263 Rdnr.39; *Samson/Günther*, in: SK[5] § 263 Rdnr.190.

gebundenem Vermögen bedarf es dazu nicht, da sich das vorstehende Ergebnis unmittelbar aus einer Anwendung der Grundsätze des persönlichen Schadenseinschlags ergibt.

bb) Wirtschaftlich unausgeglichene Geschäfte

Nur auf den ersten Blick gestaltet sich die Beurteilung der Problematik im Bereich wirtschaftlich unausgeglichener Geschäfte schwieriger, und zwar dies deshalb, weil dort nicht unmittelbar auf die Figur des persönlichen Schadenseinschlags abgestellt werden kann, da diese das Vorliegen eines wirtschaftlich ausgeglichenen Geschäfts zur Voraussetzung hat. Dennoch muß auch in dieser Konstellation ein betrugsrelevanter Schaden gegeben sein: denn wenn bei einem zweckgebundenen Vermögen die Verfehlung des festgeschriebenen Zwecks sogar im Bereich objektiv ausgeglichener Geschäfte einen Schaden begründet, muß dies erst recht bei Vorliegen eines unausgeglichenen Geschäfts der Fall sein – schließlich erhält der Vermögensinhaber dort noch weniger. Diese ausgesprochen einfache Überlegung mag zwar gewöhnungsbedürftig erscheinen – schließlich wird auf der Grundlage des objektiv-individuellen Schadensbegriffs herkömmlicherweise (genau umgekehrt) zunächst untersucht, ob Zweckverfehlungen im Bereich wirtschaftlich unausgeglichener Geschäfte schadenskonstituierend sind, und erst wenn dies bejaht wird, wird überlegt, ob das Ergebnis auch auf ausgeglichene Geschäfte zu erstrecken ist –, doch an der Plausibilität dieser Überlegung und daran, daß sie zwingend ist, ändert dies nichts. Wird der zum Zwecke der Förderung der ostdeutschen Landwirtschaft gegründete eingetragene Verein bereits betrugsrelevant geschädigt, wenn er in Verfolgung dieses Zwecks bei einem vermeintlich thüringischen Bauern thüringische Äpfel zum marktüblichen Preis ankauft, aber in Wahrheit von einem hessischen Bauern qualitäts- und wertgleiche hessische Äpfel erhält, muß dieser Verein erst recht einen betrugsrelevanten Vermögensschaden erleiden, wenn er – ohne Äpfel anzukaufen – in Verfolgung des Vereinszwecks einen thüringischen Landwirt direkt mit einer Geldspende unterstützen will, das Geld aber einem hessischen Bauern zufließt, denn dann erhält der Verein nicht einmal hessische Äpfel.

Im Ergebnis kann in dieser Konstellation auch nicht das Kriterium der unbewußten Selbstschädigung einer Strafbarkeit entgegenstehen. Ob man annehmen will, daß im Bereich objektiv ausgeglichener Geschäfte dem Leistenden der individuelle Minderwert der Gegenleistung verborgen bleibt, er sich dort also insoweit unbewußt selbst schädigt, und gleiches deshalb auch beim Vorliegen eines unausgeglichenen Geschäfts der Fall sein müsse – obwohl sich von einem individuellen Minderwert der Gegenleistung zumindest dort kaum sprechen läßt, wo es überhaupt keine Gegenleistung gibt und auch von vornherein nicht geben sollte –, oder ob man stattdessen zwischen betrugsausschließenden und nichtbetrugsausschließenden Formen bewußter Selbstschädigungen unterscheiden sollte, und in der vorliegenden Konstellation eine letztere annehmen würde, sei hier dahingestellt. Aufgrund des Erst-recht-Schlusses muß es im Ergebnis jedenfalls so sein, daß das Erfordernis einer unbewußten Selbstschädigung der Erfüllung des objektiven Tatbestands hier nicht entgegensteht. Aus diesem Erst-recht-Schluß folgt darüber hinaus, daß die

Annahme eines betrugsrelevanten Schadens bei der Verfehlung des festgeschriebenen Zwecks im Bereich zweckgebundenen Vermögens auch nicht auf den Schutz der bloßen Dispositionsfreiheit hinausläuft.

Zusammenfassend bleibt damit festzuhalten, daß im Bereich zweckgebundenen Vermögens die Verfehlung des festgeschriebenen Zwecks sowohl bei Vorliegen eines objektiv ausgeglichenen als auch eines unausgeglichenen Geschäfts zumindest grundsätzlich zu einem betrugsrelevanten Vermögensschaden führt. Ob das betreffende Geschäft ausgeglichen oder unausgeglichen ist, kann also insoweit im Einzelfall auch offenbleiben. Der Annahme eines wesensmäßigen Unterschieds zwischen zweckgebundenem und nichtzweckgebundenem Vermögen bedarf es bei alledem nicht.

c) Zweckverfehlungsproblematik bei öffentlichem Vermögen im Rahmen des § 263 StGB

Im Bereich öffentlichen Vermögens greifen die obigen Erwägungen und Grundsätze fast durchgehend ein. Eine Ausnahme bilden lediglich diejenigen Mittel, die ohne nähere Angabe des Verwendungszwecks für Ausgaben veranschlagt und damit nicht zweckgebunden sind. Wird eine Leistung aus solchen Mitteln erbracht und der damit verfolgte Zweck verfehlt, ist die Zweckverfehlung genauso zu beurteilen wie auch sonst bei bloß zweckbestimmtem Vermögen.[1528] Insoweit kann ein Vermögensschaden bei einem wirtschaftlich ausgeglichenen Geschäft also nicht angenommen werden; auch im Bereich unausgeglichener Geschäfte erscheint eine Strafbarkeit – wie oben bereits ausgeführt wurde[1529] – zweifelhaft, auch wenn an dieser Stelle insoweit nicht abschließend Stellung zu nehmen ist. Auch mit *Tiedemanns* Figur des Wesens der öffentlichen Haushalte läßt sich in diesen Fällen eine Betrugsstrafbarkeit nicht begründen, da diese Figur maßgeblich auf der Zweckbindung des Vermögens fußt, es an einer solchen Zweckbindung hier aber gerade fehlt.

Soweit dagegen öffentliches Vermögen – wie dies regelmäßig so ist – an spezifische Zwecke gebunden ist, handelt es sich zunächst einmal um einen ganz normalen Fall der Zweckverfehlungsproblematik im Bereich zweckgebundenen Vermögens, so daß die obigen Ausführungen zur Beurteilung dieser Problematik einschlägig sind: Wird bei einer Leistung aus öffentlichen Mitteln der festgeschriebene Zweck verfehlt, liegt von daher grundsätzlich ein betrugsrelevanter – d.h. auch das Kriterium der unbewußten Selbstschädigung steht hier einer Strafbarkeit nicht entgegen – Vermögensschaden vor; dies gilt sowohl für wirtschaftlich ausgeglichene als auch für unausgeglichene Geschäfte. Der Annahme eines wesensmäßigen Unterschieds zwischen öffentlichem und privatem Vermögen bedarf es dazu nicht. Bei den vorliegenden Schäden handelt es sich um „echte“, individuelle Vermögens-

---

1528 Gibt etwa der Bundeskanzler aus den ihm zustehenden Verfügungsmitteln vor laufenden Kameras ein Almosen an einen nur vermeintlich bedürftigen Bettler, richtet sich die strafrechtliche Beurteilung der Zweckverfehlung allein nach den für den Bettelbetrug geltenden Grundsätzen.

1529 Siehe oben S.146.

schäden – dies folgt aus dem Eingreifen der Figur des persönlichen Schadenseinschlags im Bereich objektiv ausgeglichener Geschäfte –, so daß die Annahme eines Betrugs hier auch nicht auf den Schutz der bloßen Dispositionsfreiheit hinausläuft. Zumindest im Kern ist damit also im Bereich zweckgebundenen öffentlichen Vermögens eine umfassende Erfassung von Zweckverfehlungen (i.S. der festgeschriebenen Zwecke) als Vermögensschaden – und damit insoweit also auch der mißbräuchlichen Inanspruchnahme von Subventionen – möglich.

Zweifelhaft ist allerdings, ob dem ausnahmslos so ist: Hier erscheinen diejenigen Fälle fraglich, in denen zwar eine Verfehlung des mit der Leistung verfolgten Zwecks vorliegt, der Täter aber gleichwohl die formalen Vergabevoraussetzungen für die betreffende Leistung durch einen Mißbrauch von Gestaltungsmöglichkeiten erfüllt. Von solchen Umgehungen sind zunächst Scheinhandlungen und Scheingeschäfte abzugrenzen, die dadurch gekennzeichnet sind, daß sie nicht ernstlich gewollt sind[1530], und als Ausdruck eines allgemeinen Rechtsgedankens (auch im EG-rechtlichen Bereich) bereits von vornherein rechtlich unerheblich sind.[1531] Bei Umgehungsgeschäften und Umgehungshandlungen macht der Täter nun jedoch (ernsthaft gewollt) genau das, was von ihm formal verlangt wird – und mehr kann man auch nicht von ihm verlangen. Soweit sich Fälle von Umgehungen nicht bereits durch eine die Wortlautgrenze beachtende – und häufig weiterhelfende[1532] – Auslegung (normativer) Merkmale erfassen lassen, ist ihre grundsätzliche Straflosigkeit in Art.103 II GG verankert.[1533] Da die Erfassung von Umgehungen strukturell eine Analogie darstellt[1534], ist daher insoweit für eine Strafbarkeit nur Raum, wenn ausdrückliche Umgehungsklauseln nach Art des § 4 II SubvG[1535] zur Anwendung kommen.[1536]

1530 *Tiedemann*, in: LK[11] § 264 Rdnr.105f.; *J. Vogel*, in: Schünemann/Suárez González (Hrsg.), Madrid-Symposium, S.151, 159 m.w.N.

1531 *Tiedemann*, in: LK[11] § 264 Rdnr.103 m.w.N. – § 4 I SubvG hat daher bloß deklaratorischen Charakter (*Tiedemann*, ebenda; *J. Vogel*, in: Schünemann/Suárez González (Hrsg.), Madrid-Symposium, S.151, 161).

1532 *Tiedemann*, in: LK[11] § 264 Rdnr.109; *J. Vogel*, in: Schünemann/Suárez González (Hrsg.), Madrid-Symposium, S.151, 167f. mit eingehenden Ausführungen zu den Grenzen einer solchen Auslegung; *T. Walter*, S.550f.; vgl. zur Rechtsprechung in diesem Bereich auch *Reisner*, S.126.

1533 *Tiedemann*, ZStW 86 (1974), 897, 915; ders., Wirtschaftsstrafrecht 2, S.102; ders., NJW 1980, 1557, 1559f.; *J. Vogel*, in: Schünemann/Suárez González (Hrsg.), Madrid-Symposium, S.151, 167; ders., Legitimationsprobleme, S.525.

1534 *Tiedemann*, NJW 1993, 23, 28; ders., in: LK[11] § 264 Rdnr.109; *J. Vogel*, in: Schünemann/Suárez González (Hrsg.), Madrid-Symposium, S.151, 167.

1535 *§ 4 II SubvG* lautet:
„Die Bewilligung oder Gewährung einer Subvention oder eines Subventionsvorteils ist ausgeschlossen, wenn im Zusammenhang mit einer beantragten Subvention ein Rechtsgeschäft oder eine Handlung unter Mißbrauch von Gestaltungsmöglichkeiten vorgenommen wird. Ein Mißbrauch liegt vor, wenn jemand eine den gegebenen Tatsachen und Verhältnissen unangemessene Gestaltungsmöglichkeit benutzt, um eine Subvention oder einen Subventionsvorteil für sich oder einen anderen in Anspruch zu nehmen oder zu nutzen, obwohl dies dem Subventionszweck widerspricht. Dies ist namentlich dann anzunehmen, wenn die förmlichen Voraussetzungen einer Subvention oder eines Subventionsvorteils in einer dem Subventionszweck widersprechenden Weise künstlich geschaffen werden."

Zu klären bleibt, wie diejenigen Fälle zu beurteilen sind, in denen im Bereich zweckgebundenen Vermögens der mit einer Leistung verfolgte (festgeschriebene) Zweck zwar erreicht wird, jedoch solche – „formellen“ – Vergabevoraussetzungen der Leistung nicht erfüllt sind, die lediglich der Verwaltungserleichterung und / oder Beweissicherung dienen. Eindeutig kein Schaden liegt in dieser Konstellation bei objektiv ausgeglichenen Geschäften vor, denn dort ist weder ein wirtschaftlicher Wertverlust gegeben noch ein individueller: da der Zweck erreicht wird, liegt ja gerade keine Zweckverfehlung vor, und mit einem Verstoß bloß gegen „formelle“ Vorschriften läßt sich ein individueller Minderwert in Form des „materiellen“ persönlichen Schadenseinschlags auch nicht begründen. Da nun aber aufgrund der Zweckerreichung die erlangte Leistung bei wirtschaftlich ausgeglichenen Geschäften nicht individuell minderwertig ist, läßt sich somit nun auch für den Bereich der objektiv unausgeglichenen Geschäfte zumindest mit dem oben aufgezeigten[1537] Erst-recht-Schluß (von ausgeglichenen zu unausgeglichenen Geschäften) bei Vorliegen einer materiellen Zweckerreichung ein betrugsrelevanter – also mit dem Kriterium der unbewußten Selbstschädigung in Einklang stehender – Vermögensschaden nicht begründen. Unabhängig davon scheidet in dieser Konstellation aber eine Strafbarkeit im Ergebnis jedenfalls schon deshalb aus, weil von vornherein nur die Verletzung der realen Güterverteilung unter Berücksichtigung der individuellen Verhältnisse kriminell strafwürdig erscheint; die Beeinträchtigung der Vorberei-

---

Die Vorschrift des § 4 II SubvG gilt nur für Leistungen, die Subventionen i.S. des § 264 StGB sind (§ 1 I SubvG); handelt es sich dabei um Leistungen nach Landesrecht, gilt sie nur, wenn auch das Landesrecht dies bestimmt [Übersicht dazu bei *Tiedemann*, in: LK[11] § 264 Rdnr.103] (§ 1 II SubvG). Zur Frage der Anwendbarkeit bei fehlender Anordnung durch den Landesgesetzgeber *Tiedemann*, in: LK[11] § 264 Rdnr.110. Wegen des Vorrangs des Europarechts gilt § 4 II SubvG für EG-Subventionen nicht (*Lührs*, wistra 1999, 89, 94; *Tiedemann*, in: LK[11] § 264 Rdnr.8), und zwar auch nicht als Ausdruck eines allgemeinen Rechtsgedankens (*Tiedemann*, in: LK[11] § 264 Rdnr.110 m.w.N.). Für den Bereich der EG- und Euratomsubventionen ist allerdings auf Art.4 III EG-VO Nr.2988/95 hinzuweisen, der nach Art.1 I EG-VO Nr.2988/95 als Teil einer Rahmenlegung für verwaltungsrechtliche Maßnahmen und Sanktionen bei Unregelmäßigkeiten in bezug auf das Gemeinschaftsrecht gilt und wie folgt lautet: „Handlungen, die nachgewiesenermaßen die Erlangung eines Vorteils, der den Zielsetzungen der einschlägigen Gemeinschaftsvorschriften zuwiderläuft, zum Ziel haben, indem künstlich die Voraussetzungen für die Erlangung dieses Vorteils geschaffen werden, haben zur Folge, daß der betreffende Vorteil nicht gewährt bzw. entzogen wird.“.

1536 *Tiedemann*, NJW 1993, 23, 28; ders., in: LK[11] § 264 Rdnr.109; eingehend auch zu den strafrechtlichen Bestimmtheitsanforderungen an Umgehungsklauseln *J. Vogel*, in: Schünemann/Suárez González (Hrsg.), Madrid-Symposium, S.151, 169ff. – Eine *generelle* strafrechtliche Umgehungsklausel wäre mit Art.103 II GG nicht vereinbar (*J. Vogel*, in: Schünemann/Suárez González (Hrsg.), Madrid-Symposium, S.151, 170). Soweit *J. Vogel*, ebenda, allerdings darüber hinaus ausführt, daß die Zulassung strafbegründender Analogie nicht mit rechtsstaatlichen Anforderungen vereinbar sei, sprechen hiergegen §§ 1 DäStG, 1 ÍsStG [dazu bereits oben S.90 Fußn.532 a.E.] – *J. Vogel* müßte also dem dänischen und dem isländischen Strafrecht den rechtsstaatlichen Charakter absprechen –; siehe auch *Lackner*, Vermögen und Vermögensbeschädigung, S.71 (handschriftliche Ergänzung im Original-Exemplar der Dissertation), der ausführt, daß durchaus auch in einem objektiven Strafrecht eine strafbarkeitsbegründende Analogie denkbar sei. Freilich ist an dieser Stelle zu bekräftigen, daß für die Zulassung einer solchen Analogie unter der Geltung des Art.103 II GG kein Raum ist.

1537 Siehe oben S.263.

tung, Unterstützung und Kontrolle der Verteilung von Leistungen stellt jedoch – wie *Tiedemann* überzeugend ausgeführt hat[1538] – bei wertender Betrachtung nur bloßes Ordnungsunrecht dar. Dem ist aber nicht nur so im „Ermessensbereich", sondern auch dann, wenn der Täter einen Anspruch auf die betreffende Leistung vortäuscht, den er aber aufgrund des Nichtvorliegens allein „formeller" Vergabevoraussetzungen gerade nicht hat. Liegt in den genannten Fällen eine materielle Zweckerreichung vor, ist für eine Strafbarkeit nach § 263 StGB insoweit also kein Raum.

Zweifelhaft erscheinen schließlich diejenigen Fälle, in denen aufgrund des vorgespiegelten Sachverhalts eine öffentliche Leistung im Ermessensbereich gewährt wird, es aber auch aufgrund des wahren Sachverhalts nicht ermessensfehlerhaft wäre, die Leistung zu gewähren. Hier könnte man einerseits argumentieren, die Leistung erreiche ihren abstrakten Zweck, da sie ermessensfehlerfrei hätte gewährt werden können, andererseits, sie verfehle denjenigen Zweck, welcher durch die Ermessensausübung auf der Grundlage des vorgespiegelten Sachverhalts konkretisiert worden sei.[1539] Das Wesen der öffentlichen Haushalte trägt für sich alleine zur Lösung derartiger Fälle nichts entscheidendes bei. Allerdings lassen sich die bisherigen Ergebnisse der vorliegenden Untersuchung nutzbar machen: Zwar ist nicht zu leugnen, daß der Anspruch auf fehlerfreie Ermessensausübung kein Anspruch darauf ist, daß das Ermessen zugunsten des Antragstellers ausgeübt wird[1540], aber gleichwohl ist die Art und Weise der Ermessensausübung als solche durch § 263 StGB nicht geschützt – entscheidend ist das Vorliegen eines betrugsrelevanten Vermögensschadens. Dabei kommt Zwecksetzungen aber – wie oben eingehend dargestellt wurde[1541] – grundsätzlich keine Vermögensrelevanz zu. Jedoch führt die Verfehlung des festgeschriebenes Zwecks im Bereich zweckgebundenen Vermögens grundsätzlich zu einem Vermögensschaden; dogmatischer Ansatzpunkt hierfür war und ist die fehlende (zumutbare!) individuelle Brauchbarkeit der Gegenleistung im Bereich objektiv ausgeglichener Geschäfte. Dieser Weg ist hier konsequent fortzubeschreiten, d.h. auch für die vorliegende Fallkonstellation ist – unbeschadet des Fehlens einer Gegenleistung – entscheidend auf vergleichbare „Brauchbarkeitserwägungen" abzustellen. Auch dabei gilt zu berücksichtigen, daß die individuellen Verhältnisse im Bereich der öffentlichen Haushalte insbesondere durch die jeweilige Zweckbindung des Haushaltstitels und u.U. auch durch ermessenslenkende Verwaltungsvorschriften aufgezeigt und konkretisiert werden. An der zumutbaren individuellen Brauchbarkeit wird es in der fraglichen Fallgruppe in der Regel etwa fehlen, wenn es sich um ein ganz anderes Förderungsprojekt (z.B. Projekt 1: „Ligurische Oliven", Projekt 2: „Ligurische Wildschweine"; Leistungen aus beiden Projekten können nach Ermessen vergeben werden; der Täter täuscht erfolgreich vor, Olivenanbauer und für Projekt 1 förderungsberechtigt zu sein, in Wahrheit ist er Jä-

1538 *Tiedemann*, ZStW 86 (1974), 897, 913; ders., Wirtschaftsstrafrecht 2, S.100; vgl. ders., Subventionskriminalität, S.317.

1539 Vgl. hierzu *J. Vogel*, Legitimationsprobleme, S.528.

1540 *J. Vogel*, Legitimationsprobleme, S.532.

1541 Eingehend hierzu oben S.139ff., 145.

ger und erfüllt die Voraussetzungen für Projekt 2.) oder einen anderen Subventionsgeber handelt; in solchen Fällen liegt somit i.d.R. ein Vermögensschaden vor. Hat die Täuschung nicht zum Ausschluß des Ermessens der Behörde geführt, sind aber auch durchaus Fälle denkbar, in denen unter „Brauchbarkeitsgesichtspunkten" kein strafbarer Betrug vorliegt: etwa dann, wenn der Täter in bezug auf ein und denselben Förderungszeitraum falsche Angaben macht (Förderungszeitraum 1.1. bis 31.1.1999; der Täter täuscht vor, die Investition am 4.1.1999 getätigt zu haben, in Wahrheit hat er sie am 3.1.1999 getätigt). Auch wenn innerhalb ein und desselben Förderungsprojekts die Voraussetzungen für eine alternative Förderungsmöglichkeit vorgetäuscht werden (Aus dem Projekt „Ligurische und toskanische Oliven" können sowohl ligurische als auch toskanische Oliven gleichermaßen subventioniert werden; der Täter spiegelt vor, die Oliven seien ligurischer Herkunft, in Wahrheit stammen sie aus der Toskana, könnten aber dennoch ermessensfehlerfrei aus dem gleichen Projekt subventioniert werden.), dürfte in der Regel von einer *zumutbaren* „Brauchbarkeit" zu sprechen sein. Maßgeblich bleibt bei alledem aber stets der Einzelfall, in dem auch Verwaltungsrichtlinien zur Ermessensausübung bedeutsam werden können.

Zur Handhabung und Lösung der soeben aufgezeigten Problemfelder bedarf es – das ist an dieser Stelle nochmals zu bekräftigen – keiner Annahme eines „wesensmäßigen" Unterschieds zwischen öffentlichem und privatem Vermögen. Unter dem Gesichtspunkt des Vermögensschadens lassen sich die Fälle der Fehlleitung öffentlicher, zweckgebundener Mittel bei § 263 StGB mit den vorstehend dargelegten Grundsätzen vielmehr auch ohne einen Rückgriff auf die Figur des Wesens der öffentlichen Haushalte – und auch kriminalpolitisch befriedigend – erfassen.

d) Vermögensnachteil i.S. des § 266 StGB

Im Rahmen der vorliegenden Untersuchung ist zur Problematik des Vermögensnachteils i.S. des § 266 StGB nicht abschließend Stellung zu nehmen. Gleichwohl sollen hier zumindest einige Bemerkungen nicht unterbleiben: Zunächst ist hervorzuheben, daß es ein Erfordernis der unbewußten Selbstschädigung bei § 266 StGB im Gegensatz zu § 263 StGB nicht gibt. Von daher läßt sich dort im Bereich wirtschaftlich unausgeglichener Geschäfte ein Nachteil insgesamt unproblematisch begründen, ohne daß es irgendwelcher Zweckverfehlungsüberlegungen bedarf. Allerdings kann sich dennoch auch in dieser Konstellation die Frage stellen, ob zumindest im Bereich zweckgebundenen Vermögens durch eine Zweckerreichung das Vorliegen eines Nachteils ausgeschlossen wird; hier bedarf näherer Klärung, ob u.U. die Pflichtwidrigkeit des Verhaltens einer solchen Annahme entgegensteht. Im Bereich objektiv ausgeglichener Geschäfte ist auch bei § 266 StGB im Rahmen des persönlichen Schadenseinschlags Raum für eine Berücksichtigung der individuellen Verhältnisse des Opfers. Von daher dürfte die Verfehlung des festgeschriebenen Zwecks bei einem zweckgebundenen Vermögen auch dort grundsätzlich einen Nachteil begründen. Freilich ist bei der Prüfung der individuellen Verwendbarkeit der Leistung ein besonderes Augenmerk darauf zu richten, ob dem Vermögensträger andere dringend notwendige (im Haushaltsplan vorgesehene) Ausgaben durch die Leistung erspart wurden. Was schließlich das Gönnenwein-Urteil des *BGH* betrifft, so ist an dieser Stelle zu bekräftigen, daß es keine Zustimmung verdient, da es die Brauchbarkeit der erlangten Leistung(en) unter individuellen Gesichtspunkten nicht hinreichend untersucht.[1542] Mit den vorstehenden Bemerkungen soll es für § 266 StGB verbleiben.

II. Anstellungsbetrug

Wurde im vorherigen Abschnitt eingehend die Fehlleitung öffentlicher Mittel beleuchtet, ist der Blick nunmehr auf den Anstellungsbetrug – und damit gleichfalls auf eine besondere Problematik im Bereich des Vermögensschadens – zu richten. Handelt es sich um einen Anstellungsbetrug zum Nachteil der öffentlichen Hand, werden zwar letztlich ebenfalls öffentliche Mittel – zumindest i.w.S. – „fehlgeleitet"; denn auch hier fließen Gelder an eine Stelle, an diese sie eigentlich nicht gehören.[1543] Dennoch unterscheidet sich der Anstellungsbetrug zumindest durch spezifische Detailprobleme von den zuvor erörterten Konstellationen. Schon dies rechtfertigt es, den Anstellungsbetrug an dieser Stelle gesondert zu würdigen. Im Hinblick darauf, daß die im Rahmen dieser Arbeit maßgeblich interessierende Frage nach der schadensbegründenden Relevanz von Zweckverfehlungen beim Anstellungsbetrug nicht tangiert wird, ist diese Darstellung freilich auf die gebotene Kürze zu beschränken. Vorliegend ist schwerpunktmäßig vielmehr bloß zu klären, ob – und wenn ja, in welchem Umfang – beim Anstellungsbetrug zwischen Angriffen auf öffentliches und privates Vermögen zu unterscheiden ist.[1544]

1542 Eingehender oben S. 188f.

1543 *Sarstedt*, JR 1952, 308, 309 a.E.

1544 In Österreich existiert in § 315 ÖStGB für die Erschleichung eines Amtes ein eigener Tatbestand („Wer wissentlich eine zur Übertragung eines öffentlichen Amtes berufene Stelle über eine Tatsache täuscht, die nach einem Gesetz oder einer Rechtsverordnung die Übertragung eines bestimmten öffentlichen Amtes ausschließen würde, und dadurch bewirkt, daß ihm dieses Amt übertragen wird, ist mit Freiheitsstrafe bis zu einem Jahr zu bestrafen."). Nach *ÖOGH*, SSt 52/ Nr.60, S.209, 222 schützt § 315 ÖStGB nicht das Vermögen des Staates, sondern den öffentlichen Dienst, der von fachlich oder charakterlich ungeeigneten Organwaltern verschont bleiben soll (zustimmend *Foregger/Fabrizy*[7] § 315 Rdnr.1). Die h.M. erblickt in § 315 ÖStGB eine abschließende Sonderregelung im Verhältnis zu § 146 ÖStGB für die Fälle der Erschleichung eines Amtes (*Bertel*, in: Bertel/Schwaighofer, BT II[4], § 315 Rdnr.2; *Foregger/Fabrizy*[7] § 315 Rdnr.1; *Kienapfel*, BT II[3] § 146 Rdnr.197; *Liebscher*, in: WK, 10. Lfg., § 146 Rdnr.16; *Schmoller*, ZStW 103 (1991), 92, 131 Fußn.102; ders., in: Bundesministerium für Justiz, Strafrechtliche Probleme der Gegenwart, S.27, 96 Fußn.99; *ÖOGH*, SSt 52/Nr.60, S.209, 222; anders dagegen *Bertel*, in: WK, 32. Lfg., § 315 Rdnr.4; *Hinterhofer*, BT II, S.292; *Steininger*, in: Leukauf/Steininger[3] § 315 Rdnr.12). Für die Erschleichung einer privaten Anstellung gibt es keine vergleichbare Bestimmung in Österreich; ob insoweit auf § 146 ÖStGB zurückgegriffen werden kann, ist umstritten (bejahend *Bertel*, in: WK, 32. Lfg., § 315 Rdnr.4; ders., in: Bertel/Schwaighofer, BT I[5], § 146 Rdnr.32; *Foregger/Fabrizy*[7] § 315 Rdnr.4; *Hinterhofer*, BT II, S.292; *Liebscher*, in: WK, 10. Lfg., § 146 Rdnr.16; *Steininger*, in: Leukauf/Steininger[3] § 146 Rdnr.50; *ÖOGH*, SSt 47/Nr.22, S.97, 99; verneinend *Kienapfel*, BT II[3] § 146 Rdnr.199; *Loebenstein*, ÖJZ 1980, 1, 5; *Schmoller*, ZStW 103 (1991), 92, 131 Fußn.102; ders., in: Bundesministerium für Justiz, Strafrechtliche Probleme der Gegenwart, S.27, 96 Fußn.99). In Deutschland sah § 468 E 1962 vor, das „Erschleichen eines Amtes" gesondert unter Strafe zu stellen.

1. Allgemeine Grundsätze

Will man die Einheitlichkeit des Schadensbegriffs nicht aufgeben, sind auch beim Anstellungsbetrug die allgemein geltenden Grundsätze der Schadensermittlung zugrunde zu legen. Von daher ist auch hier ein objektiv-individueller Maßstab entscheidend.[1545] Für den Anstellungsbetrug bedeutet dies – zumindest als Ausgangspunkt –, daß zu prüfen ist, ob die vom Dienstberechtigten übernommene geldliche Leistung die von dem Verpflichteten zugesagten Dienste wertmäßig übersteigt.[1546] Von daher liegt ein Schaden unproblematisch vor, wenn die Leistungen, die der Täter erbringt, den gezahlten Lohn nicht wert sind, weil der Täter nicht über die entsprechenden fachlichen Kenntnisse und Fähigkeiten verfügt[1547], oder wenn die Leistungen des Täters wegen einer Gefährdung anderer, die mit ihnen verbunden ist, vom Dienstberechtigten nicht verwendet werden dürfen.[1548] Im übrigen gilt folgendes:

2. Private Haushalte

Bei Stellen von Arbeitern in der Privatwirtschaft werden üblicherweise keine formalisierten Ausbildungsgänge und auch keine besondere Vertrauenswürdigkeit oder Zuverlässigkeit vorausgesetzt.[1549] Vom einfachen Arbeiter kann daher nach der Verkehrsanschauung nicht mehr erwartet werden, als daß er leistet, was er verspricht.[1550] Entspricht seine fachliche Leistungsfähigkeit den für die Stelle üblichen Anforderungen, liegt also regelmäßig kein Schaden vor.[1551] [1552]

1545 So ausdrücklich *Lackner*, in: LK[10] § 263 Rdnr.235 a.E.

1546 *Benfer*, BT I[2], S.185 Rdnr.671; *Fischer*, in: Tröndle/Fischer[49] § 263 Rdnr.32d; *Gössel*, BT 2, S.382 Rdnr.157; *Hillenkamp*, in: Wessels/Hillenkamp, BT 2[22], S.226 Rdnr.577; *Jerouschek*, GA 1999, 416, 420f.; *Kühl*, in: Lackner/Kühl[23] § 263 Rdnr.52; *Lackner*, in: LK[10] § 263 Rdnr.235; *Liebscher*, in: WK, 10. Lfg., § 146 Rdnr.16; *Protzen*, NStZ 1997, 525, 526; *Steininger*, in: Leukauf/Steininger[3] § 146 Rdnr.50; *Tiedemann*, in: LK[11] § 263 Rdnr.223; *Tröndle*[48] § 263 Rdnr.34; *RGSt* 54, 37, 38; *BGHSt* 17, 254, 256; *BGH*, NJW 1961, 2027, 2028; siehe auch *BGH*, NJW 1978, 2042, 2043 [Anm. *Miehe*, JuS 1980, 261, 263ff.].

1547 *Bertel*, in: Bertel/Schwaighofer, BT I[5], § 146 Rdnr.32; *Cramer*, in: Schönke/Schröder[25] § 263 Rdnr.154; *Diekhoff*, DB 1961, 1487; *Eser*, IV[4], S.142 Rdnr.54; *Fischer*, in: Tröndle/Fischer[49] § 263 Rdnr.32d; *Geppert*, in: Hirsch-FS, S.525, 529 Fußn.15; *Gössel*, BT 2, S.382 Rdnr.157; *Gutmann*, MDR 1963, 91, 96; *Haupt*, NJW 1958, 938, 939; *Hefendehl*, S.379; *Lackner*, in: LK[10] § 263 Rdnr.236; *Maiwald*, in: Maurach/Schroeder/Maiwald, BT1[8], S.463 Rdnr.126; *Schmoller*, ZStW 103 (1991), 92, 131 Fußn.102; ders., in: Bundesministerium für Justiz, Strafrechtliche Probleme der Gegenwart, S.27, 96 Fußn.99; *Tiedemann*, in: LK[11] § 263 Rdnr.227; *Tröndle*[48] § 263 Rdnr.34; *RGSt* 54, 37, 38; *RGSt* 73, 269, 270; *BGHSt* 1, 13, 14; *BGH*, NJW 1961, 2027, 2028; *OLG Celle*, MDR 1960, 696, 697; wohl auch *Samson/Günther*, in: SK[5] § 263 Rdnr.178; siehe auch *BGHSt* 17, 254, 258.

1548 *Gössel*, BT 2, S.382f. Rdnr.157; *Hefendehl*, S.379f., 380; *Lackner*, in: LK[10] § 263 Rdnr.236; *Tiedemann*, in: LK[11] § 263 Rdnr.227; siehe auch *RGSt* 42, 49, 50 („Dienstgrundsätze des Norddeutschen Llyod").

1549 *Lackner*, in: LK[10] § 263 Rdnr.237.

1550 *Bockelmann*, JZ 1952, 461, 465; *Cramer*, in: Schönke/Schröder[25] § 263 Rdnr.154; *AG Tiergarten*, NStZ 1994, 243f.

1551 *Joecks* § 263 Rdnr.78; *Lackner*, in: LK[10] § 263 Rdnr.236f.; *Tiedemann*, in: LK[11] § 263 Rdnr.227; *AG Tiergarten*, NStZ 1994, 243.

Auch bei Angestellten ist die Beurteilung weitgehend ähnlich: ihre Leistung ist grundsätzlich an den Erwartungen zu messen, die allgemein an die betreffende Vergütungsgruppe gestellt werden.[1553] Nur in Ausnahmefällen richtet sich ihr Verdienst nach formalen Bestimmungen; im Regelfall entscheidet auch in dieser Fallgruppe also allein die tatsächliche Leistung[1554], so daß ein Schaden bei fachlich einwandfreier Tätigkeit dann zu verneinen ist.[1555] Soweit dagegen im Schrifttum vereinzelt angenommen wird, bei Angestellten begründe jedwede Täuschung über fachliche und persönliche Eigenschaften, die vom Arbeitgeber nicht willkürlich verlangt würden, einen Vermögensschaden[1556], ist damit eine wirtschaftliche Schadenskonzeption verlassen[1557], und auch mit einer individuellen Schadenskomponente, bei der noch von einem Schutz des Vermögens gesprochen werden könnte, läßt sich dies nicht mehr in Einklang bringen – denn mit der aufgezeigten Sichtweise könnten auch „vermögensfremde" Eigenschaften wie beispielsweise die „charakterliche Unwürdigkeit" des Täters einen Schaden begründen, der auch weitgehend von den ständig abänderbaren Einstellungskriterien des Arbeitgebers abhängen würde.[1558] Unabhängig hiervon kann in Ausnahmefällen auch bei erschlichenen Anstellungs-

---

1552 Umstritten ist allerdings, ob das Verschweigen erheblicher Vorstrafen wegen Vermögensdelikten hier einen betrugsrelevanten Vermögensschaden begründen kann (siehe hierzu einerseits (zutreffend) etwa *Lackner*, in: LK[10] § 263 Rdnr.237 m.w.N.; *Samson/Günther*, in: SK[5] § 263 Rdnr.178; andererseits *Gutmann*, MDR 1963, 91, 96 m.w.N.; *RGSt* 75, 8ff., das einen Vermögensschaden des Bauunternehmens bejahte – und offenließ (!), ob auch das Deutsche Reich geschädigt sei (a.a.O., 10) – als ein Hilfsarbeiter, nachdem er der Abwehrstelle des zuständigen Heeresbauamtes wahrheitswidrig erklärt hatte, nicht vorbestraft zu sein, von dem Unternehmen zur Arbeit auf einem Bau eingestellt wurde, den dieses im Auftrage der Heeresverwaltung unmittelbar für Zwecke der Kriegsführung zu erstellen hatte – schließlich habe es sich um ein Bauvorhaben gehandelt, bei dem „nur völlig einwandfreie und zuverlässige Gefolgsleute [...] beschäftigt werden durften, da sonst die Gefahr bestanden hätte, daß die erforderliche Geheimhaltung [...] nicht gewahrt werden würde" (a.a.O., 9) [ablehnend zu dieser Entscheidung *Bockelmann*, in: Kohlrausch-FS, S.226, 250; *Cramer*, in: Schönke/Schröder[25] § 263 Rdnr.154; *Diekhoff*, DB 1961, 1487, der dieses Urteil als „kriegsbedingt" ansieht, und meint, in Wahrheit sei dort die Spionage-und Sabotageabwehr geschützt worden; *Endemann*, S.140; *Lackner*, in: LK[10] § 263 Rdnr.237 Fußn.371 m.w.N.; kritisch auch *Geppert*, in: Hirsch-FS, S.525, 527f. mit Fußn.12; *Maiwald*, in: Maurach/Schroeder/Maiwald, BT 1[8], S.463 Rdnr.126]; *BGHSt* 17, 254, 259 (im öffentlichen Dienst); *BGH*, NJW 1978, 2042, 2043 [abl. Anm. *Sonnen*, JA 1979, 166f.]).

1553 *Kühl*, in: Lackner/Kühl[23] § 263 Rdnr.52 m.w.N.; *Lackner*, in: LK[10] § 263 Rdnr.238; *Tiedemann*, in: LK[11] § 263 Rdnr.225; *BGHSt* 17, 254; *BGH*, NJW 1961, 2027, 2028.

1554 *Lackner*, in: LK[10] § 263 Rdnr.238 m.w.N.; *BGHSt* 17, 254, 257 (bei Angestellten im öffentlichen Dienst); *BGH*, NJW 1961, 2027, 2028.

1555 *Cramer*, in: Schönke/Schröder[25] § 263 Rdnr.154; in diesem Sinne auch *Gutmann*, MDR 1963, 91, 96; *AG Tiergarten*, NStZ 1994, 243.

1556 *Haupt*, NJW 1958, 938, 939f., 940, der dabei meint, es sei „nicht einzusehen", warum nur der Staat bei der Besetzung seiner Stellen fachliche und persönliche Voraussetzungen von seinen Beamten verlangen könne; ganz ähnlich *Oppe*, NJW 1958, 1909, der auf dem Standpunkt steht, daß es für die Bewertung einer Tat als Betrug keinen Unterschied mache, über welche Voraussetzungen der Täter getäuscht hat und ob es sich um eine Anstellung im öffentlichen Dienst oder um eine Anstellung in der Privatwirtschaft handelt [ablehnend hierzu *Diekhoff*, DB 1961, 1487, 1488].

1557 In diesem Sinne wohl auch *Endemann*, S.168.

1558 Kritisch zur Ansichts *Haupts* (oben S.272 Fußn.1556) auch *Diekhoff*, DB 1961, 1487f.; *Endemann*, S.168f.; *Lackner*, in: LK[10] § 263 Rdnr.238.

verhältnissen trotz fachlich einwandfreier Fähigkeiten und Kenntnisse des Täters ein Vermögensschaden zu bejahen sein: dies namentlich dann, wenn es sich dabei um eine besondere Vertrauensstellung handelt, die deshalb auch höher als sonst bezahlt wird, und der Täter die für diese Position erforderlichen Eigenschaften nicht besitzt.[1559] Außerdem, wenn für die betreffende Stelle eine bestimmte Ausbildung vorgeschrieben ist, sich dies auch in der Bezahlung niederschlägt, der Täter die geforderte Ausbildung jedoch nicht hat.[1560]

3. Öffentliche Haushalte

Im Bereich öffentlicher Haushalte besteht beim Anstellungsbetrug die ganz spezifische Problematik der Erschleichung einer Beamtenstelle. Die bisherige Rechtsprechung nimmt dort überwiegend an – zusammenfassende und teils abweichende Präzisierung nunmehr allerdings in *BGHSt 45, 1ff.*[1561] –, daß ein Schaden auch trotz fachlich einwandfreier Leistungen vorliegt, wenn der Täter über seine Verhältnisse – sei es auch bloß über die persönliche „Würdigkeit" oder über die erforderliche Vorbildung – falsche Angaben gemacht hat.[1562] Auf Arbeiter und Angestellte im öf-

---

1559 *Cramer*, in: Schönke/Schröder[25] § 263 Rdnr.154; *Diekhoff*, DB 1961, 1487, 1488; *Eser*, IV[4], S.143 Rdnr.57; *Gössel*, BT 2, S.383 Rdnr.157; *Hillenkamp*, in: Wessels/Hillenkamp, BT 2[22], S.226 Rdnr.577; *Hohmann/Sander*, BT I, S.141 Rdnr.145; *Krey*, BT 2[12], S.250 Rdnr.483; *Kühl*, in: Lackner/Kühl[23] § 263 Rdnr.52; *Lackner*, in: LK[10] § 263 Rdnr.238; *Mitsch*, BT 2/1, S.469 Rdnr.107; *Rengier*, BT I[3], S.188 Rdnr.100; *Tiedemann*, in: LK[11] § 263 Rdnr.226; *RGSt* 73, 268, 269 [Anm. *Mezger*, ZAkDR 1939, 649f.]; *BGH*, NJW 1961, 2027, 2028; *BGH*, NJW 1978, 2042, 2043; *OLG Celle*, MDR 1960, 696; siehe auch *AG Tiergarten*, NStZ 1994, 243.

1560 *Cramer*, in: Schönke/Schröder[25] § 263 Rdnr.154; *Gössel*, BT 2, S.383 Rdnr.157; *Gutmann*, MDR 1963, 91, 96; *Krey*, BT 2[12], S.250 Rdnr.483; *Kühl*, in: Lackner/Kühl[23] § 263 Rdnr.52; *Lackner*, in: LK[10] § 263 Rdnr.238 m.w.N.; *RGSt* 54, 37, 38 [Anm. *Titze*, JW 1920, 440]; *RGSt* 64, 33, 36f.; *BGH*, NJW 1961, 2027, 2028; *BGHSt* 17, 254, 256f., 257; *BGH*, NJW 1978, 2042, 2043; siehe auch *Arzt*, in: Arzt/Weber, LH 3[2], S.186 Rdnr.492; *AG Tiergarten*, NStZ 1994, 243; anders *Benfer*, BT I[2], S.185 Rdnr.673, der – mit einem im Ausgangspunkt wirtschaftlichen Schadensverständnis allerdings nicht vereinbar – meint, es könne hier nicht allein auf eine Saldierung von geleisteter Arbeit und Entlohnung ankommen, sondern in die Beurteilung müßten auch „darüber hinausgehende Faktoren", wie etwa die Wirkung in die Öffentlichkeit, die von dem Täter ausgehe, einbezogen werden.

1561 = NJW 1999, 1485ff. = JZ 1999, 735ff. = NStZ 1999, 302ff. = wistra 1999, 181ff. = BGHR § 263 StGB Abs.1 Vermögensschaden 53 = NJ 1999, 324ff. [Anm. *Geppert*, NStZ 1999, 305f.; *Otto*, JZ 1999, 738ff.; Entscheidungsbesprechung *Jahn*, JA 1999, 628ff.; *Martin*, JuS 1999, 922f.]; eingehend zu dieser Entscheidung sogleich unten S.273 Fußn.1562.

1562 Siehe nur *RGSt* 65, 281, 282; *OGHSt* 2, 82, 84f.; *BGH* vom 23.10.1951, 1 StR 398/51, S.8f.; *BGHSt* 5, 358, 360ff. (für den Fall einer nicht den Bestimmungen genügenden beruflichen Vorbildung); *BGH* vom 20.1.1955, 3 StR 388/54, S.9f. m.w.N.; *BGH*, GA 1956, 121, 122; *KG*, DStrR (5) 1938, 429; *OLG Gera*, NJW 1947/48, 34; *KG*, JR 1948, 141; *Bad. OLG Freiburg*, DRZ 1948, 66; *LG Dresden*, NJ 1998, 154f. (Revision eingelegt); weitere Nachweise bei *Lackner*, in: LK[10] § 263 Rdnr.239 Fußn.376; und bei *BGH*, NJW 1999, 1485, 1486f.; zusammenfassende Darstellung der Rechtsprechung auch bei *Gading*, NJ 1996, 297f.; *Geppert*, in: Hirsch-FS, S.525, 529ff.; zustimmend etwa *Mitsch*, BT 2/1, S.469 Rdnr.106.
In neuerer Zeit sind diese Grundsätze in der Rechtsprechung allerdings umstritten gewesen: *LG Berlin*, NStZ 1998, 302, 303 (nicht rechtskräftig) vertrat in ausdrücklicher Abkehr von der obergerichtlichen Rechtsprechung, beim Erschleichen einer Beamtenstellung könne nicht angegeben werden, inwieweit die Leistung des Täters – in Geld ausgedrückt – gemindert sei, und leitete

fentlichen Dienst werden diese Grundsätze zumeist jedoch nicht erstreckt[1563]; bloß vereinzelt hat die Rechtsprechung diese Grundsätze – vornehmlich in der Zeit des

---

daraus dann ab, daß die Erbringung des ordnungsgemäßen Arbeitspensums auch beim Beamtenbetrug ein vollwertiges Äquivalent sei; das Gericht verneinte einen Schaden sowohl in objektiver Hinsicht als auch in Form des persönlichen Schadenseinschlags. Im Revisionsverfahren wollte dann auch *KG*, JR 1998, 434, 437f. der Rechtsprechung des *BGH* zum Einstellungsbetrug des Beamten über charakterlich-sittliche Mängel nicht mehr folgen, da diese Rechtsprechung – die nach *BVerfG*, NJW 1998, 2589, 2590 zumindest von Verfassungs wegen nicht zu beanstanden ist [insoweit (dem *BVerfG*) zustimmend *Fischer*, in: Tröndle/Fischer[49] § 263 Rdnr.32d; *Hillenkamp*, in: Wessels/Hillenkamp, BT 2[22], S.226 Rdnr.577; kritisch *Dammann/Kutscha*, NJ 1999, 281, 285; *Jahn*, JA 1999, 628, 630 Fußn.17; *König*, NJ 1998, 473] – mit einer wirtschaftlichen Betrachtungsweise des Vermögensschadens nicht zu vereinbaren sei und im übrigen in deutlicher Nähe zu der sog. „Makeltheorie" stehe, die der *BGH* aber mittlerweile weitgehend aufgegeben habe; das KG legte daher gemäß § 121 II GVG dem *BGH* vor (a.a.O., 435).
BGH, NJW 1999, 1485ff. hat nunmehr eingehend zum Anstellungsbetrug durch Amtserschleichung Position bezogen und will dabei zwei Fallgruppen unterscheiden: die fehlende fachliche und die fehlende persönliche Eignung (a.a.O., 1486). Täuscht der Beamte über für das Amt rechtlich unerläßliche Anforderungen an die fachliche Qualifikation, die nach Gesetz oder Verwaltungsvorschriften notwendige Voraussetzung für die Anstellung oder Beförderung ist, fehle es unter rechtlichen Gesichtspunkten regelmäßig an der Gleichwertigkeit von Leistung und Gegenleistung, so daß dann grundsätzlich ein Vermögensschaden vorliege (a.a.O., 1486).
Für die Fälle der fehlenden persönlichen Eignung, zu denen der *BGH* etwa das Vorspiegeln eines honorigen Vorlebens zählt (a.a.O., 1486), erklärt der Senat, an den „allgemeinen Grundsätzen der höchstrichterlichen Rechtsprechung zum Anstellungsbetrug durch Amtserschleichung" festhalten zu wollen, denenzufolge notwendige Voraussetzung für einen Vermögensschaden sei, daß der Beamte über solche Umstände täuscht, die seiner Einstellung rechtlich entgegenstehen; dürfe ihn die Behörde aufgrund einer Ermessensreduzierung auf Null nicht einstellen, entstehe ihr stets ein wirtschaftlicher Vermögensschaden (a.a.O., 1487). Die hier vom *BGH* suggerierte Kontinuität der höchstrichterlichen Rechtsprechung gibt es in dieser Form freilich nicht: davon, daß sich alle – oder auch nur die Mehrzahl – der bisherigen diesbezüglichen höchstrichterlichen Entscheidungen auf die Nichterfüllung der rechtlichen Einstellungsvoraussetzungen stützen, kann keine Rede sein (siehe nur die von *BGH*, NJW 1999, 1485, 1486f. selbst referierte Judikatur). *BGH*, NJW 1999, 1485, 1488 läßt nunmehr ausdrücklich offen, ob charakterliche oder sittliche Mängel, soweit sie eine bloße innere Eigenschaft des Beamten sind, einen Vermögensschaden begründen können. Im übrigen nimmt *BGH*, NJW 1999, 1485, 1487f. an, daß eine entsprechende Ermessensreduzierung auf Null für die Einstellung auch in Betracht komme, wenn dem Beamten die nach Gesetz oder Verwaltungsvorschriften notwendige persönliche Eignung – und zu dieser gehöre auch die persönliche Zuverlässigkeit im Hinblick auf die versprochene Amtsführung – fehle. Jedenfalls wenn naheliege, daß das Fehlen der persönlichen Zuverlässigkeit [kritisch zur Einbeziehung dieses Kriteriums in die Schadensermittlung im Hinblick auf Art.103 II GG *Jahn*, JA 1999, 628, 630; vgl. auch *Dammann/Kutscha*, NJ 1999, 281, 285] sich nach außen nachteilig auf die Amtsführung auswirke und deswegen zugleich ein Einstellungshindernis begründe, sei die bei Vertragsschluß versprochene Leistung der von der Behörde zugesagten Gegenleistung wirtschaftlich nicht äquivalent [kritisch hierzu *Jahn*, JA 1999, 628, 630; siehe auch *Dammann/Kutscha*, NJ 1999, 281, 285]: die vom Bewerber versprochene einwandfreie Amtsführung habe – ebenso wie bei einem privatrechtlichen Dienstverhältnis – einen Vermögenswert, der sich nach objektiven, wirtschaftlichen Maßstäben bestimmen lasse; bei einer ex ante-Betrachtung liege ein Schaden in Form einer Vermögensgefährdung vor [kritisch hierzu im Hinblick auf die damit verbundene Vorverlagerung der Strafbarkeit *Geppert*, NStZ 1999, 305, 306; *Jahn*, JA 1999, 628, 630].

1563 Siehe aus der Rechtsprechung etwa *RGSt* 73, 268, 270f.; *BGH*, NJW 1961, 2027f., 2028; *BGHSt* 17, 254, 256f.; *AG Tiergarten*, NStZ 1994, 243f., 244; vgl. hierzu *BVerfG*, NJW 1998, 2589, 2590. Auch im Schrifttum wird eine Übertragung der genannten Grundsätze auf Arbeiter und Angestellte überwiegend nicht vertreten (siehe nur *Eser*, IV[4], S.144 Rdnr.62 a.E.; *Tröndle*[48]

Nationalsozialismus und des 2. Weltkriegs – auch auf diese Bereiche übertragen.[1564] Soweit sie dabei in diesem Rahmen darauf abhebt, daß die Gefahr einer Beeinträchtigung der staatlichen Autorität bestehe[1565], wird damit freilich – wie *Lackner* zutreffend ausführt – kein Vermögensschaden, sondern bloß die Verletzung eines anderen Rechtsguts dargetan.[1566] Im übrigen stützt sich die Rechtsprechung zur Begründung der genannten Auffassung im Kern darauf, daß das Beamtenverhältnis eigener Art sei und sich nicht auf die Leistung von Arbeit gegen Entgelt beschränke. Seinen Schwerpunkt habe es in der gegenseitigen Treupflicht, aufgrund derer die Anstellungsbehörde zur Fürsorge für den Beamten verpflichtet sei.[1567] Die Tauglichkeit eines Beamten hänge aber nicht nur von seinen Leistungen, sondern ganz wesentlich auch von seiner Persönlichkeit ab. Daher erhalte die Anstellungsbehörde trotz sachlich tauglicher Dienste bei „Untauglichkeit" der Person für die übernommene Fürsorge keinen Gegenwert.[1568] Zudem sei auch für die Höhe der Bezüge nicht der wirtschaftliche Wert der Dienste, sondern allein der in der Besoldungsordnung festgesetzte „Preis" maßgebend.[1569]

Zu alledem ist folgendes zu sagen: Daß die Alimentationsverpflichtung des Dienstherrn keine Entlohnung i.S. eines gegenseitigen Vertrages darstellt – sondern vielmehr als standesgemäßer Unterhalt zu begreifen ist –, trifft durchaus zu.[1570] Dies

---

§ 263 Rdnr.34; anders dagegen – zumindest für den Angestelltenbereich – *Oppe*, NJW 1958, 1909, der meint, es mache „keinen Unterschied", ob es sich um eine Anstellung im öffentlichen Dienst auf Privatdienstvertrag oder im Beamtenverhältnis handelt; differenzierend *Fischer*, in: Tröndle/Fischer[49] § 263 Rdnr.32d).

1564 Bei einer „beamtenähnlichen" Anstellung *BGH* vom 23.10.1951, 1 StR 398/51, S.8f.; in Fällen der Ausübung hoheitsrechtlicher Funktionen *KG*, DStrR (5) 1938, 429f.; *KG*, JR 1948, 141. – Im Nationalsozialismus waren die Grundsätze der Rechtsprechung zum Beamtenbetrug dabei auch eine Einbruchstelle für nationalsozialistisches Gedankengut. In krasser, unsäglicher Form zeigt sich dies in dem soeben zitierten Urteil des *KG* aus dem Jahre 1938, in dem die Erschleichung einer amtlichen Anstellung, bei der hoheitsrechtliche Funktionen auszuüben waren, durch einen seine Abstammung verheimlichenden Juden als Betrug gewertet wurde. Dort heißt es: „Ein Jude [...] ist nach unserer nationalsozialistischen Auffassung schlechthin nicht fähig, hoheitsrechtliche Funktionen auszuüben, da er die zur Ausübung hoheitsrechtlicher Funktionen erforderliche besondere Treuepflicht der deutschen Volksgemeinschaft gegenüber aufzubringen rassemäßig nicht in der Lage ist. Seine Leistung kann daher, selbst wenn sie, rein technisch betrachtet, ausreichend ist, nie eine vollwertige sein." (*KG*, DStrR (5) 1938, 429).

1565 *KG*, JR 1948, 141; ähnlich *H. Meyer*, S.106f., 107 (Schädigung des Ansehens als Vermögensschaden [ablehnend hierzu *Endemann*, S.161]); noch weitergehend *OLG Oldenburg*, JZBlBritZ 1948, 215 Nr.1155, das bei der Erschleichung einer Lehrerstellung einen Vermögensschaden schon damit begründen will, daß der Täter „wegen mangelnder Wahrheitsliebe und Ehrlichkeit [...] nicht das erforderliche Vorbild für die Jugend [...] abgeben konnte". – Demgegenüber lehnt *BGH* vom 13.8.1953, 4 StR 320/53 (zitiert nach *Endemann*, S.152) ausdrücklich ab, aus der Beeinträchtigung der Autorität einer Behörde in der Öffentlichkeit einen Vermögensschaden dieser Behörde herzuleiten.

1566 *Lackner*, in: LK[10] § 263 Rdnr.239; in diesem Sinne auch *Endemann*, S.161.

1567 *RGSt* 65, 281, 282; *BGHSt* 5, 358, 360; *LG Dresden*, NJ 1998, 154, 155 (Revision eingelegt); ähnlich *Gutmann*, MDR 1963, 91, 96; anders *Geppert*, in: Hirsch-FS, S.525, 539.

1568 *RGSt* 65, 281, 282; *BGH* vom 23.10.1951, 1 StR 398/51, S.8.

1569 *BGHSt* 5, 358, 361.

1570 *Endemann*, S.146 m.w.N.; *Krey*, BT 2[12], S.249 Rdnr.482; *Protzen*, NStZ 1997, 525, 527; *RGZ* 104, 58, 61; *BGHZ* 13, 265, 308; *BVerfGE* 71, 39, 63.

besagt aber noch nichts gegen eine wirtschaftliche Bewertbarkeit auch der von Beamten zu leistenden Dienste.[1571] Nun wird allerdings vorgebracht, daß die den Beamten gezahlten Bezüge nicht durch den Markt gebildet würden, sondern vom Staat einseitig durch Gesetz vorgegeben seien.[1572] Der Staat habe hinsichtlich der Anstellungsbedingungen eine Monopolstellung und setze insoweit den „Preis"[1573] für die Dienstleistungen der Beamten einseitig fest.[1574] Diesbezüglich wird dann – insbesondere im Schrifttum – sogar teilweise vertreten, daß Dienste von Bewerbern, die aufgrund bindender Vorschriften nicht eingestellt werden dürfen, den Preis „Null" hätten[1575] [1576]; es gebe keinen Markt, wo sich solche Dienste anbieten ließen.[1577] Insbesondere letzteres überzeugt jedoch nicht; dies zeigt sich an einem Vergleich mit der Schwarzarbeit: Auch Schwarzarbeit ist – unter den im einzelnen genau festgelegten Voraussetzungen[1578] – unzulässig und entsprechende Verträge sind bei einem beiderseitigen Verstoß gemäß § 134 BGB nichtig.[1579] Gleichwohl gibt es aber auch für solche Dienste einen Markt und auf diesem werden diese Dienste auch nicht zum Preis von „Null" gehandelt. Aber auch im übrigen überzeugt das Rekurrieren auf die „Monopolstellung" der öffentlichen Hand nicht, denn diese Bezugnahme stellt letztendlich einen vollständigen Bruch mit einer wirtschaftlichen Be-

---

1571 *Protzen*, NStZ 1997, 525, 527; in diesem Sinne auch *Endemann*, S.150f.; *LG Berlin*, NStZ 1998, 302, 303 (nicht rechtskräftig); siehe auch *Arzt*, in: Arzt/Weber, LH 3², S.185 Rdnr.491; *Diekhoff*, DB 1961, 1487, 1488; *Lackner*, in: LK¹⁰ § 263 Rdnr.239, der meint, für sich alleine sei auch der Gedanke, daß der Staat für seine „Fürsorge" keinen Gegenwert erhalte, kaum tragfähig; für eine wirtschaftliche Bewertbarkeit der von Beamten zu leistenden Dienste nunmehr auch *BGH*, NJW 1999, 1485, 1488; nachdrücklich auch *Geppert*, in: Hirsch-FS, S.525, 539.

1572 *Protzen*, NStZ 1997, 525, 526 m.w.N.

1573 Nach *Sarstedt*, JR 1952, 308; ihm folgend *Haupt*, NJW 1958, 938, 939, soll dabei zwischen Wert und Preis dahingehend zu unterscheiden sein, daß bei der Bildung des Preises noch andere Faktoren mitspielen würden als der „sachliche" Wert. Der Preis habe u.a. soziale Aufgaben. So sei der Preis für „gleichwertige" Dienste eines Menschen höher oder niedriger, je nachdem ob der Mensch Familienvater oder unverheiratet, älter oder jünger sei.

1574 *Cramer*, in: Schönke/Schröder²⁵ § 263 Rdnr.156; *Sarstedt*, JR 1952, 308.

1575 *Haupt*, NJW 1958, 938, 939f., 939; *Lackner*, in: LK¹⁰ § 263 Rdnr.239, der freilich schon selbst einräumt, daß damit die äußerste Grenze eines auch dem Laien verständlich zu machenden Schutzes von Vermögensinteressen erreicht sei; *Protzen*, NStZ 1997, 525, 527, der diese Überlegung sogar auch auf Angestellte im öffentlichen Dienst erstrecken will (a.a.O., 528); *Sarstedt*, JR 1952, 308, der sich auch nicht auf die obige Überlegung beschränkt, sondern parallel dazu – in der vorgetragenen Form aber bereits zu unbestimmt – noch vertritt, daß sich bisweilen auch ohne ausdrückliche Bestimmungen sagen ließe, daß „gewisse Bemakelungen" jemanden für ein Staatsamt unmöglich machen würden, so daß auch in solchen Fällen ein Vermögensschaden zu bejahen sei; *LG Dresden*, NJ 1998, 154, 155 (Revision eingelegt); siehe auch *Arzt*, in: Arzt/Weber, LH 3², S.186 Rdnr.491, der gleichwohl meint, in der Konsequenz der h.M. liege eine „theoretische Absicherung des Radikalenerlasses" durch § 263 StGB, die „ganz verfehlt" sei (ebenda, Fußn.28); ablehnend *Geppert*, in: Hirsch-FS, S.525, 540; *Otto*, JZ 1999, 738, 739.

1576 Nach *Protzen*, NStZ 1997, 525, 527, soll die öffentliche Hand infolgedessen dann auch in Höhe der gesamten Bezüge geschädigt sein.

1577 *Haupt*, NJW 1958, 938, 939f., 939; *Sarstedt*, JR 1952, 308.

1578 Siehe Gesetz zur Bekämpfung der Schwarzarbeit in der Fassung der Bekanntmachung vom 6.2.1995 (BGBl. I S.165), zuletzt geändert durch Art.2 XV des BegleitG vom 17.12.1997 (BGBl. I S.3108).

1579 *Heinrichs*, in: Palandt⁵⁹ § 134 Rdnr.22 m.w.N.; *BGHZ* 85, 39, 44 m.w.N.; *BGHZ* 111, 308, 311.

trachtungsweise dar.[1580] Von daher bleibt nur noch zu klären, ob u.U. der Gedanke der Indienststellung der gesamten Persönlichkeit des Beamten[1581] ein Abweichen von den für den Bereich der Privatwirtschaft geltenden Grundsätzen rechtfertigen könnte. Ein Blick auf gehobene Positionen in der Privatwirtschaft zeigt jedoch, daß dem nicht so sein kann: denn auch leitende Angestellte geben durch die Annahme ihrer Stellung – zumindest faktisch – in mehr oder minder starkem Umfang ihre persönliche Selbständigkeit auf und stellen dem Unternehmen ihre ganze Arbeitskraft zur Verfügung.[1582] Und bei Positionen wie Generalbevollmächtigten von großen Konzernen dürfte häufig de facto sogar eine engere, durch Vertrauen und Verantwortung geprägte Bindung an das Unternehmen bestehen als bei Beamten zumindest des einfachen und des mittleren Dienstes an das Gemeinwesen. Zudem schränkt der berufliche Einsatz bei den ersteren auch das Privatleben regelmäßig erheblich ein. Von daher läßt sich sagen, daß auch in leitenden Positionen der Privatwirtschaft eine Indienststellung der Persönlichkeit vorkommen und gefunden werden kann, so daß insoweit kein entscheidender Unterschied zu Beamten besteht.[1583] Nun könnte man freilich erwägen, hieraus nicht die Konsequenz zu ziehen, beim Beamtenbetrug von den von der Rechtsprechung aufgestellten Grundsätzen abzugehen, soweit sich diese auf die Indienststellung der Persönlichkeit des Beamten stützen, sondern diese Grundsätze vielmehr auch auf die Erschleichung von solchen Anstellungen in der Privatwirtschaft zu erstrecken, bei denen ebenfalls faktisch die gesamte Persönlichkeit in Dienst gestellt wird. Doch dieser Weg ist versperrt: denn die Persönlichkeit eines Menschen als solche ist keiner wirtschaftlichen Bewertung zugänglich.[1584] Von daher würde deren Berücksichtigung bei der Schadensfeststellung auch einen Bruch mit einer wirtschaftlichen Betrachtungsweise bedeuten.[1585] Damit hat sich nun aber endgültig ergeben, daß die eingangs genannten Grundsätze der bisherigen (deutschen) höchstrichterlichen Rechtsprechung zum Beamtenbetrug keine Zustimmung verdienen.[1586] Die Konsequenz daraus muß sein, diese Grundsätze zu verwerfen und anstattdessen auch im Bereich des Beamtenbetrugs von einer konsequent wirtschaftlichen Sichtweise auszugehen. Damit ergibt sich folgendes:

1580 Ähnlich *Dammann/Kutscha*, NJ 1999, 281, 284.

1581 *Dammann/Kutscha*, NJ 1999, 281, 284, halten schon dieses Beamtenbild für anachronistisch: wenn die Teilzeitbeschäftigung von Beamten auch gegen deren Willen eingeführt werde – der Staat also keine Vollalimentation mehr leiste –, würde sich eine Pflicht zur „vollen Hingabe“ an den Dienstherrn kaum noch legitimieren lassen.

1582 *Endemann*, S.147 m.w.N.

1583 *Endemann*, S.148f.

1584 *Endemann*, S.141, 151, 168; *LG Berlin*, NStZ 1998, 302, 303 (nicht rechtskräftig); in diesem Sinne auch *Jahn*, JA 1999, 628, 630.

1585 In diesem Sinne auch *Jahn*, JA 1999, 628, 630; *KG*, JR 1998, 434, 438.

1586 Zumindest i.E. ebenso etwa *Dammann/Kutscha*, NJ 1999, 281, 284f.; *Diekhoff*, DB 1961, 1487, 1488; *Endemann*, S.146ff., 151; *Geppert*, in: Hirsch-FS, S.525, 526 und passim; ders., NStZ 1999, 305; *Jerouschek*, GA 1999, 416, 421; *Schmitt*, PolBl. 1967, 177, 180; *KG*, JR 1998, 434, 437ff.; *LG Berlin*, NStZ 1998, 302, 303 (nicht rechtskräftig); kritisch auch *Eser*, IV^{4}, S.144 Rdnr.62; *Hillenkamp*, in: Wessels/Hillenkamp, BT 2^{22}, S.226 Rdnr.577; *Kühl*, in: Lackner/Kühl^{23} § 263 Rdnr.52; *Maiwald*, in: Maurach/Schroeder/Maiwald, BT 1^{8}, S.463 Rdnr.126; *Martin*, JuS 1999, 922f.; siehe auch *Bertel*, in: WK, 32. Lfg., § 315 Rdnr.4.

Erbringt der Bewerber die geforderten Leistungen, ist dies grundsätzlich als wirtschaftlicher Ausgleich zu betrachten, so daß ein Vermögensschaden nicht gegeben ist.[1587] Allerdings ist – insoweit auch in Übereinstimmung mit *BGH, NJW 1999, 1485, 1486f.* – ein Schaden zu bejahen, wenn dem Täter solche Eigenschaften oder Vorbildungen fehlen, die nach den einschlägigen beamtenrechtlichen Bestimmungen, namentlich den Laufbahnvorschriften, Voraussetzung für seine Ernennung sind[1588]: ob hier bereits objektiv ein Minderwert besteht[1589] – hierfür könnte sprechen, daß ja auch bei der Ermittlung des marktüblichen Preises von Schwarzarbeit im Verhältnis zu legaler Arbeit wohl nicht nur ein Abschlag für die fehlenden Sozialabgaben, sondern wohl auch eine Art „Risikoabschlag“ für die mit der Unzulässigkeit dieser Arbeit verbundenen Risiken anzusetzen sein dürfte – oder sich der Schaden erst unter individuellen Gesichtspunkten ergibt[1590], kann dabei an dieser Stelle dahingestellt bleiben, da in diesen Fällen im Ergebnis so oder so ein Vermögensschaden vorliegt.[1591]

Dagegen ist ein Schaden bei fachlich einwandfreien Leistungen zu verneinen, wenn der Täter bloß über solche Umstände getäuscht hat, die nach dem Beamtenrecht für seine Einstellung ohne Bedeutung sind; dies kann – je nach Einzelfall – u.U. bei bestimmten Daten zur politischen Vergangenheit der Fall sein.[1592] Desweiteren ist ein Schaden gegeben, wenn der Täter beispielsweise ein älteres Geburtsdatum als in Wirklichkeit angegeben hat und deswegen höhere Dienstbezüge erhält.[1593] Han-

---

1587 *Diekhoff*, DB 1961, 1487, 1488; insoweit auch *Geppert*, in: Hirsch-FS, S.525, 540f.; *LG Berlin*, NStZ 1998, 302, 303 (nicht rechtskräftig).

1588 *Cramer*, in: Schönke/Schröder^{25} § 263 Rdnr.156; *Hillenkamp*, in: Wessels/Hillenkamp, BT 2^{22}, S.226 Rdnr.577; *Krey*, BT 2^{12}, S.249 Rdnr.482; *Lackner*, in: LK^{10} § 263 Rdnr.239; *Neye*, S.71; *Tiedemann*, in: LK^{11} § 263 Rdnr.224 („beamtenrechtsakzessorische Lösung); *BGH* vom 8.7.1955, 5 StR 115/55, S.7; *BGH* vom 10.1.1961, 5 StR 353/60, S.2f.; *BGH*, NJW 1999, 1485, 1487; siehe auch *Arzt*, in: Arzt/Weber, LH 3^{2}, S.186 Rdnr.491; *Joecks* § 263 Rdnr.78; *Rengier*, BT I^{3}, S.187f. Rdnr.99; *Schmidt-Hieber*, NJW 1989, 558, 561; a.M. *Benfer*, BT I^{2}, S.186 Rdnr.675; *Geppert*, in: Hirsch-FS, S.525, 540f.; *Otto*, JZ 1999, 738, 739 (bei Zugrundelegung eines personalen Ansatzes).

1589 Vgl. *BGH* vom 8.7.1955, 5 StR 115/55, S.8; *BGH*, NJW 1999, 1485, 1488.

1590 So meint etwa *Lackner*, in: LK^{10} § 263 Rdnr.239, das Recht habe mit den beamtenrechtlichen Einstellungsbedingungen zugleich ausgedrückt, daß Leistungen von Personen, die die betreffenden Voraussetzungen nicht erfüllen, für die besonderen Bedürfnisse zuverlässiger Staatstätigkeit nicht voll brauchbar und daher nach einem objektiv-individuellen Maßstab auch nicht vollwertig seien; siehe auch *LG Dresden*, NJ 1998, 154, 155 (Revision eingelegt).

1591 Offenbar a.M. *Geppert*, NStZ 1999, 305, 306, der geltend macht, daß der Staat eine in gravierender Weise Stasi-belastete Person auch in Fällen, in denen sein Einstellungsermessen auf Null reduziert sei, nicht als seinen Staatsdiener *wolle* [Hervorhebung vom Verf.]; damit würde es dort aber nicht um den Schutz des Vermögens, sondern der Dispositionsfreiheit gehen. – Davon, daß das „Nicht-Wollen“ einer solchen Person das entscheidende Kriterium der Schadensermittlung sei, kann vorliegend allerdings überhaupt keine Rede sein: entscheidend sind vielmehr die aus dem „Nicht-*Dürfen*“ resultierenden Folgen.

1592 *Cramer*, in: Schönke/Schröder^{25} § 263 Rdnr.156. – Der Bewerber muß aber auf jeden Fall die Gewähr dafür bieten, daß er jederzeit für die freiheitlich demokratische Grundordnung i.S. des Grundgesetzes eintritt (§ 4 I Nr.2 BRRG).

1593 *Cramer*, in: Schönke/Schröder^{25} § 263 Rdnr.156; *Geppert*, in: Hirsch-FS, S.525, 541; i.E. auch *Sarstedt*, JR 1952, 308; siehe ferner *Diekhoff*, DB 1961, 1487f.; *Tiedemann*, in: LK^{11} § 263 Rdnr.226; *BGH*, NJW 1999, 1485, 1486; *OLG Celle*, MDR 1973, 242.

delt es sich nicht um Beamtenstellungen, sondern um solche von Angestellten des öffentlichen Dienstes, gilt vergleichbares.

Insgesamt bleibt jedoch festzuhalten, daß auch beim Anstellungsbetrug nicht generell zwischen öffentlichem und privatem Vermögen zu unterscheiden ist. Die Kriterien für die Annahme eines Schadens sind als solche jeweils die gleichen und allgemein geltenden. In diesem Rahmen können auch beim Anstellungsbetrug normative Vorgaben im Bereich öffentlichen Vermögens für das Vorliegen oder Nichtvorliegen eines Schadens bedeutsam sein.[1594]

III. Exkurs: Zur Beurteilung der Strafwürdigkeit von betrügerischen Angriffen auf öffentliches Vermögen in der Sowjetischen Besatzungszone / DDR und den dort geltenden Strafbestimmungen

Ist die Problematik der Schädigung öffentlichen Vermögens bei § 263 StGB mit den obigen Ausführungen nunmehr eingehend untersucht, ist der Blick nun auf die Lage in der Sowjetischen Besatzungszone bzw. der DDR zu richten: wie dort der Betrug zum Nachteil öffentlichen Vermögens gehandhabt und gewertet wurde, ist zumindest rechtshistorisch von nicht unerheblichem Interesse.

Dabei ist vorab darauf hinzuweisen, daß die in der bundesdeutschen Strafrechtsdogmatik übliche Unterscheidung zwischen Eigentum und Vermögen in der DDR bzw. der Sowjetischen Besatzungszone nicht vorgenommen wurde[1595]; vielmehr wurde fast durchgehend vom Eigentum gesprochen. – Es wurden fünf Formen unterschieden: Volkseigentum, genossenschaftliches Eigentum[1596], Privateigentum[1597], privat-kapitalistisches Eigentum[1598] und persönliches Eigentum[1599].[1600] Der Begriff des Volkseigentums entsprach dabei letztlich dem Begriff des öffentlichen Vermögens i.S. westlicher Terminologie.[1601] [1602] Das Volkseigentum zählte zum so-

---

1594 In diesem Sinne auch *Neye*, S.71.

1595 Vgl. hierzu *Hinzpeter*, S.6; *Nees*, S.40f.; ausdrücklich später auch § 157 I DDR-StGB.

1596 Darunter verstand man das Eigentum der genossenschaftlichen Vereinigungen in Stadt und Land; es umfaßte das Eigentum der Landwirtschaftlichen Produktionsgenossenschaften, der Bäuerlichen Handelsgenossenschaften, der Konsumgenossenschaften und der Produktionsgenossenschaften der Fischer und Handwerker (*Erich Hübner*, S.12).

1597 Darunter verstand man das Eigentum der kleinen Warenproduzenten – etwa der Kleinbauern und Handwerksbetriebe –, das auf eigener Arbeit beruhte (*Erich Hübner*, S.13f.; vgl. hierzu auch *Hinzpeter*, S.11f.; *Lieser*, S.43).

1598 Darunter verstand man die mittleren und kleineren Privatproduktionsbetriebe (vgl. hierzu *Hinzpeter*, S.13; siehe auch *Erich Hübner*, S.14; *Lieser*, S.43).

1599 Darunter verstand man das Eigentum an Konsumgütern; es umfaßte alle Gegenstände des persönlichen Bedarfs, das Arbeitseinkommen, die Ersparnisse etc. (*Erich Hübner*, S.14; vgl. hierzu auch *Hinzpeter*, S.15; *Lieser*, S.43).

1600 Zusammenfassend *Erich Hübner*, S.12ff.; vgl. hierzu auch *Hinzpeter*, S.4ff.; *Lieser*, S.42f.

1601 *Hinzpeter*, S.6; siehe auch *Böhme*, Der Schöffe 1954, 17 („staatliches Vermögen"); *Erich Hübner*, S.12 („Subjekt [... des staatlich-sozialistischen Eigentums, das Eigentum aller Werktätigen ist,] ist der demokratische Staat"); *Löwenthal*, Der Schöffe 1958, 79 („staatliches sozialistisches Eigentum"); *H. Schmidt*, NJ 1957, 361 („Sozialistisches Staatseigentum"); siehe ferner die Legaldefinitionen in § 28 StEG („Eigentum des Arbeiter-und-Bauern-Staates") und in § 157 I 1 zialistischen bzw. gesellschaftlichen Eigentum[1603]; unter diesen Oberbegriff fielen neben dem Volkseigentum auch das genossenschaftliche Eigentum[1604] sowie das Eigentum der gesellschaftlichen Organisationen.[1605] Da dem Volkseigentum in der sozialistischen Ideologie eine überragende Bedeutung beigemessen wurde[1606], stellt sich im vorliegenden Zusammenhang nun insbesondere die Frage, ob dieser Bedeutung auch bei betrügerischen Angriffen auf Volkseigentum Rechnung getragen wurde.

Diese Frage ist um so mehr von Interesse, als das StGB von 1871 nach dem Ende des 2. Weltkriegs – wenn auch mit vielfachen Änderungen – in der Sowjetischen Besatzungszone bzw. der DDR bis 1968 grundsätzlich fortgalt[1607]; dies war auch beim Tatbestand des § 263 I StGB der Fall. In der Praxis der unteren Gerichte wurde die besondere Bedeutung, die dem Volkseigentum in der sozialistischen Ideologie zukam, zunächst allerdings überwiegend nicht berücksichtigt.[1608] Daher wurde auf verschiedene Weise versucht, in der Gerichtspraxis eine Auffassung zu verankern, die Angriffe gegen das Volkseigentum als erhöht strafwürdig erachtet und diese auch schärfer bestraft.[1609] Neben entsprechenden Rundverfügungen des Justizministeriums, der OLG-Präsidenten und der Generalstaatsanwälte wurde auch an den Universitäten in diesem Sinne gelehrt.[1610] Im sowjetzonalen / DDR-Schrift-

---

DDR-StGB („Vermögen der Deutschen Demokratischen Republik, ihrer Organe, Einrichtungen und Betriebe“).

1602 Soweit im folgenden vom „Eigentum“ statt vom „Vermögen“ gesprochen wird, wird damit bloß der in der sowjetischen Besatzungszone/DDR üblichen Terminologie gefolgt; von der unterschiedlichen Bedeutung dieser Begriffe in der (west-)deutschen Dogmatik soll damit nicht abgegangen werden.

1603 Siehe nur die Überschrift des VESchG (gesellschaftliches Eigentum); § 28 StEG (gesellschaftliches Eigentum); § 157 I 1 DDR-StGB (sozialistisches Eigentum); vgl. hierzu auch *Hinzpeter*, S.4 (sozialistisches Eigentum).

1604 Siehe nur *Erich Hübner*, S.12 (sozialistisches/gesellschaftliches Eigentum); Überschrift und Präambel des VESchG (gesellschaftliches Eigentum); § 28 StEG (gesellschaftliches Eigentum); § 157 I 1 DDR-StGB (sozialistisches Eigentum); vgl. hierzu auch *Hinzpeter*, S.9 (sozialistisches Eigentum).

1605 Siehe nur *Erich Hübner*, S.12 (gesellschaftliches Eigentum); § 1 II VESchG (gesellschaftliches Eigentum); § 28 StEG (gesellschaftliches Eigentum); § 157 I 1 DDR-StGB (sozialistisches Eigentum).

1606 Aus dem strafrechtlichen Schrifttum etwa *Benjamin*, NJ 1953, 61f.; *Böhme*, NJ 1954, 75; *H. Weber u.a.*, in: Lekschas/Buchholz (Red.), Lehrbuch DDR-Strafrecht, S.88f., 89 („Ökonomische Basis der neuen Ordnung und die Hauptquelle des gesellschaftlichen Reichtums und des Wohlstandes der Werktätigen“).

1607 Siehe dazu etwa § 1 II Nr.1 des Einführungsgesetzes zum Strafgesetzbuch und zur Strafprozeßordnung der Deutschen Demokratischen Republik (DDR-GBl. 1968 I S.97). – Eine sofortige Aufhebung des gesamten „überkommenen“ und eine umfassende Neukodifizierung des Strafrechts wurde unter den damaligen Bedingungen nicht für möglich erachtet und auch nicht angestrebt. Die grundsätzliche Übernahme und Weiteranwendung des StGB bis 1968 wurde damit gerechtfertigt, daß in dem Gesetz auch „demokratische Strafrechtsgrundsätze“ festgeschrieben waren (vgl. hierzu *H. Weber u.a.*, in: Lekschas/Buchholz (Red.), Lehrbuch DDR-Strafrecht, S.84).

1608 Vgl. hierzu *Hinzpeter*, S.17f.; *Weiss*, NJ 1948, 131, 135.

1609 Vgl. hierzu eingehend *Hinzpeter*, S.18ff.

1610 Vgl. hierzu *Hinzpeter*, S.19f. m.w.N.

tum war ursprünglich nämlich die Ansicht vorherrschend, Delikte gegen sozialistisches Eigentum seien ihrem Wesen nach immer gesellschaftsgefährlicher als Delikte gegen persönliches oder privates Eigentum.[1611] Darüber hinaus sprach das *OG* 1951 – wie bereits dargestellt wurde[1612] – gleich mehrfach aus, daß die Schädigung von Volkseigentum stets auch eine Schädigung des Wohles des Volkes sei[1613]; dies hatte zur Konsequenz, daß ein besonders schwerer Fall i.S. des § 263 IV 2 StGB a.F. vorlag. Trotzalledem wurde jedoch weder in der Bevölkerung noch in der täglichen Gerichtspraxis ein Bewußtsein vorherrschend, das der Bedeutung, die dem Volkseigentum in der sozialistischen Ideologie zukam, hinreichend Rechnung trug.[1614]

Abhilfe sollte das Gesetz zum Schutze des Volkseigentums und anderen gesellschaftlichen Eigentums (VESchG) vom 2.10.1952[1615] schaffen.[1616] Nach dem Wortlaut des § 1 II VESchG war *jeder* Betrug zum Nachteil staatlichen Eigentums mit einer Mindeststrafe von einem Jahr Zuchthaus zu ahnden.[1617] Bei zahlreichen DDR-Juristen stießen die drakonischen Strafdrohungen dieses Gesetzes allerdings bald auf Ablehnung[1618]; vor allem kam man aber zu der Erkenntnis, daß der Masse der Bevölkerung Urteile, in denen das VESchG auch bei geringfügigen Angriffen auf gesellschaftliches Eigentum wörtlich angewandt wurde, unverständlich blieben[1619], und solche Urteile auch nicht dazu geeignet waren, das Vertrauen der Bevölkerung in die Organe der DDR-Justiz zu stärken.[1620] Daher erfolgte bald eine Abkehr von einer formalistischen Anwendung des Gesetzes:

Am 26.5.1953 wurde zunächst in einer gemeinsamen Rundverfügung des *Generalstaatsanwalts*, des *Ministers der Justiz* und des *Präsidenten des OG* darauf hingewiesen, daß das VESchG nicht formal auf kleine und geringfügige Angriffe gegen gesellschaftliches Eigentum angewendet werden dürfe.[1621] [1622] In diesem Sinne referierte sodann auch der *Minister der Justiz* sowohl auf der Arbeitstagung der Direk-

1611 So beispielsweise *Rodewald/Schmidt*, NJ 1959, 56; in diesem Sinne auch *Erich Hübner*, S.13; *H. Reuter*, NJ 1953, 231, 232; *Weiss*, NJ 1948, 131, 134ff., 136; siehe aus späterer Zeit auch *H. Weber u.a.*, in: Lekschas/Buchholz (Red.), Lehrbuch DDR-Strafrecht, S.89; vgl. hierzu auch *Nees*, S.16, 30.

1612 Siehe oben S.236 Fußn.1344.

1613 *OGSt* 2, 168, 171; *OGSt* 2, 272, 275; *OGSt* 2, 276, 278.

1614 Vgl. hierzu *Benjamin*, NJ 1953, 61; *Hinzpeter*, S.22.

1615 GBl. S.982.

1616 Vgl. hierzu *Hinzpeter*, S.22; *Erich Hübner*, S.84; *H. Weber u.a.*, in: Lekschas/Buchholz (Red.), Lehrbuch DDR-Strafrecht, S.89.

1617 Dabei war im Urteilstenor allein von der Verletzung des VESchG zu sprechen (*H. Reuter*, NJ 1953, 231, 232).

1618 Vgl. hierzu *Buchholz*, in: Heuer (Hrsg.), Rechtsordnung der DDR, S.273, 288; *Hinzpeter*, S.32; *H. Weber u.a.*, in: Lekschas/Buchholz (Red.), Lehrbuch DDR-Strafrecht, S.89.

1619 *OG*, NJ 1953, 596, 597; vgl. hierzu auch *Hinzpeter*, S.43.

1620 *OG*, NJ 1953, 596, 597.

1621 Vgl. hierzu *Böhme*, NJ 1954, 75; *Hinzpeter*, S.39f.; *OG*, NJ 1953, 686.

1622 Soweit *Lieser*, S.45, ohne Beleg ausführt, daß der 17. Juni 1953 eine gründliche Umstellung in der Rechtsprechung zum VESchG gebracht habe, ist dies zweifelsohne ein interessanter Gedanke, doch schon im Hinblick auf die o.g. Rundverfügung dürfte es zweifelhaft sein, ob sich diese Behauptung verifizieren läßt.

toren der Bezirksgerichte am 4.8.1953 als auch am 29.8.1953 auf der Babelsberger Juristenkonferenz; als Ergebnis der Babelsberger Konferenz wurde eine Gerichtspraxis eingeleitet, die bei weniger schweren Angriffen auf gesellschaftliches Eigentum die Straftatbestände des StGB anwendet.[1623] In der höchstrichterlichen Rechtsprechung kam diese Auffassung allerdings schon am 27.8.1953 in einem Urteil des *OG* zum Ausdruck: mit bemerkenswert selbstkritischen Äußerungen gestand das *OG* zunächst auch eigene Fehler bei der Anwendung des VESchG ein, wollte nun aber aus der Überschrift und der Präambel[1624] dieses Gesetzes und insbesondere aus der Höhe der angedrohten Strafen entnehmen, daß das Gesetz nur auf schwerwiegende Angriffe gegen Volkseigentum oder anderes gesellschaftliches Eigentum anzuwenden sei. Das VESchG sei kein Spezialgesetz für alle Angriffe auf gesellschaftliches Eigentum, sondern vielmehr ein Spezialgesetz zu den Strafbestimmungen des StGB.[1625] Auch ein Urteil des *OG* vom 1.9.1953 lag auf dieser Linie.[1626]

Trotzalledem bestand in der täglichen Gerichtspraxis bei der Würdigung von Angriffen auf Volkseigentum weiterhin Unsicherheit.[1627] Daraufhin erließ das *Plenum des OG* am 28.10.1953 eine Richtlinie für die Anwendung des VESchG. Diese Richtlinie hatte gemäß § 58 DDR-GVG bindende Wirkung für alle Gerichte. In ihr wurde bestimmt, daß das VESchG nur auf schwere Angriffe gegen gesellschaftliches Eigentum anzuwenden sei; in allen anderen Fällen seien die sonstigen dem Schutze des Eigentums und des Vermögens dienenden Strafbestimmungen – wie auch § 263 StGB a.F. – anzuwenden. Ob ein schwerer Angriff gegen gesellschaftliches Eigentum vorliegt, sei nach den objektiven und subjektiven Umständen der Tat und ihrem gesellschaftlichen Zusammenhang zu beurteilen. Dabei seien vor allem der eingetretene oder mögliche Schaden und die sonst zu erwartenden Folgen, insbesondere die drohende Schmälerung des Vertrauens der Werktätigen zu den staatlichen Einrichtungen und zu ihren gesellschaftlichen Organisationen, sowie die in der Person des Täters liegenden Umstände, namentlich seine gesellschaftliche Stellung, zu berücksichtigen.[1628] [1629] – Das VESchG galt in der DDR bis einschließ-

---

1623 Vgl. hierzu *Böhme*, NJ 1954, 75; *Hinzpeter*, S.40.

1624 Diese lautete:
„Zum Schutze des staatlichen und genossenschaftlichen Eigentums, das die ökonomische Basis des Aufbaues des Sozialismus in der Deutschen Demokratischen Republik darstellt, und zum Schutze des Eigentums gesellschaftlicher Organisationen hat die Volkskammer der Deutschen Demokratischen Republik das nachstehende Gesetz beschlossen:" (GBl. 1952 S.982).

1625 *OG*, NJ 1953, 596, 597; zustimmend etwa *Erich Hübner*, S.85.

1626 *OG*, NJ 1953, 595; siehe auch *BezG Erfurt*, NJ 1953, 600 („Das VESchG findet seiner Natur nach mit Rücksicht auf die damit angedrohten besonders schweren Strafen nur auf die Taten Anwendung, die sich als besonders schwere Angriffe gegen das Volkseigentum darstellen.").

1627 Vgl. hierzu *OG*, NJ 1953, 686.

1628 *OG*, NJ 1953, 686, 688; zustimmend etwa *Böhme*, Der Schöffe 1954, 17, 18ff.; *Erich Hübner*, S.85; *Löwenthal*, Der Schöffe 1958, 79, 82.

1629 Diese Richtlinie wurde am 14.11.1953 allen Richtern in Seminarveranstaltungen ausführlich erläutert; offengebliebene Fragen wurden am 15.12.1953 auf einer Arbeitstagung im Ministerium der Justiz mit den Direktoren der Bezirksgerichte endgültig geklärt. Daneben erfolgte eine laufende operative Anleitung der Bezirksgerichte und der Justizverwaltungsstellen durch die Inlich 31.1.1958 (vgl. § 31 I StEG). Bis zu diesem Zeitpunkt konnte damit also in der gerichtlichen Praxis bei einem Betrug zum Nachteil öffentlichen Vermögens entweder § 263 StGB a.F. oder § 1 II VESchG eingreifen.

Das Nebeneinander zwischen StGB und VESchG erwies sich in der praktischen Handhabung allerdings trotz der Richtlinie des *OG* als schwierig.[1630] Unter anderem aus diesem Grund wurde das Gesetz zur Ergänzung des Strafgesetzbuches - Strafrechtsergänzungsgesetz - vom 11.12.1957[1631] (StEG) geschaffen, das am 1.2.1958 in Kraft trat. Nach § 31 II StEG war § 263 StGB a.F. nunmehr für die Bestrafung eines Betrugs zum Nachteil gesellschaftlichen Eigentums, zu dem nach § 28 StEG auch ausdrücklich das Volkseigentum als das „Eigentum des Arbeiter-und-Bauern-Staates" zählte, nicht mehr anwendbar. Insoweit war vielmehr ausschließlich das StEG anzuwenden.[1632] Dabei war die Strafbarkeit eines Betrugs zum Nachteil gesellschaftlichen Eigentums in § 29 StEG bestimmt, wo allerdings bei den Tatbestandsvoraussetzungen wiederum auf § 263 StGB a.F. Bezug genommen wurde.[1633] Die hohen Strafdrohungen des VESchG waren insoweit zurückgenommen; das nunmehr eröffnete Strafmaß für betrügerische Angriffe auf gesellschaftliches Eigentum entsprach weitgehend demjenigen des damals in der DDR geltenden § 263 StGB a.F.[1634]; besonders schwere Fälle waren in § 30 StEG geregelt. Für leichte Fälle bewirkte auch § 8 I StEG eine erhebliche Veränderung gegenüber dem Zustand unmittelbar nach Inkrafttreten des VESchG: Drohte früher noch eine Mindeststrafe von einem Jahr Zuchthaus für jeden Betrug, der Volkseigentum schädigte, bestimmte § 8 I StEG nun, daß bei geringfügigen Handlungen unter bestimmten Voraussetzungen überhaupt keine Straftat vorliegt.[1635] In ihrem Anwendungsbereich war diese Vorschrift freilich nicht auf Angriffe auf gesellschaftliches Eigentum beschränkt, sondern ergänzte den Allgemeinen Teil. Daß im StEG trotz der weitgehend gleichen Strafrahmen für betrügerische Angriffe auf gesellschaftliches und nichtgesellschaftliches Eigentum überhaupt gesonderte Normen für Angriffe auf ersteres enthalten waren, dürfte seinen Grund wohl darin gehabt haben, daß die Bedeutung, die dieser Eigentumsform in der sozialistischen Ideologie zukam, her-

---

strukteure der Hauptabteilung Rechtsprechung, Revision und Statistik des Ministeriums der Justiz (vgl. hierzu *Böhme*, NJ 1954, 75f.).

1630 Vgl. hierzu *Melsheimer*, NJ 1958, 41, 48f.; siehe dazu auch *Hinzpeter*, S.43; *Nees*, S.31.

1631 GBl. I S.643.

1632 *Hinzpeter*, S.52; *Melsheimer*, NJ 1958, 41, 49.

1633 *§ 29 I 1 StEG* lautete:
„Wer durch [...] Betrug (§ 263 StGB) [...] gesellschaftliches Eigentum angreift, wird mit [...] bestraft."

1634 Vgl. hierzu eingehend *Hinzpeter*, S.54f. (mit Ausführungen auch zur neueingeführten Strafe des öffentlichen Tadels i.S. des § 3 StEG); siehe auch *Lieser*, S.46; *Nees*, S.34; anders allerdings *Forek*, S.30f., 31.

1635 *§ 8 I StEG* lautete:
„Eine Straftat liegt nicht vor, wenn die Handlung zwar dem Wortlaut eines gesetzlichen Tatbestands entspricht, aber wegen ihrer Geringfügigkeit und mangels schädlicher Folgen für die Deutsche Demokratische Republik, den sozialistischen Aufbau, die Interessen des werktätigen Volkes sowie des einzelnen Bürgers nicht gefährlich ist."

ausgestellt werden sollte.[1636] Auch wenn vereinzelt ausgeführt wurde, daß jede Entscheidung bei der Anwendung des StEG ein politischer Akt sei, der die Entwicklung des Sozialismus vorantreiben müsse[1637], bestrafte auch die überwiegende gerichtliche Praxis Betrug zum Nachteil gesellschaftlichen Eigentums unter der Geltung des StEG nicht schärfer als einen vergleichbaren Betrug zum Nachteil nichtgesellschaftlichen Eigentums.[1638] Mitte der sechziger Jahre fand sich diese Auffassung – prinzipiell gleicher strafrechtlicher Schutz sozialistischen und nichtsozialistischen Eigentums – auch im Schrifttum.[1639]

1968 erfuhr das DDR-Strafrecht dann eine grundlegende Veränderung:

Am 1.7.1968 traten sowohl das StGB vom 15.5.1871 in der damals geltenden Fassung als auch das StEG außer Kraft, und gleichzeitig trat das Strafgesetzbuch der Deutschen Demokratischen Republik[1640] in Kraft. Dieses DDR-StGB scheint auf den ersten Blick den gewandelten Anschauungen keine Rechnung getragen zu haben: denn es differenzierte zwischen „Straftaten gegen das sozialistische Eigentum und die Volkswirtschaft“ – so die Überschrift des 5. Kapitels – und „Straftaten gegen das persönliche und private Eigentum“ (6. Kapitel)[1641], und unterschied auf dieser Grundlage zwischen Betrug zum Nachteil sozialistischen Eigentums (§ 159 DDR-StGB) und Betrug zum Nachteil persönlichen oder privaten Eigentums (§ 178 DDR-StGB). Mit der Voranstellung der Straftaten zum Nachteil sozialistischen Eigentums sollte dabei zum Ausdruck gebracht werden, daß das sozialistische Eigentum – wozu nach § 157 I DDR-StGB auch ausdrücklich das Volkseigentum zählte – gegenüber dem persönlichen und privaten Eigentum einen höheren Rang einnimmt.[1642] Von daher drängt sich die Vermutung auf, daß das DDR-StGB das sozialistische Eigentum stärker gegen betrügerische Angriffe schützte als das nichtsozialistische Eigentum.

Bei näherem Hinsehen zeigt sich jedoch, daß sich diese Mutmaßung kaum bestätigen läßt: Betrachtet man den Wortlaut des Gesetzes, ergibt sich bereits, daß der Betrug – bis auf die Merkmale des sozialistischen Eigentums einerseits und des persönlichen und privaten Eigentums andererseits, die jeweils die Angriffsrichtung der Handlung bestimmen – gänzlich gleichlautend geregelt war, und zwar sowohl hinsichtlich der tatbestandlichen Voraussetzungen als auch in bezug auf die Strafdro-

---

1636 In diesem Sinne *Buchholz*, NJ 1964, 530; vgl. hierzu *Hinzpeter*, S.59; *Nees*, S.34f. – *Lieser*, S.47, erschienen die §§ 28-31 StEG sogar schlechthin überflüssig.

1637 *Schwarz/Beyer*, NJ 1958, 736, 738.

1638 Vgl. hierzu *Hinzpeter*, S.57f.; siehe auch *Lieser*, S.47.

1639 *Buchholz*, NJ 1964, 530; vgl. hierzu *Nees*, 16f.

1640 GBl. 1968 I S.1; zur Entstehungsgeschichte dieses Gesetzes *Schroeder*, S.40ff.

1641 Diese Differenzierung ist laut *Nees*, S.84f., 85, sowjetrussischer Herkunft. Vergleichbare Unterscheidungen zwischen Straftaten gegen sozialistisches und Straftaten gegen nichtsozialistisches Vermögen fanden sich früher in fast allen sozialistischen Staaten (vgl. hierzu *Forek*, S.30ff. mit ausführlicher Übersicht; *Hinzpeter*, S.1; *Lernell*, StuR 1959, 1486, 1487); in Ungarn wurde die Trennung 1972 allerdings aufgegeben (vgl. hierzu *Schroeder*, S.103).

1642 Vgl. hierzu *Schroeder*, S.101.

hungen und Strafschärfungsgründe.[1643] [1644] Konsequenterweise wurde daher auch in den Kommentierungen der §§ 178-181 DDR-StGB auf die Ausführungen zum Betrug zum Nachteil sozialistischen Eigentums ausdrücklich Bezug genommen.[1645] Die Differenzierung zwischen Delikten gegen sozialistisches Eigentum und solchen gegen persönliches und privates Eigentum wurde dabei im Schrifttum mit den bestehenden „unterschiedlichen ökonomischen Funktionen" begründet.[1646] Die Unterscheidung sollte dazu beitragen, „die sozialistische Einstellung der Bürger zum sozialistischen Eigentum zu fördern", und sollte mithelfen, den in der Verfassung normierten Grundsatz des Schutzes des sozialistischen Eigentums zu verwirklichen.[1647] Dennoch wurde betont, daß sich der Gedanke unterschiedlicher Wertigkeit vom Aspekt der Strafandrohung her insoweit nicht stelle.[1648] Aus den vorstehenden Äußerungen der Literatur läßt sich eine höhere Strafwürdigkeit von betrügerischen Angriffen auf sozialistisches Eigentum unter der Geltung des DDR-StGB somit nicht entnehmen. Gegen die Annahme einer verankerten höheren Strafwürdigkeit spricht schließlich auch § 157 III DDR-StGB, wo bestimmt war, daß ein Täter, der sich zur Zeit der Tat über die Art des Eigentums irrte, nach der Bestimmung zu bestrafen war, die durch seine Handlung objektiv verletzt worden war.[1649]

Vereinzelt enthielt das DDR-StGB allerdings Bestimmungen, die zu einem geringfügig verstärkten Schutz des sozialistischen Eigentums führten: So konnten nach § 56 DDR-StGB die instrumenta et producta sceleris gerichtlich eingezogen werden, sozialistisches Eigentum war aber nach § 56 II DDR-StGB von der gerichtlichen Einziehung ausgeschlossen.[1650] Und auch die Regelung der Vermögenseinziehung in § 57 DDR-StGB dürfte faktisch ebenso wie § 25 Nr.2 DDR-StGB auf einen leicht verstärkten Schutz des sozialistischen Eigentums hinausgelaufen sein.[1651] Diese Unterschiede waren jedoch nur von untergeordneter Bedeutung.[1652]

1643 *DDR-Kommentar*[5] Vorbem. 6. Kapitel a.E.; *Hinzpeter*, S.61; *Roggemann*[2], S.62/66f.; *Schroeder*, S.101; siehe ferner *Woesner*, NJW 1969, 257, 261; siehe im DDR-StGB §§ 159-162 DDR-StGB einerseits, §§ 178-181 DDR-StGB andererseits.

1644 Dabei konnte der Betrug als bloße Verfehlung (§§ 160, 179 DDR-StGB), als Vergehen (§§ 161, 180 DDR-StGB) oder als verbrecherischer Betrug (§§ 162, 181 DDR-StGB) erfaßt werden [eingehend dazu *Griebe*, in: Humboldt-Universität Berlin, Sektion Rechtswissenschaft (Hrsg.), StrafR BT 5, S.76ff.; *Nees*, S.60ff.]. Eine § 8 I StEG ähnelnde Bestimmung enthielt § 3 I DDR-StGB.

1645 *DDR-Kommentar*[5] Vorbem. 6.Kapitel a.E., *Griebe/Rödszus*, in: DDR-Lehrkommentar Anm.2 a.E. zu § 181.

1646 *Buchholz*, NJ 1964, 530; *ders u.a.*, in: DDR-Lehrkommentar Anm.1 zu § 157; *DDR-Kommentar*[5] Vorbem. 6. Kapitel; *Griebe*, in: Humboldt-Universität Berlin, Sektion Rechtswissenschaft (Hrsg.), StrafR BT 5, S.54.

1647 *Buchholz u.a.*, in: DDR-Lehrkommentar Anm.1 zu § 157; siehe auch *Buchholz*, NJ 1964, 530 („erzieherische Gründe").

1648 *Griebe*, in: Humboldt-Universität Berlin, Sektion Rechtswissenschaft (Hrsg.), StrafR BT 5, S.55f.; *Heilborn* bei Plat, ZStW 82 (1970), 74, 95.

1649 *Schroeder*, S.103, der zudem – wie etwa auch *Rodingen*, RuG 1972, 335, 336 – in § 157 III DDR-StGB einen Verstoß gegen das Schuldprinzip erblickt.

1650 Siehe dazu auch *Hinzpeter*, S.64f.

1651 Der Wortlaut des § 57 DDR-StGB differenzierte zwar nicht zwischen den verschiedenen Eigentumsformen, verlangte aber für die Aussprache der Vermögenseinziehung bei einem Betrug u.a. eine erhebliche Schädigung der sozialistischen Gesellschaftsverhältnisse (§ 57 I 2 DDR-StGB).

Betrachtet man das DDR-StGB in seiner Gesamtheit, kommt man also zu dem Ergebnis, daß das DDR-StGB das sozialistische Eigentum gegen betrügerische Angriffe nicht in bedeutsamer Weise stärker schützte als das nicht sozialistische Eigentum und dies auch nicht sollte[1653] [1654]; die Aufspaltung in verschiedene Betrugstatbestände beruhte nur auf ideologischen[1655] bzw. erzieherischen[1656] Gründen. Ob auch in der Rechtsprechung entsprechend verfahren wurde, ist damit allerdings nicht gesagt; möglicherweise wurden dort auch unter der Geltung des DDR-StGB betrügerische Angriffe auf sozialistisches Eigentum für strafwürdiger erachtet als solche auf persönliches oder privates Eigentum.[1657] Zwar berichtet *Griebe*, daß dem Schutz des sozialistischen Eigentums in der gerichtlichen Praxis damals mitunter „fehlerhafterweise" sogar eine geringere Bedeutung beigemessen worden sei als dem Schutz des persönlichen und privaten Eigentums.[1658] Doch zumindest die Mitglieder des Präsidiums des OG *Keil* und *Wittenbeck* forderten noch 1979 leidenschaftlich – unter dem Titel „Die gesellschaftliche Wirksamkeit der Rechtsprechung zum Schutz des sozialistischen Eigentums erhöhen!" –, „einen entschiedenen Kampf gegen Angriffe auf sozialistisches Eigentum zu führen"; ihre Ausführungen zum Schutz des persönlichen Eigentums fielen dagegen deutlich weniger leidenschaftlich aus: Angriffen auf solches Eigentum sei „wirksam zu begegnen".[1659]

Eine solche Schädigung konnte aber durch einen Betrug zum Nachteil persönlichen oder privaten Eigentums kaum entstehen, sondern dürfte wohl nur bei Angriffen auf sozialistisches Eigentum überhaupt in Betracht gekommen sein (vgl. hierzu eingehend *Hinzpeter*, S.65f.). Ähnliches dürfte auch für § 25 Nr.2 DDR-StGB gelten (vgl. hierzu *Hinzpeter*, S.66 [zu den historischen Wurzeln des § 25 DDR-StGB *Schroeder*, S.127]).

1652 *Hinzpeter*, S.66.

1653 *Hinzpeter*, S.66; *Schroeder*, S.103; siehe auch *Roggemann*², S.62/66.

1654 Dies läßt sich jedoch keineswegs für alle ehemals sozialistischen Staaten verallgemeinern: So wurde beispielsweise Mitte der 60er Jahre Betrug zum Nachteil sozialistischen Eigentums in Bulgarien dergestalt geahndet, daß die für den Betrug zum Nachteil nichtsozialistischen Eigentums vorgesehene Strafe um die Hälfte erhöht wurde (vgl. hierzu *Forek*, S.31 i.V. mit S.33). Siehe zum teilweise massiv erhöhten Schutz des sozialistischen Eigentums in der UdSSR *Nees*, S.85f.; *Schroeder*, S.102f.; zur Situation in der sozialistischen Republik Rumänien *Forek*, S.25ff., 122ff.; zur Situation in anderen ehemals sozialistischen Staaten *Forek*, S.29ff.; Nachweise zum Ganzen aus dem rumänischen Schrifttum bei *Forek*, S.VIIIf.

1655 Vgl. hierzu *Roggemann*², S.62/66; *Schroeder*, S.102f. („lächerliche Unterscheidung", „weitgehend Traditionspflege").

1656 Vgl. hierzu *Hinzpeter*, S.67.

1657 Beispiele kreisgerichtlicher Entscheidungen zu Angriffen auf unterschiedliche Eigentumsformen (*KrG Dresden* Stadtbezirk Süd vom 28.10.1974, Süd S 185/74 -131-1349/74 (S) -3-; *KrG Dresden* Stadtbezirk Nord vom 8.5.1975, Nord S 69/75 111-2-221/75-2-; *KrG Dresden* Stadtbezirk Mitte vom 20.8.1975, Mitte S 120/75 1111-494/75-2-) sind abgedruckt bei *Arnold*, S.512ff.; an ihnen fällt auf, daß Ausführungen zur „Wertigkeit" sozialistischen Eigentums einerseits und nichtsozialistischen Eigentums andererseits sowie zur unterschiedlichen Bedeutung dieser Eigentumsformen in der sozialistischen Ideologie fehlen.

1658 *Griebe*, in: Humboldt-Universität Berlin, Sektion Rechtswissenschaft (Hrsg.), StrafR BT 5, S.55.

1659 *Keil/Wittenbeck*, NJ 1979, 297.

D. Exkurs: § 263 StGB zum Nachteil Dritter bei Angriffen auf öffentliches Vermögen?

Im bisherigen Verlauf der Arbeit wurde lediglich untersucht, unter welchen Voraussetzungen ein Vermögensschaden der öffentlichen Hand bejaht werden kann, wenn eine öffentliche Leistung erschlichen wird. Allerdings kommt in dieser Konstellation auch das Vorliegen eines Betrugs zum Nachteil Dritter – nämlich der übrigen (berechtigten) Mitbewerber bzw. Antragsteller – in Betracht. Ob § 263 StGB insoweit eingreift, soll im folgenden näher beleuchtet werden:

Handelt es sich um eine zumindest teilweise unentgeltliche Zuwendung der öffentlichen Hand, kommt ein Betrug zum Nachteil solch Dritter von vornherein nicht in Betracht, wenn die für die betreffenden Zuwendungen bestimmten Mittel unbeschränkt sind[1660]: denn dann wirkt sich eine mißbräuchliche Inanspruchnahme eindeutig nicht auf die Vermögenslage berechtigter Personen aus.[1661] Sind die zur Verfügung stehenden Mittel dagegen beschränkt, gestaltet sich die Beurteilung auf den ersten Blick schwieriger: In dieser Konstellation wird eingehend problematisiert, ob – und wenn ja, unter welchen Voraussetzungen – hier die Schädigung einer vermögenswerten Anwartschaft vorliegt.[1662] Dabei wird teilweise auch vertreten, daß die Verringerung einer Anwartschaft bloß um einen wirtschaftlich nicht mehr meßbaren Mikrowert nicht als Vermögensschaden i.S. des § 263 StGB angesehen werden könne.[1663] Und vereinzelt wird angenommen, hier sei insgesamt weniger das Tatbestandsmerkmal des Vermögensschadens problematisch als vielmehr das der Stoffgleichheit.[1664] Im vorliegenden Zusammenhang kann es freilich auf sich beruhen, ob und ggf. unter welchen Voraussetzungen hier das Vorliegen eines betrugsrelevanten Vermögensschadens zu bejahen wäre, und auch, ob das Merkmal

---

1660 *Schmitt*, PolBl. 1967, 177, 179; *Tiedemann*, Subventionskriminalität, S.309f. m.w.N.

1661 *Schmitt*, PolBl. 1967, 177, 179.

1662 Siehe dazu (im einzelnen unterschiedlich) *Arzt*, in: Arzt/Weber, LH 3^2, S.188 Rdnr.497 a.E.; *Hoppenz*, S.7ff.; *Lackner*, in: LK^{10} § 263 Rdnr.139 m.w.N.; *Maiwald*, in: Maurach/Schroeder/Maiwald, BT 1^8, S.456f. Rdnr.104; *H. Schäfer/Seyler*, GA 1963, 338, 339ff.; *Tiedemann*, ZStW 86 (1974), 897, 907; ders., Subventionskriminalität, S.309f.; ders., Wirtschaftsstrafrecht 2, S.95f.; *BGHSt* 19, 37, 42f.

1663 *Cramer*, S.219 Fußn.79; *Maurach*, NJW 1961, 625, 628; *Tiedemann*, Subventionskriminalität, S.310 m.w.N.; *OLG Hamburg*, NJW 1962, 1407, 1408; *OLG Celle*, NJW 1963, 263; siehe auch *Tiedemann*, ZStW 86 (1974), 897, 907; ders., Wirtschaftsstrafrecht 2, S.96; zurückhaltender *H. Schäfer/Seyler*, GA 1963, 338, 341; unabhängig von der hier beleuchteten Konstellation vertritt auch *Haft*, AT^7, S.109, daß in bestimmten Fällen bereits nach dem Geringfügigkeitsgrundsatz die Tatbestandsmäßigkeit zu verneinen sei.

1664 *Betschart*, S.43ff., läßt offen, unter welchen Voraussetzungen hier eine vermögenswerte Anwartschaft vorliege (a.a.O., S.43), und hebt stattdessen auf das Merkmal der Stoffgleichheit ab: der Täter erstrebe nicht die Anwartschaft eines weiteren Antragstellers, sondern einen Vorteil aus dem Vermögen der öffentlichen Hand. Das Erfordernis der Stoffgleichheit verlange, daß der Vorteil unmittelbar aus dem Vermögen des Geschädigten stammen müsse (a.a.O., S.44). Erleide ein Dritter durch die Vernichtung einer Anwartschaft einen Vermögensschaden, würde der Betrugstatbestand den Dritten daher nur insoweit schützen, als die öffentliche Hand als Verfügende zugleich in ihrem eigenen Vermögen geschädigt sei (a.a.O., S.45f.). Zur Frage der Stoffgleichheit ferner *Mohrbotter*, GA 1971, 321, 324ff.

der Stoffgleichheit erfüllt wäre, denn es fehlt in der hier erörterten Konstellation bereits an einer Vermögensverfügung – schließlich hat der Amtswalter keine unmittelbare Einwirkungsmacht auf das Vermögen der Dritten.[1665] Daher begründet die Erschleichung öffentlicher Zuwendungen, die zumindest teilweise unentgeltlich sind, so oder so keinen Betrug zum Nachteil etwaiger berechtigter Dritter.[1666] Vergleichbares gilt auch, wenn eine öffentliche Leistung im Rahmen eines objektiv ausgeglichenen Geschäfts erschlichen wird: auch dann fehlt es zumindest an einer Vermögensverfügung über das Vermögen der anderen Bewerber.[1667] [1668]

1665 *Cramer*, S.219 Fußn.79 a.E.; *Tiedemann*, Subventionskriminalität, S.310; siehe auch *Schröder*, in: Schönke/Schröder[17] § 263 Rdnr.46a, 65; grundsätzlich wird das Fehlen einer Vermögensverfügung über das Vermögen der anderen Antragsteller auch von *Betschart*, S.44, anerkannt, dem es für die Bejahung des Tatbestandsmerkmals der Vermögensverfügung allerdings ausreicht, daß hier eine Verfügung über das Vermögen der öffentlichen Hand vorliegt, und für den das Auseinanderfallen der betreffenden Vermögensmassen dann ein Problem der Stoffgleichheit ist; a.M. *Gössel*, BT 2, S.391 Rdnr.173.

1666 So i.E. (jedoch ohne nähere Begründung) auch *Otto*, Struktur, S.289 mit Fußn.100.

1667 *Cramer*, S.220f. Fußn.82 a.E.; ders., in: Schönke/Schröder[25] § 263 Rdnr.67; *Schröder*, in: Schönke/Schröder[17] § 263 Rdnr.46a, 65.

1668 Zu der hier nicht entscheidenden Frage des Vorliegens einer vermögenswerten Anwartschaft in dieser Konstellation etwa *Lackner*, Vermögen und Vermögensbeschädigung, S.50ff.; *Maiwald*, in: Maurach/Schroeder/Maiwald, BT 1[8], S.456 Rdnr.104; *Samson/Günther*, in: SK[5] § 263 Rdnr.122; *Schmitt*, PolBl. 1967, 177, 179; *RGSt* 73, 382, 384.

Gesamtergebnis

Die vorstehende Untersuchung hat zum einen ergeben, daß § 263 StGB nicht nur auf privates, sondern grundsätzlich auch auf inländisches öffentliches Vermögen sowie auf Vermögen der Europäischen Gemeinschaften anwendbar ist.

Im Mittelpunkt stand jedoch eine Aufarbeitung der Problematik des Vermögensschadens. Dabei hat sich nicht nur herausgestellt, daß ein objektiv-individuelles Schadensverständnis zugrunde zu legen ist, sondern es hat sich vor allem gezeigt, daß sich mit einer wirklich konsequent gehandhabten objektiv-individuellen Betrachtungsweise im Rahmen des § 263 StGB bei Angriffen auf öffentliches Vermögen sowohl kriminalpolitisch als auch dogmatisch befriedigende Ergebnisse erzielen lassen. Bei der Anwendung der Figur des persönlichen Schadenseinschlags ist dabei insbesondere zu berücksichtigen, daß die individuellen Verhältnisse im Bereich der öffentlichen Haushalte ganz maßgeblich durch haushaltsrechtliche Ansätze, Vorschriften und Richtlinien vorgezeichnet sind. Gleichwohl ist an dieser Stelle zu betonen, daß nicht jeder Verstoß gegen haushaltsrechtliche Bestimmungen zu einem Vermögensschaden führt. Über die Figur des persönlichen Schadenseinschlags ist es schließlich auch gelungen, Zweckverfehlungen im Bereich zweckgebundenen Vermögens – und öffentliches Vermögen ist regelmäßig an spezifische Zwecke gebunden – zu erfassen: die Verfehlung des festgeschriebenen Zwecks begründet dort bei objektiv ausgeglichenen Geschäften grundsätzlich einen Anwendungsfall des persönlichen Schadenseinschlags und auch bei wirtschaftlich unausgeglichenen Geschäften liegt dort im Ergebnis im Falle einer solchen Zweckverfehlung grundsätzlich ein betrugsrelevanter – mit dem Kriterium der unbewußten Selbstschädigung in Einklang stehender – Vermögensschaden vor. Der Annahme eines „wesensmäßigen" Unterschieds zwischen zweckgebundenem und nichtzweckgebundenem Vermögen bedarf es dazu nicht, und auch zwischen öffentlichem und privatem Vermögen ist insoweit nicht „wesensmäßig" zu unterscheiden.

× × ×

Literaturverzeichnis

Achenbach, H.: Anmerkung zu BGH vom 20.1.1987, 1 StR 456/86, BGHSt 34, 265ff.; in: JR 1988, S.251-254

Adamovich, Ludwig / Funk, Bernd-Christian: Allgemeines Verwaltungsrecht; 2. Auflage, Wien, New York 1984

Ahn, Kyongok: Das Prinzip der Schadensberechnung und die Vollendung des Betruges bei zweiseitigen Vertragsverhältnissen; Frankfurt (Main), Berlin, Bern, New York, Paris, Wien 1995, zugl. Diss. Univ. Kiel 1994

Albrecht, E.: Besprechung von Maurenbacher, Romeo: Grundsätze des heutigen deutschen Staatsrechts; in: GgA 1837, S.1489-1504, 1508-1515

Alwart, Heiner: Über die Hypertrophie eines Unikums (§ 265a StGB); in: JZ 1986, S.563-569

Amelung, Knut: Rechtsgüterschutz und Schutz der Gesellschaft; Frankfurt (Main) 1972, zugl. Diss. Univ. Göttingen 1971

ders.: Unternehmerpfandrecht und Schadensberechnung beim Betrug; in: NJW 1975, S.624-626

Appel, Ivo: Verfassung und Strafe, Zu den verfassungsrechtlichen Grenzen staatlichen Strafens; Berlin 1998, zugl. Diss. Univ. Freiburg 1996/97

ders.: Rechtsgüterschutz durch Strafrecht?; in: KritV 1999, S.278-311

Ardinay, Henri: Der Betrug nach dem Schweizerischen Strafgesetzbuch; in: SchwZStR 86 (1970), S.225-326

Arnold, Jörg: Die Normalität des Strafrechts der DDR, Band 1: Gesammelte Beiträge und Dokumente; Freiburg 1995

Arzt, Gunther: Schadensberechnungsprobleme beim Betrug; in: Gedächtnisschrift für Peter Noll, Zürich 1984, S.169-181

Arzt, Gunther / Weber, Ulrich: Strafrecht, Besonderer Teil, LH 3: Vermögensdelikte (Kernbereich); 2. Auflage, Bielefeld 1986

dies.: Strafrecht, Besonderer Teil, LH 4: Wirtschaftsstraftaten, Vermögensdelikte (Randbereich), Fälschungsdelikte; 2. Auflage, Bielefeld 1989

Backes, Peter: Zur Problematik der Abgrenzung von Tatbestands- und Verbotsirrtum im Steuerstrafrecht; Diss. Univ. Köln 1981

Backmann, Leonhard: Die Abgrenzung des Betrugs von Diebstahl und Unterschlagung; Köln, Berlin, Bonn, München 1974

Baumann, Jürgen: Endlich strafrechtliche Bekämpfung des Submissionsbetruges; in: NJW 1992, S.1661-1665

Baumann, Jürgen / Weber, Ulrich / Mitsch, Wolfgang: Strafrecht, Allgemeiner Teil; 10. Auflage, Bielefeld 1995

Becker, Enno: Die Reichsabgabenordnung; 6. Auflage, Berlin 1928

Benda, Ernst / Maihofer, Werner / Vogel, Hans-Jochen (Hrsg.): Handbuch des Verfassungsrechts der Bundesrepublik Deutschland; 2. Auflage, Berlin, New York 1994

Benfer, Jost: Besonderes Strafrecht I: Straftaten gegen den einzelnen; 2. Auflage, Köln, Berlin, Bonn, München 1986

Benjamin, Hilde: Volkseigentum ist unantastbar!; in: NJ 1953, S.61-63

Berger, Sebastian: Besprechung von Wolf, Gerhard: Die Strafbarkeit der rechtswidrigen Verwendung öffentlicher Mittel; in: GA (im Erscheinen)

Berner, Albert Friedrich: Lehrbuch des Deutschen Strafrechtes; 18. Auflage, Leipzig 1898

Bertel, Christian: Der Behördenbetrug; in: ÖAnwBl. 1976, S.203-205

ders.: Die Vermögensdelikte im StGB; Eisenstadt 1980
ders.: Zum Problem des „Behördenbetruges"; in: ÖJZ 1989, S.144-145
Bertel, Christian / Schwaighofer, Klaus: Österreichisches Strafrecht, Besonderer Teil I: §§ 75 bis 168a StGB; 5. Auflage, Wien, New York 1998
dies.: Österreichisches Strafrecht, Besonderer Teil II: §§ 169 bis 321 StGB; 4. Auflage, Wien, New York 1999
Berz, Ulrich: Das Erste Gesetz zur Bekämpfung der Wirtschaftskriminalität; in: BB 1976, S.1435-1441
Betschart, Meinrad: Grundfragen der strafrechtlichen Erfassung betrügerischen Verhaltens gegenüber dem Staat; Diss. Univ. Bern 1991
Bieneck, Klaus: Die Rechtsprechung des BGH zur Haushaltsuntreue – zugleich eine Anmerkung zu BGH wistra 1998, 103 –; in: wistra 1998, S.249-251
Biener, Herbert: Gesetz zur Bekämpfung der Wirtschaftskriminalität; in: Bundessteuerberaterkammer / Deutsches wissenschaftliches Steuerinstitut der Steuerberater und Steuerbevollmächtigten e.V. (Hrsg.), Steuerberaterkongreß-Report 1977, S.367-386
Binding, Karl: Lehrbuch des Gemeinen Deutschen Strafrechts, Besonderer Teil, Erster Band; 2. Auflage, Leipzig 1902
Bittmann, Folker: Das BGH-Urteil im sog. „Bugwellenprozeß" – das Ende der Haushaltsuntreue?; in: NStZ 1998, S.495-497
Blonski, Justin: Einige Bemerkungen über die Principien und das System des Gefällsstrafrechtes; in: AöGZ 1883, S.297-298, 301-302, 305-306
Bockelmann, Paul: Wandlungen in der Betrugsrechtsprechung des Reichsgerichts; in: DR 1942, S.1112-1115
ders.: Der Unrechtsgehalt des Betruges; in: Festschrift für Eduard Kohlrausch zum 70. Geburtstag, Berlin 1944, S.226-252
ders.: Zum Begriff des Vermögensschadens beim Betrug; in: JZ 1952, S.461-465
ders.: Die Behandlung unvollkommener Verbindlichkeiten im Vermögensstrafrecht; in: Festschrift für Edmund Mezger zum 70. Geburtstag, München, Berlin 1954, S.363-382
ders.: Strafrecht, Besonderer Teil/1: Vermögensdelikte; 2. Auflage, München 1982
Bode, Hans Jürgen: Zum Vermögensschaden beim Erschleichen der Zuteilung von Volkswagen-Aktien; in: NJW 1963, S.238-239
Böckenförde, Ernst-Wolfgang: Gesetz und gesetzgebende Gewalt; 2. Auflage, Berlin 1981
Böhme, Fritz: Zur Rechtsprechung bei Angriffen auf Volkseigentum; in: NJ 1954, S.75-77
ders.: Die demokratische Gesetzlichkeit schützt das Volkseigentum; in: Der Schöffe 1954, S.17-20
Boog, Markus: Die Rechtsprechung des Bundesgerichts zum Begriff des Vermögensschadens beim Betrug; Basel, Frankfurt (Main) 1991, zugl. Diss. Univ. Basel 1989/90
Borst, Kurt: Der zukünftige Betrugsbegriff; in: JW 1935, S.1221-1226
Bourseaux, Walter: Die Schädigung des Volkswohls in den „besonders schweren Fällen" des Betruges und der Untreue; Diss. Univ. Köln 1937
Brauns, Uwe: Anmerkung zu BGH vom 4.11.1997, 1 StR 273/97, BGHSt 43, 293; in: JR 1998, S.381-384
Breitbach, Michael: Die Studentenschaften im Strudel der Kriminalisierung; in: DuR 1982, S.243-259
von Briel, Olaf / Ehlscheid, Dirk: Steuerstrafrecht; Bonn 1997
Brox, Hans: Allgemeiner Teil des BGB; 23. Auflage, Köln, Berlin, Bonn, München 1999
Bruns, Hans-Jürgen: Die Befreiung des Strafrechts vom zivilistischen Denken; Berlin 1938
ders.: Können ordnungswidrige Preisabsprachen bei öffentlichen Ausschreibungen nach geltendem Recht auch als Betrug mit Kriminalstrafe geahndet werden?; in: NStZ 1983, S.385-390

Buchholz, Erich: Die künftige gesetzliche Regelung der Bekämpfung der Eigentumsdelikte; in: NJ 1964, S.530-534

ders.: Strafrecht; in: Heuer (Hrsg.), Die Rechtsordnung der DDR, Anspruch und Wirklichkeit, Baden-Baden 1995, S.273-339

Bund der Steuerzahler: Die Amtsuntreue; Wiesbaden 1975

Buschmann, Walter / Luthmann, Walter: Das neue Steuerstrafrecht; Neuwied, Berlin 1969

von Cleric, G. F.: Betrug verübt durch Schweigen; Zürich 1918

Contzen, Leopold: Die strafrechtliche Behandlung des blinden Passagiers; Diss. Univ. Erlangen 1899

Cornils, Karin / Greve, Vagn: Das dänische Strafgesetz Straffeloven; Freiburg 1997

Cramer, Peter: Vermögensbegriff und Vermögensschaden im Strafrecht; Bad Homburg, Berlin, Zürich 1968, zugl. Habil. Univ. Tübingen 1966

Dackweiler, Edgar: Und noch einmal eine „das Wohl des Volkes" schädigende Handlung; in: JuR 1935, S.209-210

Däke, Karl Heinz: Strafen für Verschwender – Warum der Tatbestand der Amtsuntreue eingeführt werden muß; in: Stbg 1994, S.418

ders.: Geleitwort; in: Präsidium des Bundes der Steuerzahler (Hrsg.), Die öffentliche Verschwendung, Schwarzbuch des Bundes der Steuerzahler XXVI, Wiesbaden 1998, S.2

Dammann, Klaus / Kutscha, Martin: Das Verschweigen einer früheren MfS-Tätigkeit von Beschäftigten im öffentlichen Dienst – ein Pflichtenverstoß mit unabsehbaren Konsequenzen?; in: NJ 1999, S.281-285

Daniels, Doris: Die Opfer des Betruges; Diss. Univ. Freiburg 1950

Dannecker, Gerhard: Steuerhinterziehung im internationalen Wirtschaftsverkehr; Köln 1984, zugl. Diss. Univ. Freiburg 1983

ders.: Strafrechtlicher Schutz der Finanzinteressen der Europäischen Gemeinschaft gegen Täuschung; in: ZStW 108 (1996), S.577-608

ders.: Die Entwicklung des Strafrechts unter dem Einfluß des Gemeinschaftsrechts; in: Jura 1998, S.79-87

ders.: Das Übereinkommen über den Schutz der finanziellen Interessen der Europäischen Gemeinschaften; in: Leitner (Hrsg.), Aktuelles zum Finanzstrafrecht, Wien 1999, S.9-44

Delmas-Marty, Mireille (Hrsg.): Corpus Juris der strafrechtlichen Regelungen zum Schutz der finanziellen Interessen der Europäischen Union; Köln, Berlin, Bonn, München 1998

Deutscher, Jörg / Körner, Peter: Soziale Zweckverfehlung beim Spendenbetrug – BGH, NJW 1995, 539; in: JuS 1996, S.296-303

Dieblich, Franz: Der strafrechtliche Schutz der Rechtsgüter der Europäischen Gemeinschaften; Diss. Univ. Köln 1985

Diehl, Friedrich: Der Begriff der Vermögensbeschädigung bei § 263 StGB; Diss. Univ. Heidelberg 1951

Diekhoff, Ludwig: Anstellungsbetrug; in: DB 1961, S.1487-1488

Diemer-Nicolaus, Emmy: Der Subventionsbetrug; in: Festschrift für Erich Schmidt-Leichner zum 65. Geburtstag, München 1977, S.31-65

Dietrich, Walter: Die Vermögensbeschädigung beim Betrug; Borna-Leipzig 1926, zugl. Diss. Univ. Greifswald

Doerr, Friedrich: Über das Objekt bei den strafbaren Angriffen auf vermögensrechtliche Interessen; Breslau 1897, zugl. Diss. Univ. München

Eberle, Lutz: Der Subventionsbetrug nach § 264 StGB; Göttingen 1983

Ehlermann, Claus-Dieter / Bieber, Roland (Hrsg.): Handbuch des Europäischen Rechts; Loseblattsammlung, Stand: 393. Lfg. Dezember 1999, Baden-Baden

Ehlers, Hans: Steuerhinterziehung nach künftigem Recht; in: FR 1976, S.504-505

Ellmer, Manfred: Betrug und Opfermitverantwortung; Berlin 1986

Ellscheid, G.: Das Problem der bewußten Selbstschädigung beim Betrug; in: GA 1971, S.161-168

Endemann, Klaus: Der sogenannte Anstellungsbetrug nach geltendem und zukünftigem Recht; Diss. Univ. Münster 1963

Erb, Gerald: Sammelvermögen und Stiftung; Baden-Baden 1971

Erichsen, Hans-Uwe (Hrsg.): Allgemeines Verwaltungsrecht; 11. Auflage, Berlin, New York 1998

Escher, Heinrich: Die Lehre von dem strafbaren Betruge und von der Fälschung nach Römischem, Englischem und Französischem Rechte und den neuern deutschen Gesetzgebungen; Zürich 1840

Eser, Albin: Die Beeinträchtigung der wirtschaftlichen Bewegungsfreiheit als Betrugsschaden; in: GA 1962, S.289-303

ders.: Strafrecht IV - Schwerpunkt Vermögensdelikte; 4. Auflage, München 1983

Faber, Heiko: Verwaltungsrecht; 4. Auflage, Tübingen 1995

Fabricius, Dirk: Strafbarkeit der Untreue im Öffentlichen Dienst; in: NStZ 1993, S.414-419

Fahl, Christian: Vermögensschaden beim Betrug, „Melkmaschinen-Fall"; in: JA 1995, S.198-205

Fechtrup, Hermann: Soll das kommunale Satzungsrecht gegenüber staatlicher und gerichtlicher Kontrolle gestärkt werden?; in: Verhandlungen 58. DJT, Band II, München 1990, S.N 39-60

Foregger, Egmont / Fabrizy, Ernst Eugen: Strafgesetzbuch StGB samt ausgewählten Nebengesetzen, Kurzkommentar; 7. Auflage, Wien 1999

Foregger, Egmont / Nowakowski, Friedrich (Hrsg.): Wiener Kommentar zum Strafgesetzbuch; 10. Lfg.; Wien 1981 / 32. Lfg.; Wien 1988 / 10a. Lfg. (Ergänzungsheft zur 10. Lfg.); Wien 1990

Forek, Karlheinz: Die Straftaten gegen das öffentliche Vermögen im Recht der sozialistischen Republik Rumänien; Diss. Univ. München 1966

Foth, Heinrich: Betrug und illegales Rechtsgeschäft; in: GA 1966, S.33-46

Frank, Reinhard: Das Strafgesetzbuch für das Deutsche Reich nebst dem Einführungsgesetz; 18. Auflage, Tübingen 1931

Franzen, Klaus / Gast-de Haan, Brigitte / Samson, Erich: Steuerstrafrecht mit Steuerordnungswidrigkeiten; 2. Auflage, München 1978; zit.: Franzen/Gast/Samson[2]

Franzen, Klaus / Gast-de Haan, Brigitte / Joecks, Wolfgang / Samson, Erich: Steuerstrafrecht mit Steuerordnungswidrigkeiten und Verfahrensrecht; 3. Auflage, München 1985; zit.: Franzen/Gast/Samson/Joecks[3]

Franzen, Klaus / Gast-de Haan, Brigitte / Joecks, Wolfgang / Voss, Reimer: Steuerstrafrecht mit Steuerordnungswidrigkeiten und Verfahrensrecht; 4. Auflage, München 1996; zit.: Franzen/Gast/Joecks[4]

Franzheim, Horst / Krug, Helga: Betrug durch Erschleichen von Unterschriften; in: GA 1975, S.97-103

Freisler, Roland: Der Wandel der politischen Grundanschauungen in Deutschland und sein Einfluß auf die Erneuerung von Strafrecht, Strafprozeß und Strafvollzug; in: DJ 1935, S.1247-1254

ders.: Ein Reich - ein Recht!; in: DJ 1941, S.478-496

Freund, Georg: Erfolgsdelikt und Unterlassen; Köln, Berlin, Bonn, München 1992, zugl. Habil. Univ. Mannheim 1990

Frisch, Wolfgang: Funktion und Inhalt des „Irrtums" im Betrugstatbestand; in: Festschrift für Paul Bockelmann zum 70. Geburtstag, München 1979, S.647-667

Fuhrhop, Andreas: Der Steuervorteilsbegriff i.S. des § 370 AO; München 1979, zugl. Diss. Univ. Kiel 1979

Gading, Heike: Zur strafrechtlichen Beurteilung des Verschweigens früherer MfS-Tätigkeit bei Einstellung in den öffentlichen Dienst; in: NJ 1996, S.297-299

Gallas, Wilhelm: Zur Kritik der Lehre vom Verbrechen als Rechtsgutsverletzung; in: Festschrift zum 60. Geburtstag von Graf W. Gleispach, Berlin, Leipzig 1936, S.50-69

ders.: Der Betrug als Vermögensdelikt; in: Festschrift für Eberhard Schmidt zum 70. Geburtstag, Göttingen 1961, S.401-436

Geerds, Detlev: Wirtschaftsstrafrecht und Vermögensschutz; Lübeck 1990, zugl. Diss. Univ. Bayreuth 1990

ders.: Schadensprobleme beim Betrug; in: Jura 1994, S.309-321

Geerds, Friedrich: Einwilligung und Einverständnis des Verletzten im Strafrecht; in: GA 1954, S.262-269

Geppert, Klaus: Anmerkung zu BGH vom 18.2.1999, 5 StR 193/98, NStZ 1999, 302ff.; in: NStZ 1999, S.305-306

ders.: Zur Strafbarkeit des Anstellungsbetruges, insbesondere bei Erschleichung einer Amtsstellung; in: Festschrift für Hans Joachim Hirsch zum 70. Geburtstag, Berlin, New York 1999, S.525-542

Gerhold, Thomas: Zweckverfehlung und Vermögensschaden; Berlin 1988, zugl. Diss. Univ. Köln 1987

Gerland, Heinrich B.: Deutsches Reichsstrafrecht, Ein Lehrbuch; 2. Auflage, Berlin, Leipzig 1932

Gleß, Sabine: Das Europäische Amt für Betrugsbekämpfung (OLAF); in: EuZW 1999, S.618-621

Göggerle, Werner: Zur Frage des geschützten Rechtsguts im Tatbestand der Steuerhinterziehung; in: BB 1982, S.1851-1856

Göhler, Erich / Wilts, Walter: Das Erste Gesetz zur Bekämpfung der Wirtschaftskriminalität (I); in: DB 1976, S.1609-1615

Gössel, Karl Heinz: Das Rechtsgut als ungeschriebenes strafbarkeitseinschränkendes Tatbestandsmerkmal; in: Festschrift für Dietrich Oehler zum 70. Geburtstag, Köln, Berlin, Bonn, München 1985, S.97-109

ders.: Strafrecht, Besonderer Teil, Band 2: Straftaten gegen materielle Rechtsgüter des Individuums; Heidelberg 1996

Götz, Volkmar: Subvention und subventionserhebliche Tatsachen; in: Festschrift für Franz Schad zum 70. Geburtstag, Düsseldorf 1978, S.225-239

Goldschmidt, J.: Beiträge zur Lehre vom Kreditbetrug; in: ZStW 48 (1928), S.149-166

Goldtammer, Theodor: Die Materialien zum Straf-Gesetzbuche für die Preußischen Staaten, Theil I: Das Einführungs-Gesetz und den allgemeinen Theil enthaltend; Berlin 1851 / Theil II: Den besonderen Theil enthaltend; Berlin 1852

Grabitz, Eberhard / Hilf, Meinrad (Hrsg.): Das Recht der Europäischen Union; Loseblattsammlung, Stand: 13. EGL Mai 1999, München

Graßmück, Peter: Die Subventionserschleichung; Diss. Univ. Frankfurt (Main) 1988

Graul, Eva: Besprechung von Gerhold, Thomas: Zweckverfehlung und Vermögensschaden; in: GA 1991, S.285-288

dies.: Wider die Zweckverfehlungslehre beim Vermögensschaden; in: Festschrift für Hans Erich Brandner zum 70. Geburtstag, Köln 1996, S.801-829

Griebe, W.: Strafrecht der DDR, Besonderer Teil Heft 5: Straftaten gegen das sozialistische, persönliche und private Eigentum; Humboldt-Universität Berlin, Sektion Rechtswissenschaft (Hrsg.), Maschinenschriftliche Schrift für die Teilnehmer am juristischen Fernstudium, Berlin 1970

Gröblinghoff, Stefan: Die Verpflichtung des deutschen Strafgesetzgebers zum Schutz der Interessen der Europäischen Gemeinschaften; Heidelberg 1996, zugl. Diss. Univ. Freiburg 1995

Grünhut, Max: Methodische Grundlagen der heutigen Strafrechtswissenschaft; in: Festgabe für Reinhard von Frank zum 70. Geburtstag, Band I, Tübingen 1930, S.1-32

Gryziecki, Felix: Studien über den strafbaren Betrug; Lemberg 1870

Gutmann, Alexander: Der Vermögensschaden beim Betrug im Licht der neueren höchstrichterlichen Rechtsprechung; in: MDR 1963, S.3-8, 91-96

Haas, Günter: Die Untreue (§ 266 StGB); Berlin 1997

Hack, Christoph: Probleme des Tatbestands Subventionsbetrug, § 264 StGB; Berlin 1982

Hälschner, Hugo: Das gemeine deutsche Strafrecht, systematisch dargestellt, Zweiter Band: Der besondere Theil des Systems, Erste Abtheilung; Bonn 1884 / Zweite Abtheilung; Bonn 1887

Händel, Konrad: Eigenmächtige Vermietung von Schulräumen; in: VerwR 1978, S.95-96

Haft, Fritjof: Strafrecht Allgemeiner Teil; 8. Auflage, München 1998

ders.: Strafrecht Besonderer Teil; 7. Auflage, München 1998

Hafter, Ernst: Schweizerisches Strafrecht, Besonderer Teil, Erste Hälfte: Delikte gegen Leib und Leben, gegen die Freiheit, gegen das Geschlechtsleben, gegen die Ehre, gegen das Vermögen; Berlin 1937

Hardwig, Werner: Beiträge zur Lehre vom Betruge; in: GA 1956, S.6-21

Hartmann, Hansjörg: Untersuchungen zum Vermögensbegriff beim Betrug; Diss. Univ. des Saarlandes 1965

Hartmann, Wolfgang: Das Problem der Zweckverfehlung beim Betrug; Frankfurt (Main), Bern, New York, Paris 1988

Hassemer, Raimund: Schutzbedürftigkeit des Opfers und Strafrechtsdogmatik; Berlin 1981

Hassemer, Winfried: „Corpus Juris“: Auf dem Weg zu einem Europäischen Strafrecht?; in: KritV 1999, S.133-140

Haupt, Wolfgang: Der Vermögensschaden beim Anstellungsbetrug; in: NJW 1958, S.938-940

Hefendehl, Roland: Vermögensgefährdung und Exspektanzen; Berlin 1994, zugl. Diss. Univ. München 1993

Heinitz, E.: Anmerkung zu BGH vom 20.2.1968, 5 StR 694/67, JR 1968, 386; in: JR 1968, S.387-388

von Heintschel-Heinegg, Bernd / Stöckel, Heinz (Hrsg.): KMR, Kommentar zur Strafprozeßordnung; Loseblattsammlung, Stand: 20. Lfg. Juli 1999, Neuwied, Kriftel

Heinz, Wolfgang: Die Bekämpfung der Wirtschaftskriminalität mit strafrechtlichen Mitteln – unter besonderer Berücksichtigung des 1. WiKG; in: GA 1977, S.193-221, 225-229

Heller, Robert: Haushaltsgrundsätze für Bund, Länder und Gemeinden; Heidelberg 1998

Hempel, Wieland: Der demokratische Bundesstaat; Berlin 1969

Henke, Wilhelm: Das Recht der Wirtschaftssubventionen als öffentliches Vertragsrecht; Tübingen 1979

Henkel: Anmerkung zu RG vom 29.9.1938, 2 D 472/38, ZAkDR 1939, 132; in: ZAkDR 1939, S.133-134

Hernández, Héctor: Strafrechtlicher Vermögensschutz vor irreführender Werbung – § 4 UWG; Heidelberg 1999, zugl. Diss. Univ. Freiburg 1998

Herzberg, Rolf Dietrich: Bewußte Selbstschädigung beim Betrug; in: MDR 1972, S.93-97

ders.: Funktion und Bedeutung des Merkmals „Irrtum“ in § 263 StGB; in: GA 1977, S.289-298

Hilgendorf, Eric: Zweckverfehlung und Vermögensschaden beim Betrug – BayObLG, NJW 1994, 208; in: JuS 1994, S.466-469

Hillenkamp, Thomas: Risikostrafrecht und Untreue; in: NStZ 1981, S.161-168

Hinterhofer, Hubert: Strafrecht Besonderer Teil II; Wien 1999

Hinzpeter, Jens: Beiträge zum strafrechtlichen Eigentumsschutz in der Deutschen Demokratischen Republik und der Bundesrepublik Deutschland; Diss. Univ. Hamburg 1972

Hirsch, Hans Joachim: Literaturbericht: Naucke, Wolfgang: Zur Lehre vom strafbaren Betrug; in: ZStW 81 (1969), S.934-944

ders.: Literaturbericht: Cramer, Peter: Vermögensbegriff und Vermögensschaden im Strafrecht; in: ZStW 81 (1969), S.944-953

Hirschberg, Rudolf: Der Vermögensbegriff im Strafrecht; Berlin 1934

Hohmann, Olaf / Sander, Günther: Strafrecht, Besonderer Teil I: Vermögensdelikte; München 1998

Honemann, Wilhelm: Das Verhältnis zwischen der Defraudation der Zölle und Verbrauchssteuern und dem Betruge nach deutschem Reichsrecht; Abhandlungen des Kriminalistischen Seminars, Dritter Band, 4. Heft, Berlin 1894

Honig, Richard: Die Einwilligung des Verletzten, Teil I; Mannheim, Berlin, Leipzig 1919

Hoppenz, Rainer: Die dogmatische Struktur des Betrugstatbestands, dargestellt an Hand der Fälle der Erschleichung von Aktien im Rahmen der Privatisierung von Bundesvermögen; Diss. Univ. Freiburg 1968

Hübner, Erich: Verbrechen gegen das gesellschaftliche, persönliche und private Eigentum; Berlin 1956

Hübschmann, Walter (Begr.): Hübschmann / Hepp / Spitaler, Abgabenordnung Finanzgerichtsordnung Kommentar; Loseblattsammlung, Grundwerk 10. Auflage, Stand: 162. Lfg. September 1999, Köln

Imboden, Max (Begr.) / Rhinow, René A.: Schweizerische Verwaltungsrechtsprechung, Band I: Allgemeiner Teil; Basel, Frankfurt (Main) 1986

Ipsen, Jörn: Staatsrecht I (Staatsorganisationsrecht); 11. Auflage, Neuwied, Kriftel 1999

Isensee, Josef: Aussetzung des Steuerstrafverfahrens – rechtsstaatliche Ermessensdirektiven; in: NJW 1985, S.1007-1010

Jahn, Matthias: § 263 StGB: Anstellungsbetrug bei früherer Stasi-Tätigkeit; in: JA 1999, S.628-631

Jakobs, Günther: Die objektiv-individuelle Schadensermittlung beim Betrug - OLG Köln NJW 1976, 1222; in: JuS 1977, S.228-231

ders.: Strafrecht, Allgemeiner Teil; 2. Auflage, Berlin, New York 1991

Jehle, Otto: Der rechtswidrige Vermögensvorteil bei Erpressung und Betrug; Diss. Univ. Tübingen 1905

Jerouschek, Günter: Strafrechtliche Aspekte des Wissenschaftsbetrugs; in: GA 1999, S.416-442

Jesch, Dietrich: Besprechung von Böckenförde, Ernst-Wolfgang: Gesetz und gesetzgebende Gewalt; in: AöR 85 (1960), S.472-486

Joecks, Wolfgang: Zur Vermögensverfügung beim Betrug; Köln 1982

ders.: Strafgesetzbuch – Studienkommentar –; München 1999

Jordan, Adolf-Dietrich: Untreue und Betrug durch Zweckverfehlung; in: JR (im Erscheinen)

Karstendiek, Helmut: Erscheinungsformen und Strafzumessung beim Betrug dargestellt auf Grund der Gerichtsakten des Amtsgerichtes in Freiburg i. Br. aus den Jahren 1930-1934; Diss. Univ. Freiburg 1947

Kaulla, Rudolf: Die rechtliche Natur der Defraudation öffentlicher Abgaben; Stuttgart 1897, zugl. Diss. Univ. Tübingen

Keil, Helmut / Wittenbeck, Siegfried: Die gesellschaftliche Wirksamkeit der Rechtsprechung zum Schutz des sozialistischen Eigentums erhöhen!; in: NJ 1979, S.297-300

Kempermann, Eugen: Wesen und Unrechtsgehalt des Betruges; in: ZStW 57 (1938), S.126-157

Kerner, Hans Jürgen / Rixen, Stephan: Ist Korruption ein Strafrechtsproblem?; in: GA 1996, S.355-396

Kienapfel, Diethelm: Grundriß des österreichischen Strafrechts, Besonderer Teil, Band II: Delikte gegen Vermögenswerte; 2. Auflage, Wien 1988 / 3. Auflage, Wien 1993

Kindhäuser, Urs: Strafe, Strafrechtsgut und Rechtsgüterschutz; in: Lüderssen / Nestler-Tremel / Weigend (Hrsg.), Modernes Strafrecht und ultima-ratio-prinzip, Frankfurt (Main), Bern, New York, Paris 1990, S.29-37

ders.: Täuschung und Wahrheitsanspruch beim Betrug; in: ZStW 103 (1991), S.398-424

ders.: Zur Auslegung des Merkmals „vorteilhaft" in § 264 I Nr.1 StGB; in: JZ 1991, S.492-496

ders.: Betrug als vertypte mittelbare Täterschaft; in: Festschrift für Günter Bemmann, Baden-Baden 1997, S.339-361

Klein, Werner: Die Untreue im deutschen Strafrecht unter besonderer Berücksichtigung des neuen Strafgesetzes (Novelle vom 26. Mai 1933); Diss. Univ. Erlangen 1934

Koch, Karl / Scholtz, Rolf-Detlev (Hrsg.): Abgabenordnung AO; 5. Auflage, Köln, Berlin, Bonn, München 1996

Köhler, Heinz / Ratz, Günther: BDO, Bundesdisziplinarordnung und materielles Disziplinarrecht; 2. Auflage, Köln 1994

König, Stefan: Anmerkung zu BVerfG vom 20.5.1998, 2 BvR 1385/95; in: NJ 1998, 473

Köstlin, Christian Reinhold: System des deutschen Strafrechts in 2 Abteilungen, Abteilung II; Tübingen 1858

Kohler, J.: Treue und Glauben im Verkehr; Berlin 1893

Kohlmann, Günter: Der Straftatbestand der Steuerhinterziehung – Anspruch und Wirklichkeit; in: Kohlmann (Hrsg.), Strafverfolgung und Strafverteidigung im Steuerstrafrecht, Köln 1983, S.5-26

ders.: Steuerstrafrecht mit Ordnungswidrigkeitenrecht und Verfahrensrecht; Loseblattsammlung, 7. Auflage, Stand: 26. Lfg. November 1998, Köln

Kohlmann, Günter / Brauns, Uwe: Zur strafrechtlichen Erfassung der Fehlleitung öffentlicher Mittel; Wiesbaden 1979

Kohlmann, Günter / Sandermann, Almut: Die strafrechtliche Bekämpfung von Steuerverkürzungen – unlösbare Aufgabe für den Gesetzgeber?; in: StuW 1974, S.221-251

Kohlrausch, Eduard: Vermögensverbrechen im Wandel der Rechtsprechung und der Gesetzgebung; in: Festschrift für Franz Schlegelberger zum 60. Geburtstage, Berlin 1936, S.203-223

Kohlrausch, Eduard / Lange, Richard: Strafgesetzbuch; 38. Auflage, Berlin 1944 / 39. und 40. Auflage, Berlin 1950

Koll, Rudolf: Corpus Juris: Der Anfang eines Europäischen Strafrechtes?; in: JBl. 1999, S.683-684

von Komorowski, Alexis: Äußerungsrecht der kommunalen Volksvertretungen und gemeindliche Verbandskompetenz; in: Der Staat 1998, S.122-146

Koriath, Heinz: Zum Streit um den Begriff des Rechtsguts; in: GA 1999, S.561-583

Krack, Ralf: List als Straftatbestandsmerkmal; Frankfurt (Main), Berlin, Bern, New York, Paris, Wien 1994, zugl. Diss. Univ. Göttingen 1993

Krauss, Detlef: Die strafrechtliche Problematik der Erschleichung kantonaler Subventionen; in: Festschrift für Frank Vischer zum 60. Geburtstag, Zürich 1983, S.47-72

Krehl, Christoph: Besprechung von Boog, Markus: Die Rechtsprechung des Bundesgerichts zum Begriff des Vermögensschadens beim Betrug; in: GA 1995, S.49-50

Kretzschmar, Lutz: Steuerhinterziehung bei Übereignung von Sicherungsgut; in: DStR 1982, S.646-650

Krey, Volker: Strafrecht, Besonderer Teil, Band 2: Vermögensdelikte; 12. Auflage, Stuttgart, Berlin, Köln 1999

Kühn, Rolf (Begr.) / Hofmann, Ruth: Abgabenordnung; 17. Auflage, Stuttgart 1995

Küper, Wilfried: Anmerkung zu BGH vom 30.6.1970, 1 StR 127/70; in: NJW 1970, S.2253-2254

Küpper, Georg / Bode, Karl-Christoph: Subjektiver Schadenseinschlag und Zweckverfehlung beim Betrug – OLG Düsseldorf, NJW 1990, 2397; in: JuS 1992, S.642-645
Labsch, Karl Heinz: Strafrecht: Ein billiger Blumengruß; in: JuS 1981, S.45-48
ders.: Untreue (§ 266 StGB), Grenzen und Möglichkeiten einer neuen Deutung; Lübeck 1983
Lackner, Karl: Vermögen und Vermögensbeschädigung in der Betrugstheorie des Reichsgerichts; Diss. Univ. Bonn 1946
Lackner, Karl / Kühl, Kristian: Strafgesetzbuch mit Erläuterungen; 22. Auflage, München 1997 / 23. Auflage, München 1999
Lampe, Ernst-Joachim / Lenckner, Theodor / Stree, Walter / Tiedemann, Klaus / Weber, Ulrich: Alternativ-Entwurf eines Strafgesetzbuches Besonderer Teil, Straftaten gegen die Wirtschaft; Tübingen 1977
Leiner, Ernst: Das Delikt der Untreue des § 266 STGB; Diss. Univ. Köln 1934
Leipziger Kommentar: Strafgesetzbuch Leipziger Kommentar: 4. Auflage, Berlin, Leipzig 1929 [= Ebermayer / Lobe / Rosenberg, Reichs-Strafgesetzbuch] / 6. Auflage: Lieferung I; Berlin 1944 / 6./7. Auflage: Band 2; Berlin 1951 / 8. Auflage: Zweiter Band; Berlin 1958 / 10. Auflage: Erster Band; Berlin, New York 1985 – Zweiter Band; Berlin, New York 1985 – Sechster Band; Berlin, New York 1988 – Siebenter Band; Berlin, New York 1988 / 11. Auflage: 11. Lfg.; Berlin, New York 1993 – 16. Lfg.; Berlin, New York 1994 – 21. Lfg.; Berlin, New York 1996 – 24. Lfg.; Berlin, New York 1997 – 27. Lfg.; Berlin, New York 1998 – Bearbeitung des § 263 StGB (im Erscheinen)
Leise, Horst (Begr.): Steuerverfehlungen; Loseblattsammlung, Stand: 55. Lfg. September 1991, Neuwied, Kriftel, Berlin
Lekschas, John / Buchholz, Erich (Red.): Strafrecht der DDR, Lehrbuch; Berlin 1988
Lenckner, Theodor: Zum Problem des Vermögensschadens (§§ 253, 263 StGB) beim Verlust nichtiger Forderungen; in: JZ 1967, S.105-110
ders.: Kausalzusammenhang zwischen Täuschung und Vermögensschaden bei Aufnahme eines Darlehens für einen bestimmten Verwendungszweck; in: NJW 1971, S.599-601
Lernell, Leszek: Das sozialistische Eigentum als besonderes Objekt des strafrechtlichen Schutzes; in: StuR 1959, S.1486-1495
Leukauf, Otto / Steininger, Herbert: Kommentar zum Strafgesetzbuch; 3. Auflage, Eisenstadt 1992
Lewisch, Peter: Strafrecht, Besonderer Teil I; Wien 1997
Liebscher, Viktor: Betrug im Gebrauchtwagenhandel; in: ZVR 1965, S.85-88
Lieser, Karl-Theodor: Sowjetzonales Strafrecht und ordre public; Frankfurt (Main), Berlin 1962
von Liszt, Franz / Schmidt, Eberhard: Lehrbuch des Deutschen Strafrechts; 25. Auflage, Berlin, Leipzig 1927
Loebenstein, Herbert: Das neue Strafgesetzbuch nach fünf Jahren; in: ÖJZ 1980, S.1-7
Löwenthal, Heinrich: Der Schutz des gesellschaftlichen, privaten und persönlichen Eigentums; in: Der Schöffe 1958, S.79-84
Lüderssen, Klaus: Das Merkmal „vorteilhaft“ in § 264 Abs. 1 Satz 1 StGB; in: wistra 1988, S.43-48
Lührs, Wolfgang: Subventionen, Subventionsvergabepraxis und Strafverfolgung – rechtliche und tatsächliche Probleme in den neuen Bundesländern –; in: wistra 1999, S.89-97
Lüttger, Hans: Bemerkungen zu Methodik und Dogmatik des Strafschutzes für nichtdeutsche öffentliche Rechtsgüter; in: Festschrift für Hans-Heinrich Jescheck zum 70. Geburtstag, Erster Halbband, Berlin 1985, S.121-178
Maleczky, Oskar: Strafrecht, Besonderer Teil I; Wien 1997
Manoledakis, Ioannis: Das Corpus Juris als falsche Grundlage eines gesamteuropäischen Strafjustizsystems; in: KritV 1999, S.181-190

Margaritis, Lambros: Das Corpus Juris und das Strafprozeßrechts Griechenlands: „Auflockerung“ des Strafverfahrens versus rechtsstaatliche Freiheitssicherung; in: KritV 1999, S.191-200

Marqués, Laura García / Kert, Robert: Strafrechtsänderungsgesetz 1998: Umsetzung des EU-Betrugs-Übereinkommens in Österreich; in: ÖJZ 1999, S.213-226

Martin, Sigmund P.: Entscheidungsbesprechung BGH vom 4.11.1997, 1 StR 273/97; in: JuS 1998, S.565-566

ders.: Entscheidungsbesprechung BGH vom 18.2.1999, 5 StR 193/98; in: JuS 1999, S.922-923

Mata, Norberto J. de la: Zur Diskussion um den funktionalen Eigentums- und Vermögensbegriff im Strafrecht; in: Schünemann / Suárez González (Hrsg.), Bausteine des europäischen Wirtschaftsstrafrechts, Madrid-Symposium für Klaus Tiedemann, Köln, Berlin, Bonn, München 1994, S.227-243

ders.: Observaciones para una discusion sobre el concepto funcional de propiedad y patrimonio, in: Hacia un derecho penal economico europeo, Jornadas en honor del Profesor Klaus Tiedemann, Madrid 1995, S.243-264

Mattern, G.: Steuer-Strafrecht I; Köln 1949

Mattern, Gerhard: Anmerkung zu BGH vom 13.11.1953, 5 StR 342/53, JZ 1954, 254f.; in: JZ 1954, 255

Maunz, Theodor / Dürig, Günter: Grundgesetz Kommentar, Band V; Loseblattsammlung, Stand: 35. Lfg. Februar 1999, München

Maurach, Reinhart: Die strafrechtliche Beurteilung des unberechtigten Erwerbes von Volkswagenaktien; in: NJW 1961, S.625-630

Maurach, Reinhart (Begr.) / Schroeder, Friedrich-Christian: Strafrecht, Besonderer Teil, Teilband 1: Straftaten gegen Persönlichkeits- und Vermögenswerte; 6. Auflage, Heidelberg, Karlsruhe 1977

Maurach, Reinhart (Begr.) / Schroeder, Friedrich-Christian / Maiwald, Manfred: Strafrecht, Besonderer Teil, Teilband 1: Straftaten gegen Persönlichkeits- und Vermögenswerte; 8. Auflage, Heidelberg 1995

Maurer, Hartmut: Allgemeines Verwaltungsrecht; 12. Auflage, München 1999

Mayer, Hellmuth: Die Untreue im Zusammenhang der Vermögensverbrechen; München, Berlin, Leipzig 1926; zit.: Mayer, Untreue

ders.: Die Untreue; in: Materialien zur Strafrechtsreform, 1. Band Gutachten der Strafrechtslehrer, Bonn 1954, S.333-356; zit.: Mayer, Materialien Strafrechtsreform

ders.: Strafrechtsreform für heute und morgen; Berlin 1962; zit.: Mayer, Strafrechtsreform

Mayerhofer, Ch. / Rieder, S.: Das österreichische Strafrecht, Erster Teil: Strafgesetzbuch; 4. Auflage, Wien 1994

Medicus, Dieter: Bürgerliches Recht; 18. Auflage, Köln, Berlin, Bonn, München 1999

Meine, Hans-Gerd: Das Vorteilsausgleichsverbot in § 370 Abs.4 Satz 3 AO 1977; in: wistra 1982, S.129-134

ders.: Das Vorteilsausgleichsverbot in § 370 Abs.4 S.3 AO 1977; Köln 1984

ders.: Der Vorteilsausgleich beim Subventionsbetrug; in: wistra 1988, S.13-16

ders.: Zum Streitstand: Das Kompensationsverbot gemäß § 370 Abs.4 Satz 3 AO; in: wistra 1991, S.127-131

Melsheimer, Ernst: Das Strafrechtsergänzungsgesetz – ein Gesetz der sozialistischen Demokratie; in: NJ 1958, S.41-49

Merkel, Adolf: Kriminalistische Abhandlungen II: Die Lehre vom strafbaren Betruge, Erste Abtheilung: Die Entwicklung des Thatbestandes; Leipzig 1867

Merkel, Johannes: Die Vermögensbeschädigung beim Betrug; Diss. Univ. Erlangen 1899, Nürnberg 1900

Meyer, Dieter: Zum Problem des Vermögensschadens beim sog. „Eingehungsbetrug"; in: MDR 1971, S.718-720

Meyer, Hellmut: Betrug durch Erschleichung einer Stellung oder eines Amtes; Diss. Univ. Erlangen 1950

Meyer-Goßner, Lutz: Strafprozeßordnung, Gerichtsverfassungsgesetz, Nebengesetze und ergänzende Bestimmungen; 44. Auflage, München 1999; zit.: Kleinknecht/Meyer-Goßner[44]

Mezger, Edmund: Vermögensberechnung von Sachwucher und Betrug; in: JW 1937, S.1289-1293

ders.: Anmerkung zu RG vom 13.7.1939, 3 D 472/39, ZAkDR 1939, 649; in: ZAkDR 1939, S.649-650

ders.: Anmerkung zu RG vom 4.12.1939, 2 D 494/39, DR 1940, 286f.; in: DR 1940, S.287

ders.: Strafrecht II, Besonderer Teil; 7. Auflage, München, Berlin 1960

Miehe, Olaf: Die Erschleichung einer Anstellung bei einem privaten Unternehmen – BGH, NJW 1978, 2042; in: JuS 1980, S.261-265

Ministerium der Justiz [DDR], Akademie für Staats- und Rechtswissenschaft der DDR (Hrsg.): Strafrecht der Deutschen Demokratischen Republik, Kommentar zum Strafgesetzbuch; 5. Auflage, Berlin 1987; zit.: DDR-Kommentar[5]

Ministerium der Justiz [DDR], Deutsche Akademie für Staats- und Rechtswissenschaft „Walter Ulbricht" (Hrsg.): Strafrecht der Deutschen Demokratischen Republik, Lehrkommentar zum Strafgesetzbuch Band II; Berlin 1969; zit.: DDR-Lehrkommentar

Mitsch, Wolfgang: Klausur Strafrecht: Der überfahrene Dackel; in: JA 1995, S.32-43

ders.: Strafrecht, Besonderer Teil 2: Vermögensdelikte (Kernbereich) / Teilband 1; Berlin, Heidelberg, New York, Barcelona, Budapest, Hongkong, London, Mailand, Paris, Singapur, Tokio 1998

Mittermaier, C. J. U.: Das neue österreichische Strafgesetzbuch über Gefälls-Übertretungen; in: AdCR 1836, S.323-335

Möhrenschlager, Manfred: Einbeziehung ausländischer Rechtsgüter in den Schutzbereich nationaler Straftatbestände; in: Dannecker (Hrsg.), Die Bekämpfung des Subventionsbetrugs im EG-Bereich, Köln 1993, S.162-169

Mohrbotter, Kurt: Die Stoffgleichheit beim Betrug; Diss. Univ. Göttingen 1966

ders.: Der Bettel-, Spenden- und Subventionserschleichungsbetrug; in: GA 1969, S.225-234

ders.: Die Anwartschaften im System des Betrugstatbestandes; in: GA 1971, S.321-332

ders.: Grenzen des Vermögensschutzes beim Betrug; in: GA 1975, S.41-52

Molketin, Rüdiger: Anmerkung zu OLG Hamm vom 21.6.1985, 4 Ws 163/85; in: NStZ 1987, S.369-370

Müller, Ingo: Furchtbare Juristen; Taschenbuchausgabe, München 1989

Müller, Rudolf: Der widerrechtliche Bezug von Volkswagenaktien; in: DRiZ 1963, S.55-58

Müller-Laube, Hans-Martin: 20 Probleme aus dem Handels-, Gesellschafts- und Wirtschaftsrecht; 2. Auflage, Neuwied, Kriftel, Berlin 1993

Müskens, Egon / Watzka, Bodo: Haushaltsrecht des Landes Nordrhein-Westfalen; Siegburg 1982

Naucke, Wolfgang: Zur Lehre vom strafbaren Betrug; Berlin 1964

ders.: Rechtspolitische Vorentscheidungen bei der Diskussion einer Verlängerung von Verjährungsfristen für NS-Verbrechen; in: ZRP 1969, S.8-10

Nees, Helmut: Vermögensdelikte in der Deutschen Demokratischen Republik; Köln 1974

Nelles, Ursula: Untreue zum Nachteil von Gesellschaften; Berlin 1991, zugl. Habil. Univ. Münster 1990

Neye, Hans-Werner: Untreue im öffentlichen Dienst; Köln, Berlin, Bonn, München 1981

ders.: Die „Verschwendung" öffentlicher Mittel als strafbare Untreue; in: NStZ 1981, S.369-372

Niepoth, Burkhard: Der untaugliche Versuch beim unechten Unterlassungsdelikt; Frankfurt (Main), Berlin, Bern, New York, Paris, Wien 1994, zugl. Diss. Univ. Göttingen 1993

Niggli, Marcel Alexander: Das Verhältnis von Eigentum, Vermögen und Schaden nach schweizerischem Strafgesetz dargelegt am Beispiel der Sachbeschädigung nach geltendem Recht und dem Entwurf 1991; Diss. Univ. Zürich 1992

ders.: Ultima Ratio? Über Rechtsgüter und das Verhältnis von Straf- und Zivilrecht bezüglich der sogenannt „subsidiären oder sekundären Natur“ des Strafrechts; in: SchwZStR 111 (1993), S.236-263

ders.: Zur Unschärfe des Strafrechtes, seiner Funktion und der Bedeutung von Rechtsgütern; in: SchwZStR 117 (1999), S.84-105

Nix, Christoph: Anmerkung zu BGH vom 4.11.1997, 1 StR 273/97; in: NJ 1998, S.325-326

Noll, Peter: Die neueren eidgenössischen Nebenstrafgesetze unter rechtsstaatlichen Gesichtspunkten; in: SchwZStR 72 (1957), S.361-385

Nowakowski, Friedrich: Das österreichische Strafrecht in seinen Grundzügen; Graz, Wien, Köln 1955

Oppe, Wilfried: Verjährung bei Anstellungs- und Rentenbetrug; in: NJW 1958, S.1909-1910

Oppenheimer, Julius: Der Bagatellbetrug; Dortmund 1911, zugl. Diss. Univ. Münster

Oppenhoff, F.C.: Das Strafgesetzbuch für die Preußischen Staaten und das Gesetz über die Einführung desselben; Berlin 1858

Oppenhoff, Theodor: Das Strafgesetzbuch für das Deutsche Reich; 12. Auflage, Berlin 1891

Ostendorf, Heribert / Batschko, Sven: Von der Untreue (§ 266 StGB) der Regierenden; in: RuP 1988, S.192-202

Otto, Harro: Die Struktur des strafrechtlichen Vermögensschutzes; Berlin 1970, zugl. Habil. Univ. Gießen 1968

ders.: Besprechung von Tiedemann, Klaus: Subventionskriminalität in der Bundesrepublik, und von Götz, Volkmar: Bekämpfung der Subventionserschleichung; in: JZ 1975, S.293-294

ders.: Bargeldloser Zahlungsverkehr und Strafrecht; Köln, Berlin, Bonn, München 1978

ders.: Zweckwidrige Verwendung von Haushaltsmitteln als Vermögensschädigung; in: JK (1985) § 266 StGB Nr.4

ders.: Vorteilhafte unrichtige Angaben bei anderweitig begründeten Subventionsansprüchen; in: JK (1991) § 264 StGB Nr.2

ders.: Die neuere Rechtsprechung zu den Vermögensdelikten – Teil 2; in: JZ 1993, S.652-663

ders.: Grundkurs Strafrecht, Die einzelnen Delikte; 5. Auflage, Berlin, New York 1998

ders.: „Haushaltsuntreue“ durch Haushaltsüberschreitung; in: JK (1998) § 266 StGB Nr.17

ders.: Anmerkung zu BGH vom 18.2.1999, 5 StR 193/98, JZ 1999, 735ff.; in: JZ 1999, S.738-740

Palandt, Otto (Begr.): Bürgerliches Gesetzbuch; 59. Auflage, München 2000

Pawlik, Michael: Das unerlaubte Verhalten beim Betrug; Köln, Berlin, Bonn, München 1999, zugl. Habil. Univ. Bonn 1997/98

Pée, Wilhelm: Anmerkung zu RG vom 28.11.1933, 1 D 780/33, JW 1934, 367f. Nr.23; in: JW 1934, S.367-368

Peters, Karl: Strafprozeß; 4. Auflage, Heidelberg 1985

Pfeiffer, Gerd: Gedanken zur Amtsuntreue für die 12. Arbeitstagung der Sachverständigenkommission zur Bekämpfung der Wirtschaftskriminalität – Reform des Wirtschaftsstrafrechts –; in: Bundesministerium der Justiz (Hrsg.), Tagungsberichte XII, Bonn 1977, Anlage 6

ders. (Hrsg.): Karlsruher Kommentar zur Strafprozeßordnung und zum Gerichtsverfassungsgesetz mit Einführungsgesetz; 3. Auflage, München 1993 / 4. Auflage, München 1999

Plat, Wolfgang: Probleme des Strafrechts der DDR (Gespräch mit Hans Heilborn und Peter Przybylski); in: ZStW 82 (1970), S.74-107
Posener, Paul (Hrsg.): Rechtslexikon, Handwörterbuch der Rechts- und Staatswissenschaften, I. Band: A-K; Berlin 1909
Prieß, Hans-Joachim / Spitzer, Harald: Die Betrugsbekämpfung in der Europäischen Gemeinschaft; in: EuZW 1994, S.297-304
Pröll, Rudolf: Bettelbetrug und verwandte Fälle; in: GA 1917, S.411-422
Protzen, Peer: Vermögensschaden durch Verschweigen ehemaliger Tätigkeit für das MfS bei der Überprüfung für eine Weiterbeschäftigung im Staatsdienst; in: NStZ 1997, S.525-530
Radtke, Henning: Strafrechtliche Aspekte der Haftung von Kirchenvorständen; in: ZevKR 44 (1999), S.71-89
Ranft, Otfried: Die Rechtsprechung zum sog. Subventionsbetrug (§ 264 StGB); in: NJW 1986, S.3163-3174
ders.: Täterschaft beim Subventionsbetrug i.S. des § 264 I Nr.1 StGB - BGHSt 32, 203; in: JuS 1986, S.445-450
ders.: Anmerkung zu BGH vom 13.12.1988, VI ZR 235/87, EWiR 5 (1989), 245; in: EWiR 5 (1989), S.245-246
Rebmann, Kurt / Säcker, Franz Jürgen (Hrsg.): Münchener Kommentar zum Bürgerlichen Gesetzbuch, Band 1; 3. Auflage, München 1993
Reck, Reinhard: Untreue im Rahmen der Veräußerung von Treuhandunternehmen bei mehreren Handlungsalternativen; in: wistra 1996, S.127-130
Reisner, Sigrun: Die Strafbarkeit von Schein- und Umgehungshandlungen in der EG; Freiburg 1995, zugl. Diss. Univ. Freiburg 1994/95
Rengier, Rudolf: Strafrecht, Besonderer Teil I: Vermögensdelikte; 3. Auflage, München 1999
Reuter, Fritz: Die Vermögensbeschädigung beim Betrug; Quakenbrück 1927, zugl. Diss. Univ. Freiburg 1927
Reuter, Heinrich: Das Gesetz zum Schutze des Volkseigentums und die gerichtliche Praxis; in: NJ 1953, S.231-233
Richter, Hans: Stichwort „Sozialsubvention"; in: Krekeler / Tiedemann / Ulsenheimer / Weinmann (Hrsg.), Handwörterbuch des Wirtschafts- und Steuerstrafrechts, Loseblattsammlung, Stand: 5. EGL Mai 1990, Heidelberg
Riemann, Thomas: Vermögensgefährdung und Vermögensschaden; Heidelberg 1989
Rieß, Peter (Hrsg.): Die Strafprozeßordnung und das Gerichtsverfassungsgesetz, Großkommentar Löwe - Rosenberg, Band 1; 24. Auflage, Berlin, New York 1988
Ringhofer, Kurt: Die österreichischen Verwaltungsverfahrensgesetze; 11. Auflage, Wien 1992
Ritter, Johannes Martin: Die Schädigung des Volkswohls als besonders schwerer Fall; in: JW 1935, S.2930-2937
Rittler, Theodor: Lehrbuch des Österreichischen Strafrechts, Zweiter Band: Besonderer Teil; 2. Auflage, Wien 1962
Rodewald, Wolfgang / Schmidt, Willi: Vorschläge zur Vereinfachung und Vereinheitlichung der Strafrechtsnormen gegen Eigentumsdelikte; in: NJ 1959, S.56-57
Rodingen, Hubert: Strafrechtlicher Eigentumsschutz als Mittel der sozialen Steuerung am Beispiel der DDR; in: RuG 1972, S.335-338
Rönnau, Thomas: Die Verkürzung von Kirchensteuern – ein Betrug ohne Folgen?; in: wistra 1995, S.47-50
Roggemann, Herwig: Strafgesetzbuch und Strafprozeßordnung der DDR mit Nebengesetzen; 2. Auflage, Berlin 1978
Roxin, Claus: Strafrecht, Allgemeiner Teil, Band I; 3. Auflage, München 1997

Rudolphi, Hans Joachim: Die Strafbarkeit des versuchten unechten Unterlassungsdeliktes; in: MDR 1967, S.1-6

ders.: Die verschiedenen Aspekte des Rechtsgutsbegriffs; in: Festschrift für Richard M. Honig, Göttingen 1970, S.151-167

ders.: Das Problem der sozialen Zweckverfehlung beim Spendenbetrug; in: Festschrift für Ulrich Klug zum 70. Geburtstag, Köln 1983, S.315-327

ders.: Anmerkung zu BGH vom 10.11.1994, 4 StR 331/94, NStZ 1995, 134ff.; in: NStZ 1995, S.289-290

Rudolphi, Hans-Joachim / Horn, Eckhard / Samson, Erich / Günther, Hans-Ludwig / Hoyer, Andreas: SK-StGB, Systematischer Kommentar zum Strafgesetzbuch; Loseblattsammlung: Band 1: Allgemeiner Teil (§§ 1-79b); Stand: 30. Lfg. Mai 1999, Neuwied, Kriftel / Band 2: Besonderer Teil (§§ 80-358); Stand: 47. Lfg. Februar 1999, Neuwied, Kriftel

Samson, Erich: Grundprobleme des Betrugstatbestandes; in: JA 1978, S.564-570, 625-630

Sannwald, Detlef: Rechtsgut und Subventionsbegriff § 264 StGB; Berlin 1982

Sarstedt: Betrug durch Amtserschleichung; in: JR 1952, S.308-309

Satzger, Helmut: Der Submissionsbetrug; Berlin 1994, zugl. Diss. Univ. Passau 1993

Sauer, Wilhelm: System des Strafrechts, Besonderer Teil; Köln, Berlin 1954

Sauter, Ehrenfried: Erscheinungsformen und Strafzumessung beim Betrug (§§ 263-264a StGB) dargestellt an Hand der Gerichtsakten des Amts- und Schöffengerichts in Schwäbisch Gmünd aus den Jahren 1927 bis einschliesslich 1938; Diss. Univ. Freiburg 1950

Schäfer, Dietrich: Die besonderen Strafzumessungsgründe bei den Vermögensdelikten (Diebstahl, Unterschlagung und Betrug); Diss. Univ. Freiburg 1950

Schäfer, Herbert: Das betrügerische Erlangen von VW-Aktien; in: Kriminalistik 1962, S.385-389

Schäfer, Herbert / Seyler, Wendelin: Betrügerisches Erlangen von VW-Aktien; in: GA 1963, S.338-344

Schäfer, Leopold / Lehmann, Rudolf / Dörffler, Fritz: Die Novellen zum Strafrecht und Strafverfahren von 1935; Berlin 1936

Schlesinger, M.: Vermögensschädigung bei Betrug; Diss. Univ. Erlangen 1894

Schlüchter, Ellen: Der Vermögensschaden im Sinne des § 263 StGB aus wirtschaftlicher Sicht; in: MDR 1974, S.617-624

Schmalz, Herbert: Die Steuerhinterziehung im Sinne des § 359 Absatz 1-4 der Reichsabgabenordnung; Berlin 1926

Schmid, Tobias: Die Vergabe von Wirtschaftssubventionen und strafrechtliche Verantwortlichkeit gem. § 264 StGB (Subventionsbetrug); Frankfurt (Main), Berlin, Bern, New York, Paris, Wien 1994, zugl. Diss. Univ. München 1994

Schmidhäuser, Eberhard: Gesinnungsethik und Gesinnungsstrafrecht; in: Festschrift für Wilhelm Gallas, Berlin, New York 1973, S.81-97

ders.: Strafrecht, Allgemeiner Teil; 2. Auflage, Tübingen 1975

ders.: Strafrecht, Besonderer Teil; 2. Auflage, Tübingen 1983

Schmidt, Eberhard: Literatur; in: JZ 1952, S.542-543

Schmidt, Frank-Richard: Zum Begriff des Vermögensschadens beim Betrugstatbestand; Diss. Univ. Göttingen 1970

Schmidt, Helmut: Gedanken zu einer Neuregelung der Strafbestimmungen zum Schutze des gesellschaftlichen Eigentums; in: NJ 1957, S.361-363

Schmidt, Karsten: Gesellschaftsrecht; 3. Auflage, Köln, Berlin, Bonn, München 1997

Schmidt-Hieber, Werner: Verfolgung von Subventionserschleichungen nach Einführung des § 264 StGB; in: NJW 1980; S.322-327

ders.: Strafbarkeit der Ämterpatronage; in: NJW 1989, S.558-562

Schmidt-Hieber, Werner / Kiesswetter, Ekkehard: Parteigeist und politischer Geist in der Justiz; in: NJW 1992, S.1790-1794

Schmitt, Rudolf: Moderne Grenzfälle des Betruges; in: PolBl. 1967, S.177-180

Schmoller, Kurt: Betrug bei bewußt unentgeltlichen Leistungen; in: JZ 1991, S.117-129

ders.: Zur individuellen Schadenskomponente beim Betrug; in: Bundesministerium für Justiz [Österreich], Strafrechtliche Probleme der Gegenwart, Referate des 18. von der Vereinigung Österreichischer Richter veranstalteten Fortbildungsseminars aus Strafrecht und Kriminologie Ottenstein 1990, Wien 1991, S.27-106

ders.: Ermittlung des Betrugsschadens bei Bezahlung eines marktüblichen Preises; in: ZStW 103 (1991), S.92-135

Schnupp, Günther: Beamten- und Disziplinarrecht; 8. Auflage, Hilden 1994

Schobert, Heinrich: Der Tatbestand der Untreue nach dem Gesetz vom 26. Mai 1933 (RGBl. I. S. 295); Diss. Univ. Erlangen 1935

Schönke, Adolf: Strafgesetzbuch für das Deutsche Reich; [1. Auflage] München, Berlin 1942 / 2. Auflage, München, Berlin 1944 / 3. Auflage, München, Berlin 1947

Schönke, Adolf (Begr.) / Schröder, Horst: Strafgesetzbuch – Kommentar; 17. Auflage, München 1974 / 24. Auflage, München 1991 / 25. Auflage, München 1997

Schroeder, Friedrich-Christian: Das Strafrecht des realen Sozialismus, Eine Einführung am Beispiel der DDR; Opladen 1983

Schröder, H.: Anmerkung zu OLG Hamburg vom 6.6.1962, Ss 355/61; in: JR 1962, 431-432

Schröder, Horst: Grenzen des Vermögensschadens beim Betrug; in: NJW 1962, S.721-722

ders.: Zum Vermögensbegriff bei Betrug und Erpressung; in: JZ 1965, S.513-516

Schroth, Ulrich: Strafrecht Besonderer Teil; 2. Auflage, Stuttgart, München, Hannover, Berlin, Weimar, Dresden 1998

Schubarth, Martin / Albrecht, Peter: Kommentar zum schweizerischen Strafrecht, Schweizerisches Strafgesetzbuch, Besonderer Teil, 2. Band: Delikte gegen das Vermögen Art.137-172; Bern 1990

Schürer, Günther: Die Untreue nach dem Gesetz vom 26. Mai 1933; Diss. Univ. Leipzig 1935

Schultz, Günther: Blick in die Zeit; in: MDR 1981, S.372-373

Schultz, Hans: Das materielle Verwaltungsstrafrecht, Einführung in das neue Verwaltungsstrafrecht für untersuchende Beamte; unveröffentlicht (zitiert nach Betschart, S.XVI)

Schulz, Horst: Der Begriff der Vorteilhaftigkeit in § 264 StGB (Subventionsbetrug); Diss. Univ. Kiel 1983

Schwaiger, Hermann: Ueber die strafrechtliche Stellung der Steuerdefraudation; in: GerS 49 (1894), S.401-454

Schwaighofer, Klaus: Der Prozeßbetrug; in: RdW 1984, S.272

Schwander, Vital: Vermögen, Vermögensschädigung, Bereicherung; in: SchwZStR 78 (1962), S.334-360

Schwarz, Gert / Beyer, Karl-Heinz: Die Anwendung der Normen des StEG zum Schutze des gesellschaftlichen Eigentums; in: NJ 1958, S.736-738

von Schwarze, Friedrich Oskar: Commentar zum Strafgesetzbuche für das Deutsche Reich; 5. Auflage, Leipzig 1884

Schwinge, Erich: Teleologische Begriffsbildung im Strafrecht; Bonn 1930

ders.: Anmerkung zu RG vom 14.9.1934, 5 D 42/34, JW 1935, 290ff. Nr.18; in: JW 1935, S.290-291

Schwinge, E. / Siebert W.: Das neue Untreuestrafrecht in strafrechtlicher und zivilrechtlicher Beleuchtung für die Praxis dargestellt; Berlin 1933

Sebbel, Walter: Soll ein Straftatbestand gegen die mißbräuchliche Verfügung über öffentliche Mittel geschaffen werden?; in: Bundesministerium der Justiz (Hrsg.), Tagungsberichte XII, Bonn 1977, Anlage 4

Seeger, Julius: Exposé zur Frage der Schaffung eines neuen Straftatbestandes der Haushaltsuntreue, der Amtsuntreue oder des Amtsmißbrauchs; in: Bundesministerium der Justiz (Hrsg.), Tagungsberichte XII, Bonn 1977, Anlage 5

Seier, Jürgen: Strafrecht: Ganovengeschäfte; in: JuS 1996, L 21- L 24

Seiler, Robert: Strafrecht BT-II: Delikte gegen fremdes Vermögen; Graz ohne Jahresangabe [um 1982]

Sicking, Kurt: Der Betrug; Breslau-Neukirch 1940

Sieber, Ulrich: Auf dem Weg zu einem europäischen Strafrecht; in: Delmas-Marty (Hrsg.), Corpus Juris der strafrechtlichen Regelungen zum Schutz der finanziellen Interessen der Europäischen Union, Köln, Berlin, Bonn, München 1998, S.1-10

Siegert, K.: Anmerkung zu RG vom 17.1.1935, 5 D 550/34, JW 1935, 1415f. Nr.14; in: JW 1935, S.1416

Siekmann, Ruthardt: Staatliches Haushaltsrecht; Köln, Stuttgart, Berlin, Hannover, Kiel, Mainz, München 1982

Sonnen, B.-R.: Anmerkung zu BGH vom 9.5.1978, 1 StR 104/78, NJW 1978, 2042; in: JA 1979, S.166-167

Sonnen, Bernd-Rüdeger: Die soziale Zweckverfehlung als Vermögensschaden beim Betrug; in: JA 1982, S.593-594

Spinellis, Dionysios: Das Corpus Juris zum Schutz der finanziellen Interessen der Europäischen Union; in: KritV 1999, S.141-161

Spitzer, Harald / Kuhl, Lothar: Das Europäische Amt für Betrugsbekämpfung (Olaf); in: Agon Heft 25 (1999), S.21-24

von Staudinger, Julius (Begr.) / Beitzke, Günther (Hrsg.): J. von Staudingers Kommentar zum Bürgerlichen Gesetzbuch mit Einführungsgesetz und Nebengesetzen: Erstes Buch: Allgemeiner Teil §§ 21-103; 13. Bearbeitung, Berlin 1995 / Zweites Buch: Recht der Schuldverhältnisse §§ 362-396; 13. Bearbeitung, Berlin 1995

Steinke, Wolfgang: Betrug durch Zeitschriftenwerber; in: Kriminalistik 1979, S.568-569

Sternberg-Lieben, Detlev: Die objektiven Schranken der Einwilligung im Strafrecht; Tübingen 1997, zugl. Habil. Univ. Tübingen 1995

Stoffers, Kristian F.: Der Schutz der EU-Finanzinteressen durch das deutsche Straf- und Ordnungswidrigkeitenrecht; in: EuZW 1994, S.304-309

Stratenwerth, Günter: Schweizerisches Strafrecht, Besonderer Teil I: Straftaten gegen Individualinteressen; 5. Auflage, Bern 1995

Suhr, Christian: Rechtsgut der Steuerhinterziehung und Steuerverkürzung im Festsetzungsverfahren; Frankfurt (Main), Bern, New York, Paris 1989, zugl. Diss. Univ. Kiel 1989

ders.: Zur Begriffsbestimmung von Rechtsgut und Tatobjekt im Strafrecht; in: JA 1990, S.303-308

Temme, J. D. H.: Die Lehre vom strafbaren Betruge nach Preußischem Rechte; Berlin 1841

Tenckhoff, J.: Anmerkung zu BGH vom 28.4.1987, 5 StR 566/86, JR 1988, 125; in: JR 1988, S.126-128

Tenckhoff, Jörg: Das Merkmal der Vorteilhaftigkeit in § 264 StGB; in: Festschrift für Günter Bemmann, Baden-Baden 1997, S.465-480

Terstegen, W. O. W.: Steuer-Strafrecht; Köln 1956

Thies, Wolfgang: Die Bevollmächtigtenuntreue des § 266 Abs.1 Ziff.2 StGB mit besonderer Berücksichtigung der Entwürfe; Breslau-Neukirch 1932

Thormann, Ph. / von Overbeck, A.: Das Schweizerische Strafgesetzbuch, Zweiter Band; Zürich 1941

Tiedemann, Klaus: Tatbestandsfunktionen im Nebenstrafrecht; Tübingen 1969, zugl. Habil. Univ. Tübingen 1969

ders.: Wirtschaftsstrafrecht als Aufgabe; in: Tiedemann (Hrsg.), Die Verbrechen in der Wirtschaft, 1. Auflage, Karlsruhe 1970, S.9-39

ders.: Welche strafrechtlichen Mittel empfehlen sich für eine wirksamere Bekämpfung der Wirtschaftskriminalität?, Gutachten für den 49. Deutschen Juristentag; München 1972; zit.: Gutachten C

ders.: Der Subventionsbetrug; in: ZStW 86 (1974); S.897-920

ders.: Subventionskriminalität in der Bundesrepublik; Reinbek bei Hamburg 1974

ders.: Anmerkung zu BGH vom 27.8.1974, 1 StR 10/74, JZ 1975, 183ff.; in: JZ 1975, S.185-187

ders.: Der Entwurf eines Ersten Gesetzes zur Bekämpfung der Wirtschaftskriminalität; in: ZStW 87 (1975), S.253-296

ders.: Plädoyer für ein neues Wirtschaftsstrafrecht; in: ZRP 1976, S.49-54

ders.: Wirtschaftsstrafrecht und Wirtschaftskriminalität 1, Allgemeiner Teil; Reinbek bei Hamburg 1976

ders.: Wirtschaftsstrafrecht und Wirtschaftskriminalität 2, Besonderer Teil; Reinbek bei Hamburg 1976

ders.: Strafbare Erschleichung von Investitionszulagen durch Aufhebung und Neuabschluß von Lieferverträgen?; in: NJW 1980, S.1557-1560

ders.: Anmerkung zu BGH vom 30.6.1982, 1 StR 757/81, JR 1983, 211f.; in: JR 1983, S.212-214

ders.: Fälle und Entscheidungen zum Strafrecht – Besonderer Teil; 3. Auflage, Frankfurt (Main) 1983

ders.: Der Vergleichsbetrug; in: Festschrift für Ulrich Klug zum 70. Geburtstag, Band II, Köln 1983, S.405-417

ders.: Multinationale Unternehmen und Steuerdelinquenz, in: Institute of Comparative Law Waseda University (Hrsg.), Law in east and west – Recht in Ost und West, Tokyo 1988, S.927-945

ders.: Anmerkung zu EuGH vom 21.9.1989, Rs 68/88, EuZW 1990, 99; in: EuZW 1990, S.100-101

ders.: Stichwort „Umgehung"; in: Krekeler / Tiedemann / Ulsenheimer / Weinmann (Hrsg.), Handwörterbuch des Wirtschafts- und Steuerstrafrechts, Loseblattsammlung, Stand: 5. EGL Mai 1990, Heidelberg

ders.: Der Strafschutz der Finanzinteressen der Europäischen Gemeinschaft; in: NJW 1990, S.2226-2233 = Rivista 1991, S.535-550; La tutela penale degli interessi finanziari della Comunità Europea, in: Rivista 1991, S.513-534

ders.: Europäisches Gemeinschaftsrecht und Strafrecht; in: NJW 1993, S.23-31

ders.: Pour un espace juridique commun après Amsterdam; in: Agon Heft 17 (1997), S.12-13

ders.: Wirtschaftsbetrug; Berlin, New York 1999

ders.: Réflexions sur la base juridique du corpus juris; in: Agon Heft 23 (1999), S.7-8

ders.: Der Subventionsbetrug – Ausgangspunkt eines supranationalen Europäischen Strafrechts; in: Agon Heft 25 (1999), S.19-21

Tipke, Klaus (Begr.) / Lang, Joachim: Steuerrecht; 16. Auflage, Köln 1998

Titze: Anmerkung zu RG vom 30.10.1919, III 595/19, JW 1920, 440f.; in: JW 1920, S.440

Topp, Walter: Der Begriff „Vermögensschaden" im Betrugstatbestand; Düsseldorf 1951, zugl. Diss. Univ. Bonn

Trechsel, Stefan: Schweizerisches Strafgesetzbuch vom 21. Dezember 1937, Kurzkommentar; 2. Auflage, Zürich 1997

Tröndle, Herbert: Strafgesetzbuch und Nebengesetze; 48. Auflage, München 1997

Tröndle, Herbert / Fischer, Thomas: Strafgesetzbuch und Nebengesetze; 49. Auflage, München 1999

Vahle, Jürgen: Strafbare Untreue eines Beamten durch Verletzung des Haushaltsrechts? – Anmerkung zu BGH, Urteil vom 21.10.1994 - 2 StR 328/94 -; in: DVP 1995, S.525

Vogel, Joachim: Norm und Pflicht bei den unechten Unterlassungsdelikten; Berlin 1993, zugl. Diss. Univ. Freiburg 1992

ders.: Schein- und Umgehungshandlungen im Strafrecht, insbesondere im europäischen Recht; in: Schünemann / Suárez González (Hrsg.), Bausteine des europäischen Wirtschaftsstrafrechts, Madrid-Symposium für Klaus Tiedemann, Köln, Berlin, Bonn, München 1994, S.151-181

ders.: Strafrechtsgüter und Rechtsgüterschutz durch Strafrecht im Spiegel der Rechtsprechung des Bundesverfassungsgerichts; in: StV 1996, S.110-115

ders.: Juristische Methodik; Berlin, New York 1998

ders.: Legitimationsprobleme im Betrugsstrafrecht; Habil. Univ. Freiburg 1999 in der bei der Rechtswissenschaftlichen Fakultät der Universität Freiburg eingereichten Fassung

Volk, Klaus: Welche typischen Fallgestaltungen fehlerhafter Mittelverwendung lassen sich aus Berichten der Rechnungshöfe bilden? Reicht der Tatbestand der Untreue aus, um strafwürdige Fälle zu erfassen? Welche Ansatzpunkte zu einer Reform gibt es? – Gutachten, erstattet im Auftrage des Herrn Bundesministers der Justiz; Bonn 1979

ders.: Bewirtschaftung öffentlicher Mittel und Strafrecht; Konstanz 1979

ders.: Der Subventionsbetrug; in: Belke / Oehmichen (Hrsg.), Wirtschaftskriminalität, Bamberg 1983, S.76-90

ders.: Stichwort „Haushaltsuntreue"; in: Krekeler / Tiedemann / Ulsenheimer / Weinmann (Hrsg.), Handwörterbuch des Wirtschafts- und Steuerstrafrechts, Loseblattsammlung, Stand: 5. EGL Mai 1990, Heidelberg

Waag: Was ist unter „Absicht, sich oder einem Dritten einen rechtswidrigen Vermögensvortheil zu verschaffen" zu verstehen?; in: GerS 31 (1879), S.241-253

Wachenfeld, Friedrich: Lehrbuch des Deutschen Strafrechts; München 1914

Wagner, Heinz: Amtsverbrechen; Berlin 1975, zugl. Habil. Univ. Hamburg 1973/74

ders.: Das Strafrecht im Nationalsozialismus; in: Säcker (Hrsg.), Recht und Rechtslehre im Nationalsozialismus, Baden-Baden 1992, S.141-184

Waiblinger, Max: Die Rechtsprechung des Bundesgerichts im Jahre 1952 Strafrecht und Strafprozess; in: ZBJV 91 (1955), S.81-143

Walder, Hans: Der Prozeßbetrug; in: SJZ 50 (1954), S.105-111

Walter, Robert / Mayer, Heinz: Grundriß des österreichischen Verwaltungsverfahrensrechts; 7. Auflage, Wien 1999

Walter, Robert / Thienel, Rudolf: Die österreichischen Verwaltungsverfahrensgesetze; 13. Auflage, Wien 1998

Walter, Tonio: Betrugsstrafrecht in Frankreich und Deutschland; Heidelberg 1999, zugl. Diss. Univ. Freiburg 1999

Wassermann, Rudolf (Hrsg.): Kommentar zum Strafgesetzbuch (Reihe Alternativkommentare), Band 1; Neuwied 1990

Waßmer, Martin Paul: Untreue bei Risikogeschäften; Heidelberg 1997, zugl. Diss. Univ. Heidelberg 1996

Weber, Ulrich: Überlegungen zur Neugestaltung des Untreuestrafrechts; in: Festschrift für Eduard Dreher zum 70. Geburtstag, Berlin, New York 1977, S.555-571

ders.: Können sich Gemeinderatsmitglieder durch ihre Mitwirkung an Abstimmungen der Untreue (§ 266 StGB) schuldig machen?; in: BayVBl. 1989, S.166-169

Weidemann, Jürgen: Die funktionale Beziehung zwischen Irrtum und Schaden beim Betrug; in: GA 1967, S.238-243

ders.: Das Kompensationsproblem beim Betrug; Diss. Univ. Bonn 1972 *ders.*: Zur Frage des Betrugsschadens bei Gleichwertigkeit von Leistung und Gegenleistung; in: MDR 1973, S.992-993

Weigend, Thomas: Über die Begründung der Straflosigkeit bei Einwilligung des Betroffenen; in: ZStW 98 (1986), S.44-72

ders.: Strafrecht durch internationale Vereinbarungen – Verlust an nationaler Strafrechtskultur?; in: ZStW 105 (1993), S.774-802

Weimann, Thomas: Die Strafbarkeit der Bildung sog. schwarzer Kassen gem. § 266 StGB (Untreue); Diss. Univ. Tübingen 1996

Weiss, Wolfgang: Die Aufgaben der Justiz bei der strafrechtlichen Bekämpfung von Angriffen gegen das Volkseigentum; in: NJ 1948, S.131-136

Welzel, Hans: Das Deutsche Strafrecht; 11.Auflage, Berlin 1969

Wessels, Johannes: Strafrecht, Besonderer Teil /2: Straftaten gegen Vermögenswerte; 20. Auflage, Heidelberg 1997

Wessels, Johannes (Begr.) / Hillenkamp, Thomas: Strafrecht, Besonderer Teil /2: Straftaten gegen Vermögenswerte; 22. Auflage, Heidelberg 1999

Westphal, Helmut: Untreue (auf Grund der Neufassung des § 266 StGB) und Unterschlagung unter Berücksichtigung der Entwürfe zu einem Allgemeinen Deutschen Strafgesetzbuch; Diss. Univ. Tübingen 1934

Winkler, Harald: Der Vermögensbegriff beim Betrug und das verfassungsrechtliche Bestimmtheitsgebot; Frankfurt (Main), Berlin, Bern, New York, Paris, Wien 1995, zugl. Diss. Univ. Marburg 1994

Winkler, Karl: Nichtgewerbliche, ideale, insbesondere politische Zielsetzungen als Inhalt von Gesellschaftsverträgen und Satzungen; in: NJW 1970, S.449-453

Woesner, Horst: Das neue Strafrecht der DDR, Besonderer Teil; in: NJW 1969, S.257-261

Wolf, Gerhard: Die Strafbarkeit der rechtswidrigen Verwendung öffentlicher Mittel; Frankfurt (Oder) 1997

ders.: Die Strafbarkeit der rechtswidrigen Verwendung öffentlicher Mittel; Frankfurt (Main) 1998

Wolff, Hans (Begr.) / Bachof, Otto / Stober, Rolf: Verwaltungsrecht I; 10. Auflage, München 1994

Würthwein, Martin: Anmerkung zu BGH vom 28.1.1986, 1 StR 611/85; in: wistra 1986, S.258-260

Zieschang, Frank: Diskussionsbericht über die Arbeitssitzung der Fachgruppe Strafrechtsvergleichung bei der Tagung der Gesellschaft für Rechtsvergleichung am 21.3.1996 in Jena; in: ZStW 108 (1996), S.609-629

ders.: Das Übereinkommen zum Schutz der finanziellen Interessen der EG und seine Auswirkungen auf das deutsche Strafrecht; in: EuZW 1997, S.78-83

ders.: Der Einfluß der Gesamtrechtsordnung auf den Umfang des Vermögensschutzes durch den Betrugstatbestand; in: Festschrift für Hans Joachim Hirsch zum 70. Geburtstag, Berlin, New York 1999, S.831-847

Zwitzers, H.: Der blinde Passagier; Diss. Univ. Göttingen 1896

Materialienverzeichnis

Deutschland:

Entwurf eines Strafgesetzbuches (StGB) E 1962; BT-Drucks. 4/650

Bundesministerium der Justiz (Hrsg.): Tagungsberichte der Sachverständigenkommission zur Bekämpfung der Wirtschaftskriminalität – Reform des Wirtschaftsstrafrechts: IV. Band, Vierte Arbeitstagung in der Zeit vom 24. bis 28. September 1973 in Bad Kreuznach; Bonn 1973; zit.: Tagungsberichte IV / VII. Band, Siebente Arbeitstagung in der Zeit vom 1. bis 5. April 1974 in Goslar; Bonn 1974; zit.: Tagungsberichte VII / XII. Band, Zwölfte Arbeitstagung in der Zeit vom 22. bis 26. November 1976 in Berlin; Bonn 1977; zit.: Tagungsberichte XII

Niederschriften über die Sitzungen des Sonderausschusses für die Strafrechtsreform, Deutscher Bundestag, 7. Wahlperiode; zit.: Prot.7

Gesetzentwurf der Bundesregierung, Entwurf eines Einführungsgesetzes zum Strafgesetzbuch (EGStGB); BT-Drucks. 7/550; zit.: RegE EGStGB

Erster Bericht des Sonderausschußes für die Strafrechtsreform zu dem von der Bundesregierung eingebrachten Entwurf eines Einführungsgesetzes zum Strafgesetzbuch (EGStGB) – Drucksachen 7/550, 7/1232 –; BT-Drucks. 7/1261; zit.: Sonderausschuß, EGStGB

Gesetzentwurf der Bundesregierung, Entwurf eines Ersten Gesetzes zur Bekämpfung der Wirtschaftskriminalität (1. WiKG); BT-Drucks. 7/3441; zit.: RegE 1. WiKG

Bericht und Antrag des Sonderausschusses für die Strafrechtsreform zu dem von der Bundesregierung eingebrachten Entwurf eines Ersten Gesetzes zur Bekämpfung der Wirtschaftskriminalität (1. WiKG) – Drucksache 7/3441 –; BT-Drucks. 7/5291; zit.: Sonderausschuß, 1. WiKG

Schriftliche Fragen mit den in der Woche vom 14. Februar 1983 eingegangenen Antworten der Bundesregierung; BT-Drucks. 9/2409

Besondere Nebenbestimmungen für die Vergabe von Bundesmitteln an die Begabtenförderungswerke (Stand: 15. Juli 1996)

Bundesministerium für Bildung, Wissenschaft, Forschung und Technologie: Musterbescheid 1997 für Zuwendungen aus Kapitel 3004, Titel 68101 (Studienförderung); Geschäftszeichen: 316-5025-(1997)

Bundesministerium der Justiz: Schreiben vom 6.3.1997 an den Verfasser betreffend Nebenfolgen im StGB; Geschäftszeichen: II A 2 - 4000 II - 23 0243/97

Bundesgerichtshof: Mitteilung der Pressestelle Nr.78/1997 zum Urteil vom 4. November 1997 - 1 StR 273/97

Gesetzentwurf der Bundesregierung, Entwurf eines Gesetzes zu dem Übereinkommen vom 26. Juli 1995 über den Schutz der finanziellen Interessen der Europäischen Gemeinschaften (EG-Finanzschutzgesetz – EGFinSchG); BR-Drucks. 267/98 = BT-Drucks. 13/10425; zit.: RegE EGFinSchG

Artikel „Öffentliche Verschwendung / 'Zweierlei Maß': Strafanzeigen bisher wenig erfolgreich"; in: Handelsblatt vom 28.4.1998, S.7

Der Generalstaatsanwalt Bremen: Richtlinien vom 15.10.1998 zur Anwendung der §§ 153, 153a, 376 StPO; Geschäftszeichen: 4111/1–95/98–V–

Artikel „Europa-Abgeordnete klagen gegen Kontrollen durch OLAF"; in: F.A.Z. vom 21.1.2000, S.7

Europäische Gemeinschaften:

Erläuternder Bericht zum Übereinkommen über den Schutz der finanziellen Interessen der Europäischen Gemeinschaften; ABlEG 1997 Nr.C 191, S.1ff.

Österreich:

Regierungsvorlage Strafrechtsänderungsgesetz 1998; XX. GP Nr.1230 der Beilagen; zit.: RegE ÖStÄG 1998

Schweiz:

Botschaft des Bundesrates an die Bundesversammlung zum Entwurf eines Bundesgesetzes über das Verwaltungsstrafrecht (Vom 21. April 1971); BBl. 1971 I S.993-1103

STUDIEN ZUM WIRTSCHAFTSSTRAFRECHT

Cobet, Hans
Fehlerhafte Rechnungslegung
Eine strafrechtliche Untersuchung zum neuen Bilanzrecht am Beispiel von § 331, Abs. 1, Nr. 1 des HGB
Band 1, 1991, 128 + XII S., br., ISBN 978-3-89085-544-8,
38,00 DM

Hamann, Hartmut
Das Unternehmen als Täter im europäischen Wettbewerbsrecht
Band 2, 1992, 260 S., br., ISBN 978-3-89085-619-3,
64,00 DM

Stöckel, Joachim
Der strafrechtliche Schutz der Arbeitskraft
Band 3, 1993, 230 S., br., ISBN 978-3-89085-778-7,
48,00 DM

Weerth, Jan de
Die Bilanzordnungswidrigkeiten nach § 334 HGB unter besonderer Berücksichtigung der europäischen Bezüge
Band 4, 1993, 218 + XVIII S., br., ISBN 978-3-89085-881-4,
78,00 DM

Grub, Maximilian
Die insolvenzstrafrechtliche Verantwortlichkeit der Gesellschafter von Personenhandelsgesellschaften
Band 5, 1995, 204 S., br., ISBN 978-3-8255-0006-1,
78,00 DM

Schwinge, Christina
Strafrechtliche Sanktionen gegenüber Unternehmen im Bereich des Umweltstrafrechts
Band 6, 1996, 300 S., br., ISBN 978-3-8255-0059-7,
98,00 DM

CENTAURUS VERLAG

STUDIEN ZUM WIRTSCHAFTSSTRAFRECHT

Schünemann, Bernd (Hg.)
Zur modernen Dogmatik des Betrugstatbestandes
Band 7, 2000, ca. 240 S., br., ISBN 978-3-8255-0153-2,
ca. 50,00 DM

Moosmayer, Klaus
Einfluß der Insolvenzordnung 1999 auf das Insolvenzstrafrecht
Band 8, 1997, 226 + XX S., br., ISBN 978-3-8255-0176-1,
78,00 DM

Luipold, Ann
Die Bedeutung von Anfechtungs-, Widerrufs-, Rücktritts- und Gewährleistungsrechten für das Schadensmerkmal des Betrugstatbestandes
Band 9, 1998, 220 S., br., ISBN 978-3-8255-0211-9,
79,80 DM

Protzen, Peer Daniel, G.
Der Vermögensschaden beim sog. Anstellungsbetrug
Unter besonderer Berücksichtigung des Verschweigens ehemaliger Tätigkeit für das MFS. Zugleich ein Beitrag zur Lehre vom Vermögensschaden beim Betrug
Band 10, 2000, 384 + IV S., br., ISBN 978-3-8255-0278-2,
79,80 DM

Penzlin, Dietmar
Strafrechtliche Auswirkungen der Insolvenzordnung
Band 11, 2000, 242 + XXVIII Seiten, br., ISBN 978-3-8255-0292-8,
79,80 DM r

FSC
www.fsc.org
MIX
Papier | Fördert gute Waldnutzung
FSC® C083411

Kolibri 360 GmbH
Ferdinand-Jühlke-Straße 7
99095 Erfurt, Deutschland
produktsicherheit@kolibri360.de